TORNASOL

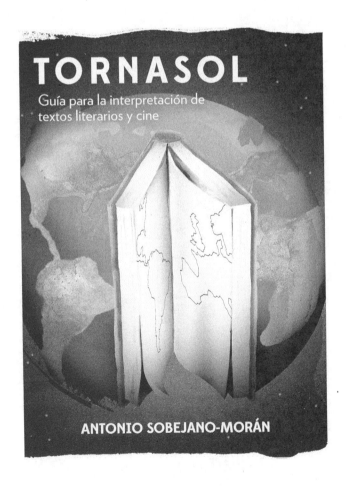

TORNASOL

Guía para la interpretación de textos literarios y cine

ANTONIO SOBEJANO-MORÁN

Binghamton University

Panda Publications / Wilkes Barre, Pennsylvania

PO Box 595, Wilkes Barre, PA 18703
www.Pandapublications.info

Copyright © 2013 by Panda Publications LLC

This book is published by Panda Publications. All rights reserved. Printed in the United Stated of America. No part of this publication may be reproduced, produced, stored in a data base or retrieval system, performed on stage, transmitted in any form or distributed by any means without the prior written permission of the publisher.

ISBN: 978-0-981-8392-2-6

Editor-in-chief: Rosa Crisi
Asst. Editor: Mary Moreno
Cover Design: original concept—Antonio Sobejano-Morán
 design—Daniel Tynan
 layout—Bytheway Publishing Services
Illustrations: clipart
Text Design: Mary Moore
Composition: Bytheway Publishing Services
Printer: OPM/Digital Print Services

Printed in the United States of America

Dedicatoria

A mi hermana Valentina Sobejano

In Memoriam

ÍNDICE GENERAL

Acknowledgments	xi
Preface	xiii

I. La Narrativa — 1

Introducción a la Narrativa	2
Guía para el Análisis de Narrativa	4
Análisis Crítico de *El Eclipse*, (Augusto Monterroso)	6

A. Elementos Narrativos

Unidad 1. La Voz Narrativa	12
Carmen Naranjo: *Simbiosis del encuentro*	17
Unidad 2. Los Tiempos del Relato	25
Don Juan Manuel: *Lo que sucedió a un deán de Santiago con don Illán, el mago de Toledo*	28
Unidad 3. El Espacio	35
Augusto Monterroso: *Míster Taylor*	38
Unidad 4. Caracterización y Descripción	47
Amparo Dávila: *Detrás de la reja*	50

B. Modalidades Narrativas — 65

Unidad 5. Lo Fantástico y la Ciencia-Ficción	66
Manuel Rojas: *El hombre de la rosa*	69
Alicia Yánez Cossío: *La IWM mil*	81
Unidad 6. Metaficción e Intertextualidad	88
Luisa Valenzuela: *El zurcidor invisible*	91

Unidad 7. Narrativa Mítica — 99
    Rima de Vallbona: *La tejedora de palabras* — 102

Unidad 8. Ficción Policiaca — 114
    Isaac Aisemberg: *Jaque mate en dos jugadas* — 117

II. El Ensayo — 127

Introducción al Ensayo — 128

Guía para el Análisis de un Ensayo — 129

Análisis Crítico de *Regresión*, (Miguel Ángel Asturias) — 130

Unidad 1. Características del Ensayo — 135
    Rosario Castellanos: *Otra vez Sor Juana* — 137
    Arturo Uslar Pietri: *El progreso suicida* — 142
    Gabriel García Márquez: *La soledad de América Latina* — 146
    Félix de Azúa: *El escenario de la violencia: ciudades y espectáculos* — 153

III. El Cine — 163

Introducción al Cine — 164

Guía para el Análisis de Películas — 166

Análisis Crítico de *El Laberinto del Fauno*, (Guillermo del Toro) — 167

Unidad 1. Técnicas Cinematográficas. El Arte de la Adaptación — 172
    Gregory Nava: *El norte* — 178
    Joshua J. Marston: *María, llena eres de gracia* — 181
    Julio Llinás, María Luisa Bemberg: *De eso no se habla* — 184

IV. La Poesía — 207

Introducción a la Poesía — 208

Guía para el Análisis de Poesía — 211

Unidad 1. El Verso — 213

Unidad 2. La Estrofa y el Poema — 223

Unidad 3. El Lenguaje Figurado — 234
    Análisis Crítico de *El Cisne*, (Rubén Darío) — 246
    Anónimo: *Amor más poderoso que la muerte* — 251

Garcilaso de la Vega: *Soneto X*	254
San Juan de la Cruz: *Noche oscura*	258
Luis de Góngora y Argote: *Soneto CLXVI*	261
Félix Lope de Vega Carpio: *Rimas humanas, CXCI*	264
Francisco de Quevedo: *Salmo XVII*	267
Sor Juana Inés de la Cruz: *A su retrato*	270
Félix María Samaniego: *La cigarra y la hormiga*	272
José María Heredia: *En una tempestad*	275
Gertrudis Gómez de Avellaneda: *A él*	279
Gustavo Adolfo Bécquer: *Rima LIII*	282
Rosalía de Castro: *Las canciones que oyó la niña*	285
José Martí: *Dos patrias*	288
José Rizal: *A las flores de Heidelberg*	290
Rubén Darío: *Canción de otoño en primavera*	293
Delmira Agustini: *El cisne*	297
Alfonsina Storni: *Peso ancestral*	301
Antonio Machado: *Proverbios y cantares, XXIX*	303
Juan Ramón Jiménez: *Vino, primero, pura*	305
Gabriela Mistral: *Todas íbamos a ser reinas*	308
César A. Vallejo: *Masa*	312
Juana de Ibarbourou: *La hora*	315
Vicente Huidobro: *Arte poética*	318
Federico García Lorca: *Romance de la luna, luna*	321
Luis Cernuda: *Despedida*	324
Nicolás Guillén: *No sé por qué piensas tú*	328
Pablo Neruda: *Oda a los calcetines*	330
Nicanor Parra: *Ecopoema*	334
Joan Brossa: *Faula. Poema objeto*	336
José Hierro: *Réquiem*	339
Meira Delmar: *Nueva presencia*	343
Alejandra Pizarnik: *El despertar*	346
Tino Villanueva: *Que hay otra voz*	350
Nancy Morejón: *Amo a mi amo*	356
Ana Rosetti: *Chico Wrangler*	360

V. El Teatro   365

Introducción al Teatro	366
Guía para el Análisis de Obras Dramáticas	368

Análisis Crítico de *El Retablo de las Maravillas*, (Miguel de Cervantes)	370
Unidad 1. El Texto Dramático	385
Los hermanos Quintero: *Mañana de sol*	390
Unidad 2. El Espectáculo Teatral	404
Federico García Lorca: *La zapatera prodigiosa*	411
Fernando Arrabal: *Pic-nic*	449
Osvaldo Dragún: *Historia del hombre que se convirtió en perro*	465
Dolores Prida: *Casa propia*	474
Apéndice 1: Cuento	511
Raquel Ilonbé: "Los tres hermanos"	511
Apéndice 2: Poesía	517
Doña Alda: "Romance anónimo"	517
Garcilaso de la Vega: "Soneto 'XXIII'"	518
Santa Teresa de Jesús: "Vivo sin vivir en mí"	519
Sor Juana Inés de la Cruz: "A una rosa (En que da moral censura a una rosa, y en ella a sus semejantes)"	520
José de Espronceda: "Canción del pirata"	520
Gertrudis Gómez de Avellaneda: "Al partir"	522
José Martí: "Verso V. Si ves un monte de espumas . . ."	522
José Rizal: "Último adiós"	523
Enrique González Martínez: "Tuércele el cuello al cisne"	525
Samuel Taylor Coleridge: "Youth and Age"	526
Antonio Machado: "Yo voy soñando caminos"	527
Juan R. Jiménez: "El viaje definitivo"	528
César Vallejo: "El poeta a su amada"	528
Alfonsina Storni: "Tú me quieres blanca"	529
Federico García Lorca: "La aurora de Nueva York"	530
Apéndice 3: Diccionario de Términos Literarios	531
Bibliografía	541
Literary Credits	546

ACKNOWLEDGMENTS

The author and publisher would like to express their gratitude to those professors and instructors who took part in the review of Tornasol: Guía para la interpretación de textos literarios y cine *for their extremely helpful comments and suggestions:*

Bianco, Paola. Wilkes University
Del Águila, Rocío. University of Texas at Austin
Fajardo, Salvador. Binghamton University
Jagoe, Eva-Lynn. University of Toronto
Maiz-Peña, Magdalena. Davidson College
Ros, Ana. Binghamton University
Saldarriaga, Patricia. Middlebury College
Saona, Margarita. University of Illinois at Chicago
Sibbald, Kathleen M. McGuill University

PREFACE

Tornasol: Guía para la interpretación de textos literarios y cine provides university students with a clear and comprehensive introduction to the critical analysis of literary texts and films. The textbook explains and illustrates key critical and theoretical concepts in each unit, includes numerous examples, and takes both students and instructors from the comprehension to the interpretation of literature and film. The book also introduces and explains those literary devices and techniques students need to know in order to perform close readings of literary works and films.

Tornasol: Guía para la interpretación de textos literarios y cine has five parts. Each part begins with a general introduction to its subject, followed by a model analysis of a specific literary type or film for students to follow. Part I introduces the study of *Fiction* and covers the elements of narrative and a selection of different types and modes of fiction. Part II addresses the *Essay*. Part III looks at *Film* and the adaptation of literature to film. *Poetry* follows in Part IV, and we conclude our study with *Drama* in Part V. Each part moves from descriptions of essential *Textual Elements, Critical Tools, Methods,* and *Theories* to the guided study, analysis and discussion of a primary literary text or film. We surround these primary texts or films with the following components:

- The *Vida, obra y crítica del autor*, or *The author's life, works and criticism*, component provides basic information on the writer's life and works. In many cases, these biographies enable students to view the work selected for class in the context of the writer's total literary achievement.

- The *Guía de lectura*, or *Reading guide*, includes helpful comments and suggestions on the literary work or film selected for reading or viewing. These guides will direct your first reading of the text, flagging issues the text raises, and identifying some literary or cinematic techniques the writer employs in the literary work or film.

- The *Texto literario* or *película*, or the *Literary text* or *film*, provide primary works for analysis and discussion. In selecting these works or films, we were less influenced by the status and popularity of the writer or film director than by how well the writing or film illustrate and help us to explain the critical terms and concepts addressed in the chapter.

- The *Comprensión del texto* and *Análisis crítico*, or *Text comprehension* and *Critical analysis*, will help you understand the elements of the literary work or film. Critical reading begins when we ask questions about the meaning of words, their arrangement in the text, allusions to other works of literature, to historical events, places ... The questions on *Comprensión del texto* or *film* will measure your basic understanding of the literary work and film, and by answering them you will complete the first and basic level of critical analysis. There are also questions that direct you to the analysis of the most relevant literary or cinematic issues and techniques developed in the selected work. These questions are cumulative, since some of them deal with issues or literary concepts already studied or discussed in the previous chapters or sections. They are also of the utmost importance and will help you develop critical thinking skills and the ability to apply the critical and theoretical concepts studied at the beginning of each unit. By addressing these questions fully and correctly, you will move to a higher level of interpretation and literary analysis.

- In our *Mesa redonda*, or *Round table discussion*, we invite students to gather in small groups in the classroom and share their opinions, impressions, insights, and interpretations. The questions selected for this section will provoke debate. Each of these groups will choose a facilitator to guide the discussions, encourage everyone to participate, and focus on the issues raised by the questions. At the end of the collaborative group discussions, each facilitator may wish to share the group's insights and conclusions with a gathering of the whole class.

- The *Sea creativo*, or *Be creative*, section affords you the opportunity to move from a critical to a creative response to literature or film: rewriting the ending of a story, changing the point of view, writing a short poem, creating a visual poem, or providing a new ending to a film.

- The *Investigación*, or *Research*, section consists of a substantial writing assignment that will challenge your capacity for independent study and research.

La Narrativa

Introducción a la Narrativa
Guía para el Análisis de Narrativa
Análisis Crítico de "El eclipse", (Augusto Monterroso)

A. Elementos narrativos
Unidad 1. La Voz Narrativa
Unidad 2. Los Tiempos del Relato
Unidad 3. El Espacio
Unidad 4. Caracterización y Descripción

Introducción a la Narrativa

La novela, junto con el ensayo, la poesía y el teatro, es uno de los cuatro géneros literarios, y se define como una obra literaria en prosa que cuenta una acción fingida, en su totalidad o en parte, y en la que hay una descripción de sucesos, personajes y costumbres. Esta definición, obviamente, no satisface a todos, y aquí no vamos a entrar en este debate. A diferencia de la novela, el cuento se caracteriza por su brevedad, por presentar, generalmente, una sola trama, y por tener personajes que no están muy desarrollados sicológicamente. Entre la novela y el cuento tenemos la novela corta, y los límites entre ésta y aquéllos son bastante imprecisos.

Desde el punto de vista de sus orígenes, podemos decir que existe una larga tradición de relatos narrativos en verso que se remonta (*dates back*) a las epopeyas de *Gilgamesh* de Sumeria —actual Irak— (S. XVIII a. C.), a *La Ilíada* y *La Odisea* de Homero (S. VIII a. C.), y al *Ramayana* de la India (S. V a. C.). Sin embargo, los primeros textos en prosa aparecen en la Roma clásica, en obras como *El satiricón*, de Petronio (S. I d. C.), y *El asno de oro*, de Apuleyo (S. II d. C.). La primera novela de la literatura española, y quizás de Europa, fue *Blanquerna*, escrita hacia el 1283 en catalán por Ramón Llul. No obstante lo cual (*nevertheless*), fue en los siglos XIII y XIV cuando empezó a florecer (*to flourish*) en España el cultivo de la prosa, y uno de los escritores más representativos de este período fue don Juan Manuel, autor de la colección de cuentos *Conde Lucanor* (1335). En los siglos XV y XVI se escriben distintos tipos de novelas: sentimental, de caballerías (*romances of chivalry*), picaresca, pastoril, etc. En el siglo XVII se publica la que se considera la primera novela moderna, *Don Quijote de la Mancha* (1605, 1615), de Miguel de Cervantes. Y a partir del siglo XVIII hasta nuestros días ha habido un gran cultivo de la novela y de la ficción corta tanto en España como en Latinoamérica.

De todos los géneros y subgéneros literarios, la novela y el cuento son, probablemente, los más populares, y para analizarlos debemos, en primer lugar, entenderlos. Por lo tanto (*therefore*), el primer paso que debemos dar consiste en leer el texto más de una vez con detenimiento (*carefully*). La primera lectura nos da una visión panorámica o general de la obra, y las siguientes nos van a permitir entender e interpretar mejor el sentido de la obra. En las unidades que siguen, precisamente, nos proponemos estudiar algunos de los elementos narrativos que nos pueden ayudar a conocer e interpretar una obra narrativa: la voz narrativa, los tiempos del relato, el espacio donde se desarrolla la acción narrativa, la caracterización y la descripción. Pero éstos no son los únicos elementos narrativos que debemos tener en cuenta a la hora de hacer un análisis crítico, a éstos se suman otros, y algunos de éstos los comentaremos a continuación.

En primer lugar, debemos distinguir entre **trama** (*plot*), **historia**, y **discurso**. La

trama se refiere a la síntesis de los acontecimientos narrativos presentados en la obra. Por **historia** entendemos los acontecimientos (*events*) narrativos una vez que han sido ordenados cronológicamente. Y por **discurso**, en cambio (*instead*), nos referimos a cómo se presentan estos acontecimientos en la obra. Por ejemplo, en una obra que narra la vida de una persona, la historia comenzará con su nacimiento, y seguirá con su infancia, juventud, vejez y muerte. Sin embargo, a veces el escritor no sigue un orden cronológico, y decide comenzar el relato con la juventud, seguir con su muerte, y después narrar la infancia; y a esta segunda disposición de los acontecimientos narrativos es lo que se conoce como discurso. Una segunda acepción del término "discurso", sin embargo, lo relaciona con los elementos lingüísticos que dan expresión escrita a la obra literaria.

Otro elemento narrativo, de gran relevancia, es el de la **voz narrativa**: la voz que nos cuenta la historia. Esta voz puede estar dentro del relato, como personaje o testigo, o fuera del mismo, como narrador omnisciente o como narrador con un conocimiento parcial de los hechos narrados. Un concepto relacionado con la voz narrativa es el de la **focalización**, o punto de vista bajo el que una historia es narrada.

De gran importancia, asimismo, es el estudio de la ambientación o escenario (*setting*) de la obra narrativa, entendiendo por tal el **tiempo** y el **espacio** en los que, respectivamente, ocurre y se desarrolla la acción narrativa. El **tiempo** es un concepto que ha sido estudiado por distintas ciencias, y las definiciones sobre el mismo son muy variadas. En nuestro estudio sobre este tema, en la unidad 2, nos hemos limitado principalmente al estudio de los tiempos circular y lineal. Igualmente, el lector debe tener en cuenta la relación que existe entre el tiempo de la historia y el tiempo o los tiempos del discurso, ya que a veces no son iguales. Este fenómeno, o relación, ocurre también en nuestra vida diaria cuando, por ejemplo, al contar una historia, omitimos datos o detalles porque no nos parecen importantes o no queremos que se sepan. Sin embargo, pasamos mucho tiempo describiendo ciertos detalles o anécdotas que duran poco tiempo pero que a nosotros nos parecen muy significativos. Unido al estudio del tiempo va el del **espacio**. En literatura no existe sólo el espacio físico —un bosque, una casa, una ciudad...— donde tiene lugar la acción narrativa, sino que también existen otros espacios, como el espacio de la mente, el del cuerpo, o el mismo espacio textual de la página. Es importante recordar que tanto el tiempo como el espacio pueden tener un valor literario y, a veces, simbólico, y el lector debe pensar en ambas posibilidades.

Asimismo, el análisis de una obra narrativa queda incompleto si no estudiamos la **caracterización** de los personajes y el papel que juega la **descripción**. Los personajes pueden clasificarse en dos categorías principales: la de protagonistas, y la de personajes secundarios, y tanto unos como otros son necesarios para el desarrollo de la historia narrativa. En cuanto a los métodos de caracterización de los personajes, como veremos en la unidad 4, un escritor puede seguir el de la caracterización directa, o explícita, o bien el de la caracterización indirecta. En este último caso, el lector debe inferirla del comportamiento (*behavior*) de los personajes o de lo que otros personajes dicen de ellos. La **descripción**, por otra parte (*on the other hand*), le sirve al escritor para darnos información y detalles sobre los personajes, la ambientación, u otros aspectos narrativos.

Otro elemento narrativo de gran relevancia es el **lenguaje**. Al hablar del lenguaje nos referimos no sólo al usado por el narrador, sino también al que sirve de medio de comunicación entre los personajes por medio de sus diálogos. El análisis del lenguaje nos puede revelar información, por ejemplo, sobre la clase social a la que pertenece un personaje, o sobre el tono —irónico, sarcástico . . . — de una obra. Debemos señalar que, al igual que en poesía o en otros géneros literarios, el lenguaje puede tener un valor literal o figurado. Por ejemplo, cuando un escritor nos habla del mar, éste puede tener el valor literal de una masa inmensa de agua (**denotación**), y el valor simbólico de la muerte (**connotación**). De nuevo, el lector es responsable de la interpretación del valor figurado del lenguaje. Finalmente, y después de comentar estos elementos narrativos, el lector puede proceder con la idenficación del **tema** principal y los temas secundarios de la obra literaria.

Al analizar en clase un texto en prosa es necesario tener en cuenta todos sus temas, subtemas y elementos narrativos. Para ello, recomendamos que cada lector, o estudiante, contribuya con su propia interpretación y la justifique con ejemplos concretos del texto. Sin embargo, a la hora de realizar un trabajo de investigación, el lector debe seleccionar uno de los elementos narrativos anteriormente mencionados, o uno de los temas o subtemas del texto, para poder realizar un estudio más exhaustivo del mismo. Por ejemplo, en una novela como *Don Quijote de la Mancha* podemos hacer un estudio sobre el papel de la voz narrativa, o sobre la relación existente entre el tiempo de la historia y el tiempo o tiempos del discurso; o podemos analizar uno de sus temas, como el de la idealización que hace don Quijote de la realidad, o la parodia que hace Cervantes de las novelas de caballerías.

Guía para el Análisis de Narrativa

Uno de los objetivos de leer consiste, como acabamos de ver, en desmontar (*dissasemble*) y analizar los distintos elementos y temas de una obra literaria. A continuación incluimos una guía general para el análisis de una obra literaria en prosa:
- La **trama**, la **historia** y el **discurso**. La trama es la síntesis, o resumen, de los acontecimientos narrativos representados en la obra literaria. Conocer la trama nos permite tener una idea general de la obra. La historia consiste en la organización cro-

nológica de los acontecimientos narrativos, y el discurso se refiere al orden en que estos acontecimientos narrativos aparecen representados en el texto.

- **La voz narrativa**. Por narrador entendemos la autoridad, o entidad, encargada (*entrusted*) de la comunicación del mensaje, o texto. Podemos preguntarnos: ¿cuál es la identidad de esta voz narrativa? ¿Narra en primera o tercera persona? ¿Es un narrador omnisciente? ¿Participa de los hechos narrados? ¿Es fiable? ¿Cuál es el tono de la voz narrativa hacia su narración? ¿Qué tipo de estilo —directo, indirecto o indirecto libre— usa el narrador al comunicar los pensamientos o ideas de los personajes? ¿Qué punto de vista utiliza en la narración?
- **Tiempo** y **espacio**. Estos dos elementos constituyen el escenario (*setting*) de una obra de ficción, y a veces tienen un valor simbólico. Podemos preguntarnos: ¿utiliza el escritor un tiempo circular o lineal? ¿Qué relación existe entre el tiempo real de la historia y el tiempo o tiempos del discurso? ¿Dónde tienen lugar los acontecimientos narrativos? ¿Tienen algún valor simbólico o metafórico estos dos elementos narrativos?
- **Caracterización** y **descripción**. En novela, especialmente, estos dos aspectos suelen tener mucha importancia. Algunas de las preguntas que podemos hacernos son: ¿quién es el protagonista? ¿Cómo aparecen caracterizados los personajes? ¿Sigue alguna técnica específica el narrador en la caracterización de los personajes? ¿Qué papel juega la descripción? ¿Utiliza el escritor algún recurso (*device*) literario específico en la descripción de personajes o lugares?
- El **lenguaje**, o **discurso**, se refiere a cómo utiliza el autor la lengua, la sintaxis y otros elementos retóricos para comunicar su mensaje. Podemos preguntarnos: ¿qué tipo de lenguaje utiliza el escritor? ¿Nos comunica el autor el mensaje de manera clara y directa? ¿Subvierte las reglas sintácticas? ¿Hace uso de un lenguaje coloquial, figurado, o culto, y de juegos lingüísticos? ¿Cómo podemos relacionar el uso de la lengua con el tema de la obra?
- El **tema** es la idea central de una obra literaria. Podemos preguntarnos: ¿nos presenta el autor el tema de forma explícita o implícita? ¿Cómo trata el autor el tema? ¿Hay variaciones sobre este tema —**leitmotivos**— a lo largo de la obra? ¿Qué subtemas hay en la novela o cuento que estudiamos?
- **Interpretación de la obra**. Una vez analizados los elementos narrativos anteriores debemos dar una interpretación general del cuento o novela que amplíe (*expands*) el tema de la obra.

Análisis Crítico de *El Eclipse*, (Augusto Monterroso)

El eclipse

Cuando fray Bartolomé Arrazola se sintió perdido aceptó que ya nada podría salvarlo. La selva poderosa de Guatemala lo había apresado,[1] implacable y definitiva. Ante su ignorancia topográfica se sentó con tranquilidad a esperar la muerte. Quiso morir allí, sin ninguna esperanza, aislado, con el pensamiento fijo en la España distante, particularmente en el convento de los Abrojos, donde Carlos Quinto condescendiera una vez a bajar de su eminencia para decirle que confiaba en el celo[2] religioso de su labor redentora.[3]

Al despertar se encontró rodeado por un grupo de indígenas de rostro[4] impasible[5] que se disponían a sacrificarlo ante un altar, un altar que a Bartolomé le pareció como el lecho[6] en que descansaría, al fin, de sus temores, de su destino, de sí mismo.

Tres años en el país le habían conferido un mediano[7] dominio[8] de las lenguas nativas. Intentó algo. Dijo algunas palabras que fueron comprendidas.

Entonces floreció en él una idea que tuvo por digna de su talento y de su cultura universal y de su arduo[9] conocimiento de Aristóteles. Recordó que para ese día se esperaba un eclipse total de sol. Y dispuso, en lo más íntimo, valerse[10] de aquel conocimiento para engañar a sus opresores y salvar la vida.

—Si me matáis —les dijo— puedo hacer que el sol se oscurezca en su altura.

Los indígenas lo miraron fijamente y Bartolomé sorprendió la incredulidad en sus ojos. Vio que se produjo un pequeño consejo, y esperó confiado, no sin cierto desdén.[11]

Dos horas después el corazón de fray Bartolomé Arrazola chorreaba[12] su sangre vehemente sobre la piedra de los sacrificios (brillante bajo la opaca luz de un sol eclipsado), mientras uno de los indígenas recitaba sin ninguna inflexión de voz, sin prisa, una por una, las infinitas fechas en que se producirían eclipses solares y lunares, que los astrónomos de la comunidad maya habían previsto y anotado en sus códices sin la valiosa ayuda de Aristóteles.

Análisis Crítico de *El eclipse*

Por análisis crítico de una obra de ficción entendemos el estudio de sus distintos aspectos narrativos. A continuación (*next*) vamos a realizar un breve análisis crítico de

---

[1]*trapped* [2]*zeal* [3]*redemptive* [4]*cara* [5]*expressionless* [6]*cama* [7]*average* [8]*grasp* [9]*profundo* [10]*hacer uso* [11]*disdain* [12]*gushed*

"El eclipse" para mostrar al lector, o estudiante, los pasos (*steps*) que debe seguir en el análisis de un texto en prosa.

Antes de leer el cuento, o cualquier texto literario, recomendamos que el lector se familiarice con la vida y obra del autor, ya que (*since*) algunos aspectos de su vida personal o literaria pueden verse reflejados en el texto que leemos. En la selección de cuentos que siguen hemos incluido una breve biografía de cada escritor para ayudar al estudiante en esta tarea (*task*). El autor del cuento que hemos seleccionado para nuestro análisis es Augusto Monterroso, un escritor guatemalteco contemporáneo que vivió exilado en la ciudad de México, y que, en algunos de sus cuentos, reflexiona sobre los problemas socio-económicos de Latinoamérica.

Después de haber leído el cuento varias veces vamos a comenzar con un comentario de la **trama**. La trama de "El eclipse" se centra en un fraile español, Bartolomé Arrazola, que es capturado por un grupo de indígenas mayas cuando se encontraba perdido en la selva (*jungle*) de Guatemala. Arrazola, como hombre culto que era, sabía que ese mismo día habría un eclipse solar, y para salvar su vida amenaza (*threatens*) a los mayas diciéndoles que si lo matan se producirá un eclipse solar. Los mayas, excelentes astrónomos, y que sabían que ese día habría un eclipse solar, no se dejan engañar por Arrazola y lo sacrifican a sus dioses. Si pensamos en la ordenación cronológica de los acontecimientos narrativos, es decir en la **historia**, podemos ver que el primer acontecimiento es el de la visita que le hace el emperador Carlos V a Arrazola, y la confianza (*trust*) que deposita en su tarea evangelizadora. A continuación siguen los tres años que vivió el fraile en Guatemala, y después es cuando se produce la pérdida del fraile en la selva, su captura y muerte a manos de los indígenas. Sin embargo, y ahora pasamos al **discurso**, los acontecimientos narrativos se presentan textualmente siguiendo otro orden. Primero tiene lugar la pérdida del fraile en la selva, le sigue el episodio de la visita del emperador al fraile, a continuación tiene lugar su captura, después la referencia a sus años de evangelización, y, finalmente, el cuento concluye con la muerte de aquél.

Una vez comentados estos aspectos narrativos podemos pasar al estudio de la **voz narrativa**; es decir, la figura que nos transmite el mensaje o historia y que funciona como intermediario entre el autor y el lector. ¿Qué tipo de narrador tenemos en este cuento? En este cuento tenemos un narrador omnisciente que conoce todos los detalles de la historia y que nos puede revelar los pensamientos y sentimientos más íntimos de los personajes, como cuando nos dice que Arrazola tenía "el pensamiento fijo en la España distante". Es un narrador fiable (*reliable*) que narra en tercera persona unos acontecimientos narrativos que él no ha experimentado ni como personaje ni como testigo, y a este tipo de narrador que está fuera de la historia narrada lo llamamos narrador "heterodiegético".

Un aspecto relacionado con la voz narrativa es el **tono**, el cual tiene que ver con la actitud o disposición emocional del narrador hacia los personajes o los hechos narrados. En este relato podemos ver que hay por parte del narrador un sentimiento de empatía hacia los mayas, y un deseo de defender su cultura. Asimismo, podemos apreciar una cierta ironía en el narrador al no anticipar, o sugerir durante el relato, la sorprendente sabiduría de los mayas, comparable, en algunos campos de la ciencia, a la de los pueblos occidentales.

Dentro del estudio de la voz narrativa también debemos pensar en el **estilo** o estilos que predominan en la narración de la historia y, como veremos en la unidad 1, los tres estilos más comunes son el directo, indirecto, y el indirecto libre. Con estos estilos no nos referimos al uso particular que hace el escritor del lenguaje, sino a cómo nos comunica el narrador los pensamientos o ideas de los personajes. En "El eclipse" hay un sólo ejemplo de estilo directo, y tiene lugar cuando el narrador cita textualmente lo que dice Arrazola: "Si me matáis —les dijo— puedo hacer que el sol se oscurezca en su altura". El otro estilo es el indirecto, y éste se manifiesta cuando, en vez de citar textualmente, el narrador incorpora en su discurso lo que dicen o piensan los personajes: "Entonces floreció en él una idea . . . ", y "Recordó que para ese día. . .". El análisis de la voz narrativa queda incompleto si no estudiamos el punto de vista del narrador, o focalización de la historia. En este cuento, el narrador no presenta los hechos narrativos ni bajo el punto de vista de Arrazola ni de los indígenas; es decir, es una narración caracterizada por la objetividad, y por ello (*therefore*) podemos hablar de una **focalización** "cero".

Después de comentar las distintas facetas (*aspects*) de la voz narrativa, el análisis textual puede centrarse en los **tiempos del relato**. Al estudiar la relación entre el tiempo real de la historia, que en este cuento dura unas horas, y los tiempos del discurso, es decir los tiempos que utiliza el narrador en la narración de los acontecimientos narrativos, encontramos varios aspectos que debemos considerar. En primer lugar, debemos decir que los acontecimientos narrativos no siguen un orden cronológico lineal. El cuento, como hemos visto, comienza con el fraile Arrazola perdido en la selva y concluye con su muerte horas después. Sin embargo, tenemos dos ejemplos de visiones retrospectivas, o *flashbacks*. La primera de ellas ocurre cuando Arrazola recuerda la visita que le hace el emperador, y la segunda cuando el narrador hace referencia a los tres años que pasó Arrazola con los indígenas. Estos saltos al pasado es lo que en crítica literaria se conoce como "analepsis", y los vemos con mucha frecuencia tanto en literatura como en el cine. Otro aspecto importante, también vinculado (*linked*) a la relación entre el tiempo real de la historia y los tiempos del discurso, es el de la "duración". Veamos, cuando el fraile Arrazola les dice a los indígenas que si lo matan habrá un eclipse, tenemos un ejemplo de cómo el tiempo real de la historia y el del discurso son idénticos, es decir los dos tiempos tienen la misma duración. Sin embargo, en términos generales, el tiempo de la historia de este cuento es mucho mayor que los tiempos del discurso. El tiempo de la historia real dura unas horas; sin embargo, el narrador nos describe todo este tiempo en una sola página. Lo mismo podemos decir del recuerdo de la visita que le hace el emperador al fraile, cuyo tiempo real pudo haber durado unas horas, pero el narrador lo resume en cuatro líneas. Lo mismo se puede afirmar con respecto al aprendizaje (*learning*) que realiza el fraile de las lenguas nativas, cuya duración real fue de tres años, pero el narrador condensa esta larga experiencia en sólo dos líneas. Cuando el tiempo real de la historia es mayor que el del discurso, como sucede en estos casos que acabamos de ver, podemos decir que entre aquéllos existe una relación temporal basada en la "aceleración".

Después del tiempo podemos analizar el **espacio**. De los distintos espacios que estudiamos en narrativa —el físico exterior, el subjetivo, el textual y el del cuerpo—, en este cuento predominan los dos primeros. El primer espacio, el escenario físico donde se desarrolla la mayor parte de la acción narrativa, es el de la selva, un espacio muy utilizado por los escritores con múltiples significados simbólicos. La selva, unas veces, aparece como símbolo de la vida, otras como símbolo de lo puro y virginal, y otras como un lugar con connotaciones negativas, como es el caso en este cuento. Arrazola, como hemos visto, se encuentra perdido en una "selva poderosa . . . implacable y definitiva", y en este espacio, desconocido para él, es donde pierde la vida. Frente a este espacio, y a modo de contraste, se encuentra el convento donde lo visita el emperador. Tenemos, pues, dos espacios como representación de dos mundos opuestos: el de los españoles y el de los indígenas. Al tratarse de (*since it is*) un cuento tan breve, el espacio subjetivo (dentro de la mente) no ocupa un lugar destacado, pero sí podemos identificarlo cuando el narrador menciona "el pensamiento fijo" de Arrazola "en la España distante", o cuando recuerda la visita del emperador y, poco después, cuando recuerda que, según Aristóteles, "se esperaba un eclipse total de sol". Estos tres ejemplos de espacio interior nos revelan, respectivamente, la nostalgia que siente el fraile por su tierra nativa, el reconocimiento a su labor evangelizadora, y la última esperanza que le queda para lograr la libertad y salvar su vida. El estudio de este espacio subjetivo es aconsejable en novelas donde el mundo interior, subjetivo, de un personaje adquiere especial protagonismo.

Podemos continuar el análisis crítico con un comentario sobre la **caracterización** y la **descripción**. Como se trata de un cuento breve, ni una ni otra ocupan mucho espacio narrativo. Con respecto a la primera, el lector debe inferirla —caracterización indirecta— de los escasos datos que nos da el narrador sobre los personajes y del breve diálogo entre éstos. Podemos deducir que Arrazola es un fraile con un gran "celo religioso", y bastante culto, ya que conocía a Aristóteles y había adquirido un mediano dominio de las lenguas nativas. Sin embargo, ignoraba los conocimientos que tenían los mayas en el campo de la astronomía, y pensaba, con ingenuidad o cierta arrogancia, que los podía engañar. Los mayas, por otro lado (*on the other hand*), aparecen caracterizados como cultos, poseedores de la sabiduría maya, y fieles representantes de una tradición religiosa que creía en la ofrenda (*offering*) de sacrificios humanos a sus dioses. En ambos casos, tenemos personajes con escasa caracterización física y sicológica; son, pues, personajes planos, unidimensionales, y fácilmente reconocibles. En cuanto a la descripción, el narrador nos describe con gran brevedad la selva y el eclipse que sigue a la muerte de Arrazola. Esta falta de elementos descriptivos es una nota característica en la obra de Monterroso, y con ello el autor trata de poner énfasis en la idea o mensaje central del cuento.

En cuanto al **lenguaje** del cuento, vemos que el autor emplea un lenguaje directo en el que no hay ni excesivas complicaciones formales, ni neologismos, ni términos característicos de alguna región específica de Guatemala o Latinoamérica. Quizá lo que más llame la atención sea la última frase del texto, de unas ocho líneas. Una posible explicación podría ser que el autor está tratando de establecer una relación analógica entre la larga extensión de este fragmento textual con la referencia que hace un indígena a "las infinitas fechas en que se producirían eclipses solares y lunares", y con el tiempo infinito que vivirá el espíritu, o alma, de Arrazola tras (*after*) su muerte.

Analizados los anteriores elementos narrativos, debemos pasar a comentar el **tema**, y en este cuento podríamos definirlo como la reivindicación (*vindication*) de la sabiduría de los antiguos mayas, y por extensión de las otras culturas indígenas de Latinoamérica, frente a la de España, y por extensión del mundo occidental. Como es de suponer, la lectura e **interpretación** que cada lector haga de este tema será diferente, y dependerá de muchos factores, tales como (*such as*) su formación literaria, su grado de madurez (*maturity level*), las distintas experiencias personales que ha tenido, su educación, etc. No hay, como todos sabemos, una sola lectura de un texto, ni tampoco un solo método de análisis; por tanto, debemos respetar las distintas interpretaciones siempre y cuando se encuentren debidamente (*rightly*) justificadas. Un comentario del tema de "El eclipse" nos lleva a afirmar que Monterroso rompe con la falsa idea del mundo occidental como cuna (*craddle*) del conocimiento, y la errónea del mundo de los indígenas como seres incultos e ignorantes. En este sentido, debemos decir que la civilización maya existió entre el año 1000 a. C. y el 1542 d. C., y que se extendió desde la península de Yucatán, en México, hasta Honduras. Los mayas tenían excelentes conocimientos en los campos de la astronomía y las matemáticas, y por este motivo hoy se conocen como "los griegos de Latinoamérica". En el lado opuesto del conflicto presentado en el cuento se encuentra el fraile Arrazola, representante de la iglesia, de España, y del mundo occidental. Como es sabido, el cura, o la cruz, y el conquistador, o la espada (*sword*), fueron dos de las figuras centrales en la conquista de Latinoamérica; y a estas dos figuras debemos añadir la del cronista (*chronicler*) de Indias. El cronista era, por lo general, un soldado que acompañaba a los conquistadores y escribía una crónica, combinando historia y ficción, sobre sus campañas militares. Además de los episodios bélicos, el cronista solía incluir descripciones sobre la geografía de los distintos lugares y sobre las costumbres de los pueblos conquistados. Aunque en este cuento podemos ver algún aspecto de la crónica, como la narración de la experiencia de un fraile español en tiempos de la conquista, también podemos ver cómo Monterroso subvierte (*subverts*) y parodia algunas de sus convenciones. Primero, el narrador de este cuento no participa de la historia narrada ni como testigo ni como personaje; y, segundo, su narración no es en primera sino en tercera persona. Además, el narrador no nos da suficiente información sobre la identidad de los protagonistas, su relato es pura ficción, y los vencedores no son los españoles sino los indígenas.

Otro aspecto que podemos comentar, a modo de conclusión, es el título del cuento. Un eclipse se produce cuando la luna se interpone entre el sol y la tierra, y "eclipsar" significa "ocultar". Si aplicamos lo dicho al cuento que hemos leído, podemos afirmar que, con este título y este cuento, Monterroso trata de mostrar cómo España, y el mundo occidental, han ocultado, y en el peor de los casos destruido, la sabiduría de las civilizaciones indígenas. Asimismo, Monterroso trata de reivindicar, o dejarnos ver, la luz de la sabiduría de estas culturas latinoamericanas. O sea (*that's to say*), trata de impedir que se siga produciendo un eclipse de la contribución de las civilizaciones indígenas al mundo de la ciencia.

Unidad 1. La Voz Narrativa

La literatura, lo mismo que la comunicación diaria, depende de la participación de tres componentes esenciales: un *escritor* (emisor), un *texto* (mensaje), y un *lector* (receptor); y en el mundo de la ficción, concretamente, el escritor delega sus funciones de emisor en el narrador, una entidad distinta a la del escritor. El narrador es la figura que media (*mediates*) entre el escritor y el mundo de la ficción, y para su análisis es fundamental que el lector conozca su identidad: si es un hombre, una mujer, un loco . . . , si es *fiable* (*reliable*) o *indigno de confianza* (*unreliable*), y si en su narración nos revela algún tipo de prejuicios o una determinada ideología. Asimismo, debemos considerar si participa en los hechos narrados, el *tono* de su narración, los distintos *estilos* —directo, indirecto . . . — que utiliza a la hora de comunicarnos lo que dicen o piensan los personajes, y cómo *focaliza* la historia que nos narra. De acuerdo al grado (*degree*) de participación del narrador en los hechos narrados podemos establecer dos categorías:

I. *Narradores que han experimentado los hechos narrados en la historia.* Este tipo de narrador, también llamado *homodiegético*, se hace claramente visible en el relato, suele expresarse en la primera o tercera personas narrativas, tiene un conocimiento limitado de los hechos narrados, nos hace saber que conocemos la historia gracias a él, y puede adoptar la forma de protagonista, personaje, o testigo. Veamos:

1. El *narrador protagonista* narra una historia en la que él y sus acciones justifican la existencia del relato: "Cuando yo era niña, en verano, iba siempre a pescar con mi papá . . . Yo digo "nos" pero el único que pescaba era mi papá" (Ana M. Shua, "Los días de pesca"). En este cuento nos encontramos con una niña que es la protagonista y también la narradora de la historia.

2. El *narrador personaje*, por otro lado, ocupa un lugar secundario en el relato y, por lo común, nos cuenta la historia de otro personaje, el verdadero protagonista del relato. Por ejemplo, en *San Manuel Bueno, mártir* (1930), de Miguel de Unamuno, uno de los personajes, Ángela Carballino, es una de las voces narrativas de un relato centrado en el cura San Manuel, el protagonista de la historia: "Quiero dejar aquí consignado (*recorded*) . . . todo lo que sé y recuerdo de aquel varón (*man*) matriarcal . . . que fue mi verdadero padre espiritual, el padre de mi espíritu, el mío, el de Ángela Carballino".

3. Y el *narrador testigo* es el que nos cuenta una historia que ha visto, pero en la que no ha participado activamente: "Estoy esta tarde en la playa, a la altura del Fortín, cuando creo ver el resto de un mástil (*mast*) movido por las olas . . . Estoy mirando el cuerpo, cuando una ola le abre los restos del smoking y veo un gran sobre alargado . . . Acostado (*lying*) en la arena, veo llegar la lancha (*boat*) . . ." (Fernando Ainsa, "Los naufragios (*shipwrecks*) de Malinow").

II. *Narradores que no han experimentado los hechos narrados en la historia*. Este tipo de narrador, también llamado *heterodiegético*, se caracteriza por utilizar la tercera persona narrativa, por no revelarnos su identidad, y por ser omnisciente: "Su luna de miel fue un largo escalofrío (*chill*). Rubia, angelical y tímida, el carácter duro de su marido heló (*froze*) sus soñadas niñerías (*childishness*) de novia. Ella lo quería mucho . . . Él, por su parte, la amaba profundamente, sin darlo a conocer" (Horacio Quiroga, "El almohadón de plumas"). En general, este narrador no nos deja saber cómo conoció la historia, aunque en algunas ocasiones sí lo hace. En este último caso, un recurso narrativo típico es el del narrador que comienza su narración diciendo cómo se enteró (*found out*) de la historia que nos va a narrar. En este tipo de relatos, el narrador no es omnisciente, suele comenzar hablando en primera persona, y poco después pasa a la tercera persona para contarnos la historia: "El caso me lo refirieron en Texas, pero había acontecido (*taken place*) en otro estado. Cuenta con un solo protagonista . . . Se llamaba, creo, Fred Murdock. Era alto a la manera americana . . ." (Jorge Luis Borges, "El etnógrafo").

Dentro de esta categoría de narradores, y de acuerdo al grado de objetividad con que se presenta la historia, podemos hacer una doble distinción en:

1. Narradores que no solamente nos cuentan la historia sino que, además, comentan y juzgan las acciones y comportamiento de los personajes. Este tipo de narrador lo encontramos frecuentemente en la novela realista del siglo XIX: "Ana bajó a la huerta (*orchard*) . . . le parecía una vergüenza y una degradación ridícula todo aquello. Estaba furiosa" (Clarín, *La Regenta*).

2. Narradores que se caracterizan por su alto grado de objetividad y por no emitir juicios críticos sobre el comportamiento de los personajes: "Él no contestó, entraron en el bar. Él pidió un whisky con agua. Él la miró, ella tenía un gorro de terciopelo (*velvet*) negro" (Eduardo Mallea, "Conversación"). Un ejemplo extremo de objetividad sería presentar toda la historia de forma dialogada.

Dentro de esta categoría de narradores podemos incluir al narrador que usa la *segunda persona narrativa*: "tú", y con este "tú" el narrador se puede referir al lector, a un personaje, o a su propia conciencia. Esta forma, bastante infrecuente, es difícil de mantener a lo largo de todo el relato, y a veces se alterna con el uso de la tercera persona: "Los trajes blancos han aparecido nuevamente y no puedes evitar que tus labios se muerdan con burla . . . Jamás pensaste verlos al igual que antes . . ." (Miguel Alfonseca, "Los trajes blancos han vuelto").

El tono

La palabra *tono* se refiere a la actitud o disposición emocional del narrador hacia el tema, los personajes o el lector. El tono de una obra puede variar a lo largo de su desarrollo: informal, formal, irónico, sarcástico, cómico, afectado, arrogante, etc. Un ejemplo concreto de ironía lo vemos en *El Buscón* (1626), de Francisco de Quevedo, donde el narrador dice que los estudiantes de la residencia "Comieron una comida eterna, sin principio ni fin"; y lo que quiere decir es que no comieron nada.

Estilos directo, indirecto, indirecto libre y monólogo interior

Un aspecto relacionado con el estudio de la voz narrativa es el de los distintos estilos que puede utilizar la voz narrativa para comunicar lo que dice un personaje:

I. *Estilo directo*. Tiene lugar cuando un narrador cita textualmente, con las palabras exactas, lo que dice un personaje:

María dijo, "mañana viajo a Granada, nadie me lo impedirá".

II. *Estilo indirecto*. En este caso el narrador incorpora en su narración las palabras del personaje:

María dijo que al día siguiente viajaba a Granada, que nadie se lo impediría.

III. *Estilo indirecto libre*. En este caso, el narrador incluye en su discurso la voz de un personaje para reproducir su conciencia, pero sin el "dijo que" o "pensó que":

María viajaba a Granada mañana, nadie se lo impediría.
O
María viajaba a Granada mañana, ¡quién se lo iba a impedir!
O
"El padre no quería emigrar, cansado de una vida de labor, indiferente a la esperanza tardía (*late*): *pues que se quedase él . . . Ella iría sin falta*" (Emilia Pardo Bazán, "Las medias rojas").

IV. *Monólogo interior*. Esta técnica narrativa consiste en reproducir en primera persona el mundo interior o conciencia de un personaje. Por ejemplo, Pedro, el protagonista de *Tiempo de silencio* (1962), de Luis M. Santos, acusado de homicidio, reflexiona en la cárcel: "Estaba muerta. Yo no la maté. Ya estaba muerta. Yo no la maté. Ya estaba muerta. Yo no fui, no pensar. No pienses".

La Focalización

Si para saber la hora exacta es necesario considerar la posición de las dos agujas (*hands*) del reloj, para entender el funcionamiento de la voz narrativa debemos distinguir entre la voz que narra —focalizador— y el agente que percibe —enfoque de la percepción—. La *focalización* se refiere a la perspectiva bajo la que se ven los acontecimientos narrativos, y funciona como la cámara cinematográfica que, al moverse, puede cambiar la focalización. Podemos distinguir entre *focalización cero*, *focalización interna* y *focalización externa*.

I. *Focalización cero*. Este tipo de focalización la vemos en narradores que están situados fuera de la historia y que **saben más** que los personajes. Ejemplos de este tipo de focalización los vemos en la tradicional novela realista del siglo XIX, donde existe un narrador omnisciente que conoce los pensamientos y sentimientos de todos sus personajes, y todo lo que ha ocurrido en el pasado o va a ocurrir en el futuro: "Pero el hombre no quería morir . . . El hombre pensó que no podría llegar jamás él solo a Tacurú-Purú y se decidió a pedir ayuda a su compadre Alves" (Horacio Quiroga, "A la deriva").

II. *Focalización interna*. Este tipo de focalización se da (*takes place*) cuando el narrador y los personajes **saben lo mismo**, y aquél nos dice sólo lo que saben éstos. En este caso, el narrador nos cuenta la historia siguiendo la perspectiva de uno o varios personajes, y podemos distinguir entre:

1. *Focalización fija*. Este tipo de focalización tiene lugar cuando toda la narración se filtra a través de la conciencia de un solo personaje, y la vemos mucho en textos autobiográficos, y en textos en los que el narrador es el protagonista, un personaje o un testigo de la historia narrada: "Vine Martín, y no estás. Me he sentado en el peldaño (*step*) de tu casa, recargada en (*leaning against*) tu puerta, y pienso que . . ." (Elena Poniatowska, "El recado").

2. *Focalización variable*. Esta clase de focalización tiene lugar cuando la narración se presenta bajo la perspectiva de varios personajes. Por ejemplo, en *La Regenta* (1884), de Clarín, muchos acontecimientos narrativos están narrados bajo la perspectiva de sus cuatro protagonistas: Ana, Fermín, Álvaro y Víctor. El siguiente es un ejemplo de una narración focalizada bajo la perspectiva de Fermín y, además, del uso del estilo indirecto libre: "Y él, don Fermín, podía esperarle al pie de la tapia (*wall*), en la calleja, en la oscuridad . . . Y allí, cuerpo a cuerpo, obligándole a luchar, vencerle, derribarle (*to knock him down*), matarle . . . ¡Para eso serviría aquel cuchillo!".

3. *Focalización múltiple*. Esta focalización ocurre cuando *un* personaje, o *un* acontecimiento narrativo, se presentan bajo varias perspectivas. Por ejemplo, en *El amor en los tiempos del cólera* (1985), de Gabriel García Márquez, la infidelidad del médico Juvenal Urbino es narrada dos veces, una bajo el punto de vista del médico mismo y la otra bajo el de Fermina Daza. Y en el siguiente ejemplo de *Belarmino y Apolonio* (1921), De Ramón Pérez de Ayala, vemos cómo el personaje de Belarmino es visto bajo varias perspectivas:

> El sastre Balmisa, el director y redactores de *La Aurora* . . . tomaban a broma a Belarmino y le calificaban (*called*) de chiflado (*crazy*). El clero y las familias piadosas le reputaban (*considered*) como un loco, aunque generalmente inofensivo . . . Pero el estado llano del partido, obreros y artesanos humildes, dedicaban a Belarmino supersticiosa fe y se enardecían (*got excited*) oyéndole.

III. *Focalización externa*. En este caso, el narrador **sabe menos** que los personajes, y no nos da el punto de vista bajo el que narra los hechos narrados; es un narrador caracterizado por su objetividad, y por limitarse sólo a describir el ambiente o los personajes sin entrar en la conciencia de éstos. Lo vemos también en novelas dialogadas, como *El Jarama* (1955), de Rafael Sánchez Ferlosio:

—¡Te tiro . . .! —amagaba (*threatened*) Santos levantando en la mano una lata de sardinas. —¡Menos!
—Chss, chss, a ver eso un segundo . . . —cortó Miguel—. Esa latita (*can*).
—¿Ésta?
—Sí, ésa, ¡verás tú . . .!

Carmen Naranjo: *Simbiosis del encuentro*

Vida, obra, y crítica

Carmen Naranjo (1931–2012) nació en Cartago, Costa Rica. Después de licenciarse en filología por la Universidad de Costa Rica realizó estudios de postgrado en la Universidad Nacional Autónoma de México y en la de Iowa, EE.UU. Además de escritora, Carmen Naranjo ha ocupado varios cargos (*jobs*) oficiales y administrativos: embajadora de su país en Israel de 1972 a 1974, ministra de cultura de 1974 a 1976, directora del Museo de Arte Costarricense de 1982 a 1984, y directora de la editorial EDUCA de 1984 a 1992. Como escritora ha recibido, entre otros, el Premio Aquileo J. Echeverría en 1966 y 1971, y la Medalla Gabriela Mistral por el gobierno de Chile en 1996.

Carmen Naranjo ha cultivado la poesía, la novela, el cuento y el ensayo. Como poeta es autora de siete poemarios, entre los que podemos destacar *Canción de la ternura* (1962), *En esta tierra redonda y plana* (2001), y *María Jiménez de Bolandi: recordándola* (2002). Como novelista ha escrito varias novelas, entre las que podemos señalar *Los perros no ladraron* (1966), *Responso por el niño Juan Manuel* (1971), *Sobrepunto* (1985), y *Más allá de Parismina* (2000). Es autora, asimismo, de varias colecciones de cuentos, el género en el que más ha destacado, y entre ellas merecen mención *Hoy es un largo día* (1974), y *Ondina* (1983). Y en el género ensayístico sobresale (*stands out*) su obra *Cinco temas en busca de un pensador* (1977).

Carmen Naranjo suele tratar temas relacionados con la vida diaria del pueblo costarricense, y ha retratado (*depicted*) con gran fidelidad el mundo y la crisis de valores de la clase media urbana. En una ocasión, Carmen Naranjo afirmó que los temas que han influido en su creación literaria son su conocimiento profundo del funcionamiento del sistema burocrático, y su amor por el ser humano. A partir de estos temas, la autora costarricense explora otros, como la soledad, la alienación, la lucha del individuo por la supervivencia en una sociedad materialista, y la exclusión de la mujer de la vida socio-económica y política de su país. En su escritura, además, suele jugar con las nociones del tiempo, el espacio, el fluir de la conciencia, estructuras fragmentadas, la memoria y el lenguaje.

Guía de lectura

"Simbiosis del encuentro", el cuento seleccionado, forma parte de la colección de cuentos *Ondina*, ganadora del Premio EDUCA en 1982. En esta obra encontramos personajes grotescos y, frecuentemente, marginales, y algunos de los temas que trata tienen que ver con la representación de género (*gender*) y con relaciones sexuales que rompen con los patrones o normas tradicionalmente establecidas. "Simbiosis del encuentro", en concreto, es la recapitulación de las varias fases por las que pasa la historia de amor entre Ana y Manuel: la cita (*date*) arreglada por un amigo, el amor que nació entre ambos, algunas de las desavenencias (*disagreements*) y crisis que experimentan, y un final inesperado. Esta historia, aparentemente convencional, despertará el interés del lector a medida que (*as*) éste empieza a descubrir la verdadera identidad de los dos amantes. En la lectura de este cuento es importante prestar atención a la subversión o transformación de algunos de los patrones establecidos por la sociedad patriarcal, la identidad y los roles sexuales de los protagonistas, el funcionamiento de la voz narrativa, el tipo de discurso que utiliza esta voz narrativa, la focalización de la historia, y el uso de los distintos tipos de estilos —directo, indirecto . . .

Simbiosis del encuentro

Nos amamos. Mi nombre es Ana. El de él es Manuel. No nos conocimos casualmente. Alguien le habló a Manuel de mí. De esa extraña forma de vivir que siempre he tenido. Que si me gustan los gatos callejeros,[1] que si sueño con un mundo distinto, si la noche me abre los ojos y me embellece, si hablo poco unas veces y otras nadie me calla, si me embriago[2] con caras expresivas y hago novelas de monólogos interminables. Ese mismo alguien me habló de Manuel, de sus fracasos amorosos, su soledad, su pensar neurótico en la profundidad de lo corriente, esa enfermedad constante que lo debilitaba[3] por ser un sensible patológico. Después ese alguien concertó[4] un encuentro casual.

Llegué de primera. Esa maldita puntualidad, que me hace sentir abundante.
Supe que había llegado. Reconocí su voz y esa forma de saludar con un hola ale-

[1]*street* [2]*enrapture* [3]*weakened* [4]*arregló*

gre. No era de ésos que abrazan sin fuerza y dan palmadas[5] en la espalda, frías, inexpresivas, o se acercan a las mejillas con un sonoro beso lejano.

Cuando creí que debía terminar la reunión, me fui sin verlo, sin hablarle. Me despedí del grupo cercano, con el que hablé, entre otras cosas, de recetas culinarias[6] y de la forma en que se aprovecha el perfil de las piedras abisinias.[7] Alguien me gritó cerca de la puerta: ¿cómo te podés[8] ir cuando apenas se está poniendo bonito? Le contesté sin verlo, tengo otra cosa que hacer y que gocen como locos y adiós. Me dio gusto llevarme mi leyenda de aguafiestas[9] y comprobar por los comentarios que ni siquiera lo había conocido, a pesar de los preparativos. Te lo presentaré y sé que ambos harán nido,[10] es una cosa fácil de presentir.[11]

Ya en la calle me respiré libre. Qué gusto da el respirar libre. Sentí que era mejor el monólogo al diálogo, el sentimiento a la sensación, el escoger al ser escogido. Casi en la esquina, su brazo me detuvo. Se me escapaba, pero vine por usted y no quiero perderla. ¿Nos podemos tomar un café?

Su voz fue imperativa y convincente. No dejó alternativa. En la cafetería, sentados uno al frente del otro, nuestros pies tropezaron[12] y sentí esa energía cautivante, estaba lista, definitivamente lista. Vi su boca y no supe medir distancia entre palabra y beso. Me besó con olor de café y de cigarrillo. Lo besé hasta que la mesa estorbó[13] mi cintura.[14]

Nos fuimos con las manos unidas, paso y beso, hasta mi apartamento. Nos quedamos ahí toda la semana, sin distinguir el día y la noche, hasta que nos molestaron las migajas[15] en las sábanas,[16] el olor de las latas[17] de atún[18] y la necesidad de contestar el teléfono, que al principio no oíamos pero que se convirtió al final en una obsesión de sobresaltos.[19]

Te quise y te quiero, Manuel, debés[20] comprenderlo. Claro que las cosas cambiaron por el efecto natural de las variaciones concertinas,[21] que también son parte de las relaciones humanas. Todos los conciertos acaban y quedan en la memoria.

Fuimos reduciéndonos a[22] los fines de semana. Al principio gloriosos como si hubiéramos ayunado[23] largo tiempo. Después más cotidianos y menos continuos, por último casi imperceptibles por lo planeados y esa pregunta que pensás[24] vamos a hacer sábado y domingo.

Agotamos[25] todo, la sorpresa, la violación, la seducción, la comedia, el fingir situaciones, los celos,[26] el suponer que había otro, el traer realmente al otro.

Recordás[27] de lo que hablamos. Hablamos siempre de nosotros, de lo sincero que

---

[5]*pats* [6]*de cocina* [7]*Abyssinian* [8]puedes (uso del voseo) [9]*party pooper* [10]*nest* [11]imaginar [12]*brushed against* [13]*interfered with* [14]*waist* [15]*crumbs* [16]*sheets* [17]*cans* [18]*tuna* [19]*sudden shocks* [20]debes (uso del voseo) [21]de un concierto [22]viéndonos [23]*fasted* [24]piensas (uso del voseo) [25]*we exhausted* [26]*jealousy* [27]recuerdas (uso del voseo)

éramos, de lo felices y afortunados, de nuestras sensibilidades encontradas, distintos a los otros, necesitábamos un mundo especial, y de que en asuntos políticos nadie nos entendía porque aún creemos en que la utopía es realizable si nos proponemos los cambios necesarios. En literatura lo raro por imprevisto nos atraía con locura.

Un día una amiga me preguntó sobre el color de los ojos de Manuel. Con rapidez contesté que azules, un hermoso azul ingenuo, sensitivo y firme. Después dudé. A veces medio verdes, el azul de tanto ver montañas se enverdece[28] un poco. Me encontré con la realidad que no sabía el color de sus ojos. Nunca lo había visto ojo a ojo, las caricias[29] nos perdieron en un mundo de humedad.

En ese tiempo discutíamos quién daba más. Yo dije que con el aporte[30] del apartamento amueblado, el alquiler, luz y teléfono, ya era suficiente para garantizar mi independencia y libertad. Él aseguró que entre la comida, el vodka, los cigarrillos, la gasolina y las extras de comer fuera, sólo disponía de unos centavos que se me van en propinas.[31] Esto no puede ser, nunca he vivido más mal. Con casa gratis, mujer gratis y charla[32] gratis. ¡Qué clase de hombre hipoteca[33] he adquirido! Bendito sea Dios y su arte de repartir regalos. En los sorteos[34] sólo me gano las desgracias.[35]

Me dijiste que no conozco la austeridad ni la economía, que era esencialmente derrochadora.[36] Realmente no sé del camino al ahorro, ése que domina los esfínteres y da el producto sobrante[37] de rumiar[38] lo ya digerido. Es el fruto de la enseñanza que pretende duplicar la energía de lo que no se siembra ni cosecha.[39]

Vaya discusión que armamos.[40] Entonces te vi claramente. Tus ojos sobre mis ojos. Los tuyos sobre los míos. No sé por cuanto[41] nos estuvimos mirando con fijeza[42] y curiosidad. Descubrí el color: amarillo sucio, que todo lo refleja y cambia, con furias de miradas locas y una honda frialdad que hiela cuanto ve. Exceso de detalles, un detallista completo, hasta en eso del ahorro y de la censura al despilfarro.[43] Nos seguimos mirando y en los ojos había como un desfile:[44] dulzura,[45] asombro,[46] reproche,[47] resentimiento. Fue el último acto de amor entre nosotros. Cuando nos dejamos de mirar, así de fijo y tenso, estábamos temblando, sudorosos, el orgasmo había pasado.

Recobré[48] la voz para decir que nos habíamos sumergido en insignificancias. Él pidió perdón, no volverá a pasar, hoy fue mi día de mala leche.[49] Decidimos separarnos una semana, después todo iba a ser diferente, porque la ausencia y echarnos de menos[50] dan verdaderas dimensiones a la relación humana. Llegó a la semana con su valija[51] y ropa sucia, con cara de goma[52] y mal aliento.[53] Se sintió mal y le hice falta.[54] No pude mentir ni decir la verdad, por eso callé.

[28]se vuelve verde [29]*caresses* [30]contribución [31]*tips* [32]conversación [33]*mortgage* [34]*draws* [35]*misfortunes* [36]*spendthrift* [37]*remaining* [38]*to chew* [39]"no . . . cosecha": *it is neither sowed nor harvested* [40]tuvimos [41]cuanto tiempo [42]*staring at each other* [43]*squandering* [44]*procession* [45]*sweetness* [46]*amazement* [47]*reproach* [48]recuperé [49]*bad blood* [50]extrañarnos [51]maleta [52]mala cara [53]*breath* [54]"le . . . falta": él me necesitaba

Nos hicimos rincones.⁵⁵ Cada uno en su espacio, igual a los animales que miden sus fuerzas.

Oí en la noche sus vómitos. Todo le caía mal. Se le antojaban⁵⁶ ciruelas⁵⁷ y pedacitos de ciruelas medio digeridas adornaron la tapa del excusado⁵⁸ y el lavatorio. Lo mismo le pasó con guayabas,⁵⁹ cubaces,⁶⁰ frijoles⁶¹ fritos, tortillas con queso, macarrones a la boloñesa y pizzas de cuanta cosa cabía en la pasta.

Fui detestando sus detalles, el exceso de ellos, la parquedad⁶² de algunos, lo amanerado⁶³ de otros, lo femenino de varios.

Estaba delgado, por lo que se fue asombrando⁶⁴ de cómo le crecían los pechos y se le abultaba⁶⁵ el vientre. A los seis meses tenía, el pobre Manuel de mis confusiones, el cuerpo más horrible que se puede concebir en un hombre: una barriga⁶⁶ casi puntiaguda,⁶⁷ unos pechos enormes y caídos, un andar despacio y cansado, un doblar⁶⁸ la espalda para esconderse. Las náuseas seguían interrumpiendo desayunos, almuerzos, comidas, conversaciones.

Propuse la visita al médico. El pobre no quería salir, ni trabajar, sólo le dio por tejer⁶⁹ y tejer incansablemente. Tejía bufandas y suéteres, porque debido a su baja presión temblaba y temblaba, sin que nada lo calentara.

Lo aguanté más allá de la repugnancia que me daba su aspecto, ademanes,⁷⁰ detalles y conversaciones que volvían a lo mismo: me estoy muriendo, ya no sirvo para nada, éste es el caso de una senilidad precoz. Quiso probar el sexo, pero no pude resistirlo. Al comenzar a toquetearme,⁷¹ le quité las manos de encima, le dije que me daba asco⁷² y empecé a vomitar yo también.

Cuando fuimos al médico, después de examinarlo desnudo y oír sobre su vientre, exprimir los pechos y ver el derrame⁷³ de agua, nos preguntó si éramos transvertistas [sic]. Le dije que no, aún no habíamos llegado a eso. Entonces repuso: el niño está bien, nacerá en diciembre, se le hará cesárea y si me dan la exclusiva para un trabajo científico no les cobraré honorarios.

¿Yo? ¿Madre de un hijo de Manuel? ¿O padre de un hijo de él? Eso no podía ser posible. Ambos coincidíamos en que no, porque además de inaudito, era ridículo, patéticamente ridículo, seríamos la burla de conocidos y desconocidos. Propusimos de común acuerdo un aborto. El médico dijo que sería un suicidio de parte de Manuel y un asesinato en cuanto al niño, y de ambos sería yo responsable, la sobreviviente. Al fin y al cabo un niño no se hace solo, yo tenía invertida una buena parte.

Pedimos tiempo para pensar.

Revisamos actos, partes, posiciones, actitudes, juegos. Y nada que explicara lo in-

---

⁵⁵"Nos...rincones" mantuvimos ciertas distancias ⁵⁶*he took a fancy* ⁵⁷*plums* ⁵⁸*toilet* ⁵⁹*guavas* ⁶⁰*large beans* ⁶¹*beans* ⁶²*sparingness* ⁶³*affected* ⁶⁴sorprendiendo ⁶⁵crecía ⁶⁶*belly* ⁶⁷*sharp-pointed* ⁶⁸*bending* ⁶⁹*to weave* ⁷⁰*postures* ⁷¹tocarme ⁷²repugnancia ⁷³*spill*

audito. ¿Brujería?⁷⁴ Quizás, siempre queda la duda aunque no se crea. Lo seguro cada vez más fuerte: aquel orgasmo de miradas con que nos desnudamos, la verdad nos llegó y jugó algún horrible ente diabólico un enredo⁷⁵ de papeles tradicionales sobre la simple y automática división sexual.

Después de cavilar⁷⁶ hasta el infinito y consultar una biblioteca sobre casos raros y hechos increíbles, que nos hizo eruditos en esas materias y no nos aclaró nada, decidimos viajar por tierra al país vecino y ahí convertirnos en la curiosidad de un pueblo extraño.

Cómo se quejó durante el viaje, cómo molestó, no cabía en ninguna parte con sus ya a punto nueve meses. Si lo detestaba desde antes, en esos momentos quería neciamente que desapareciera. Estuve tentada a abrir la puerta y tirarlo en un tramo⁷⁷ solitario de la carretera.

Al final llegamos. Lo dejé en el portón⁷⁸ del hospital y que se arreglara como mejor pudiera.⁷⁹ Al día siguiente me presenté en la hilera⁸⁰ de visitas. Me acerqué de mala gana⁸¹ al salón de maternidad. Pregunté por Manuel, sí Manuel el fenómeno. Nadie supo darme razón⁸² de él. En el hospital nunca se había atendido a un hombre embarazado. Lo busqué por todas partes, en la morgue, en el cementerio, en los hoteles, en las casas de pensión,⁸³ en las clínicas privadas, en las cantinas. Me desesperé, al fin y al cabo era mi hijo. Ese mi hijo me salió con voz ronca.⁸⁴ Empecé a sentir el peso de un bigote mientras hablaba. Visité parteras,⁸⁵ curanderos,⁸⁶ brujos.⁸⁷ Nada. Me convencí de que había robado a mi hijo. Esto lo decía como el bajo de la ópera, mientras me pesaban barbas movidas por el viento.

Regresé a mi apartamento con todas las características de un padre estafado.⁸⁸ La soledad se presentó espesa,⁸⁹ porque me sentía trunca,⁹⁰ alguien andaba por alguna parte con algo muy mío. La soledad se me hizo dura, igual que mi cutis,⁹¹ tan azotado⁹² por esa navajilla,⁹³ y que ya exigía dos afeitadas⁹⁴ diarias.

Comprensión del texto

1. ¿Cómo se conocieron Ana y Manuel?
2. ¿Qué gustos tiene Ana?
3. ¿Cómo se comportó Ana en la reunión donde iba a conocer a Manuel?
4. ¿Qué sucedió durante la cita que tuvieron Ana y Manuel en la cafetería?
5. ¿Por qué fases pasa la relación sentimental de los dos protagonistas del cuento?

⁷⁴*witchcraft*   ⁷⁵*confusión*   ⁷⁶*pensar*   ⁷⁷*section*   ⁷⁸*en una entrada*   ⁷⁹*"y . . . pudiera": and to fend for himself*   ⁸⁰*line*   ⁸¹*unwillingly*   ⁸²*"supo . . . razón": to give me an account of*   ⁸³*boarding houses*   ⁸⁴*hoarse*   ⁸⁵*midwives*   ⁸⁶*medicine men*   ⁸⁷*medicine men*   ⁸⁸*engañado*   ⁸⁹*dura*   ⁹⁰*incompleta*   ⁹¹*piel*   ⁹²*dañado*   ⁹³*razor*   ⁹⁴*shavings*

6. ¿Cómo reaccionan Ana y Manuel ante la noticia de que van a ser padres? ¿Qué deciden hacer?
7. ¿Cómo se siente Ana cuando no encuentra a Manuel? ¿Qué decisión toma?

Análisis crítico

1. ¿Qué tipo de voz narrativa nos cuenta la historia? ¿Utiliza siempre la misma persona? Comente su funcionamiento y algunas de las características que definen a este tipo o tipos de voz narrativa. ¿Cuál es el tono de la narración?
2. Mencione algún ejemplo de estilo directo, indirecto, indirecto libre y monólogo interior.
3. ¿Cómo se manifiesta el progreso temporal de la historia? ¿Hay indicaciones concretas acerca de cómo pasa el tiempo?
4. ¿Cómo aparecen caracterizados Ana y Manuel? ¿Qué diferencias notables encontramos entre estos dos amantes? ¿Sirve, en parte, su constitución biológica para definirlos como hombre/mujer?
5. ¿Hay en el cuento sugerencias o insinuaciones acerca de la verdadera identidad sexual de los personajes?
6. El título del cuento es "Simbiosis del encuentro", y el diccionario define "simbiosis" como la asociación de individuos u organismos de distinta especie para ayudarse mutuamente. ¿Hace justicia esta definición al tipo de relación que mantienen Ana y Manuel?
7. ¿Podemos explicar la transformación de los personajes como un hecho fantástico, o se trata más bien (*rather*) de un caso de travestismo?
8. El travestí acepta su sexo y cuerpo, pero le gusta jugar con una doble identidad. El transexual, por el contrario, siente que su anatomía física no se corresponde con el sexo al que desea pertenecer, es decir que no hay armonía entre identidad y anatomía sexual. ¿En cuál de estos dos grupos encajarían (*would fit*) los protagonistas del cuento?

Mesa redonda

Comente con sus compañeros de grupo la focalización, o puntos de vista, bajo los que Ana, la voz narrativa de este cuento, nos cuenta los distintos acontecimientos narrativos. Preste atención al tipo de discurso que utiliza, y a si este tipo de discurso se mantiene en todo el relato. Concretamente, ¿habla Ana como mujer o como hombre?; y, muy importante, ¿se comporta como mujer o como hombre?

Sea creativo

Haga una lista de los aspectos narrativos, tanto a nivel anecdótico, temático o técnico, que podrían cambiar si en vez de ser Ana la voz narrativa de este cuento fuera Manuel.

Investigación

Escoja uno de los siguientes cuentos: "Los naufragios de Malinow", de Fernando Ainsa, o "El etnógrafo", de Jorge Luis Borges, y escriba un trabajo centrado en el análisis de la figura del narrador, y en cómo es focalizada la narración de los distintos acontecimientos narrativos

Unidad 2. Los Tiempos del Relato

Además de la literatura, ciencias como la filosofía, la física, la astrología, e incluso la teología, han dedicado especial atención al estudio del tiempo. Si pensamos en cómo se organiza el tiempo en una obra literaria, debemos tener en cuenta algunos conceptos filosóficos y culturales acerca del tiempo en la historia antigua y moderna. De las múltiples visiones e interpretaciones que se han hecho del tiempo hay dos que han dominado el pensamiento de la humanidad. La primera de éstas concibe (*understands*) el tiempo y la historia de modo *circular*, mientras que la segunda los concibe de forma *lineal*.

I. *Tiempo circular o cíclico*. Algunas civilizaciones antiguas, como la maya y la azteca, algunas religiones, como la budista, y algunos filósofos de la Grecia clásica, vieron en la naturaleza cíclica de los días y las noches, de las estaciones del año, y de las fases de la luna, un patrón que se repetía continuamente. Esta observación los llevó a creer en el proceso repetitivo de la historia y en la circularidad del tiempo, o "rueda del tiempo". Según esta concepción, el tiempo es eterno y, por tanto, no existen, como se cree en la concepción cristiana del mundo, ni el principio de la creación ni el final apocalíptico del mundo. De esta concepción del tiempo deriva la del *eterno retorno*. Esta visión, formulada por la filosofía hindú y la escuela estoica de la Grecia clásica, sostiene que el mundo pasa por un proceso repetitivo de destrucción y renacimiento, y que los ciclos no experimentan variaciones o nuevas combinaciones. Por lo tanto, una persona será la misma en cada uno de los ciclos siguientes, y todos los acontecimientos o ideas se repetirán en el mismo orden y manera sin alteración alguna. Este concepto del tiempo, popularizado por Friedrich Nietzsche en el siglo XIX, tuvo una gran influencia entre algunos escritores del siglo XX, y podemos verlo representado en *Cien años de soledad* (1967), de Gabriel García Márquez, y en varios cuentos de Jorge Luis Borges, como "Las ruinas circulares".

II. *Tiempo lineal*. Es un concepto judeo-cristiano, con base en la *Biblia*, que defiende que el tiempo comienza con la creación del mundo por Dios y termina con el juicio final. Para los cristianos, por lo tanto, el tiempo es limitado, pero Dios y el mundo sobrenatural, o divino, existen eternamente. Uno de los más importantes defensores del tiempo lineal fue San Agustín quien, además, postuló la existencia de tres tiempos: pasado, presente y futuro. Para San Agustín, el pasado y el futuro son realidades que sólo existen en la mente de una persona en el momento presente, mientras que Dios existe fuera del tiempo. Esta concepción subjetiva del tiempo de San Agustín tuvo una notable influencia en los campos de la filosofía y la literatura a partir del (*since*) siglo XVIII.

Si las teorías anteriores nos ayudan a conocer la visión del tiempo y de la historia que los escritores reflejan en sus obras, no menos importante es el estudio de la estructuración de ese tiempo en una obra de ficción. Así, podemos identificar dos tipos de tiempo: el *tiempo real de la historia* y el *tiempo del discurso*. El primero se refiere al tiempo que duran los acontecimientos narrados en el relato; es decir, la duración que tienen éstos una vez establecido su orden cronológico. Y el segundo, el *tiempo* o *tiempos del discurso*, se refiere a los tiempos que pasa el narrador narrando los acontecimientos narrativos. Veamos a continuación tres tipos de relación entre ambos tiempos:

I. *Relaciones de orden temporal*. Éstas se producen cuando hay una alteración en el orden cronológico del tiempo de la historia, dando lugar a dos tipos de anacronías: la *analepsis* y la *prolepsis*.

    A. *Analepsis*, retrospección o "*flashback*", es la evocación de un hecho pasado; o sea, un salto en la narración de la historia para contar un acontecimiento anterior al tiempo presente de la historia. Por ejemplo, en el cuento "No oyes ladrar los perros", de Juan

Rulfo, el padre le dice a su hijo malherido (*badly injured*): "Me acuerdo cuando naciste. Así eras entonces. Despertabas con hambre y comías para volverte a dormir".

B. *Prolepsis*, prospección o *"flashforward"*, es la anticipación de un acontecimiento; o sea, es un salto en la narración de la historia para contar un acontecimiento posterior al tiempo presente de la historia: "El día en que lo iban a matar, Santiago Nasar se levantó a las 5:30 de la mañana" (Gabriel García Márquez, *Crónica de una muerte anunciada*).

II. *Relaciones de duración*. Estas relaciones se basan en la comparación del tiempo real de un acontecimiento de la historia con el tiempo que el narrador le dedica en el texto, y podemos distinguir cinco tipos:

A. *Elipsis*. Consiste en omitir un acontecimiento o período de la vida de un personaje, con lo que el tiempo de la historia es mucho mayor que el del discurso. Por ejemplo, en el cuento "Pecado de omisión", de Ana María Matute, el narrador no nos dice *absolutamente nada* de lo que pasa con el protagonista, Lope, durante un período de su vida mientras trabajaba como pastor: "El verano pasó. Luego el otoño . . . Cinco años más tarde . . .".

B. *Aceleración*. Tiene lugar cuando el discurso reduce, o condensa, el tiempo de la historia, con lo que el tiempo de ésta es mayor que el anterior. Por ejemplo, Ángela, en *San Manuel Bueno, mártir*, de Miguel de Unamuno, resume una experiencia larga de su vida, su estancia en el colegio, en una sola frase: "Pasé en el colegio unos cinco años".

C. *Escena*. En este caso el tiempo del discurso y el de la historia coinciden. Por ejemplo, en la representación de los diálogos de los personajes.

D. *Desaceleración*. Se da cuando el tiempo del discurso es mucho mayor que el de la historia. Por ejemplo, en *La Regenta*, de Clarín, el narrador dedica las primeras cien páginas de la novela a describir lo que ocurre en una sola tarde.

E. *Pausa*. Se produce cuando el discurso no introduce ningún progreso temporal, y el tiempo de la historia se detiene completamente. En este caso, el tiempo del discurso es mucho mayor que el de la historia, y lo vemos en las descripciones y caracterizaciones de los personajes.

III. *Relaciones de frecuencia*. Estas relaciones se refieren al número de veces que es narrado un acontecimiento de la historia, y podemos distinguir tres tipos:

A. *Singulativa*. Tiene lugar cuando se narra una vez un acontecimiento que ocurre una sola vez. Es la más común.

B. *Repetitiva*. Ocurre cuando un personaje narra un acontecimiento de la historia varias veces, o cuando varios personajes cuentan el mismo acontecimiento. Por ejemplo, en *Cinco horas con Mario* (1966), de Miguel Delibes, la narradora protagonista, Carmen, nos cuenta varias veces su cita con un amigo.

C. *Iterativa*, se da cuando se narra una sola vez un acontecimiento que ocurre varias veces. Por ejemplo "Los domingos aquellos estábamos tan solos" (Ana María del Río, "Supermercado"). Aquí asumimos que todos los domingos ocurren los mismos acontecimientos.

Don Juan Manuel: *Lo que sucedió a un deán[1] de Santiago[2] con don Illán, el mago de Toledo*

Vida, obra y crítica

Don Juan Manuel (1282–1348) fue un escritor español perteneciente a la nobleza (*nobility*). Quedó huérfano de padre a los dos años y de madre a los ocho, y recibió una excelente educación que combinó con el ejercicio de la equitación (*riding*), la caza y la guerra. Fue sobrino del rey Alfonso X el Sabio, y participó activamente en las luchas nobiliarias que tuvieron lugar durante los reinados de Fernando IV y Alfonso XI. Se casó tres veces y, a pesar de las conspiraciones en las que se vio envuelto, demostró gran valentía (*bravery*) como soldado en muchas batallas.

Sus obras más importantes son el *Libro del caballero e del escudero* (1328), centrada en los consejos que da un caballero anciano a un joven que aspira a la caballería (*chivalry*); el *Libro de los estados* (1330), sobre la conversión de un rey pagano y su hijo, el príncipe Johás, al cristianismo; el *Conde Lucanor*, terminada en el año 1335, y a la que me referiré seguidamente; el *Libro infinido* (1336?); *De la caza* (1325); y *De las maneras de amor*, escrito entre 1334 y 1337. Es también autor de una *Crónica abreviada* (1325) y del *Libro de las armas* (1337?), donde hace una defensa de su alto linaje (*lineage*).

Don Juan Manuel es considerado el primer escritor castellano en prosa con un estilo personal. En su obra continúa la tradición didáctica-moral, iniciada por su tío Alfonso X el Sabio, a la que don Juan Manuel unirá una preocupación por los valores estéticos de la obra. Esta preocupación se manifiesta en la selección del vocabulario, un léxico abundante, la concisión, la precisión, y la sencillez.

Guía de lectura

"Lo que sucedió a un deán de Santiago con don Illán, el mago de Toledo" es uno de los cuentos que integran el libro del *Conde Lucanor*, una obra compuesta de cinco par-

---

[1]posición jerárquica dentro de la iglesia, inferior a la de obispo [2]ciudad situada al noroeste de España

tes. La primera parte es la más importante, y consta de cincuenta y un cuentos. La estructura de los cuentos es similar en toda la obra: el conde Lucanor tiene un problema y le pide ayuda a su consejero (*advisor*) Patronio, quien, por medio de un cuento o fábula, el *enxemplo*, da una respuesta al problema de su amo (*master*) que le servirá como consejo. Todos los cuentos terminan con una moraleja (*moral*) que se resume en un pareado, dos versos que riman entre sí. El *Conde Lucanor* fue una de las obras didáctico-morales de mayor éxito en España, tal vez porque trata de pasiones y errores de todos los tiempos, como la avaricia (*greed*), la vanidad, la hipocresía, la ingratitud, etc. La ingratitud, precisamente, es uno de los temas del cuento que vamos a leer a continuación.

La anécdota principal de este cuento, adaptado del original, se centra en la visita que le hace un deán de Santiago a un mago de Toledo, don Illán, con el propósito de aprender el arte de la magia. Pero antes de enseñarle este arte, don Illán pondrá a prueba el espíritu de gratitud del deán a través de una serie de acontecimientos. Al leer el cuento, debemos prestar atención a su estructura, a la gradación de los acontecimientos narrativos, a la importante función del espacio del sótano (*basement*), a la voz o voces narrativas y, obviamente, a los distintos usos del tiempo. Este cuento de don Juan Manuel fue adaptado por Jorge Luis Borges en "El brujo postergado".

Lo que sucedió a un deán de Santiago con don Illán, el mago de Toledo

Otro día hablaba el conde Lucanor con Patronio, su consejero, y le contó el problema que tenía de la siguiente manera:

—Patronio, un hombre vino a verme y me rogó[1] que le ayudara en un asunto,[2] prometiéndome que más tarde haría por mí todo lo que fuese en mi beneficio y honra. Yo empecé a ayudarle todo cuanto pude, y antes de que su problema se hubiera resuelto, aunque él ya lo daba por concluido, le pedí un favor y él se negó con no sé qué excusa. Después le pedí otro favor y volvió a negarse con la misma excusa, y lo mismo hizo con todo lo que le fui a pedir más tarde. Pero aquel asunto por el que vino a pedirme ayuda aún no se ha arreglado ni se arreglará si yo no le ayudo. Y por la confianza que tengo en vos y en vuestro buen juicio os ruego que me aconsejéis lo que debo hacer ante esta difícil situación.

—Señor conde —respondió Patronio—, para hacer lo que debéis me gustaría que

[1]pidió [2]problema

escuchases lo que sucedió a un deán de Santiago con don Illán, un mago que vivía en Toledo.

15 Entonces, el conde le pidió que le contara lo que le había sucedido.

—Señor conde —dijo Patronio—, en Santiago vivía un deán que tenía grandes deseos de aprender el arte de la nigromancia,³ y como oyó decir que don Illán de Toledo era en aquella época la autoridad en este tema, se vino a la ciudad de Toledo para estudiar esta ciencia con él. Nada más llegar a Toledo se fue a casa del maestro, a 20 quien halló leyendo en una habitación muy apartada.⁴ Don Illán lo recibió muy cortésmente, y le pidió que no le explicara la causa de su venida hasta después de haber comido. Don Illán lo trató muy bien, le hizo dar una buena habitación y todo lo que necesitara, y le dio a entender que se alegraba mucho de tenerle como invitado.

Después de haber comido se quedaron solos el deán y el mago de Toledo, y aquél 25 le contó el motivo de su viaje, y le rogó muy encarecidamente⁵ que le enseñara esa ciencia mágica que tantos deseos tenía de aprender. Don Illán le dijo que él era deán y hombre de cierta posición dentro de la jerarquía de la Iglesia y que podía llegar muy arriba aún, y que los hombres que alcanzan una posición elevada, una vez que han alcanzado lo que buscan, olvidan muy pronto lo que otras gentes han hecho por ellos; 30 por lo que él temía que, cuando hubiera aprendido lo que deseaba, no se lo agradecería como había prometido. El deán, entonces, le prometió y aseguró que, en cualquier estado o posición a los que llegara, no haría sino lo que él le pidiese.

Estuvieron hablando de este tema desde que acabaron de comer hasta la hora de cenar. Una vez resuelto⁶ este asunto entre ellos, le dijo el mago que aquella ciencia no 35 se podía aprender sino en un lugar muy apartado, y que esa misma noche le mostraría dónde habrían de estar hasta que la aprendiera. Y, tomándole de la mano, lo llevó a una sala donde, separados del resto de la gente, llamó a una criada⁷ a la que pidió que preparara unas perdices⁸ para la cena, pero que no las pusiera a asar⁹ hasta que él se lo ordenase.

40 Dicho esto, llamó al deán y juntos bajaron por una escalera de piedra muy bien labrada,¹⁰ y descendieron tanto que les parecía como si el río Tajo¹¹ pasara por encima de ellos. Llegados al final de la escalera, le enseñó el mago unas habitaciones muy espaciosas y un salón muy bien decorado, y con muchos libros, donde impartiría¹² clase. Apenas se hubieron sentado, se pusieron a considerar con qué libros habrían de 45 empezar la instrucción, y, estando en esto,¹³ entraron dos hombres y le entregaron al deán una carta que le enviaba su tío el arzobispo.¹⁴ En dicha carta, el arzobispo le hacía saber que se encontraba muy enfermo, y le rogaba que, si quería verlo con vida, se

---

³*magia* ⁴*side room* ⁵*insistently* ⁶*resolved* ⁷*maid* ⁸*partridges* ⁹*to bake* ¹⁰*wrought* ¹¹*río que cruza la ciudad de Toledo* ¹²*enseñaría* ¹³*"estando en esto": estando discutiendo este asunto* ¹⁴*archbishop*

fuera en seguida a Santiago. Al deán le disgustó[15] mucho recibir estas noticias, primero por la enfermedad de su tío y, segundo, porque tenía que dejar el estudio que había empezado. Al fin, decidió no dejar el estudio tan pronto y le escribió una carta a su tío. A los tres o cuatro días llegaron otros hombres a pie con cartas para el señor deán en las que le hacían saber que el arzobispo había muerto, y que en la diócesis todos estaban de acuerdo en elegirlo sucesor suyo y que confiaban en que, gracias a Dios, le tendrían por arzobispo. Por lo tanto, no era necesario que se apresurara[16] a ir a Santiago, ya que parecía mejor que le eligieran estando él ausente que no en la diócesis.

Al cabo de[17] siete u ocho días llegaron a Toledo dos escuderos[18] muy bien vestidos y muy bien provistos de armas y caballos, y en llegando al deán le besaron la mano y le mostraron las cartas en las que le decían que había sido elegido arzobispo. Cuando don Illán oyó esto, se dirigió al arzobispo electo y le dijo que cuánto agradecía a Dios que le hubieran llegado tan buenas noticias encontrándose en su casa; y que, ya que Dios le había hecho arzobispo, le pedía por favor que diera a su hijo el deanazgo[19] que quedaba vacante. El arzobispo, sin embargo, le respondió que tuviera por bien[20] que aquel deanazgo fuera concedido[21] a un hermano suyo, pero le aseguró que daría a su hijo, en compensación, otro cargo[22] con el que habría de quedar muy contento; y terminó pidiéndole que lo acompañara a Santiago y trajera a su hijo con ellos. Don Illán le dijo que así lo haría.

Fuéronse, pues, para Santiago, donde fueron recibidos muy solemnemente. Después de haber pasado algún tiempo allí, llegaron un día mensajeros del Papa con cartas para el arzobispo en las que aquél le decía que le había nombrado obispo de Tolosa,[23] y que le concedía la gracia[24] de dejar aquel arzobispado[25] a quien él quisiera. Cuando don Illán oyó esto, le pidió muy encarecidamente que se lo diese a su hijo, reprochándole las promesas incumplidas[26] que le había hecho antes, pero el arzobispo le rogó una vez más que consintiera[27] en dejárselo a un tío suyo, hermano de su padre. Don Illán le respondió que le parecía muy injusto, pero que aceptaba su decisión con tal que le compensara más tarde. Y el arzobispo volvió a prometerle que, con toda certeza, así lo haría; y le rogó que se fuera con él a Tolosa y trajera a su hijo con ellos.

Al llegar a Tolosa fueron muy bien recibidos por los condes y nobles de aquella región. Y después de pasar en esta ciudad dos años, llegaron mensajeros del Papa con cartas en las que aquél le notificaba[28] que había sido nombrado cardenal, y que le daba plena[29] autorización para que dejase el obispado[30] de Tolosa a quien él quisiera. Enton-

---

[15]le entristeció [16]se diera prisa [17]después de [18]*squires* [19]la jurisdicción del deán [20]"tuviera por bien": aceptara [21]dado [22]empleo [23]ciudad de la provincia de Guipuzcoa, al norte de España [24]privilegio [25]jurisdicción del arzobispo [26]*unfulfilled* [27]aceptara [28]informaba [29]total [30]jurisdicción del obispo

ces don Illán se dirigió a él y le dijo que, pues tantas veces había dejado incumplidas sus promesas, ahora no había lugar para poner ninguna excusa y esperaba que le concediese el obispado de Tolosa a su hijo. El cardenal, sin embargo, le rogó que no tomara a mal[31] que aquel obispado fuera para un tío suyo, hermano de su madre, un buen anciano,[32] y que, como había sido ascendido a cardenal, lo acompañara a la corte romana, donde encontraría muchas maneras de favorecerle. Don Illán se quejó mucho por lo sucedido, pero consintió en lo que le pidió el cardenal y se fue con él a Roma.

Llegados allí, fueron muy bien recibidos por los cardenales y por toda la curia romana,[33] y vivieron en Roma mucho tiempo. Durante este tiempo, don Illán le rogaba cada día al cardenal que le hiciera a su hijo alguna merced,[34] pero él se excusaba continuamente.

Un día, durante su permanencia en la corte romana, murió el Papa; y todos los cardenales lo eligieron Papa. Don Illán, entonces, se dirigió a él y le dijo que ahora no podía poner excusa alguna para no cumplir con lo prometido. El Papa le replicó que no insistiera tanto, que ya habría oportunidad de favorecerle en lo que fuera justo. Don Illán comenzó a quejarse mucho, recordándole todo lo que había prometido y dejado sin cumplir, y le dijo que esto ya lo había él sospechado desde la primera vez que habló con él; y que, pues había llegado a una posición tan alta y no cumplía con lo prometido, ya no esperaba recibir favor ninguno de él. El Papa se sintió muy molesto por estas quejas de don Illán y empezó a denostarle[35] diciéndole que si seguía insistiendo e incomodándole[36] que le metería en la cárcel,[37] pues era bien sabido que era un hereje[38] y un encantador,[39] y que no había tenido en Toledo, donde moraba,[40] otra vida y otro oficio[41] sino el de enseñar el arte de la nigromancia.

Cuando don Illán vio el mal pago que le hacía el Papa por todo lo que había hecho, se despidió de él, sin que éste ni siquiera[42] le ofreciese comida para el camino. Entonces, don Illán le dijo al Papa que, pues no tenía otra cosa que comer, habría de recurrir[43] a las perdices que iba a mandar asar aquella noche, y llamó a la mujer y le pidió que asase las perdices.

Cuando dijo esto don Illán, hallóse el Papa en Toledo, deán de Santiago, como lo era cuando allí llegó, y sintió tanta vergüenza[44] por lo que había pasado que no supo qué decir para disculparse.[45] Don Illán le dijo que se fuera en paz, que ya había comprobado[46] lo que podía esperar de él, y que no le parecía bien convidarle[47] a comer de aquellas perdices.

Y vos, señor conde Lucanor, pues veis que tanto bien habéis hecho por aquella persona que os pide vuestra ayuda y no os lo agradece, pienso que no os debéis mo-

---

[31]no se ofendiera [32]viejo [33]*papal curia* [34]favor [35]insultarle [36]molestándole [37]prisión [38]*heretic* [39]mago [40]vivía [41]trabajo [42]*not even* [43]hacer uso de [44]*shame* [45]*to excuse himself* [46]visto [47]invitarle

lestar ni sacrificar en ayudarle mucho porque es posible que os dé el mismo pago que le dio el deán a don Illán.

El conde vio que este consejo era muy bueno, lo puso en práctica, y todo le salió muy bien.

Y como don Juan entendió que este exemplo[48] era bueno, lo hizo poner en este libro y compuso unos versos que dicen así:

Al que mucho ayudares y no te lo agradeciere,
menos ayuda tendrás cuanto más alto subiere.

Comprensión del texto

1. ¿Qué problema le plantea (*raises*) el conde Lucanor a Patronio, su consejero?
2. ¿Qué quería aprender el deán de Santiago? ¿Cómo lo recibió don Illán?
3. ¿Dónde le va a enseñar su ciencia don Illán? ¿Por qué?
4. ¿Qué le pide don Illán a su criada que tenga listas?
5. ¿Qué sucede con el arzobispo, un tío del deán? ¿A qué puesto asciende el deán? ¿Qué le pide don Illán? ¿Qué decisión toma el deán?
6. ¿De qué manera se repite todo el proceso anterior? ¿Qué decide hacer al final don Illán?
7. ¿Cómo despide don Illán al deán?
8. ¿Qué le aconseja al final Patronio al conde Lucanor?
9. ¿Quién es don Juan?

Análisis crítico

1. ¿Qué tipo de narrador o narradores tenemos en este cuento? ¿Cuál es el tono de la narración? ¿Qué tipo/s de focalización podemos ver en este cuento? ¿Quiénes son los receptores de las historias narradas? Mencione un ejemplo de algunos de los estilos directo, indirecto . . .
2. Desde el punto de vista estructural, ¿en cuántas partes podríamos dividir este cuento?
3. ¿Cuál es la relación entre el problema planteado por el conde Lucanor, la moraleja y el *enxemplo* que cuenta Patronio?
4. Un deán va a Toledo a aprender el arte de la magia. ¿Encuentra algo de irónico en esta decisión? ¿Cómo amenaza el deán, una vez que ha llegado a Papa, al mago de Toledo?

[48]cuento

5. ¿Desde qué punto de vista es importante la referencia a las perdices?
6. El sótano es uno de los espacios donde ocurre la acción narrativa. ¿Por qué es importante este espacio? ¿De qué manera se opone lo que ocurre aquí a lo que sucede en las estancias superiores? ¿Podemos considerar este cuento como fantástico?
7. ¿Cómo se crea el suspense del cuento?
8. ¿Cómo aparecen caracterizados los personajes?
9. ¿Dónde se encuentra el carácter moralizador y didáctico del cuento?

Mesa redonda

Discuta con sus compañeros de grupo el tipo de tiempo que tiene lugar cuando los dos protagonistas descienden a la habitación donde don Illán va a enseñar el arte de la magia al deán. Comente, asimismo, la relación entre los tiempos de la historia y del discurso, prestando atención a las relaciones de orden temporal, de duración y de frecuencia.

Sea creativo

Escoja una experiencia significativa que haya tenido en su vida —su amistad con una persona, una competición deportiva, un viaje . . .— y haga un bosquejo (*outline*) en orden cronológico de algunas anécdotas relacionadas con esta experiencia. A continuación, escriba una breve historia haciendo uso de alguna o algunas de las relaciones entre el tiempo real de la historia y el tiempo del discurso.

Investigación

Escoja uno de los dos cuentos de Borges, "El milagro secreto" o "Las ruinas circulares", y estudie el tema del tiempo desde un punto de vista filosófico, y desde el punto de vista de las relaciones que hay entre el tiempo real de la historia y el tiempo o tiempos del discurso.

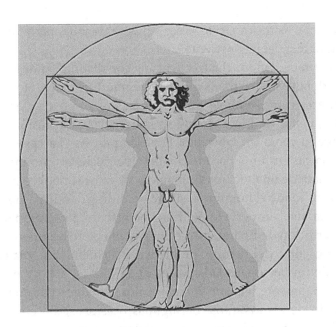

Unidad 3. El Espacio

El espacio y el tiempo constituyen lo que se conoce como el "escenario" (*setting*) de una obra literaria, y ambos sirven para comunicarnos una parte del mensaje de dicha obra. Para interpretar el espacio, podemos preguntarnos: ¿cómo usa este espacio el escritor?, ¿puede tener un valor simbólico?, o bien ¿qué efecto tiene en la formación de la identidad de los personajes, el tema, y los acontecimientos narrativos? Se han hecho muchas clasificaciones del espacio, pero aquí vamos a centrarnos en cuatro tipos: el físico, el subjetivo, el del cuerpo, y el textual.

I. *El espacio físico exterior.* Por espacio físico exterior nos referimos, entre otros, al mundo de la naturaleza, a las ciudades, a los países, o al espacio interior de las casas. Estos lugares, que pueden ser reales o imaginarios, tienen un significado literal y, con frecuencia, un valor simbólico; y es tarea del lector interpretar este valor simbólico porque, normalmente, varía de obra a obra. Por ejemplo, la ciudad ha sido tradicionalmente vista como un lugar que inspira seguridad, pero últimamente la vemos más como representación de aspectos negativos de la vida en sociedad: caos, inseguridad, violencia, etc. El mar, asimismo, puede ser símbolo de vida, pero también puede ser símbolo de la muerte o del inconsciente.

Otro espacio, usado con mucha frecuencia y con distinto valor simbólico, es el de la casa, el lugar donde compartimos algunos de nuestros momentos más íntimos. La casa puede aparecer como símbolo de la familia, como representación de la matriz (*womb*) femenina, como un lugar donde se materializa la opresión de la mujer por parte del hombre, o como un laberinto. Por ejemplo, en "La casa de Asterión", de Jorge L. Borges, la casa es un laberinto donde vive prisionero un minotauro solitario esperando la llegada de una víctima humana; y su valor simbólico nos sugiere que el mundo es un lugar donde el hombre se siente perdido y donde pasa su tiempo inventando juegos hasta que la muerte le permite liberarse del sinsentido de esta vida. Por otro lado, la descripción de una casa en ruinas se puede relacionar con la decadencia de un país, el transcurso del tiempo, problemas matrimoniales, y la crisis moral o el deterioro físico de un personaje. Dos partes de la casa, el ático y el sótano, se usan frecuente e indistintamente (*indistinctly*) con valor simbólico para referirse al inconsciente y al mundo de los instintos. En algunas ocasiones, sin embargo, el ático se refiere al mundo racional de la mente o el intelecto. A veces, el espacio de una sola obra puede generar distintas interpretaciones, como es el caso de la casa, en "Casa tomada" de Julio Cortázar. Unos la ven como representación de Argentina bajo el gobierno populista de Juan Domingo Perón, otros como representación del *ego, id y superego,* y otros como representación de la locura.

Para conocer el valor simbólico de un espacio resulta útil identificar algunas de las propiedades relacionadas con su posición. Por ejemplo, la cosmología cristiana sitúa el cielo en un nivel superior, el infierno en uno inferior, y la tierra en el medio, y esta jerarquía espacial se usa frecuentemente en literatura para mostrar una separación rígida de poderes políticos, clases sociales, grupos raciales u otra índole de segregaciones. El centro, por otro lado, tiene un importante valor simbólico, y a veces los escritores le dan un valor sagrado o lo relacionan con una idea de certeza y totalidad. Al contrario, los lugares periféricos suelen ser espacios socialmente marginales donde viven las clases más bajas, y en el folklore y la mitología clásica tales lugares suelen estar poblados (*inhabited*) por monstruos, bestias salvajes, muertos o brujas, entre otros. Otro tipo de espacio es el constituido por los lugares fronterizos (*border*) —puertas, calles, valles, ríos, paredes . . . — y estos lugares de transición suelen indicar la separación de mundos opuestos —ricos y pobres, consciente e inconsciente, realidad y fantasía, etc.

II. *El espacio subjetivo.* Otro tipo de espacio donde se puede desarrollar la acción narrativa es el de la mente o conciencia del narrador o de un personaje. Éste es un espacio alternativo en el que la mente recrea la realidad exterior representándola en su imaginación. Un ejemplo de este tipo de espacio lo vemos en *Cinco horas con Mario*, de Miguel Delibes. Durante el velatorio (*funeral wake*) de su difunto (*dead*) esposo, Carmen, la protagonista, rememora (*recalls*) sus veintitrés años de vida conjunta (*together*) en un monólogo interior de cinco horas. Contrariamente (*conversely*), a veces vemos cómo las descripciones de diferentes lugares y espacios sirven como proyección del espacio interior, de los estados emocionales o sicológicos, del narrador o de un personaje. Por ejemplo, Andrea, la protagonista de *Nada* (1944), de Carmen Laforet, proyecta en la descripción de los objetos que la rodean su estado de perturbación y depresión: "La locura sonreía en los grifos torcidos (*crooked*)... En el centro, como un túmulo funerario (*burial mound*)... una cama turca, cubierta por una manta negra, donde yo debía dormir".

III. *El espacio del cuerpo*. El cuerpo humano suele verse como un microcosmos del universo, y en literatura es común encontrar comparaciones de espacios naturales y arquitectónicos con el cuerpo humano, y viceversa. Por ejemplo, a veces un escritor habla metafóricamente del vientre de una montaña, de los ojos azules de una persona como ventanas del alma o como las aguas del mar, de las venas como ríos, de los huesos como rocas, y de la sangre como agua. Uno de los tópicos de la literatura ha sido la comparación de la mujer con la tierra, y ello se debe a que, por un lado, la mujer es capaz de procrear y alimentar lo creado al igual que la tierra y, por otro, a que sus ciclos menstruales se corresponden con los movimientos de la luna. Finalmente, hay escritores que establecen analogías entre la conquista de un país, o destrucción de la naturaleza por el progreso, con la violación del cuerpo femenino.

Además de estas relaciones comparativas, la representación del cuerpo por sí solo recibe en algunos textos una especial consideración. Dentro de la literatura que podemos caracterizar como feminista, es frecuente utilizar el cuerpo de la mujer como espacio o espejo en el que se refleja el daño que le ha causado el sistema patriarcal, y otras veces se utiliza para reafirmar su identidad, romper con estereotipos establecidos, o celebrar su función reproductora u otros aspectos de su género. Por ejemplo, en "Simbiosis del encuentro", de la unidad 1, vimos cómo el cuerpo no es el espacio que define la identidad de una persona.

IV. *El espacio textual*. Aunque este espacio, en teoría, incluye al escritor, al texto y al lector; normalmente, cuando hablamos del espacio textual, nos referimos sólo al segundo. El espacio textual, entonces, estaría ocupado por el lenguaje, por un discurso compuesto de descripciones, caracterizaciones, diálogos, y juegos lingüísticos y sintácticos. Asimismo, estaría ocupado por espacios en blanco, fotos, o dibujos; es decir, todo lo visual que aparece en la página. Como el texto escrito es un objeto que ocupa un espacio físico, éste puede ser manipulado de diversas maneras. Los escritores de metaficción, y otros escritores experimentales, frecuentemente juegan con las características espaciales del texto literario para llamar la atención al carácter físico de la página impresa. Por ejemplo, Juan Goytisolo, en *Juan sin tierra* (1975), viola las reglas gramaticales de la lengua española, deja espacios en blanco, incluye neologismos y palabras en árabe, y juega con los márgenes de la página y con la tipografía de las palabras.

Augusto Monterroso: *Míster Taylor*

Vida, obra y crítica

Augusto Monterroso (1921–2003) nació en Tegucigalpa, Honduras, pero vivió su infancia y juventud en Guatemala. A los once años dejó la escuela, y se convirtió en autodidacta. En 1937, un año después de mudarse (*to move*) a Guatemala, fundó la Asociación de Artistas y Escritores Jóvenes de Guatemala. En 1944, y como resultado de sus actividades clandestinas contra el dictador Jorge Ubico, salió exilado para la ciudad de México. En 1953 fue nombrado cónsul de Guatemala en Bolivia, y después de un año se fue a Chile, donde residió dos años. En 1956 volvió a México con un trabajo en la UNAM —Universidad Nacional Autónoma de México— donde ejerció de profesor, coordinador de talleres literarios, investigador, etc. Monterroso ha ganado numerosos premios literarios, como el Premio Javier Villaurrutia en 1975, y el Premio Príncipe de Asturias de las Letras en el 2000.

De su obra literaria podemos destacar *Obras completas (y otros cuentos)* (1959), su primera obra y con la que ganaría reconocimiento universal; *La oveja negra (y demás fábulas)* (1969), *Movimiento perpetuo* (1972), *Lo demás es silencio (la vida y la obra de Eduardo Torres)* (1978), su única novela; *La letra e. Fragmentos de un diario* (1987), una obra con rasgos autobiográficos; y *La vaca* (1998).

Augusto Monterroso es un verdadero maestro del minicuento, de la fábula y del aforismo. Su obra literaria es difícil de clasificar, ya que en ella se combina la ficción con el ensayo, la fábula y el aforismo. Además, se caracteriza por el uso del humor negro, la concisión, la ironía, la parodia, la paradoja, el escepticismo, los juegos lingüísticos, y la importancia concedida a los elementos paratextuales, como títulos y citas. Muchas de sus composiciones son fábulas, pero Monterroso no busca en ellas un fin moralizador o didáctico, como es el caso de la fábula tradicional, sino mostrar distintos comportamientos del ser humano y provocar múltiples interpretaciones.

Guía de lectura

En una entrevista con el crítico José Rufinelli, Monterroso afirmó que el cuento "Míster Taylor" lo escribió en Bolivia en 1954, y que iba dirigido contra el imperialismo americano y la United Fruit Company por su intervención en el derrocamiento (*overthrow*) del gobierno democrático del presidente guatemalteco Jacobo Arbenz, para quien Monterroso trabajaba como diplomático. El cuento apareció publicado por primera vez en el diario *El sol*, de Santiago, Chile, y después fue incluido en su colección *Obras completas (y otros cuentos)*.

La anécdota del cuento se centra en la llegada de Mr. Taylor a tierras amazónicas, donde inicia un negocio con un tío, Mr. Rolston, que vivía en Nueva York. Este lucrativo negocio consistía en la exportación de cabezas humanas reducidas (*shrunk human heads*), pero, después de un tiempo, este boyante (*prosperous*) negocio comienza a decaer (*decline*) y los dos protagonistas se encuentran en una difícil situación.

En "Míster Taylor", Monterroso nos presenta la creación y funcionamiento de una compañía basada, como otras muchas de nuestra sociedad capitalista, en las leyes de la oferta y la demanda, tema que trata en cuentos como "Dejar de ser monos" y "La exportación de cerebros". En este cuento, el lector puede encontrar varias referencias intertextuales. Por ejemplo: "una tribu cuyo nombre no hace falta recordar", hace alusión al comienzo de *Don Quijote de la Mancha*, de Cervantes. Otra referencia intertextual es la de "tan pobre y mísero estaba... en busca de hierbas para alimentarse", en alusión al pobre sabio de *La vida es sueño* (1635), de Calderón de la Barca. Y una tercera referencia intertextual se ve en la concesión que las autoridades americanas le dan a Mr. Taylor para vender cabezas humanas por noventa y nueve años, en alusión al tratado que concedía el uso del Canal de Panamá a EE.UU. en 1903 por el mismo número de años. Asimismo, el lector debe prestar atención a los numerosos aspectos irónicos, el humor negro, la sátira del sistema capitalista, y el significado derivado de los espacios geográficos en los que tiene lugar el desarrollo de la acción.

Míster Taylor

—Menos rara, aunque sin duda más ejemplar —dijo entonces el otro—, es la historia de Mr. Percy Taylor, cazador[1] de cabezas en la selva amazónica.

Se sabe que en 1937 salió de Boston, Massachusetts, en donde había pulido[2] su espíritu hasta el extremo de no tener un centavo. En 1944 aparece por primera vez en

[1]*hunter* [2]*polished*

América del Sur, en la región del Amazonas, conviviendo con los indígenas de una tribu cuyo nombre no hace falta recordar.

Por sus ojeras[3] y su aspecto famélico[4] pronto llegó a ser conocido allí como "el gringo pobre", y los niños de la escuela hasta lo señalaban con el dedo y le tiraban piedras cuando pasaba con su barba brillante bajo el dorado sol tropical. Pero esto no afligía[5] la humilde condición de Mr. Taylor porque había leído en el primer tomo[6] de las *Obras Completas* de William G. Knight que si no se siente envidia de los ricos la pobreza no deshonra.

En pocas semanas los naturales[7] se acostumbraron a él y a su ropa extravagante. Además, como tenía los ojos azules y un vago acento extranjero, el Presidente y el Ministro de Relaciones Exteriores lo trataban con singular respeto, temerosos[8] de provocar incidentes internacionales.

Tan pobre y mísero estaba, que cierto día se internó[9] en la selva en busca de hierbas para alimentarse. Había caminado cosa de[10] varios metros sin atreverse a volver el rostro,[11] cuando por pura casualidad vio a través de la maleza[12] dos ojos indígenas que lo observaban decididamente. Un largo estremecimiento[13] recorrió[14] la sensitiva espalda de Mr. Taylor. Pero Mr. Taylor, intrépido, arrostró[15] el peligro y siguió su camino silbando[16] como si nada hubiera visto.

De un salto (que no hay para qué llamar felino) el nativo se le puso enfrente y exclamó:

—*Buy head? Money, money.*

A pesar de que el inglés no podía ser peor, Mr. Taylor, algo indispuesto, sacó en claro[17] que el indígena le ofrecía en venta una cabeza de hombre, curiosamente reducida, que traía en la mano.

Es innecesario decir que Mr. Taylor no estaba en capacidad de comprarla; pero como aparentó no comprender, el indio se sintió terriblemente disminuido por no hablar bien el inglés, y se la regaló pidiéndole disculpas.

Grande fue el regocijo[18] con que Mr. Taylor regresó a su choza.[19] Esa noche, acostado boca arriba sobre la precaria estera[20] de palma que le servía de lecho, interrumpido tan solo por el zumbar[21] de las moscas acaloradas que revoloteaban[22] en torno haciéndose obscenamente el amor, Mr. Taylor contempló con deleite durante un buen rato su curiosa adquisición. El mayor goce[23] estético lo extraía de contar, uno por uno, los pelos de la barba y el bigote, y de ver de frente el par de ojillos entre irónicos que parecían sonreírle agradecidos por aquella deferencia.

Hombre de vasta cultura, Mr. Taylor solía entregarse a la contemplación; pero esta

---

[3]*bags under the eyes* [4]*starving* [5]*afflicted* [6]volumen [7]indígenas [8]con miedo [9]entró [10]aproximadamente [11]cara [12]vegetación [13]*shiver* [14]*went through* [15]*faced resolutely* [16]*whistling* [17]"sacó ... claro": *figured out* [18]alegría [19]*shack* [20]*mat* [21]*the buzzing* [22]*hovered* [23]satisfacción

vez en seguida se aburrió de sus reflexiones filosóficas y dispuso obsequiar la cabeza a un tío suyo, Mr. Rolston, residente en Nueva York, quien desde la más tierna infancia había revelado una fuerte inclinación por las manifestaciones culturales de los pueblos hispanoamericanos.

Pocos días después el tío de Mr. Taylor le pidió —previa indagación[24] sobre el estado de su importante salud— que por favor lo complaciera[25] con cinco más. Mr. Taylor accedió[26] gustoso al capricho de Mr. Rolston y —no se sabe de qué modo— a vuelta de correo[27] "tenía mucho agrado[28] en satisfacer sus deseos". Muy reconocido,[29] Mr. Rolston le solicitó[30] otras diez. Mr. Taylor se sintió "halagadísimo[31] de poder servirlo". Pero cuando pasado un mes aquél le rogó el envío de veinte, Mr. Taylor, hombre rudo y barbado[32] pero de refinada sensibilidad artística, tuvo el presentimiento[33] de que el hermano de su madre estaba haciendo negocio con ellas.

Bueno, si lo quieren saber, así era. Con toda franqueza, Mr. Rolston se lo dio a entender en una inspirada carta cuyos términos resueltamente[34] comerciales hicieron vibrar como nunca las cuerdas del sensible espíritu de Mr. Taylor.

De inmediato concertaron[35] una sociedad en la que Mr. Taylor se comprometía a obtener y remitir[36] cabezas humanas reducidas en escala industrial, en tanto que[37] Mr. Rolston las vendería lo mejor que pudiera en su país.

Los primeros días hubo algunas molestas dificultades con ciertos tipos del lugar. Pero Mr. Taylor, que en Boston había logrado las mejores notas con un ensayo sobre Joseph Henry Silliman, se reveló como político y obtuvo de las autoridades no sólo el permiso necesario para exportar, sino, además, una concesión exclusiva por noventa y nueve años. Escaso trabajo le costó convencer al guerrero[38] Ejecutivo y a los brujos[39] Legislativos de que aquel paso patriótico enriquecería en corto tiempo a la comunidad, y de que luego estarían todos los sedientos[40] aborígenes en posibilidad de beber (cada vez que hicieran una pausa en la recolección de cabezas) de beber un refresco bien frío, cuya fórmula mágica él mismo proporcionaría.[41]

Cuando los miembros de la Cámara, después de un breve pero luminoso esfuerzo intelectual, se dieron cuenta de tales ventajas, sintieron hervir su amor a la patria y en tres días promulgaron un decreto exigiendo[42] al pueblo que acelerara la producción de cabezas reducidas.

Contados meses más tarde, en el país de Mr. Taylor las cabezas alcanzaron aquella popularidad que todos recordamos. Al principio eran privilegio de las familias más pudientes;[43] pero la democracia es la democracia y, nadie lo va a negar, en cuestión de semanas pudieron adquirirlas hasta los mismos maestros de escuela.

[24]*inquiry* [25]*pleased* [26]*agreed* [27]*"a . . . correo": by return* [28]gusto [29]agradecido [30]pidió [31]muy contento [32]con barbas [33]*premonition* [34]claramente [35]organizaron [36]enviar [37]mientras que [38]*fighting* [39]*wizards* [40]*thirsty* [41]daría [42]*demanding* [43]ricas

Un hogar[44] sin su correspondiente cabeza se tenía por[45] un hogar fracasado. Pronto vinieron los coleccionistas y, con ellos, las contradicciones: poseer diecisiete cabezas llegó a ser considerado de mal gusto; pero era distinguido tener once. Se vulgarizaron[46] tanto que los verdaderos elegantes[47] fueron perdiendo interés y ya sólo por excepción adquirían alguna, si presentaba cualquier particularidad que la salvara de lo vulgar. Una, muy rara, con bigotes prusianos, que perteneciera en vida a un general bastante condecorado, fue obsequiada al Instituto Danfeller, el que a su vez donó, como de rayo,[48] tres y medio millones de dólares para impulsar[49] el desenvolvimiento[50] de aquella manifestación cultural, tan excitante, de los pueblos hispanoamericanos.

Mientras tanto, la tribu había progresado en tal forma que ya contaba con una veredita[51] alrededor del Palacio Legislativo. Por esa alegre veredita paseaban los domingos y el Día de la Independencia los miembros del Congreso, carraspeando,[52] luciendo[53] sus plumas, muy serios, riéndose, en las bicicletas que les había obsequiado[54] la Compañía.

Pero, ¿qué quieren? No todos los tiempos son buenos. Cuando menos lo esperaban se presentó la primera escasez de cabezas.

Entonces comenzó lo más alegre de la fiesta.

Las meras[55] defunciones resultaron ya insuficientes. El Ministro de Salud Pública se sintió sincero, y una noche caliginosa,[56] con la luz apagada, después de acariciarle un ratito el pecho como por no dejar, le confesó a su mujer que se consideraba incapaz de elevar la mortalidad a un nivel grato a los intereses de la Compañía, a lo que ella le contestó que no se preocupara, que ya vería cómo todo iba a salir bien, y que mejor se durmieran.

Para compensar esa deficiencia administrativa fue indispensable tomar medidas heroicas y se estableció la pena de muerte en forma rigurosa.

Los juristas se consultaron unos a otros y elevaron a la categoría de delito,[57] penado[58] con la horca[59] o el fusilamiento,[60] según su gravedad, hasta la falta más nimia.[61]

Incluso las simples equivocaciones pasaron a ser hechos delictuosos.[62] Ejemplo: si en una conversación banal, alguien, por puro descuido, decía "Hace mucho calor", y posteriormente podía comprobársele,[63] termómetro en mano, que en realidad el calor no era para tanto, se le cobraba un pequeño impuesto y era pasado ahí mismo por las armas,[64] correspondiendo la cabeza a la Compañía y, justo es decirlo, el tronco y las extremidades a los dolientes.[65]

La legislación sobre las enfermedades ganó inmediata resonancia y fue muy co-

---

[44]casa [45]"se ... por": se consideraba [46]se hicieron tan populares [47]ricos [48]inmediatamente [49]*to foster* [50]*development* [51]calle [52]*clearing their throats* [53]*showing off* [54]dado [55]simples [56]oscura [57]crimen [58]penalizado [59]*gallows* [60]*shooting* [61]insignificante [62]*criminal* [63]probársele [64]"pasado ... armas": ejecutado [65]familiares

mentada por el Cuerpo Diplomático y por las Cancillerías de potencias⁶⁶ amigas. De acuerdo con esa memorable legislación, a los enfermos graves se les concedían veinticuatro horas para poner en orden sus papeles y morirse; pero si en este tiempo tenían suerte y lograban contagiar a la familia, obtenían tantos plazos⁶⁷ de un mes como parientes fueran contaminados. Las víctimas de enfermedades leves y los simplemente indispuestos merecían el desprecio de la patria y, en la calle, cualquiera podía escupirles⁶⁸ el rostro. Por primera vez en la historia fue reconocida la importancia de los médicos (hubo varios candidatos al premio Nobel) que no curaban a nadie. Fallecer⁶⁹ se convirtió en ejemplo del más exaltado patriotismo, no sólo en el orden nacional, sino en el más glorioso, en el continental.

Con el empuje⁷⁰ que alcanzaron otras industrias subsidiarias (la de ataúdes,⁷¹ en primer término, que floreció con la asistencia técnica de la Compañía) el país entró, como se dice, en un periodo de gran auge⁷² económico. Este impulso fue particularmente comprobable en una nueva veredita florida, por la que paseaban, envueltas en la melancolía de las doradas tardes de otoño, las señoras de los diputados, cuyas lindas cabecitas decían que sí, que sí, que todo estaba bien, cuando algún periodista solícito, desde el otro lado, las saludaba sonriente sacándose el sombrero.

Al margen recordaré que uno de estos periodistas, quien en cierta ocasión emitió un lluvioso estornudo⁷³ que no pudo justificar, fue acusado de extremista y llevado al paredón de fusilamiento.⁷⁴ Sólo después de su abnegado⁷⁵ fin los académicos de la lengua reconocieron que ese periodista era una de las más grandes cabezas⁷⁶ del país; pero una vez reducida quedó tan bien que ni siquiera se nota la diferencia.

¿Y Mr. Taylor? Para ese tiempo ya había sido designado consejero particular del Presidente Constitucional. Ahora, y como ejemplo de lo que puede el esfuerzo individual, contaba los miles por miles; mas esto no le quitaba el sueño⁷⁷ porque había leído en el último tomo de las *Obras completas* de William G. Knight que ser millonario no deshonra si no se desprecia⁷⁸ a los pobres.

Creo que con ésta será la segunda vez que diga que no todos los tiempos son buenos. Dada la prosperidad del negocio llegó un momento en que del vecindario sólo iban quedando ya las autoridades y sus señoras y los periodistas y sus señoras. Sin mucho esfuerzo, el cerebro de Mr. Taylor discurrió⁷⁹ que el único remedio posible era fomentar⁸⁰ la guerra con las tribus vecinas. ¿Por qué no? El progreso.

Con la ayuda de unos cañoncitos, la primera tribu fue limpiamente descabezada⁸¹ en escasos tres meses. Mr. Taylor saboreó la gloria de extender sus dominios. Luego

⁶⁶países ⁶⁷*terms* ⁶⁸*spit on them* ⁶⁹morir ⁷⁰*thrust* ⁷¹*coffins* ⁷²prosperidad ⁷³*sneeze* ⁷⁴"llevado . . . fusilamiento": ejecutado ⁷⁵*unselfish* ⁷⁶una de las más inteligentes ⁷⁷"no . . . sueño": no le impedía dormir ⁷⁸*if you don't despise* ⁷⁹pensó ⁸⁰*to foster* ⁸¹eliminada (*beheaded*)

vino la segunda; después la tercera y la cuarta y la quinta. El progreso se extendió con tanta rapidez que llegó la hora en que, por más[82] esfuerzos que realizaron los técnicos, no fue posible encontrar tribus vecinas a quienes hacer la guerra.

Fue el principio del fin.

Las veredas empezaron a languidecer.[83] Sólo de vez en cuando se veía transitar[84] por ellas a alguna señora, a algún poeta laureado con su libro bajo el brazo. La maleza, de nuevo, se apoderó[85] de las dos, haciendo difícil y espinoso[86] el delicado paso de las damas. Con las cabezas, escasearon las bicicletas y casi desaparecieron del todo los alegres saludos optimistas.

El fabricante de ataúdes estaba más triste y fúnebre que nunca. Y todos sentían como si acabaran de recordar de un grato sueño, de ese sueño formidable en que tú te encuentras una bolsa repleta[87] de monedas de oro y la pones debajo de la almohada y sigues durmiendo y al día siguiente muy temprano, al despertar, la buscas y te hallas[88] con el vacío.

Sin embargo, penosamente,[89] el negocio seguía sosteniéndose. Pero ya se dormía con dificultad, por el temor a amanecer[90] exportado.

En la patria de Mr. Taylor, por supuesto, la demanda era cada vez mayor. Diariamente aparecían nuevos inventos, pero en el fondo nadie creía en ellos y todos exigían las cabecitas hispanoamericanas.

Fue para la última crisis. Mr. Rolston, desesperado, pedía y pedía más cabezas. A pesar de que las acciones de la Compañía sufrieron un brusco[91] descenso, Mr. Rolston estaba convencido de que su sobrino haría algo que lo sacara de aquella situación.

Los embarques,[92] antes diarios, disminuyeron a uno por mes, ya con cualquier cosa, con cabezas de niño, de señoras, de diputados.

De repente cesaron del todo.

Un viernes áspero[93] y gris, de vuelta de la Bolsa,[94] aturdido[95] aún por la gritería y por el lamentable[96] espectáculo de pánico que daban sus amigos, Mr. Rolston se decidió a saltar por la ventana (en vez de usar el revólver, cuyo ruido lo hubiera llenado de terror) cuando al abrir un paquete del correo se encontró con la cabecita de Mr. Taylor, que le sonreía desde lejos, desde el fiero Amazonas, con una sonrisa falsa de niño que parecía decir: "Perdón, perdón, no lo vuelvo a hacer".

Comprensión del texto

1. ¿De dónde sale Mr. Taylor? ¿Adónde fue?
2. ¿En qué situación económica vivió al principio Mr. Taylor?

[82]*no matter how many* [83]*to languish* [84]*pasear* [85]*took over* [86]*thorny* [87]*llena* [88]*encuentras* [89]*con dificultades* [90]*to find themselves* [91]*rápido* [92]*shipments* [93]*hard* [94]*stock market* [95]*deafened* [96]*pitiful*

3. ¿Qué le ofrece un nativo a Mr. Taylor cuando éste se internó en la la selva?
4. ¿Qué hace Mr. Taylor por la noche con el regalo que le hizo el nativo?
5. ¿Quiénes tienen el poder adquisitivo para comprar cabezas humanas reducidas?
6. ¿Qué medida se toma cuando las defunciones no son suficientes para proveer cabezas humanas reducidas?
7. ¿Qué premio obtienen los enfermos graves que contagian a sus familiares?
8. ¿Qué ocurrió con el periodista que no justificó su estornudo?
9. ¿Qué sugiere Mr. Taylor para mejorar el negocio cuando no quedan en la tribu más que las autoridades y los periodistas?
10. ¿De quién es la última cabeza reducida que recibe Mr. Rolston?

Análisis crítico

1. ¿Quién narra la historia? ¿A quién dirige su historia, a un lector dentro o fuera del texto? ¿Hay alguna otra voz narrativa? ¿Qué tipo de focalización tenemos en el texto? Mencione algún ejemplo de estilo directo, indirecto o indirecto libre.
2. ¿Qué tipo de tiempo se representa en este cuento? Comente algunas de las relaciones que hay entre el tiempo real de la historia y el tiempo o tiempos del discurso.
3. ¿Cuándo tienen lugar los acontecimientos narrativos? ¿Cree que los acontecimientos narrados ocurrieron en algún momento de la historia?
4. ¿Cómo es descrito y caracterizado Mr. Taylor? ¿Qué nos dice, o sugiere, del carácter de Mr. Taylor las dos citas de William K. Knight?
5. Comente algún ejemplo de ironía, sarcasmo o humor negro que encuentre en este cuento.
6. Comente algún elemento satírico de este cuento. Por ejemplo, piense en cómo es recibido por los nativos Mr. Taylor al principio y lo que hace éste después con el negocio de exportación de cabezas.
7. ¿Qué repercusiones económicas tuvo la escasez de cabezas reducidas?

Mesa redonda

El cuento nos presenta dos espacios diferentes: el de la tribu amazónica y el de EE.UU. Discuta con sus compañeros de grupo el significado de estos dos espacios. ¿Qué características definen a uno y otro espacio? ¿Qué cambios socio-económicos provoca el negocio de Mr. Taylor en la sociedad americana y en la tribu amazónica? ¿Qué relación de dependencia se crea entre estos dos pueblos? ¿Podemos conectar el cuento con la relación económica que ha tenido y tiene EE.UU. con Latinoamérica?

Sea creativo

El texto de Monterroso puede leerse como una alegoría del funcionamiento del sistema capitalista, basado en las leyes de la oferta y la demanda. Escriba en una página una alegoría diferente que refleje o traduzca esta misma situación económica.

Investigación

Escoja uno de los dos cuentos mencionados en la introducción de esta unidad, "Casa tomada" de Julio Cortázar, y "La casa de Asterión" de Jorge L. Borges, o "La casa de azúcar" de Silvina Ocampo, y comente el significado y trascendencia que tiene el espacio, en especial la casa, en el cuento seleccionado.

Unidad 4. Caracterización y Descripción

La Caracterización

Don Quijote, Ana Ozores, o Artemio Cruz son personajes de ficción tan convincentes en cuanto a su personalidad que parecen formar parte de nuestra realidad. Éstos, y otros personajes, sirven, entre otras funciones, para que el lector establezca un punto de conexión entre ellos y la realidad fuera del mundo de la ficción. Si hay algo con lo que nos identificamos en una obra de ficción es con los personajes. Por definición, los personajes son personas representadas en una obra de ficción. Los lectores conocemos a los personajes a través de lo que éstos hacen y dicen sobre ellos mismos o sobre los demás, y por medio de lo que el narrador nos dice sobre ellos. Toda esta información nos permite sacar conclusiones acerca de sus cualidades morales, intelectuales y emocionales, y también conocer las motivaciones por las que actúan de una manera u otra. La caracterización, entonces, tiene que ver con la presentación y descripción de las cualidades distintivas de los personajes, y en su estudio vamos a centrarnos en dos aspectos: los métodos empleados en la caracterización, y los dos tipos principales de personajes.

I. *Métodos empleados en la caracterización de los personajes:*

    A. *Caracterización directa.* Éste es el tipo más común de caracterización, y se da cuando un personaje es presentado explícitamente con una enumeración de sus rasgos físicos o sicológicos. Por ejemplo, en el cuento "Anibalito", de Jorge Ferretis, el narrador nos describe a Aníbal como "taciturno, introvertido y enclenque (*weak*). Era casi rubio, daba la impresión de ser viejo aunque sólo andaba en 37 años".

    B. *Caracterización indirecta.* Este tipo de caracterización se materializa de forma indirecta o implícita; es decir, el lector necesita inferir los rasgos caracterizadores del personaje porque éstos no son mencionados explícitamente. Por tanto, para llegar a un conocimiento de la identidad o carácter de este personaje, debemos examinar lo que él dice, lo que otros personajes dicen de él, el tipo de interacción que tiene con los demás personajes, y la relevancia de algunas de sus acciones (si éstas ocurrieron una o más veces, si no hizo algo que debía haber hecho, o si planeó hacer algo pero no lo hizo). Por ejemplo, en la novela picaresca anónima *Lazarillo de Tormes* (1554?), las acciones y el comportamiento del cura hacia Lázaro nos revelan que detrás de esta persona religiosa se esconde un hombre egoísta e hipócrita. Además de sus acciones, el tipo de lenguaje utilizado por un personaje nos puede revelar su origen, clase social, profesión, o alguna característica de su estado emocional o sicológico. Por ejemplo, en *Tiempo de silencio*, de Luis M. Santos, el tipo de habla usado por Cartucho, un delincuente, ya lo identifica como perteneciente a una clase social muy baja. Asimismo, la ropa que viste un personaje, los amigos que frecuenta, el ambiente que lo rodea, o el lugar que habita pueden completar su cuadro (*picture*) caracterizador. Un ejemplo del espacio como elemento caracterizador se ve en *La familia de Pascual Duarte* (1942), de Camilo J. Cela, donde el autor nos muestra la marginalidad del protagonista, un criminal, situando su casa a las afueras (*outskirts*) del pueblo, mientras que una de sus víctimas, un rico burgués, vive en el centro del pueblo.

    C. *Caracterización analógica.* Este tipo de caracterización ocurre cuando la identidad de un personaje se establece al compararlo con un animal u objeto, o en virtud (*by reason of*) del nombre que tiene, primer atributo identificador de un personaje. Por ejemplo, en *Lazarillo de Tormes*, el nombre "Lázaro" lo relaciona con el Lázaro bíblico. Si éste renace a una nueva vida al ser resucitado por Jesucristo, aquél renace a una vida de bienestar económico (*economic well being*) después de haber vivido en la miseria (*poverty*).

II. *Tipos de personajes.* Una de las clasificaciones de personajes más conocida es la de E. M. Forster, quien identifica dos grupos básicos de personajes:

    A. *Personajes redondos o circulares.* Estos son personajes individualizados, complejos y dinámicos y, por tanto, están dotados de una variedad de rasgos (*traits*) sicológicos. Al no tener una personalidad o comportamiento fijos, y evolucionar o cambiar en el curso de la narración, estos personajes aparecen, a veces, como contradictorios, su comportamiento no es predecible (*predictable*), son capaces de sorprendernos de forma convincente, y nos parecen gente real y familiar. Por su naturaleza elusiva (*evasive*) y dinámica, estos personajes nos obligan a reconsiderar constantemente la manera cómo los interpretamos. Por ejemplo, un personaje puede aparecer al principio como inocente e ingenuo; sin embargo, a medida que (*as*) avanzamos en la lectura del texto descubrimos que detrás de esta máscara (*mask*) se esconde un hombre astuto (*cunning*) y manipulador. Ejemplos concretos de personajes redondos serían don Quijote, uno de los protagonistas de *Don Quijote de la Mancha*, de Miguel de Cervantes, y Artemio Cruz, el protagonista de *La muerte de Artemio Cruz* (1962), de Carlos Fuentes. En don Quijote se puede ver cómo debajo de su locura se esconde una gran sabiduría, cómo a veces vive en el mundo de la ficción y otras en el de la realidad, y cómo a veces actúa de forma colérica (*angry*) y otras con gran prudencia. En el caso de Artemio Cruz, vemos el retrato (*picture*) de un hombre que ama y odia a su esposa, y que pasa de ser un hombre inocente a ser un rico manipulador, cruel, corrupto, asesino y cobarde. Lo mismo que todos los grandes personajes de literatura, don Quijote y Artemio Cruz viven con nosotros, los leemos, releemos e, incluso, reinventamos.

    B. *Personajes planos o lineales*. Estos personajes, a veces llamados tipos, y otras veces estereotipos, son personajes unidimensionales, estáticos, y fácilmente reconocibles (*recognizable*), que están caracterizados con uno o muy pocos rasgos sicológicos. Por esto, su comportamiento personal o sicológico no experimenta grandes cambios y es fácilmente predecible (*predictable*). El lector puede recordarlos rápidamente porque sus rasgos personales —físicos y sicológicos— caen dentro de categorías generales y son característicos de un rol tradicional, tal y como vemos en el avaro (*miser*), el seductor, el fanfarrón (*braggard*), etc. Entre otras razones, los personajes planos aparecen en la literatura para ayudar en el desarrollo de la acción narrativa, y para actuar como contraste de los personajes más complejos. Otras veces, sin embargo, un personaje plano se sale de los límites que le trazó (*marked out*) el autor y actúa de manera que nos fuerza a repensar nuestras impresiones iniciales del mismo. Por ejemplo, en *Lazarillo de Tormes*, al principio pensamos que el buldero (*seller of Papal indulgences*) es un simple buldero, pero al final descubrimos que es un verdadero ladrón. Comparados con personajes más complejos, los personajes planos ayudan al escritor a crear contrastes y diferencias, y es difícil imaginar una novela u obra de teatro sin ellos.

La Descripción

Describir es tratar de recrear verbalmente, por medio de las palabras, una realidad. La descripción se puede definir como un fragmento textual en el que el narrador atribuye una serie de características determinadas a una persona, un lugar u otra realidad. Las descripciones interrumpen el progreso de la historia, y se introducen en el relato de varias maneras. Algunas veces, el narrador describe de manera omnisciente una determinada realidad, otras veces describe lo que ve un personaje, y otras veces es el mismo personaje el que lleva a cabo la descripción de lo que ve o hace. Se podría hacer una larga tipología de los distintos tipos de descripción pasando de la descripción realista a la descripción con elementos altamente metafóricos, o a la que trata de crear un espacio textual en el que el narrador pone énfasis en el valor estético de la palabra.

Amparo Dávila: *Detrás de la reja*

Vida, obra y crítica

Amparo Dávila (1928–) nació en un pueblo minero del estado de Zacatecas, México. La muerte de su hermano, cuando ella era una niña, le afectó profundamente, y vivió una infancia triste y solitaria. A los siete años fue llevada a San Luis Potosí, donde fue educada por las monjas de un convento. Comenzó a escribir poesía a los ocho años, y cuentos a los diez.

Amparo Dávila ha colaborado en publicaciones como *Estilo*, *Ariel*, *Revista mexicana de literatura* y *Revista de bellas artes*. En 1950 publicó su primer libro de poemas, *Salmos bajo la luna*, al que siguieron otros poemarios como *Meditación a la orilla del sueño* y *Perfil de soledades*, ambos de 1954. Su obra narrativa incluye las colecciones de cuentos *Tiempo destrozado* (1959), *Música concreta* (1964) y *Árboles petrificados* (1977), con la que ganó el premio Xavier Villaurrutia en 1977.

Esta escritora mexicana, que ha recibido los elogios y admiración de escritores como Julio Cortázar, pertenece a la llamada Generación de medio siglo. Su obra narrativa se ha visto influida por escritores como Dante, Edgar A. Poe, el mismo Julio Cortázar, H. P. Lovecraft y F. Kafka, y algunos de los temas por los que muestra predilección son el del miedo, la soledad, la locura, lo siniestro, los dobles, el espejo y la muerte. Muchos de sus cuentos tienen protagonistas femeninos, y en ellos suele incorporar descripciones del escenario en el que transcurrió su infancia. Algunos críticos catalogan su obra de "fantástica", pero ella afirma que este tipo de literatura no le atrae ni como escritora ni como lectora. Dávila añade que prefiere el mundo de la realidad en sus dos caras: la externa y lógica por un lado, y por otro la cara donde las cosas no están sujetas a una explicación lógica.

Guía de lectura

"Detrás de la reja", incluido en *Música concreta,* es un cuento centrado en la compleja relación entre varios miembros de una familia, y en esta relación participan sentimientos de amistad, amor y traición. La acción narrativa se sitúa en una ciudad de México, y tiene por protagonistas a Paulina, una mujer de cuarenta años que ha sufrido un desengaño (*disappointment*) amoroso; su sobrina de veintitrés, que es a su vez la voz narrativa de la historia; y Darío, el hermano de una de las amigas de aquéllas y el desencadenante (*the one who brought about*) del conflicto amoroso que viven la tía y su sobrina. Al principio del cuento, la voz narrativa nos muestra la convivencia armónica y rutinaria que caracteriza la vida de la sobrina en compañía de su tía Paulina y de su abuela; pero un día, un hombre, Darío, entra en sus vidas sentimentales para transformar a Paulina y su sobrina en "dos fieras (*beasts*) hambrientas". La mayor parte de la acción narrativa desarrolla esta relación triangular: sus pasiones, trampas, juegos y traiciones. Al final del cuento, sin embargo, el lector se da cuenta de que él mismo ha sido víctima de un juego similar de manipulación, y de que sus expectativas como lector han sido traicionadas. En la lectura de este cuento es importante ver cómo aparecen caracterizados los personajes, la descripción del escenario donde tienen lugar los acontecimientos narrativos, el papel que juega la voz narrativa, la lucha callada (*silent struggle*) de las dos mujeres por conseguir a Darío, y la creación del suspense en el relato.

Detrás de la reja

Aquel verano cumplí 23 años y Paulina 40, sin embargo ella no representaba su edad y parecía ser sólo unos cuantos años mayor que yo. Paulina era hermana de mi madre, y se hizo cargo de mí a los pocos meses de nacida, al quedar huérfana. Desde entonces viví con ella y mi abuela Dorotea en una casa llena de flores y de jaulas[1] con pájaros, que eran la debilidad[2] de mi abuela. La casa, como todas las de pueblo, tenía un patio cuadrado con habitaciones alrededor: la sala, la recámara[3] de mi abuela, otra recámara que compartíamos[4] Paulina y yo, el comedor, la cocina y un pequeño y rústico cuarto de baño. Paulina era profesora de primaria y daba clases al grupo de cuarto año, siguiendo su ejemplo yo también me recibí de maestra y me asignaron el primer año. Nuestra vida era tranquila, metódica y ordenada, como reflejo[5] de la misma Paulina. Todos los días nos levantábamos a las seis y media de la mañana; yo acomodaba[6] y sacudía[7] la casa mientras Paulina hacía el desayuno y mi abuela se dedicaba a regar[8] las macetas[9] y a darles de comer a sus pájaros. Después de desayunar dejábamos preparada la comida, nos arreglábamos[10] y partíamos para la escuela, en donde debíamos

[1]*cages* [2]*weakness* [3]*habitación* [4]*shared* [5]*reflection* [6]*ordenaba* [7]*limpiaba* [8]*to water* [9]*flowerpots* [10]*we fixed ourselves up*

estar a las ocho y media. Al medio día regresábamos a comer. La comida de diario era muy sencilla y sólo los domingos, que teníamos tiempo suficiente, cocinábamos algún platillo[11] especial. Paulina daba clases en la tarde, yo no. Pero iba con ella para ayudarla en las clases de dibujo[12] o de bordado.[13] Al atardecer salíamos de la escuela. En la casa siempre había algo que hacer: arreglar[14] nuestra ropa, corregir tareas, preparar pruebas.[15] Cuando hacía buen tiempo, al anochecer, acompañaba a mi abuela Dorotea al rosario; ella sólo salía de la casa para ir a la iglesia, y se pasaba los días sentada junto a la ventana de la sala, haciendo frivolité.[16] Isabel y Adelaida eran nuestras amigas más íntimas; con ellas salíamos los domingos en la tarde. Algunas veces asistíamos al cine, si la película le parecía conveniente a Paulina, de lo contrario íbamos a pasear al jardín y después a merendar[17] a casa de nuestras amigas.

Me preguntaba, al igual que muchas personas, por qué Paulina no se había casado siendo una muchacha guapa y llena de cualidades. Yo tenía unos diez años cuando se hizo novia de Alejandro, un agente viajero que a todas las muchachas les gustaba. Fueron novios un año; él iba a verla con frecuencia y se escribían todas las semanas. Un día me platicó[18] Paulina que se iba a casar y comenzó a hacerse ropa y a bordar sábanas[19] y manteles.[20] Pasaron meses y Alejandro no volvió a verla, después dejó de escribirle. Paulina adelgazó[21] mucho, siempre estaba triste y por las noches yo la oía llorar. Un día la sorprendí guardando, en el fondo de un viejo baúl, el retrato[22] de Alejandro y toda la ropa que había bordado. Algunas gentes dijeron que Alejandro se había casado en la ciudad. Mucho le costó a Paulina recuperarse de aquella pena pero ya nunca más quiso volver a tener novio. "Sólo una vez en la vida se puede uno enamorar", yo creo que decía eso por no confesar que había perdido la confianza[23] en los hombres.

El día que cumplí 23 años Paulina quiso que nos retratáramos.[24] Bajo la luz de los reflectores, se veía muy guapa, con su larga cabellera castaña recogida[25] en lo alto de la cabeza, lo cual la hacía aparecer[26] más alta y dejaba despejado el rostro y sus grandes ojos negros. Como era sábado y no había escuela, por la tarde fueron varias amigas. Paulina preparó una rica merienda y pasamos unas horas muy contentas. A los pocos días nos invitaron a comer Isabel y Adelaida para festejar[27] la llegada de su hermano, quien llevaba[28] varios años estudiando en una ciudad del norte y hacía mucho tiempo que no lo veíamos.

Resultaba difícil reconocer al Darío que habíamos visto partir: era más desenvuelto[29] que los otros muchachos que conocíamos, hablaba de muchas cosas y vestía bien. Aquella noche, antes de dormirnos, Paulina y yo conversamos desde nuestras

[11]*dish* [12]*drawing* [13]*embroidery* [14]*to tidy up* [15]*tests* [16]*tatting* [17]*comer a media tarde* [18]*comentó* [19]*sheets* [20]*tablecloths* [21]*perdió peso* [22]*fotografía* [23]*trust* [24]*fotografiáramos* [25]*picked up* [26]*to look* [27]*celebrar* [28]*had been* [29]*self-confident, self-assured*

camas, como acostumbrábamos[30] hacerlo, y las dos estuvimos de acuerdo en cuánto le habían servido a Darío aquellos años fuera del pueblo. Aquel fue uno de los veranos más calientes que recuerdo, tanto que no hubo funciones[31] de cine los domingos en la tarde, y en su lugar se organizaban días de campo o tardeadas[32] con fines benéficos. También había kermeses[33] en el atrio de la iglesia y lunadas[34] en los jardines, adonde siempre se bailaba. Isabel y Adelaida insistían mucho con Paulina para que saliéramos más seguido, y poco a poco ella fue accediendo. Darío se nos unía dondequiera que nos encontraba. Era muy amable con las dos y nos atendía por igual; nos invitaba refrescos, dulces, nos compraba flores. A mí me intimidaba[35] mucho y no sabía ni de qué hablarle, en cambio, Paulina parecía encontrarse muy a gusto,[36] tanto que él logró[37] hacerla bailar y reírse con sus bromas. Yo nunca la había visto así y comencé a notar que se arreglaba más, que siempre estaba de buen humor y aceptaba todas las invitaciones que nos hacían. Aquel cambio de Paulina me alegraba mucho; aparte de que la quería y me gustaba verla contenta y animada, me atraían bastante las fiestas y los paseos. Como todo esto se debía a Darío, sentí por él mucho agradecimiento.

El director de la escuela donde trabajábamos, le pidió a Paulina que asistiera en su representación a un congreso de maestros que se celebraba en México. El se encontraba enfermo y no podía hacer el viaje. No obstante que esa deferencia le produjo a Paulina una gran satisfacción, yo la vi subir al tren con un aire[38] de tristeza. Adiviné[39] el motivo.[40]

Paulina se fue un jueves y el domingo Isabel y Adelaida pasaron por mí para ir a un día de campo. Era la primera vez que yo salía sola, es decir, sin Paulina. Nos fuimos al campo en varios automóviles y en ninguno iba Darío. Pensé que no había ido por no estar Paulina, pero al llegar vi que ya estaba allí con otros muchachos y que parecía muy contento. Jugamos a la pelota y a las escondidas[41] antes de comer, después, en la tarde, cuando ya no había sol y el calor era menos intenso, con un tocadiscos de cuerda[42] nos pusimos a bailar. Bailé con Darío todo el tiempo. Al principio me costaba esfuerzo seguirlo y me retiraba de su cuerpo lo más que podía. Poco a poco me fui sintiendo con más confianza y dejándome llevar por él.[43] Todo cambió para mí en esa tarde. Como si descubriera por primera vez las cosas que siempre había visto: las montañas doradas por el sol del atardecer, los árboles frondosos[44] y verdes, las mismas piedras, todo tenía vida, todo era hermoso, todo me conmovía. Me atreví a mirar de cerca a Darío y me ruboricé tontamente.[45] Él sonrió y me acercó más a su cuerpo. Seguimos bailando y bailando sin hablar. Me sentía tan ligera como si flotara[46]

---

[30]*as we used to* [31]*shows* [32]fiestas organizadas por la tarde (México) [33]*charity fairs* [34]fiestas al aire libre [35]*he intimidated me* [36]*at ease* [37]*he managed* [38]*look* [39]*I guessed* [40]razón [41]*hide-and-seek* [42]*recorder player* [43]"dejándome . . . él": *letting him lead* [44]*leafy* [45]"me . . . tontamente": *I blushed like a silly girl* [46]*floated*

en una nube, como si mis pies no tocaran la tierra; cerré los ojos cuando sentí sus labios sobre los míos, y la vida entera se detuvo de golpe.

Al día siguiente seguí viviendo todavía dentro del mismo sueño que transfiguraba y embellecía todo lo que me rodeaba.[47] Apenas supe lo que hice en la escuela, era como ya no estar en mí misma, sino muy lejana, en otro instante muy hermoso. Reconstruía paso a paso[48] todo lo sucedido el día anterior y volvía a caer en el ensueño.[49] Al atardecer,[50] salí a comprarle cigarrillos a mi abuela y encontré a Darío. Enrojecí[51] al verlo y no supe qué decir. El dijo que quería verme en la noche.

—No sé si podré salir —le contesté.

—Buscaremos la manera de vernos y estar solos —dijo él.

—Va a ser difícil —dije atemorizada.[52]

—Vendré a las diez —dijo Darío antes de que yo pudiera agregar nada más y me acarició la mejilla al despedirse.

Entré a la casa presa de extrañas y contradictorias sensaciones que yo desconocía[53] y llena también de presentimientos y temores. No se me ocurría[54] ningún pretexto para salir a verlo, estaba completamente aturdida.[55] Por fortuna mi abuela no se dio cuenta de nada. Cenamos como de costumbre y después ella se acostó. Yo no podía hacer nada, ni siquiera leer la novela que tanto me gustaba; miraba continuamente el reloj y a medida que la hora se iba acercando[56] crecía mi desasosiego.[57] Al poco rato[58] mi abuela apagó[59] la luz. Me estaba desnudando[60] cuando alcancé a oír unos ligeros golpecitos en la puerta de la calle. Sin darme cuenta de lo que hacía me eché la bata[61] encima y corrí al zaguán,[62] me detuve a escuchar, después abrí. Darío entró y cerró la puerta sin hacer el menor ruido. Allí, a oscuras, sin decir nada, me comenzó a besar y a acariciar. Entramos a la sala. Yo ya no tenía miedo ni recelos,[63] sólo el mismo deseo que a los dos nos consumía. Siguieron días llenos de presagios,[64] temores e incertidumbres, días intensamente gozados y sufridos en que me consumía el miedo de que Darío no fuera más. Pero cuando por fin venía y sus manos ansiosas me arrancaban la bata y nuestros cuerpos se encontraban, yo lo olvidaba todo.

A los quince días regresó Paulina y al verla supe el porqué de mi angustia. Ella se había cortado y rizado el pelo. Llegó muy contenta con regalos para todos: unas pantuflas[65] para mi abuela, una blusa rosa para mí, pañuelos para Isabel y Adelaida, y una corbata para Darío.

—Te ves muy bien —dijo al verme— pero te noto algo extraño. Y me observaba con atención de pies a cabeza.

---

[47]*surrounded* [48]*step by step* [49]*fantasy, illusion* [50]*dusk* [51]*I blushed* [52]*full of fear* [53]*I ignored* [54]*it didn't cross my mind* [55]*confused* [56]*approaching* [57]*uneasiness, anxiety* [58]*after a short while* [59]*turned off* [60]*undressing* [61]*dressing gown* [62]*hallway* [63]*distrust* [64]*anticipations, expectations* [65]*slippers*

—Te probaron muy bien el viaje y los días de descanso —dije tratando de desviar la conversación.⁶⁶

—No me has dicho nada de mi pelo. ¿Te gusta cómo se me ve?

—Sí, claro, te queda muy bien. Pero no era verdad, parecía como otra Paulina sin su cabello largo que tan bien se arreglaba.

Por la noche fueron a cenar Isabel, Adelaida y Darío. Yo me sentía muy nerviosa y agobiada. Esquivaba⁶⁷ a Darío y temía hablarle, como si el menor detalle fuera a delatarme⁶⁸ con Paulina. Al despedirse, aprovechando un momento en que no nos oían, me preguntó:

—Y ahora ¿qué vamos a hacer?

—No sé, no sé —fue lo único que pude contestarle.

Ya en la cama, Paulina hablaba de los lugares y las gentes que conoció y de todas las cosas que había hecho en México. Yo apenas la oía, seguía escuchando la pregunta de Darío y mi respuesta desesperanzada.⁶⁹ Después ya no la oí más. Caí de golpe⁷⁰ en el sueño.

Durante varios días no tuve oportunidad de hablar a solas con Darío porque Paulina estaba siempre presente. Noté con gran angustia que su simpatía por él era bastante manifiesta y que no hacía nada por ocultarla.⁷¹ Se sentaba a su lado y lo prefería en cualquier circunstancia. En todas sus conversaciones estaba él, aunque no viniera al caso.⁷²

En esos días llegó la feria del pueblo y el domingo en la tarde fuimos a divertirnos. Paulina subió a la rueda de la fortuna con Darío. Yo los miraba desde abajo: ella reía y se abrazaba a él cuando estaban arriba. Era la primera vez que subía y de seguro le daba miedo. "Es una diversión absurda y peligrosa. Pagar por ir a sufrir no tiene sentido", había dicho siempre cuando yo o las muchachas la invitábamos. Al bajar estaba radiante, le brillaban los ojos y tenía las mejillas encendidas.⁷³ Darío me invitó a subir y yo no supe si aceptar, pero ella insistió.

—¿Qué has pensado que podamos hacer? —me preguntó Darío.

—Yo no sé, Darío, no se me ocurre nada.⁷⁴

—No es posible seguir así —dijo Darío—. Además Paulina me tiene cercado,⁷⁵ tú lo has visto.

—Todo lo que sucede es terrible —comenté tristemente.

—Ni siquiera⁷⁶ podemos casarnos —dijo de pronto—. No tengo dinero. Dejé deudas en el Norte y casi todo lo que gano aquí lo mando. Hasta ese momento supe que

---

⁶⁶*to change the subject* ⁶⁷*I dodged* ⁶⁸*to betray me* ⁶⁹*without any hope* ⁷⁰*de repente* ⁷¹*esconderla* ⁷²*"aunque . . . caso": although he didn't have anything to do with the topic of discussion* ⁷³*reddened* ⁷⁴*"no . . . nada": I have no idea* ⁷⁵*surrounded* ⁷⁶*not even*

había la posibilidad de casarme con Darío o más bien que esa posibilidad no existía. El no tenía dinero y yo jamás[77] podría causarle una pena[78] de esa índole[79] a Paulina.

—No hay nada que hacer entonces —dije con una voz tan desalentada[80] como mi alma.

—¿Y si Paulina durmiera toda la noche? —insinuó Darío.

—¿Qué quieres decir?

—Si tú pudieras darle algún narcótico, dormiría profundamente y nosotros podríamos seguirnos viendo como cuando ella no estaba.

Sentí que la silla se desprendía[81] de la rueda de la fortuna y caía en el vacío.

—¿Podrás, podrás? —me preguntaba ansioso.

Nunca pensé llegar a un momento como ése en que tuviera que tomar una decisión tan tremenda. Pesé mis temores, mi resistencia a lastimar a Paulina y mi deseo, y el deseo sobrepasaba todo.

Ella bebía siempre antes de dormirse una infusión de yerbabuena que yo le preparaba. A veces me olvidaba de dársela y al otro día se lamentaba[82] de que nadie se preocupaba por ella.

—Sí —dije resuelta[83] a todo.

—Conseguiré algunos polvos[84] que no tengan sabor,[85] confía en mí, te quiero tanto...

Mi mano tembló cuando vertí[86] el polvo en la infusión. Probé un poco, no tenía sabor. Llegué hasta la recámara con la taza de té.

—Si vieras la cara que tienes, como si hubieras visto un muerto —dijo Paulina y me observaba con curiosidad.

—Es que estoy muy cansada —le contesté y comencé a desvestirme[87] rápidamente, mientras ella saboreaba[88] su yerbabuena.

Me metí en la cama y me puse a leer mi *María* de Jorge Isaacs, es decir, sólo aparentaba leer pero no lograba concentrarme en la lectura. Ella se acostó después de cepillarse el pelo con toda calma, y comenzó también a leer su *Fabiola*. Como a la media hora empezó a bostezar.[89] A la hora estaba completamente dormida, ni siquiera tuvo tiempo de apagar la luz. Tenía en la mano el libro que estaba leyendo, se lo quité con cuidado y no hubo ninguna reacción; después le levanté la mano que cayó pesada y lacia.[90] Apagué la luz. Me deslicé silenciosamente al encuentro de Darío y al trabarse[91] nuestros cuerpos todo dejó de pesar,[92] y de doler,[93] cesaron[94] los remordimientos,[95] las recriminaciones[96] y los temores, existiendo sólo aquella noche infinita que nos perte-

---

[77]*nunca* [78]*sufrimiento* [79]*tipo* [80]*discouraged* [81]*came loose* [82]*she complained* [83]*determinada* [84]*powder* [85]*flavor* [86]*I poured* [87]*to undress* [88]*she enjoyed* [89]*to yawn* [90]*languid* [91]*to get entangled* [92]*to distress* [93]*to hurt* [94]*stopped* [95]*remorse* [96]*recriminations*

necía y los cuerpos que en ella caían y se rescataban⁹⁷ descubriéndose y reconociéndose hasta que la luz del día los separaba.

Paulina buscaba cada vez más a Darío, y él por no despertarle sospechas, se dejaba querer. Yo sentía una gran pena por ella y me dolía demasiado lo que le estaba haciendo. Me repetía constantemente que no era mi culpa⁹⁸ que Darío me quisiera y me hubiera preferido, y que era ella quien se estaba engañando⁹⁹ y haciendo las cosas más difíciles. En los bailes lo monopolizaba.¹⁰⁰ Yo los miraba bailar con gran disgusto,¹⁰¹ aunque después yo lo tendría como ella nunca podría tenerlo.

Una noche estábamos dormitando después de haber hecho el amor, cuando alcancé¹⁰² a oír un ligero roce¹⁰³ junto a la puerta de la sala, después una respiración. Contuve la mía propia y me enderecé;¹⁰⁴ Darío se sobresaltó¹⁰⁵ también. Nos quedamos inmóviles un rato¹⁰⁶ sin saber qué hacer; los dos estábamos aterrorizados. Cuando ya no se oyó nada Darío se vistió apresuradamente¹⁰⁷ y se fue. Yo entré a la recámara, Paulina dormía como todas las noches. Pensé entonces que había sido mi imaginación y tranquila me dormí. Cuando desperté al día siguiente, Paulina ya no estaba en la cama. No dejó de sorprenderme el que se hubiera levantado sin despertarme, como siempre acostumbraba hacerlo. La encontré en la sala observando las huellas de la alfombra. Me contestó los buenos días con una voz fría. Estaba pálida y tensa. Supe entonces que fue ella quien nos había descubierto. Una ola de sangre me aturdió y el cuarto me comenzó a dar vueltas.¹⁰⁸ Tuve que sostenerme¹⁰⁹ en una silla para no caer. Había sido ella y todo estaba perdido, ¿qué iba a pasar ahora que lo sabía? Volví a la recámara y sobre el buró estaba la taza de yerbabuena, intacta. Traté de reconstruir en mi memoria cómo habían sucedido todas las cosas la noche anterior: leímos un rato, después yo fingí que dormía, al poco rato ella apagó la luz y no tardó mucho en quedarse quieta, pensé que dormía profundamente como siempre, después de tomar el té.

Desde ese día todo cambió y nuestra vida fue una tortura sin fin. Por más que lo intentaba no me atrevía¹¹⁰ a hablar con Paulina y a explicarle las cosas, sabiendo de antemano que todo sería inútil, y que si una vez pudo sobreponerse¹¹¹ a un golpe a su amor propio y a su orgullo, ahora ya no lo lograría. De otra persona hubiera sido grave, viniendo de mí resultaba más doloroso y mortal. Hablábamos sólo lo indispensable. Yo vivía agobiada¹¹² y perseguida¹¹³ por los más atroces remordimientos al palpar¹¹⁴ su dolor¹¹⁵ y su desmoronamiento¹¹⁶ interno. El no poder ver a Darío y nuestro amor cortado tan bruscamente, me sumía en hondo abatimiento.¹¹⁷ Lo deseaba más que nunca y a todas horas me sorprendía inventando la manera, el sitio donde pudié-

---

⁹⁷*were rescued* ⁹⁸*fault* ⁹⁹*fooling herself* ¹⁰⁰*she monopolized* ¹⁰¹*displeasure* ¹⁰²*I managed to* ¹⁰³*rubbing* ¹⁰⁴*I stood up* ¹⁰⁵*he startled* ¹⁰⁶*for a while* ¹⁰⁷*rápidamente* ¹⁰⁸*to turn around* ¹⁰⁹*to hold onto* ¹¹⁰*I didn't dare* ¹¹¹*to overcome* ¹¹²*overwhelmed* ¹¹³*persecuted* ¹¹⁴*sentir* ¹¹⁵*pain* ¹¹⁶*collapse* ¹¹⁷*"me . . . abatimiento": me deprimía*

ramos vernos. Una mañana, mientras mis alumnos copiaban una lección, escribí a Darío explicándole lo sucedido y mi necesidad de verlo. Le envié la carta con el mozo[118] de la escuela y al día siguiente tuve su respuesta. Él también estaba desolado[119] y lleno de temores, también quería verme, tendríamos que encontrar la manera, lo repetía varias veces en su carta.

Paulina se negaba[120] a ir a todas partes, pretextando mil cosas cuando nos invitaban. Y si ella no iba, tampoco yo. Siempre había hecho sólo lo que ella quería. No gozaba de ninguna libertad y le debía demasiado para poder exigir[121] algo. Por las noches las dos nos removíamos en nuestras camas sin poder dormir, sumidas[122] en un silencio que era más agresivo que las palabras más crueles que nos hubiéramos dicho. Se me representaba constantemente la imagen de Darío que me esperaba en la oscuridad de la sala o me llamaba desde lejos y me urgía,[123] y yo ni siquiera tenía el consuelo de llorar y gritar mi impotencia para correr a su lado. "Algo tendrá que pasar, algo tendrá que pasar" —me repetía a todas horas. Después ella comenzó a levantarse por las noches y a caminar por el patio largas horas. Si las dos teníamos mal aspecto, el de Paulina era peor que el mío. Comía mal, casi no hablaba. Mi abuela, que raras veces se daba cuenta de lo que sucedía a su alrededor, le preguntó en varias ocasiones qué le pasaba. "No tengo nada —contestaba siempre—, cansancio tal vez". Y sus ojos se clavaban[124] en mí con una mirada[125] llena de recriminaciones y reproches.

De cuando en cuando cambiábamos una nota Darío y yo. Esto era lo único que me sostenía. Todas eran iguales; preguntas y preguntas que no podíamos responder.

En la escuela terminaron por darse cuenta de que algo le pasaba a Paulina, dado su aspecto y su manifiesta nerviosidad. Un día la llamó el director, quien tenía algunos conocimientos de medicina. Debe haberle recetado algo que ella no se ocupó de comprar. Así pasó algún tiempo, que fue una eternidad. Una vez en que yo estaba mirando jugar a mis alumnos en el recreo, no pude impedir que se me salieran las lágrimas. No me di cuenta de que el director me observaba. Me llevó a su despacho.

—¿Qué le pasa —me preguntó—: es a causa de Paulina?

—Sí, me preocupa mucho —le contesté. Era todo lo que yo podía decirle.

—Hace días que me di cuenta de que anda mal —dijo él—. Hablé con ella y me contó que no duerme bien y que eso le afecta los nervios. Le recomendé un tónico y un sedante nervioso, espero que los esté tomando.

—No la he visto tomar ninguna medicina —me atreví a decirle.

—Voy a insistirle de nuevo —dijo él.

Pero si el director insistió, Paulina no le hizo ningún caso[126] y los días y las noches

---

[118]un empleado [119]distressed [120]refused [121]to demand [122]submerged [123]he requested me [124]fixed [125]look [126]"no ... caso": *she didn't pay attention*

siguieron pasando[127] igual, como un tormento que no terminaba nunca. Una noche en que yo estaba en la recámara revisando unas tareas de la escuela, oí que Paulina y mi abuela hablaban en la sala, y como la anciana casi no oía, Paulina le explicaba a gritos que era conveniente vender las propiedades que teníamos: unos terrenos de siembra[128] que se rentaban cada año y unas casas viejas. Mi abuela Dorotea no comprendía la necesidad de hacerlo y Paulina insistía que era más seguro tener el dinero en el banco, que las propiedades no dejaban gran cosa y daban muchas molestias.[129] Pero mi abuela no estuvo de acuerdo en lo que le proponía Paulina y no accedió a sus deseos. Paulina salió de la sala bastante molesta[130] y se fue a la cocina a preparar la merienda. Yo no pude explicarme entonces el porqué de la decisión de Paulina de vender nuestras propiedades. Lo que ganábamos en la escuela nos era suficiente para vivir, teníamos aparte el dinero de las rentas y ella ahorraba todo lo que podía. Siguió pasando el tiempo en que los días se iban sin esperanza y las noches se eternizaban.[131] Y las dos allí en aquella casa o en la escuela, siempre juntas y desesperadas como dos condenados mudos.[132] De vez en cuando iban a visitarnos Isabel y Adelaida, de seguro las constantes negativas de Paulina a sus invitaciones les impedían buscarnos tan a menudo como antes. O tal vez sospechaban que algo andaba mal entre nosotras, no obstante que[133] frente a ellas o a cualquier otra persona Paulina se comportaba con naturalidad, como si nada pasara.[134] Fue en ese tiempo cuando enfermó mi abuela y no fue posible salvarla. "Ya era muy grande", dijo el médico, y yo pensé que sin haber dicho nunca nada, no pudo soportar[135] lo que pasaba en aquella casa y se había ido. Ni su enfermedad ni su muerte lograron reconciliarnos. La noche que la velamos volví a ver a Darío, fue con sus hermanas y los tres nos dieron un abrazo de pésame como se acostumbra en tales casos. No pudimos decirnos nada. En el velorio[136] Paulina estuvo, todo el tiempo, sentada entre Isabel y Darío. Entonces supe que con él no estaba enojada. La muerte de mi abuela me ofreció la libertad de llorar y lloré mucho, por todo lo que no había podido en tanto tiempo pero no dejé de sentir remordimientos por no llorarla a ella sino a mí misma. Velamos a mi abuela en la sala, ahí donde Darío y yo nos habíamos amado tantas veces. No pude, por más que lo intentaba, seguir los rezos;[137] en mi mente surgían los recuerdos de nuestro amor; imágenes de Darío que no correspondían al que estaba sentado al lado de Paulina, tan serio y callado, sino al otro, al que había sido mío. En el entierro[138] pude hablar con él cuando Paulina no podía vernos, protegidos por la gente que rodeaba la fosa.[139]

—Huyamos,[140] Darío —le supliqué.

—Pero ¿adónde? No tengo dinero, tú lo sabes.

---

[127]*going by* [128]*sowing land* [129]*problemas* [130]*enfadada* [131]*were interminable* [132]*sin hablarse* [133]*in spite of* [134]*happened* [135]*to stand* [136]*funeral wake* [137]*prayers* [138]*burial* [139]*grave* [140]*let's flee*

—No importa, trabajaremos los dos.

—Espera un poco más. Ya habrá alguna manera de solucionar esto —dijo él.

Siguieron los rosarios a la muerte y por lo menos al anochecer[141] iban algunas amistades a rezar. Yo sólo pensaba en el día que ya no hubiera visitas y nos quedáramos solas, frente a frente.[142] Una vez que terminaron los rosarios, y como ya mi abuela no podía oponerse, Paulina comenzó a vender las propiedades. A mí me correspondía la parte de mi madre pero ella no me consultaba nada ni yo me atrevía a pedirle explicaciones. Me pasaba los días y las noches tratando de encontrar alguna solución pero mis posibilidades eran muy limitadas: no disponía de dinero, puesto que Paulina lo administraba todo, hasta mi propio sueldo, y en tales circunstancias yo no encontraba a dónde ir. Tampoco me atrevía a huir[143] del pueblo y renunciar para siempre a Darío; estaba dispuesta[144] a afrontarlo[145] todo antes que perderlo. Me desesperaba pensar que si él quisiera todo sería fácil: "No tengo dinero, espera un poco, no tengo dinero, espera un poco", resonaban[146] constantemente dentro de mí.

Fue entonces cuando el director de la escuela me mandó llamar nuevamente:

—Sigo preocupado por Paulina —me dijo— y temo que la muerte de su madre la ha empeorado. Como vamos a tener vacaciones, he pensando que sería conveniente que Paulina fuera a León, aprovechando esos días. Hay ahí un sanatorio de neuropsiquiatría que dirige un amigo mío, persona muy competente en enfermedades nerviosas.

—Será difícil que Paulina acceda a ir —dije sin entusiasmo—: usted sabe que se ha negado a tomar las medicinas que le ha recetado.[147]

—Tranquilícese usted, ya le hice la sugestión y está de acuerdo en ir a que la receten.

Yo no podía creer que fuera verdad lo que el director me estaba diciendo y con trabajo[148] pude seguir escuchándolo. Comencé a pensar mil cosas: que Paulina se iba a ver a un médico y yo me quedaría sola en la casa; era demasiada felicidad, volver a ver a Darío, verlo sin nadie que nos estorbara,[149] otra vez como antes; tres meses soñando en estar de nuevo con él, tres meses que había contado día a día, minuto a minuto, y de pronto noches y noches sin fin para nosotros, era difícil creerlo, Darío tenía razón al decirme que esperara, Paulina se iba a León, yo me quedaría en la casa, volvería a vivir nuevamente, aunque fueran unos días, aunque fuera una sola vez, entre los dos encontraríamos la solución, yo lo convencería de que nos fuéramos lejos, lejos de aquel pueblo y de Paulina, no estando ella todo sería fácil, podríamos trabajar los dos y amarnos libremente, yo lo convencería, yo lo convencería . . .

---

[141]*nightfall*   [142]*cara a cara*   [143]*to flee*   [144]*lista*   [145]*to confront*   [146]*resounded*   [147]*prescribed*   [148]*with a lot of effort*
[149]*were in the way*

Animada por la esperanza me acosté aquella noche pero la misma excitación[150] y tantos pensamientos me impidieron conciliar el sueño y oí casi todas las horas. A la mañana siguiente dijo Paulina:

—Arregla tus cosas porque vamos a ir a León: voy a consultar un médico para mi insomnio. Saldremos en el tren de la noche.

Si las palabras del director de la escuela me hicieron recobrar la esperanza, las de Paulina me sumieron de golpe en un pozo sin fondo.[151] (No vería a Darío, pero como lo había creído posible, me llevaba con ella, claro que no quería dejarme, lo calculaba todo, sabía lo que yo hubiera hecho al quedarme sola, adivinaba[152] mis pensamientos, mis deseos, era demasiado lista, demasiado cruel, cómo iba a dejarme con Darío, había sido un sueño, otro sueño más que no se realizaba y todo hubiera sido tan fácil, tan hermoso, ella no podía ni siquiera imaginarlo, no conocía lo que era el amor, era incapaz de amar, estaba herida[153] en su orgullo solamente, el amor era otra cosa, jamás lo sabría). Como un autómata arreglé mi equipaje. Por la tarde llovió. Mi ánimo ya tan decaído[154] por la frustración de mi última esperanza se agravó[155] con la tristeza de aquella tarde lluviosa. Con gran esfuerzo lograba contener las lágrimas. En la noche tomamos el tren para León. Había cesado de llover y la luna salió bastante siniestra;[156] por lo menos así me pareció a mí. Aquel grito largo de la locomotora, era el mismo grito de mi amor y mi desesperanza.

Van pasando los días, iguales en su inutilidad y en su tortura continuada. Yo repaso mi historia día a día, paso a paso. La historia que nadie quiere oír, ni nadie quiere saber. Sigo implorando en todas las formas en que me es posible hacerlo, que me escuchen, que me dejen hablar. Pero todo es inútil. Ante mi desesperación de los primeros días, me suministraban continuamente narcóticos que me embrutecían y me tuvieron aislada. Ahora que mis fuerzas de luchar se han debilitado y me voy tornando físicamente dócil, me sacan al jardín a tomar el sol. Ahí me siento bajo el naranjo a repasar mis recuerdos. Casi no me atrevo a preguntarme por Darío. No quiero saber nada, me rehúso,[157] me niego, no quiero ni pensarlo, lo sospecho, lo intuyo, pero no quiero, no quiero saber nada, sería monstruoso, me mataría si fuera, no quiero pensarlo, y yo sé que sí es, pero no quiero que sea, todo menos eso, que sea de Paulina, que se entregue a ella como se entregaba a mí, igual, de la misma manera, que la haga enloquecer de placer como a mí, no, no puede ser, no, sería un crimen, un horror, y yo sé que sí es, pero quiero engañarme, decirme que no, que no puede ser aunque sea, aunque yo lo sepa, sé que se vendió, necesitaba dinero y Paulina lo tenía, los dos solos en aquella casa, sin testigos, sin miedo, sin sobresaltos, los dos solos cada noche, una

---

[150]*excitement* [151]"me . . . sin fondo": *they sunk me suddenly in a bottomless well* [152]*she guessed* [153]*hurt* [154]"Mi . . . decaído": *I felt so discouraged* [155]*got worse* [156]*sinister* [157]*I refuse*

noche y otra, noche a noche, todas las noches de la vida, gozando y gozando una vez y otra, muchas veces, gozando sin fin, mientras yo me despedazo[158] de dolor a cada instante y no acabo de morir, tal vez ya ni se acuerden de mí, ni les importe siquiera saberme viva o muerta, ojalá estuviera muerta y no así, roída[159] por la desesperación y la rabia,[160] sin poder hacer nada, sin que nadie me escuche, sin salvación, yo la quería mucho, mucho, y sufría por tener que hacerle daño, porque Darío me amaba y me había preferido, fue como un hechizo,[161] un encantamiento[162] que me cegó,[163] eran nuestros cuerpos que se entendían a pesar nuestro, yo sufría por ella que se empeñaba en engañarse, no quería verla triste ni desesperada, yo la creía buena, pensaba que me quería como a una hija, jamás quise admitir que éramos como dos fieras hambrientas[164] sobre la misma presa,[165] jamás pensé en su egoísmo ni en su maldad, en su envidia,[166] en el odio siniestro y descarnado[167] que se le despertó hacia mí, jamás lo pensé ni lo creí, hasta ese día en que vine a acompañarla para que la examinaran de sus nervios y unos fuertes brazos me arrastraron hacia dentro, mientras yo gritaba desesperada que yo no era la enferma, sino la otra, Paulina, la que estaba detrás de la reja y desde ahí miraba, sin inmutarse, cómo me iban llevando.

Comprensión del texto

1. ¿Qué rutina diaria caracteriza la vida de la voz narrativa y Paulina? ¿Qué hacen durante el fin de semana?
2. ¿Quién es Alejandro? ¿Cómo le afectó a Paulina su relación con él?
3. ¿Cómo celebró la narradora el cumplimiento de sus veintitrés años?
4. ¿Cómo se sintió la narradora al bailar con Darío? ¿Cómo progresa su relación?
5. ¿Con qué motivo se ausentó Paulina de la casa? ¿Se nota un cambio en ella a su regreso? ¿Percibe ella algún cambio en su sobrina?
6. ¿Qué plan preparan Darío y la narradora para seguir viéndose de noche sin que Paulina se entere? ¿Tiene éxito el plan?
7. ¿De qué manera se ve afectada la relación diaria entre Paulina y su sobrina?
8. ¿Por qué quiere Paulina que se vendan las propiedades de la familia? ¿Se venden eventualmente?
9. ¿Cree que el dinero jugó un papel importante en la decisión de Darío de escoger a Paulina?

---

[158]*I tear apart* [159]*gnawed* [160]enfado [161]*magic spell* [162]*enchantment* [163]*blinded* [164]*hungry* [165]*prey* [166]*envy* [167]profundo

Análisis crítico

1. Comente el papel de la voz narrativa. ¿Es fiable la sobrina en su papel de voz narrativa? Mencione algún ejemplo de estilo directo, indirecto, indirecto libre o de monólogo interior. ¿Cómo se focaliza la narración de esta historia?
2. ¿Cómo se crea el suspense en el cuento?
3. Desde el punto de vista del tiempo, ¿hay un desarrollo cronológico lineal en el desarrollo de los acontecimientos narrativos? ¿Hay ejemplos de analepsis o prolepsis? Indique algún tipo de relación entre el tiempo real de la historia y el tiempo o tiempos del discurso.
4. ¿A quién de las dos mujeres, Paulina o la narradora, está engañando Darío? ¿Quién de las dos se siente, o es, traicionada? ¿Por qué cree que se acentúa la tensión entre las dos mujeres?
5. ¿Qué papel juega la abuela en el relato? ¿Sabe lo que ocurre entre Paulina y su sobrina?
6. ¿Juega el espacio algún papel importante en este cuento?
7. ¿Cómo concluye el cuento? ¿Cuál de las dos protagonistas, en su opinión, está mentalmente enferma? O, por el contrario, ¿cree que ninguna de las dos tiene problemas mentales?
8. Amparo Dávila observa que en muchos de sus cuentos tenemos una historia detrás de la cual se oculta otra; ¿es este el caso en "Detrás de la reja"?
9. ¿Puede mencionar algún ejemplo de caracterización directa, indirecta o analógica?

Mesa redonda

De acuerdo a la clasificación de los personajes en redondos y planos que vimos en la introducción, discuta con sus compañeros de grupo a cuál de las dos categorías pertenecen los personajes de este cuento. ¿Hay alguno que podría caer en la categoría de tipo o estereotipo? ¿Vemos cambios en el comportamiento de los personajes a lo largo del cuento?

Sea creativo

La caracterización, lo mismo que la descripción, puede extenderse a lo largo de muchas páginas, pero los escritores tratan de condensarla y reducirla a un espacio limitado. Escoja uno de los personajes secundarios del cuento, como la abuela o Darío, y amplíe (*expand*) su caracterización de modo que (*in such a way*) podamos tener un cuadro (*picture*) o imagen más completos de su personalidad o carácter.

Investigación

En muchos de los cuentos de Amparo Dávila, como "El huésped", "El espejo" o "La celda", incluidos en *Tiempo destrozado*, o "El desayuno", incluido en *Música concreta*, o "Árboles petrificados", incluido en *Árboles petrificados*, la mujer es la protagonista principal del relato. Escoja uno de estos cuentos y estudie la caracterización de los personajes femeninos y cómo los personajes masculinos influyen en su comportamiento.

La Narrativa

B. Modalidades narrativas
- Unidad 5. Lo Fantástico y la Ciencia-Ficción
- Unidad 6. Metaficción e Intertextualidad
- Unidad 7. Narrativa Mítica
- Unidad 8. Ficción Policiaca

Unidad 5. Lo Fantástico y la Ciencia-Ficción

Lo Fantástico

Los primeros antecedentes de lo fantástico los encontramos en la mitología grecolatina y, siglos después, en obras como el *Conde Lucanor*, de don Juan Manuel, y *Don Quijote de la Mancha*, de Miguel de Cervantes. En el siglo XVIII, lo fantástico fue escasamente cultivado, pero a finales del siglo XIX y en el siglo XX surge (*appears*) un gran interés por lo fantástico, especialmente en Latinoamérica.

Como lo fantástico no es un fenómeno uniforme y sus límites son bastante elásticos, las definiciones que se han dado sobre el mismo son múltiples. De todos los estudios críticos, la teoría de Tzvetan Todorov sobre lo fantástico es, probablemente, la más conocida y utilizada en crítica literaria. Todorov crea un diagrama en el que lo fantástico puro ocupa el punto intermedio de una clasificación que incluye otros subgéneros narrativos relacionados con él:

*Insólito/Fantástico-insólito//**Fantástico puro**//Fantástico-maravilloso/Maravilloso*

• Lo *insólito*. En este subgénero narrativo, los acontecimientos se caracterizan por ser extraños, chocantes (*schocking*), y singulares. En esta categoría entra la literatura que produce horror y miedo en el lector, como sucede con algunos cuentos de Edgar A. Poe y Horacio Quiroga. Por ejemplo, en "La gallina degollada", Horacio Quiroga nos cuenta la historia de cuatro niños idiotas que matan a su hermana menor, la única en no tener problemas mentales.

- Lo *fantástico-insólito*. A esta categoría pertenecen obras en las que algunos de los acontecimientos narrativos que parecen sobrenaturales a través de la historia, al final se explican racionalmente. Algunas de las explicaciones racionales serían la influencia de las drogas, la ilusión de los sentidos, la locura, el sueño, etc. Por ejemplo, en "El salvaje", de Horacio Quiroga, un hombre le cuenta a otro que hacía pocos meses había convivido, cazado y matado a un dinosaurio. Al final del cuento, sin embargo, el narrador nos dice que todo ha sido un sueño.

- Lo **fantástico puro**. Las obras pertenecientes a lo fantástico puro se caracterizan por la duda o vacilación que experimenta el lector al enfrentarse a un acontecimiento aparentemente sobrenatural; y Todorov menciona tres condiciones para su cumplimiento:

  1. El texto debe obligar al lector a considerar el mundo de los personajes como un mundo de seres vivos. Asimismo, el lector debe dudar entre una explicación natural o sobrenatural de los hechos narrados.
  2. Esta duda puede ser también experimentada por un personaje.
  3. El lector debe rechazar una lectura alegórica o poética del texto.

La primera y tercera características son requisitos indispensables para lo fantástico, pero la segunda es opcional. Por ejemplo, en el cuento "Casa tomada", de Julio Cortázar, una fuerza extraña y misteriosa va tomando, progresivamente, posesión de la casa donde habitan dos hermanos. Al final de la historia, ni los dos hermanos ni el lector saben con certeza qué es "eso" que los obliga a abandonar la mencionada casa.

- Lo *fantástico-maravilloso*. Este subgénero incluye aquellos relatos que se presentan como fantásticos y terminan con una aceptación de lo sobrenatural. A esta categoría pertenecen historias en las que, al final, descubrimos que los personajes han sufrido un proceso de metamorfosis y son encarnaciones de la muerte, del demonio o de una divinidad. Un ejemplo concreto lo vemos en "La suegra del diablo", de Carmen Lyra, donde las maravillosas transformaciones que experimenta el esposo de una de las protagonistas se deben a que es la encarnación del diablo.

- Lo *maravilloso*. En este subgénero narrativo, la naturaleza sobrenatural de los acontecimientos es aceptada como tal desde un principio sin provocar sorpresa alguna entre los personajes o en el lector. Algunas de las manifestaciones de lo maravilloso serían el cuento de hadas (*fairy tales*) y obras en las que animales o seres inanimados adquieren proporciones gigantescas, aparecen dotados de cualidades humanas, o realizan acciones que son completamente sobrenaturales. Por ejemplo, en "La montaña de papel", de Anis Brenes, una lechuza reúne y dialoga con los animales del bosque con el propósito de cambiar el curso normal de la naturaleza.

El *Realismo Mágico*

Una modalidad importante de la literatura fantástica, y que muchos críticos consideran como un fenómeno típicamente latinoamericano, es el denominado *realismo mágico*. La combinación oximorónica de estos dos términos sintetiza, o combina, dos mundos aparentemente contradictorios: el de la realidad cotidiana por un lado, y el de lo sobrenatural o maravilloso por otro. Sin embargo, estos elementos sobrenaturales, o maravillosos, se presentan con tal verosimilitud que son considerados como algo normal y no causan sorpresa ni entre los personajes ni en el lector. Por ejemplo, en "Un señor muy viejo con unas alas enormes", de Gabriel García Márquez, el ángel que ha caído en el patio de una casa no es tratado como un hecho milagroso, sino como una atracción de feria que al final no despierta ningún interés entre la gente del pueblo.

La Ciencia-Ficción

La ciencia-ficción, una subcategoría de lo fantástico según Todorov, tiene sus orígenes en algunos relatos proféticos de la *Biblia* y en *Las mil y una noches*, pero su verdadero nacimiento como género literario ocurre en el siglo XIX. La ciencia-ficción refleja los avances científicos, culturales y tecnológicos, y algunos escritores destacados en este género son José Mallorquí en España y Angélica Gorodischer en Argentina.

La definición más conocida de la ciencia-ficción nos la da Darko Suvin, quien la entiende como un género caracterizado por la presencia e interacción de "extrañamiento (*estrangement*) y cognición", y por la creación de un mundo alternativo diferente del mundo empírico del autor. Veamos cómo explica Suvin estos dos términos claves de la definición. Con "extrañamiento" se refiere a que la ciencia-ficción, a diferencia de los textos realistas, crea un mundo alternativo diferente del nuestro. Y con "cognición" se refiere a que la ciencia-ficción, a diferencia de las narraciones mitológicas o de lo fantástico, nos da una explicación racional de este mundo alternativo. Por tanto, en las obras de ciencia-ficción, el lector entra en un mundo imaginado y extraño que difiere del mundo empírico del escritor, pero ese mundo sigue u obedece las mismas leyes científicas que gobiernan nuestro mundo. En el género fantástico entramos en un mundo extraño también, pero las leyes científicas que gobiernan este mundo son diferentes de las del mundo de nuestra realidad.

La ciencia-ficción no es siempre literatura escapista, como algunos lectores creen, y muchas obras de este género revelan su compromiso con la realidad al tratar temas como la supervivencia del género humano tras una confrontación nuclear, las consecuencias del efecto invernadero (*green house effect*), la explosión demográfica o los avances de la ingeniería genética. En general, la ciencia-ficción se suele centrar en la colonización de otros planetas o galaxias, viajes en el tiempo, experimentación científica, destrucciones apocalípticas, encuentros con alienígenos, creación de seres artificiales —androides o robots—, o la recreación de mundos con una organización socio-política superior a la nuestra —*utopía*—, diferente —*heterotopía*—, o caótica —*distopía*.

Manuel Rojas: *El hombre de la rosa*

Vida, obra y crítica

Manuel Rojas (1896–1973) nació en Buenos Aires, Argentina, de padres chilenos. A partir de los dieciséis años, y ya de vuelta en Chile, realizó trabajos muy variados: pintor, electricista, aprendiz (*apprentice*) de sastre, y actor de teatro. Posteriormente, sin embargo, encontró trabajos mejor remunerados (*paid*), como el de empleado en las prensas (*printing press*) de la universidad de Chile, en la Biblioteca Nacional y en el Hipódromo (*racetrack*) Chile. Rojas, que llegó a enseñar literatura latinoamericana en EE.UU. y en la universidad de Chile, fue nombrado Hijo Ilustre de Chile, y recibió el Premio Nacional de Literatura en 1967.

Manuel Rojas, un autodidacta, cultivó la novela, el cuento, la poesía y el ensayo. Como novelista es autor de una tetralogía de aprendizaje integrada por *Hijo de ladrón* (1951), su obra maestra, *Mejor que el vino* (1958), *Sombras contra el muro* (1964) y *La oscura vida radiante* (1971). Como cuentista es autor de las colecciones de relatos *Hombres del sur* (1926), y *El bonete maulino* (1968). De su obra poética, por otro lado, podemos destacar *Tonada del transeúnte* (1927) y *Desecha rosa* (1954). Como ensayista tiene varias obras, y algunas de ellas están dedicadas al estudio de la literatura, como *Historia breve de la literatura chilena* (1964).

Rojas perteneció a la generación de 1927, o superrealismo, y reflejó en su obra una buena parte de su vida aventurera (*adventurous*). Además, reaccionó contra el realismo, el naturalismo y la literatura regional precedente. Rojas incorporó en sus novelas importantes innovaciones técnicas, tales como el juego con la cronología del relato, el monólogo interior y la introspección sicológica. Muchos de sus personajes y protagonistas proceden (*come*) de la clase humilde o de los barrios bajos (*slums*): ladrones, bohemios, anarquistas, o actores de teatro como él, y a través de ellos retrató (*depicted*) la miseria y las duras condiciones económicas en las que vivían las clases más bajas de la sociedad.

Guía de lectura

"El hombre de la rosa", posiblemente el cuento más popular y celebrado de Manuel Rojas, apareció publicado por primera vez el cuatro de noviembre de 1928 en el diario *La Nación*. La anécdota del cuento trata de un grupo de misioneros capuchinos (*capuchin*) que se dirige (*goes*) a la localidad de Osorno para catequizar (*to catechize*) a una muchedumbre (*crowd*) de catecúmenos (*catechumens*). Uno de aquéllos, el Padre Espinoza, y uno de éstos, el hombre de la rosa, se conocen durante la confesión; y es en este momento cuando el hombre de la rosa le confiesa al Padre un secreto. De la confesión del secreto, los dos protagonistas pasan a una apuesta (*bet*) en la que el hombre de la rosa deberá demostrar al Padre Espinoza sus poderes sobrenaturales, unos poderes que desafían "las leyes de la naturaleza y de la voluntad divina". Al término de (*at the end*) la prueba, los distintos misioneros que habían ido a Osorno se separan y toman caminos diferentes, pero el Padre Espinoza regresa a su destino acompañado, curiosamente, del hombre de la rosa. En este cuento, perteneciente a lo fantástico, nos encontramos con dos mundos opuestos, el de los misioneros católicos y occidentales por un lado, y el de los catecúmenos de Chile en proceso de evangelización por otro, dos mundos que se contraponen en muchos sentidos. En la lectura de este cuento debemos reflexionar sobre la confrontación de dos creencias e ideologías diferentes, la gran maestría con la que Rojas crea el suspense del cuento, y la representación de elementos fantásticos.

El hombre de la rosa

En el atardecer[1] de un día de noviembre, hace ya algunos años, llegó a Osorno,[2] en misión catequista,[3] una partida[4] de misioneros capuchinos.

Eran seis frailes[5] barbudos,[6] de complexión recia,[7] rostros[8] enérgicos y ademanes[9] desenvueltos.[10]

5   La vida errante[11] que llevaban les había diferenciado profundamente de los individuos de las demás órdenes religiosas. En contacto continuo con la naturaleza bravía[12]

---

[1]*at dusk* [2]ésta, y las que siguen, son ciudades al sur de Chile [3]*catechist* [4]grupo [5]*friars* [6]con barba [7]fuerte [8]caras [9]movimientos [10]*confident* [11]*itinerant* [12]salvaje

de las regiones australes,[13] hechos sus cuerpos a las largas marchas a través de las selvas, expuestos siempre a los ramalazos[14] del viento y de la lluvia, estos seis frailes barbudos habían perdido ese aire de religiosidad inmóvil que tienen aquéllos que viven confinados en el calorcillo de los patios del convento.

Reunidos casualmente en Valdivia, llegados unos de las reducciones[15] indígenas de Angol, otros de La Imperial, otros de Temuco, hicieron juntos el viaje hasta Osorno, ciudad en que realizarían una semana misionera y desde la cual se repartirían luego, por los caminos de la selva, en cumplimiento de su misión evangelizadora.

Eran seis frailes de una pieza y con toda la barba.

Se destacaba[16] entre ellos el padre Espinoza, veterano ya en las misiones del sur, hombre de unos cuarenta y cinco años, alto de estatura, vigoroso, con empaque[17] de hombre de acción y aire de bondad y de finura.[18]

Era uno de esos frailes que encantan a algunas mujeres y que gustan a todos los hombres.

Tenía una sobria[19] cabeza de renegrido[20] cabello, que de negro azuleaba[21] a veces como el plumaje[22] de los tordos.[23] La cara de tez[24] morena pálida, cubierta profusamente por la barba y el bigote capuchinos. La nariz un poco ancha; la boca, fresca; los ojos, negros y brillantes. A través del hábito se adivinaba el cuerpo ágil y musculoso.

La vida del padre Espinoza era tan interesante como la de cualquier hombre de acción, como la de un conquistador, como la de un capitán de bandidos, como la de un guerrillero. Y un poco de cada uno de ellos parecía tener en su apostura,[25] y no le hubiera sentado mal[26] la armadura[27] del primero, la manta[28] y el caballo fino de boca del segundo y el traje liviano[29] y las armas rápidas del último. Pero, pareciendo y pudiendo ser cada uno de aquellos hombres, era otro muy distinto. Era un hombre sencillo, comprensivo, penetrante, con una fe ardiente y dinámica y un espíritu religioso entusiasta y acogedor,[30] despojado de[31] toda cosa frívola.

Quince años llevaba recorriendo la región araucana. Los indios que habían sido catequizados por el padre Espinoza adorábanlo. Sonreía al preguntar y al responder. Parecía estar siempre hablando con almas sencillas como la suya.

Tal era el padre Espinoza, fraile misionero, hombre de una pieza y con toda la barba.

Al día siguiente, anunciada ya la semana misionera, una heterogénea muchedumbre[32] de catecúmenos llenó el primer patio del convento en que ella se realizaría.

---

[13]*southern* [14]*golpes* [15]*settlements of converted Indians* [16]*stood out* [17]*aspecto* [18]*elegancia* [19]*sober* [20]*negro* [21]*se veía azul* [22]*feathers* [23]*thrushes* [24]*piel* [25]*aspecto elegante* [26]*"no . . . mal": it wouldn't have suit him bad* [27]*armour* [28]*blanket* [29]*ligero* [30]*amigable* [31]*stripped of* [32]*crowd*

Chilotes,[33] trabajadores del campo y de las industrias, indios, vagabundos, madereros,[34] se fueron amontonando[35] allí lentamente, en busca y espera de la palabra evangelizadora de los misioneros. Pobremente vestidos, la mayor parte descalzos[36] o calzados con groseras ojotas,[37] algunos llevando nada más que camiseta y pantalón, sucias y destrozadas ambas prendas por el largo uso, rostros embrutecidos por el alcohol y la ignorancia; toda una fauna informe, salida de los bosques cercanos y de los tugurios[38] de la ciudad.

Los misioneros estaban acostumbrados a ese auditorio y no ignoraban que muchos de aquellos infelices venían, más que en busca de una verdad, en demanda de su generosidad, pues los religiosos, durante las misiones, acostumbraban repartir comida y ropa a los más hambrientos y desharrapados.[39]

Todo el día trabajaron los capuchinos. Debajo de los árboles, o en los rincones del patio, se apilaban[40] los hombres, contestando como podían, o como se les enseñaba, las preguntas inocentes del catecismo.

—¿Dónde está Dios?

—En el cielo, en la tierra y en todo lugar —respondían en coro, con una monotonía desesperante.

El padre Espinoza, que era el que mejor dominaba la lengua indígena, catequizaba a los indios, tarea terrible, capaz de cansar a cualquier varón fuerte, pues el indio, además de presentar grandes dificultades intelectuales, tiene también dificultades en el lenguaje.

Pero todo fue marchando, y al cabo de[41] tres días, terminado el aprendizaje de las nociones elementales de la doctrina cristiana, empezaron las confesiones. Con esto disminuyó considerablemente el grupo de catecúmenos, especialmente el de aquellos que ya habían conseguido ropas o alimentos; pero el número siguió siendo crecido.[42]

A las nueve de la mañana, día de sol fuerte y cielo claro, empezó el desfile[43] de los penitentes, desde el patio a los confesonarios, en hilera[44] acompasada[45] y silenciosa.

Despachada[46] ya la mayor parte de los fieles,[47] mediada[48] la tarde, el padre Espinoza, en un momento de descanso, dio unas vueltas alrededor del patio. Y volvía ya hacia su puesto, cuando un hombre lo detuvo,[49] diciéndole:

—Padre, yo quisiera confesarme con usted.

—¿Conmigo, especialmente? —preguntó el religioso.

—Sí, con usted.

—¿Y por qué?

---

[33]habitantes de un archipiélago de Chile [34]trabajadores en la madera [35]*gathering* [36]*bare foot* [37]sandalias [38]*slums* [39]*ragged ones* [40]*piled up* [41]después de [42]grande [43]*procession* [44]fila [45]*rhythmic* [46]*sent away* [47]*the faithful ones* [48]*half way through* [49]paró

—No sé; tal vez porque usted es el de más edad entre los misioneros, y quizás, por eso mismo, el más bondadoso.⁵⁰

El padre Espinoza sonrió:

—Bueno, hijo; si así lo deseas y así lo crees, que así sea.⁵¹ Vamos.

Hizo pasar adelante al hombre y él fue detrás, observándolo.

El padre Espinoza no se había fijado antes en él. Era un hombre alto, esbelto,⁵² nervioso en sus movimientos, moreno, de corta barba negra terminada en punta; los ojos negros y ardientes, la nariz fina, los labios delgados. Hablaba correctamente y sus ropas eran limpias. Llevaba ojotas, como los demás, pero sus pies desnudos aparecían cuidados.

Llegados al confesionario,⁵³ el hombre se arrodilló⁵⁴ ante el padre Espinoza y le dijo:

—Le he pedido que me confiese, porque estoy seguro de que usted es un hombre de mucha sabiduría⁵⁵ y de gran entendimiento. Yo no tengo grandes pecados; relativamente, soy un hombre de conciencia limpia. Pero tengo en mi corazón y en mi cabeza un secreto terrible, un peso enorme. Necesito que me ayude a deshacerme de⁵⁶ él. Créame lo que voy a confiarle⁵⁷ y, por favor, se lo pido, no se ría de mí. Varias veces he querido confesarme con otros misioneros, pero apenas han oído mis primeras palabras, me han rechazado como a un loco y se han reído de mí. He sufrido mucho a causa de esto. Esta será la última tentativa que hago. Si me pasa lo mismo ahora, me convenceré de que no tengo salvación y me abandonaré a mi infierno.

El individuo aquel hablaba nerviosamente, pero con seguridad. Pocas veces el padre Espinoza había oído hablar así a un hombre. La mayoría de los que confesaba en las misiones eran seres vulgares, groseros, sin relieve alguno, que solamente le comunicaban pecados generales, comunes, de grosería o de liviandad,⁵⁸ sin interés espiritual. Contestó, poniéndose en el tono con que le hablaban.

—Dime lo que tengas necesidad de decir y yo haré todo lo posible por ayudarte. Confía en mí como en un hermano.

El hombre demoró⁵⁹ algunos instantes en empezar su confesión; parecía temer⁶⁰ el confesar el gran secreto que decía tener en su corazón.

—Habla.

El hombre palideció⁶¹ y miró fijamente al padre Espinoza. En la oscuridad, sus ojos negros brillaban como los de un preso⁶² o como los de un loco. Por fin, bajando la cabeza, dijo, entre dientes:

—Yo he practicado y conozco los secretos de la magia negra.

---

⁵⁰*kind-hearted* ⁵¹*so be it* ⁵²*slender* ⁵³*confessional* ⁵⁴*knelt down* ⁵⁵conocimiento ⁵⁶*to get rid of* ⁵⁷*to entrust you* ⁵⁸*fickleness* ⁵⁹*delayed* ⁶⁰tener miedo ⁶¹*turned pale* ⁶²prisionero

Al oír estas extraordinarias palabras, el padre Espinoza hizo un movimiento de sorpresa, mirando con curiosidad y temor al hombre; pero el hombre había levantado la cabeza y espiaba la cara del religioso, buscando en ella la impresión que sus palabras producirían. La sorpresa del misionero duró un brevísimo tiempo. Tranquilizóse en seguida. No era la primera vez que escuchaba palabras iguales o parecidas. En ese tiempo los llanos[63] de Osorno y las islas chilotas[64] estaban plagados de brujos,[65] "machis"[66] y hechiceros.[67] Contestó:

—Hijo mío: no es raro que los sacerdotes[68] que le han oído a usted lo que acaba de decir, lo hayan tomado por loco y rehusado[69] oír más. Nuestra religión condena terminantemente[70] tales prácticas y tales creencias. Yo, como sacerdote, debo decirle que eso es grave pecado; pero, como hombre, le digo que eso es una estupidez y una mentira. No existe tal magia negra, ni hay hombre alguno que pueda hacer algo que esté fuera de las leyes de la naturaleza y de la voluntad divina. Muchos hombres me han confesado lo mismo, pero, emplazados[71] para que pusieran en evidencia su ciencia oculta, resultaron impostores groseros e ignorantes. Solamente un desequilibrado[72] o un tonto puede creer en semejante patraña.[73]

El discurso era fuerte y hubiera bastado[74] para que cualquier hombre de buena fe desistiera[75] de sus propósitos; pero, con gran sorpresa del padre Espinoza, su discurso animó[76] al hombre, que se puso de pie y exclamó con voz contenida:

—¡Yo sólo pido a usted me permita demostrarle lo que le confieso! Demostrándoselo, usted se convencerá y yo estaré salvado. Si yo le propusiera hacer una prueba, ¿aceptaría usted, padre? —preguntó el hombre.

—Sé que perdería mi tiempo lamentablemente; pero aceptaría.

—Muy bien —dijo el hombre—. ¿Qué quiere usted que haga?

—Hijo mío, yo ignoro tus habilidades mágicas. Propón tú.

El hombre guardó silencio un momento, reflexionando. Luego dijo:

—Pídame usted que le traiga algo que esté lejos, tan lejos que sea imposible ir allá y volver en el plazo[77] de un día o dos. Yo se lo traeré en una hora, sin moverme de aquí.

Una gran sonrisa de incredulidad dilató[78] la fresca boca del fraile Espinoza.

—Déjame pensarlo —respondió— y Dios me perdone el pecado y la tontería que cometo.[79]

El religioso tardó mucho rato[80] en encontrar lo que se le proponía. No era tarea fácil hallarlo.[81] Primeramente ubicó[82] en Santiago la residencia de lo que iba a pedir y

[63]*plains* [64]archipiélago cerca de Chile [65]*medicine men* [66]chamanes en la cultura indígena de Chile [67]*witch doctors* [68]*priests* [69]*refused* [70]categóricamente [71]*summoned* [72]*mentally unbalanced* [73]tontería [74]sido suficiente [75]abandonara [76]*cheered up* [77]período de tiempo [78]*enlarged* [79]hago [80]tiempo [81]encontrarlo [82]*he located*

luego se dio a[83] elegir. Muchas cosas acudieron a[84] su recuerdo y a su imaginación, pero ninguna le servía para el caso. Unas eran demasiado comunes, y otras pueriles y otras muy escondidas, y era necesario elegir una que, siendo casi única, fuera asequible.[85] Recordó y recorrió su lejano convento; anduvo por sus patios, por sus celdas,[86] por sus corredores[87] y por su jardín; pero no encontró nada especial. Pasó después a recordar lugares que conocía en Santiago. ¿Qué pediría? Y cuando, ya cansado, iba a decidirse por cualquiera de los objetos entrevistos[88] por sus recuerdos, brotó[89] en su memoria, como una flor que era, fresca, pura, con un hermoso color rojo, una rosa del jardín de las monjas[90] Claras.

Una vez hacía poco tiempo, en un rincón de ese jardín vio un rosal que florecía en rosas de un color único. En ninguna parte había vuelto a ver rosas iguales o parecidas, y no era fácil que las hubiera en Osorno. Además, el hombre aseguraba que traería lo que él pidiera, sin moverse de allí. Tanto daba[91] pedirle una cosa como otra. De todos modos no traería nada.

—Mira —dijo al fin—, en el jardín del convento de las monjas Claras de Santiago, plantado junto a la muralla[92] que da hacia[93] la Alameda, hay un rosal que da rosas de un color granate[94] muy lindo. Es el único rosal de esa especie que hay allí... Una de esas rosas es lo que quiero que me traigas.

El supuesto hechicero no hizo objeción alguna, ni por el sitio en que se hallaba la rosa ni por la distancia a que se encontraba. Preguntó únicamente:

—Encaramándose[95] por la muralla, ¿es fácil tomarla?

—Muy fácil. Estiras[96] el brazo y ya la tienes.

—Muy bien. Ahora, dígame: ¿hay en este convento una pieza[97] que tenga una sola puerta?

—Hay muchas.

—Lléveme usted a alguna de ellas.

El padre Espinoza se levantó de su asiento. Sonreía. La aventura era ahora un juego extraño y divertido y, en cierto modo, le recordaba los de su infancia. Salió acompañado del hombre y lo guió hacia el segundo patio, en el cual estaban las celdas de los religiosos. Lo llevó a la que él ocupaba. Era una habitación de medianas proporciones, de sólidas paredes; tenía una ventana y una puerta. La ventana estaba asegurada[98] con una gruesa reja[99] de fierro[100] forjado[101] y la puerta tenía una cerradura[102] muy firme. Allí había un lecho,[103] una mesa grande, dos imágenes y un crucifijo, ropas y objetos.

[83]se dedicó [84]vinieron [85]*attainable* [86]habitaciones [87]pasillos [88]*glimpsed* [89]*sprouted* [90]*nuns* [91]"tanto daba": *it didn't matter* [92]pared [93]"da hacia": *faces* [94]rojo [95]subiendo [96]*you stretch* [97]habitación [98]*secured* [99]*bar* [100]hierro [101]*wrought* [102]*lock* [103]cama

—Entra.

Entró el hombre. Se movía con confianza y desenvoltura; parecía muy seguro de sí mismo.

—¿Te sirve esta pieza?

—Me sirve.

—Tú dirás lo que hay que hacer.

—En primer lugar, ¿qué hora es?

—Las tres y media.

El hombre meditó un instante, y dijo luego:

—Me ha pedido usted que le traiga una rosa del jardín de las monjas Claras de Santiago y yo se la voy a traer en el plazo de una hora. Para ello es necesario que yo me quede solo aquí y que usted se vaya, cerrando la puerta con llave y llevándose la llave. No vuelva hasta dentro de una hora justa. A las cuatro y media, cuando usted abra la puerta, yo le entregaré lo que me ha pedido.

El fraile Espinoza asintió[104] en silencio, moviendo la cabeza. Empezaba a preocuparse. El juego iba tornándose interesante y misterioso, y la seguridad con que hablaba y obraba[105] aquel hombre le comunicaba a él cierta intimidación respetuosa.

Antes de salir, dio una mirada detenida por toda la pieza. Cerrando con llave la puerta, era difícil salir de allí. Y aunque aquel hombre lograra salir, ¿qué conseguiría con ello? No se puede hacer, artificialmente, una rosa cuyo color y forma no se han visto nunca. Y, por otra parte, él rondaría[106] toda esa hora por los alrededores de su celda. Cualquier superchería[107] era imposible.

El hombre, de pie ante[108] la puerta, sonriendo, esperaba que el religioso se retirara.

Salió el padre Espinoza, echó llave[109] a la puerta, se aseguró que quedaba bien cerrada y guardándose la llave en sus bolsillos, echó a[110] andar tranquilamente.

Dio una vuelta alrededor del patio, y otra, y otra. Empezaron a transcurrir[111] lentamente los minutos, muy lentamente; nunca habían transcurrido tan lentos los sesenta minutos de una hora. Al principio, el padre Espinoza estaba tranquilo. No sucedería nada. Pasado el tiempo que el hombre fijara como plazo, él abriría la puerta y lo encontraría tal como lo dejara. No tendría en sus manos ni la rosa pedida ni nada que se le pareciera. Pretendería disculparse con algún pretexto fútil, y él, entonces, le largaría[112] un breve discurso, y el asunto terminaría ahí. Estaba seguro. Pero, mientras paseaba, se le ocurrió preguntarse:

—¿Qué estaría haciendo?

La pregunta lo sobresaltó.[113] Algo estaría haciendo el hombre, algo intentaría. Pero,

---

[104]consintió [105]actuaba [106]*he would hang around* [107]*trick* [108]cerca de [109]cerró [110]comenzó a [111]pasar [112]daría [113]*startled*

¿qué? La inquietud[114] aumentó. ¿Y si el hombre lo hubiera engañado y fueran otras sus intenciones? Interrumpió su paseo y durante un momento procuró[115] sacar algo en limpio, recordando al hombre y sus palabras. ¿Si se tratara de un loco? Los ojos ardientes y brillantes de aquel hombre, su desenfado[116] un sí es no es[117] inconsciente, sus propósitos . . .

Atravesó[118] lentamente el patio y paseó a lo largo[119] del corredor en que estaba su celda. Pasó varias veces delante de aquella puerta cerrada. ¿Qué estaría haciendo el hombre? En una de sus pasadas[120] se detuvo[121] ante la puerta. No se oía nada, ni voces, ni pasos, ningún ruido. Se acercó a la puerta y pegó[122] su oído a la cerradura. El mismo silencio. Prosiguió[123] sus paseos, pero a poco su inquietud y su sobresalto[124] aumentaban. Sus pasos se fueron acortando[125] y, al final, apenas llegaban a cinco o seis pasos de distancia de la puerta. Por fin, se inmovilizó ante ella. Se sentía incapaz de alejarse de allí. Era necesario que esa tensión nerviosa terminara pronto. Si el hombre no hablaba, ni se quejaba, ni andaba, era señal de que no hacía nada y no haciendo nada, nada conseguiría. Se decidió a abrir antes de la hora estipulada. Sorprendería al hombre y su triunfo sería completo. Miró su reloj: faltaban aún veinticinco minutos para las cuatro y media. Antes de abrir pegó nuevamente su oído a la cerradura: ni un rumor. Buscó la llave en sus bolsillos y colocándola en la cerradura la hizo girar[126] sin ruido. La puerta se abrió silenciosamente.

Miró el fraile Espinoza hacia adentro y vio que el hombre no estaba sentado ni estaba de pie: estaba extendido sobre la mesa, con los pies hacia la puerta, inmóvil.

Esa actitud inesperada lo sorprendió. ¿Qué haría el hombre en aquella posición? Avanzó un paso, mirando con curiosidad y temor el cuerpo extendido sobre la mesa. Ni un movimiento. Seguramente su presencia no habría sido advertida;[127] tal vez el hombre dormía; quizá estaba muerto . . . Avanzó otro paso y entonces vio algo que lo dejó tan inmóvil como aquel cuerpo. El hombre no tenía cabeza.

Pálido, sintiéndose invadido por la angustia, lleno de un sudor[128] helado todo el cuerpo, el padre Espinoza miraba, miraba sin comprender. Hizo un esfuerzo y avanzó hasta colocarse frente a la parte superior del cuerpo del individuo. Miró hacia el suelo, buscando en él la desaparecida cabeza, pero en el suelo no había nada, ni siquiera una mancha[129] de sangre. Se acercó al cercenado[130] cuello. Estaba cortado sin esfuerzo, sin desgarraduras,[131] finamente. Se veían las arterias y los músculos, palpitantes, rojos; los huesos blancos, limpios; la sangre bullía[132] allí, caliente y roja, sin derramarse,[133] retenida por una fuerza desconocida.

---

[114]uneasiness [115]trató [116]lack of inhibition [117]"un . . . es": un poco [118]he crossed [119]along [120]passings [121]se paró [122]acercó [123]continuó [124]scare [125]haciéndose más cortos [126]to turn [127]notada [128]sweat [129]stain [130]cortado [131]rips [132]bubbled [133]pouring out

El padre Espinoza se irguió.[134] Dio una rápida ojeada[135] a su alrededor, buscando un rastro,[136] un indicio,[137] algo que le dejara adivinar[138] lo que había sucedido. Pero la habitación estaba como él la había dejado al salir; todo en el mismo orden, nada revuelto[139] y nada manchado de sangre.

Miró su reloj. Faltaban solamente diez minutos para las cuatro y media. Era necesario salir. Pero, antes de hacerlo, juzgó que era indispensable dejar allí un testimonio[140] de su estada.[141] Pero, ¿qué? Tuvo una idea; buscó entre sus ropas y sacó de entre ellas un alfiler[142] grande, de cabeza negra, y al pasar junto al cuerpo para dirigirse hacia la puerta lo hundió[143] íntegro[144] en la planta[145] de uno de los pies del hombre.

Luego cerró la puerta con llave y se alejó.

Durante los diez minutos siguientes el religioso se paseó nerviosamente a lo largo del corredor, intranquilo, sobresaltado; no quería dar cuenta a[146] nadie de lo sucedido; esperaría los diez minutos y, transcurridos éstos, entraría de nuevo a la celda y si el hombre permanecía en el mismo estado comunicaría a los demás religiosos lo sucedido.

¿Estaría él soñando o se encontraría bajo el influjo de una alucinación o de una poderosa sugestión? No, no lo estaba. Lo que había acontecido[147] hasta ese momento era sencillo:[148] un hombre se había suicidado de una manera misteriosa... Sí, ¿pero dónde estaba la cabeza del individuo? Esta pregunta lo desconcertó.[149] ¿Y por qué no había manchas de sangre? Prefirió no pensar más en ello; después se aclararía[150] todo.

Las cuatro y media. Esperó aún cinco minutos más. Quería darle tiempo al hombre. ¿Pero tiempo para qué, si estaba muerto? No lo sabía bien, pero en esos momentos casi deseaba que aquel hombre le demostrara su poder mágico. De otra manera, sería tan estúpido, tan triste todo lo que había pasado...

Cuando el fraile Espinoza abrió la puerta, el hombre no estaba ya extendido sobre la mesa, decapitado,[151] como estaba quince minutos antes. Parado frente a él, tranquilo, con una fina sonrisa en los labios, le tendía,[152] abierta, la morena mano derecha. En la palma de ella, como una pequeña y suave llama,[153] había una fresca rosa: la rosa del jardín de las monjas Claras.

—¿Es ésta la rosa que usted me pidió?

El padre Espinoza no contestó; miraba al hombre. Éste estaba un poco pálido y demacrado.[154] Alrededor de su cuello se veía una línea roja, como una cicatriz[155] reciente.

—Sin duda el Señor quiere hoy jugar con su siervo —pensó.

---

[134]*stood up* [135]*glance* [136]*trace* [137]*clue* [138]*to guess* [139]*untidy* [140]*prueba* [141]*visita* [142]*needle* [143]*he stuck* [144]*totalmente* [145]*sole* [146]*to report to* [147]*pasado* [148]*fácil* [149]*bewildered* [150]*would clarify* [151]*beheaded* [152]*he stretched out* [153]*flame* [154]*emaciated* [155]*scar*

Estiró[156] la mano y cogió la rosa. Era una de las mismas que él viera florecer en el pequeño jardín del convento santiaguino.[157] El mismo color, la misma forma, el mismo perfume.

Salieron de la celda, silenciosos, el hombre y el religioso. Éste llevaba la rosa apretada[158] en su mano y sentía en la piel la frescura de los pétalos rojos. Estaba recién cortada. Para el fraile habían terminado los pensamientos, las dudas y la angustia. Sólo una gran impresión lo dominaba y un sentimiento de confusión y de desaliento[159] inundaba[160] su corazón.

De pronto advirtió[161] que el hombre cojeaba:[162]

—¿Por qué cojeas? —le preguntó.

—La rosa estaba apartada de[163] la muralla. Para tomarla, tuve que afirmar[164] un pie en el rosal y, al hacerlo, una espina[165] me hirió el talón.[166]

El fraile Espinoza lanzó una exclamación de triunfo:

—¡Ah! ¡Todo es una ilusión! Tú no has ido al jardín de las monjas Claras ni te has pinchado[167] el pie con una espina. Ese dolor que sientes es el producido por un alfiler que yo te clavé[168] en el pie. Levántalo.

El hombre levantó el pie y el sacerdote, tomando de la cabeza el alfiler, se lo sacó.

—¿No ves? No hay ni espina ni rosal. ¡Todo ha sido una ilusión!

Pero el hombre contestó:

—Y la rosa que lleva usted en la mano, ¿también es ilusión?

Tres días después, terminada la semana misionera, los frailes capuchinos abandonaron Osorno. Seguían su ruta a través de las selvas. Se separaron, abrazándose y besándose. Cada uno tomó por su camino.

El padre Espinoza volvería hacia Valdivia. Pero ya no iba solo. A su lado, montado en un caballo oscuro, silencioso y pálido, iba un hombre alto, nervioso, de ojos negros y brillantes.

Era el hombre de la rosa.

Comprensión del texto

1. ¿Cuál era la misión de los misioneros? ¿Proceden todos ellos del mismo lugar?
2. ¿Qué imagen nos da el narrador de los indios?
3. ¿Por qué escoge el penitente al Padre Espinoza para confesarse?
4. ¿A quién se compara el Padre Espinoza? ¿Cuánto tiempo llevaba éste en la zona araucana?

[156]*he stretched*   [157]*de Santiago*   [158]*firmly held*   [159]*discouragement*   [160]llenaba   [161]notó   [162]*limped*   [163]*lejos de*
[164]poner   [165]*thorn*   [166]*heel*   [167]*pricked*   [168]*I stuck*

5. ¿Qué esperaban recibir los catecúmenos de los misioneros?
6. ¿Cómo convence el hombre de la rosa al Padre Espinoza para que oiga su confesión? ¿Qué le dice el hombre de la rosa al Padre Espinoza durante la confesión?
7. ¿Qué le pide el Padre Espinoza al hombre de la rosa que traiga de Santiago?
8. ¿Cumple el Padre Espinoza el pacto de no abrir la puerta de su celda en una hora?
9. ¿Qué hace el Padre Espinoza con el alfiler que encuentra en sus ropas? ¿En qué estado encuentra el Padre Espinosa al hombre de la rosa cuando entra en la celda?
10. ¿Por qué motivo dice el hombre de la rosa que cojea? ¿Es sincero en lo que dice?

Análisis crítico

1. ¿Qué tipo de voz narrativa tenemos en este cuento? ¿Cuál es el tono de la narración? ¿Cómo se focaliza la narración de la historia? ¿Podría mencionar algún ejemplo de estilo directo, indirecto o indirecto libre?
2. ¿Cómo se crea el suspense en el cuento?
3. Desde el punto de vista del tiempo, ¿hay un desarrollo cronológico lineal en la narración de los acontecimientos narrativos? ¿Puede mencionar algún tipo de relación entre el tiempo real de la historia y el tiempo o tiempos del discurso? Comente cómo transcurre el tiempo para el Padre Espinoza mientras está esperando una hora fuera de su celda.
4. ¿Qué papel juegan los espacios geográfico y del cuerpo en esta historia?
5. ¿Cómo aparecen caracterizados el Padre Espinoza y el hombre de la rosa?
6. ¿Cree que los dos protagonistas, el Padre Espinoza y el hombre de la rosa, son sinceros en los comentarios o promesas que hacen?
7. ¿Qué opinión tiene la iglesia católica de la magia negra? ¿Cree que el Padre Espinoza, al final del cuento, sigue compartiendo esta misma opinión?
8. ¿Cómo interpreta, al final del cuento, el regreso del Padre Espinoza en compañía del hombre de la rosa?

Mesa redonda

Con sus compañeros de grupo, comente los elementos fantásticos de este relato. ¿Dentro de qué categoría de lo fantástico incluiría este cuento? Piense, a la hora de discutir este tema, en el comentario que le hace el Padre Espinoza al hombre de la rosa, que no hay nadie "que pueda hacer algo que esté fuera de las leyes de la naturaleza y de la voluntad divina".

Sea creativo

En la sección anterior hemos situado el cuento dentro de una de las categorías de lo fantástico. Escoja un elemento fantástico de la historia y reescríbalo en una o dos páginas haciéndolo caer dentro de una categoría diferente de lo fantástico.

Investigación

En el apéndice a esta sección hemos incluido un cuento de la escritora guineo-ecuatoriana Raquel Ilonbé, "Los tres hermanos", que pertenece a lo fantástico. Analice este cuento, u otro, como "La noche boca arriba", de Julio Cortázar, desde el punto de vista de sus elementos fantásticos.

Alicia Yánez Cossío: *La IWM mil*

Vida, obra y crítica

Alicia Yánez Cossío (1929–) nació en Quito, Ecuador, en el seno de (*within*) una familia de diez hermanos. Casada con un cubano, se mudó a Cuba, pero regresó a Ecuador cinco años más tarde. De 1969 a 1983 compaginó (*shared*) el trabajo de la escritura con el de la docencia en colegios y academias, pero a partir de (*after*) 1983 pudo dedicarse en exclusividad a la escritura. Alicia Yánez ha recibido varios premios y reconocimientos literarios, como el Premio Nacional de Novela por su obra *Bruna, soroche y los tíos* (1973), el prestigioso Premio Sor Juana Inés de la Cruz en 1996 por su novela *El Cristo feo* (1995), y la condecoración Gabriela Mistral en 2002. En 1991, Alicia Yánez ingresó (*was admitted*) en la Academia Ecuatoriana de la Lengua.

La obra literaria de Alicia Yánez incluye los tres géneros, pero se ha destacado principalmente en el de la novela. En este género es autora, aparte de las dos obras anteriormente mencionadas, de otras ocho novelas, entre las que podemos mencionar *Yo vendo unos ojos negros* (1979), que ha sido llevada a la televisión; *Más allá de las islas* (1980) y *La casa del sano placer* (1989). Es, igualmente, autora de varios cuentos infantiles y de una colección de relatos futuristas: *El beso y otras fricciones* (1974). Como poeta es autora de *De la sangre y el tiempo* (1964), y de *Poesía* (1974); y como dramaturga escribió *Hacia el Quito de ayer* (1951).

Dos de los temas o preocupaciones constantes en la obra de Alicia Yánez son el de la deshumanización del hombre en la sociedad actual, y el de la lucha de la mujer por sus derechos en una sociedad prejuiciosa dominada por un sistema patriarcal. Desde el punto de vista técnico y formal, Alicia Yánez hace uso en algunas de sus obras del flujo de conciencia, de un lenguaje transparente y directo, y de un tono en el que alternan la seriedad con la ironía y ciertas dosis de humor.

Guía de lectura

"La IWM mil" es un cuento de ciencia-ficción que forma parte de la compilación de relatos *El beso y otras fricciones*. Muchos de los protagonistas de esta colección son mujeres que se enfrentan a (*confront*) las normas prejuiciosas del sistema patriarcal y defienden sus derechos para evitar el fracaso y la marginación. En el relato que hemos seleccionado, no obstante lo cual, el enfrentamiento de la mujer con el sistema patriarcal es sustituido por el de la sociedad con la máquina, pero la naturaleza de las fuerzas en conflicto es bastante similar en ambos casos. La anécdota del cuento nos muestra una sociedad que vive en total dependencia de la máquina, y cómo un grupo de personas reacciona contra la influencia y la amenaza de este mundo de la cibernética y busca un lugar, un refugio, donde la vida es mucho más humana y natural. En la lectura de esta historia sugerimos que el lector piense en el tiempo de la acción narrativa, las consecuencias que trae la dependencia de la máquina, y la reacción adversa de un grupo de personas ante esta influencia deshumanizadora.

La IWM mil

Hace mucho tiempo, todos los profesores desaparecieron tragados[1] y digeridos[2] por el nuevo sistema. Se cerraron todos los centros de enseñanza porque eran anticuados,[3] y sus locales se convirtieron en casas habitacionales[4] donde pululaban[5] gentes sabias y muy organizadas, pero incapaces de crear nada nuevo.

5   El saber era un artículo que se podía comprar y vender. Se había inventado un aparato[6] que se llamaba la IWM mil y éste fue el último invento porque con él se dio por terminada toda una era. La IWM mil era una máquina muy pequeña, del tamaño de un antiguo maletín[7] escolar. Era muy manuable,[8] de poco peso y estaba al alcance[9] económico de cualquier persona que se interesara por saber algo. En la IWM mil es-
10 taba encerrado todo el saber humano y todo el conocimiento de todas las bibliotecas del mundo antiguo y moderno.

Nadie tenía que tomarse la molestia[10] de aprender algo porque la máquina que

---

[1]*swallowed* [2]*digested* [3]*outdated* [4]*living quarters* [5]*swarmed* [6]*máquina* [7]*briefcase* [8]*easy to handle* [9]*it was within the reach* [10]"tomarse la molestia": preocuparse

llevaba colgada de la mano, o que estaba sobre cualquier mueble de la casa, le suministraba[11] cualquier conocimiento. Su mecanismo era tan perfecto, y tan precisos los datos que daba, que no había quien tuviera la osadía[12] de comprobarlos[13] por su cuenta.[14] Su manejo[15] era tan sencillo[16] que los niños se pasaban jugando con ella. Era una prolongación del cerebro humano. Muchas gentes no se separaban de ella ni siquiera durante los actos más personales e íntimos. Eran más sabios mientras más dependían del aparato.

Una gran mayoría, al saber que el conocimiento estaba tan al alcance de la mano, nunca había tocado una IWM mil, ni siquiera por curiosidad. No sabían leer ni escribir. Ignoraban las cosas más elementales y no les hacían falta.

Se sentían felices de tener una preocupación menos y disfrutaban más de los otros adelantos[17] de la técnica.

Por medio de la IWM mil, se podía escribir cualquier tipo de literatura, componer música y hasta hacer pinturas. Los trabajos de creación fueron desapareciendo porque cualquier gente, con tiempo y paciencia suficiente, podía hacer cualquier obra semejante y hasta superior a la que hicieron los antiguos artistas, sin tener que exprimir[18] el cerebro, ni sentir nada extraño y anormal.

Algunas gentes se pasaban sacando datos a la IWM mil por el gusto de conocer algo. Otros lo hacían por salir de un apuro[19] y otras le preguntaban cosas sin ninguna importancia, simplemente por el placer de que alguien les contestara alguna cosa aunque fuera de su mundo familiar y aburrido.

—¿Qué es etatex?[20]
—¿Qué quiere decir híbrido?
—¿cómo se hace un pastel de chocolate?
—¿Qué quiere decir "Pastoral de Beethoven"?
—¿Cuántos habitantes hay actualmente en el mundo?
—¿Quién fue Viriato?[21]
—¿Qué distancia hay de la tierra a Júpiter?
—¿Cómo pueden eliminarse las pecas?[22]
—¿Cuántos asteroides se han descubierto este año?
—¿Para qué sirve el páncreas?
—¿Cuándo fue la última guerra mundial?
—¿Qué edad tiene mi vecina?
—¿Qué quiere decir recíproco?

[11]daba [12]"no ... osadía": *nobody dared to* [13]*to verify them* [14]"por ... cuenta": *for oneself* [15]funcionamiento [16]fácil [17]*advances* [18]*to squeeze* [19]situación difícil [20]central comercial de Ecuador [21]líder de la parte occidental de la Península Ibérica que en el siglo II a. C. luchó contra los romanos [22]*freckles*

Las modulaciones de la voz incidían[23] sobre unas membranas electrónicas supersensibles que se conectaban con el cerebro de la máquina y computaban en seguida el dato pedido, que no siempre era el mismo porque por el tono de la voz, la máquina computaba el dato escuetamente[24] o con las referencias necesarias.

A veces dos sabios se ponían a charlar y cuando alguno tenía una opinión diferente, consultaba a su respectiva máquina, planteaba[25] el problema a su modo,[26] y las máquinas hablaban y hablaban. Se hacían objeciones por su cuenta y muchas veces ya no eran los sabios sino las máquinas quienes trataban de convencerse entre sí. Los que habían empezado la discusión escuchaban, y cuando se cansaban de escuchar, se ponían a apostar[27] cuál de las dos máquinas se iba a quedar con la última palabra debido a la potencia de los respectivos generadores.

Los enamorados hacían conjugar a sus máquinas todos los tiempos del verbo amar y escuchaban canciones románticas. En las oficinas y lugares administrativos se daban órdenes por cintas magnetofónicas[28] y las IWM mil completaban los detalles del trabajo. Muchas gentes se habituaron a conversar sólo con sus respectivas máquinas, así nadie les contradecía porque sabían lo que la máquina iba a responder, o porque creían que entre una máquina y un ser humano no podía existir rivalidad. Una máquina no podía acusar a nadie de ignorante, podían preguntar todo.

Muchas peleas y discusiones caseras[29] se hacían por medio de la IWM mil, pedían al aparato que dijera al contrincante[30] las palabras más soeces[31] y los insultos más viles en el volumen más alto, y cuando querían hacer las paces, las hacían en seguida porque no fueron ellos sino las IWM mil quienes las dijeron.

Los hombres empiezan a sentirse realmente mal. Consultan a su IWM mil y éstas les dicen que sus organismos no pueden tolerar una sola dosis más de pastillas[32] estimulantes porque han llegado al límite de la tolerancia, y además computa que las posibilidades de suicidio van en aumento y que se hace necesario un cambio de vida.

La gente quiere volver al pasado, pero es demasiado tarde, algunos intentan dejar de lado sus IWM mil pero se sienten indefensos. Entonces consultan a las máquinas si existe algún lugar en el mundo donde no haya nada parecido a las IWM mil, y las máquinas dan las señas y pormenores[33] de un lugar remoto que se llama Takandia. Algunos empiezan a soñar en Takandia. Regalan la IWM mil a los que sólo tienen una IWM cien. Comienzan a realizar una serie de actos extraños: van a los museos, se quedan en las secciones de libros mirando algo que les intriga sobremanera[34] y que quisieran tenerlo entre sus manos: son pequeños y maltratados silabarios[35] en los cuales los niños de las civilizaciones antiguas aprendían lentamente a leer valiéndose de[36] sig-

---

[23]*fell* [24]con brevedad [25]*raised* [26]"a ... modo": desde su punto de vista [27]*to bet* [28]*tape* [29]domésticas [30]oponente [31]vulgares [32]*pills* [33]detalles [34]mucho [35]*spelling books* [36]haciendo uso de

nos, para lo cual debían asistir a un determinado sitio que se llamaba escuela. Los signos se llamaban letras, las letras se dividían en sílabas, y las sílabas estaban hechas de vocales y consonantes. Cuando las sílabas se juntaban formaban palabras y las palabras eran orales y escritas . . . cuando estas nociones se hacen del dominio general, algunos hombres vuelven a estar muy contentos porque son los primeros conocimientos adquiridos por sí mismos y no a través de la IWM mil.

Muchos salen de los museos a las pocas tiendas de anticuarios que quedan y no paran hasta encontrar silabarios, los cuales ruedan de mano en mano, a pesar de que se pagan por ello precios altísimos. Cuando tienen los silabarios se ponen a descifrarlos:[37] aeiou, ma me mi mo mu, pa pe pi po pu. Les resulta fácil y ameno.[38] Cuando saben leer adquieren todos los pocos libros que pueden, son pocos, pero son libros: "Acción de la clorofila sobre las plantas", "Los Miserables" de Víctor Hugo, "Cien recetas de cocina", "Historia de las Cruzadas" . . . Se ponen a leer y cuando pueden adquirir conocimientos por sí mismos, empiezan a sentirse mejor. Dejan de tomar pastillas estimulantes. Tratan de comunicar estas nuevas sensaciones a sus semejantes. Algunos los miran con recelo[39] y desconfianza, y los catalogan como locos. Entonces estas pocas personas son las que se apresuran[40] a comprar un pasaje para Takandia.

Después del jet, toman un lento barco, luego una canoa, caminan muchos kilómetros a pie y llegan a Takandia. Allí se ven rodeados de seres horribles, los cuales ni siquiera se ponen un discreto taparrabo,[41] viven en las copas[42] de los árboles, comen carne cruda[43] porque no conocen el fuego, y se pintan el cuerpo con zumos vegetales.

Los hombres que han llegado a Takandia se dan cuenta de que por primera vez en sus vidas están entre verdaderos seres humanos y empiezan a sentirse felices. Buscan amigos, gritan como ellos, y empiezan a quitarse la ropa y a dejarla tirada entre las matas.[44] Los habitantes de Takandia se olvidan por unos momentos de los visitantes para pelearse por las ropas que encuentran tiradas . . .

Comprensión del texto

1. ¿Qué sucedió con los profesores y centros de enseñanza cuando se inventó la IWM mil?
2. ¿Nos menciona el texto algunos otros inventos tecnológicos además de la IWM mil?
3. ¿Cómo es descrita la IWM mil?
4. ¿Nos da detalles la voz narrativa acerca de qué funciones tiene la IWM mil?

[37]*to decipher them* [38]*divertido* [39]*suspicion* [40]*se dan prisa* [41]*loincloth* [42]*tops* [43]*raw* [44]*bushes*

5. ¿Quiénes hacían el trabajo en las oficinas?
6. ¿Qué decisión toman algunas personas que quieren volver al pasado?
7. ¿Qué es Takandia? ¿Cómo se llega a este lugar?
8. ¿Por qué había muchas peleas domésticas con la IWM mil?
9. ¿Cómo vivían los habitantes de Takandia?

Análisis crítico

1. ¿Qué tipo de voz narrativa tenemos en este relato? ¿Cuál es el tono de la narración? ¿Cómo se focaliza la historia? Mencione algún ejemplo de estilo directo, indirecto o indirecto libre.
2. ¿Cuándo ocurren los acontecimientos de la acción narrativa? ¿Siguen éstos un orden cronológico? Comente algún tipo de juego o relación entre el tiempo real de la historia y el tiempo o tiempos del discurso.
3. ¿Qué significado tiene el espacio o espacios donde se sitúa el desarrollo de la acción narrativa?
4. ¿Quién es el protagonista de la historia? ¿Cómo aparece caracterizado?
5. ¿Encuentra elementos irónicos, satíricos o cómicos en este cuento?
6. ¿Cómo interpreta el final del cuento? ¿Cree que estas personas que han huido a Takandia van a encontrar la felicidad?
7. Comente cómo se cumplen en este cuento los dos términos de la definición de ciencia-ficción, "extrañamiento" y "cognición", que nos da Darko Suvin.

Mesa redonda

Discuta con sus compañeros de grupo los efectos que tiene la IWM mil en la sociedad descrita en el cuento. ¿Cómo vive física, emocional y espiritualmente el ser humano en esta sociedad? ¿Cree que llegaremos en un futuro inmediato, o mediato, a vivir de esta manera?

Sea creativo

En el cuento de Alicia Yánez, un grupo de personas rechaza (*rejects*) la influencia que ha ejercido en sus vidas la IWM mil y se retira a Takandia. Aquí vemos cómo estas personas comienzan una nueva convivencia con seres que tienen una forma de vida muy diferente. Escriba en una página una posible continuación del cuento pensando en cómo podría evolucionar esta nueva sociedad en la que van a convivir dos culturas o formas de vida diferentes.

Investigación

Escoja un cuento de la antología *Lo mejor de la ciencia-ficción latinoamericana*, editada por Bernard Goorden y Van Gogt; o un cuento de ciencia-ficción de otro texto, y estudie el tipo de sociedad o mundo que trata de presentarnos la autora o autor. Preste especial atención al espacio recreado y al tipo de mundo alternativo creado por el autor.

Unidad 6. Metaficción e Intertextualidad

La Metaficción

La metaficción, también llamada novela autoconsciente, autorreflexiva, autorreferencial, narcisista . . . , es una modalidad narrativa que encontramos en todos los períodos literarios. La vemos en el *Conde Lucanor*, de don Juan Manuel; en *Don Quijote de la Mancha*, de Miguel de Cervantes; en *El periquillo Sarniento* (1816), de José F. Lizardi, en escritores realistas de los siglos XIX y XX y, de modo especial, en la novela postmoderna. La metaficción es una modalidad narrativa que se centra en el proceso de la escritura; es decir, es un tipo de ficción que, de forma explícita, revela y analiza las convenciones y códigos (*codes*) narrativos de la propia novela o de otras novelas. En este tipo de novelas, el escritor deja de ser temporalmente un fabulista, y de contar una historia ficticia, para convertirse en un crítico literario. Los recursos (*devices*) metafictivos utilizados por los escritores pueden ser de distinta índole (*kind*), alternarse varios de ellos en una misma obra, tener mayor o menor extensión, y aparecer en cualquier tipo de novelas: realistas, fantásticas, históricas, etc. Veamos algunas de las funciones que desempeñan (*play*) algunos de los recursos metafictivos más comúnmente utilizados.

I. *Función reflexiva*. Esta función la encontramos en obras donde el narrador hace un análisis o comentario crítico de la novela en curso o de otras novelas. Éste es, probablemente, el tipo de recurso metafictivo más empleado por los escritores, y lo encontramos, por poner un par de ejemplos, en las numerosas reflexiones crítico/teóricas sobre la escritura que hay en *Rayuela* (1963), de Julio Cortázar; y en *Fragmentos de apocalipsis* (1977), de Gonzalo T. Ballester. En esta última obra, concretamente, uno de los personajes le critica a la voz narrativa que su novela sea totalmente fragmentada y le falte (*lacks*) unidad, y le pide que no incluya a un determinado personaje en su ficción porque es "un personaje completamente inútil . . . de una historia inverosímil".

II. *Función autoconsciente*. Esta función la vemos en obras en las que el narrador, o un personaje ficticio, reconocen explícitamente el papel que desempeñan dentro de la obra de ficción. Un ejemplo de narrador consciente de su papel lo vemos en el siguiente ejemplo: "En la historia anterior quise narrar el proceso de una derrota . . . Sentí en la última página, que mi narración era un símbolo del hombre que yo fui, mientras la escribía" (Jorge L. Borges, "La busca de Averroes"). Un ejemplo de personaje que es consciente de su identidad ficticia lo vemos en el protagonista de *Quizá nos lleve el viento al infinito* (1984), de Gonzalo T. Ballester, quien reconoce que es "un conjunto (*bunch*) de palabras". En el caso de personajes que reconocen abiertamente su identidad ficticia, la obra de ficción nos hace pensar que nuestra existencia en este mundo es otra ficción, que somos los personajes de un libro escrito por Dios.

III. *Función metalingüística*. Esta función la vemos en obras en las que los recursos metafictivos llaman la atención sobre algún aspecto del lenguaje —el vocabulario, la sintaxis . . . — y/o sobre la incapacidad de éste para representar la realidad exterior. Por ejemplo, la voz narrativa de *Reivindicación del conde don Julián* (1970), de Juan Goytisolo, propone un discurso con "una palabra sin historia . . . palabra-transparente, palabra reflejo . . . palabras simples para sentimientos simples".

IV. *Función especular*, o *mise-en-abyme*. El término *mise-en-abyme* viene de la heráldica (*heraldry*), y los escudos (*shields*) heráldicos se caracterizan por tener, generalmente en el centro, una copia en miniatura del escudo completo. En literatura, lo mismo que en la heráldica, la *mise-en abyme* se refiere a cómo un texto, situado dentro de otro, duplica, como un espejo, una, o varias veces, alguna de las partes o convenciones de la ficción que lo enmarca (*frames*). En las obras donde encontramos este tipo de recurso metafictivo es importante analizar la relación que existe entre las historias situadas en los distintos niveles (*levels*) narrativos. Por ejemplo, en el *Conde Lucanor*, la historia que cuenta Patronio, el consejero del conde, refleja un problema similar al que tiene el conde en la historia que enmarca a la anterior.

V. *Función paradójica*. Este tipo de función la encontramos en obras en las que los recursos metafictivos crean algún tipo de violación o subversión narrativas que desafían (*challenge*) nuestro sentido de la lógica. Lo vemos, por ejemplo, cuando una novela hace referencia dentro de la ficción al título de la novela misma, éste es el caso de *La paradoja del ave migratoria* (1987), de Luis Goytisolo, o de *Don Quijote de la Mancha*. Otro tipo de subversión lo vemos cuando la historia ficticia se va escribiendo al mismo tiempo que va sucediendo, como ocurre en *El cuarto de atrás* (1978), de Carmen Martín Gaite. Otro tipo de subversión tiene lugar cuando dentro de una obra de ficción hay un personaje que escribe una novela, y al final de nuestra lectura nos damos cuenta que esta novela que escribe el personaje es la novela que nosotros, los lectores, estamos leyendo. Éste es el caso de *Recuento* (1973), de Luis Goytisolo. Otro tipo de subversión lo vemos cuando un personaje ficticio aparece hablando con su creador, el escritor de la novela. Un ejemplo muy conocido lo encontramos en *Niebla* (1914), de Miguel de Unamuno, donde el protagonista, Augusto Pérez, dialoga con Unamuno sobre su naturaleza ficticia.

VI. *Función iconoclata*. Esta función la encontramos en obras en las que el narrador utiliza recursos metafictivos como notas a pie de página (*footnotes*) para contar su historia, o deja páginas en blanco, o juega con el espacio textual o con el tipo de letra. Por ejemplo, en *Los trenes del verano* (1992), de José María Merino, aparecen páginas sombreadas (*shaded*) o de color negro, y a veces juega con los márgenes del texto o con los tipos de letra.

Intertextualidad

Entendemos por intertextualidad la incorporación de un texto en otro por medio de citas, alusiones, repeticiones, traducciones, etc. Dentro de este concepto también se incluyen los préstamos de convenciones literarias, o cualquier otro tipo de influencias conscientes o inconscientes. El texto en el que se encuentran representaciones de otros textos se llama *intertexto*. Por ejemplo, en *Reivindicación del conde don Julián*, de Juan Goytisolo, la voz narrativa habla de "Ay qué terribles cinco de la tarde, cinco en punto en todos los relojes", y ésta es una alusión intertextual al poema *Llanto por Ignacio Sánchez Mejías* (1935), de Federico García Lorca, que comienza "A las cinco de la tarde/ eran las cinco en punto de la tarde".

La crítica distingue tres tipos de *intertextualidad*:
1. *Intertextualidad general*, que es la que ocurre entre textos de autores distintos.
2. *Intertextualidad restringida*, que es la que se produce entre textos del mismo autor.
3. *Intertextualidad interna*, o *autotextualidad*, que se correspondería con la función especular, o *mise en abyme*, que vimos antes.

Luisa Valenzuela: *El zurcidor[1] invisible*

Vida, obra y crítica

Luisa Valenzuela (1938–) nació en Buenos Aires, Argentina, y en esta misma ciudad comenzó a trabajar como periodista. Ha colaborado en varios medios de comunicación, como la revista *Crisis* y el diario *La Nación*. Vivió unos años en Francia, donde escribió a los veintiún años su primera novela, *Hay que sonreír*. En 1972, y como producto de su participación en un Programa Internacional de Escritores en la Universidad de Iowa, publicó *El gato eficaz*, en la que critica los convencionalismos asociados con el amor y el matrimonio. Durante los años de la dura represión política por el gobierno de Argentina (1976–1983), Valenzuela trabajó como editora en Buenos Aires. Decepcionada con la realidad política de su país, se estableció en EE.UU. —Columbia University y la Universidad de Nueva York— donde dirigió talleres (*workshops*) de escritura y trabajó como profesora. En 1989, restaurada (*restored*) la democracia en Argentina, regresó a su país. En 1997 recibió la medalla Machado Assis de la Academia Brasileña de las Letras, y en el 2004 el Premio Astralba por la Universidad de Puerto Rico.

De su producción narrativa destacan las novelas *Novela negra con argentinos* (1990), *La travesía* (2001) y las colecciones de cuentos *Aquí pasan cosas raras* (1975), *Realidad nacional desde la cama* (1990), y *Simetrías* (1993).

La escritura de Valenzuela se caracteriza por combinar elementos fantásticos con realistas, y por atacar el orden socio-político preestablecido. Algunas de sus críticas más duras, precisamente, van dirigidas contra la falta de libertad, la represión, la censura y la tortura que vivió su país durante las dictaduras militares. A la par de estos temas, Valenzuela explora su identidad femenina, haciéndola formar parte de una crítica del orden patriarcal, que ve imperante (*prevailing*) en nuestra sociedad.

---

[1] *darner*

Guía de lectura

Aunque la metaficción no es una de las modalidades narrativas más cultivada por Luisa Valenzuela, "El zurcidor invisible" es una clara excepción a esta norma. La anécdota del cuento, incluido en *Simetrías* (1993), se centra en cómo la responsable de un taller de escritores se sorprende de ver cómo una de sus estudiantes es víctima de un asalto (*assault*) en plena calle neoyorquina. Esta profesora, que es a su vez la voz narrativa, se encuentra con la estudiante en la oficina y, a la vez que escucha los detalles del asalto, la anima (*encourages*) a escribir una historia sobre dicho incidente. En el presente cuento encontramos un recurso narrativo bastante común en las novelas metafictivas: la fusión del proceso creador con el producto final. En la lectura de este cuento el lector debe prestar particular atención a sus aspectos metafictivos, especialmente al proceso creador, o de gestación, de la historia que nos cuenta la narradora, y a la relación metafórica entre texto —escritura— y tejido —ropa—. Asimismo, el lector debe pensar en cómo funciona la antinomia de los colores "blanco" y "negro", y en cómo juega la voz narrativa con la cronología de los acontecimientos narrativos.

El zurcidor invisible

Tengo que escribir la historia (y hablar del cuento) de mi alumna que fue apuñalada.[1] La bella alumna (acá debo encontrar la palabra exacta):

    Transparente   prístina
    etérea   blanca
5   alabastrina
    evanescente
    ¿virginal? (no, nada de categorizar)
    medieval, distante

(Una sola palabra debo encontrar, un adjetivo que la pinte de cuerpo entero. Si no, cualquiera podría contar esta historia). Decir que era —es— muy rubia, etérea, son apenas aproximaciones vagas y se supone que yo soy la escritora, la maestra, y estoy acá[2] para dar en el clavo.[3] No estoy acá para contar[4] esta historia que por secreto profesional debería permanecer incontada, al menos por quien no ha sido su protagonista. Pero la escritura no tiene profesión, y menos aún secretos.

---

[1]*stabbed* [2]aquí. [3]"dar . . . clavo": *to hit the nail in the head* [4]narrar

Por eso, empezaré a narrar desde el primer día de clase. La escena transcurre[5] en un taller de escritores en pleno corazón de Manhattan. Alumnos universitarios de posgrado. Y ella fue la única ausente el primer día. Yo sólo tenía un nombre y a ese nombre no le correspondió rostro[6] alguno.

—La asaltaron, —aclaró[7] alguien—. Es por eso que no vino.
—¿Hoy la asaltaron?, —inquirí contrita.[8]
—No, el otro día. Se está reponiendo[9] apenas.
—Pobre.

A la semana siguiente tampoco apareció la alumna. Asalto largo, pensé con cierta crueldad, sin saber nada de esta historia que hoy quiero escribir aunque no pueda. Aunque no encuentre la palabra exacta.

A la tercera reunión del curso apareció más pálida que nunca, importante detalle que yo habría de inferir con retroactividad.[10] Es decir que en abril supe que en febrero ella había llegado a clase más pálida que nunca, blanca como la blanca nieve recién caída. El invierno ese año resultó despiadado.[11]

Y ella poco a poco fue contando.

O fue contándome a mí, durante las llamadas horas de oficina que pueden llegar a transformarse en un confesionario o un diván,[12] esas cosas del alma. Fue contándome lo que le había sucedido.

—Y seguía usando el mismo tapado.[13]
—¿El mismo tapado?
—El mismo: un abrigo de grueso paño jaspeado[14] en tonos de azul y cobre que impedían ver la mancha si es que mancha quedaba después de su paso por la tintorería.[15] Sangre seca.

Una mancha de sangre, borrada también —eso habría de saberlo más tarde— gracias al paso por la oscura tiendita del zurcidor invisible, como allá lo llaman, un personaje tan de épocas pretéritas.

Quisiera encuadrar la historia alrededor del viejo que suturó[16] la herida del tapado y supo de la mancha. Quisiera pero no puedo, y no por falta de imaginación o de pericia:[17] se supone que soy la maestra, la conductora de un taller de zurcido no-invisible, de zurcidos por cierto bien visibles tratándose como se trata de letras negras sobre la blanca página.

La blanca era ella. El abrigo era oscuro sin por eso llegar a negro. Negro era el hombre que la apuñaló aunque en estos casos sólo se trate de una convención semántica. El hombre era de piel color castaño oscuro, confundible con la noche.

[5]sucede [6]cara [7]comentó [8]preocupada [9]recuperando [10]*retrospectively* [11]duro [12]sofá [13]abrigo [14]*streaked*
[15]*dry cleaner's* [16]cosió [17]habilidad

El color del puñal lo desconozco. Olvidé preguntarlo y ahora lo lamento (¿tendrá ella el puñal en su casa, guardado bajo vidrio, como un trofeo?). Podemos conjeturar:[18] blanca empuñadura[19] de nácar,[20] negra hoja de acero. No, no escribo esto, hagamos de cuenta[21] que el puñal no figura,[22] no quiero inventar nada.

En la descomunal[23] ciudad reinventada por mí, por todos nosotros y más por la pobre estudiante apuñalada.

Ella vivía —seguía viviendo— en un pequeño departamento[24] compartido en un barrio indefinible, sin fama de dudoso como tantos otros barrios neoyorquinos. Hacía frío esa noche. Ella al salir del subte[25] iba caminando rápido, quizá no demasiado rápido porque el correr no parece formar parte de su naturaleza (en el momento de tratar de definirla hubiera podido elegir la palabra lánguida;[26] no habría sido una definición feliz. Ella no es lánguida, hay poco de sensual en ella, ella es más bien evanescente.)

Pero quizás es evanescente ahora, después de haber perdido tanta sangre. Quizá antes era más decidida, y caminaba con firmeza desde la boca del subte hacia su casa cuando la interceptó el asaltante.[27] El asaltante no le reclamó[28] ni la bolsa[29] ni la vida, no le dijo nada y ése es uno de los detalles que más la desesperan. El asaltante se le abalanzó[30] encima para arrancarle[31] la cartera, los dos cayeron a la vereda[32] cubierta de nieve, él sobre ella, quizá, eso queda poco claro, sí, él sobre ella, forcejearon[33] algo, ella sintió un golpe seco bajo el omóplato[34] izquierdo (en aquel momento ella no ubicó[35] el golpe anatómicamente, al principio dijo en la espalda, pero con el correr del tiempo[36] le ha asignado su lugar exacto. Con el correr del tiempo y con su paso por las oficinas de médicos forenses).

Las palabras se van delineando.[37] Escribílo[38] todo, la conminé[39] entre el tercero y cuarto mes de clase. Estábamos llegando al final del semestre, y ella sin poder manifestarse. Escribílo. Ese golpe.

Ella sintió como un golpe en la espalda y el ladrón vaya una a saber qué golpe sintió, qué dolor cuando por fin pudo ponerse de pie y huir sin la cartera.

—¿No hubo testigos?

—No había nadie en la calle. Eran casi las once de la noche, hacía mucho frío, vos sabés,[40] no había nadie en la calle, era una de esas noches.

—Ahora cuando salgas de clase, todas las noches de miércoles al salir de este taller, aquí presente, se hacen las once al volver a tu casa, ¿no tenés[41] miedo?

—Sí.

---

[18]afirmar [19]*hilt* [20]*nacre* [21]"hagamos de cuenta": *let's figure out* [22]aparece [23]enorme [24]apartamento [25]metro [26]débil [27]agresor [28]pidió [29]dinero [30]tiró [31]quitarle [32]*sidewalk* [33]lucharon [34]*shoulder blade* [35]localizó [36]"con...tiempo": con el paso del tiempo [37]apareciendo [38]escribidlo (uso del voseo) [39]*I instructed* [40]usted sabe (uso del voseo) [41]tienes (uso del voseo)

—Escribí[42] el miedo.

—No sé escribirlo, no sé decirlo, el miedo no tiene palabras.

—Todas las palabras son del miedo. Todas. Y no hay nada que no pueda ser escrito. Ahuyentá[43] ese miedo escribiéndolo.

—El miedo es mío.

Aquella noche, la noche cuando ella atravesaba el frío para llegar prontito a su casa, no tenía miedo. Y él saltó de un oscuro zaguán[44] para plantarle[45] el miedo. Bajo el omóplato izquierdo, diría después el informe forense, aunque en aquel momento, sin palabras, no existían ni puñal ni miedo, sólo un golpe seco no necesariamente doloroso.

Él se puso enseguida de pie y huyó[46] corriendo. A ella le costó recuperar la posición vertical a causa del hielo y otros obstáculos. Lo logró por fin y a su vez huyó, caminando huyó, como pudo, dándole la espalda al otro que corría en sentido contrario. Ella avanzó con la vista al frente sin saber de ese ojo abierto en ella por el otro, ojo que seguiría mirando al otro aun después de que él hubiese dado vuelta a alguna esquina.

Mi alumna llegó a su edificio y el portero[47] la saludó al entrar y ella le pidió que llamase a la policía, por favor, porque la habían asaltado. Lívida[48] lo pidió, calma, como es ella, separada ya de sí misma. Llame a la policía, yo no puedo.

Pudo subir al ascensor, llegar hasta su departamento vacío, cerrar la puerta tras de sí,[49] evitar desmoronarse.[50]

—Escribílo todo, le insistía yo varios meses más tarde. Si no se te va a quedar ahí clavado[51] para siempre.

—¿Qué escribo?

—Lo que quieras. Tomá[52] uno de los temas, uno de los elementos, y escribí alrededor de eso: alrededor de una acción, una actitud, un objeto, un personaje de esa noche. Lo que quieras. No necesitas mostrar lo escrito a nadie, ni siquiera a mí si no tenés ganas.

Ella entró a su casa aquella noche aciaga[53] y quedó de pie en medio de la pieza como para ir entrando en calor, ir entrando en sí[54] y recobrarse, no en el sentido de reponerse[55] sino de recuperarse a sí misma, volver a entrar en ese cuerpo que —ella aún no lo sabía— le había sido horadado.[56]

Ella sólo había percibido un golpe, allá en la calle oscura, y en medio de su pieza[57]

---

[42]escribe (uso del voseo) [43]*drive away* [44]*hallway* [45]crearle [46]escapó [47]*doorman* [48]pálida [49]"tras . . . sí": detrás de ella [50]caerse en el suelo [51]*stuck* [52]toma (uso del voseo) [53]*fateful* [54]"entrando . . . sí": *regaining consciousness* [55]*to recover* [56]*pierced* [57]habitación

se sentía tan fuera de su propio alcance,[58] en otro plano; pero el calor le iba volviendo al cuerpo y se lo iba configurando.

Intentó sacarse el tapado y no pudo. Por más que tironeara[59] no pudo separar el abrigo de su espalda y entonces la sacudió[60] un dolor agudísimo.[61]

Lo hice para poder sacarme el tapado, diría horas después en el hospital, al recuperar el conocimiento.[62]

Porque en su pieza al pasarse la mano por la espalda encontró la presencia inesperada. Ni el portero lo había visto: el cabo[63] del cuchillo sobresaliendo del tapado y por lo tanto ahora puedo especificar mango negro, hoja blanca. Arma blanca.[64]

Contra el tapado oscuro el portero no alcanzó a ver la empuñadura enhiesta.[65] Tampoco vio —imposible verla— la hoja incrustada[66] entre las costillas de la muchacha.

Ella ni pensó en el dolor o la sangre o la herida o algo semejante. Pensó que necesitaba quitarse el tapado y se arrancó[67] el puñal como quien se arranca una enorme sanguijuela.[68] Y oyó un silbido[69] fino y persistente.

No un suspiro;[70] un silbido de globo que se va vaciando.

Al pulmón tienen que volver a inflárselo y parece que no es cosa sencilla.[71] Yo le digo escribílo, llenálo de palabras. Y agrego: escribí sobre el pulmón desinflado, la boquiabierta[72] herida, o sobre el puñal, o escribí sobre el portero que no se dio cuenta de nada.

Personalmente yo bordaría[73] la historia en torno de mi personaje favorito, aquel zurcidor invisible que le dejó el tapado como nuevo.

Pero cuando mi alumna por fin logra escribir, produce un breve texto sobre el retorno[74] de los ojos del ladrón, fijos en los de ella, en el suelo, cara a cara. Y son ojos amantes.

Comprensión del texto

1. ¿Qué proyecto tiene la voz narrativa? ¿Quién es esta persona?
2. Según la voz narrativa, ¿para qué puede servir la escritura?
3. ¿Cuándo ocurren los acontecimientos narrativos?
4. ¿Quién apuñaló (*stabbed*) a la chica?
5. ¿Dónde vivía la estudiante?
6. ¿Qué le quería robar el asaltante a la chica? ¿Lo consiguió?

---

[58]"tan...alcance": en otra realidad [59]tirara [60]*hit* [61]muy fuerte [62]"al...conocimiento": *to regain consciousness* [63]*hilt* [64]"arma blanca": cuchillo [65]*upright* [66]metida [67]se sacó [68]*leech* [69]*whistle* [70]*sigh* [71]fácil [72]abierta [73]*I would embroider (write)* [74]regreso

7. ¿Qué problemas tiene la estudiante con el tapado cuando llega a casa? ¿Se dio cuenta el portero de lo que estaba sucediendo?
8. ¿Qué pasó con el pulmón de la chica? ¿Qué remedio se sugiere?

Análisis crítico

1. Estudie el papel de la voz narrativa prestando atención al nivel y grado de participación en los hechos narrados. ¿Cuál es el tono de la narración? ¿Qué tipo de focalización domina en este relato? Mencione algún ejemplo de estilo directo, indirecto o indirecto libre.
2. ¿Hay un desarrollo cronológico de los acontecimientos narrativos? Piense en qué momento comienza la historia y en cuál termina. Comente algún tipo de relación entre el tiempo real de la historia y el tiempo o tiempos del discurso.
3. ¿En qué espacio o espacios se desarrolla la acción narrativa? ¿Podemos hablar de un espacio de la mente creadora? Comente al respecto.
4. ¿Cómo aparecen caracterizados los personajes?
5. ¿Qué función o funciones desempeñan los recursos metafictivos que hay en este cuento? ¿Cómo se manifiesta la preocupación que tiene la narradora por la palabra, por el lenguaje?
6. ¿Qué interpretación le da a las partes que aparecen entre paréntesis?
7. ¿Cómo funciona la antinomia "blanco" y "negro" en este cuento?
8. ¿Cómo interpreta la escena final del cuento, ese breve texto de la estudiante y los ojos amantes de él?

Mesa redonda

Con sus compañeros de grupo, explique el significado del título del cuento. ¿Qué relación metafórica existe entre escritura y costura (*sewing*)? ¿Qué hace el zurcidor? ¿Qué zurce la voz narrativa?

Sea creativo

En el cuento que acabamos de leer existe una relación metafórica entre escritura y costura. Si usted escribiera un cuento, ¿con qué actividad cree que podría relacionar la escritura? Escriba una página estableciendo los puntos de contacto o semejanza entre dicha actividad y la escritura.

Investigación

Lea un cuento metafictivo, como "Final absurdo", de Laura Freixas, de la colección *Asesino en la muñeca*; o "Un personaje absorto", "Un ámbito rural", u "Oaxacoalco", todos ellos de José María Merino y publicados en la colección *El viajero perdido*; o "Pierre Menard, autor del *Quijote*", de la colección *Ficciones*, de Jorge Luis Borges; o "Continuidad de los parques", de la colección *Final del juego*, de Julio Cortázar, y estudie los tipos de instancias metafictivas que tienen lugar en el texto seleccionado.

Unidad 7. Narrativa Mítica

Mitos

Numerosos escritores se han inspirado para la creación de sus personajes literarios, argumentos, temas, imágenes y anécdotas, en distintos mitos y arquetipos. ¿Qué son los mitos? Los mitos son historias anónimas que narran acontecimientos sagrados o fantásticos ocurridos en un tiempo primigenio. Antes de ser fijados en la escritura, los mitos se trasmitieron oralmente de generación en generación, y esto ha dado lugar a la creación de varias versiones de un mismo mito. Desde el punto de vista temático, existe una gran variedad: mitos cosmogónicos y cosmológicos sobre la creación y destrucción del mundo, mitos sobre el origen de los dioses, mitos sagrados relacionados con algún ritual religioso, y otros centrados en la fundación de las ciudades, el funcionamiento de la sociedad, el tiempo y la eternidad, la muerte y el renacimiento, los ciclos de la naturaleza, etc.

En general, los mitos se caracterizan por presentar una lucha entre dos opuestos: el bien contra el mal, la vida contra la muerte, o dioses/semidioses contra hombres. Muchos de los protagonistas de estas historias son dioses, semidioses, gigantes, héroes, y figuras históricas o legendarias: Antígona, Sísifo, Perséfone, Electra, Edipo,

Orfeo y su esposa Eurídice, Prometeo . . . Algunos pueblos de la antigüedad consideraban los mitos como historias sagradas y verdaderas, y eran revividos (*revived*), o actualizados, a través de la práctica de ciertos ritos, como el de la purificación por medio del agua, el de la circuncisión, o los de paso (*passage*). Uno de los ritos de paso que mayor influencia ha tenido en la literatura es el de iniciación, y lo vemos cuando un adolescente tiene que superar ciertas pruebas antes de integrarse como adulto en la sociedad o como miembro de una práctica religiosa.

Aunque los mitos más conocidos son los compilados en las mitologías de la antigüedad clásica greco-latina, existen otras muchas mitologías en el mundo: la india, la escandinava, la azteca, la maya, etc., y resulta curioso observar cómo, a veces, los mitos de diferentes culturas comparten algunos de sus temas. Esto nos lleva a pensar si en realidad existió algún tipo de comunicación entre pueblos de distintos continentes, o si, como veremos a continuación, estos temas forman parte de lo que Jung denomina el "inconsciente colectivo". Algunos de los mitos recurrentes en varias culturas son el del robo del fuego, el de la creación del mundo, o el del diluvio universal. Este último mito, que utiliza Alejo Carpentier en "Los advertidos", lo encontramos en la *Biblia*, pero también aparece en varias mitologías anteriores, como la sumeria —actual Irak— del siglo XVI a. C.

Arquetipos

Los mitos guardan una relación estrecha (*close*) con los arquetipos —narrativas, personajes, temas, y tropos que se repiten en el curso del tiempo—, y el estudio de éstos nos lleva a Carl G. Jung. Según Jung, debajo del inconsciente personal se encuentra el inconsciente colectivo, que es comúnmente compartido por todos los hombres; y es aquí, en el inconsciente colectivo, donde se localizan los arquetipos. Jung los define como "imágenes primordiales" que se han formado a través de la repetición de experiencias en las vidas de nuestros antepasados (*ancestors*). Jung añade que estos patrones de comportamiento recurrentes se manifiestan en los mitos, las religiones, los sueños, los rituales y el arte. Algunos de los arquetipos más conocidos incluyen el de la muerte y resurrección, el del viaje a los infiernos, el de la víctima propiciatoria (*scapegoat*), el de la pérdida de inocencia, el de la expulsión del paraíso, y el de la subida a los cielos. En cuanto a sus protagonistas, encontramos a dioses, y personas o elementos de la naturaleza como la mujer fatal, el demonio, el rey, el viejo sabio, el estafador (*swindler*), el padre, el héroe, la muerte, el agua, etc.

Debemos señalar que, además de los arquetipos anteriormente mencionados, la literatura también ha creado sus propios arquetipos. Entre ellos podemos destacar el de Fausto, de origen alemán, como arquetipo del hombre que hace un pacto con el diablo a cambio de algo. Otro es el de Otelo, el personaje de la obra homónima de Shakespeare, como arquetipo del amante celoso; y Hamlet, también de la obra homónima de Shakespeare, como arquetipo de la indecisión y la duda ante la necesidad de actuar. En nuestras literaturas hispanas, podemos mencionar a la Celestina, la protagonista de *La Celestina* (1499), de Fernando de Rojas, como arquetipo de la alcahueta (*go-between*) con rasgos (*traits*) de bruja; a Don Quijote, el protagonista de *Don Quijote de la Mancha*, de Miguel de Cervantes, como arquetipo del caballero idealista que quiere cambiar el mundo; a don Juan, el protagonista de *El burlador de Sevilla* (1630), de Tirso de Molina, como arquetipo del seductor y burlador; y a los Buendía, los protagonistas de *Cien años de soledad* (1967), de Gabriel García Márquez, como arquetipo de una saga familiar maldita (*doomed*).

Aunque muchos escritores y escritoras se han servido de distintos mitos y arquetipos de la antigüedad, es importante señalar que un gran número de aquéllas ha expresado algunas de sus ideas feministas haciendo uso de algunos mitos de la antigüedad clásica greco-latina. Algunos de los mitos más usados son el de Apolo y Dafne, y el de Deméter y Koré. El primero de éstos, el de Apolo y Dafne, trata de cómo la ninfa Dafne se protege de los requerimientos (*advances*) amorosos de Apolo transformándose en un laurel. Este mito es utilizado por algunas escritoras para expresar un rechazo del orden patriarcal y proponer la idea de un mundo natural como refugio para la mujer. Un ejemplo de este mito lo vemos en *Espejo roto* (1974), de Mercè Rodoreda, donde la protagonista principal se aísla (*isolates*) del mundo patriarcal refugiándose en su propia casa y jardín, una especie de paraíso terrenal. El segundo mito, el de Deméter y Koré, se centra en el rapto (*abduction*) de Koré por Plutón, y en cómo Deméter, su madre, la rescata (*rescues*) de los infiernos. Esta historia ha servido a algunas escritoras para defender un orden matriarcal de la sociedad y celebrar la unión de distintas generaciones de mujeres; y este último aspecto del mito se ve en la relación de Sofía con su madre en *Nubosidad variable* (1992), de Carmen M. Gaite.

Debemos decir que, no siempre, los escritores adaptan fielmente los mitos o arquetipos en sus obras, y a veces hacen un uso paródico, satírico, burlesco ... de los mismos acomodándolos o adaptándolos a sus propósitos creadores. Tal es el caso, por ejemplo, de Francisco de Quevedo en su soneto "A Apolo, siguiendo a Dafne", donde el poeta nos ofrece una recreación irónica del mito clásico al sugerir a Apolo que compre a Dafne con dinero.

Rima de Vallbona: *La tejedora de palabras*

Vida, obra y crítica

Rima de Vallbona (1931–) nació en San José, Costa Rica, y se licenció en filosofía y letras por la Universidad de Costa Rica en 1962. Posteriormente, realizó estudios universitarios en la Universidad de la Sorbona, Francia, en la de Salamanca, España, y en Middlebury College, EE.UU. Rima de Vallbona reside (*lives*) desde 1956 en Estados Unidos, y desde 1964, hasta su jubilación, impartió clases en la Universidad de St. Thomas (Houston, Texas). Su obra literaria ha sido distinguida con numerosos premios literarios, como el Premio Nacional de Novela Aquileo J. Echeverría, en 1968; y el Premio Jorge Luis Borges de cuento, en 1997.

Aunque ha cultivado la poesía, Rima de Vallbona destaca por su trabajo en el campo de la prosa. Como novelista es autora de tres novelas: *Noche en vela* (1968), *Las sombras que perseguimos* (1983), y *Mundo, demonios y mujer* (1991). Y como cuentista ha publicado ocho cuentarios, entre los que podemos mencionar *Polvo del camino* (1971), *Mujeres y agonías* (1982), *Los infiernos de la mujer y algo más* (1992), y una colección de cuentos y viñetas infantiles titulada *La salamandra rosada* (1979). En el campo de la crítica literaria es autora de varios ensayos: *Estudios literarios de Yolanda Oreamuno* (1972), *La obra en prosa de Eunice Odio* (1981), y una edición crítica de la *Vida i [sic] sucesos de la Monja Alférez* (1992).

Rima de Vallbona pertenece a la "Generación urbana", una generación caracterizada por situar el espacio de su acción narrativa en la ciudad. Algunos de los temas que predominan en su obra son el de la soledad, la muerte, el misterio de la vida, el contraste entre la realidad y el deseo y, ocasionalmente, temas relacionados con la homosexualidad. Asimismo, muchos de sus protagonistas son mujeres frustradas, neuróticas o marginadas que tratan, en algunos casos, de encontrar su verdadera identidad a través de la fe y la religión.

Guía de lectura

"La tejedora de palabras", uno de los cuentos más antologados de esta escritora costarricense, apareció publicado por primera vez en *The Americas Review* 3–4 (otoño-invierno) en 1989, y más tarde formó parte de la colección de cuentos *Los infiernos de la mujer y algo más*. El cuento tiene como referente el mito clásico de Circe, quien, según la mitología griega, era hija de Helios, el dios sol, y envenenó (*poisoned*) a su marido, el rey de los sármatas, para así reinar sola. Circe, sin embargo, fue expulsada (*expelled*) de su reino y su padre la llevó a la isla de Eea, en el mar de Etruria. Aquí, en su palacio, cautivaba (*charmed*) a los marineros con su dulce canto, les robaba sus pertenencias y los metamorfoseaba en distintos animales. Cuando Ulises llega a esta isla, la mitad de sus hombres hace una exploración de la misma, se encuentran con Circe y, después del banquete que ésta les ofrece, son transformados en distintos animales —cerdos, leones, y perros—. Uno de los hombres de Ulises, sin embargo, logra escapar y le comunica a éste lo ocurrido. De camino (*on his way*) al palacio de Circe con el resto de sus hombres, Ulises se encuentra con Mercurio, quien le dice que para no ser víctima de Circe debe añadir la planta de moly a todo lo que ésta le dé de beber. Circe, al ver que no puede poner en práctica su magia contra Ulises, se ve obligada a transformar a los amigos de Ulises en hombres. Circe se enamora de Ulises y, después de vivir juntos un año, éste regresa a Ítaca.

La anécdota del cuento de Rima de Vallbona tiene por protagonista a una mujer actual, la profesora Thompson, una mujer que logra, con sus propias artes de magia, el amor incondicional de uno de sus estudiantes, Rodrigo. A pesar de la diferencia de edad que los separa, la profesora Thompson trata de sacar provecho (*take advantage*) de las debilidades de Rodrigo para dominarlo y conseguir sus objetivos. En la lectura de este cuento, cuyo primer párrafo resulta un poco difícil de leer por su estilo poético, debemos prestar especial atención a cómo Rima de Vallbona reescribe el mito con un propósito diferente al de Homero, a cómo el mito del don Juan se ve probablemente representado en la figura de una mujer, al propósito que persigue la autora al escoger una mujer por protagonista, y a los cambios que experimenta la focalización de la historia.

La tejedora de palabras

A Joan, quien desde hace siglos se aventuró por los mares de la vida creyendo que iba en pos de su propia identidad, cuando realmente buscaba, como Telémaco, al Ulises padre héroe que todo hombre anhela en sus mocedades.

Y hallaron en un valle, sito en un descampado, los palacios de Circe, elevados sobre piedras pulidas. Y en sus alrededores vagaban lobos monteses y leones, pues Circe habíalos domesticado administrándoles pérfidas mixturas. (Homero)

El violento fulgor[1] veraniego[2] de los ocasos[3] de Houston estalló[4] en mil resplandores[5] rojizos[6] en su hermosa cabellera,[7] la cual lo dejó deslumbrado[8] por unos momentos;

[1]*radiance* [2]*del verano* [3]*sunsets* [4]*explotó* [5]*gleams* [6]*de color rojo* [7]*pelo* [8]*dazzled*

era como si hubiese entrado en una zona mágica en la que ni el tiempo, ni los sentidos, ni la realidad tuvieran cabida[9] alguna. Ella se dirigía[10] hacia el edificio de lenguas clásicas y modernas cuando Rodrigo tuvo la fugaz[11] visión suya de espaldas, aureolada por[12] el brillo de una nunca antes vista frondosa[13] mata[14] de pelo. Iba cantando —o eso le pareció a él— con una voz tan melodiosa, que por unos instantes se suspendieron sus sentidos y quedó petrificado.

—¿Qué te pasa que te has quedado ahí alelado[15] como si hubieras visto un fantasma o un ánima de ultratumba? —le preguntó Eva, mientras la de los hermosos cabellos subía con aire de majestad los tres escalones[16] de piedra del edificio.

—¿Quién es? —le preguntó Rodrigo señalándola[17] con un gesto de la cabeza.

—¿Quién va a ser? ¡Si todo el mundo la conoce! Es la profesora Thompson, la de clásicas. Todo quisque[18] en la U sabe de sus excentricidades. Ella es precisamente la profe[19] por la que me preguntabas ayer, cuando te matriculaste[20] en su curso.

Al abrir la puerta para entrar en el edificio, girándose[21] repentinamente,[22] ella fijó en Rodrigo una mirada de cenizas[23] con ascuas.[24] Fue cuando el resplandor de sus cabellos se apagó.[25] Entonces él no pudo dar crédito a sus ojos, pues superpuesta a la imagen de criatura divina, se le manifestó de pronto como un ser grotesco: la juventud que antes había irradiado brillos[26] mágicos en la luz de sol de los cabellos, en un santiamén[27] se trocó[28] en un marchito[29] pelaje[30] color rata muerta, grasienta,[31] sucia. Lo que más le impresionó es que pese a[32] la distancia que lo separaba de ella, le llegó a él un intenso y repugnante olor a soledad, a total abandono, como de rincón que nunca se ha barrido[33] ni fregado.[34] Sintió náuseas, lástima, miedo...

—Da pena verla —siguió comentando Eva—. Viene a la U en esa facha[35] de trapera,[36] como las "bag-ladies" que con la situación escuchimizada[37] de hoy y la derrota de sus vidas, llevan cuatro chuicas[38] en una bolsa plástica, hacen cola en Catholic Charities y se pasan hurgando[39] en los basureros.[40] Sucia, despeinada, sin maquillaje alguno, el ruedo[41] de la falda medio descosido,[42] ¿no la viste?, así viene siempre a clase.

Rodrigo agregó:[43]

—Camina con desgana, como si ya no pudiera dar un paso más en la vida y se quisiera perder en el laberinto de la muerte...

—Mejor dicho, en las regiones del Hades,[44] donde habita el clarividente[45] ciego Tiresias,[46] explicaría la profesora Thompson, cargada como tiene la batería de añeja[47] literatura y mitos griegos.

[9]*espacio* [10]*iba* [11]*fleeting* [12]*with the halo of* [13]*luxuriant* [14]*lock* [15]*bewildered* [16]*steps* [17]*pointing* [18]*el mundo* [19]*profesora* [20]*you registered* [21]*turning* [22]*rápidamente* [23]*ashes* [24]*embers* [25]*extinguished* [26]*brightness* [27]*instante* [28]*se transformó* [29]*withered* [30]*pelo* [31]*greasy* [32]*a pesar de* [33]*swept* [34]*mopped* [35]*look* [36]*ragwoman* [37]*difícil* [38]*rags* [39]*poking around* [40]*garbage containers* [41]*hem* [42]*unstitched* [43]*dijo* [44]*mundo de los muertos* [45]*clarivoyant* [46]*profeta ciego de la mitología griega* [47]*vieja*

—¿No estás tomándome el pelo,[48] Eva? Este espantapájaros[49] con figura de mendiga[50] no puede ser una profe... y menos de clásicas.

—¿Pintoresca tu profesorcita, eh? Verás las sorpresas que te guardan sus clases, Rodrigo.

Muerta de risa, Eva se alejó hacia el edificio de filosofía mientras le recomendaba andarse con cautela con la profesora Thompson porque... ¡a saber por qué!, pues las últimas palabras las borró en el aire el traqueteo[51] del camión que pasaba en ese momento recogiendo la basura.

Como si la profesora Thompson adivinara[52] que hablaban de ella, en un instante fugaz la divisó[53] Rodrigo mirándolo con fijeza[54] detrás de los cristales tornasolados[55] de la puerta. Él no sabía si los reflejos del vidrio,[56] al influjo[57] del sol poniente, habían vuelto a jugarle una mala pasada;[58] lo cierto es que cayó de nuevo presa[59] del embrujo[60] de la primera visión de ella: se le volvió a manifestar en todo el esplendor de su abundante y hermosa cabellera orlada[61] de fulgores mágicos que le daban una aureola[62] de diosa, como salida de un extraño mundo de fantasías.

A partir de[63] entonces, siguió apareciéndosele a Rodrigo en su doble aspecto de joven embrujadora[64]/vieja hurga-basureros. El fenómeno ocurría aún durante las clases. Al principio, temiendo[65] que los efectos de esa doble obsesión quimérica[66] afectaran sus estudios, Rodrigo se vio tentado a dejar el curso sobre Homero. Sin embargo, una misteriosa fuerza venida de quién sabe dónde, incontrolable, lo hacía permanecer en él. Para justificarse, se repetía, sin convicción alguna, que tenía razones muy sustanciosas: ante todo, curiosidad. Sí, curiosidad, porque en el diario contacto con sus compañeros esperaba que alguno de ellos le revelase a él que también padecía de tan extravagantes espejismos;[67] pero por lo visto,[68] nadie a su alrededor mencionaba nada tan absurdo como el mal que lo estaba aquejando[69] a él. Sus compañeros se complacían en poner en relieve[70] sólo la descharchada[71] figura de mujer que ha llegado a los límites, al se acabó todo y ya nada importa más. No obstante, todos reconocían que como pocos profesores, la Dra. Thompson daba unas clases fascinantes durante las cuales volvían a cobrar vida Ulises, Patroclo, Nausica, Penélope, Telémaco, Aquiles.[72]

En efecto, mientras ella exponía la materia,[73] era imposible escapar al hechizo[74] de aquel remoto mundo, el cual se instalaba en el espíritu de Rodrigo como algo presente, actual, que nunca hubiese muerto, ni moriría jamás. En varias ocasiones Rodrigo experimentó muy en vivo[75] que en vez de palabras, la profesora le iba tejiendo[76]

[48]"¿No... pelo?": *are you kidding me?* [49]*scarecrow* [50]*pobre* [51]*rattle* [52]*guessed* [53]*vio* [54]"mirándolo con fijeza": *staring at him* [55]*iridescent* [56]*cristal* [57]*por la influencia* [58]"habían... pasada": *they had played again a dirty trick on him* [59]*víctima* [60]*spell* [61]*bordered* [62]*halo* [63]*since* [64]*bewitching* [65]*teniendo miedo* [66]*hallucinatory* [67]*mirages* [68]"por lo visto": *evidentemente* [69]*afflicting* [70]"poner... relieve": *to emphasize* [71]*shabby* [72]figuras de la mitología griega [73]*subject* [74]*fascinación* [75]*claramente* [76]*weaving*

a él —sólo a él— la "divina tela" (tela-tejido-textura-texto); ligera, graciosa y espléndida labor de dioses que había venido urdiendo[77] la "venerable Circe" en su palacio, también hecho por Homero de puras palabras. En clase, enredado[78] en la hermosa trama[79] que ella iba tejiendo con palabras, palabras y más palabras, Rodrigo se sentía feliz, más cómodo que moviéndose en su realidad de fugaces amoríos, de conversaciones fútiles, de películas violentas y eróticas, del dolor de haber sorprendido las infidelidades de su imperial padre, de la sumisión dolorosa de su madrecita tierna, benévola, resignada; también de las noticias alarmantemente feroces que lo atacaban por doquier[80] desde el periódico, la radio, la tele, los mismos textos universitarios. La clase sobre Homero era para él un paraíso perfecto donde sorbía[81] embebido[82] el frescor de aquel río de palabras que arrastraba[83] consigo todos sus pesares, angustias, preocupaciones, y lo dejaban limpio y prepotente como un héroe homérico.

Así fue como la profesora Thompson captó el efecto mágico que producía sobre Rodrigo la urdimbre de sus palabras. Sin perder ocasión, lo colmó[84] de palabras para hacerle saber que ella lo comprendía; le escribió al pie de[85] los ensayos que ella le corregía, en las traducciones que él le entregaba como tarea cada semana y a veces en papelitos clandestinos. Las primeras notas pusieron énfasis en sus cualidades:

> Rodrigo, por lo que dices y escribes en clase, observo que eres muy inteligente; más que la mayoría de las personas. Lo raro es que también tu sensibilidad e intuición te permiten percibir datos sofisticados y multidimensionales que los demás no alcanzan[86] ni a adivinar.[87] Lo ignoras, pero en tu caso ocurre el fenómeno rarísimo de conjugar íntegramente el poder creativo e innovador de lo intuido y el analítico de la razón resuelveproblemas.[88] ¡Y yo, que siempre me he creído más inteligente y capaz que los otros (perdona mi arrogancia)! Ante ti experimento la impresión de que has venido a mi vida como uno de esos héroes míticos que estudiamos y que aparecen para romper con todas las reglas de lo normal y corriente e instalarse vencedores en el centro del mundo. Lo que te digo es una verdad que debes imponerte[89] y de la que debes sentirte orgulloso, como yo lo estoy, porque juntos, los dos formamos una pareja separada del resto de la raza humana. Y por favor, no hagas esfuerzos —los cuales serán vanos— por escapar a ese destino, como estás intentándolo desde que te conocí.

Rodrigo no salía de su asombro[90] ante tal análisis, el cual denotaba un gran interés en su persona. Además, le pareció que la profesora entendía aquel "destino" plantado[91] en medio del papel, en el rígido e inapelable[92] significado griego y que ella,

---

[77]*plotting* [78]*entangled* [79]*scheme* [80]por todas partes [81]bebía [82]*enraptured* [83]*dragged* [84]llenó [85]*at the bottom* [86]llegan [87]*to guess* [88]resuelve problemas [89]creer [90]*amazement* [91]escrito [92]*unappealable*

quién sabe por qué hechicera[93] capacidad, le advertía[94] el contenido de su oráculo. Para complicar más las cosas, en carta adjunta[95] al ensayo sobre el descenso de Ulises al Hades, ella le escribió:

> Por lo mismo que eres tal como te analicé en otra ocasión, es muy difícil que encuentres una respuesta simple a tu obsesiva pregunta de quién eres. No olvides que cualquier respuesta satisfactoria será siempre muy compleja. Recuerda lo que el existencialismo afirma, que cada uno es lo que escoge ser. Ulises escogió ser héroe. Tú te debates entre la aventura ilimitada de Ulises y las reducidas demandas inmediatas del joven Rodrigo, atrapado[96] en los avatares[97] superfluos de la vida burguesa de su familia, la cual no le calza en nada.[98] Yo, en tu lugar, estaría furiosa por la injusticia cometida por la familia que se roba hasta la libertad de sus miembros con frívolas imposiciones y demandas; por pequeña que sea la libertad de cualquier ser humano, todos tenemos el deber ineludible[99] de defenderla si no queremos quedar alienados.

Sin ton ni son,[100] siguió pasándole notitas. En una de ellas hacía énfasis en la <u>desesperada necesidad</u> (así, subrayado)[101] que él tenía de establecer una sana y completa relación íntima con alguien. Lo curioso es que Rodrigo nunca aludió a eso ni a nada de lo que ella decía, aunque se vio forzado a reconocer que había un gran fondo de verdad en lo que ella conjeturaba. Sin duda alguna, la mujer tenía algo de hechicera o se las sabía todas[102] en el campo de la sicología. Entre otras cosas, ella le dijo que le daba lástima verlo tan impotente para proteger de las imposiciones de su familia lo que era para él inapreciable,[103] como la íntima e íntegra relación con alguien. Agregó que le destrozaba el corazón, porque de alguna manera el cumplimiento de su destino (¡y dale con el destino!) rompería las amarras[104] con los principios pequeñoburgueses de su familia. Acompañando la notita, en sobre aparte, y para mayor sorpresa de Rodrigo, venía la llave de su casa y un mapa: "Éste es el mapa que te llevará, muchacho querido, a través del laberinto de autopistas de Houston hasta mi morada[105] salvadora de la muerte existencial que te imponen ellos, los que diciéndote que te quieren, te están destruyendo", puso al pie del mapa.

A partir de entonces la profesora Thompson no perdió oportunidad para escribirle papelitos de toda clase, en los que analizaba con agudeza[106] la idiosincrasia de Rodrigo: la intensidad de sus problemas y emociones, su sensibilidad exacerbada, no comprendida por muchos que hasta lo llamaban neurótico, sicópata, en fin, todos esos

---

[93]*bewitching* [94]*warned* [95]*attached* [96]*caught* [97]*cambios* [98]"no . . . nada": *it doesn't suit him well* [99]*inevitable* [100]"Sin . . . son": sin ninguna razón particular [101]*underlined* [102]"se . . . todas": era experta [103]*invaluable* [104]"rompería las amarras": *would break loose* [105]*casa* [106]*inteligentemente*

membretes[107] que se le ponen a la conducta que no se comprende porque está fuera de los alcances[108] de las inteligencias comunes. En otra carta le decía:

> No temo de manera alguna la intensidad de tus emociones y arrechuchos[109] y por lo mismo prometo no abandonarte jamás. Has de saber, Rodrigo del alma, que conmigo puedes desplegar[110] la amenazadora gama de tus pensamientos, iras y emociones. Yo te comprendo y comprendo tu frustración. Conmigo podrás ventilar[111] todo lo que has vivido reprimiendo por temor a malentendidos.[112]
>
> Te sobran razones para creer que lo que ves, percibes, piensas, sientes, es equivocado. Sin embargo, nada de eso es equivocado, sólo diferente a lo que los demás ven, perciben, piensan y sienten. Debes tener más fe en ti mismo, Rodrigo, muchachote tan de mi alma. Has de saber que mi tarea a tu lado es la de trasmitirte, infusionarte, saturarte de fe en tu talento y en la extensión de tu potencial. La otra tarea mía consiste sobre todo en librarte de[113] tu familia y de las absorbentes obligaciones sociales que ellos te imponen; te prometo cortar del todo las amarras que te tienen maniatado[114] y no te permiten entregarte a mí. La última de mis tareas reclama que tú y yo gocemos de momentos privados y que vengas a verme cuando las presiones del mundo exterior te hagan daño, para que ventiles tus frustraciones y pesares conmigo. Tú no lo quieres reconocer, pero desde el día que te vi a través del cristal de la puerta del edificio de lenguas, capté en tu mirada un anhelo[115] intenso de morir, de acabar con tu preciosa vida para siempre. Desde entonces, mi amor por ti ha ido creciendo y creciendo. Y porque te amo, Rodrigo, mi Rodrigo, porque has llegado a ser todo para mí, lucharé a brazo partido[116] y hasta daré mi vida entera por salvarte de ti mismo.

Al leer aquello, Rodrigo siente que un raro vacío se ubica en su ser y que la vergüenza, el rechazo, la rabia, el desprecio hacia la vieja-hurga-basureros se apoderan de[117] él. Sin embargo, el penetrante olor a soledad que despide ella le recuerda (¡extraña asociación sin fundamento!), la soledad de su frágil madrecita siempre empequeñecida[118] por el fulgor juvenil de las amantes de su padre. Entonces se le viene al suelo[119] el ánimo que lleva para dejar la clase de Homero, para enfrentarse a[120] la profesora Thompson y gritarle las cuatro verdades de que se mire en un espejo y compruebe que con su imagen cincuentona,[121] surcada[122] ya de arrugas,[123] sin belleza alguna, es ridículo pretender seducir a un mozalbete[124] de su edad. Una vez ante ella, Rodrigo baja la vista y el aprendido código social de gentileza[125]-hipocresía-disimulo,[126]

---

[107]nombres [108]*out of reach* [109]*outbursts* [110]mostrar [111]expresar [112]*misunderstandings* [113]*get rid of* [114]*handcuffed* [115]deseo [116]"a . . . partido": con todas mis fuerzas [117]*take over* [118]*belittled* [119]"se . . . suelo": *collapses* [120]*to face* [121]de mujer de cincuenta años [122]*lined* [123]*wrinkles* [124]chico [125]*courtesy* [126]*dissimulation*

se le impone de nuevo y sí, señora, ¿en qué puedo servirla?, déme la cartera que está muy cargada de libros, para llevársela, le abro la puerta, no tenga cuidado, sabe que estoy a sus órdenes, usted sólo tiene que mandarme. Así fue como después de una de las clases, y so[127] pretexto de que con los atracos[128] y violaciones que abundan por los alrededores de Montrose, Rodrigo la acompañó hasta su coche.

—¿Dónde estás estacionado, Rodrigo? —le preguntó la profesora Thompson cuando ya estaba instalada, con el pie en el acelerador.

—A unas cuantas cuadras[129] de aquí, pues hoy me costó encontrar espacio cerca. Debe tener lugar algún concierto o conferencia para que haya tanta gente por aquí.

—Te llevo. Entra.

Fue con miedo, mucho miedo, que Rodrigo entró al destartalado[130] Chevrolet de los años de upa.[131] Las piernas le flaqueaban[132] porque en ese preciso momento recordó otra de las cartas en la que ella le decía que para defenderlo de la muerte (¡del Hades!), la cual pululaba[133] en todo su ser, él debería abandonarlo todo, absolutamente todo y retirarse a vivir con ella en su mansión (sí, había escrito "mansión" y a él le pareció raro que con esa facha[134] tan desgarbada[135] tuviera una mansión) de Sugarland, donde sólo sus gatos le quitarían a ella poco tiempo para dedicárselo sin medida a él. Ahí, en su mansión, ella le daría cuanto él necesitara y pidiera:

> Para darte la paz que necesitas, Rodrigo, sólo para eso te llevaré a mi paraíso al que nadie más que mi legión de gatos entra ni entrará. Podrás darles mi teléfono a tus parientes y amigos para no cortar del todo amarras con el mundo de afuera. Allá, conmigo, verás cuánta paz y dicha alcanzaremos juntos, porque sabes que te amo con un amor rotundo[136] y total, como nadie te ha querido antes, ni siquiera tu madre.

A Rodrigo no le cabía duda de que ella era una hábil manipuladora de palabras, palabras que iba tejiendo a manera de una tupida[137] red en la que él se iba sintiendo irremisiblemente[138] atrapado, como ahora dentro del coche. En cuanto entró, le vino de golpe un violento tufo[139] a orines y excrementos de gato que lo llenó de incontenibles[140] náuseas. En seguida comprobó que mientras impartía clases por cuatro horas, la profesora Thompson había dejado encerrados a dos de sus numerosos gatos que se quedaron mirándolo con odio y rabia (al menos así le pareció a él cuando atrapaba en la oscuridad el oro luminoso de sus pupilas felinas . . . ¿Y si hubiese sido más bien lástima lo que le trasmitió el oro encendido de sus ojos? ¡Había un fondo tan humano en su mirada!).

[127]con el [128]robos [129]blocks [130]rickety [131]"de . . . upa": muy viejo [132]weakened [133]swarmed [134]aspecto [135]slovenly [136]absoluto [137]close-woven [138]irretrievably [139]olor malo [140]unstoppable

En ese instante, en la penumbra del desmantelado[141] y ridículo Chevrolet ella volvió a aparecer ante Rodrigo en todo el juvenil resplandor pelirrojo[142] del primer día. Entonces Rodrigo experimentó con más fuerza que antes que ya nada podía hacer para defenderse de ella, que de veras estaba atrapado en la red tejida por ella con palabras, palabras, palabras y palabras, escritas, susurradas,[143] habladas, leídas, recitadas, palabras, y no, yo quiero irme a casa, déjeme usted, "señora, se me hace tarde, mis padres me esperan a cenar", "no seas tontuelo, mi muchachote querido, que ellos sólo te imponen obligaciones y yo en cambio te daré el olvido y abolición completos de todo: dolor, deberes, demandas, represiones, ¿ves cómo los vapores de este pulverizador exterminan el penetrante olor gatuno[144] del coche?, así se disipará[145] tu pasado en este mismo momento, vendrás conmigo a mi mansión cerrada para los demás y a partir de ahora, sólo tú y yo, yo y tú juntos en mi paraíso... nada más que tú y yo y el mundo de afuera eliminado para siempre..."

. . .

—¿Se enteró[146] usted que, desde el jueves pasado, después de la clase suya, Rodrigo Carrillo no ha regresado a su casa, ni ha telefoneado a su familia? —le preguntó a la profesora Thompson Claudia, una de las alumnas del curso.

—¿Ah? ¡No lo sabía!

—Como acaba de pasar lo de Mark Kilroy y la macabra carnicería...[147] digo, el sacrificio satánico en Matamoros, la familia Carrillo y la policía lo están buscando temerosos de que haya sido otra víctima de los narcotraficantes.

—Se teme lo peor, dicen los periódicos, y lo malo es que no han dado con la menor pista[148] —con voz llena de ansiedad, comentó Héctor, el amigo íntimo de Rodrigo—. Sólo saben por nosotros que estuvo el jueves en esta clase y que después ni siquiera entró en su convertible que encontraron estacionado en el mismo sitio donde lo había dejado al mediodía, cuando regresamos juntos de tomar un piscolabis.[149] Como antier[150] se descubrió por estos barrios otra banda de traficantes de drogas que también practicaban cultos satánicos, se imaginará usted cómo está de angustiada la familia.

—¿No la interrogó a usted la poli[151] como a nosotros?

—Oh, sí, sí, pero ¿qué podía decirles yo? Rodrigo debe estar con alguno de sus parientes de Miami, de quienes se pasa[152] hablando. Tengo la corazonada[153] de que esté

---

[141]*slovenly* [142]*red-haired* [143]*whispered* [144]de gato [145]desaparecerá [146]*did you learn* [147]*killings* [148]*clue* [149]*snacks* [150]*the day before yesterday* [151]policía [152]"se pasa": pasa el tiempo [153]impresión

donde esté, no corre peligro... ningún peligro. Sigamos con Homero. Comentábamos el pasaje en el que Ulises y sus camaradas[154] llegaron a la isla Eea.

Héctor fijó la vista en el libro donde se relata cómo los que se alejaron de la nave oyeron a Circe que cantaba con una hermosa voz, mientras tejía en su palacio "una divina tela, tal como son las labores ligeras, graciosas y espléndidas de los dioses..." Al posar[155] de nuevo la mirada en la profesora Thompson, no podía dar crédito a sus ojos: en lugar de la mujerota[156] alta, fornida,[157] jamona,[158] desaliñada, en la penumbra de la vejez, de rasgos duros y amargos, apareció ante él ¡increíble!, ¿estaría soñándola?, como una bella y atractiva joven de abundante cabellera rojiza —aureola rubicunda[159] que le daba un aire de diosa prepotente—. Además, en vez del vozarrón[160] al que él se había habituado, con voz melodiosa que a sus oídos parecía un cántico divino, ella seguía relatando cómo los compañeros de Ulises fueron convertidos en puercos[161] por Circe, "pues ahora ellos tenían cabezas, gruñidos[162] y cerdas[163] de puerco; eran puercos en todo, menos en la inteligencia, que mantenían igual que antes. Entonces ahí fueron miserablemente encerrados en la pocilga".[164]

Comprensión del texto

1. ¿Qué iba haciendo la profesora Thompson cuando Rodrigo la vio por primera vez?
2. ¿Cuál es la primera impresión que tiene Rodrigo de la profesora Thompson?
3. ¿Qué materia (*subject*) enseña la profesora Thompson?
4. ¿Cómo se comunica la profesora Thompson con Rodrigo?
5. ¿Cómo trata y se relaciona Rodrigo con la profesora Thompson?
6. ¿Dónde y con quién vive la profesora Thompson?
7. ¿Cuánto tiempo lleva Rodrigo ausente de clase? ¿Qué se teme (*is feared*) que haya ocurrido con él?
8. ¿Qué información tenemos acerca de la familia de Rodrigo?

Análisis crítico

1. ¿Qué tipo de voz narrativa tenemos en este relato? ¿Cuál es el tono de esta narración? ¿Hay cambios en la focalización de la historia? Mencione algún ejemplo de estilo directo, indirecto...

---

[154]compañeros [155]poner [156]mujer grande [157]*hefty* [158]*buxom woman* [159]*reddish* [160]voz fuerte [161]cerdos [162]*grunts* [163]pelo [164]*pigsty*

2. ¿Cómo es descrita y caracterizada la profesora Thompson?
3. Comente algún tipo de relación entre el tiempo real y el tiempo o tiempos del discurso.
4. Mencione, si es el caso, alguno de los recursos metafictivos e intertextuales que haya en el texto.
5. ¿Cómo embruja (*bewitches*) la profesora Thompson a Rodrigo? Discuta los pasos o evolución que sigue la urdimbre (*warp*) tejida (*woven*) por la profesora Thompson en torno a (*around*) Rodrigo. Piense en los problemas que tiene éste y en el tipo de ayuda que la profesora Thompson le ofrece.
6. ¿Hay elementos narrativos en este cuento que podríamos categorizar como fantásticos?
7. ¿Qué cree que sucede con Héctor al final del cuento? ¿Qué tipo de estructura narrativa sugiere este final?
8. Circe transforma a sus víctimas en distintos animales, ¿en qué cree que transforma Thompson a sus enamorados?
9. Comente el significado del título del cuento, y de las dos citas que lo preceden.
10. ¿De qué manera aparece representada la mujer en este cuento? ¿Cree que la autora plantea (*raises*) ideas feministas al tener por protagonista a una mujer que controla al hombre? ¿Podríamos afirmar que el cuento presenta un conflicto o lucha de la mujer contra el poder patriarcal?

Mesa redonda

Con sus compañeros de grupo discuta cómo se incorporan los contextos mitológico y arquetípico en la trama y contexto de la historia. ¿Cree que Rima de Vallbona hace uso también del mito del don Juan?

Sea creativo

Si tuviera que escribir una continuación de esta historia, ¿qué piensa que le podría ocurrir a Héctor? En una o dos páginas comente los posibles problemas que podría tener éste y la estrategia que usaría la profesora Thompson para conseguir su amor. Otra sugerencia es escribir el bosquejo o la trama de una historia tomando como referencia uno de los mitos de la antigüedad.

Investigación

Escoja uno de los cuentos de Rima de Vallbona, "Penélope en sus bodas de plata", o "Parábola del Edén", ambos recogidos en su colección de cuentos *Mujeres y agonías*; o "Un pacto con el diablo", de Juan José Arreola; o "Todos los fuegos, el fuego", de Julio Cortázar, y estudie de qué manera y con qué propósito utilizan estos escritores los distintos elementos mitológicos o arquetípicos que aparecen en sus respectivos cuentos.

Unidad 8. Ficción Policiaca

Los antecedentes de la ficción policiaca se remontan (*date back*) al *Edipo rey* (430 ? a. C.) de Sófocles, a la *Biblia*, y a algunos cuentos de *Las mil y una noches*. Sin embargo, la forma moderna de este subgénero narrativo comienza en 1841 con la publicación de "The Murders in the Rue Morgue", de Edgar A. Poe. Poe creó una de las formas más populares de la ficción de intriga y misterio: la ficción policiaca, y estableció algunas de sus convenciones narrativas:

- Un detective racional que se basa en la lógica para descubrir al culpable de un crimen.
- Un criminal que deja pistas (*leads*) falsas.
- Agentes de la ley o policías que se destacan (*stand out*) por su incompetencia.
- El misterio de las víctimas encontradas en una habitación cerrada con llave.

Hay dos tendencias literarias que se funden en la ficción de Poe: una con características filosóficas y racionales que encontramos en *Zadig* (1747), de Voltaire, y otra con elementos de aventura, suspense y lo irracional que viene de las novelas góticas de Horace Walpole, y Ann Radcliffe. Estas dos tendencias, la racional y la irracional, culminan en la obra de Arthur Conan Doyle, cuyo Sherlock Holmes se parece a Dupin, el detective de Poe.

En la primera mitad del siglo XX, el detective racional de Poe continúa su influencia en el Reino Unido, en la ficción conocida como "Whodunit". Este tipo de novela policiaca se caracteriza por sus argumentos complejos, y tiene como escritores representativos a Agatha Christie, y Dorothy L. Sayers. En los Estados Unidos, sin embargo, los escritores subvierten la tradición de Poe y escriben novelas criminales bastante gráficas que introducen más sexo y violencia en sus argumentos, y que tienen por protagonista a un detective duro, "hard-boiled", del tipo de Philip Marlowe que vemos en *The Big Sleep* (1939), de Raymond Chandler. Veamos éstas, y otras tendencias, que ha tomado la ficción policiaca en los siglos XX y XXI.

I. El "Whodunit"

El "whodunit" fue muy popular en el Reino Unido de 1920 a 1950, y su influencia se puede ver tanto en España —Emilia Pardo Bazán— como en Hispanoamérica —Alberto Edwards y Antonio Helú—. Agatha Christie fue la escritora que perfeccionó esta forma policiaca, y sus novelas ilustran algunas de las principales convenciones que la definen:
- Dos historias: la del crimen y la de la investigación.
- Entre sus protagonistas destacan el detective, que es un amateur invulnerable; un ayudante, una especie de escudero; un criminal; y al menos una víctima.
- El criminal, que no debe ser el detective, debe matar por razones profesionales, tener un cierto status social, y ser uno de los principales personajes del relato.
- Hay varios sospechosos del crimen, pero la verdadera identidad del criminal se oculta hasta el final de la historia.
- El amor no juega un papel relevante en el desarrollo de la acción narrativa.
- La descripción y el análisis sicológico se hallan prácticamente ausentes del texto, pero en algunas obras policiacas de la posguerra española sí se ven elementos sicológicos.
- La investigación sigue un método racional y científico.
- El relato termina con un detective que resuelve el misterio del crimen y restaura el orden en la sociedad.

II. La Ficción "Hard-boiled"

La segunda tendencia, la ficción "hard-boiled", nació en EE.UU. durante el período dorado de la novela policiaca tradicional, y sus principales representantes son Dashiell Hammett y Raymond Chandler. Este tipo de relato policiaco tuvo una gran influencia en el nacimiento de la llamada "novela negra" del mundo hispano, entre cuyos seguidores (*followers*) destacan M. Vázquez Montalbán, de España; Paco Ignacio Taibo II, de México; y Ricardo Piglia, de Argentina. Veamos algunas de sus convenciones:

- La narración y la acción narrativas se mueven simultáneamente hacia adelante, yendo de causa a efecto, de los criminales preparando el crimen a la ejecución del plan. En el "whodunit", en cambio, la historia se mueve de efecto —una víctima— a causa — el descubrimiento del culpable y los móviles del crimen.
- Hay una dosis de crudo realismo, con un protagonista que nos descubre las distintas capas (*layers*) o niveles de inmoralidad y corrupción de la sociedad, como drogas, pornografía, corrupción política y policial... Sin embargo, el protagonista no cree que sus acciones vayan a cambiar la naturaleza corrupta de la sociedad.
- En lugar de un crimen, como ocurre con el "whodunit", aquí tenemos varios crímenes, y los culpables son caracterizados como estúpidos o mentalmente enfermos.
- Aunque el protagonista puede lidiar con (*deal with*) varios crímenes, no entra en juego el crimen organizado.
- El estilo es directo y coloquial, y abundan las descripciones y el uso de jerga (*slang*) y de estructuras gramaticales incorrectas.
- A diferencia del "whodunit", el narrador nos revela abiertamente desde el principio la identidad del criminal.
- El detective, contrariamente al del "whodunit", es vulnerable en su lucha contra los criminales. Además, suele ser un hombre solitario que no piensa en salvar la sociedad, y una de sus preocupaciones es la de sobrevivir realizando, a veces, trabajos mal remunerados (*paid*). Asimismo, frecuentemente lo vemos como un ser alienado, cínico, idealista, y de moral ambigua, pero física y mentalmente duro.
- El paisaje idílico británico es sustituido por la ciudad y el mundo de los bajos fondos.

III. La Novela de Espionaje, El "Thriller" y la Novela Antipoliciaca

Estos tipos de ficción, relacionados con la ficción policiaca, han tenido menor influencia y repercusión en el mundo hispano que la novela policiaca anterior. La *ficción de espionaje*, que cobró popularidad al principio del siglo XX y, más tarde, en la década de 1960, se centra en las aventuras de un agente secreto o espía, como James Bond de Ian Fleming. Este tipo de agente se involucra (*gets involved*) en los acontecimientos que investiga no para resolver un crimen, sino para desvelar alguna operación secreta que transgrede (*transgresses*) límites morales y legales, y en la que existen rivalidades de tipo político entre países diferentes.

En el *thriller*, a diferencia de otros tipos de ficción policiaca, el lector se encuentra con grandes dosis de violencia: tortura, sadomasoquismo, psicópatas, o grotescas descripciones de asesinatos. Otras convenciones del *thriller* incluyen:
- El héroe debe vencer varios obstáculos para poder realizar una misión moral, y su virilidad se ve puesta a prueba en sus continuas confrontaciones con un enemigo que, en teoría, es más fuerte que él.
- Los crímenes son de mucha mayor magnitud que en los tipos de ficción policiaca anteriores: conspiraciones internacionales, asesinos en serie, invasiones, corrupción generalizada, terrorismo, derrocamientos de gobiernos, etc.
- Algunos de sus protagonistas son monstruos, alienígenos, o agentes químicos.
- Los temas tratados son muy variados: problemas de nuestros ecosistemas, asuntos relacionados con la ley, la medicina, sicología, etc. Algunos escritores, además, incluyen una combinación de varios temas, como Thomas Harris, en *The Silence of the Lambs* (1991), que mezcla elementos relacionados con la ley, la siquiatría, y asuntos forenses.

Otro tipo de ficción policiaca es la *novela antipoliciaca*, cuya aparición tuvo lugar a mediados del siglo XX. Estas novelas cuestionan la solución que vemos en las novelas policiacas tradicionales, a veces terminan sin castigar al criminal, y otras veces la solución se encuentra accidentalmente.

Isaac Aisemberg: *Jaque mate en dos jugadas*

Vida, obra y crítica

Isaac Aisemberg (1918–1997) nació en la provincia de La Pampa, Argentina. Realizó sus primeros estudios en Córdoba y Buenos Aires, y después asistió a las universidades de Buenos Aires y de La Plata, donde estudió abogacía (*law*). En su vida realizó varios trabajos: asesor de la Secretaría de Cultura de la Nación, profesor de periodismo, miembro del tribunal de guiones en el Instituto de Cinematografía, y Presidente de la Sociedad General de Autores de la Argentina (Argentores). Poco antes de ser presidente de esta asociación, Aisemberg fue distinguido con el Premio de Honor de Argentores, y también fue galardonado con dos premios Martín Fierro por su trabajo en televisión.

Como novelista, su primera obra fue una novela policiaca, *Tres negativos para un retrato* (1949), seguida de *La tragedia del cero* (1952), *Crimen en el río* (1978), *Es más tarde de lo que crees* (1985), y *La guerra del cuarto mundo* (1993), una novela de espionaje. Y como cuentista es autor de la colección de relatos *Jaque mate en dos jugadas y otros cuentos* (1994). Más que como escritor, sin embargo, el mayor éxito profesional de Aisemberg se produjo como guionista (*screenwriter*) de películas, entre las que podemos mencionar *El bote, el río y la gente* (1960), *Hombre de la esquina rosada* (1962), basada en el cuento homónimo de Jorge L. Borges; *Yo maté a Facundo* (1975), y *La rabona* (1979). Aisemberg, además, colaboró con René Mugica en dos librettos, *El señor* y *El despoblado*, con los que ganaron, respectivamente, un primer premio y una mención honorífica en el concurso de Cinematografía de 1979.

    La obra literaria de Aisemberg destaca por su estilo claro y directo, y por su riqueza de imágenes. Aisemberg, de origen judío, se convirtió al catolicismo, y él mismo afirmó en una entrevista que esta decisión le permitió leer a escritores católicos, como Gilbert K. Chesterton y Graham Greene, cuya influencia, unida a la de Arthur Conan Doyle, se puede apreciar en su obra. En una entrevista con Juan José Delaney, Aisemberg comentó, además, que la religión y la novela policiaca se relacionan en cuanto que ambas ponen énfasis en la noción del misterio de la muerte y el problema de la culpa.

Guía de lectura

"Jaque mate en dos jugadas" (*checkmate in two moves*) es uno de los cuentos clásicos del género policiaco latinoamericano. La historia apareció por primera vez en la revista *Leoplán*, posteriormente fue incluida por Rodolfo Walsh en su antología *Diez cuentos policiacos argentinos* (1953), y después formó parte de la compilación de cuentos de Aisemberg, *Jaque mate en dos jugadas y otros cuentos*. Aisemberg comentó en una ocasión que la idea del cuento le vino cuando esperaba por su amigo Manuel Peyrou, reconocido escritor argentino del género policiaco, en la biblioteca del diario *La Prensa*. Durante la espera, Aisemberg comenzó a ojear (*to browse through*) un libro sobre medicina legal, y aquí vio una nota informativa sobre un veneno llamado coninina, un derivativo de la nicotina, que le serviría de inspiración para su historia.

    La anécdota del cuento se centra en dos hermanos que conviven con un tío manipulador y autoritario. Cansados de depender de sus decisiones y de su control, ambos hermanos esperan la muerte de su tío. Sin embargo, como ésta no llega de forma natural, ambos hermanos contemplan la idea de asesinarlo. En la lectura de este cuento, el lector debe pensar en cómo se focaliza la narración de los acontecimientos narrativos, en la ironía del final de la historia, y en los rasgos (*traits*) policiacos que lo caracterizan.

Jaque mate en dos jugadas

Yo lo envenené.¹ En dos horas quedaba liberado. Dejé a mi tío Néstor a las veintidós.² Lo hice con alegría. Me ardían las mejillas. Me quemaban los labios. Luego me serené³ y eché a caminar tranquilamente por la avenida en dirección al puerto.

Me sentía contento. Liberado. Hasta Guillermo resultaba socio⁴ beneficiario en el asunto. ¡Pobre Guillermo! ¡Tan tímido, tan mojigato!⁵ Era evidente que yo debía pensar y obrar⁶ por ambos. Siempre sucedió así. Desde el día en que nuestro tío nos llevó a su casa. Nos encontramos perdidos en su palacio. Era un lugar seco, sin amor. Únicamente el sonido metálico de las monedas.

—Tenéis que acostumbraros al ahorro, a no malgastar. ¡Al fin y al cabo, algún día será vuestro! —bramaba.⁷ Y nos acostumbramos a esperarlo.

Pero ese famoso y deseado día se postergaba,⁸ pese a⁹ que tío sufría del corazón. Y si de pequeños¹⁰ nos tiranizó, cuando crecimos colmó la medida.¹¹

Guillermo se enamoró un buen día. A nuestro tío no le agradó¹² la muchacha. No era lo que ambicionaba para su sobrino.

—Le falta cuna . . .,¹³ le falta roce . . .,¹⁴ ¡puaf! Es una ordinaria —sentenció.

Inútil fue que Guillermo se prodigara¹⁵ en encontrarle méritos. El viejo era terco¹⁶ y caprichoso.

Conmigo tenía otra suerte de problemas. Era un carácter contra otro. Se empeñó¹⁷ en doctorarme en bioquímica. ¿Resultado? Un perito¹⁸ en póquer y en carreras de caballos. Mi tío para esos vicios no me daba ni un centavo. Debí exprimir la inventiva para birlarle¹⁹ algún peso.

Uno de los recursos era aguantarle²⁰ sus interminables partidas de ajedrez;²¹ entonces cedía cuando le aventajaba para darle ínfulas,²² pero él, en cambio, cuando estaba en posición favorable alargaba el final, anotando las jugadas con displicencia,²³ sabiendo de mi prisa por disparar²⁴ al club, gozaba con mi infortunio saboreando su coñac.

Un día me dijo con aire de perdonavidas:²⁵

—Observo que te aplicas²⁶ en el ajedrez. Eso me demuestra dos cosas: que eres inteligente y un perfecto holgazán.²⁷ Sin embargo, tu dedicación tendrá su premio. Soy justo. Pero eso sí, a falta de diplomas, de hoy en adelante tendré de ti bonitas anota-

¹*poisoned* ²a las diez de la noche ³calmé ⁴*partner* ⁵*sanctimonious* ⁶actuar ⁷decía ⁸se posponía ⁹a pesar de que ¹⁰cuando éramos niños ¹¹"colmó la medida": nos tiranizó aún más ¹²gustó ¹³*lineage* ¹⁴clase ¹⁵intentara ¹⁶*stubborn* ¹⁷insistió ¹⁸experto ¹⁹quitarle ²⁰tolerarle ²¹*chess* ²²"cedía. . . ínfulas": *when I was ahead I would let him win to make him feel good* ²³*indifference* ²⁴ir ²⁵*condescending* ²⁶pones mucho esfuerzo ²⁷*lazy bum*

ciones de las partidas. Sí, muchacho, llevaremos sendas[28] libretas con las jugadas para cotejarlas.[29] ¿Qué te parece?

Aquello podría resultar un par de cientos de pesos, y acepté. Desde entonces, todas las noches, la estadística. Estaba tan arraigada[30] la manía en él, que en mi ausencia comentaba las partidas con Julio, el mayordomo.[31]

Ahora todo había concluido. Cuando uno se encuentra en un callejón sin salida, el cerebro trabaja, busca, rebusca, escarba.[32] Y encuentra. Siempre hay salida para todo. No siempre es buena. Pero es salida.

Llegaba a la Costanera.[33] Era una noche húmeda. En el cielo nublado, alguna chispa eléctrica.[34] El calorcillo mojaba las manos, resecaba[35] la boca.

En la esquina, un policía me encabritó[36] el corazón.

El veneno, ¿cómo se llamaba? Aconitina. Varias gotitas en el coñac mientras conversábamos. Mi tío esa noche estaba encantador. Me perdonó la partida.[37]

Haré un solitario[38] —dijo—. Despaché[39] a los sirvientes . . . ¡Hum! Quiero estar tranquilo. Después leeré un buen libro. Algo que los jóvenes no entienden . . . Puedes irte.

—Gracias, tío. Hoy realmente es . . . sábado.

—Comprendo.

¡Demonios! El hombre comprendía. La clarividencia del condenado.

El veneno surtía[40] un efecto lento, a la hora, o más, según el sujeto. Hasta seis u ocho horas. Justamente durante el sueño. El resultado: la apariencia de un pacífico ataque cardíaco, sin huellas[41] comprometedoras.[42] Lo que yo necesitaba. ¿Y quién sospecharía? El doctor Vega no tendría inconveniente en suscribir[43] el certificado de defunción.[44] No en balde[45] era el médico de cabecera.[46] ¿Y si me descubrían? Imposible. Nadie me había visto entrar en el gabinete[47] de química. Había comenzado con general beneplácito[48] a asistir a la Facultad desde varios meses atrás, con ese deliberado propósito. De verificarse el veneno faltante,[49] jamás lo asociarían con la muerte de Néstor Álvarez, fallecido[50] de un síncope cardíaco. ¡Encontrar unos miligramos de veneno en setenta y cinco kilos, imposible!

Pero, ¿y Guillermo? Sí. Guillermo era un problema. Lo hallé[51] en el hall después de preparar la "encomienda"[52] para el infierno. Descendía la escalera, preocupado.

—¿Qué te pasa? —le pregunté jovial, y le hubiera agregado de mil amores—:[53] "¡Si supieras, hombre!".

—¡Estoy harto! —me replicó.

[28]dos [29]compararlas [30]*rooted* [31]*butler* [32]*digs* [33]avenida de Buenos Aires [34]*lightning* [35]*dried off* [36]aceleró [37]"Me… partida": *he excused me from the chess game* [38]juego de cartas [39]*I sent away* [40]producía [41]*traces* [42]*incriminating* [43]firmar [44]muerte [45]"No en balde": *to no avail* [46]"médico de cabecera": *family doctor* [47]laboratorio [48]consentimiento [49]*missing* [50]muerto [51]encontré [52]se refiere al tío [53]"agregado … amores": añadido con gusto

—¡Vamos! —le palmoteé⁵⁴ la espalda—. Siempre estás dispuesto a la tragedia . . .

—Es que el viejo me enloquece. Últimamente, desde que volviste a la Facultad y le llevas la corriente⁵⁵ con el ajedrez, se la toma conmigo.⁵⁶ Y Matilde . . .

—¿Qué sucede con Matilde?

—Matilde me lanzó un ultimátum: o ella, o tío.

—Opta por ella. Es fácil elegir. Es lo que yo haría . . .

—¿Y lo otro?

Me miró desesperado. Con brillo demoníaco en las pupilas; pero el pobre tonto jamás buscaría el medio de resolver su problema.

—Yo lo haría —siguió entre dientes—; pero, ¿con qué viviríamos? Ya sabes cómo es el viejo . . . Duro, implacable. ¡Me cortaría los víveres!⁵⁷

—Tal vez las cosas se arreglen de otra manera . . . —insinué bromeando—. ¡Quién te dice! ¡Bah! . . . —sus labios se curvaron con una mueca⁵⁸ amarga—. No hay escapatoria. Pero yo hablaré con el viejo sátiro. ¿Dónde está ahora?

Me asusté. Si el veneno resultaba rápido . . . Al notar los primeros síntomas podría ser auxiliado y . . .

—Está en la biblioteca —exclamé—; pero déjalo en paz. Acaba de jugar la partida de ajedrez, y despachó a la servidumbre.⁵⁹ ¡El lobo quiere estar solo en la madriguera!⁶⁰ Consuélate en un cine o en un bar.

Se encogió de hombros.⁶¹

—El lobo en la madriguera . . . —repitió. Pensó unos segundos y agregó, aliviado—: Lo veré en otro momento. Después de todo . . .

—Después de todo, no te animarías,⁶² ¿verdad? —gruñí⁶³ salvajemente.

Me clavó la mirada.⁶⁴ Por un momento centelleó,⁶⁵ pero fue un relámpago.⁶⁶

Miré el reloj: las once y diez de la noche.

Ya comenzaría a surtir⁶⁷ efecto. Primero un leve⁶⁸ malestar, nada más. Después un dolorcillo agudo, pero nunca demasiado alarmante. Mi tío refunfuñaba⁶⁹ una maldición para la cocinera. El pescado indigesto. ¡Qué poca cosa es todo! Debía de estar leyendo los diarios de la noche, los últimos. Y después, el libro, como gran epílogo. Sentía frío.

Las baldosas⁷⁰ se estiraban⁷¹ en rombos.⁷² El río era una mancha sucia cerca del paredón. A lo lejos luces verdes, rojas, blancas. Los automóviles se deslizaban⁷³ chapoteando⁷⁴ en el asfalto.

Decidí regresar, por temor a llamar la atención. Nuevamente por la avenida hasta Leandro N. Alem.⁷⁵ Por allí a Plaza de Mayo.⁷⁶ El reloj me volvió a la realidad. Las once

---

⁵⁴*I patted* ⁵⁵"*le . . . corriente*": *you humor him* ⁵⁶"*se . . . conmigo*": *he picks on me* ⁵⁷*comida* ⁵⁸*grimace* ⁵⁹*empleados* ⁶⁰*den* ⁶¹"*Se . . . hombros*": *he shrugged his shoulders* ⁶²*you wouldn't have the courage* ⁶³*grité* ⁶⁴"*Me . . . mirada*": *he fixed his gaze on me* ⁶⁵*flashed* ⁶⁶*lightning* ⁶⁷*producir* ⁶⁸*ligero* ⁶⁹*grumbled* ⁷⁰*tiles* ⁷¹*stretched out* ⁷²*in the shape of diamonds* ⁷³*pasaban* ⁷⁴*splashing* ⁷⁵*calle de Buenos Aires* ⁷⁶*plaza de Buenos Aires*

y treinta y seis. Si el veneno era eficaz, ya estaría todo listo. Ya sería dueño de millones. Ya sería libre . . . *ya sería asesino*.

Por primera vez pensé en el adjetivo substantivándolo. Yo, sujeto, ¡asesino! Las rodillas me flaquearon. Un rubor[77] me azotó[78] el cuello, subió a las mejillas, me quemó las orejas, martilló[79] mis sienes.[80] Las manos transpiraban.[81] El frasquito de aconitina en el bolsillo llegó a pesarme una tonelada. Busqué en los bolsillos rabiosamente hasta dar con él.[82] Era un insignificante cuentagotas[83] y contenía la muerte; lo arrojé[84] lejos.

Avenida de Mayo. Choqué[85] con varios transeúntes.[86] Pensarían en un beodo.[87] Pero en lugar de alcohol, sangre.

Yo, asesino. Esto sería un secreto entre mi tío Néstor y mi conciencia. Un escozor[88] dentro, punzante.[89] Recordé la descripción del tratadista: "En la lengua, sensación de hormigueo[90] y embotamiento,[91] que se inicia en el punto de contacto para extenderse a toda la lengua, a la cara y a todo el cuerpo".

Entré en un bar. Un tocadiscos atronaba[92] con un viejo *rag-time*. Un recuerdo que se despierta, vive un instante y muere como una falena.[93] "En el esófago y en el estómago, sensación de ardor[94] intenso". Millones. Billetes de mil, de quinientos, de cien. Póquer. Carreras. Viajes . . . "Sensación de angustia, de muerte próxima, enfriamiento profundo generalizado, trastornos sensoriales, debilidad muscular, contracturas, impotencia de los músculos".

Habría quedado solo. En el palacio. Con sus escaleras de mármol. Frente al tablero de ajedrez.[95] Allí el rey, y la dama, y la torre negra. Jaque mate.

El mozo se aproximó. Debió sorprender mi mueca de extravío,[96] mis músculos en tensión, listos para saltar.

—¿Señor?

—Un coñac . . .

—Un coñac . . . —repitió el mozo—. Bien, señor —y se alejó.

Por la vidriera[97] la caravana que pasa, la misma de siempre. El tictac del reloj cubría todos los rumores. Hasta los de mi corazón. La una. Bebí el coñac de un trago.[98]

"Como fenómeno circulatorio, hay alteración del pulso e hipertensión que se derivan de la acción sobre el órgano central, llegando, en su estado más avanzado, al síncope cardíaco . . ." Eso es. El síncope cardíaco. La válvula de escape.

A las dos y treinta de la mañana regresé a casa. Al principio no lo advertí. Hasta que me cerró el paso. Era un agente de policía. Me asusté.

—¿El señor Claudio Álvarez?

[77]*blush* [78]*golpeó* [79]*hammered* [80]*temples* [81]*perspired* [82]"hasta . . . él": *until I found it* [83]*dropper* [84]*tiré* [85]*I bumped* [86]*pedestrians* [87]*drunkard* [88]*burning pain* [89]*sharp* [90]*tingling* [91]*dullness* [92]*hacía mucho ruido* [93]*moth* [94]*heartburn* [95]"tablero de ajedrez": *chessboard* [96]*perturbación* [97]*ventana* [98]*sip*

—Sí, señor . . . —respondí humildemente.
—Pase usted . . . —indicó, franqueándome[99] la entrada.
—¿Qué hace usted aquí? —me animé a farfullar.[100]
—Dentro tendrá la explicación —fue la respuesta, seca, torpona.[101]

En el *hall*, cerca de la escalera, varios individuos de uniforme se habían adueñado[102] del palacio. ¿Guillermo? Guillermo no estaba presente.

Julio, el mayordomo, amarillo, espectral, trató de hablarme. Uno de los uniformados, canoso,[103] adusto,[104] el jefe del grupo por lo visto, le selló los labios[105] con un gesto. Avanzó hacia mí, y me inspeccionó como a un cobayo.[106]

—Usted es el mayor de los sobrinos, ¿verdad?
—Sí, señor . . . —murmuré.

Lamento decírselo, señor. Su tío ha muerto . . . asesinado —anunció mi interlocutor. La voz era calma, grave—. Yo soy el inspector Villegas, y estoy a cargo de la investigación. ¿Quiere acompañarme a la otra sala?

—¡Dios mío! —articulé anonadado—.[107] ¡Es inaudito![108]

Las palabras sonaron a huecas,[109] a hipócritas. (¡Ese dichoso[110] veneno dejaba huellas! ¿Pero cómo . . . cómo?).

—¿Puedo . . . puedo verlo? —pregunté.
—Por el momento, no. Además, quiero que me conteste algunas preguntas.
—Como usted disponga . . . —accedí azorado.[111]

Lo seguí a la biblioteca vecina.[112] Tras él se deslizaron[113] suavemente dos acólitos.[114] El inspector Villegas me indicó un sillón y se sentó en otro. Encendió con parsimonia[115] un cigarrillo y con evidente grosería no me ofreció ninguno.

—Usted es el sobrino . . . Claudio —Pareció que repetía una lección aprendida de memoria.[116]

—Sí, señor.
—Pues bien: explíquenos qué hizo esta noche.

Yo también repetí una letanía.

—Cenamos los tres, juntos como siempre. Guillermo se retiró a su habitación. Quedamos mi tío y yo charlando un rato; pasamos a la biblioteca. Después jugamos nuestra habitual partida de ajedrez; me despedí de mi tío y salí. En el vestíbulo me topé[117] con Guillermo que descendía por las escaleras rumbo a[118] la calle. Cambiamos unas palabras y me fui.

—Y ahora regresa . . .

[99]*dejándome libre* [100]*decir* [101]*awkward* [102]*tomado posesión* [103]*grey-haired* [104]*stern* [105]"le . . . labios": le hizo callar [106]*Guinea pig* [107]*overwhelmed* [108]*unheard-of* [109]*hollow* [110]*maldito* [111]"accedí azorado": acepté preocupado [112]*cercana* [113]*siguieron* [114]*compañeros* [115]*calma* [116]"de memoria": *by heart* [117]*I bumped into* [118]con dirección a

—Sí...

170 —¿Y los criados?

—Mi tío deseaba quedarse solo. Los despachó después de cenar. A veces le acometían[119] esas y otras manías.

—Lo que usted manifiesta concuerda en gran parte con la declaración del mayordomo. Cuando éste regresó, hizo un recorrido por el edificio. Notó la puerta de la biblioteca entornada[120] y luz adentro. Entró. Allí halló a su tío frente a un tablero de ajedrez, muerto. La partida interrumpida... De manera que jugaron la partidita, ¿eh?

Algo dentro de mí comenzó a botar[121] como una pelota contra las paredes del frontón.[122] Una sensación de zozobra,[123] de angustia, me recorría con la velocidad de un buscapiés.[124] En cualquier momento estallaría la pólvora.[125] ¡*Los consabidos*[126] *solitarios de mi tío*!

—Sí, señor... —admití.

No podía desdecirme.[127] Eso también se lo había dicho a Guillermo. Y probablemente Guillermo al inspector Villegas. Porque mi hermano debía estar en alguna parte. El sistema de la policía: aislarnos, dejarnos solos, inertes,[128] indefensos, para pillarnos.[129]

—Tengo entendido[130] que ustedes llevaban un registro de las jugadas. Para establecer los detalles en su orden, ¿quiere mostrarme su libreta de apuntes, señor Álvarez?

Me hundía en el cieno.[131]

190 —¿Apuntes?

—Sí, hombre —el policía era implacable—, deseo verla, como es de imaginar. Debo verificarlo todo, amigo; lo dicho y lo hecho por usted. *Si jugaron como siempre*...

Comencé a tartamudear.[132]

—Es que... —Y después, de un tirón—:[133] ¡Claro que jugamos como siempre!

195 Las lágrimas comenzaron a quemarme los ojos. Miedo. Un miedo espantoso.[134] Como debió sentirlo tío Néstor cuando aquella "sensación de angustia... de muerte próxima..., enfriamiento profundo, generalizado... Algo me taladraba[135] el cráneo. Me empujaban. El silencio era absoluto, pétreo.[136] Los otros también estaban callados. Dos ojos, seis ojos, ocho ojos, mil ojos. ¡Oh, que angustia!

200 Me tenían... me tenían... Jugaban con mi desesperación... Se divertían con mi culpa...

De pronto el inspector gruñó:

---

[119]tenía [120]*ajar* [121]*to bounce* [122]*pelota court* [123]*ansiedad* [124]*squib* [125]*gun powder* [126]*the well-known* [127]*to retract* [128]*inactive* [129]*to catch us* [130]"tengo entendido": entiendo [131]*mud* [132]*to stutter* [133]"de un tirón": *all at once* [134]horrible [135]*drilled* [136]total

—¿Y?

Una sola letra, ¡pero tanto!

—¿Y? —repitió—. Usted fue el último que lo vio con vida. Y además, muerto. El señor Álvarez no hizo anotación alguna esta vez, señor mío.

No sé por qué me puse de pie. Tieso.[137] Elevé mis brazos, los estiré. Me estrujé[138] las manos, clavándome[139] las uñas, y al final chillé[140] con voz que no era la mía:

—¡Basta! Si lo saben, ¿para qué lo preguntan? ¡Yo lo maté! ¡Yo lo maté! ¿Y qué hay? ¡Lo odiaba con toda mi alma! ¡Estaba cansado de su despotismo! ¡Lo maté! ¡Lo maté!

El inspector no lo tomó tan a la tremenda.[141]

¡Cielos! —dijo—. Se produjo más pronto de lo que yo esperaba. Ya que se le soltó la lengua,[142] ¿dónde está el revólver?

—¿Qué revólver?

El inspector Villegas no se inmutó.[143] Respondió imperturbable.

—¡Vamos, no se haga el tonto ahora! ¡El revólver! ¿O ha olvidado que lo liquidó de un tiro?[144] ¡Un tiro en la mitad del frontal, compañero! ¡Qué puntería![145]

Comprensión del texto

1. ¿Qué piensa el tío Néstor de la novia de Guillermo?
2. ¿Qué quería el tío Néstor que estudiara Claudio? ¿A qué se dedicó éste, en cambio (*instead*)?
3. ¿Qué problemas de salud tenía el tío Néstor?
4. ¿Quién es Julio?
5. ¿A qué jugaban habitualmente el tío Néstor y Claudio?
6. ¿Qué ultimátum le da Matilde a Guillermo?
7. ¿Qué rutina seguía el tío Néstor por las noches antes de acostarse?
8. ¿Qué hace Claudio cuando sale de casa la noche que envenenó al tío Néstor?
9. ¿Quién es Villegas?

Análisis crítico

1. ¿Quién narra la historia? ¿Cuál es el tono de la misma? ¿Cambia la focalización en algún momento del relato? Mencione algún ejemplo de estilo directo, indirecto, indirecto libre, o de monólogo interior.
2. ¿Cómo se representa la cronología de esta historia policiaca? Comente algún tipo de relación entre el tiempo real de la historia y el tiempo o tiempos del discurso.

[137]rígido [138]*I squeezed* [139]*jabbing* [140]grité [141]"a la tremenda": en serio [142]"se...lengua": confesó [143]no cambió de actitud [144]*shot* [145]"¡qué puntería!": *what an aim!*

3. ¿Cómo aparecen caracterizados Guillermo, Claudio y el tío Néstor?
4. ¿Juega el espacio un papel importante en este cuento? Coméntelo.
5. ¿Qué plan prepara Claudio para asesinar a su tío?
6. ¿Por qué se asusta (*gets scared*) Claudio cuando ve al policía al salir de casa?
7. ¿Qué reflexiones y pensamientos se suceden en la mente del narrador la noche del asesinato?
8. ¿Qué pruebas piensa Claudio que lo delatan (*denounce*) como culpable?
9. ¿Cuál es la ironía del final del cuento?
10. Explique el significado del título, "jaque mate en dos jugadas".

Mesa redonda

Discuta con sus compañeros de grupo el tipo de modalidad policiaca en la que se podría incluir este cuento, y las características de este subgénero policiaco que aparecen reflejadas en el mismo.

Sea creativo

En el cuento que hemos leído sólo vemos una parte de la investigación, la centrada en el interrogatorio del inspector a Claudio. Escriba en una o dos páginas el posible diálogo que pudo haber tenido lugar entre el inspector y Guillermo, o entre aquél y el mayordomo.

Investigación

Escoja un cuento policiaco y centre (*focus*) su estudio en los aspectos policiacos que lo caracterizan. Pueden servir como referencia *Los mejores cuentos policiales*, una selección de cuentos policiacos internacionales de Jorge L. Borges y Adolfo Bioy Casares; o *Cuentos de crimen y misterio*, una antología del género policiaco de Juan-Jacobo Bajarlía.

El Ensayo

Introducción al Ensayo
Guía para el Análisis de un Ensayo
Análisis Crítico de "Regresión", (Miguel Ángel Asturias)

Unidad 1. Características del Ensayo
Ensayos

Introducción al Ensayo

El término "ensayo" viene del latín *exagium*, que significa "pesar", y más próximamente de la palabra francesa *essayer*, que significa "probar", o "intentar". Las fuentes, o germen, del ensayo se encuentran ya en la antigüedad grecolatina, en obras como los *Diálogos* (399–347 a. C.), de Platón, y las *Epístolas a Lucilio* (65–63 a. C.), de Séneca. Sin embargo, la crítica considera que el francés Michel de Montaigne fue el primero en crear la forma moderna del ensayo tras (*after*) la publicación de sus *Essais* en 1580. Montaigne escogió este título para subrayar (*to underscore*) la naturaleza tentativa de sus ensayos, para los cuales, como él dijo, no siguió ningún plan. Unos años después, el inglés Francis Bacon publicó sus *Essays* (1597), una obra que, junto con (*together with*) la de Montaigne, viene a sentar las bases (*to lay the foundations*) del género ensayístico moderno. Hay, no obstante, diferencias entre estos dos ensayistas, y una de las más importantes es que Montaigne sigue un acercamiento (*approach*) más bien subjetivo en sus ensayos, mientras que Bacon es más objetivo e impersonal.

En España, los primeros antecedentes de este género literario se encuentran en la Edad Media, en algunos textos en prosa con carácter didáctico o moralizador. Uno de estos textos, del siglo XIII, es *Las siete partidas* (1251–1265), una compilación de leyes y costumbres españolas ordenada por el rey Alfonso X el Sabio. En siglos posteriores, el número de obras que guardan relación con el ensayo es muy numeroso. Podemos mencionar, entre otras obras, *El Corbacho* (1438), del Arcipreste de Talavera; *El tratado de la lengua* (1535), de Juán de Valdés; y *La poética* (1738), de Ignacio Luzán. A partir del (*starting with*) Neoclasicismo, el ensayo fue un género sólidamente consolidado, y destaca, entre otros ensayistas, Benito J. Feijoo, autor del *Teatro crítico universal* (1726–1739). En el siglo XIX debemos mencionar la figura de Mariano J. de Larra, autor de los *Artículos de costumbres* (1832–1837), y a finales de este siglo sobresale la contribución de algunos de los escritores de la Generación del 98, como Ángel Ganivet o Miguel de Unamuno. Ya en los siglos XX y XXI debemos señalar la importantísima aportación de José Ortega y Gasset, y de otros ensayistas como María Zambrano y Fernando Savater. En Latinoamérica, en el siglo XVIII, destaca el venezolano Andrés Bello; en el siglo XIX el argentino Domingo F. Sarmiento y el ecuatoriano Juan Montalvo; y en los siglos XX y XXI el uruguayo José E. Rodó, autor de *Ariel* (1900), el argentino Jorge L. Borges, y los mexicanos José Vasconcelos, autor de *La raza cósmica* (1925), Rosario Castellanos y Octavio Paz.

Desde el punto de vista crítico, es aconsejable que antes de comentar o analizar un ensayo lo leamos varias veces y tomemos notas. Una observación que debemos hacer es que tal vez no compartamos (*share*) las ideas del ensayista sobre el tema tratado; por ello, debemos leerlo con la mente abierta y respetar el punto de vista del autor. En la lectura del ensayo, debemos considerar la naturaleza del mismo, si es de **tipo** político, económico, religioso, deportivo... Además, debemos identificar su **tema** o **tesis,** los cuales, generalmente, se encuentran en el primer párrafo. En otras ocasiones, sin embargo, se localizan dentro del cuerpo del ensayo, y en otras debemos inferirlos porque no se presentan de forma explícita. Asimismo, debemos pensar en su **estructura**: en cómo cada párrafo puede contener un nuevo argumento o punto de vista sobre el tema, en cómo se presentan las ideas, en qué otras teorías o argumentos utiliza el ensayista, y si hay un contraste en la presentación de los distintos argumentos. Todo ensayo suele terminar con una **conclusión**, y el análisis de ésta es importante para conocer la posición que adopta el autor sobre el tema discutido. El estudio o análisis de un ensayo puede ir acompañado de un comentario de los **recursos** (*devices*) **formales** —el tipo de lenguaje, símbolos, metáforas, etc.— que usa el autor para expresar con mayor convicción sus argumentos. También es importante el estudio del **tono** del ensayo; es decir, la actitud que mantiene el autor —irónica, paródica, sarcástica, cómica— con respecto a la exposición de sus argumentos.

Si en lugar de discutir el ensayo en clase pensamos en escribir un trabajo de investigación sobre el mismo, sugerimos que el estudiante discuta las ideas del ensayo con otro estudiante, ya que de esta discusión pueden surgir (*to arise*) o nacer nuevas ideas o argumentos que complementen el tema del ensayo o que refuten (*refute*) algunos de los argumentos presentados por el ensayista. Asimismo, debemos leer otros estudios sobre el tema que estudiamos para, así, dar más peso a nuestro análisis. Acto seguido (*next*) podemos organizar nuestras ideas y hacer un bosquejo (*outline*) del trabajo (*paper*) que pensamos realizar. Aunque el ensayo se puede organizar de numerosas maneras, sugerimos comenzar con una introducción y, a continuación, ya en el cuerpo del ensayo, desarrollar las ideas o argumentos relativos al tema que estudiamos. Con este fin, es recomendable incluir en la discusión algunos estudios y opiniones de otros ensayistas o expertos en el tema. Podemos terminar nuestro estudio con una conclusión en la que presentamos de forma resumida una síntesis de las ideas o argumentos expuestos en el ensayo y nuestra opinión personal al respecto.

Guía para el Análisis de un Ensayo

- Lea el ensayo varias veces para tener una idea exacta del **propósito** y **objetivos** del mismo.
- Identifique la naturaleza o **tipo de ensayo** —científico, literario, político...—. Piense, asimismo, si el ensayo va dirigido a un público específico.
- Identifique la **tesis** o **tema** principal. Esta tesis suele aparecer en el primer párrafo, pero otras veces la encontramos en otra parte del ensayo, y otras veces aparece de

forma implícita y el lector debe inferirla de las reflexiones o comentarios presentados en el ensayo.
- ¿Encuentra **digresiones** que se apartan del tema central?
- ¿Qué **estructura** u organización sigue el ensayo? Estudie de qué manera presenta o desarrolla el ensayista sus ideas. ¿Hay un contraste o comparación de opiniones diferentes? ¿Toma el ensayista una posición específica durante la argumentación? ¿Qué fuentes, teorías, o argumentos utiliza el ensayista? ¿Hace el ensayista un serio y exhaustivo análisis de la tesis o tema presentados en el ensayo?
- ¿Qué **conclusiones** nos da el autor? ¿Supone esta conclusión una importante contribución al estudio del tema presentado?
- ¿Qué **recursos formales** o **estilo** utiliza el ensayista? ¿Encuentra ejemplos de imágenes, metáforas, símbolos . . .?
- ¿Cuál es el **tono** del ensayo, —serio, irónico, sarcástico, jocoso (*humoristic*) . . .?
- Si tiene que escribir un trabajo sobre un ensayo, piense en discutir sus ideas con un compañero, lea otros estudios sobre el tema que va a comentar, y escriba un bosquejo del mismo. En la organización del ensayo, comience con una introducción, pase al desarrollo de sus argumentos sobre el tema que discute, incluya otros argumentos a favor o en contra de los presentados por el ensayista, y termine con una conclusión que resuma los argumentos expuestos en el ensayo y muestre su opinión personal sobre el tema analizado.

Análisis Crítico de *Regresión*, (Miguel Ángel Asturias)

Regresión

En los Estados Unidos —me decía un amigo que por sus años merece crédito y respeto— los guatemaltecos se ocupan de los menesteres[1] más duros, dando pruebas de una fuerte capacidad de trabajo. Quienes[2] trabajan en los ferrocarriles, quienes en la limpia de las calles, quienes en talleres mecánicos[3] de las fábricas de automóviles, quienes en los restaurantes, quienes en las canteras,[4] quienes por calles o estaciones ofreciendo hoteles a los viajeros que llegan. Otro amigo, que también merece crédito, me hablaba de los extranjeros que en Guatemala han llegado a ocupar situaciones prominentes, en el comercio, la agricultura o la industria, lo que es perfectamente lícito. Éstos a la fecha,[5] me decía el amigo en cuestión, son riquísimos, viven en las

---

[1]trabajos [2]algunos [3]"talleres mecánicos": *repair shops* [4]quarries [5]en este momento

mejores casas y gastan automóvil, club y larga servidumbre.[6] Enfrentando ambos hechos, por un lado los guatemaltecos que en los Estados Unidos trabajan en menesteres aniquiladores,[7] y por otro, los extranjeros que en Guatemala trabajan de directores, salta a la vista[8] la falta de sentido común que priva[9] en nuestra manera de ser. Si fuésemos a ahondar[10] en las causas de esta situación a todas luces anormal, asignaríamos la mayor culpa a la escuela. La educación prociudad[11] que recibimos es la que nos hace olvidar nuestros campos, que están pidiendo quién los cultive, para ir al exterior con sacrificio de todo, a emplearnos en trabajos de segundo, tercero o ínfimo[12] orden. Culpa también, y muy grande, toca[13] a las familias que alimentan en sus hijos el afán[14] del bien vestir como suprema finalidad de la vida, de la apariencia que en nuestras calles y reuniones gasta sus cartuchos de ladrillo molido.[15] Los padres de familia vendados[16] por la vanidad e incomprensión que ésta acarrea,[17] no desvisten[18] a sus monigotes[19] bonitos para echarlos al campo y enseñarlos a cultivar la tierra. ¡Qué pensaría de ellos fulanito![20] ¡Cómo se escandalizaría la sociedad de que el hijo de don Mengano[21] fuese de peón[22] a una de nuestras haciendas, sin importarle, por otra parte, que lo que no hacen en su tierra vayan a hacerlo a los Estados Unidos, a la tierra extraña que reserva todo lo peor para el advenedizo![23] Si la escuela educa a los guatemaltecos para parásitos y haraganes[24] —parásitos y haraganes son los educadores con muy honrosas excepciones—, en el hogar esta educación hipócrita y cobarde, hace de cada uno de ellos, tipos cuya mentalidad la define perfectamente el hecho concreto de que se prefiera ir a trabajar a tierra extraña como lavaplatos,[25] a trabajar en el país como peón, poniéndonos en el peor de los casos. Nunca se ha medido en todo su tamaño el mal que la escuela ha hecho en Guatemala. Los campos abandonados a manos extrañas. La ciudad o ciudades llenas de profesionales. El creciente aumento de la empleomanía[26] y la sinvergüenzada.[27] El estado fatal de nuestras cuentas espirituales y económicas como nación; todo, todo arranca[28] de la escuela prociudad tan celebrada por los que lean a los reformadores del 71 con cambios políticos, ya que no podemos juzgarlos como criminales o imbéciles, para creer que siguen aceptando de buena fe como notables las reformas escolares que nos llevaron a la ruina de donde ahora tratamos de salir. El hecho denunciado es un síntoma de nuestra regresión. Eso de que la juventud emigre a trabajar fuera, dejando a los extranjeros su tierra, su pasado, su derecho, por decirlo así, no se ve sino en pueblos que declinan, que se disuelven, que se liquidan. Guatemala se deshace[29] y se deshará bien pronto si no se pone coto[30] al mal. Los gritos son cada vez más angustiosos. Ya no se les calla con discursos.

[6]*servants* [7]*exhausting* [8]"salta...vista": es obvio [9]existe [10]profundizar [11]a favor de la vida en la ciudad [12]más bajo [13]corresponde [14]deseo [15]"gasta...molido": está de moda [16]*blinded* [17]*conveys* [18]*undress* [19]chicos [20]*so-and-so* [21]*so-and-so* [22]trabajador [23]recién llegado [24]*lazy bums* [25]*dishwasher* [26]empleos públicos [27]falta de honestidad [28]nace [29]destruye [30]"se pone coto": impide

Hay algo imperativo en las generaciones que vienen y que tratan de apoderarse[31] del gobierno para hacer realidad, no para seguir soñando con fantasías lejanas y peligrosas. Mientras el pueblo se distancia de la tierra y, el extranjero, con todo derecho la toma —el dueño de tierras que no las trabaja debe ser despojado,[32] así se trate[33] de un paisano[34] como de un continente—, mientras parte de la juventud emigra a trabajar a los Estados Unidos y parte se queda en casa trabajando como profesionales o empleaduchos,[35] mientras el indio se muere intoxicado por el alcohol, debilitado[36] por las enfermedades tropicales y explotado por el patrón[37] que mantiene, como cadena[38] a su pie enclenque,[39] las deudas; los hombres que dirigen el país se gastan el tiempo en la política del momento, juego de manos mezquino[40] y ultrajante[41] para todo hombre de corazón bien puesto; en la factura[42] de proyectos de constitución que mueven a risa porque en el siglo de las aspiraciones hacia la igualdad económica, alzan la bandera, que ya no satisface a nadie, de la igualdad política; porque cuando todos esperábamos reformas sociales, se nos viene con[43] una serie de postulados[44] del más acendrado[45] espíritu individualista liberal. La campanada[46] del siglo. Enjuagatorios[47] para la parturienta.[48] Pobres hombres éstos que ya no están con el pasado en el cual, a pesar de ser viejos, no creen, ni con el presente que no es de ellos, muchas veces a pesar de ser jóvenes —decía Ingenieros—. Sin dar oídos[49] a la realidad que canta muy claro las reformas de que ha menester[50] Guatemala, se han encastillado[51] en sus criterios hechos, justificando sus desaciertos[52] y anacronismos con el número de veces que discutieron en común. ¡Qué discusiones serían aquéllas! Pero volvamos a la angustia de la hora, a la situación caótica que ya no esperará más de la ley lo que debe venir, porque ya trota[53] sobre nuestras almas y nuestros campos, para repetir por una vez más que hay hechos que en Guatemala lloran sangre y uno de éstos es el número de jóvenes guatemaltecos que, por culpa de la escuela, de la familia, de la sociedad y de los gobiernos, se expatrían y van lejos de su país natal a trabajar para ganarse el pan, en tanto[54] los extranjeros se apoderan de nuestra vida económica manejando en sus manos ferrocarriles, luz eléctrica, compañías industriales y trabajos públicos.

Para concluir, volvemos a las antiguas:[55] la escuela prociudad nos ha preparado la ruina y de no reformarla nos hundiremos[56] para siempre.

Análisis Crítico de *Regresión*

En este ensayo, el escritor guatemalteco Miguel Ángel Asturias (1899–1974), Premio Nobel de Literatura en 1967, reflexiona sobre algunos de los motivos por los que los

[31]*to take over* [32]*stripped of* [33]"así se trate": *be it* [34]ciudadano de Guatemala [35]empleados en malos trabajos [36]*weakened* [37]jefe [38]*chain* [39]débil [40]*small-minded* [41]*insulting* [42]realización [43]"se … con": nos presentan [44]políticas [45]puro [46]sorpresa [47]*cleansers* [48]*woman in labor* [49]"dar oídos": escuchar [50]"ha menester": necesita [51]encerrado [52]errores [53]*trots* [54]*whereas* [55]a lo que dijimos antes [56]*we will sink*

guatemaltecos han cambiado el campo (*farmland*) por la ciudad, o han emigrado a EE.UU. Al leer el ensayo nos sorprende la repetición de algunas palabras claves (*key*), como "emigración", "campo", "educación prociudad", "regresión" y "culpables". Estos términos se relacionan con el tema central del ensayo, el cual podríamos formular como "causas y consecuencias de la regresión económica de Guatemala". La idea central de un ensayo, como dijimos en nuestra introducción, suele aparecer en el primer párrafo; pero en este ensayo, Miguel A. Asturias sólo nos adelanta una parte del tema: las consecuencias de la regresión económica de Guatemala. Para el autor guatemalteco, algunas de las consecuencias económicas son la emigración de guatemaltecos a EE.UU. y la ocupación de puestos (*jobs*) importantes del país por extranjeros. A continuación, en el cuerpo del ensayo, el autor menciona las causas y los culpables de esta regresión económica, y apunta, en primer lugar, a la escuela prociudad, culpable de no educar a los estudiantes para que tomen conciencia nacional y se preocupen de trabajar en el campo. En segundo lugar, culpa a los padres de familia porque éstos consideran que es una deshonra trabajar en el campo. En tercer lugar, culpa a los políticos por no crear programas en defensa del campo y por apoyar (*to support*) una política liberal, capitalista; y, por último, culpa a la sociedad entera por mantenerse pasiva ante este problema socio-económico. Al final del ensayo, el autor vuelve a nombrar a todos los culpables de esta situación y menciona, una vez más, una de sus consecuencias más importantes: la emigración de guatemaltecos a EE.UU.

En este ensayo encontramos algunos contrastes, pero Miguel A. Asturias no contrasta dos ideas contrarias, sino dos fenómenos sociales opuestos. Uno de los contrastes más significativo es el de la emigración de guatemaltecos a EE.UU. para realizar trabajos mal remunerados (*paid*), con la inmigración de extranjeros a Guatemala para acaparar (*to monopolize*) los mejores empleos (*jobs*) del país nativo. Y otro contraste, que reaparece implícitamente a lo largo del ensayo, tiene que ver con lo que enseñan los maestros en la escuela, los padres y los políticos, y lo que, contrariamente, necesita el país.

El tema que estudia Miguel A. Asturias en este breve ensayo es de gran actualidad, y su estudio, que podría ser complementado de múltiples maneras, demuestra cómo el ensayo nunca agota (*exhausts*) sus posibilidades y lo deja abierto a nuevos estudios. Miguel A. Asturias nos revela algunas de las consecuencias de esta emigración, pero no trata de hacer un estudio exhaustivo de las mismas. Un posible estudio adicional podría centrarse en el análisis de otras causas y consecuencias de la emigración de guatemaltecos a EE.UU. En este sentido, podemos comentar que, según las estadísticas, en EE.UU residen, aproximadamente, 1.3 millones de guatemaltecos, y que las razones de su emigración no han sido siempre las mismas. Por ejemplo, en la década de 1970 y 1980 muchos de ellos emigraron del país huyendo de la violencia y la inestabilidad políticas. Sabemos, por otro lado, que la emigración ha tenido otros costos sociales, como la desintegración de la familia, la fuga de cerebros (*brain drain*), y la creación de un mercado clandestino dedicado al tráfico ilegal de emigrantes. A pesar de esto (*in spite of this*), y como nota positiva a esta situación, la mano de obra (*labor*) guatemalteca en EE.UU. remite (*sends*) a su país de origen unos cuatro billones de dólares al año, constituyendo una de las fuentes de ingresos (*income*) más importante del país.

Por otra parte, y centrándonos en las convenciones del género, podemos afirmar que el ensayo de Miguel A. Asturias trata un tema actual con gran brevedad y desde un punto de vista subjetivo; y es subjetivo porque el autor nos da su opinión personal sobre este tema sin, apenas, citar otras fuentes o estudios relacionados con el mismo. Asimismo, al estudiar un tema tan controvertido (*controversial*), el ensayista está tratando de abrir las puertas a un diálogo con el lector, con la sociedad, para que tome conciencia y reflexione sobre la seriedad del tema y del problema. Por esta razón, el autor no utiliza un discurso muy sofisticado o culto, sino más bien coloquial, para así llegar y comunicarse con el mayor número posible de gente. Podemos ver, igualmente, cómo éste es un problema que le preocupa al autor, y el tono de crítica y denuncia que vemos en el ensayo se debe a que el autor busca concienciar al lector sobre estos problemas y, al mismo tiempo, espera una respuesta y una solución a los mismos.

Al margen de su preocupación por un problema socio-económico tan serio para Guatemala, Miguel A. Asturias busca un efecto estético al estructurar su ensayo de forma circular, comenzando con la culpa que tiene la escuela en la emigración de guatemaltecos a EE.UU. y concluyendo de la misma manera. Esta estructura circular es típica o común en muchas obras de ficción, y con esta circularidad Miguel A. Asturias apunta a (*points to*) cómo estos hechos, o fenómeno social, tienen un carácter repetitivo. Es decir, si los maestros, padres, políticos y la sociedad no cambian la manera de enseñar y educar a los jóvenes, esta situación, o problema, entrará en un círculo vicioso del que va a ser muy difícil salir.

En este ensayo, pues, el autor nos presenta un problema, sus causas y consecuencias, y espera que toda la sociedad guatemalteca participe en la solución de este problema. No obstante lo cual, quedan muchas puertas abiertas, muchas otras ideas que estudiar y comentar, y esto es lo que un buen ensayo debe hacer: provocar y estimular la discusión de un tema controvertido.

Unidad 1. Características del Ensayo

Hoy día entendemos el ensayo como una breve composición en prosa, generalmente de carácter crítico o didáctico, cuyo propósito es el de expresar un determinado punto de vista, plantear (*to raise*) un problema, explorar un tema —literario, político, histórico, económico, científico, deportivo etc.—, o, simplemente, entretener a los lectores. Por encima de todo, el ensayo es normalmente subjetivo, tiene una forma proteica (*protean*), y va orientado a convencer o persuadir al lector para que acepte sus tesis o puntos de vista. Aunque el ensayo se caracteriza por la libertad con la que trata o estudia sus temas, hay, sin embargo, algunas convenciones del género que veremos a continuación:

• *Actualidad y libertad*. El ensayista suele reflexionar sobre acontecimientos del presente; sin embargo, estas reflexiones suelen basarse en experiencias del pasado o especulaciones sobre el futuro. Otra cualidad esencial del ensayo es su libertad, ya que el ensayista se siente intelectualmente libre para escribir sobre cualquier tema, experiencia o idea.

- *Lo cotidiano* (*everyday life*). Muchos ensayistas reflexionan, frecuentemente, sobre temas o problemas comunes, cotidianos, o aparentemente triviales. Montaigne, por ejemplo, escribe sobre temas elevados, como la imaginación y las cualidades de los embajadores, pero también escribe ensayos sobre los olores, el uso de los nombres o el sueño.
- *Brevedad*. Los ensayos de Montaigne, Bacon, y otros ensayistas, eran normalmente breves, algunas veces de no más de una o dos páginas. Los ensayos contemporáneos, sin embargo, suelen ser más largos, pero dejan el tema abierto a nuevos estudios y discusión.
- *Subjetivismo*. El ensayista se diferencia del filósofo, sociólogo o científico en que expresa sus sentimientos y emociones. Es decir, el ensayista tratará de proporcionarnos una interpretación personal y subjetiva de un tema particular.
- *Digresiones*. En muchos ensayos, el tema tratado ocupa un lugar secundario, y su riqueza y valor surgen (*spring out*) principalmente de las digresiones y comentarios al margen que hace el ensayista.
- *Carácter dialogal*. El ensayo tiene un fin conversacional, de diálogo, de ahí su carácter coloquial. Por tanto, el propósito del ensayista es que el lector piense, medite y participe activamente, como si se tratara de una conversación, en la discusión del tema estudiado.
- *Particularidad*. Muchas de las ciencias, por lo común, extraen conclusiones generales de circunstancias, evidencia, o datos específicos. El ensayista, en cambio, se preocupa menos por las conclusiones que por los particulares.
- *Sugerencias*. El ensayista generalmente hace uso de reflexiones filosóficas en sus ensayos, pero se diferencian de la filosofía en cuanto que no son sistemáticas, en que no tratan de crear una doctrina o ser parte de una escuela filosófica.
- *Imprecisión en las citas*. A diferencia de otras ciencias o disciplinas, el ensayista generalmente no cita a pie de página, y las citas que aparecen en el cuerpo del ensayo le sirven por su relación con el tema que estudia, sin importarle citar literalmente o darnos la identidad de la fuente.
- *Estilo*. El ensayo se basa en una interacción entre idea y estilo. El estilo, pues, tratará de armonizar la forma con la idea para expresar fielmente las reflexiones y actitud del ensayista hacia el tema tratado.
- *Estructura*. El ensayo generalmente se estructura en base a una introducción, un desarrollo del tema y una conclusión; pero no siempre ocurre así, y muchos ensayos no siguen un orden lógico riguroso, sino que se mueven por un proceso de asociación. Las conclusiones, además, suelen ser tentativas y provisionales.

Rosario Castellanos: *Otra vez Sor Juana*

Vida, obra y crítica

Rosario Castellanos (1925–1974) nació en la ciudad de México, pero se crió en el estado de Chiapas. Su convivencia con la cultura chiapaneca, así como la expropiación de las fincas (*land*) de su familia por la política de reformas agrarias de Lázaro Cárdenas, son dos experiencias que impactaron notablemente a esta escritora mexicana. Estudió filosofía, y su tesis, *Sobre cultura femenina* (1950), fue uno de los primeros estudios feministas de México. Murió accidentalmente electrocutada mientras ocupaba el puesto de embajadora en Israel.

Sus dos primeros libros de poesía, *Apuntes para una declaración de fe* y *Trayectoria del polvo*, ambos de 1948, se hacen eco del dolor de la poeta ante la pérdida de sus padres; en *El rescate del mundo* (1952) y *Poemas* (1957) se percibe el interés de la poeta por retratar (*portray*) lo trivial y cotidiano, y en *Al pie de la letra* (1959), poemario caracterizado por un estilo directo y coloquial, Castellanos nos da una interpretación personal de la mujer de su tiempo.

En prosa, Rosario Castellanos es autora de la colección de cuentos *Los convidados de agosto* (1964), y de tres novelas: *Balún-Canán* (1957), *Oficio de tinieblas* (1962) y *Ritos de iniciación* (1966). Estas tres novelas relatan la explotación y el retraso (*backwardness*) socio-económico que han sufrido los chiapanecas. Hay en estas obras, además, una lectura de la historia de los indios chiapanecas a partir del *Popol Vuh* y el *Chilam Balam*. Como dramaturga es autora, entre otras obras, de *El eterno femenino*, publicada póstumamente (*posthumously*) con gran éxito. Y de su obra ensayística sobresalen *Juicios sumarios* (1966), *El mar y sus pescaditos*, publicada póstumamente, y *Mujer que sabe latín* (1973). La última de estas tres obras se centra en la mujer y su participación en el mundo de la política, la cultura y la sociedad.

Guía de lectura

"Otra vez Sor Juana" apareció publicado por vez primera en la colección de ensayos *Juicios sumarios*. En este ensayo, Rosario Castellanos nos habla de tres figuras arquetípicas de la historia de México que representan tres visiones distintas de la mujer. Escrito en un estilo claro y directo, la autora nos deja ver desde el principio los temas sobre los que va a disertar (*to speak about*): la femineidad vista a través de tres figuras polémicas de la historia de México, la sexualidad, y la visión o juicios equívocos que ha tenido la sociedad sobre estas tres figuras femeninas.

Según Rosario Castellanos, la primera de estas mujeres, la Virgen de Guadalupe, suele despertar sentimientos comunes entre toda la población mexicana, y por esta razón no le dedica mucho espacio en su estudio. La Malinche, la segunda de las mujeres que estudia, es un arquetipo algo más controvertido, y ha provocado opiniones encontradas (*conflicting*) e irreconciliables. Y la tercera, Sor Juana Inés de la Cruz, es la figura que estudia en mayor profundidad por el carácter enigmático de su femineidad. Con respecto a ésta, Rosario Castellanos presenta y refuta algunas de las infundadas (*baseless*) opiniones que han suscitado (*caused*) su obra y su vida personal

Otra vez Sor Juana

En la historia de México hay tres figuras en las que encarnan,[1] hasta sus últimos extremos, diversas posibilidades de la femineidad. Cada una de ellas representa un símbolo, ejerce una vasta y profunda influencia en sectores muy amplios de la nación y suscita[2] reacciones apasionadas tanto de adhesión como de rechazo. Estas figuras son la Virgen de Guadalupe, la Malinche y Sor Juana.

En la Virgen de Guadalupe parecen concentrarse únicamente elementos positivos. Es, a pesar de su aparente fragilidad, la sustentadora[3] de la vida, la que protege contra los peligros, la que ampara[4] en las penas, la que preside[5] los acontecimientos fastos,[6] la que hace lícitas las alegrías, la que salva, en fin, el cuerpo de las enfermedades y el alma de las asechanzas[7] del demonio. ¿Cómo no quererla, reverenciarla, convertirla en el núcleo más entrañable[8] de nuestra vida afectiva? Esto es precisamente lo que hacen los mexicanos, y llegan hasta el punto de desligar[9] sus creencias religiosas de la personalidad de la Virgen de Guadalupe para salvaguardarla[10] en caso de que esas creencias entren en conflicto con otras o sufran una crisis, o ante ciertas presiones circunstanciales tengan que ser ocultadas.[11] Es clásico el caso de nuestros ateos a los cuales no se les presenta ningún obstáculo de conciencia para hacer su peregrinación anual a la Villa.

El caso de la Malinche podría considerarse como el diametralmente opuesto. Encarna la sexualidad en lo que tiene de más irracional, de más irreductible a las leyes morales, de más indiferente a los valores de la cultura. Como de todas maneras la sexualidad es una fuerza dinámica que se proyecta hasta el exterior y se manifiesta en actos, aquí tenemos a la Malinche convertida en uno de los personajes claves[12] de nuestra historia. Traidora la llaman unos, fundadora de la nacionalidad otros, según

[1]embody [2]provoca [3]*provider* [4]ayuda [5]*presides* [6]solemnes [7]trampas [8]querido [9]separar [10]protegerla [11]escondidas [12]más importantes

la perspectiva desde la cual se coloquen para juzgarla. Como no ha muerto, como todavía aúlla[13] por las noches, lamentando sus hijos perdidos, por los rincones más escondidos de nuestro país; como aún hace sus apariciones anuales, disfrazada de gigante, en fiestas de indios, sigue ejerciendo su fascinación de hembra,[14] de seductora de hombres. Ante ella la conciencia permanece alerta, vigilante y tiene que calificarla[15] y entenderla para no sucumbir[16] ante su fuerza que, como la de Anteo,[17] se revivifica[18] siempre que entra de nuevo en contacto con la tierra.

Las actitudes ante la Virgen de Guadalupe o ante la Malinche son claras porque sus figuras también lo son. La primera, mujer que sublima su condición en la maternidad. La segunda, mujer de raíz, indiferente a la forma de su crecimiento, desinteresada del fruto. ¿Pero Sor Juana? El enigma inicial que nos propone no es el de su genio (lo cual ya bastaría para desvelar[19] a muchos doctores), sino el de su femineidad. Habla de ella, en diferentes pasajes de su obra, no como de un hecho consumado y asumido, sino como de una hipótesis que tal vez no se puede comprobar. Dice por ejemplo, en un romance:

> Yo no entiendo de esas cosas;
> sólo sé que aquí me vine
> porque, si es que soy mujer,
> ninguno lo verifique.

Confesión tan explícita, propósito tan evidente, constituyen la piedra de escándalo[20] para los admiradores de Sor Juana. O pasan ante ella sin verla y prefieren hacer caso omiso de un testimonio que, en el último de los casos, tiene el valor de ser de primera mano y prefieren seguir construyéndola a su gusto. Damisela[21] frívola de la corte virreinal, pájaro que se deja aprisionar en las redes de un amor imposible del cual no puede escaparse sino pidiendo asilo[22] a los sagrados muros de un convento. Allí encuentra el consuelo de la soledad y desahoga[23] su nostalgia en sonetos y otras menudencias.[24] Como todos los elegidos de los dioses, Sor Juana muere joven, y colorín colorado, el cuento se ha acabado.[25]

Hay un párrafo de Sor Juana, en su *Respuesta a Sor Filotea*, que es una especie de autobiografía, en la que habla de las múltiples dudas que la asaltaron antes de tomar el velo.[26] Conocía de sobra su carácter, su preferencia por el aislamiento, las dificultades con que iba a someterse[27] a la disciplina de una vida comunitaria. Que a la postre[28]

---

[13]*she howls* [14]mujer [15]*to assess her* [16]caer [17]"Anteo": gigante, hijo de Poseidón y de la Tierra. Sus fuerzas aumentaban al entrar en contacto con el suelo [18]*it revitalizes* [19]*to keep awake* [20]"piedra ... escándalo": motivo de escándalo [21]señorita [22]protección [23]*she relieves* [24]pequeñas cosas [25]"colorín ... acabado": expresión con la que se indica el final de un cuento, en este caso de una vida [26]"tomar el velo": hacerse monja [27]*to submit* [28]"a la postre": *in the end*

elige porque el otro término de la alternativa es únicamente el matrimonio, por el cual sentía una invencible repugnancia.

Este párrafo no ha impedido que muchos exalten su vocación monástica, encuentren irreprochable su obediencia a las órdenes de las diversas superioras que padeció,[29] excesivo su celo[30] en el cumplimiento de sus votos y sus renunciaciones[31] últimas y su caridad con sus hermanas sufrientes, nada menos que santas. Por todo lo cual no ha faltado quien, llevando a sus últimos extremos la admiración, haya reclamado a las autoridades competentes que se la canonice. Como es natural, la causa no ha progresado. La iglesia se asienta[32] sobre la roca de los siglos y recurre[33] a procedimientos muy minuciosos para elevar a alguien a sus altares.

Pero las actitudes que hemos descrito antes son, en última instancia, ingenuas y por lo mismo inofensivas. Hay otra que se reviste[34] de un gran aparato científico y que coloca bajo su microscopio a un insecto curioso para clasificarlo.

¿Por qué curioso? No porque hubiera optado por el convento, hecho muy común en su época y en la Nueva España. No porque escribiera versos más o menos graciosos, porque ya es un lugar común[35] el que dice que en esta metrópoli recién estrenada[36] abundaban más los poetas que el estiércol.[37] (Con ser el estiércol muy abundante.) No, sino porque escribiera esos versos siendo mujer. Porque tuviera una vocación intelectual siendo mujer. Porque, a pesar de todas las resistencias y los obstáculos del medio, ejerciera esa vocación y la transformara en obra. Una obra que causó el pasmo[38] y la admiración de sus contemporáneos, pero no por sus calidades intrínsecas sino porque saliera de manos cuyo empleo natural debería de haber sido la culinaria o el bordado.[39] Una obra sobre la que cayó el olvido y el desprecio de los siglos y que ahora vuelve a surgir a la luz[40] gracias a las investigaciones de los eruditos, entre los cuales no se puede negar la primacía[41] al padre Alfonso Méndez Plancarte.

Bien, Sor Juana vuelve a la actualidad y no sólo como autora sino como persona. Allí la tenemos diseccionada[42] con los instrumentos del psicoanálisis gracias a la curiosidad germánica (y como germánica, concienzuda[43] y grave) de Ludwig Pfandl.

Su diagnóstico no la favorece mucho. Más que eso, es un catálogo de todos los complejos, traumas y frustraciones de que puede ser víctima un ser humano. Naturalmente en su relación con su familia hay todas esas ambivalencias que se explican gracias al comodín[44] de Edipo. Naturalmente por su belleza, por su talento, era narcisista. ¿Confiesa su ansia[45] de saber? Es neurótica. ¿Usa un símbolo? Es fálico. ¿Es efu-

---

[29]sufrió [30]dedicación [31]*renunciations* [32]está colocada [33]*it resorts to* [34]se cubre [35]tópico [36]"recién estrenada": nueva [37]*manure* [38]"causó el pasmo": impresionó [39]*embroidery* [40]"surgir...luz": aparecer [41]prioridad [42]analizada [43]seria [44]*joker* [45]deseo

siva[46] con alguien? ¡Cuidado! O hay un afecto equívoco o hay un deseo inconsciente de matar. Y en cuanto a sus últimas decisiones no están dictadas sino por la menopausia.

Un libro así concebido indigna, no por su parcialidad, sino porque tales criterios han sido superados por otros más amplios. ¿No sería más justo pensar que Sor Juana, como cualquier ser humano, tuvo una columna vertebral,[47] que era su vocación, y que escogió entre todas las formas de vida a su alcance[48] aquélla en que contaba con más probabilidades de realizarla?

Comprensión del texto y análisis crítico

1. ¿Qué virtudes o cualidades se asocian con la Virgen de Guadalupe? ¿Qué relación establece la autora entre Ella y el tema de la femineidad?
2. ¿Qué dato concreto nos da Rosario Castellanos respecto a los ateos de México y la Virgen de Guadalupe?
3. ¿Cómo describe Rosario Castellanos la sexualidad de la Malinche? ¿Qué opiniones opuestas tienen los mexicanos de la Malinche?
4. ¿Qué comentarios ha despertado el estudio de la femineidad de Sor Juana?
5. ¿Qué nos confiesa sor Juana en su *Respuesta a Sor Filotea*? ¿Qué opinión tenía Sor Juana del matrimonio?
6. Cómo se ha interpretado la vocación monástica de Sor Juana? ¿Qué lectura hace el sicoanálisis de Sor Juana? ¿Cómo reacciona Rosario Castellanos ante estas interpretaciones?
7. ¿Qué es lo que realmente sorprende a la gente de Sor Juana?
8. ¿Introduce la autora opiniones de otros expertos o investigadores al estudiar el tema de este ensayo?
9. ¿Cómo organiza, o estructura, Rosario Castellanos la información que nos da?
10. ¿Cuál es el tono de este ensayo? ¿Podría mencionar algún elemento o aspecto formal que le parece relevante?

Mesa redonda

Discuta en grupo los rasgos característicos, o convenciones, del género ensayístico que vemos representados en este estudio de Rosario Castellanos.

[46]expresiva [47]*spine* [48]"a su alcance": *within her reach*

Sea creativo

En este ensayo hemos visto el estudio que hace Rosario Castellanos de tres importantes figuras femeninas de la historia de México. Seleccione dos o tres figuras femeninas, como Madonna o la Madre Teresa de Calcuta, y escriba un breve ensayo comentando lo que representan estas mujeres para la sociedad o para usted mismo.

Investigación

Lea el ensayo "Asedio a Sor Juana", de Rosario Castellanos, para entender mejor su visión de la monja mexicana. Haga un estudio relacionando las lecturas de ambos ensayos.

Arturo Uslar Pietri: *El progreso suicida*

Vida, obra y crítica

Arturo Uslar Pietri (1906–2001) nació en Caracas, Venezuela. Se doctoró en ciencias políticas y sociales, y participó activamente en la vida política de su país. Al terminar su doctorado fue nombrado embajador de Venezuela en París y, posteriormente, de 1930 a 1933, fue promocionado a secretario de la delegación de la Liga de Naciones en Ginebra. A partir de 1939 ocupó los puestos de Ministro de Educación Pública, Ministro de Hacienda, Director del Partido Democrático Venezolano, y senador. Como escritor ha sido distinguido, entre otros, con el Premio Cervantes de Periodismo en 1952, y el Premio Príncipe de Asturias en 1990.

Uslar Pietri cultivó todos los géneros literarios, pero destacó principalmente en el ensayo, la novela y el cuento. Como ensayista es autor de *Letras y hombres de Venezuela* (1948), *De una a otra Venezuela* (1972), *Valores humanos* (1982), *Medio milenio de Venezuela* (1986), y *Los venezolanos en el petróleo* (1990). Como novelista es autor de *Las lanzas coloradas* (1931), una obra perteneciente al realismo mágico centrada en la guerra de independencia de Venezuela; *La isla de Róbinson* (1981), con la que ganó el Premio Nacional de Literatura en 1982; y *La visita en el tiempo* (1990), con la que recibió el prestigioso Premio Internacional de Novela Rómulo Gallegos. Como cuentista es autor de la colección de cuentos *Barrabás y otros relatos* (1928), y *Treinta hombres y sus sombras* (1949).

Uno de los temas dominantes en la obra de Uslar Pietri se centra en la representación de la realidad socio-política, económica y educativa de Venezuela. En torno a (*around*) estos temas, Uslar Pietri estudia otros, como el despilfarro (*waste*) del dinero generado por la producción de petróleo, la crisis del sistema educativo, la defensa de la democracia, y los sistemas dictatoriales. En otras obras, sin embargo, Uslar Pietri trata temas de carácter cultural, científico o existencialista.

Guía de lectura

En este ensayo, publicado originalmente en 1971 en *Vista desde un punto. Ensayos*, Uslar Pietri explora uno de los problemas más serios que vivía, y vive hoy día, la humanidad: la contaminación del medio ambiente (*environment*). El ensayista venezolano observa cómo el progreso industrial es el responsable de la contaminación de aguas, tierra y aire. Al tiempo que cita algunos ejemplos concretos de los efectos destructivos de la contaminación, Uslar Pietri afirma que todas las especies animales viven en un estado de mutua dependencia, y que la destrucción de una, o varias especies, provocará la desaparición de otras. Debemos notar que en este ensayo, de fácil lectura, Uslar Pietri nos anticipa, ya en 1971, uno de los problemas más graves a los que hoy día se enfrenta la humanidad: el progreso suicida.

El progreso suicida

Cada día millones de toneladas de desperdicios[1] tóxicos y esterilizantes son arrojadas[2] en el suelo, el aire y en el agua de las grandes concentraciones industriales. Hay ciudades, como Los Ángeles y en cierto modo Londres, en las que se forma un denso colchón[3] de niebla producido por la humedad, el humo y todos los gases de la actividad de los motores y quemadores[4] de toda clase. El resultado es que la gente respira un aire literalmente venenoso que afecta la vida, que ataca las plantas y que corroe[5] en muchas formas todas las cosas. En menos de un siglo a la intemperie[6] de la ciudad de Washington, un obelisco egipcio ha sufrido más grave deterioro[7] que en los tres mil años anteriores en que estuvo al aire abierto del valle del Nilo. El caso es igual con el agua. Los desperdicios de las cloacas[8] y de las fábricas llenan de sustancias nocivas[9] las corrientes de agua. Hay ríos, como el Delaware en los Estados Unidos, que, prácticamente, han dejado de contener vida. Han muerto los peces, los infusorios[10] y hasta las bacterias entre el aluvión[11] de ácidos disueltos que diariamente tiñen[12] al río de multicolores manchas. La esterilización de un río rompe una cadena de vida. Los seres del agua están estrechamente[13] conectados con las plantas y con los animales de tierra.

[1]*rubbish* [2]*dumped* [3]*layer* [4]*burners* [5]*corrodes* [6]*out in the open* [7]daño [8]*sewers* [9]*harmful* [10]animales microscópicos [11]gran cantidad [12]*dye* [13]*closely*

Un río estéril termina por hacer estéril la tierra que lo rodea.[14] El agua utilizada para enfriar las plantas atómicas regresa a los ríos a temperaturas insoportables para la vida animal y vegetal. Muere el plancton, muere la bacteria y muere el pez. Los paisajes naturales desaparecen entre una constante niebla de gases industriales. De los escapes[15] de los automóviles salen cantidades aterradoras[16] de monóxido de carbono que tiene un efecto destructivo sobre los pulmones y el sistema nervioso. Los alrededores se convierten en cementerios de chatarra[17] y cada día son más raquíticos[18] y escasos los árboles, preludiando[19] un futuro de desolación.

Esto constituye uno de los problemas más graves y urgentes que afecta hoy directamente a los grandes países industriales y, al través de ellos y de la dinámica misma del desarrollo, a todos los hombres. Cada torre de chimenea que se alza,[20] cada motor que se enciende, cada cañería[21] de desperdicios que sale al agua, cada derrame[22] de petróleo en el mar, destruye vida y modifica negativamente una parte del medio natural.

Hace tiempo que los hombres de ciencia saben que no hay vida aislada ni medio separado. La vida es una sola red[23] que une, en la más continua y solidaria dependencia, a todos los seres orgánicos. Desde los microorganismos de la tierra hasta los mamíferos más elevados en la escala animal, hasta el hombre, están indisolublemente unidos y existen los unos porque existen los otros, y no puede eliminarse a ninguno sin que toda la cadena se rompa irremisiblemente.[24] Esto es lo que se llama la Ecología, que no es una ciencia solamente sino la condición fundamental de la existencia y de la preservación de la vida.

Cuando con los ojos de los astronautas hemos visto todos esa maravillosa esfera azul y blanca, con manchas ocres, que flota en el espacio, hemos tenido presente una inolvidable lección de la unidad de toda vida. No somos sino de la Tierra, hijos de las circunstancias ambientales que se han producido en ella, y no parece que tengamos otra posibilidad que la Tierra. Por eso reviste[25] un carácter de tan grave y trágica amenaza la destrucción constante del ambiente[26] natural que el desarrollo industrial y tecnológico ha traído. Es como la otra faz[27] temible[28] de la atrayente[29] imagen del progreso y del desarrollo. Podemos llegar a ser poderosos y altamente productivos, pero hasta ahora lo ha sido al precio de una desconsiderada y pavorosa[30] destrucción de las condiciones ambientales que han hecho la vida posible.

Éste es el problema de la ruina ambiental, de la destrucción de la naturaleza por el pillaje[31] humano o de la polución, como también se le llama, que hoy constituye una

---

[14]*surrounds* [15]*mufflers* [16]muy grandes [17]*junk* [18]débiles [19]anticipando [20]es construida [21]*pipe* [22]*spill* [23]*net* [24]sin remedio posible [25]tiene [26]*environment* [27]cara [28]*frightful* [29]*appealing* [30]*terrifying* [31]*plunder*

de las mayores preocupaciones de los gobiernos de los grandes países industriales y que es como el cáncer de la civilización y del progreso. Es como si nuestro progreso se hiciera al precio de la destrucción de la naturaleza y del ambiente, que es lo mismo que decir la autodestrucción del hombre.

Detener esta tendencia y sus efectos negativos y restablecer un equilibrio estable en la naturaleza requerirá un esfuerzo gigantesco y la cooperación de todos los hombres, para dominar y equilibrar el poder destructivo y casi suicida del progreso industrial y tecnológico.

Comprensión del texto y análisis crítico

1. ¿Qué ejemplos específicos nos da el autor sobre los daños causados por la contaminación del aire?
2. ¿Qué problemas ocasiona la esterilización de las aguas de un río?
3. ¿Qué ejemplos nos da el ensayista sobre los problemas causados por la contaminación del suelo?
4. ¿Cuál es el tema principal de este ensayo?
5. ¿Contrasta o compara el autor opiniones de otros investigadores o expertos en este tema? ¿Hay algún tipo de contraste en la información expuesta en este ensayo?
6. ¿Nos da el autor alguna conclusión o solución específicas?
7. ¿Podría identificar algún aspecto formal que le parece relevante?
8. ¿Cuál es el tono general de este ensayo?
9. Comente algunas de las características o convenciones generales del ensayo que aparecen en este ensayo de Uslar Pietri.

Mesa redonda

Escoja y discuta uno de los problemas medioambientales que menciona Uslar Pietri en este ensayo. Comente, asimismo, si este problema existe en la actualidad y si los gobiernos han llevado a cabo algún tipo de política o programa para resolver dicho problema.

Sea creativo

Uslar Pietri menciona varios casos de contaminación del medio ambiente. Escoja uno de ellos y proponga alguna solución personal o política a dicho problema.

Investigación

Investigue algún caso específico de contaminación y escriba un breve ensayo mencionando las causas o motivos del mismo, el deterioro ocasionado al medio ambiente, la respuesta de la comunidad de ciudadanos, y las decisiones judiciales relativas a este caso, si las ha habido. Tres sugerencias serían la del vertido (*spill*) de petróleo del Exxon Valdez en las costas de Alaska en 1989, la contaminación de las aguas del río Hudson, y la sobrepesca (*overfishing*) de los mares.

Gabriel García Márquez: *La soledad de América Latina*

Vida, obra y crítica

Gabriel García Márquez (1928–) nació en Aracataca, Colombia. Hizo estudios de derecho (*law*), pero no terminó la carrera, y después estudió periodismo. Trabajó como corresponsal (*reporter*) para el diario *El Espectador* en varias ciudades de Europa. De 1959 a 1961, mientras trabajaba para la agencia cubana de noticias La Prensa, residió en La Habana, México y Nueva York. Posteriormente ha alternado su residencia entre Barcelona, México y Colombia, trabajando como guionista, periodista y escritor. Entre los numerosos premios literarios que ha recibido podemos mencionar el Premio Nacional de Literatura de Colombia en 1963; el Premio Rómulo Gallegos en 1972; y el Premio Nobel de Literatura en 1982.

García Márquez se inicia como novelista con la publicación de *La hojarasca* (1955), en la que ya aparece Macondo, una ciudad imaginaria que encontraremos en obras posteriores. A esta obra le siguen *El coronel no tiene quien le escriba* (1961), *Cien años de soledad* (1967), con la que se consagró como uno de los grandes escritores de la narrativa contemporánea; *Crónica de una muerte anunciada* (1981), *El amor en los tiempos del cólera* (1985), y *El general en su laberinto* (1989). Es autor de las colecciones de cuentos *Los funerales de Mamá Grande* (1962) y *La increíble y triste historia de la cándida Eréndira y de su abuela desalmada* (1972). Como crítico literario es autor, junto con Mario Vargas Llosa, de *La novela en América Latina* (1968). Es autor, asimismo, de una autobiografía, *Vivir para contarlo* (2002), y de varios libros en los que ha compilado sus guiones cinematográficos y sus artículos periodísticos.

García Márquez, uno de los representantes más notables del realismo mágico, trata en sus obras temas como el de la represión política de los gobiernos dictatoriales, la explotación llevada a cabo por los poderes imperialistas, la corrupción, la soledad del ser humano, la muerte, el amor en situaciones poco convencionales, y la fatalidad.

Muchas de sus obras tienen por escenario a Macondo, un espacio mítico que representa cualquier lugar del continente latinoamericano.

Guía de lectura

En este ensayo, que corresponde al discurso de aceptación del Premio Nobel en 1982, García Márquez traza (*outlines*) una evolución histórica de la imaginación y la realidad fantásticas de Latinoamérica. Comenzando con el testimonio de Antonio Pigafetta, siguiendo con los de los cronistas de Indias, y continuando con otros testimonios y hechos de la época colonial, la Independencia y el siglo XX, el Nobel colombiano nos da ejemplos concretos de esta monumental realidad fantástica que ha alimentado la imaginación creadora de los escritores latinoamericanos. En el ecuador del ensayo, García Márquez nos confiesa la dificultad que encuentra el escritor latinoamericano en dar expresión escrita a esta realidad "descomunal" (*enormous*), y denuncia cómo los europeos carecen (*lack*) de un método válido para su interpretación. El autor colombiano concluye el ensayo haciendo hincapié en (*emphasizing*) las causas de la soledad de los pueblos latinoamericanos, y confiando en la creación de una utopía de la vida.

La soledad de América Latina

Antonio Pigafetta, un navegante[1] florentino[2] que acompañó a Magallanes[3] en el primer viaje alrededor del mundo, escribió a su paso por nuestra América meridional una crónica rigurosa que sin embargo parece una aventura de la imaginación. Contó que había visto cerdos con el ombligo[4] en el lomo,[5] y unos pájaros sin patas cuyas hembras empollaban[6] en las espaldas del macho, y otros como alcatraces[7] sin lengua cuyos picos[8] parecían una cuchara. Contó que había visto un engendro[9] animal con cabeza y orejas de mula, cuerpo de camello, patas de ciervo y relincho[10] de caballo. Contó que al primer nativo que encontraron en la Patagonia[11] le pusieron enfrente un espejo, y que aquel gigante enardecido[12] perdió el uso de la razón por el pavor[13] de su propia imagen.

[1]*sailor* [2]de Florencia, Italia [3]explorador portugués al servicio del rey español Carlos I [4]*navel* [5]en la espalda [6]*hatched* [7]*gannets* [8]*beaks* [9]*monstrosity* [10]*neigh* [11]región de Argentina y Chile [12]*all excited* [13]miedo, terror

Este libro breve y fascinante, en el cual ya se vislumbran[14] los gérmenes de nuestras novelas de hoy, no es ni mucho menos el testimonio más asombroso[15] de nuestra realidad de aquellos tiempos. Los Cronistas de Indias nos legaron[16] otros incontables. El Dorado, nuestro país ilusorio tan codiciado,[17] figuró en mapas numerosos durante largos años, cambiando de lugar y de forma según la fantasía de los cartógrafos. En busca de la fuente de la Eterna Juventud, el mítico Alvar Núñez Cabeza de Vaca exploró durante ocho años el norte de México, en una expedición venática[18] cuyos miembros se comieron unos a otros y sólo llegaron cinco de los 600 que la emprendieron.[19] Uno de los tantos misterios que nunca fueron descifrados,[20] es el de las once mil mulas cargadas con cien libras de oro cada una, que un día salieron del Cuzco[21] para pagar el rescate[22] de Atahualpa[23] y nunca llegaron a su destino. Más tarde, durante la colonia, se vendían en Cartagena de Indias[24] unas gallinas criadas en tierras de aluvión,[25] en cuyas mollejas[26] se encontraban piedrecitas de oro. Este delirio áureo[27] de nuestros fundadores nos persiguió hasta hace poco tiempo. Apenas en el siglo pasado la misión alemana de estudiar la construcción de un ferrocarril interoceánico en el istmo de Panamá, concluyó que el proyecto era viable[28] con la condición de que los rieles[29] no se hicieran de hierro, que era un metal escaso en la región, sino que se hicieran de oro.

La independencia del dominio español no nos puso a salvo de la demencia. El general Antonio López de Santana, que fue tres veces dictador de México, hizo enterrar[30] con funerales magníficos la pierna derecha que había perdido en la llamada Guerra de los Pasteles.[31] El general García Moreno gobernó al Ecuador durante 16 años como un monarca absoluto, y su cadáver fue velado[32] con su uniforme de gala[33] y su coraza[34] de condecoraciones[35] sentado en la silla presidencial. El general Maximiliano Hernández Martínez, el déspota teósofo[36] de El Salvador que hizo exterminar en una matanza bárbara a 30 mil campesinos,[37] había inventado un péndulo para averiguar[38] si los alimentos estaban envenenados, e hizo cubrir con papel rojo el alumbrado público[39] para combatir una epidemia de escarlatina.[40] El monumento al general Francisco Morazán, erigido[41] en la plaza mayor de Tegucigalpa, es en realidad una estatua del mariscal Ney[42] comprada en París en un depósito de esculturas usadas.

Hace once años, uno de los poetas insignes de nuestro tiempo, el chileno Pablo Neruda, iluminó este ámbito[43] con su palabra. En las buenas conciencias de Europa, y

[14]*ven* [15]*amazing* [16]*dejaron* [17]*deseado* [18]*loca* [19]*comenzaron* [20]*solved* [21]ciudad de Perú, capital del imperio inca [22]*ramson* [23]último emperador inca [24]ciudad colombiana en la costa del Caribe [25]tierras procedentes de otros lugares [26]*gizzards* [27]por el oro [28]*feasible* [29]*rails* [30]*to bury* [31]guerra entre México y Francia (1838–1839) [32]*watched* [33]*state uniform* [34]*breastplate* [35]medallas [36]*theosofist* [37]*peasants* [38]ver [39]"alumbrado público": *street lighting* [40]*scarlet fever* [41]*erected* [42]mariscal francés al servicio de Napoleón [43]lugar

a veces también en las malas, han irrumpido⁴⁴ desde entonces con más ímpetus que nunca las noticias fantasmales⁴⁵ de la América Latina, esa patria inmensa de hombres alucinados⁴⁶ y mujeres históricas, cuya terquedad⁴⁷ sin fin se confunde con la leyenda. No hemos tenido un instante de sosiego.⁴⁸ Un presidente prometeico atrincherado⁴⁹ en su palacio en llamas murió peleando⁵⁰ solo contra todo un ejército, y dos desastres aéreos sospechosos y nunca esclarecidos⁵¹ segaron⁵² la vida de otro de corazón generoso, y la de un militar demócrata que había restaurado la dignidad de su pueblo. En este lapso ha habido 5 guerras y 17 golpes de estado, y surgió⁵³ un dictador luciferino⁵⁴ que en el nombre de Dios lleva a cabo el primer etnocidio⁵⁵ de América Latina en nuestro tiempo. Mientras tanto 20 millones de niños latinoamericanos morían antes de cumplir dos años, que son más de cuantos han nacido en Europa occidental desde 1970. Los desaparecidos por motivos de la represión son casi los 120 mil, que es como si hoy no se supiera dónde están todos los habitantes de la ciudad de Upsala.⁵⁶ Numerosas mujeres arrestadas encinta⁵⁷ dieron a luz en cárceles argentinas, pero aún se ignora el paradero⁵⁸ y la identidad de sus hijos, que fueron dados en adopción clandestina o internados en orfanatos por las autoridades militares. Por no querer que las cosas siguieran así han muerto cerca de 200 mil mujeres y hombres en todo el continente, y más de 100 mil perecieron⁵⁹ en tres pequeños y voluntariosos países de la América Central, Nicaragua, El Salvador y Guatemala. Si esto fuera en los Estados Unidos, la cifra proporcional sería de un millón 600 mil muertes violentas en cuatro años.

De Chile, país de tradiciones hospitalarias, ha huido un millón de personas: el 10 por ciento de su población. El Uruguay, una nación minúscula de dos y medio millones de habitantes que se consideraba como el país más civilizado del continente, ha perdido en el destierro⁶⁰ a uno de cada cinco ciudadanos. La guerra civil en El Salvador ha causado desde 1979 casi un refugiado cada 20 minutos. El país que se pudiera hacer con todos los exiliados y emigrados forzosos⁶¹ de América Latina, tendría una población más numerosa que Noruega.

Me atrevo a pensar que es esta realidad descomunal, y no sólo su expresión literaria, la que este año ha merecido la atención de la Academia Sueca de la Letras. Una realidad que no es la del papel, sino que vive con nosotros y determina cada instante de nuestras incontables muertes cotidianas, y que sustenta⁶² un manantial⁶³ de creación insaciable, pleno⁶⁴ de desdicha⁶⁵ y de belleza, del cual este colombiano errante y nostálgico no es más que una cifra más señalada por la suerte. Poetas y mendigos,⁶⁶

⁴⁴han llegado ⁴⁵increíbles, maravillosas ⁴⁶*deluded* ⁴⁷*obstinacy* ⁴⁸tranquilidad ⁴⁹*entrenched* ⁵⁰luchando ⁵¹explicados ⁵²quitaron ⁵³apareció ⁵⁴de Lucifer, malvado ⁵⁵matanza de un grupo étnico ⁵⁶ciudad de Suecia ⁵⁷embarazadas ⁵⁸*whereabouts* ⁵⁹murieron ⁶⁰exilio ⁶¹obligados a la fuerza ⁶²*supports* ⁶³fuente ⁶⁴lleno ⁶⁵desgracias ⁶⁶*beggars*

músicos y profetas, guerreros y malandrines,⁶⁷ todas las criaturas de aquella realidad desaforada⁶⁸ hemos tenido que pedirle muy poco a la imaginación, porque el desafío mayor para nosotros ha sido la insuficiencia de los recursos convencionales para hacer creíble nuestra vida. Éste es, amigos, el nudo⁶⁹ de nuestra soledad.

Pues si estas dificultades nos entorpecen⁷⁰ a nosotros, que somos de su esencia, no es difícil entender que los talentos racionales de este lado del mundo, extasiados⁷¹ en la contemplación de sus propias culturas, se hayan quedado sin un método válido para interpretarnos. Es comprensible que insistan en medirnos con la misma vara⁷² con que se miden a sí mismos, sin recordar que los estragos⁷³ de la vida no son iguales para todos, y que la búsqueda de la identidad propia es tan ardua⁷⁴ y sangrienta para nosotros como lo fue para ellos. La interpretación de nuestra realidad con esquemas ajenos sólo contribuye a hacernos cada vez más desconocidos, cada vez menos libres, cada vez más solitarios. Tal vez la Europa venerable sería más comprensiva si tratara de vernos en su propio pasado. Si recordara que Londres necesitó 300 años para construir su primera muralla y otros 300 para tener un obispo, que Roma se debatió en las tinieblas⁷⁵ de incertidumbre durante 20 siglos antes de que un rey etrusco⁷⁶ la implantara⁷⁷ en la historia, y que aún en el siglo XVI los pacíficos suizos de hoy, que nos deleitan con sus quesos mansos⁷⁸ y sus relojes impávidos,⁷⁹ ensangrentaron⁸⁰ a Europa con soldados de fortuna. Aún en el apogeo⁸¹ del Renacimiento, 12 mil lansquenetes⁸² a sueldo de los ejércitos imperiales saquearon⁸³ y devastaron a Roma, y pasaron a cuchillo⁸⁴ a ocho mil de sus habitantes.

No pretendo encarnar⁸⁵ las ilusiones de Tonio Kröger,⁸⁶ cuyos sueños de unión entre un norte casto y un sur apasionado exaltaba Thomas Mann hace 53 años en este lugar. Pero creo que los europeos de espíritu clarificador,⁸⁷ los que luchan también aquí por una patria grande más humana y más justa, podrían ayudarnos mejor si revisaran a fondo⁸⁸ su manera de vernos. La solidaridad con nuestros sueños no nos haría sentir menos solos, mientras no se concrete con actos de respaldo⁸⁹ legítimo a los pueblos que asuman la ilusión de tener una vida propia en el reparto⁹⁰ del mundo.

América Latina no quiere ni tiene por qué ser un alfil⁹¹ sin albedrío,⁹² ni tiene nada de quimérico⁹³ que sus designios⁹⁴ de independencia y originalidad se conviertan en una aspiración occidental.

---

⁶⁷*scoundrels* ⁶⁸*outrageous* ⁶⁹la esencia ⁷⁰son un obstáculo ⁷¹*enraptured* ⁷²*measuring rod* ⁷³*ravages* ⁷⁴dura ⁷⁵*darkness* ⁷⁶*Etruscan* ⁷⁷colocara ⁷⁸suaves ⁷⁹*undaunted* ⁸⁰cubrieron de sangre ⁸¹*peak* ⁸²mercenarios ⁸³*sacked* ⁸⁴"pasaron a cuchillo": mataron ⁸⁵*to embody* ⁸⁶protagonista de la novela *Tonio Kröger* (1903), del escritor alemán Thomas Mann ⁸⁷claro, honesto ⁸⁸profundamente ⁸⁹apoyo ⁹⁰distribución ⁹¹*bishop (chess)* ⁹²libertad ⁹³imposible ⁹⁴planes

No obstante, los progresos de la navegación que han reducido tantas distancias entre nuestras Américas y Europa, parecen haber aumentado en cambio nuestra distancia cultural. ¿Por qué la originalidad que se nos admite sin reservas en la literatura se nos niega con toda clase de suspicacias[95] en nuestras tentativas tan difíciles de cambio social? ¿Por qué pensar que la justicia social que los europeos de avanzada[96] tratan de imponer en sus países no puede ser también un objetivo latinoamericano con métodos distintos en condiciones diferentes? No: la violencia y el dolor desmesurados[97] de nuestra historia son el resultado de injusticias seculares y amarguras sin cuento, y no una confabulación urdida[98] a 3 mil leguas[99] de nuestra casa. Pero muchos dirigentes[100] y pensadores europeos lo han creído, con el infantilismo de los abuelos que olvidaron las locuras fructíferas de su juventud, como si no fuera posible otro destino que vivir a merced[101] de los dos grandes dueños del mundo. Este es, amigos, el tamaño de nuestra soledad.

Sin embargo, frente a la opresión, el saqueo[102] y el abandono, nuestra respuesta es la vida. Ni los diluvios,[103] ni las pestes, ni las hambrunas,[104] ni los cataclismos, ni siquiera las guerras eternas a través de los siglos y los siglos han conseguido reducir la ventaja tenaz de la vida sobre la muerte. Una ventaja que aumenta y se acelera: cada año hay 74 millones más de nacimientos que de defunciones, una cantidad de vivos nuevos como para aumentar siete veces cada año la población de Nueva York. La mayoría de ellos nacen en los países con menos recursos, y entre éstos, por supuesto, los de América Latina. En cambio, los países más prósperos han logrado acumular suficiente poder de destrucción como para aniquilar cien veces no sólo a todos los seres humanos que han existido hasta hoy, sino la totalidad de los seres vivos que han pasado por este planeta de infortunios.

Un día como el de hoy, mi maestro William Faulkner dijo en este lugar: "Me niego a admitir el fin del hombre". No me sentiría digno de ocupar este sitio que fue suyo si no tuviera la conciencia plena de que por primera vez desde los orígenes de la humanidad, el desastre colosal que él se negaba a admitir hace 32 años es ahora nada más que una simple posibilidad científica. Ante esta realidad sobrecogedora[105] que a través de todo el tiempo humano debió de parecer una utopía, los inventores de fábulas que todo lo creemos, nos sentimos con el derecho de creer que todavía no es demasiado tarde para emprender la creación de la utopía contraria. Una nueva y arrasadora[106] utopía de la vida, donde nadie pueda decidir por otros hasta la forma de morir, donde

---

[95]desconfianza, sospechas [96]más progresistas [97]sin medida, enormes [98]creada [99]una legua es, aproximadamente, tres millas y media [100]gobernantes [101]a la voluntad [102]robo [103]*flood* [104]hambre [105]*frightening* [106]*demolishing*

de veras[107] sea cierto el amor y sea posible la felicidad, y donde las estirpes[108] condenadas a cien años de soledad tengan por fin y para siempre una segunda oportunidad sobre la tierra.

Comprensión del texto y análisis crítico

1. ¿Qué hechos fantásticos de Latinoamérica contó Antonio Pigafetta?
2. ¿Qué sucedió con la expedición de Álvar Núñez Cabeza de Vaca?
3. ¿Qué hechos extraordinarios, o fuera de lo común, ocurrieron en Latinoamérica durante el período de la Independencia? ¿Y en el último siglo?
4. ¿Cómo podría el mundo occidental llegar a entender e interpretar la realidad latinoaméricana?
5. ¿Qué problemas crean los dos grandes poderes a Latinoamérica? ¿Quiénes son, o eran, esos dos grandes poderes?
6. ¿En qué consisten la utopía de la vida en la que quiere creer el autor del ensayo y la soledad que siente el pueblo latinoamericano?
7. ¿Cuál es el tema de este ensayo?
8. ¿Cómo organiza el autor del ensayo la información del mismo?
9. ¿Establece el autor algunos contrastes, semejanzas y diferencias en este ensayo? ¿Hay citas (*quotes*) específicas de otros expertos en el tema? ¿Nos da alguna conclusión específica García Márquez?
10. Comente el tono del ensayo y algunos de los recursos estéticos que le llaman la atención.

Mesa redonda

Discuta con sus compañeros de grupo algunas de las características generales o convenciones del género que aparecen reflejadas en este discurso del autor colombiano.

Sea creativo

García Márquez escoge para este ensayo algunos ejemplos representativos de la realidad maravillosa, fuera de lo común, de Latinoamérica. Escriba un breve ensayo, de una página, comentando algún hecho maravilloso que ha visto o vivido en su vida, o que ha ocurrido en su país.

[107]realmente   [108]*lineage*

Investigación

Haga un estudio bien (*either*) de algunos de los hechos maravillosos relatados por los cronistas de Indias, o bien (*or*) de los desaparecidos por la represión política en Argentina y Chile.

Félix de Azúa: *El escenario de la violencia: ciudades y espectáculos*

Vida, obra y crítica

Félix de Azúa (1944–) nació en Barcelona, España. Es doctor en filosofía, y ha sido profesor en la Facultad de Filosofía de Zorroaga, en la provincia de San Sebastián, y director del Instituto Cervantes de París a principios de la década de 1990. En los últimos años, poco antes de jubilarse (*to retire*), trabajó como catedrático de Estética en la Escuela de Arquitectura de la Universidad Politécnica de Cataluña, y ha sido un asiduo (*frequent*) colaborador del diario *El país*.

La labor intelectual de Félix de Azúa se ha centrado en la poesía, la novela, la literatura infantil, la traducción y el ensayo. Como poeta se considera miembro de la generación de los novísimos, y entre sus poemarios podemos mencionar: *Cepo para nutria* (1968), *Lengua de sal* (1972) y *Última sangre. Poesía 1968–2007* (2007). En narrativa destacan *Las lecciones de Jena* (1972), *Historia de un idiota contada por él mismo* (1986), *Momentos decisivos* (2000), *Diario de un hombre humillado* (1987), con el que ganó el Premio Herralde de novela; y *Autobiografía sin vida* (2009), en la que combina el ensayo con la ficción. En el campo de la literatura infantil es autor de *El largo viaje del mensajero* (1991). Como ensayista podemos destacar *La paradoja del primitivo* (1983), y *Diccionario de las artes* (1995). Ha traducido, asimismo, varias obras de Samuel Beckett.

La obra de Félix de Azúa se caracteriza por tratar temas de actualidad, al tiempo que nos da una visión pesimista del hombre moderno. En algunas de sus novelas, por ejemplo, nos presenta el vacío del ser humano y la necesidad de llevar una máscara para mostrar una felicidad de la que carece (*lacks*). En otras obras, sin embargo, encontramos un profundo análisis crítico de la realidad combinado con altas dosis de humor e ironía.

Guía de lectura

"El escenario de la violencia: ciudades y espectáculos" fue publicado originalmente en la revista *Barcelona Metrópolis*, en abril de 1987. El autor parte de la base, o teoría, que la agresividad debe canalizarse (*to be channelled*) para no perjudicar al individuo, y una de estas canalizaciones viene dada por el deporte. Asimismo, comenta cómo para algunos intelectuales la violencia es necesaria para que se lleve a cabo un proceso de destrucción y construcción en la sociedad. Azúa distingue, y contrapone, dos tipos de violencia: una "buena", invisible, a la que no se le llama violencia, y es engendrada por el progreso; y otra "mala", visible, producida por las minorías marginadas, y que se ha convertido en un espectáculo y en una mercancía. El ensayista concluye augurando los efectos destructivos que aquella violencia, la "buena", o invisible, producirá algún día, y veinticinco años más tarde, parece que ya estamos viendo claramente algunas de las consecuencias que esta violencia invisible puede crear en nuestra sociedad.

El escenario de la violencia: ciudades y espectáculos

Uno de los fenómenos urbanos más significativos del último decenio es la aparición de un espectáculo de la violencia, convertido rápidamente en mercancía. Aunque actualmente afecte, sobre todo, a un cierto modelo cinematográfico americano, sus orígenes habría que buscarlos en los *happenings*[1] de los años setenta. No es que las ciudades anteriores a mayo de 1968 fueran pacíficas, ni mucho menos, pero sólo muy recientemente esa violencia urbana y espectacular se ha convertido en valor de cambio y ha dejado de plantearse[2] como un problema moral.

Desde principios de siglo (recordemos la célebre conferencia de G. Simmel,[3] en 1903, titulada "Las grandes ciudades y la vida intelectual") es un lugar común[4] decir que las metrópolis son escenarios privatizados de la violencia. Para todos es evidente que en las grandes ciudades se produce un aumento descomunal[5] de la agresividad, debido a la estrechez[6] territorial y al bombardeo de emociones agresivas y violentas que recibe el ciudadano. Recordemos, sin embargo, que la justificación tradicional de la actividad violenta suele apoyarse[7] en la fisiología del comportamiento y viene a argumentar[8] lo siguiente: para la conservación[9] de la vida (y de la especie), todos los animales, incluido el hombre, sufren crisis cíclicas de agresividad que impiden[10] su extinción.[11] En consecuencia, las pulsiones[12] agresivas no deben reprimirse, pues ello provocaría la paralización del sistema y su putrefacción a corto plazo.[13] Sí deben, en

---

[1]tipo de actuación caracterizada por la improvisación y participación del público [2]*to be raised* [3]filósofo alemán (1858–1918) [4]*topic* [5]muy grande [6]cualidad de estrecho [7]*is based on* [8]*to contend* [9]*preservation* [10]*prevent* [11]el prototipo ideológico es el premio Nobel K. Lorend; por ejemplo: *La agresión. Una historia natural del mal*, (1968) (Nota del autor) [12]*pulses* [13]"corto plazo": *short term*

cambio, canalizarse, con el fin de que no dañen al individuo mismo que trata de protegerse. Dado que[14] en las ciudades no hay posibilidad de descarga que no traiga consigo un enorme peligro, por el hacinamiento[15] y la complejidad tecnológica del medio, la canalización es imprescindible. De ese modo, una de las canalizaciones más habituales es la conocida por los etólogos[16] como "agresión sobre un objeto de reemplazo".[17] Imaginemos que un atemorizado[18] e irritado conejo desea matar al zorro[19] que le hace la vida imposible. Si lo intenta, el conejo será destruido, sin duda alguna; de manera que en lugar de agredir al zorro le pega una patada[20] a un ratón. El chivo expiatorio[21] y la víctima propiciatoria son objetos de reemplazo con una larga tradición urbana: las persecuciones y agresiones contra judíos, negros, árabes, gitanos o sudacas,[22] permiten a los frustrados y agresivos ciudadanos emprenderla[23] a golpes con minorías débiles y sin respuesta, en lugar de apalear[24] a la propia familia; aunque, por lo general, también apalean a la propia familia. Volveremos sobre ello.

Una eficaz variante del objeto de reemplazo es el deporte, actividad típicamente urbana. La ritualización de los actos agresivos y el autocontrol permiten a los deportistas la simulación de una lucha, sin que necesariamente de ella se sigan desperfectos físicos o económicos. Es muy notable que, una vez convertido en un colosal negocio, el deporte ha generado lo que podríamos llamar "violencia de segunda generación". Las pandillas[25] de espectadores que incendian, destruyen e incluso matan, no hacen sino manifestar su disgusto por la comercialización de la última válvula[26] de escape que les quedaba. Así se cobran (con lo que destruyen) el dinero que les han cobrado a ellos. Si el espectáculo deportivo fuera gratuito, como la tragedia en Atenas, desaparecería la violencia.

El último objeto de reemplazo, entre muchos, que nos interesa subrayar[27] es el nacionalismo o entusiasmo patriótico surgido por vía negativa, es decir, aquél que se estructura en torno[28] a un "enemigo exterior" con el fin de canalizar la identificación con el "Jefe". Lorenz[29] lo propone como una variante del "chivo expiatorio". La agresividad generada por la propia incapacidad o impotencia se desvía,[30] así, hacia una lucha simbólica entre "nuestro Jefe" y "ellos". Los espectáculos de masas agresivas —mussolinianas,[31] peronistas,[32] franquistas,[33] abertzales,[34] etc.— tienen un escenario espléndido en las grandes avenidas y plazas urbanas. El apretujamiento,[35] el estruendo,[36] la música militar, los incontrolados, las banderas, la aparición del jefe, la

[14]*como* [15]*overcrowding* [16]los que estudian el comportamiento animal [17]*replacement* [18]*frightened* [19]*fox* [20]*kicks* [21]*scapegoat* [22]forma apocopada y despectiva con que se nombra a los sudamericanos [23]*empezar* [24]*pegar* [25]*gangs* [26]*valve* [27]*to underscore* [28]*around* [29]Konrad Lorend (1903–1989), etólogo y zoólogo austriaco [30]*is turned away* [31]partidarios de Benito Mussolini (1883–1945), un político fascista italiano [32]partidarios de Domingo Perón (1895–1974), político argentino [33]partidarios de Francisco Franco (1892–1975), dictador de España [34]nacionalistas vascos [35]*jam* [36]ruido

iluminación dramática, son elementos de extraordinaria eficacia escenográfica. La sangre, aunque sea en pequeña cantidad, es imprescindible[37] para que el montaje[38] tenga éxito.

La violencia espectacular de la gran ciudad ha seducido, como es natural, a muchos intelectuales y artistas. El discurso en favor de la violencia suele fundarse[39] en el hecho de que la violencia es imprescindible, no sólo para la destrucción, sino también para la construcción. Una sociedad no violenta, dicen, no sería pacífica, sino pasiva. Desde Hegel,[40] la lucha por el reconocimiento admite como herramienta[41] legal el uso de la violencia sobre un medio "inerte",[42] "abúlico", "necio" o "pancista".[43] El mito derechista de la mayoría silenciosa no es otra cosa que una excusa para manipular violentamente a unas muchedumbres[44] a las que se considera egoístas, cobardes y acomodaticias.[45] Sobre ellas y por motivos que se presentan como "idealistas", puede ejercerse toda clase de presiones, ya que esas muchedumbres sólo desean llenarse la panza[46] y ver la televisión. La masificación y el anonimato urbanos son condiciones necesarias para este modelo de violencia masiva.

Sin embargo, la mayor parte de las explosiones de violencia urbana manifiestan justamente lo contrario de la "cobardía" o el "pancismo". Cuando en ocasiones la muchedumbre enfurecida[47] se lanza a la calle con el fin de destruir, robar e incendiar (los casos típicos más recientes son los que se producen en los barrios de marginados), lo que se lleva a cabo es una consumición inútil de bienes inalcanzables. La destrucción de bienes (a poder ser por fuego), el gasto puro sin beneficio, es la descarga ritual de unos desposeídos[48] a quienes se atormenta con la visión de bienes codiciables[49] que no podrán adquirir en toda una vida de esclavitud y humillación. Resulta significativo observar que entre las llamas y los autobuses volcados,[50] siempre hay grupos danzando.

Estas justificaciones de la violencia[51] suelen olvidar que la violencia real es invisible; carece de espectáculo. ¿Cuánta violencia fue necesaria para rebajar la jornada laboral de las 14 a las 8 horas diarias? ¿Cuánta violencia invisible ha sido utilizada para encerrar en manicomios,[52] cárceles, asilos, reformatorios y cuarteles[53] a todos aquellos que no coinciden con el modelo de ciudadano ideal diseñado por las élites industriales? Sus correlatos[54] desde la izquierda, a saber, la revolución y el terrorismo, son miniaturas frente a esa violencia silenciosa e invisible. Todos los grupos terroristas del

---

[37]necesaria [38]*show* [39]basarse [40]Georg W. F. Hegel (1770–1831), filósofo alemán [41]*tool* [42]pasivo [43]persona sin ideales [44]*crowds* [45]*accommodating* [46]*belly* [47]enfadada [48]*deprived ones* [49]deseables [50]*overturned* [51]el clásico sigue siendo G. Sorel, *Reflexiones sobre la violencia* (Nota del autor) [52]*mental hospitals* [53]*barracks* [54]*counterparts*

mundo unidos jamás podrán sumar en un año el número de muertos que se producen en las carreteras europeas en un solo fin de semana.

¿Y por qué se considera, oficialmente, que el muerto de la autopista es diferente al muerto en atentado? La respuesta es de sentido común: porque el muerto de autopista *se ha* matado, en tanto que[55] el otro *ha sido* asesinado. Pero esto es un sofisma. *La verdadera diferencia* estriba[56] en que las sociedades industriales admiten el gasto en muertos inherente al uso del automóvil, pero no el gasto en muertos inherente a la chifladura[57] política, religiosa o sexual. Así se acepta sin pestañear[58] el sofisma siguiente: al muerto de autopista le ha matado su propia libertad de usar coche (como si tuviera alternativa real), y al de atentado lo ha matado la libertad ajena (como si el neurótico fuera "libre"). Este monumental enredo[59] esconde una verdad espeluznante:[60] hay muertes permitidas y muertes prohibidas; hay una violencia tolerada y otra utilizada como coartada[61] para ocultar a la primera.

De este modo llegamos a la cuestión esencial: la gran ciudad es un gran escenario donde tiene lugar el espectáculo de la violencia, pero este espectáculo se rige[62] por unas leyes que distinguen entre una violencia buena y otra mala. Y lo que es más grave: sólo se llama violencia a la violencia "mala"; a la violencia "buena" no se la llama violencia sino sacrificio.[63] Para la ideología ilustrada los miles de ciudadanos que salen el fin de semana a aplastarse[64] en cualquier curva de autopista no son víctimas de ninguna violencia (técnica, económica o política), sino "el precio que hay que pagar" para vivir en una ciudad industrial y progresiva. A los muertos de fin de semana se les considera "sacrificados en el altar del progreso", es decir, muertos "por causas naturales".

En consecuencia, en este escaparate[65] de la violencia que es la gran ciudad, podemos asistir a dos espectáculos: el de las víctimas y el de los sacrificados.[66] Ambos son visibles hasta extremos escandalosos, pero reciben diferente tratamiento. A los "sacrificados" no los ha agredido[67] nadie: son un tributo que se cobra ese ente anónimo que se llama "progreso". Por ejemplo: ¿quién agrede diariamente a los habitantes de barrios como La Perona?[68] ¿Qué patológica crueldad constructiva ha levantado[69] la Avenida Icaria o la Zona Franca? ¿Cómo considerar "neutral" la visión de Bellvitge? Muchas chabolas[70] están encaladas,[71] ornamentadas con geranios, definidas con frágiles

---

[55]mientras que [56]se encuentra [57]locura, *crazyness* [58]sin poner ninguna objeción [59]*entanglement* [60]horrible [61]*aliby* [62]es gobernado [63]una explicación magistral de esta ocultación puede leerse en R. Sánchez Ferlosio, *Mientras no cambien los dioses nada ha cambiado* (Nota del autor) [64]morir [65]*display case* [66]el tratamiento antropológico más sugestivo es el de R. Girard, *La violencia y lo sagrado* (Nota del autor) [67]atacado [68]éste y los que siguen son barrios y calles marginados de Barcelona [69]construido [70]*shacks* [71]pintadas de blanco

cercos⁷² de madera. ¿Por qué las naves industriales⁷³ son una cochambre⁷⁴ rodeada de basura? La usura⁷⁵ del empresario que ni siquiera pinta la fachada de su almacén, ¿no es una agresión? La monstruosa presencia de medianeras,⁷⁶ desnudas y abyectas como piezas de matadero, ¿no es una invitación al desprecio,⁷⁷ a la dejadez,⁷⁸ la chapuza⁷⁹ o la abulia?

Más agresiva es todavía la violencia administrativa. Caminar por una calle que la especulación ha reducido a cero, sorteando⁸⁰ postes eléctricos y telefónicos, buzones⁸¹ incrustados⁸² de cualquier modo, papeleras desproporcionadas a la acera, señales viarias⁸³ obsoletas y toda suerte de objetos urbanos (por ejemplo, calle Bertrán, para no hablar de zonas degradadas), es una experiencia que debiera hacernos cavilar⁸⁴ sobre la voluntad agresora de las grandes compañías financieras y en su carácter impune.⁸⁵

Estos elementos de invitación a la venganza personal (los asientos del transporte público son reventados⁸⁶ precisamente cuando éste se detiene⁸⁷ injustificadamente) son, sin embargo, anecdóticos comparados con la violencia masiva: envenenamientos producidos por el estancamiento de gases cada vez que nos ataca el anticiclón, emanaciones industriales que asfixian a los niños en las escuelas, enloquecedor estruendo⁸⁸ de los escapes⁸⁹ en motos, autobuses y camiones, desesperación inducida en los conductores por falta de espacio circulatorio o de aparcamiento... Estas violencias constantes son más traumáticas porque no se consideran "violencia", sino "el precio que hay que pagar" para vivir en la gran ciudad. Son violencias "buenas", y por lo tanto no producen víctimas, sino "sacrificados". El problema es que los sacrificados descargan su enajenación mental⁹⁰ del modo que pueden, y entonces ellos sí que son violentos "malos".

Los técnicos y administrativos urbanos se muestran absolutamente desesperanzados ante esta situación de tortura contra el ciudadano. Su impotencia, entonces, puede transformarse en cinismo y defender, consecuentemente, que la ciudad *debe* de ser así: una tortura "moderna", un altar donde se sacrifican los infelices que desean vivir una vida contemporánea.

Frente a estos grandes espectáculos (invisibles) de violencia sacrificial, los espectáculos de violencia "mala" son minúsculos, pero se ven agigantados⁹¹ por la opacidad de los anteriores. Así por ejemplo, la llamada "inseguridad ciudadana" nunca se utiliza en referencia a los afectados por una emanación industrial o a las víctimas de la red viaria, pero es el gran espectáculo de la violencia visible. Los delincuentes ocu-

---

⁷²*fences* ⁷³*factories* ⁷⁴*filthy places* ⁷⁵*greed* ⁷⁶pared que separa dos propiedades ⁷⁷*contempt* ⁷⁸*untidiness* ⁷⁹trabajo mal hecho ⁸⁰*dodging* ⁸¹*mail boxes* ⁸²instalados en la pared ⁸³de tráfico ⁸⁴pensar ⁸⁵que no es castigado ⁸⁶rotos ⁸⁷se para ⁸⁸ruido ⁸⁹*mufflers* ⁹⁰*mental derangement* ⁹¹*enlarged*

pan el lugar de las ratas, cuya proliferación urbana es "natural": se reproducen muy rápido, son nocturnos, ágiles, viven aislados u ocultos, atacan por sorpresa y desaparecen a gran velocidad. La luz los ahuyenta.[92] Al igual que[93] las ratas, los delincuentes roen[94] el tejido de bienes: radiocasettes, cadenas de oro, relojes, dinero de bolsillo... Consecuentemente reciben un tratamiento analógico: deben ser exterminados con raticida, es decir, con medidas de ataque, ya que reinsertarlos es tan inútil como tratar de domesticar a una rata. Así pues, los rateros[95] ocupan un lugar importante en el espacio informativo.

Las agresiones contra la propiedad —robos, atracos— ocupan, a su vez, el lugar visible de los "negocios". Una sola inmobiliaria fraudulenta produce más víctimas que la totalidad de los carteristas[96] de Barcelona, pero la violencia de los atracadores[97] es, para el Estado, la única realmente "violenta". En términos reales, nunca como ahora ha estado tan protegida y resguardada[98] la propiedad privada de bienes, pero es ahora cuando el espectáculo de la violencia debe ocultar la expoliación[99] gigantesca a la que se ve sometido el conjunto de la población por parte de un puñado[100] de grupos legalizados. Las víctimas de un atraco[101] son víctimas de la violencia; los expoliados por una quiebra[102] fraudulenta son "sacrificados por el progreso".

Los delincuentes ocupan el lugar del chivo expiatorio, tal y como lo describe R. Girard. El procedimiento para crear un chivo expiatorio es el siguiente: dada la enorme dosis de agresividad que genera la gran ciudad sobre los individuos, éstos corren el peligro de dañar[103] a personas próximas, en un momento de enajenación incontrolable: su mujer, sus hijos, los colegas del trabajo, el director de la fábrica, el jefe de personal, el policía del barrio... Se elige entonces una minoría débil, analfabeta y pobre. Se le aprietan las tuercas:[104] no se le da trabajo, se le obliga a vivir en la basura, se le humilla, se le niegan sus derechos, se le aísla y se le califica,[105] hasta que esa minoría estalla[106] de ira y agrede, roba, viola o mata. Entonces se le encierra.[107] Toda la agresividad invisible ha tomado forma en el chivo expiatorio y se ha hecho visible. Los medios de comunicación muestran la imagen visible de la violencia. La otra no tiene imagen.

No puede extrañarnos[108] que los maleantes,[109] sometidos a semejante presión, acaben todos en la drogadicción; es la única manera de seguir soportando[110] su trabajo y cumpliendo el papel que se les ha adjudicado.[111] Y, además, acortan la vida.

Lo más singular es que la violencia visible (la "mala") suele ser redimida por los círculos artísticos. La proliferación de ornamentos humanos destinados a dar una

---

[92]*frightens them away* [93]lo mismo que [94]*gnaw* (roban) [95]ladrones [96]*pickpockets* [97]ladrones [98]*safeguarded* [99]robo [100]un reducido número [101]robo [102]*bankrupcy* [103]*to hurt* [104]se pone presión sobre ellos [105]*is labeled* [106]explota [107]se le pone en la cárcel [108]sorprendernos [109]delincuentes [110]tolerando [111]dado

bella apariencia de delincuente es, hoy en día, avasalladora.[112] Los grupos juveniles adornados según etnias tribales (punk, heavy, mod, rocker y afines)[113] son un homenaje a la delincuencia por parte de las capas sociales[114] más inocentes y sensibles. Como los sacerdotes de las religiones orientales, los adolescentes viven, en seguridad y sin sobresaltos,[115] el placer de participar de un ámbito[116] sagrado que es el propio de las víctimas propiciatorias, es decir, de los delincuentes. Es un modo de expresar su admiración hacia esa minoría que ha sido elegida para que, mediante su destrucción, nos conservemos. Esta actividad artística —que afecta a amplias zonas de la oferta mercantil: galerías, premios, teatros...— podría ser calificada de "delincuentosa", y contrasta poderosamente con la imagen de los años cincuenta, cuando los jóvenes deseaban parecerse, lo más posible, a un recluta[117] muerto en Hiwo Jima o en Dunquerque.

Pero no hay que hacerse ilusiones: todas las manifestaciones artísticas delincuentosas sumadas,[118] jamás le llegarán a la suela del zapato[119] a una buena agresión simbólica institucional. Por ejemplo: todo aquel que descienda[120] en la estación de Metro de la Avenida Tibidabo, se encontrará con un perfecto modelo de agresión invisible y silenciosa: un ascensor Otis, sin tripulante,[121] que cierra sus puertas implacablemente y sin avisar, llevándose por delante[122] a niños y ancianas. En varios años de funcionamiento, jamás he visto quejarse a nadie. La anciana empujada suelta[123] un "¡Jesús, qué bestias!", sin que nadie acierte a[124] decir de qué bestias se trata, y el niño deja escapar algo más contundente,[125] siempre dentro del verbo sagrado. Y nada más. Los que se encuentran en el interior del ascensor suelen sonreír comprensivamente y dar cabezadas cargadas de razón.[126] Los ciudadanos aceptan el trato fascista que imparte[127] el ascensor Otis como "el precio que hay que pagar" por vivir en la ciudad, utilizar un transporte público, y querer luego, encima,[128] salir a la calle. Ninguna manifestación artística, por agresiva que sea, superará el valor artístico de este ascensor, extraordinario ejemplo del lugar que ocupa el usuario en la cabeza del ingeniero (no violento).

Muy pocos comprenden que esta acumulación de violencia invisible nunca es inocua. Hace ya muchos años que no vivimos en una ciudad dividida. La fascinante situación de Beirut es un ejemplo interesantísimo de lo que puede dar de sí una ciudad en descomposición. ¿Cómo será —porque es inevitable que sea— un enfrentamiento[129]

---

[112]*overwhelming* [113]*similares* [114]*social classes* [115]*sudden shocks* [116]*mundo* [117]*recruit* [118]*added* [119]"jamás... zapato": tienen muy poco valor en comparación con [120]*baje* [121]*crewman* [122]*sweeping away* [123]*dice* [124]*dares to* [125]*ofensivo* [126]"dar... razón": *to agree* [127]*da* [128]*además* [129]*confrontación*

severo en Nueva York, en México DF, en Barcelona? Valdrá la pena estar vivo para verlo. Y luego, quizás no.

Comprensión del texto y análisis crítico

1. ¿Qué diferencia establece el ensayista entre la violencia urbana de ahora y la de antes de 1968?
2. ¿Por qué hay un aumento de la violencia en las ciudades?
3. ¿Qué entienden los etólogos por "agresión sobre un objeto de reemplazo"?
4. ¿En qué consiste el mito derechista de una mayoría silenciosa?
5. ¿Qué diferencia existe entre el muerto en una autopista y el que muere en un atentado, o entre una víctima de la violencia y un "sacrificado por el progreso"?
6. ¿De qué modo es convertido el delincuente en chivo expiatorio?
7. ¿Qué tipo de conexión establece el autor entre la violencia "mala" y ciertas manifestaciones de grupos artísticos?
8. ¿Cuál sería la tesis, o tema específico, que presenta el autor en este ensayo? ¿Hay un contraste de opiniones diferentes o citas de otros expertos en el tema? ¿Nos da el autor una conclusión clara?
9. Comente el valor estético del ensayo señalando algún ejemplo concreto relativo a la forma del mismo.
10. Mencione alguna de las convenciones del género ensayístico que encuentra en este ensayo.

Mesa redonda

El autor menciona en este ensayo algunos objetos de reemplazo, como el deporte. Comente con sus compañeros de grupo qué otros ejemplos de reemplazo hay en nuestra sociedad, y si realmente tienen un efecto positivo en mantener la armonía y la paz en la sociedad.

Sea creativo

Escriba un breve ensayo, de una página o página y media, indicando algunos ejemplos concretos de violencia visible o invisible causados por nuestra sociedad capitalista. Señale, asimismo, cómo se canaliza esta violencia, qué chivos expiatorios cree que hay, y qué solución le parece la más apropiada para resolver este problema.

Investigación

Haga un trabajo de investigación centrado en las reivindicaciones y propuestas bien (*either*) del movimiento conocido como "Occupy Wall Street", nacido en el Zuccotti Park de Nueva York en el 2011, o bien (*or*) sobre el "movimiento 15-M", o "movimiento de los indignados", surgido en España el 15 de mayo del 2011.

El Cine

Introducción al Cine
Guía para el Análisis de Películas
Análisis Crítico de *El Laberinto del Fauno*,
    (Guillermo del Toro)

Unidad 1. Técnicas Cinematográficas. El Arte de
    la Adaptación
Películas

Introducción al Cine

El cine, también llamado "el séptimo arte", nace en 1895 con los hermanos Lumière de Francia, pero el primero en contar una historia en una película fue, a principios del siglo XX, el francés George Meliès. De Meliès hasta hoy día, numerosos directores de cine han experimentado con distintas técnicas cinematográficas, tal es el caso del inglés Alfred Hitchcock, del ruso Sergei Eisenstein, y del norteamericano Orson Welles. A la contribución de estos, y otros muchos, directores de cine debemos añadir dos fechas claves (*key*) en la historia del cine: una es la de 1927, cuando se rueda (*shoots*) la primera película con sonido, y la otra es la de 1935, cuando se incorpora el color al cine.

En cuanto (*with regard to*) al proceso que suele seguir toda película antes de su proyección en las pantallas (*screens*), podemos distinguir cuatro fases. En la primera, conocida con el nombre de *preproducción*, el productor y el guionista juegan un papel muy importante. El primero se encarga de (*takes care*) la organización general y de los asuntos financieros, y el segundo de la escritura del guión. En la segunda fase, de *producción*, se realiza el rodaje (*shooting*) de la película, y aquí las mayores responsabilidades recaen (*fall*) en el director de la película, quien se encarga de coordinar el trabajo de diseñadores, mezcladores de sonido, director de fotografía, unidad de efectos especiales, actores, extras, etc. En la tercera fase, de *postproducción*, el editor, también llamado montajista, se reúne con el director y el equipo de sonido para podar (*to cut out*) todos los miles de metros de película filmados y reducirlos a la copia final que se representará en la pantalla. Y en la cuarta, y última, fase es cuando tiene lugar todo el proceso de *distribución* y *promoción* de la película.

Desde el punto de vista de los temas tratados en las películas, podríamos hacer una clasificación de los mismos en las siguientes categorías: *documentales*, caracterizados por presentar información sobre hechos reales; películas *de ficción*, en las que los personajes y sus actividades son ficticios; películas en las que, lo mismo que ocurre con la novela, se mezcla la ficción con la realidad; películas de *dibujos animados* (*cartoons*); y, finalmente, tenemos el cine *experimental*, caracterizado por subvertir los códigos del cine tradicional. Otra clasificación de las películas corresponde al género, y aquí podríamos destacar los *melodramas*, las *comedias musicales*, películas de *horror*, del *oeste*, *policiacas*, de *ciencia-ficción*, *históricas*, etc; y en algunos casos hay híbridos, como la comedia musical de horror The Rocky Horror Picture Show (1975).

En cuanto al análisis crítico de una película, hay dos tipos de enfoque que podemos seguir. El primero se centraría en el análisis de alguno de los temas de la historia, y, como ésta sigue una forma narrativa, los conceptos teóricos que hemos visto para el estudio de un texto en prosa nos pueden servir también para el cine. Por tanto, el espectador puede preguntarse si son fidedignos los personajes en sus comentarios, si los acontecimientos siguen un orden cronológico, si hay visiones retrospectivas —*flashbacks*— o prospectivas —*flashforwards*—, si el espacio juega un papel importante, si la historia se estructura de acuerdo a ciertos patrones tomados de la mitología, si se rompen las fronteras entre los distintos niveles de ficción . . . Sin embargo, no debemos olvidar que el cine es un arte visual, y el análisis de una película quedará incompleto si no relacionamos el estudio de un determinado aspecto temático con alguna de las técnicas cinematográficas que utiliza el director de la película para expresar aquél.

El segundo enfoque, precisamente, se puede centrar en el estudio de alguna de las técnicas cinematográficas empleadas por el director de la película. Irónicamente, y como ya han señalado algunos críticos, en el cine hay aspectos "invisibles", que no vemos explícitamente representados en la historia —los planos, la luz, el sonido, etc— pero que contribuyen al valor estético de la película, y que deben ser objeto de análisis. Al ver una película, nosotros, los espectadores, nos dejamos llevar por la historia representada en la pantalla, pero no podemos olvidar que cada una de las escenas de la película está sujeta a un largo proceso de elaboración en el que participan numerosas personas: el director, los mezcladores de sonido, los directores de fotografía, el editor, y otros muchos más colaboradores. Por tanto, son tantos los aspectos que entran en juego en una película que nos vemos obligados a seleccionar uno de ellos si queremos hacer un estudio a fondo (*thorough*) del mismo. Un posible estudio podría estar centrado en el uso de los distintos **planos**, los cuales, como sabemos, pueden tener una función descriptiva, o pueden servir, en otros casos, para revelarnos las emociones o sentimientos de un personaje. En este sentido, podemos preguntarnos por qué utiliza el director un determinado plano y no otro, o cuánto tiempo dedica a unos y otros, o qué tipo de acción representa con cada uno de ellos, o cómo cambia nuestra percepción o visión de la historia al cambiar de planos. Otro aspecto técnico que puede merecer estudio es el de la **angulación** (*camera angle*), la cual designa la posición desde la que el espectador ve el contenido del encuadre (*frame*). Existe una gran variedad de ángulos, y el uso de uno u otro tiene un propósito y objetivo diferentes. El estudio, igualmente, puede estar centrado en las **puestas en escena**, o en cualquiera de los múltiples elementos que forman parte de éstas —la iluminación, el color, el sonido, los decorados, el vestuario . . .—, en la relación que hay entre los elementos que están visiblemente expuestos en la pantalla ante el espectador y los que están fuera de la vista del mismo, o en la actuación de los actores y actrices. Es importante, asimismo, que al estudiar un tema o aspecto técnico concretos escojamos una escena ilustrativa y la comentemos en detalle. Afortunadamente, hoy día la tecnología nos permite rebobinar (*rewind*) o detener (*stop*) una película en cualquier momento y así analizar con mayor atención alguna de las distintas técnicas cinematográficas que pone en práctica el director de la película o alguno de sus colaboradores.

Guía para el Análisis de Películas

Ya que el cine y la literatura comparten el mismo propósito de contar una historia, para el estudio de los componentes de ésta nos pueden ser útiles, como ya dijimos, los conceptos crítico/teóricos que hemos estudiado para el análisis de textos en prosa. Sin embargo, como el cine es un arte visual, es importante que el estudio de la historia vaya relacionado con algunos de los aspectos técnicos que sirven para darle expresión. Veamos, pues, algunos de estos aspectos técnicos:

- Los **planos**. Podemos preguntarnos, ¿qué tipo de planos utiliza el director de la película? ¿Qué duración tienen unos y otros planos? ¿Con qué propósito u objetivo cambia el director de planos?
- La **angulación**. Algunas preguntas que podemos hacernos al respecto son: ¿qué clase de angulación predomina en la película? ¿Con qué fin o propósito utiliza el director de fotografía uno u otro tipo de angulación?
- Los **desplazamientos de la cámara**. ¿Hay algún tipo de movimiento o desplazamiento de la cámara? ¿Qué intenta comunicarnos el director de la película al mover o desplazar la cámara para captar el campo visual (*visual field*)?
- La **puesta en escena**. Ésta es una de las partes que mayor trabajo require en el cine, y por tanto es muy importante comentar la función que juegan los distintos elementos que forman parte de aquélla —el vestuario, el maquillaje, la iluminación, el sonido...
- **Efectos especiales**. Hoy día muchos directores de cine se sirven de sofisticados efectos visuales. Podemos preguntarnos cuál es la función de los mismos, y cómo han sido creados.
- El **montaje**. Ésta es otra de las partes importantes de una película. Algunas de las preguntas que podemos hacernos al respecto son: ¿cómo realiza el montajista la transición de un encuadre (*frame*) a otro? ¿Introduce alguna técnica especial? ¿Fluye (*flows*) la historia con normalidad y podemos seguirla fácilmente? ¿Hay alguna escena que debería ser acortada (*shortened*) o sustituida?
- Finalmente, un estudio crítico puede estar centrado en la **actuación de los actores**.

Análisis Crítico de *El Laberinto del Fauno*, (Guillermo del Toro)*

Guillermo del Toro (1964–) nació en Guadalajara, México, y es uno de los directores de cine más prestigiosos del mundo hispano. Además de *El laberinto del fauno* (*Pan's Labyrinth*) (2006), ha dirigido películas como *Cronos* (1993), *El espinazo del diablo* (2001) y *Hellboy* (2004), y ha recibido numerosos premios internacionales por su labor como director cinematográfico.

El laberinto del fauno es una película que debe ser vista varias veces por el excesivo cuidado que ha puesto su director en los detalles. La primera vez que vemos una película podemos concentrarnos en su trama, los personajes, y alguno de sus temas. Después, vista por segunda vez, podemos prestar mayor atención a los temas y leitmotivos recurrentes. Éste es el momento en el que debemos escoger uno de los temas que queremos estudiar y ver la película una tercera vez. Es ahora, en esta tercera ocasión, cuando podemos enfocarnos exclusivamente en el tema seleccionado y ver qué tipo de técnicas cinematográficas —encuadres, planos, angulación, movimientos de la cámara, y puestas en escena— utiliza el director para comunicar dicho tema.

La trama de la película que vamos a comentar se centra en el viaje que realiza Ofelia, una niña de trece años, junto a su madre embarazada, Carmen, a un molino (*mill*) situado en las montañas donde se encuentra el esposo de ésta, el capitán Vidal. Éste, padrastro de Ofelia y nuevo esposo de Carmen, es un sádico capitán fascista que tiene como misión luchar contra los *maquis*, el último foco de resistencia republicana después de que éstos perdieran la guerra civil española (1936–1939). Una noche, Ofelia sale del molino y descubre un laberinto donde conoce a un fauno, y éste, que será una especie de guía espiritual de la niña, le dice que es una princesa del inframundo (*underworld*), y que si completa con éxito tres pruebas (*tasks*) antes de llegar la luna llena (*full moon*) podrá reunirse con su difunto (*deceased*) padre. Completadas las pruebas, a pesar de algún error, Ofelia es asesinada por su padrastro, desciende al inframundo, y allí se reúne con su padre y su madre, muerta poco antes que su hija. Una vez aquí, Ofelia se convierte en princesa de este reino.

Vista por segunda vez la película, nos damos cuenta que para comunicarnos el tema central de la película: la huida de una niña de un mundo real, cruel y represivo, y su refugio en un mundo mágico y fantástico en el que existe la paz y el amor, Guillermo del Toro utiliza varios leitmotivos. Uno de estos leitmotivos es el de la vista, y por extensión los ojos. La película comienza con una escena en negro, al tiempo que oímos la respiración entrecortada (*faltering*) de Ofelia que está agonizando (*dying*) y de

*para algunos de los conceptos comentados aquí me he servido de algunos estudios, entre ellos los de Laura Hubner y de Emilio Mejías.

tránsito a ese reino donde se encuentran sus padres. A continuación, y con gran brevedad de detalles, se nos narra la historia de una princesa, Moanna, que deja el reino del inframundo, donde su padre era rey, y sale al mundo exterior donde el sol le borra la memoria y muere. Sin embargo, nos dice el narrador de la historia, su espíritu tomará cuerpo en otra persona y regresará a este reino. A continuación, vemos a Ofelia en compañía de su madre viajando en un coche al molino donde se encuentra su padre, y cuando desciende del coche para dar un paseo se encuentra con el monumento de un fauno al que le falta un ojo. Más tarde, vemos cómo el capitán vidal golpea en un ojo a un supuesto colaborador de los *maquis* que se encontraba cazando conejos (*rabbits*) y, poco después, vemos el episodio del hombre pálido, del que hablaremos después, quien pone sobre sus manos unos ojos que están en la mesa y persigue a Ofelia. ¿Qué relación tiene este leitmotivo recurrente con alguno de los temas de la película? Posiblemente, Del Toro nos quiere decir que cada uno ve la realidad de forma diferente, que el capitán Vidal, por ejemplo, está limitado a ver la de este mundo físico que le rodea, y que Ofelia, contrariamente, puede ver, además de esta realidad, la de un mundo mágico y fantástico donde habitan las hadas y los faunos.

Unido a este leitmotivo se encuentra el del reloj, que vemos repetidamente relacionado con el capitán Vidal, y es fácil suponer que el reloj hace referencia al tiempo. El capitán Vidal, como ya dijimos, es un hombre cruel y sádico que oprime a todos los que le rodean (*surround*), y representa el conocido complejo de Crono. Éste, como sabemos, es un titán que personifica el tiempo y la muerte, y en la mitología griega se cuenta cómo, por temor a perder su poder, devora a sus propios hijos. En la historia de la película, las víctimas del capitán Vidal son Ofelia y su esposa, por un lado, y en el campo político, por otro, el pueblo español, oprimido por un poder fascista.

Para liberarse (*to free herself*) de este poder opresor y entrar en un mundo de paz, justicia y felicidad, Ofelia debe pasar por una especie de rito de iniciación. Poco después de llegar al molino donde se encuentran las fuerzas fascistas, Ofelia entra en un laberinto donde conoce a un fauno, quien será su guía espiritual. El laberinto, que aparece en muchos ritos de iniciación, es un símbolo del alma o espíritu de una persona que busca la verdad en un mundo complejo y difícil. Como es habitual en estos ritos de iniciación, Ofelia debe superar unas pruebas, y, si las completa con éxito, recibirá como premio la entrada en un reino donde se encuentran sus padres y se transformará en una princesa. La entrada en ese reino se anticipa en la película a través de otro leitmotivo: el regreso a la matriz (*womb*). Veamos ahora las distintas pruebas que debe superar Ofelia para entrar en este reino, y la presencia del leitmotivo de la matriz en aquéllas.

La primera de las pruebas que debe superar Ofelia, y que completa con éxito, consiste en recuperar una llave que se encuentra en el vientre de un sapo que habita dentro de una higuera (*fig tree*). La entrada en el árbol se asemeja a (*resembles*) la vulva del órgano femenino, y el interior de la higuera, circular, aparece representado como el útero de la mujer. Igualmente, en el libro que le regala el fauno a Ofelia aparece un útero que se va llenando de sangre, y esta imagen nos anticipa la muerte de su madre al dar a luz. La segunda prueba que debe superar Ofelia consiste en recuperar la daga (*dagger*) que se encuentra en un subterráneo (*underground*) donde habita un hombre pálido (*pale*) rodeado de comida. Ofelia entra en el subterráneo y, tentada por la fruta, come unas uvas, desobedeciendo (*disobeying*) el consejo del fauno. El hombre pálido, que ha comido niños, persigue a Ofelia, pero ésta logra escapar. A continuación vemos al capitán vidal celebrando un banquete con algunos de sus oficiales y un sacerdote, y es obvio que Guillermo del Toro está tratando de comparar la crueldad del hombre pálido con la del capitán Vidal. Ofelia, al salir del subterráneo, se encuentra en el mundo exterior donde debe lidiar con (*deal with*) los problemas de la vida real, como es la muerte de su madre, y la represión de un padrastro devorador, como Crono. La tercera prueba que le presenta el fauno a Ofelia es la de traer a su hermanastro (*stepbrother*) al laberinto para que le extraiga (*to draw*) unas gotas de sangre, pero ella se niega. La prueba, por cierto, tiene lugar una noche de luna llena, tiempo tradicionalmente apropiado para completar una transformación espiritual dentro del ocultismo. Es en este momento cuando aparece el capitán Vidal y mata a Ofelia, y la sangre que derrama (*spills*) servirá para completar su rito de iniciación. Ofelia, entonces, entra en un gran salón, representado como una matriz (*womb*), donde se encuentran sus padres, y es en este mundo donde se convierte en una princesa y vivirá una felicidad plena. Como hemos visto hasta ahora, los leitmotivos de la vista, el reloj, el laberinto, y la matriz se relacionan, primero, con la entrada en un mundo donde vivirá feliz eternamente; es decir, un mundo en el que el tiempo no está sujeto al de las agujas del reloj, como es el caso del tiempo que vive el capitán Vidal. Y, segundo, con la superación de unas pruebas que todo rito iniciático requiere.

Otro aspecto de la película que puede ser estudiado es el de los contrastes, centrados en oposiciones binarias que se relacionan con el tema anterior del viaje iniciático de la protagonista. Algunos de estas oposiciones tienen que ver con el enfrentamiento del bien contra el mal, por un lado, y con la oposición del mundo de la realidad exterior con el mundo fantástico o mágico, por otro. La primera de estas oposiciones la vemos representada en el capitán Vidal quien, como hemos visto, es la encarnación del mal y de la opresión, y en el lado opuesto se encuentran Ofelia y los *maquis*. La segunda oposición la volvemos a ver representada en el capitán Vidal y las fuerzas fascistas, por un lado, y en la realidad mágica de las hadas y de los que habitan el mundo subterráneo, por otro. Asimismo, y desde un punto de vista filosófico, otro contraste lo vemos en el uso de dos tiempos diferentes. Así, el tiempo por el que se rige el capitán Vidal, y los que comparten el mundo de los seres humanos, es un tiempo físico lineal que termina en la muerte; mientras que el de Ofelia, una vez que entra en el reino de sus padres, es un tiempo circular que se repite eternamente. Es reveladora (*revealing*), en este sentido, la historia que cuenta Ofelia a su hermanastro sobre la rosa de la montaña que concedía la inmortalidad, y cómo ningún ser humano se acercaba a ella por temor a las espinas (*thorns*) que estaban en el camino que conducía a ella. Asimismo, la estructura narrativa de la película, al comenzar y terminar con la muerte de Ofelia, nos muestra en su circularidad su carácter recurrente, es decir de un tiempo eterno. Podemos añadir que esta circularidad se relaciona, igualmente, con el leitmotivo, anteriormente comentado, de la matriz de la mujer.

Estas oposiciones binarias, sin embargo, no se hallan separadas por una línea infranqueable (*unsurmountable*). Así, vemos cómo Ofelia, en su relación con las hadas, el fauno, y el mundo real, se mueve y convive en ambos mundos. Lo mismo ocurre con la raíz de la mandrágora (*mandrake root*) —una planta asociada con el demonio— que le da el fauno a Ofelia para que la ayude a curar a su madre. Esta planta termina pasando del reino mágico del fauno al del capitán Vidal, quien, al descubrirla, la tira al fuego. Incluso dentro del mundo de los seres humanos esta línea divisoria también se encuentra difuminada (*blurred*); y así, entre los fascistas encontramos algunos infiltrados de los *maquis*, como el doctor Ferreiro y la empleada (*maid*) Mercedes.

Las oposiciones entre los distintos mundos también se manifiestan a nivel artístico, y en varias ocasiones el espectador puede ver cómo en el mundo fantástico predominan las formas circulares o curvas —el interior de la higuera, o el salón donde los padres de Ofelia la están esperando—, mientras que en el mundo de la realidad exterior se pone énfasis en las líneas rectas o lineales. Las oposiciones también las encontramos en el campo de la iluminación, y un ejemplo claro lo vemos en el uso de una luz fría en el salón donde el capitán celebra un banquete, dentro del mundo real, y de una iluminación dorada y tonos más suaves en el salón donde el hombre pálido tiene preparado un banquete, dentro del mundo mágico. Otro tipo de oposición lo vemos en el contraste de los colores rojo y blanco dentro de una misma escena. Ejemplos concretos los vemos en el color rojo de la sangre de la moribunda (*dying*) Ofelia con la luz blanca de la luna llena, o en la combinación de unas gotas de sangre con leche en el recipiente donde se encuentra la raíz de la mandrágora, o en el rojo de una matriz ensangrentada (*bloody*) que aparece en la página en blanco del libro que tiene Ofelia, o en el contraste del vestido blanco de Carmen y el rojo de la sangre cuando da a luz y muere. El valor simbólico de la sangre y del color blanco podemos interpretarlos aquí, respectivamente, como la muerte de Ofelia y de su madre a una vida terrena (*earthly*) y su renacimiento a otra dentro de un mundo fantástico e inmortal lleno de felicidad. Por cierto, Guillermo del Toro, que prestó especial atención al contraste de colores en esta película, denominó este recurso artístico como "rima visual".

El análisis de una película queda incompleto sin el estudio de sus aspectos técnicos, un estudio que requiere un conocimiento más especializado en cinematografía. Anteriormente mencionamos la importancia que asigna Guillermo del Toro al uso del color y de la iluminación, y junto a éstos, y formando parte de la puesta en escena, otro aspecto que merece ser comentado es el del sonido. Una de las manifestaciones más obvias de éste es el ruido de las explosiones de las bombas y de los truenos (*thunder*), con su valor ominoso (*ominous*); o el tic tac del reloj del capitán Vidal, un reloj que regula el tiempo físico, mortal, de aquél. Otro tipo de sonido muy importante es el del tema musical de la película que, como un leitmotivo, se repite en varios momentos climáticos de la película. Podemos escuchar este tema musical cuando Mercedes trata de calmar a Ofelia en momentos difíciles de su vida, o en la primera escena de la película. Esta escena, además, es relevante desde el punto de vista técnico porque aparece la cara de Ofelia en un primer plano mirando a la cámara, y la cámara se mueve para dejarnos ver cómo Ofelia se encuentra tendida (*lying*) en el suelo. Sin embargo, la toma se ha invertido, y vemos cómo la sangre de Ofelia se retira y va entrando en su nariz. Este primer plano de Ofelia ya nos sugiere quién va a ser la protagonista de la película, y cuál va a ser su destino en este mundo. Continuando con el uso de los planos, podemos añadir que otro primer plano aparece, poco después, cuando Ofelia se encuentra con su madre en el coche, y tras un corte seco (*cut*) la cámara nos muestra una imagen del libro que lee Ofelia en la que aparece una niña rodeada de hadas. Más tarde, y tras (*after*) otro corte seco, en un plano medio, vemos a madre e hija conversando en el coche. A veces, sin embargo, nos encontramos con planos generales, como cuando vemos los enfrentamientos entre fascistas y maquis, o cuando Ofelia, su madre y el grupo de soldados se alejan del (*get away from*) lugar donde aquélla encontró la estatua del fauno. Aquí, curiosamente, vemos cómo una de las hadas/insectos sigue a este grupo de personas, y la cámara, situada detrás de todos ellos, parece seguirlos y ser parte de todo el grupo. Desde el punto de vista de la angulación, Guillermo del Toro suele hacer uso de una angulación normal, pero otras veces experimenta con algún otro tipo de angulación, como cuando Ofelia se dirige al laberinto una noche y la cámara nos da una visión o perspectiva desde arriba, lo que en cine se llama "angulación en picado" (*bird's eye shot*). Un estudio aparte, y del que no somos expertos, sería el de los efectos especiales, presentes a lo largo de toda la película, especialmente cuando trata de representar el mundo mágico de las hadas, el fauno, y el hombre pálido.

Unidad 1. Técnicas Cinematográficas. El Arte de la Adaptación

I. Técnicas Cinematográficas: El encuadre (*frame*), y el montaje (*editing*)

A. *El Encuadre*. Antes de nada, debemos señalar que la *toma* (*shot*) es la unidad visual básica y física de la filmación, y se corresponde con la filmación ininterrumpida de una secuencia (*scene*), o fragmento de la realidad fílmica, hasta que se produce un corte (*cut*). Una toma puede durar un tiempo indefinido; por ejemplo, puede mostrar a un hombre entrando en un bar, sentándose y tomando un café; pero si a continuación lo vemos en un avión, entonces tenemos una nueva toma. En una película, lo normal es realizar varias tomas de una secuencia, pero después, a través de un proceso de selección, el espectador sólo ve una de estas tomas. El *encuadre*, por otro lado, se realiza en el momento en que se hacen las distintas tomas de una película, y expresa el punto de vista bajo el que el director ve esa parte de la realidad fílmica. El encuadre se define como una unidad espacio-temporal ininterrumpida, e incluye una dimensión expresiva (los planos (*shots*), los ángulos (*angles*), y el significado derivado de los movimientos de la cámara, si los hay), y una dimensión física (la puesta en escena). Veamos cada una de estas partes:

1. *El plano* se refiere a la distancia, la proximidad o lejanía, a la que el espectador ve los objetos o personajes que aparecen en el campo visual (*visual field*) del encuadre. El *campo visual* es el espacio incluido dentro del encuadre; es decir, la realidad que el espectador ve representada en la pantalla (*screen*). En el cine es importante diferenciar entre el espacio que se encuentra dentro del campo visual, y el que está fuera de éste, o *espacio en off*. El espacio en off es todo lo que queda fuera del encuadre, y comprende el espacio que queda a los lados, hacia adelante o atrás, hacia arriba o hacia abajo, e incluso (*even*) el espacio que queda dentro del campo visual del encuadre pero que está oculto a la vista del espectador. Entre el campo visual y el espacio en off pueden existir muchas relaciones, y su conexión se puede establecer por medio de la mirada de un personaje, coches que entran y salen, voces, sonidos, etc. Podemos hacer una clasificación de los planos en:

   a. *Gran plano general*, o vista panorámica (*extreme long shot*). Estos planos cubren una gran extensión espacial —ciudades enteras, desiertos, etc.— , suelen tener una función descriptiva, y nos dan información sobre el contexto espacial donde se va a desarrollar la acción fílmica.

   b. *Plano general* (*long shot*). Este plano cubre una extensión espacial más reducida que el anterior. Aquí podemos ver a personajes moviéndose, y es común en la representación de escenas con caravanas, batallas, aeropuertos...

   c. *Plano de conjunto* (*medium long shot*). Este plano nos muestra un grupo de personas u objetos. Es un plano caracterizado por la acción, y sirve para representar, por poner un ejemplo, la acción violenta en películas policiacas.

   d. *Plano entero* (*medium shot*). Representa el cuerpo entero de la figura humana o un objeto en su totalidad.

   e. *Plano medio*, o de medio cuerpo (*medium close-up*). Representa el cuerpo humano de la cintura (*waist*) para arriba o para abajo, y se usa generalmente en escenas con diálogos.

   f. *Primer plano* (*close-up*). Representa la cara de un personaje, cortada a la altura de los hombros o el cuello. Otras veces representa una parte del cuerpo o un objeto. Es un plano muy usado para representar pensamientos o sentimientos íntimos de los personajes.

   g. *Gran primer plano* (*extreme close-up*). Representa una parte del cuerpo o de un objeto más pequeña, como los ojos, o la punta de un bolígrafo.

2. *La angulación* (*camera angle*). Si los planos se refieren a la distancia que nos separa de los objetos del campo visual, la angulación nos revela la posición desde la que el espectador ve el contenido del encuadre. El número de ángulos es muy variado, veamos algunos de ellos:

a. *Angulación normal* (*neutral shot*). Es la más común, y se manifiesta cuando el espectador ve el campo visual grabado por una cámara situada a su misma altura o nivel, y uno de los propósitos es darnos una visión clara de lo que ocurre en la escena.

b. *Angulación en picado* (*bird's eye shot*). En este caso la cámara se sitúa en una posición alta, y equivale a nuestra perspectiva cuando miramos al suelo desde un tejado. El uso de este tipo de angulación puede servir para sugerir una idea de algo pequeño, de derrota, de soledad, o también puede tener un fin descriptivo.

c. *Angulación en contrapicado* (*low-angle shot*). Aquí los elementos del campo visual son presentados desde un punto de vista bajo. Esta perspectiva se usa a veces para crear mayor dramatismo, o para dar al objeto representado una idea de superioridad, dignidad o poder.

3. *Movimientos de la cámara*. La cámara se puede mantener fija, es decir en posición estacionaria, pero normalmente cambia de posición. La cámara se mueve para acercarse o alejarse de un personaje, para dar mayor dinamismo a los hechos filmados, para describir un paisaje, o con otros propósitos. A veces, este desplazamiento se hace utilizando un medio de transporte, y en este caso la cámara se mueve al mismo tiempo que el camarógrafo (*cameraman*). En este caso tenemos una cámara viajera (*travelling camera*), y el objetivo es acercarse o alejarse del campo visual. Este movimiento de la cámara tiene, por lo general, un fin narrativo, y se ve frecuentemente en películas donde hay persecuciones. Un dispositivo (*devise*) que nos permite ver los objetos o personajes del campo visual más cerca o más lejos es el *zoom*. El *zoom* es un tipo de lente que permite acercar (*zoom in*) o alejar (*zoom out*) los elementos del campo visual y, a diferencia de la cámara viajera, no cambia de posición. Asimismo, la cámara se puede mantener fija en un trípode y moverse de arriba abajo (*tilt shot*) o de izquierda a derecha (*pan shot*) —lo que se conoce como movimiento panorámico o paneo—, y uno de sus propósitos es el de poder representar las figuras móviles dentro del campo visual. Otra alternativa es la de llevar la cámara en la mano, lo cual da la impresión de que el espectador participa de la acción filmada.

4. *La puesta en escena*. "Puesta en escena" significa escenificar una acción, y se aplicó originalmente al teatro. En el cine, el término se utiliza para designar todo lo que aparece en el campo visual: el escenario, la expresión y movimiento de las figuras, el vestuario (*wardrobe*) y el maquillaje (*make up*), la iluminación y el color, y el sonido. Veamos cada uno de ellos:

a. *Escenario*. Los escenarios, o decorados, sirven principalmente como telón de fondo (*background*) para el desarrollo de la acción fílmica. Los escenarios pueden ser naturales, ya existentes en la naturaleza o en la ciudad, artificiales, creados artificialmente en los platós de los estudios cinematográficos, o simulados de forma digital.

Los decorados sirven para recrear un espacio y un tiempo específicos, crean la ilusión de un espacio tridimensional, y recrean el espíritu de la película.

b. *Expresión y movimiento de las figuras. Espacio y tiempo.* Dos factores importantes relacionados con la puesta en escena son el espacio y el tiempo. El director de la película debe pensar cuidadosamente en cómo distribuir en el espacio del campo visual los personajes y los elementos de interés. Una, entre muchas opciones, consiste en colocar estos elementos y los personajes de forma simétrica; y la otra se basa en colocar a un determinado personaje en el centro de la pantalla. El tiempo, por otro lado, tiene que ver con la duración que el director asigna a una determinada secuencia, haciéndola durar más o menos tiempo, y con ello dotándola (*endowing it*) de mayor o menor relevancia, o de mayor o menor suspense o dramatismo.

c. *Vestuario y maquillaje.* El vestuario puede cumplir multitud de funciones en una película, desde ayudar en la caracterización de un personaje hasta reflejar el estado económico o social del mismo. Hay prendas (*articles of clothing*) que tienen un alto valor figurativo, y el cine nos ha dejado numerosos ejemplos, como el sombrero, el bastón (*cane*) y los zapatos de Chaplin, o la capa de Drácula. El maquillaje, por otra parte, se usa para resaltar los rasgos faciales de un personaje, y se comenzó a utilizar en el cine porque las caras de los personajes no quedaban bien grabadas (*recorded*) en la película.

d. *Iluminación y color.* La luz sirve para guiar nuestra atención hacia ciertos objetos, personajes o acciones. Una zona iluminada nos puede revelar algo, y una oscura puede ocultar algo a fin de (*in order to*) crear mayor suspense. El responsable de los cambios de luz es el director de fotografía, encargado de controlar la luz de todos los encuadres, los lentes, filtros y stocks de las películas utilizadas. Uno de los aspectos que el director de fotografía debe considerar es la procedencia, o dirección, de la luz que ilumina los elementos del campo visual, y de acuerdo a esta procedencia podemos distinguir los siguientes tipos de luz:

1. *Luz frontal* (*frontal lighting*). Es la luz que sigue la misma dirección de la cámara, y sirve para resaltar el relieve físico de los personajes.

2. *Luz lateral* (*side lighting*). Es la que procede de uno de los lados de la cámara, y también sirve para dar mayor relieve al objeto iluminado.

3. *Luz cenital* (*high-angle lighting*). Es la situada encima del objeto filmado, y se usa con distintos propósitos. Unas veces se utiliza para crear un efecto espiritual, y otras encima de un criminal en escenas de interrogatorios (*examinations*) policiales.

Aparte de estas luces tenemos la *luz principal* o de base (*key light*). Esta luz es la que predomina en toda la escena, y se sitúa, generalmente, encima del objeto o figura filmados. Junto a ésta, otro tipo de *luz* es la *de relleno* o de apoyo (*fill light*), de menor intensidad, y sirve para suavizar las zonas de sombra.

El color, por otro lado, nació con la idea de dar mayor realismo y naturalidad a las películas en blanco y negro. Sin embargo, los sistemas de color de la industria cinematográfica no han logrado reproducir con total fidelidad las diferentes gamas (*range*) de colores que aparecen en el campo visual. En términos generales, podemos decir que los directores de cine usan el color con distintos fines: para dar una visión más exacta de la realidad, para dar más relieve a algunas áreas del campo visual, con valor simbólico, o para provocar una respuesta emocional en el espectador.

e. *El sonido*. El cine es un medio audiovisual, y depende de una combinación de imágenes y sonidos. En el cine sonoro el sonido forma parte de la banda sonora (*sound track*), e incluye la voz humana, la música y todo tipo de ruidos. La voz humana se manifiesta principalmente en los diálogos y tiene, principalmente, una función informativa y connotativa. La música sirve de acompañamiento, crea el tono y ambiente de la película, recrea una época, crea dramatismo y da unidad a las distintas escenas. Los ruidos —un golpe en la mesa, un disparo...— contribuyen a crear mayor realismo, pero a veces tienen un valor connotativo. Por ejemplo, un trueno (*thunder*) puede anticiparnos una desgracia o tragedia. Los sonidos que tienen lugar fuera del espacio visual se conocen como *sonidos en off*, y tienen múltiples funciones.

B. *El Montaje*. El montaje es la operación que permite seleccionar y ordenar todos los encuadres de una película, y es un trabajo realizado por el editor o montajista. Una de las funciones del montaje es la narrativa; es decir, su propósito es crear una historia coherente y lógica para que el espectador pueda seguirla sin dificultad. Como la película se basa en la unión de distintos encuadres, la transición de uno a otro encuadre se puede realizar de múltiples maneras; veamos algunas de ellas:

1. *Corte seco* (*cut*). Consiste en pasar de un encuadre a otro directamente, sin que exista ningún elemento óptico de unión entre los encuadres. Por ejemplo, dos personas caminan a una cafetería, y en el siguiente encuadre las vemos tomando café. Es muy normal que al pasar de un encuadre a otro haya efectos ópticos, y los más conocidos son:

2. *Fundido encadenado* (*dissolve out, dissolve in*). Consiste en la superposición transitoria de dos imágenes sucesivas. Así, mientras una se va difuminando (*fading out*) hasta desaparecer, la otra se superpone y sustituye a la anterior; y con ello se sugiere la idea del paso del tiempo.

3. *Fundido a negro* (*fade out*). En este caso la oscuridad se apodera (*takes over*) progresivamente del encuadre hasta quedar completamente en negro. El proceso siguiente, —*abrir de negro* (*fade in*)— se produce cuando de la oscuridad aparece un nuevo plano que se ilumina progresivamente.

4. *La cortinilla* (*wipe*). Aquí vemos cómo un encuadre, empujado por una barra vertical u horizontal, es sustituido por otro encuadre.

5. *El iris*. Consiste en el cierre o apertura de los encuadres de forma circular progresiva.

II. El Arte de la Adaptación

Según las estadísticas, cerca del 40% de las películas producidas al año se basa en la adaptación de obras literarias. La adaptación supone la conversión de un medio de expresión verbal en uno visual, y uno de los trabajos que implica este proceso es el de la condensación; es decir, a veces se impone la necesidad de eliminar subtramas, temas y/o personajes de la obra literaria. Por el contrario, cuando es un cuento el adaptado, el proceso funciona al revés, y se hace necesario añadir personajes, temas, o subtramas. A pesar de las diferentes opiniones que tienen los críticos al respecto, sí hay cierto consenso a la hora de hacer una clasificación tripartita de los distintos tipos de adaptación:

En un primer grupo se incluirían películas que se sirven de un original como pretexto para crear una obra de arte diferente y, hasta cierto punto, original. Ejemplos de este tipo de adaptación serían las películas *Apocalypse Now* (1979), de Francis F. Coppola, basada en *Heart of Darkness* (1902), de Joseph Conrad; y *Bodas de sangre* (1981) de Carlos Saura, adaptada de la obra de teatro homónima (1933) de F. García Lorca.

En un segundo grupo tendríamos novelas que son adaptadas a la pantalla con algunas alteraciones intencionadas, parodias de algunos temas, o ampliaciones o reducciones del texto original. Ejemplos de este tipo de adaptación serían *Barry Lindon* (1975), de Stanley Kubrick, adaptada de la novela *The Luck of Barry Lindon* (1844) de William M. Thackeray; y *Fortunata y Jacinta* (1969), de Angelino Fons, adaptada de la novela homónima (1886–87) de Benito Pérez Galdós.

Finalmente, en un tercer grupo, encontramos películas que siguen fielmente el texto original. Ejemplos de este tipo de películas serían *Tom Jones* (1963), de Tony Richardson, adaptada de la novela homónima (1749) de Henry Fielding; y *Kiss of the Spider Woman* (1985), de Hector Babenco, adaptada de la novela homónima (1976) de Manuel Puig.

Ya que la literatura y el cine se sirven de distintos medios de expresión, hay diferencias notables entre ambas formas artísticas. Veamos algunas de ellas:

• Una imagen del cine puede darnos detalles que una novela requeriría muchas páginas en describir.

• Para la novela, y la literatura en general, es más fácil dar una visión interior, subjetiva, de un personaje que para el cine.

- La novela, generalmente, nos puede dar más información sobre el contexto histórico.
- En la novela, el tiempo suele moverse de un pasado lejano a un pasado cercano, mientras que en el cine el tiempo suele tener lugar en un momento presente.

Gregory Nava: *El norte*

Gregory Nava (1949–) nació en San Diego, California. Realizó sus estudios universitarios en la escuela de cine de UCLA, donde se graduó con un máster en Fine Arts en 1976. Durante su estancia en esta universidad dirigió el corto (*short*) *The Journal of Diego Rodríguez Silva*, basado en la vida del poeta español Federico García Lorca, con el que ganó el Best Dramatic Film Award en el National Student Film Festival. Este mismo año, mientras impartía clases de cinematografía en Moorpark College, dirigió su primer largometraje (*full-length film*), *The Confessions of Amans*, con el que ganó el Best First Feature Award en el Chicago International Film Festival en 1976. En 1983 dirigió la película *El norte*, y en 1997 *Selena*, esta última basada en la vida de la famosa cantante chicana Selena.

Otras películas, en colaboración con su esposa Anna Thomas, incluyen *A Time of Destiny* (1988), *My Family* (1995), y *Frida* (2002). De 2003 a 2004 produjo para PBS la serie televisiva *American Family: Journey of Dreams*. Fue, asimismo, productor de la película *Killing Pablo* (2005), basada en la vida del famoso narcotraficante colombiano Pablo Escobar. Además de los premios anteriormente mencionados, Gregory Nava ha recibido otras muchas distinciones: dos Alma Awards por *Selena*, en 1997, y por *Why Do Fools Fall in Love*, en 1999; y un Luminaria Award en el Santa Fe Film Festival en 2006.

El cine de Gregory Nava se caracteriza por tratar temas fronterizos y de compromiso con la realidad socio-política. Éste es el caso de *El norte*, que veremos a continuación, y de *Bordertown*, una película que trata de los misteriosos asesinatos de cientos de mujeres en Ciudad Juárez, México. En esta última película, además, Gregory Nava critica el Tratado de libre comercio entre EE.UU. y México por crear una injusta situación laboral para las mujeres mexicanas.

Guía de la película

El norte fue la película que lanzó a Gregory Nava a la fama. Con ella ganó en 1983 el Grand Prix des Ameriques en el Montréal World Film Festival; y este mismo año, el guión de la misma, escrito por Gregory Nava en colaboración con su esposa Anna Thomas, fue nominado como mejor guión en el Writers Guild of America Award. La película fue realizada con un bajo presupuesto, y fue parcialmente subvencionada (*subsidized*) por PBS.

El norte trata el tema de la emigración de ciudadanos latinoamericanos a EE.UU. en busca del llamado "sueño americano", y se divide en tres partes, correspondientes a los diferentes temas y lugares donde se desarrolla la acción fílmica. La primera parte trata de la represión política y la explotación económica que vive la familia Xuncax, de ascendencia maya, en Guatemala. La historia de la película nos muestra cómo el padre de la familia, Arturo Xuncax, fue asesinado por fuerzas del gobierno, cómo la esposa de éste "desapareció", y cómo sus hijos, Enrique y Rosa, deciden emigrar a EE.UU., "el norte". La segunda parte nos relata las aventuras de los dos hermanos mientras viajan por México, y su intento de cruzar la frontera con la ayuda de un "coyote". Y la tercera parte nos cuenta las distintas experiencias que tienen los dos hermanos mientras se encuentran en California.

A la hora de ver la película, es importante pensar en la representación de la realidad política y económica de Guatemala, y su contraste con la de EE.UU. Asimismo, debemos considerar el significado simbólico de algunas escenas que se repiten en la película, como la de la cabeza del padre de Enrique, el pavo real, y el pez en una bandeja (*tray*). Otros aspectos relevantes que merecen ser analizados son el uso de distintas formas lingüísticas, y la representación del "sueño americano".

Comprensión de la película

1. ¿Por qué matan las fuerzas del gobierno a Arturo Xuncax?
2. ¿Por qué deciden los dos hermanos, Enrique y Rosa, emigrar a EE.UU.?
3. ¿Qué aventuras tienen los dos hermanos cuando cruzan México y la frontera?
4. ¿En qué ciudad se quedan los dos hermanos justo antes de cruzar la frontera?
5. ¿Qué problemas tienen Enrique y Rosa con el primer "coyote"? ¿Quién es Raimundo Gutiérrez?
6. ¿Dónde trabajan los dos hermanos cuando llegan a Los Ángeles?
7. ¿Qué problemas de salud tiene Rosa? ¿Quién se los ha causado?
8. ¿Tienen alguna dificultad los dos protagonistas en adaptarse a la nueva realidad de EE.UU.?
9. ¿Qué trabajo hace Arturo después de haber trabajado en el restaurante?

Análisis crítico

1. ¿Cuál es el contexto político y económico de Guatemala en la década de 1980 que trata de representar Gregory Nava? Arturo Xuncax le dijo en una ocasión a su hijo

que, para el rico, el pobre no era más que un par de brazos fuertes, ¿cree que este comentario es válido sólo en Guatemala o también lo es en EE.UU.?
2. Identifique y comente algunos ejemplos de acciones o acontecimientos que ocurren simultáneamente.
3. ¿Cómo se refleja la nostalgia que sienten los dos hermanos de su país? ¿Qué nos revelan las alucinaciones de Rosa?
4. ¿Se corresponden los sueños de EE.UU. que tienen Enrique y Rosa con la realidad?
5. ¿Qué visión nos da Gregory Nava de EE.UU. en esta película? ¿Cree que es una visión realista o estereotipada?
6. ¿Nos muestra la película la existencia de distintos niveles económicos entre los hispanos que viven en EE.UU.?
7. ¿Cree que hay elementos melodramáticos en esta película? En caso afirmativo, coméntelos.
8. ¿Con qué propósito cree que Gregory Nava utiliza distintos registros lingüísticos?
9. Algunas de los encuadres de la película nos revelan el uso de planos distintos. Comente alguno de ellos y su significado. Escoja un encuadre de la película y comente cómo ha realizado Gregory Nava la puesta en escena

Mesa redonda

Con sus compañeros de grupo discuta el significado simbólico que tienen el pez en la bandeja, el pavo real y la cabeza de Arturo colgando de un árbol.

Sea creativo

En esta película vemos cómo Arturo y Rosa recuerdan y sienten nostalgia de su país, de sus costumbres, y tradiciones. Si usted hubiera sido el director de esta película, ¿qué imágenes o símbolos habría creado para captar estos sentimientos de los dos protagonistas? O bien, si usted hubiera emigrado a otro país, ¿qué imágenes o símbolos utilizaría para representar la nostalgia que siente por EE.UU.?

Investigación

La película de Gregory Nava que hemos visto trata, parcialmente, del mundo y la vida de los hispanos en EE.UU. Escoja una de las siguientes películas: *Zoot Suit* (1981), *La bamba* (1987), *Born in East L.A.* (1987), o *Stand and Deliver* (1988), y analice algún aspecto de tipo cultural, sociológico o económico de la comunidad hispana representado en la película seleccionada.

Joshua J. Marston: *María, llena eres de gracia*

Joshua J. Marston (1968–) es un cineasta norteamericano nacido en California. Antes de dedicarse al cine, Marston trabajó para la revista *Life* en París, después fue corresponsal para la ABC News durante la Guerra del Golfo (1990–91), y poco más tarde enseñó inglés en Praga (República de Checoslovaquia) por un año. De vuelta en EE.UU., Marston asistió a la Universidad de Chicago, donde recibió un máster en ciencias políticas, y poco después un máster en Fine Arts por la New York University.

Marston comenzó su carrera cinematográfica en 1999 dirigiendo varios cortos, entre los que destacan la dirección de un episodio para *Six Feet Under*, y un segmento de la película *New York, I Love You*. Ha dirigido dos largometrajes, el primero es *María, llena eres de gracia* (2004), una coproducción colombiano-americana que ha recibido, entre otros, el premio a la Mejor Dirección Novel, concedido por el Círculo de Críticos de Nueva York. Asimismo, Catalina Sandino, la protagonista de la película, recibió el Oso de Oro a la mejor actriz en el 54 Festival de Cine de Berlín. Su segundo largometraje lleva por título *The Forgiveness of Blood* (2011), y ha sido la ganadora del Oso de Plata al mejor guión. Esta película tiene por escenario el norte de Albania, y su trama combina una historia de amor entre dos jóvenes estudiantes con una de venganza sangrienta en la que se ven involucrados (*involved*) el padre y el tío del joven estudiante.

En una reciente entrevista, publicada por *Filmmaker Magazine*, Marston reconoció que su cine se inspira en la escuela realista del cine británico y brasileño. Una influencia concreta es la del director de cine británico Ken Loach, quien se interesa por representar en sus películas contextos socio-políticos. Marston se encuentra trabajando en la actualidad en una película centrada en la vida de una familia de Tennessee que ha perdido su trabajo como consecuencia del cambio de una economía capitalista basada en la manufactura a otra dedicada a los servicios

Guía de la película

Joshua Marston concibió la idea de realizar una película sobre traficantes de droga, o "mulas" (*drug "mules"*), durante su residencia en Brooklyn, donde conoció a numerosos colombianos que le contaron historias similares a la que trata en su película. Para familiarizarse más con el tema, Marston viajó a Colombia, visitó plantaciones de rosas, y se puso en contacto con Orlando Tobón, un conocido líder de la comunidad colombiana que ha ayudado a la policía norteamericana a repatriar los cuerpos de más de 400 personas que han muerto a causa del tráfico de drogas. Por cierto, Orlando Tobón, agente de viajes en la vida real, aparece en la película haciendo el papel de Fernando.

María, llena eres de gracia nos cuenta la historia de María, una joven colombiana de 17 años que mantiene a su familia con el bajo salario que gana en una plantación de rosas. Un día, embarazada y después de dejar el trabajo, recibe la tentadora oferta de trabajar como "mula" y llevar unas pepas (*pellets*) de heroína a EE.UU. María acepta la oferta y, en compañía de su amiga Blanca, realiza un viaje que podemos verlo como una especie de rito iniciático, un viaje que la lleva a un destino en el que cambia un tipo de vida por otra y con otras responsabilidades en EE.UU. La película no trata de hacer un análisis exhaustivo del mundo de la droga, sino que, más bien, intenta mostrarnos las decisiones que puede llegar a tomar la gente cuando vive una difícil situación económica.

En el análisis de esta película debemos prestar atención a las pruebas que debe superar María durante este viaje a EE.UU., a la compleja personalidad de la protagonista, al leitmotivo del estómago, y a las distintas técnicas cinematográficas, especialmente la del uso de distintos planos y los movimientos de la cámara.

Comprensión de la película

1. ¿Con quién vive María?
2. ¿Por qué motivo deja María su trabajo en la plantación de rosas?
3. ¿Cómo son preparadas las "pepas" antes de ser enviadas a EE.UU.?
4. ¿Por qué termina la relación entre María y su novio?
5. ¿Por qué no le hacen la prueba de los rayos X a María?
6. ¿Quién es Lucy? ¿Tiene alguna hermana en Nueva York? ¿Tuvo Lucy algún problema con la droga?
7. ¿Dónde vive María cuando llega a EE.UU.?
8. ¿Qué trabajo hace Fernando en Nueva York?
9. ¿Cómo tratan los narcotraficantes a María y Blanca en EE.UU.? ¿Reciben el dinero que les habían prometido?

Análisis crítico

1. La primera imagen de la película nos muestra una luz prendida a la entrada de una casa en medio de la oscuridad de la noche. Poco después, en otra escena, vemos a María, abrazada a su novio, que mira al cielo y sube la pared de una vieja casa. ¿Cree que estas dos escenas tienen algún valor simbólico?

2. El estómago es un leitmotivo importante en esta película. Comente las referencias al mismo y su significado.
3. ¿Qué contexto socio-económico nos presenta Marston en esta película? ¿Qué imagen nos da de EE.UU.? ¿Son retratos realistas o estereotipados?
4. ¿Cómo interpreta el título de la película? Por cierto, "gracia", en la jerga del mundo de la droga, significa "heroína".
5. En la "guía de la película" hicimos alusión al rito iniciático por el que pasa María. Comente las pruebas que debe superar la protagonista para pasar de una fase de su vida a otra.
6. ¿Qué tipo de planos predominan en la película? ¿Qué trata de comunicarnos el director de la película con el uso ocasional de primeros planos?
7. Mencione algunos tipos de movimiento de la cámara a lo largo de la película.
8. ¿Cree que el montajista ha hecho un buen trabajo a la hora de organizar las distintas tomas para contar la historia de María? ¿Utiliza el montajista alguna técnica especial para pasar de un encuadre a otro?
9. ¿Qué significado tiene el sonido de la guitarra acústica que oímos en algunas ocasiones?
10. ¿Qué piensa de la actuación de María y de los demás personajes?

Mesa redonda

Con sus compañeros de grupo, comente las decisiones que toma María. ¿Cree que es justificable dejar el trabajo que tiene para buscar el sueño americano de una vida mejor? Discuta, asimismo, algunos de los complejos, y quizá contradictorios, rasgos de la personalidad de la protagonista.

Sea creativo

La película termina con dos decisiones opuestas. María, por un lado, quedándose en EE.UU., y Blanca regresando a Colombia. Si usted tuviera que dar una continuación a este final de la película ¿Qué nuevas experiencias añadiría a las vidas de estas dos jóvenes? ¿Qué futuro cree que les espera?

Investigación

Una película que también trata el tema de la droga es *La virgen de los sicarios* (2000), de Barbet Schroeder. Esta película nos relata el regreso de un escritor colombiano a Medellín (Colombia), después de 30 años de ausencia, para encontrarse con una ciudad dominada por la violencia y la guerra entre los carteles de la droga. Tome esta película, u otra relacionada con este mismo tema, y estudie el impacto social o económico que tiene el negocio de la droga en la sociedad.

Julio Llinás, María Luisa Bemberg: *De eso no se habla*

Vida, obra y crítica

Julio Llinás (1929–) nació en Buenos Aires, Argentina, y vivió su infancia en Martínez, un suburbio situado a las orillas del Río de la Plata. Viajó a Francia en la década de 1950 para conocer a André Breton, fundador del surrealismo, y a algunos escritores surrealistas. Después de residir varios años en Francia regresó a Argentina, donde se casó con la pintora Martha Pelufo. Aquí, y con la ayuda de otros intelectuales argentinos, fundó las revistas literarias *A partir de cero*, *Línea* y *Boa*, y de 1966 a 1986 se dedicó a la publicidad.

Julio Llinás es un escritor bastante prolífico, y su producción literaria se ha centrado principalmente en la poesía y la prosa. Como poeta es autor de varios poemarios, entre los que podemos mencionar *Panta Rhei* (1950), *La ciencia natural* (1959) y *Sombrero de perro* (1999). En ellos, Julio Llinás suele tratar temas relacionados con el amor, el paso del tiempo, y el deseo de alcanzar la verdad. De su producción en prosa podemos destacar *De eso no se habla* (1993), de la que hablaremos a continuación; *El fervoroso idiota* (1999), una novela autobiográfica en la que el autor nos relata con gran humor y realismo algunos de los acontecimientos históricos más importantes de Argentina en la década de 1960; *Fiat Lux* (2000), una colección de retratos personales y reflexiones profundas sobre la vida; y *Querida vida* (2005), una recopilación de anécdotas e historias personales de su vida.

María Luisa Bemberg (1922–1995) nació en Buenos Aires, Argentina, en el ámbito de una familia de la alta burguesía. Nunca sacó un título universitario, pero recibió una excelente educación privada. En 1945 se casó, y diez años después se divorció. Desde niña se interesó por el teatro, y con Catalina Wolf fundó el Teatro del Globo, pero en las décadas de 1960 y 1970 se empieza a interesar por el cine. En 1971 escribe para el cine el guión *Crónica de una señora* (1971), y en 1975 su obra *Triángulo de cuatro* sería adaptada al cine. Por estas fechas comienza a luchar por los derechos de la mujer, y fue cofundadora de la UFA —Unión Feminista Argentina—. En defensa de estas ideas, María Luisa Bemberg filmó dos cortometrajes: *El mundo de la mujer* (1972), y *Juguetes* (1978).

Descontenta con la interpretación que hicieron los directores de cine de sus guiones, y con la imagen que daban en sus películas de la mujer, María Luisa Bemberg decidió hacerse directora de cine. En 1981 dirige su primer largometraje, *Momentos*, una obra en la que retrata la vida de una mujer de la clase media alta insatisfecha con su vida. En películas posteriores, como *Señora de nadie* (1982) y *Camila* (1984), se puede ver la influencia de la directora de cine neocelandesa Jane Campion. En estas películas, María Luisa Bemberg introduce elementos autobiográficos y nos presenta a protagonistas que se rebelan contra los poderes de la sociedad: la iglesia, el estado, y la familia. En 1990 dirige *Yo, la peor de todas*, centrada en la vida de Sor Juana Inés de la Cruz, la primera feminista de América Latina, y con quien María Luisa Bemberg comparte su espíritu rebelde. En 1994, poco antes de morir, dirigió su última película, *De eso no se habla*.

María Luisa Bemberg es una de las directoras de cine más prestigiosas del mundo hispano, y su obra cinematográfica ha recibido el reconocimiento internacional. Algunas de sus películas recibieron menciones honorarias en los festivales de cine de Venecia y Tokio, y *Camila* fue nominada al Oscar a la mejor película extranjera en 1985.

Guía de la película

De eso no se habla, una adaptación del cuento homónimo de Julio Llinás, fue la última película que dirigió María Luisa Bemberg antes de morir. La acción de esta película, protagonizada por Marcello Mastroianni, Luisina Brando y Alejandra Podesta, se sitúa en un pueblo argentino, San José de los Altares, durante la década de 1930. Los protagonistas de la película son Leonor, una señora viuda, Charlotte, su única hija, y Ludovico D'Andrea, un hombre que se dedica a la venta de bienes raíces (*real state*). La trama de la película se centra en el sorprendente matrimonio de Ludovico D'Andrea, un hombre de cierta edad, con la joven Charlotte, una enana (*dwarf*), la celebración del banquete que sigue a la ceremonia nupcial, y la inesperada llegada de un circo que va a servir como punto de inflexión, o cambio, en la vida de esta extraña pareja.

Al principio, parece que tanto el cuento como la película nos presentan un cuadro costumbrista de la vida de un pequeño pueblo argentino en el primer tercio del siglo XX, pero pronto nos damos cuenta de que no es el caso. Al analizar la película debemos pensar, precisamente, en cómo la película no trata de presentarnos un cuadro costumbrista o realista de la sociedad, en las diferencias que hay entre el texto de Julio Llinás y la película de María Luisa Bemberg, en el simbolismo del caballo, en las razones que motivan a los dos protagonistas, Ludovico D'Andrea y Charlotte, a tomar las decisiones que toman, y a las técnicas cinematográficas que emplea la directora de la película para contarnos esta historia.

Ya que esta película es una adaptación del cuento de Julio Llinás, antes de ver la película vamos a leer el cuento para poder comentar la adaptación que hace María Luisa Bemberg del mismo.

De eso no se habla

Cuando la niña cumplió los cinco años, doña Leonor Bacigalupo comprendió que la luminaria de sus ojos, la alegría de su vida, el orgullo de su vientre, la razón de su substancia, era enana.

Aquellas dulces curvas en las piernas, aquellos dedos ondulados, aquel andar patizambo,[1] no eran ya (como había querido creerlo cada minuto de sus días y sus noches) delicias comunes a todos los infantes bien nutridos, como ésos que se ponen desnudos con las nalguitas[2] para arriba en las propagandas de polvos de talco.

Doña Leonor llevaba una colección de aquellas propagandas y le resultaba evidente que los niños de modelo no superaban los dos años ni tenían muelas. La Carlota, en cambio, había echado ya una completa dentición de leche, con la que masticaba, golosa y feliz, un trozo de torta de chocolate y frambuesas[3] que la propia doña Leo había cocinado para aquella fiesta de cumpleaños en la trastienda[4] del bazar, bautizado con el nombre de su adorada hija.

Estuvo viéndola un gran rato, con el bonete[5] de cartón y papel plateado y el vestidito azul con alamares[6] de terciopelo verde, los soquetines[7] blancos y los zapatos de charol[8] con tira[9] al medio.

Jugaba alegremente con los otros niños que allí estaban. Estaba el hijo del boticario[10] Zamudio; estaba un sobrino de Ludovico D'Andrea, titular[11] de la oficina de bienes raíces, siempre intentando inútilmente vender terrenos[12] para moscas en las laderas[13] casi verticales del Cerro de los Pumas; estaba el hijo amarronado[14] del comisario Celestino Flauta que, en titánico combate con aquel apellido de maldición, lograba hacerse respetar a charrascazo[15] limpio en las milongas,[16] cuando el gauchaje, ya mamado,[17] se arrojaba los porrones[18] vacíos, cuya cerveza trasegaba[19] tibia y hasta a razón de veinticinco litros por mamado; estaba la hija sordomuda del doctor Jacinto Blanes, médico cirujano y sacamuelas,[20] acompañada siempre de su madre, que no hacía más que idiotizarla, gesticulando las señas de un idioma que ninguna de las dos había aprendido; y estaba el hijo del turco del forraje,[21] Mojamé, como le decían y él se de-

[1]*knock-kneed* [2]*little buttocks* [3]*raspberries* [4]*back room* [5]*cap* [6]*botones* [7]*calcetines* [8]*patent leather* [9]*string* [10]*pharmacist* [11]*dueño* [12]*lots* [13]*slopes* [14]*moreno* [15]*golpes* [16]*baile popular de Argentina* [17]*borracho* [18]*jarras* [19]*pasaba* [20]*dentista* [21]*forage*

jaba decir, ya fastidiado²² de aclarar a gentes de simpleza, que él llevaba el nombre sagrado del profeta.

También estaba el hijo del cura y de doña Greta Braun, la enigmática viuda del castillo que, en la guerra mundial, había albergado²³ a los marinos fornidos²⁴ y apolíneos del "Graf Spee" y que se dejaba ver muy raras veces fuera de misa y, a estar de lenguas osadas²⁵ y poco precavidas, fuera también de la modesta cama de madera, aunque aviada²⁶ con sábanas de fresco hilo de lino, de don Aurelio Bastiánez, párroco titular de la centenaria capillita de Candonga. Se confesaba, según habladurías,²⁷ con el propio amante, después de cada tarde de lujuria, pero no ya en el lecho²⁸ y con mostración de desnudeces, sino uniformados y decentes, en el propio locutorio de trescientos años que Ludovico D'Andrea intentaba mercar²⁹ por veinte pesos, para venderlo en la ciudad por veinte mil, como ya había hecho con casi todas las cosas de valor de San José de los Altares, incluyendo el púlpito de la capilla, íntegramente laminado en oro fino.

Acaso por ser hombre de más luces o con mejores artificios de granuja,³⁰ Ludovico D'Andrea era la fuente indemostrable y única de las murmuraciones, ya fueran cosas ciertas o afiebradas.

Soltero y de buen porte,³¹ rondaba la cincuentena y llevaba ropas caras e ingeniosas, que ni en la propia ciudad de Córdoba podían ser halladas. Eso le hacía apetecible³² para las mujeres de toda edad y condición, acostumbradas como estaban a los amores fantasiosos en la soledad de sus tareas lugareñas y sus melancolías infinitas.

Solían hablar de su sonrisa o su mirada, mas despertaban en medio de la noche bañadas en agua espesa, abrasadas de lascivia, soñándose apretadas por sus piernas, que su delirio requería velludas y torneadas. ³³

Lo cierto es que de Ludovico D'Andrea nadie decía nada malo, todo según se interpretaran, claro está, aquellos actos de su buen corazón, cuando compraba viejos trastos³⁴ de viejas familias o de pequeñas capillitas perdidas en la sierra. Tampoco, a pesar de su innegable galanura,³⁵ había maridos quejosos de adulterio, ni era posible observar satisfacción sobresaliente en el rubro³⁶ de las damas devotas del recato,³⁷ de la desgana conyugal o de veloces maniobras con las ropas puestas, en el asiento trasero de algún coche.

Desde aquel día memorable en que el padre Aurelio recibiera a Leonor Bacigalupo en confesión y en que, después de haberlo masticado durante muchas noches, se decidiera a confortar el alma quebrantada³⁸ de tan cumplida feligresa,³⁹ diciéndole:

—Dios nos envía cosas, doña Leo, en su infinita sabiduría, que debemos aceptar

---

²²molesto ²³*lodged* ²⁴fuertes ²⁵atrevidas ²⁶cubierta ²⁷rumores ²⁸cama ²⁹comprar ³⁰listo ³¹atractivo ³²deseado ³³"requería . . . torneadas": imaginaba llenas de pelo y de curvas suaves ³⁴objetos ³⁵gentileza ³⁶sección ³⁷*modesty* ³⁸*hurt* ³⁹*parishioner*

con resignación y hasta con júbilo... Quiero decir que la Carlota... —y fuera tajantemente[40] interrumpido por un inapelable—: De eso no se habla. —Desde aquel día memorable, entonces, de aquel asunto no se hablaba.

La niña Carlota iba creciendo (valga,[41] por Dios, el eufemismo) entre una nube de profesores que doña Leonor mandaba venir de Córdoba, estudiando todas las asignaturas de los colegios y otras que en ellos no se dictaban. Sólo un capricho inexplicable había tenido, cuando cumplió los diez años: pidió un maestro de acrobacia. Una semana más tarde, todos los lunes, miércoles y viernes, viajaba desde la ciudad de Córdoba un maduro acróbata, ya retirado, que había malgastado sus días de grandeza.

A medida que pasaba el tiempo, Carlota daba señales de una vivaz inteligencia y de un constante buen genio, que seducía a todo el pueblo de San José de los Altares y aun a vecinos de villas aledañas.[42] Solía sentarse sobre el mostrador del bazar con las piernitas estiradas, como una muñeca de tómbola, y platicar con gran humor de cualquier cosa que hubiera sucedido, bañada por la mirada orgullosa de su madre.

Ludovico D'Andrea la visitaba cada día para el aperitivo, que doña Leonor le servía con aceitunas verdes y pequeños trozos de embutido[43] quintero.[44] Narraba historias de países lejanos, exóticos, inexistentes. Carlota las escuchaba embelesada[45] y las retribuía con sus conocimientos, ciertamente vastos, de mitología griega.

Cuando la niña cumplió los quince años, Ludovico D'Andrea se atrevió a decirse que la amaba.

No ha de pensarse que fuera un hombre enfermo de la entendedera[46] ni que tuviera pasiones aberrantes. La veía como lo que era: una muchacha enana de noventa centímetros de altura y las facciones lavadas de su padre, que había muerto de insignificancia poco después de nacer ella.

—Sé que parece cosa de locura... —le había dicho al padre Aurelio.

—Yo diría más bien, una broma de mal gusto... —había respondido, amoscado,[47] el religioso.

—No es cosa de broma... aunque tal vez sea de mal gusto... —había dicho—. Y he de agregar algo más... La deseo como jamás he deseado a otra mujer...

—Esto es casi abominable... —hubo de replicar el santo varón, aunque no tan santo, si se considera la concupiscencia con que evocó las piernas largas y delgadas, las manos huesudas y tersas, la boca madura y jugosa de frau[48] Braun, la madre de su hijo, ya adolescente y en el noviciado.

—Es la única persona que acepto totalmente... —dijo D'Andrea ensimismado.[49]

—Usted bien sabe, padre, que no me faltan oportunidades...

[40]*emphatically* [41]sirva [42]vecinas [43]*cold cut* [44]de la granja [45]muy atenta [46]cabeza [47]molesto [48]la señorita
[49]totalmente convencido

—El padre Aurelio lo sabía bien y sacudió⁵⁰ la cabeza en actitud de conceder.
—¿Qué piensa usted hacer?... —preguntó aterrorizado.
—Pienso casarme con ella.

Por algo menos de un siglo, doña Leonor Bacigalupo se detuvo en el sendero⁵¹ serrano, con los nudillos blancos del esfuerzo con que aferró⁵² el extremo superior del báculo⁵³ de roble⁵⁴ sobre el que abandonó todo el agobio⁵⁵ de su peso, durante ese algo menos de un siglo, en el que aquellas palabras se mezclaron con la fragancia de Dios, que era el perfume, tramado⁵⁶ como un poncho, de las gramas⁵⁷ del monte, y que habían baldado⁵⁸ (las palabras) el accionar de su cerebro.

Comedido⁵⁹ y respetuoso, Ludovico D'Andrea mantuvo un silencio sepulcral, sobre el que brillaron como lágrimas los cantos de los pájaros y los sonidos rituales de la sierra.

—Quiero pensar que no se está burlando... —dijo por fin, apenas recompuesta.
—Usted me ofende, Leonor... Aunque parezca una locura, yo la amo intensamente...
—¿Y por qué habría de parecer una locura?...
—Bueno... no sé... precisamente... ¿Por qué entonces yo he de estar burlándome?...

Siguieron caminando como dos estatuas de mármol, sin detenerse a comentar la frágil gracia de un cabrito que, dos meses más tarde, habrían de comerse, sin discurrir⁶⁰ sobre la hondura de los cielos y sin coger peperina,⁶¹ que a cada uno de ellos le faltaba en sus herbarios. Llegados ya al parador,⁶² no se sentaron en el banco de cemento, en el que una mano inspirada había escrito "mierda" con pintura roja.

Sobre aquella palabra detuvieron ambos la mirada, como si fuera la materialización de sus talantes.⁶³

—Supongo... —dijo por fin doña Leonor— ... que me está usted pidiendo su mano...
—Desde luego... Aunque antes debo hablar con ella...
—Pensé que ya lo habría hecho... No ha de olvidar que es usted mucho mayor y, peor aún, que ella no es más que una niña...
—No lo olvido, doña Leo... Pero el amor es ciego...
—Naturalmente... Así lo espero... Está muy bien... hable con ella, a ver qué le contesta...

⁵⁰*shook* ⁵¹camino ⁵²*grabbed* ⁵³*cane* ⁵⁴*oak* ⁵⁵ansiedad ⁵⁶*woven* ⁵⁷hierba ⁵⁸*disabled* ⁵⁹tímido ⁶⁰pensar ⁶¹tipo de hierba ⁶²*inn* ⁶³estado emocional

Toda la angustia que había estado concentrada sobre el rostro de Ludovico D'Andrea cayó de pronto como un trapo sucio, rejuveneciéndolo diez años.

Doña Leonor, en cambio, permanecía tensa y comenzó el descenso con tiento[64] exagerado, como quien baja a los infiernos. Una puntada[65] en el alma le indicaba que, tarde o temprano, habría de hablarse de aquello que, durante quince años, había estado sepultado[66] bajo el control altivo[67] de su mente y la amenaza imaginaria de sus represalias.[68]

Cuando llegaron al bazar, sentada sobre el mostrador como lo hacía habitualmente, Carlota regañaba[69] alegremente al joven Celestino Flauta, dependiente[70] de la casa, hijo mayor del comisario y acostumbrado compañero de juegos infantiles.

El rostro de la niña se iluminó cuando un Ludovico D'Andrea atacado de zozobra,[71] le dijo:

—Buenos días... —en vez del consabido—:[72] ¿Cómo le va a mi angelito?...

—Atame el sulky,[73] Celestino... —ordenó cavilosa[74] doña Leo—. Vamos a ir hasta lo del turco a buscar alfa...[75]

—Los dejo solos... —murmuró al salir, cuando ya D'Andrea había clavado una mirada desnuda en los ojos de Carlota.

Quince días antes de la boda, el pueblo entero de San José de los Altares estaba ya excitado por el acontecimiento, el de mayor brillo de los últimos diez años, desde que el alemán Otto Presser se volviera loco y se pusiera a tirar con un máuser[76] de mira telescópica, parapetado[77] en el tanque de agua, sobre todos aquellos que acertaran a pasar[78] por el camino, si bien con tan penosa puntería,[79] que sólo había herido en una oreja a la mula parda de don Mojamé.

Doña Leonor Bacigalupo había decidido vender su chacra[80] de San Vicentito para lograr los fondos suficientes y no tener que andar escatimando[81] en un festejo que iba a hacer memoria.

Una modista de Córdoba estaba trabajando en su traje y en el de la novia, que doña Leo había dispuesto que fuera igual que los de las revistas, blanco, con velo, cola y toca[82] de azahares,[83] considerando sobre todo que Carlota llegaría intacta al himeneo.[84]

Tras una excusa no muy convincente del señor obispo, que fuera conversado por Nicanor Amuchástegui, primo de Ludovico D'Andrea, y tras un consiguiente acceso de furor, doña Leonor se resignó a que oficiara la santa ceremonia aquel bribón[85] de Aurelio, considerando sobre todo que la invitada de fuste[86] sería la viuda Greta Brun

---

[64]cuidado [65]golpe [66]enterrado [67]arrogante [68]*reprisals* [69]*reprimanded* [70]empleado [71]nerviosismo [72]habitual [73]carreta de un caballo [74]*broody* [75]alfalfa [76]rifle [77]situado [78]"acertaran a pasar": pasaran por casualidad [79]*marksmanship* [80]*small farm* [81]*cutting down* [82]*headdress* [83]*orange blossoms* [84]boda [85]*rascal* [86]importancia

y que el pecado no obstaba[87] para que estuviera presente, y hasta ayudando la misa, el hijo de ambos, que era seminarista y amigo de la infancia de la novia.

Había también decidido que, a falta de marido, la condujera al altar el alcalde[88] Saturnino Robles, postrado en silla de ruedas desde el año anterior como consecuencia de una hemiplejía. Empujaría la silla el joven celestino Flauta; el alcalde iría vestido de alcalde con el pecho cruzado por la banda nacional y Carlota podría llegar de bracete[89] del padrino, ya que, sentado en su silla, le quedaría a la altura.

Doña Leonor, que repasaba mentalmente hasta los mínimos detalles de la ceremonia, imaginando su retiro del altar del lado derecho de la silla del alcalde (el del brazo bueno), había evitado columbrar[90] cómo se las arreglaría el matrimonio. "Es cosa de ellos...", se dijo finalmente, y dio el negocio aquél por terminado.

Una curiosa ordenanza de don Robles había convertido en día feriado[91] el 15 de octubre, con la excusa de que la primavera comenzaba en esa fecha en San José de los Altares y no el 12 de septiembre, como indicaba el almanaque.

"Me cago en el almanaque...", había logrado articular, luchando con sus babas.[92] Tan sólo Nemesio López, escribiente de la alcaidía,[93] advirtió la inutilidad de aquel decreto irritante para los conservadores contumaces,[94] puesto que el 15 de octubre era domingo. Aunque se cuidó de hacer mención del hecho, para evitar agravamientos en la enfermedad del mandatario y no restar enjundia[95] a tan notorios esponsales.[96] Asimismo, mediante nota con su sello y firma, había ordenado al comisario Celestino Flauta la interrupción de todo tránsito con ruedas por la ruta de polvo y grava[97] que atravesaba el pueblo, desviándolo por el camino de cornisa[98] que nadie utilizaba con motor desde hacía veinticinco años y que alargaba en otros tantos kilómetros el trayecto hacia la puna.[99]

"Y dígame, don Robles...", —había inquirido el comisario con respeto—. "¿Cómo carajo[100] convenzo a los choferes?...

El magistrado levantó su brazo sano y señaló un viejo cartel de chapa oxidada[101] con la faz[102] apoyada en la pared y en la que el comisario, al darle vuelta, leyó: "Peligro. Derrumbe".[103]

"Tenemos dos...", se comedió[104] a informar Nemesio López. Con lo cual el problema quedó solucionado y la autoridad civil salió triunfante.

Ludovico D'Andrea estaba entusiasmado y había recibido de su futura suegra carta libre[105] para organizar la celebración más grandiosa del pasado, del presente y del futuro de San José de los Altares, a la que nadie faltaría en calidad de invitado o bien en

---

[87]era un obstáculo [88]*mayor* [89]*arm-in-arm* [90]*to guess* [91]de fiesta [92]*saliva* [93]*governorship* [94]*obstinate* [95]importancia [96]*betrothal* [97]*gravel* [98]*cornice* [99]*upland* [100]*the hell* [101]"chapa oxidada": *rusted sheet* [102]cara [103]*landslide* [104]ofreció [105]"carta libre": total libertad

doble calidad de servidor y de huésped, puesto que alguien tenía que realizar las tareas y habrían de ser pocos, entre los 98 habitantes estrictos de la villa, incluidos los enfermos y los niños de pecho, los que no fueran a hacer nada, vale decir, alguna cosa distinta de estar sentados mirando o de bailar y comer de las tres vaquillas gordas que don D'Andrea había mandado traer de Santa Fe, y de los quince cabritos de la sierra, y de beber de los quinientos porrones[106] de a litro de la cerveza "Río Segundo", que sería enfriada con sesenta barras de hielo con sal gruesa.

Cincuenta mesas para cuatro personas y ciento veinte sillas serían ubicadas[107] a lo largo de la ruta, entre las dos márgenes del pueblo, y siete cables eléctricos de noventa metros iban a ser tendidos[108] con cincuenta lamparitas cada uno, lo que haría un total de ciento quince bombitas[109] amarillas, ciento catorce coloradas y ciento veintiuna sin color alguno, para alumbrar[110] los manjares.[111]

Se estaba ya acondicionando el viejo tinglado[112] de madera que albergaría a la orquesta característica de Melitón Zambrano, más requerida que el agua bendita desde la sierra hasta el valle y que podía ejecutar fox-trots y tangos, cumbias y rumbas, polcas y valses, chacareras y zambas, sin mencionar la presencia de las mulatas "Incendio".

Por su parte, el joven hijo del turco del forraje, Mojamé Segundo, como le apelaban,[113] hacía ya tres semanas que estaba practicando en su acordeón-piano la marcha nupcial de Mendelsohn, hasta lograr que le saliera de corrido,[114] que era todo cuanto le había encomendado don Ludovico, a cambio de un mono carajá, que el prometido poseía y el muchachito codiciaba.[115] La ensayaba junto a un micrófono conectado a uno de los altoparlantes[116] de propiedad municipal, teniendo en cuenta que la ceremonia se realizaría al aire libre, con el altar castrense[117] que inventara el padre Aurelio para dar misas de campaña a los seis uniformados compuestos por el cuerpo de bomberos y el personal oficial, todos los Nueve de Julio. Había obtenido también, bajo palabra de retorno, ante la imagen sagrada de la Virgen del Valle, que la comuna vecina de Arrayanes le concediera en calidad de préstamo el camino rojo de alfombra de quince metros de eslora[118] que, según la tradición dijera, había desechado[119] el doctor Elpidio González cuando bajó del coche para exiliarse en la Casa Azul, tras haber sido el vicepresidente de la patria.

A las diez y cuarenta y cinco de la mañana esplendorosa y fragante del 15 de octubre, día de la primavera en San José de los Altares, feriado por decreto y domingo por añadidura,[120] empujada por el joven Celestino Flauta y flanqueada[121] por el oficial es-

[106]jarras [107]colocadas [108]laid [109]lámparas [110]iluminar [111]delicacies [112]plataforma [113]llamaban [114]"de corrido": sin errores [115]deseaba [116]speakers [117]military [118]longitud [119]rechazado [120]"por añadidura": *on top of all that* [121]*flanked*

cribiente Nemesio López, del edificio colonial de la alcaidía, partió[122] la silla municipal, con su preciosa carga engalanada[123] con todos los símbolos del mando.

Por carecer de familia en absoluto, don Saturnino Robles era atendido en sus necesidades públicas por su oficial escribiente que, para la ocasión, había tomado prestados unos zapatos amarillos con la venia[124] de la Rosenda Gamarra, empleada doméstica y ocasional enfermera del alcalde.

Los habitantes de San José de los Altares, ya fuera por respeto a la entidad del acto, por simple afán[125] de presumir[126] o por esa mera insania de los hombres, se habían vestido con galas[127] que, en muchos casos, parecían provenientes de una sastrería teatral. Un zorro plateado en plena primavera, bombines,[128] bastones y polainas,[129] ponían un toque de locura en la locura. Las gentes simples y humildes, por su lado, se habían limitado a darse un baño, simplemente.

La silla de ruedas se iba desplazando, pues, muy dignamente, entre la multitud que aplaudía (algunos se habían puesto guantes) al alcalde, por primera vez en su vida.

Tras un intento frustrado de saludar al pueblo, don Saturnino Robles que, a pesar de tanto emperifollo[130] se veía muy desmejorado, sólo atinaba[131] a desplazar sus babas con el dorso huesudo de la mano buena y no daba señales cabales[132] de disfrutar de los honores, ni siquiera, tal vez, de comprenderlos.

Cuando, por fin, la comitiva[133] estuvo frente al camino rojo que había desdeñado[134] un vicepresidente en su desgracia, hacía ya un buen rato que abría y cerraba las manos para descargar los nervios don Ludovico D'Andrea, que parecía Tyrone Power, enfundado[135] en el chaqué[136] que había alquilado en Buenos Aires, deslumbrante con su corbata fruncida de pechera y aquel buen metro con ochenta y cinco que le daba porte[137] de capitán de granaderos.[138]

En el cabriolé[139] francés de la viuda Braun, cuidadosamente pulido como una sopera[140] de punzón,[141] aunque carente —en la ocasión— del frisón[142] negro azabache[143] que completaba su nobleza (se había mancado[144] el día anterior y debió ser reemplazado por la mula parda de don Mojamé) llegó la novia, con el vestido blanco de cola, el velo de ensueño nocturno y el pequeño ramo ritual, nerviosamente apretado por sus dedos de bebé.

Cuidadosamente asistida por doña Leonor y cuatro niños de camisa blanca, corbata de lazo y zapatos de charol, logró por fin poner pie en tierra y liberar el suspiro que retuviera su pecho enamorado durante todo el trámite.[145]

[122]*departed* [123]adornada [124]permiso [125]deseo [126]*to show off* [127]"con galas": elegantemente [128]*bowler hats* [129]*gaiters* [130]arreglo [131]*succeeded* [132]"no...cabales": no daba muestras [133]*suite* [134]rechazado [135]vistiendo [136]*morning coat* [137]apariencia [138]*grenadier* [139]*cabriolet* [140]*soup tureen* [141]*punch* [142]caballo [143]negro [144]hecho daño [145]proceso

En el preciso instante en que Leonor Bacigalupo y Ludovico D'Andrea se dieron el brazo para iniciar la marcha hacia el altar de campaña en el que aguardaban[146] muy serios el padre Aurelio y su hijo Adolfo, los altoparlantes municipales vomitaron un chirrido[147] que ensordeció[148] por un instante al pueblo entero de san José de los Altares y dio ocasión a Saturnino Robles de pasar discretamente a mejor vida, situación que sólo fue advertida por doña Leonor, quien hizo una seña casi imperceptible a su dependiente, para ponerlo en autos[149] del asunto y que empujara la silla con el cuidado debido y corrigiera la postura del difunto en caso de ser necesario, todo lo cual fue adivinado más bien que comprendido por el joven Flauta, que se encontraba asistiendo a la batalla entablada[150] entre su devoción por doña Leo y sus impulsos extremos de salir huyendo.

Fue remediado el desperfecto eléctrico y las bocinas[151] transmitieron a Medelsohn, interpretado en solo de acordeón-piano por Mojamé Segundo, más concentrado en su inminente posesión del mono carajá que en la partitura de la marcha nupcial.

La ceremonia transcurrió tan dignamente como era posible en aquel pueblo, al que bajó de la alta sierra, precisamente en el instante de la consagración, el ermitaño Zacarías, con su rebaño de cabras y sus tres perros de lanas, que las tenían a raya.[152] De modo tal que entre balidos[153] y ladridos y el chistido[154] de lechuza[155] del padre Aurelio, quedó casada Carlota, y satisfecha —a medias como siempre— su benemérita madre.

El ejecutante volvió a arrancar[156] con Mendelsohn y don Ludovico D'Andrea, con la mayor naturalidad del mundo, tomó de la mano a su flamante[157] esposa, que saludaba en su marcha patizamba junto a su marido, con discreción de señora y regocijo[158] de niña, alternativamente, según de quien se tratara.

Los cuatro infantes, mientras tanto, se las componían para no pisar la cola del vestido, que era arrastrada[159] por el camino de alfombra del que se había considerado indigno un vicepresidente de la República. La pareja nupcial era seguida por el difunto alcalde y por doña Leonor, que había posado[160] el guante largo de su mano izquierda sobre el hombro del finado,[161] para evitar que se tumbara[162] de la silla de ruedas y que, con talento de ventrílocuo, le susurraba[163] al aterrado joven Celestino Flauta:

—Nadie tiene que darse cuenta . . . Te lo llevás[164] al galpón[165] del turco y lo metés entre las barras de hielo, donde están los porrones . . .

—Tengo mucho miedo, doña Leo . . . —había atinado a musitar[166] el dependiente.

—No seas cobarde y hacé lo que te digo . . . Que Nemesio te ayude . . . —ordenó

---

[146]esperaban [147]ruido [148]*deafened* [149]conocimiento [150]*waged* [151]*speakers* [152]"las . . . raya": *kept them at bay* [153]*bleats* [154]sonido que se hace para pedir silencio [155]*owl* [156]comenzar [157]hermosa [158]alegría [159]*dragged* [160]puesto [161]muerto [162]cayera [163]*whispered* [164]llevas (uso del voseo) [165]*barn* [166]*to mumble*

la mujer con un costado¹⁶⁷ de la boca, mientras con el otro sonreía respetuosamente a la señora Greta Braun, que había asistido al acto sin descender de su viejo Mercedes Benz descapotado.¹⁶⁸

Batió las palmas¹⁶⁹ enguantadas y dirigiéndose a todos, con aire mundano, exclamó:

—¡A descansar para la noche!... —mientras miraba alejarse a la pareja tomada de la mano, rumbo¹⁷⁰ al bazar y a su mismísima alcoba,¹⁷¹ a la que había renunciado y en la que el alma de su alma sería inminentemente desflorada.

Entonces fue cuando el demonio se apoderó de su cabeza y metió en ella aquella horrenda imagen de Tarzán con su mascota,¹⁷² cuya crueldad vulgar habría de mortificarla por el resto de sus días, mientras le vapuleaban¹⁷³ el cuerpo las carcajadas,¹⁷⁴ hasta ponerle un calambre¹⁷⁵ en la cintura y hacerle verter¹⁷⁶ lágrimas de risa envenenada, de mala risa del infierno.

—Es por la emoción... —aventuró¹⁷⁷ la mujer del comisario, mientras procuraba apocar¹⁷⁸ las convulsiones de Leonor Bacigalupo, que era asistida asimismo, con alguna aprensión, por las personas presentes.

Calmadas ya las carcajadas, fueron sucedidas como un torbellino¹⁷⁹ por el acceso de llanto¹⁸⁰ más desgarrador¹⁸¹ de que tuviera memoria el pueblo de San José de los Altares.

—Es la emoción, sin duda alguna... —repetía la señora Flauta, tan satisfecha con sus conclusiones íntimas, directamente vinculadas con aquel asunto del que no se hablaba.

Doña Leonor fue finalmente invitada a subir al auto de frau Braun que la condujo hasta el bazar, distante solamente unos treinta metros y donde había ya dispuesto, en el cuarto¹⁸² que fuera de Carlota, las comodidades de su nueva vida de mujer terminada.

Se había tendido en enaguas¹⁸³ sobre el lecho, forzándose a no pensar, cosa que, como es sabido, resulta ser imposible. Agradeció a la Santísima Virgen del Valle que no le llegaran sonidos de ninguna índole desde la alcoba nupcial. Hasta que oyó el carillón con que llamaban a la puerta del bazar.

—¿Quién podría ser el imprudente?... —se preguntó, poniéndose con desgano¹⁸⁴ el batón *matelassé* que le habían vendido en Córdoba, como si la novia fuera ella.

No poca fue su sorpresa cuando abrió la puerta y vio el rostro¹⁸⁵ fiero y achinado¹⁸⁶ del comisario Flauta, atravesado por los bigotazos¹⁸⁷ de siempre, como un gran tajo¹⁸⁸ negro, aunque las cosas no estuvieran estando como siempre.

---

¹⁶⁷lado ¹⁶⁸*convertible* ¹⁶⁹"Batió... palmas": *she clapped the hands* ¹⁷⁰"rumbo al": *on their way* ¹⁷¹habitación ¹⁷²*pet* ¹⁷³*beat* ¹⁷⁴risas ¹⁷⁵*cramp* ¹⁷⁶*to pour* ¹⁷⁷dijo ¹⁷⁸disminuir ¹⁷⁹*whirlwind* ¹⁸⁰*crying* ¹⁸¹*heartbreaking* ¹⁸²habitación ¹⁸³*petticoat* ¹⁸⁴*reluctantly* ¹⁸⁵cara ¹⁸⁶aspecto de chino ¹⁸⁷bigotes ¹⁸⁸corte

—¿Me permite pasar? . . . —preguntó Flauta con la gorra[189] puesta y sin haber saludado.

—Pase.

—Doña Leonor . . . Ya sabe usted cuánto la estimo y el respeto que tengo por su casa . . . pero hoy se ha cometido un acto ilícito, comprometiendo además a dos muchachos inexpertos, uno de los cuales es hijo mío y su empleado . . .

—Siéntese, Celestino, haga el favor . . . —dijo Leonor, recuperando el ritmo de su pensamiento. — . . . Nos vendrá bien una ginebra . . .

El comisario se quitó la gorra y coincidió con doña Leo en que una ginebra les vendría bien.

—No podía hacerse otra cosa, Celestino . . . Hubiera sido una catástrofe . . . Tantos preparativos . . . tanto gasto . . . El pobre alcalde estaba muerto ya desde el año pasado . . .

—Pero el asunto del hielo, doña Leo . . .

—Nada más razonable, don Flauta, para conservar intacto a Saturnino y hacerle mañana un gran entierro, como él se merece . . .

Pareció ablandarse[190] el comisario, en parte tal vez, por el razonamiento y, en parte tal vez, por la ginebra.

—Mi muchachito está atacado . . .[191] Figúrese que le quitó la ropa de alcalde y lo dejó en camiseta y calzoncillos[192] largos . . . Lo adobó[193] con sal gruesa y lo cubrió de hielo . . . Pero ahora está atacado de los nervios . . .

—Un buen aumento de sueldo le quitará la maña . . . Hace ya un tiempo que pensaba dárselo . . . Es un tesoro el muchacho . . . La del estribo, querido Celestino, que por la noche hay juerga[194] y en la mañana, funerales . . . ¿No suele ser así la vida acaso? . . .

Eran las diez de la noche cuando Carlota y Ludovico D'Andrea salieron del bazar rumbo a la orilla derecha de la ruta, donde se había instalado la cabecera de la mesa, junto al tinglado de la orquesta, que estaba dando rienda suelta[195] a unos joropos llaneros,[196] para solaz[197] de algunos circunstantes y en especial del padre Aurelio, muy empeñado[198] en asociarse al ritmo del trópico lejano, sin el menor sentido de la cosa, con golpecitos de cuchillo contra una copa vacía de cerveza, que no tardaba en llenarse nuevamente. Doña Leonor flanqueaba al sacerdote y aguardaba la presencia de su yerno en el lado contrario, allí donde debía haber estado don Saturnino Robles que, como es ya sabido, yacía enfriado y salado entre cuatrocientos porrones de cerveza, puesto que cien ya habían sido honrados[199] por la concurrencia.

[189]*cap* [190]*calmarse* [191]*alterado emocionalmente* [192]*underpants* [193]*he marinated him* [194]*fiesta* [195]*"dando . . . suelta": tocando* [196]*"joropos llaneros": baile típico de Venezuela* [197]*solace* [198]*determined* [199]*consumidos*

Tomó su puesto don Ludovico al lado de su suegra, quedando Carlota separada de él, a la vera[200] del clérigo.

—No te confieses todavía, Carlota, que hay más cosas... —dijo a los alaridos[201] el chusco[202] del pueblo, Ceferino Mosca, encargado de la usina.[203]

—No sea grosero, Ceferino... —protestó la madre de la novia, aunque la chanza[204] le diera alguna gracia.

—Eso espero... —replicó Carlota, mirando con ternura a su marido.

Entonces, sin que ningún espíritu malévolo lo urdiera,[205] sin que la cuestión fuera siquiera prevenida por el cerebro rumiante de doña Leonor, la orquesta característica de Melitón Zambrano arrancó espontáneamente con los compases contagiosos del transitado[206] vals de Johann Strauss, inevitable en las bodas de buen tono y que provoca a las gentes a azuzar:[207] "¡Que bailen los novios..."

Hubo un instante de disgusto y desazón[208] en los notables de la mesa y en la mirada de pánico y tormento de Leonor Bacigalupo, hasta que Ludovico D'Andrea se estiró los puños blancos y apretados de su impecable camisa de pechera y levantándose sonriente, dijo:

—Por supuesto... —ante el silencio expectante de los pobladores de San José de los Altares y el silencio abismal de las poblaciones aledañas, de pájaros y bestias y de los cuatro elementos de la Tierra, con excepción del ermitaño[209] Zacarías que era sordo y que, a buena distancia del resto de las gentes, donde se lo había destinado a causa de su catinga[210] de cabra, pronunciaba para su coleto,[211] respondiendo, tal vez, a una coherencia interna:

—Ningún hombre ha muerto de hambre, verdaderamente... Los hombres mueren de comida... —afirmación que fue atendida por algunos de los comensales[212] y que, de no mediar aquella horrible situación del vals imperial, tal vez hubiera sido celebrada, pues se decía de aquel hombre que era muy sabio y muy profeta, que se había disipado en la montaña por una muerte que debía y que había pasado dos años sin comer, nutriéndose[213] tan sólo de los rocíos[214] de la sierra.

Se encaminó[215] Ludovico D'Andrea hacia el asiento de su esposa y la elevó con las manos como a un cáliz, y como a un niño la sentó en el antebrazo izquierdo, caminando así con ella hasta llegar al mero centro de la ruta de polvo calizo[216] y grava suelta, donde la besó tiernamente en los labios y le tomó la mano izquierda con su diestra,[217] dando comienzo fantasmal a una danza de novios que estaba fuera de este mundo y de todos los mundos existentes más allá del amor.

Con una solvencia que hablaba de otros valses, sobre otros solados[218] y bajo otros

---

[200]"a la vera de": *next to* [201]gritos [202]el gracioso [203]*factory* [204]*joke* [205]*plotted* [206]muy conocido [207]*to egg someone on* [208]*uneasiness* [209]*hermit* [210]olor [211]para sí mismo [212]*companions at table* [213]alimentándose [214]*dew* [215]fue [216]*lime* [217]mano derecha [218]*tiled floors*

405 caireles,[219] envuelta en velos blanquecinos de polvo y de ternura, la pareja nupcial, sin dejar de girar con los compases de la música, se fue alejando del centro del festejo, hasta perderse en el abrazo fragante, emocionado, de la noche inmensa.

Los funerales del alcalde no estuvieron a la altura de un gran muerto. No fueron contratados los servicios de la funeraria de Vuelta Guanacos y toda la pompa estuvo limi-
410 tada a los florones[220] negros de papel crepé que fueron amarrados[221] a la cabezada[222] de la mula parda de don Mojamé y que, privándose del descanso (preciso es destacarlo) confeccionó en aquellas breves horas entre dos días memorables, doña Leonor Bacigalupo, diciéndose todo el tiempo: "No habrá sido un gran hombre . . . pero, ¿quién lo es? . . . En todo caso, siempre ha sido un buen amigo . . .". Se refería sin duda a su
415 notoria potestad sobre don Saturnino Robles y al usufructo constante que había tenido de ella.

Ceferino Ramírez había declinado el honor de construir el ataúd,[223] por hallarse quebrado de una mano, y sólo pudo ofrecer un cajoncito de niño que le había sobrado[224] de la epidemia de meningitis tuberculosa, cuya crueldad se llevara, quince
420 años antes de aquel día, a aquellos cuatro muchachitos que, tras unos meses de realizar milagros en la sierra y aparecerse a cualquier hora del día o de la noche, habían sido olvidados por el pueblo entero.

Tras extender[225] de mala gana el certificado de defunción,[226] el doctor Blanes, con voluntad más pobre todavía, había contemplado y medido a simple vista el cajoncito
425 blanco y los despojos[227] igualmente blancos, ajamonados, tan reducidos por los años, el frío y la salmuera,[228] del señor alcalde de San José de los Altares, su Excelencia.

—Apretándolo un poco, puede entrar . . . —dictaminó finalmente.

—Pues entonces, manos a la obra . . .[229] —Se apresuró a gobernar doña Leonor, que proyectaba algo grandioso, un golpe magistral de su magín[230] paradigmático del
430 signo de Leo.

Con no pocos esfuerzos, fue introducido el alcalde en el cajón de criatura, que Ceferino Rodríguez se apresuró a clavetear[231] con la mano sana y la asistencia del joven Celestino Flauta, muy satisfecho con su nuevo sueldo, y la del oficial escribiente de segunda clase Nemesio López, todo ello en medio de las santiguadas[232] y sollozos[233]
435 de la Rosenda Gamarra, que repetía fatigosamente:[234]

—¿Y ahora qué voy a hacer? . . .

Cuando llegó el cura Bastiánez, muy agitado, el cajón ya había sido cerrado.

---

[219]*fringes* [220]flores grandes [221]atados [222]*bolster* [223]*coffin* [224]*left over* [225]"tras extender": *after issuing* [226]*death* [227]*remains* [228]*brine* [229]"manos . . . obra": *let us get on with it* [230]cabeza [231]*to nail* [232]*signs of the cross* [233]*sobs* [234]con dificultad

—¡Es ese burro de mierda! . . . Dios me perdone . . . —se sofocaba— . . .Que se le dio por empacarse[235] y ponerse a comer grama . . .[236] ya pueden ver los zapatos cómo los tengo (los mostraba) de las patadas que le he dado . . .

—Cálmese, padre Aurelio, que para el caso es lo mismo . . . Ya puede usted bendecirlo con el cajón cerrado, que la palabra de Dios atraviesa la madera . . . —decía con no poca razón el carpintero.

La vagoneta[237] del turco Mojamé estaba aguardando junto a la alcaidía con el musulmán en el pescante,[238] que relataba a la discreta multitud reunida en torno del carruaje sus experiencias mortuorias en la lejana Siria, donde las costumbres no eran tan bárbaras y los muertos no se iban al infierno por la eternidad.

Celestino Flauta y Nemesio López aferraron con cautela los manijones[239] de los pies y Ceferino Rodríguez y el padre Bestiánez hicieron lo propio con los de la cabeza, mientras doña Leonor Bacigalupo susurraba en una oreja del clérigo, antes aun de que pudieran comprobar la levedad de aquel féretro[240] de azúcar con su pequeño muñequito adentro:

—Hay que ir pensando en el nuevo alcalde . . .

—¡Cuánta razón tiene usted! . . . —repuso el sacerdote, mientras iniciaba la marcha— . . . Estamos acéfalos . . .[241]

—Por eso mismo . . .

—¿Qué se le ocurre? . . . —inquirió el presbítero, poniendo sumo cuidado al descender los escalones de mármol que los muchachos y el carpintero parecían tomar a la ligera.

—Nada . . . —mintió doña Leonor— . . . Tan sólo estuve pensando en la capacidad y diligencia del señor D'Andrea . . . Ya ha visto usted de qué manera ejemplar organizó su propia boda . . .

—Debería usted llamarle Ludovico, doña Leo . . . No ha de olvidar que ahora es su yerno . . . —dijo el ladino[242] religioso intencionadamente.

—¡Por Dios, Aurelio! . . . No me he dado cuenta . . . —se escandalizó la mujer— . . . No debía haberlo mencionado . . . Sólo que no puedo dejar de pensar que sería un intendente[243] muy beneficioso para todos . . .

El padre Aurelio creyó advertir cierta intención en la manera en que fue arrastrado aquel "todos" entre la lengua y los dientes y prolongada la ese en un silbido de lechuza como el suyo propio. Pero se estaba abocando[244] con los otros tres a subir el muerto a la carreta y no era hombre de grandes atributos musculares.

Depositado que fuera don Saturnino Robles sobre el piso de la vagoneta y cubierto el féretro infantil con la bandera nacional, por el único representante legal de la

[235]*to get stubborn* [236]hierba [237]carreta [238]asiento [239]*clamps* [240]*coffin* [241]sin autoridad [242]*cunning* [243]*mayor* [244]dedicando

alcaidía, el oficial escribiente de segunda clase don Nemesio López, en cuyos zapatos amarillos, suyos ya para siempre, parecía brillar la brasa[245] del Estado, se inició el cortejo hacia el cementerio, donde una fosa[246] demasiado grande para la realidad del caso, desde la entraña del mundo y de los tiempos, estaba aguardando al fallecido mandatario, Dios lo tuviera en su gloria.

Antes de pronunciar las palabras de rigor, el padre Aurelio anunció a doña Leonor:

—Me ocuparé del asunto . . .

A falta de flores, los circunstantes fueron echando sobre el ataúd pequeñas matas[247] de menta peperina, que arrebataban[248] a la sierra con ademán[249] de pesadumbre.

Dos días después de aquel entierro, don Ludovico D'Andrea y Amuchástegui, por aclamación popular, era elegido alcalde de San José de los Altares, recibiendo los símbolos del mando de manos de don Celestino Flauta, comisario inspector, y convirtiendo a su esposa, doña Carlota Bacigalupo de D'Andrea, en la señora alcaldesa.

Fueron cinco años minuciosamente los que transcurrieron (es una forma de decir), noche tras noche, con ese aliento[250] secreto e implacable de lo que está para siempre, pues no parece que el tiempo se midiera, sino que fueran los hombres quienes olvidan y recuerdan, quienes sueñan que viven y que mueren y cuyas grandes pasiones, que no otra cosa son las almas, suelen a veces ser eternas.

Así las cosas, por aquel tiempo pasaron las personas, cobrando rastros[251] del transcurso en ciertas ocasiones y sin cobrarlos en otras, como era el caso de Carlota D'Andrea que, a los veinte años, estaba igual que a los quince.

También pasaron las cosas y las bestias, el macadam[252] por la ruta, la mula parda de don Mojamé, que se marchó una mañana con las huríes[253] del profeta, y aquel monito carajá que fue infectado de rabia por una comadreja[254] y que causó la muerte de Mojamé Segundo, la catalepsia de su padre y un sentimiento de espanto en la fragancia de la sierra.

A don Aurelio Bestiánez, con fondos provinciales, la alcaidía le había repuesto un púlpito de estuco y había encalado[255] las paredes de su capilla serrana.

El matrimonio disfrutaba de una vida normal (si es que se puede hablar así), satisfactoria y corriente. Don Ludovico, cuya pasión por Carlota se incrementaba cada día, acostumbraba a pasearse todas las mañanas por el pueblo, interesándose por las cuestiones de la gente, a la que no podía auxiliar por falta de presupuesto,[256] pero que

---

[245]*hot coal* [246]*grave* [247]*sprigs* [248]tomaban [249]actitud [250]espíritu [251]*traces* [252]*asphalt* [253]mujeres hermosas [254]*weasel* [255]*whitewashed* [256]*budget*

confortaba con su sonrisa de milagro y un toquecito en el hombro de su varita de tacuara[257] con los extremos retobados[258] en cuero de ñandú.[259]

Carlota había hecho instalar en la intendencia un gran gimnasio, donde pasaba las horas practicando sus artes de acrobacia, sin el concurso ya de su maestro, que había partido hacía tres años de la mano de una pulmonía, para la cual no había red, según ironizara amargamente.

Fue en una ardiente mañana de un 25 de enero, cuando los muchachos que perdían su tiempo intentando cazar ranas en el río con una larga cinta roja en el extremo de un cordel,[260] quedaron mudos de sorpresa y maravilla cuando la primera trompa de elefante asomó[261] detrás del codo de la sierra que descendía para el vado,[262] seguida, como se comprende, por el elefante entero y otros dos elefantes, enteros asimismo, que se enlazaban[263] las colas con las trompas.

Ricas gualdrapas[264] de brocado[265] de Oriente les alhajaban[266] el lomo[267] y unos penachos[268] sostenidos por bozales[269] de coloridas lentejuelas[270] perjudicaban la dignidad de su tristeza y el señorío de su lenta marcha por la vida.

Luego pasaron las jaulas con las fieras, los carromatos coloridos y el escenario con ruedas de la banda, uniformada de azul y oro, ejecutando una marcha alentadora.[271]

Siempre hay una vez que es la primera, como suele decirse, y resultó ser aquella la primera vez en que llegaba un circo a San José de los Altares. No sólo los niños se apiñaban[272] alrededor de los portentos[273] y prodigios. En poco tiempo el pueblo entero estuvo reunido frente a la alcaidía, que fue el lugar de atención de la columna.

De un viejo jeep de guerra, pintado de amarillo, muy elegantemente vestido con ropas deportivas, una copiosa cabellera rubia, rasgados[274] ojos celestes y piel tostada por el sol, saltó ágilmente un enano, que fue espontáneamente aplaudido por las gentes y que levantó los brazos en actitud de saludo, agitando la cabeza con ademán de gratitud.

—Quiere parlar[275] con alcalde... —cocolicheó[276] al vigilante de guardia en la intendencia, que no podía juntar las dos mandíbulas por la estupefacción que le causaba aquella enorme extravagancia.

Doña Leonor, paralizada, había concentrado una mirada de piedra en todo aquello. En su caldero interior hervía, borboteando[277] como una pócima[278] de bruja, la gran mentira de su vida, segundo tras segundo, minuto tras minuto, día tras día, durante veinte años, seiscientos treinta millones de segundos, contra la humillación que le

---

[257]tipo de madera [258]cubiertos [259]*rhea* [260]cuerda [261]apareció [262]*ford* [263]unían [264]*trappings* [265]*brocade* [266]adornaban [267]*back* [268]*tufts* [269]*halters* [270]*spangles* [271]*encouraging* [272]agrupaban [273]maravillas [274]*wide* [275]hablar [276]dijo [277]*bubbling* [278]*potion*

había impuesto la existencia de Dios y la soberbia infinita de no aceptar la desgracia de los cielos.

Por primera vez en veinte años, la palabra vedada[279] circulaba entre los vecinos, luego de ser disfrutada como un manjar del alma por paladares y lenguas demasiado tiempo prisioneros. Y si hubiera historiadores de la condición humana, el 25 de enero hubiera sido recordado como la fecha de la liberación del noble pueblo de San José de los Altares.

Aquel apuesto[280] enano, que las dos cosas era el hombrecillo, daba por tierra[281] con el untuoso[282] asunto del que no se hablaba, humanizando la deformidad y desterrando[283] la violencia de la distracción y el fingimiento.

Los alcaldes salieron sonrientes a la puerta y Achille Vasilievich se apresuró a besar la mano de la señora alcaldesa.

Descendiente de familia noble, había nacido en Zagreb cuarenta y cinco años atrás y había recorrido el mundo entero con su circo.

—*Les nains sont pour les cirques . . . et les cirques sont pour les nains . . .*[284] —dijo sonriente a sus anfitriones en el transcurso del almuerzo.

—*J'ai toujours pensé la même chose . . .*[285] —replicó Carlota, más radiante que nunca.

Leonor Bacigalupo soñaba que soñaba. Un arrebato[286] de luz fosforescente refuciló[287] en sus ojos de lagarto,[288] sobre la arena mal colada[289] de la pista desierta. Envuelta en una bruma[290] que no era de este mundo, con un tutú[291] de tules[292] y zapatillas de punta, rosadas como encías, la señora alcaldesa de San José de los Altares hacía brillar la desventura de sus piernecitas tuertas[293] bajo las calzas[294] platinadas y vivaces como los peces del río San Vicente, que no eran de comer sino de ensueño. Lo hacía con la soltura y con la gracia de una persona entrenada y segura de sí misma, sobre la grupa[295] hendida[296] en dos naranjas blancas de un obeso caballo afeminado.

Leonor clavó los ojos de lagarto en el penacho de añiles[297] y de granas[298] con destellos[299] áureos, que valsaba[300] en la cabeza de la bestia. Los clavó allí para dejarlos, para distraerlos de lo que estaba sucediendo en el extremo opuesto. En el extremo opuesto, Carlota equilibraba su pequeña persona de rostro maquillado como para un gran guignol, absorbiendo la cadencia del galope, flexionando los torneados[301] brazos, girando, en fin, como una mezcla de écuyère[302] y bola elástica.

Fue la oquedad[303] de un par de manos que aplaudían la que arrancó los ojos de

---

[279]prohibida [280]atractivo [281]"daba . . . tierra": destruía [282]*sticky* [283]*banishing* [284]"*Les . . . nains*": los enanos pertenecen al circo y el circo a los enanos [285]"*J'ai . . . chose*": yo siempre he pensado lo mismo [286]*rapture* [287]*flashed* [288]*lizard* [289]*strained* [290]*mist* [291]*tutu* [292]*tulle* [293]*bent* [294]*medias* [295]*rump* [296]*split* [297]azules [298]rojos [299]*glimmer* [300]bailaba [301]*shapely curved* [302]*horsewoman* [303]vacío

lagarto del penacho ecuestre. Leonor Bacigalupo no hallaba ya el terreno para sus pasos de mujer de espuela y recibió los sacramentos de aquel dolor punzante[304] que nunca más podría domeñar.[305]

Repantigado[306] sobre el antepecho[307] de terciopelo[308] rojo que bordeaba[309] la pista, el conde Vasilievich bebía champagne, que escanciaba[310] de un *jeroboam*[311] de talla algo menor que la suya, y daba signos de ventura intensa al exclamar con su vibrante voz de bajo ruso: "*La vérité respire comme un lapin*"[312]

Leonor Bacigalupo soñaba que soñaba.

Vivimos de miserias. Y sin embargo, las grandes cosas están muy cerca de nosotros. La tragedia reside en que no somos capaces de verlas casi nunca. Pero, si alguna vez las vemos, de la miseria a la grandeza, transmigra nuestra vida.

El circo Zagreb había levantado su carpa[313] de dos pistas sobre terrenos del finado[314] Mojamé a la salida del pueblo, y doña Carlota D'Andrea no faltó una sola noche a la función.

Mientras los peones acomodaban las cosas, daban su pienso[315] a las bestias y cepillaban[316] como a grandes muebles a los elefantes, en la melancolía infinita del día de partida, Carlota dijo a su marido:

—Me voy Ludovico... Sé que a tu lado viviría siempre como una princesa... Pero no soy una princesa... Soy una mujer enana, demasiado tiempo condenada a discutir con los espejos, una mujer que ha tropezado,[317] tal vez, con su destino...

—O con su condena... —dijo Ludovico.

—¿Cuál es la diferencia?...

—Nuestro destino es el amor...

—El amor es algo mucho más grande que el destino... Mucho más frágil también. Si no fuera así, no existiría...

—Estaba en el aire... —dijo el alcalde con la dignidad más triste de la tierra.

Carlota besó la mano temblorosa y fría de su príncipe azul y saltó hacia el jeep en el que Achille la aguardaba.

Bajo el alero[318] colonial de la alcaidía, flotando en los ardientes calores del mes de febrero, su Excelencia el alcalde de San José de los Altares, don Ludovico D'Andrea y Amuchástegui, quedó sentado en un sillón de mimbres,[319] mirando hacia el vacío infinito de sí mismo, con la soledad de corazón de un hombre que había amado hasta extinguirse en el extremo sin retorno del amor.

[304]*sharp* [305]*controlar* [306]*sprawled* [307]*guardrail* [308]*velvet* [309]*surrounded* [310]*servía* [311]*botella de vino* [312]"*La ... lapin*": la verdad respira como un conejo [313]*tent* [314]*difunto* [315]*comida* [316]*brushed* [317]*tripped* [318]*eaves* [319]*wicker*

Comprensión de la película

1. ¿En qué etapas de la vida de Charlotte se centra la película?
2. ¿Qué tipo de libros y esculturas destruye Leonor? ¿Por qué lo hace?
3. ¿Qué tipo de educación recibe Charlotte?
4. ¿Esperaba Leonor que Ludovico D'Andrea le pidiera la mano de su hija? ¿Por qué se sintió sorprendida?
5. ¿De dónde viene el título del cuento y de la película?
6. ¿Qué pasó con el alcalde durante la ceremonia del matrimonio?
7. ¿Qué celebración tiene lugar después de la ceremonia religiosa?
8. ¿Por qué cree que se va Charlotte con el circo?
9. ¿Qué ocurre con Ludovico D'Andrea cuando se va Charlotte con el circo?

Análisis crítico

1. ¿Podría identificar la voz narrativa de la película?
2. ¿Esperan Julio Llinás, o María Luisa Bemberg, que hagamos un estudio sicológico o sociológico de la relación entre Ludovico D'Andrea y Charlotte? ¿Por qué cree que se casan?
3. ¿Podríamos considerar el cuento y la película como costumbristas o realistas? Justifique su respuesta.
4. ¿Podríamos ver la película como una alegoría de una relación sentimental entre dos personas que desafían las convenciones sociales establecidas?
5. ¿Qué tipo de relación tiene Leonor con su hija? ¿Acepta que sea enana?
6. ¿Qué papel juega la música en la película? ¿Podría seleccionar una escena y comentar la relación entre la música y el tema de la misma?
7. ¿Qué valor simbólico tienen el caballo y la tormenta en la película?
8. ¿Qué tipo de planos y angulación predominan en la película?
9. ¿Utiliza el montajista alguna técnica o procedimiento especial para contarnos la historia?
10. ¿Qué piensa de la actuación de los actores?

Mesa redonda

Comente las diferencias más notables que hay entre el cuento y la película. Piense en qué personajes del cuento no aparecen en la película y en otros cambios significativos que afectan a la relación entre los protagonistas: Leonor, Charlotte y Ludovico D'Andrea.

Sea creativo

Escoja una escena del cuento omitida por María Luisa Bemberg en la película, como es la relación sentimental entre Greta Braun y don Aurelio Bestiánez, y describa cómo la filmaría. Piense en algunos de los aspectos más importantes que tendría en cuenta, como el tipo de planos que usaría, la angulación, el movimiento de la cámara, y todos los elementos que entran en juego en la puesta en escena, como el vestuario, la música, el sonido, el maquillaje, etc. Piense que al final de esta escena va a comenzar otra diferente, ¿cómo indicaría la transición de una a otra?

Investigación

María Luisa Bemberg, una de las directoras de cine más prestigiosas del mundo hispano, proyecta en sus películas algunas de sus preocupaciones e ideas feministas. Escoja una de sus películas y comente cómo aparecen reflejadas estas ideas feministas.

La Poesía

Introducción a la Poesía
Tipos de Poesía
Guía para el Análisis de Poesía

Unidad 1. El Verso. Práctica
Unidad 2. La Estrofa y el Poema. Práctica
Unidad 3. El Lenguaje Figurado. Práctica
Análisis Crítico de "El Cisne", (Rubén Darío)
Poemas

Introducción a la Poesía

El término "poesía" viene de la palabra griega "poiesis", que significa "creación", pero en la época clásica griega este término se refería a todos los géneros literarios. El origen y fecha de nacimiento de lo que hoy entendemos por poesía son difíciles de precisar, pero sí sabemos que veinticinco siglos antes del nacimiento de Cristo ya se escribían poemas en forma de jeroglíficos en Egipto, y que los largos poemas de *La Ilíada* y *La Odisea*, de Homero, fueron escritos ochocientos años antes de Cristo.

La misma dificultad que tenemos en identificar la fecha de nacimiento de la poesía es la que tenemos con respecto a su definición. En su *Poética* (335? a. C.), Aristóteles la definió como una forma artística que busca imitar, duplicar, y representar la vida a través del ritmo y de la lengua. Otros, en cambio, la han definido como expresión de los sentimientos y de la belleza. Éste es el caso del Duque de Rivas, un poeta español romántico, quien definió la poesía como "sentir hondo, pensar alto y hablar claro". Una de las razones por las que resulta difícil definir la poesía se debe a que ésta comparte muchas de sus convenciones con los otros géneros literarios. Podemos afirmar que la diferencia fundamental entre la poesía y los otros géneros literarios no se encuentra a nivel (*level*) temático, ya que todos hacen uso de los mismos temas, sino a nivel formal. Desde este punto de vista, algunas de las convenciones que distinguen a la poesía son: la recurrencia de imágenes visuales, la economía de medios lingüísticos, la condensación del significado, el valor connotativo y evocativo de la palabra, la musicalidad y el ritmo. Otra distinción que debemos hacer es entre poesía y prosa poética, y la diferencia principal se encuentra en que la prosa poética no tiene ni rima ni métrica. Ahora bien, ¿cómo podemos distinguir el poema de versos libres, en los que no hay ni rima ni métrica, de la prosa poética? Pues bien, la diferencia fundamental es que el poema de versos libres, contrariamente a la prosa poética, se presenta tipográficamente en líneas sangradas (*indented*), como el poema convencional.

Tipos de Poesía

Aristóteles y otros clásicos grecolatinos hicieron una clasificación de la poesía en *lírica*, *épica* y *dramática*. Esta división, sin embargo, se ha visto cuestionada en el transcurso del tiempo porque hay características de un tipo de poesía que se traslapan (*overlap*) con las del otro. A pesar de esto, es importante recordar las diferencias que los clásicos establecían entre estos tres tipos de poesía.

I. *Poesía lírica*. Este tipo de poesía es de origen griego, y solía ser recitada con acompañamiento de un instrumento musical, generalmente la lira, y de ahí su nombre. La poesía lírica es de carácter subjetivo, y expresa emociones, estados de ánimo o sentimientos íntimos. Algunas de las composiciones poéticas que, normalmente, forman parte de este tipo de poesía son la elegía, la sátira, la égloga y la oda.

II. *Poesía épica*. Este tipo de poesía, cultivada en la Europa de los siglos VIII al XV, se caracteriza por su objetividad, y por contar en tono elevado hechos históricos, legendarios, o heroicos de importancia nacional o internacional. Algunas de sus variantes son la epopeya, el cantar de gesta, el romance y la leyenda; y un ejemplo de poema épico es el *Poema de Mío Cid* (1140?).

III. *Poesía dramática*. Este tipo de poesía, en la que se unen el carácter subjetivo de la poesía lírica y el objetivo de la poesía épica, es la que encontramos en la mayoría de las obras dramáticas del Siglo de Oro español. Estas obras combinan la objetiva representación dramática de una situación de la vida con la subjetiva de los problemas íntimos de algunos de los personajes.

Además de estos tres tipos de poesía, existen otros, como la llamada *poesía visual*, o *concreta*. Este tipo de poesía es un híbrido que combina el lenguaje verbal —la palabra— y el icónico —la imagen— para expresar un mensaje de forma explícita, de ahí el nombre de "concreta". Las primeras muestras de este tipo de poesía datan de la Grecia del siglo III a. C., pero es muy probable que existieran poemas visuales con fechas anteriores. Dos de las manifestaciones más importantes de este tipo de poesía son los *caligramas* y los *ideogramas*. En los caligramas, también llamados "poemas pintados", el texto escrito se dispone de tal manera que crea un dibujo o imagen. Las palabras, pues, no sólo tienen un significado y un significante, sino que además sirven para dibujar objetos de la misma manera que hace la pintura. Los *ideogramas*, por otro lado, son poemas visuales formados por grafemas que representan un objeto o una idea, tal es el caso de los caracteres chinos o las señales que vemos en los aeropuertos. Los poetas que practican la poesía visual juegan con los colores, experimentan con el diseño tipográfico, crean figuras geométricas, realizan todo tipo de permutaciones y repeticiones de frases, palabras o letras, violan la sintaxis gramatical, o arrojan letras y palabras al azar (*at random*) sobre la página en blanco. Algunos de los representantes más destacados de este tipo de poesía visual son el español Joan Brossa y el chileno Vicente Huidobro.

Otros tipos de poesía, algunos de ellos bastante actuales, son:

- *Biopoesía*. Es un tipo de poesía que denuncia los avances científicos y tecnológicos, y se propone como defensora de la vida en todas sus manifestaciones. Uno de los representantes más conocido es el peruano Alex Pimentel.
- *Poesía ecologista*. Es una poesía que denuncia la degradación del medio ambiente

(*environment*) y pronostica (*foretells*) un futuro apocalíptico para la humanidad. Un representante de este tipo de poesía es el chileno Nicanor Parra.

• *Metapoesía*. Es una poesía que reflexiona sobre algún aspecto de la poesía misma; es decir, la poesía se convierte en el tema mismo del poema. Por ejemplo, "Un soneto me manda hacer Violante", de Lope de Vega, se centra en las distintas estrofas que forman un soneto.

• *Poesía hallada*. Es un tipo de poesía en la que el poeta utiliza palabras, frases o párrafos de textos ya existentes. Por ejemplo, José Hierro, como veremos más adelante, elabora un poema a partir de (*starting form*) una esquela mortuoria (*death notice*).

• *Ciberpoesía*. Es la poesía que utiliza medios digitales o tecnológicos como soporte.

El análisis de un texto poético suele intimidar más que el de otros textos literarios debido a su economía lingüística, la condensación del significado, y el énfasis puesto más en el valor connotativo que denotativo de la palabra. Por estas, y otras, razones, la lectura de un texto poético requiere de una mayor participación y esfuerzo por parte del lector. El primer paso que debemos dar es leer el título y el poema varias veces para tener una idea del tema y significado del poema. Pero antes de analizar y comentar su contenido es necesario analizarlo formalmente porque es en la forma donde se encuentra encerrada, además de su valor artístico, gran parte del mensaje o contenido del poema. El análisis formal puede comenzar con el **cómputo silábico** de los versos. Este proceso nos sirve para conocer la medida de éstos y clasificarlos en versos heptasílabos, octosílabos, etc. Para realizar esta tarea, es importante tener en cuenta la posición del acento en la última palabra del verso y la existencia de dos vocales seguidas dentro de una misma palabra o al final de una palabra y principio de la siguiente. A continuación debemos identificar el **ritmo** del poema, para lo cual es necesario identificar la posición de los distintos acentos que tiene el verso completo. Después podemos indicar la posición de las **pausas**, **cesuras**, y **encabalgamientos**. Acto seguido podemos pasar al estudio de la **rima**, y de acuerdo a la disposición de ésta podemos ver si el poema es **estrófico** o **no estrófico**. En algunos casos, no obstante, los versos del poema no tienen rima ni siguen un mismo patrón en cuanto a la medida, y en este caso hablamos de **versos libres**. Un paso muy importante en el análisis de un poema es el estudio del **lenguaje figurado**. Aparte de identificar y saber nombrar las distintas figuras estilísticas y tropos que hay en un poema, debemos interpretar el significado de los mismos. El análisis formal debe ir acompañado de un estudio de la **voz poética** y de los **temas** expuestos en el poema, y para este paso nos pueden ser útiles algunos conceptos que hemos visto en nuestro estudio de la prosa. Otro concepto que nos puede ayudar a comprender mejor un poema, o cualquier otro texto literario, es el de la **isotopía**. La isotopía se define como una serie de categorías semánticas que se repiten en una obra literaria, y en nuestro estudio sobre el poema de Rubén Darío, "El Cisne", el lector puede ver un comentario más detallado sobre este concepto.

Guía para el Análisis de Poesía

A continuación vamos a dar algunas reglas básicas sobre cómo leer y analizar un poema desde un punto de vista crítico. Estas sugerencias no son exhaustivas, y el lector debe tener en cuenta que los elementos artísticos y conceptuales de muchos poemas pueden requerir otros acercamientos (*approaches*) o lecturas críticas

- Lea el **título** y el **poema** varias veces para tener una idea general del tema del tratado.
- **Cómputo silábico**. Comience realizando el cómputo silábico de los versos prestando atención a dos factores importantes:

    A. La posición del acento en la última palabra del verso, lo cual le ayudará a identificar el verso como *llano*, *agudo*, o *esdrújulo*.

    B. La existencia de dos vocales seguidas en una misma palabra, o al final de una palabra y principio de la siguiente.

    Una vez realizado el cómputo silábico sabremos si los versos son de *arte menor* —hasta ocho sílabas— *arte mayor* —de nueve a once sílabas— o si es un *verso compuesto*, con doce o más sílabas. A continuación procederemos a nombrarlos como *versos heptasílabos, octosílabos, alejandrinos*, etc.
- **El ritmo**. Para conocer el ritmo de un poema debemos saber dónde van colocados todos los acentos del verso. Para ello comenzaremos identificando el *acento estrófico*, el de la última palabra del verso, y después trataremos de encontrar los acentos internos del verso: *acentos rítmicos* y *extrarrítmicos*.
- El siguiente paso requiere tener en cuenta la colocación de las **pausas**, y la posible existencia de **cesuras** y **encabalgamientos**.
- La **rima**, la **estrofa** y el **poema**. Al analizar el poema debemos ver si el poema tiene rima, o si los versos son blancos. En caso de tener rima, debemos distinguir entre *rima consonante* y *asonante*; y marcamos estas rimas con letras minúsculas, si son versos de arte menor; o con letras mayúsculas, si son de arte mayor. Después debemos identificar si el poema es **estrófico**, **no estrófico**, o si es un poema de **versos libres**. Si es un *poema estrófico* debemos identificar el tipo de estrofas que lo componen, y si es *no estrófico* el tipo de poema que es.
- **El lenguaje figurado**. Uno de los pasos más importantes en el estudio de un poema es el del análisis de las *figuras estilísticas* y los *tropos* —aliteración, metáfora, símbolo . . . —. Tanto es así (*so much so*) que, si no entendemos el funcionamiento y signifi-

cado de estos recursos poéticos nuestra comprensión del poema se verá seriamente limitada.
- Trate de ver si existe alguna **isotopía** en el poema, y los lexemas que hay en torno a este eje semántico.
- Identifique al hablante, o **yo poético**, del poema y a quien se dirige.
- Identifique y comente el **tema** y **subtemas** del poema.
- Relacione la **forma** con el **contenido** pensando en cómo aquélla sirve de apoyo a éste.
- Comente el **tono** del poema.

Unidad 1. El Verso

Cómputo Silábico

La métrica es la disciplina que se dedica al estudio de la versificación, y comprende tres partes: el verso, la estrofa y el poema. Para el análisis del verso, la primera de estas tres partes que vamos a estudiar, es necesario comenzar con el cómputo silábico, un proceso que requiere tener en cuenta tres factores:

    I. La posición del acento en la última palabra del verso.
    II. La presencia de dos vocales seguidas en una palabra.
    III. Los fenómenos conocidos como *sinalefa*, *hiato*, *diéresis* y *sinéresis*.

I. El acento

Antes de nada debemos señalar que por acento entendemos la fuerza de la entonación —acento prosódico— o el acento escrito —acento ortográfico— que, respectivamente, cae o colocamos en una de las sílabas de una palabra. Dependiendo de la posición del acento, las palabras se dividen en **agudas**, cuando el acento cae en la última sílaba: can**ción**, sa**bor**; **llanas**, cuando el acento cae en la penúltima sílaba: can**tan**te, **án**gel; o

esdrújulas, cuando el acento cae en la antepenúltima sílaba: **mú**sica, **úl**timo. Los versos, lo mismo que las palabras, se pueden clasificar en *agudos*, *llanos*, y *esdrújulos*.

1. *Verso agudo*. Es el verso que termina en una palabra aguda. En este caso, al número de sílabas fonológicas, o comunes, añadimos una más para tener el total de sílabas métricas. Esto se hace porque la sílaba aguda de la última palabra requiere más tiempo en su pronunciación:

    Madre: para descan**sar**,
     1 2   3 4 5 6   7 (7+1)= 8
    Mo**rir**.
     1 2   (2+1) = 3
    (Manuel Machado, "Morir, dormir . . .")

2. *Verso llano*. Es el más común en español, y es el verso que termina en una palabra llana. En este caso, el número de sílabas fonológicas y métricas es el mismo:

    Dejaron un pan en la **me**sa,
     1 2 3 4   5   6 7 8 9   = 9
    mitad quemado, mitad **blan**co.
     1 2   3 4 5 6   7   8 9 = 9
    (Gabriela Mistral, "Pan")

En estos dos versos tenemos 9 sílabas fonológicas, y como es un verso llano contamos el mismo número de sílabas métricas.

3. *Verso esdrújulo*. Es el verso que termina en una palabra esdrújula. En este caso, al número de sílabas fonológicas le restamos (*substract*) una para tener el total de sílabas métricas. La explicación es que, al caer el acento en la antepenúltima sílaba, las sílabas siguientes se pronuncian con mayor rapidez:

    Mis ojos vagabundos   (verso llano)
     1 2 3   4 5 6 7   = 7
    conocen noches **trá**gicas,   (verso esdrújulo)
     1 2 3   4   5   6 7 8 (8–1) = 7
    saben de penas **ú**nicas.   (verso esdrújulo)
     1 2   3 4 5   6 7 8 (8–1) = 7
    (León de Greiff, "Balada del mar no visto . . .")

II. Dos vocales seguidas dentro de una palabra.

En español, las vocales se dividen en fuertes —a, e, o— y débiles —i, u—, y las distintas combinaciones que pueden adoptar cuando dos de ellas van seguidas dentro de una palabra afecta al cómputo silábico. Veamos:

1. Si las dos vocales son fuertes —a, e, o—, cada una de ellas cuenta como una sílaba:

    Mis mejores p**o**emas,
     1   2 3 4   5 6 7   = 7
    No son tales, son cartas.
     1   2   3 4   5   6 7   = 7
    (Gloria Fuertes, "Mis mejores poemas")

2. Por otro lado, la combinación de una vocal fuerte —a, e, o— y una débil —i, u— da lugar a la formación de un diptongo, y se cuenta como una sola sílaba:

    Botas f**ue**rtes, manta rec**ia**,
     1 2   3 4   5 6 7 8   = 8
    (José Moreno Villa, "El hombre del momento")

3. Sin embargo, si la vocal débil aparece acentuada, el diptongo se rompe y las dos vocales se computan como dos sílabas:

    Tengo los brazos ca**í**dos
     1 2 3   4 5   6 7 8   = 8
    (Sara de Ibáñez, "No puedo")

III. Otros fenómenos que afectan al cómputo silábico

Otros fenómenos métricos que afectan al cómputo silábico son la *sinalefa*, el *hiato*, la *sinéresis* y la *diéresis*.

1. *Sinalefa*. Este fenómeno tiene lugar cuando una palabra termina en una vocal, o vocales, y la siguiente comienza con una o más vocales, o con una "h" seguida de una vocal. En estos casos, las vocales se computan como una sola sílaba:

    Sobr**e e**ste muro frío m**e h**an dejado
     1   2   3   4 5 6   8   9 10 11   = 11

con la sombra ceñid<u>a a</u> la garganta.
  1 2 3   4   5 6 7 8 9 10 11   = 11
(Sara de Ibáñez, "Atalaya")

2. *Hiato*. Contrariamente a la sinalefa, el hiato es una licencia poética que permite computar como sílabas diferentes la vocal o vocales finales de una palabra y la primera o primeras vocales de la palabra siguiente:

Lo que corre de mi frente
 1 2   3 4 5 6 7   8   = 8
a mis pies calenturientos;
1 2   3   4 5 6 7   8   = 8
est<u>a I</u>sla de mi sangre.
1 2 3 4 5 6   7   8   = 8
(Gabriela Mistral, "Último árbol")

Todos los versos de este poema tienen ocho sílabas métricas, y para que el tercer verso de esta estrofa llegue a ocho sílabas métricas es preciso hacer un hiato en las vocales subrayadas.

3. *Sinéresis*. La *sinéresis* consiste en unir dos vocales fuertes —a, e, o— en el interior de una palabra para formar una sola sílaba métrica. Este mismo fenómeno ocurre cuando una vocal fuerte y una débil acentuada se unen para formar una sola sílaba métrica, como en "po-n<u>ía</u>" o "r<u>ío</u>":

Pues que vuela la edad, ande la loza (*earthenware*)
    1   2   3 4   5   6   7 8 9 10 11   = 11
y si pasare tragos (*misfortunes*), s<u>ea</u>n de taza.
1 2 3 4 5   6   7   8   9 10 11   = 11
(Francisco de Quevedo, "Despídese de la ambición y de la corte")

Amigos muertos con que com<u>ía</u>lo
1 2 3   4   5   6   7 8 9 10   = 10
en otros valles, sientan el vaho (*smell*).
 1   2 3   4 5   6   7 8 9 10   = 10
(Gabriela Mistral, "Pan")

Todos los versos de la primera estrofa tienen once sílabas, y para que el segundo verso llegue a once sílabas métricas es necesario hacer una sinéresis con las vocales "ea" de "sean". Lo mismo ocurre con el segundo ejemplo, donde todos los versos de la estrofa tienen diez sílabas, y para que el primer verso llegue a diez sílabas métricas debemos hacer una sinéresis con las vocales "ía" de "comíalo".

4. *Diéresis*. La diéresis se produce cuando dos vocales que forman diptongo, y se computan normalmente como una sílaba métrica, se separan para dar lugar a dos sílabas métricas:

    Al capitán romano
    1 2 3 4 5 6 7   = 7
    la vida, y no la sed, quitó el bebido
    1 2 3   4 5 6   7 8   9 10 11 = 11
    tesoro persi̇ano.
    1 2 3 4   567   = 7
    (Fray Luis de León, "A Felipe Ruiz")

Todos los versos de este poema son endecasílabos y heptasílabos, y para que el tercer verso llegue a siete sílabas métricas es necesario contar como dos sílabas métricas las dos vocales del diptongo de "persiano".

Clasificación de los Versos Según el Número de Sílabas

De acuerdo al número de sílabas métricas, los versos se dividen en versos de *arte menor*, y versos de *arte mayor*.

I. Versos de *arte menor*. Son los versos que tienen de dos a ocho sílabas métricas. En este grupo incluimos los versos *bisílabo*, de dos sílabas; *trisílabo*, de tres sílabas; *tetrasílabo*, de cuatro sílabas; *pentasílabo*, de cinco sílabas; *hexasílabo*, de seis sílabas; *heptasílabo*, de siete sílabas; y *octosílabo*, de ocho sílabas. El verso *monosílabo* no existe en español porque, al ser aguda su única sílaba, se computa como dos y se considera *bisílabo*. Dentro de este grupo los versos más comunes son el *heptasílabo* y el *octosílabo*.

1. El verso *heptasílabo*. Este verso se combina frecuentemente con el verso *endecasílabo* para formar la estrofa conocida como *lira* y el poema conocido como *silva*. Veamos un ejemplo de una lira:

    Folgaba el rey Rodrigo
    con la hermosa Cava en la ribera
    del Tajo, sin testigo;
    el río sacó fuera
    el pecho y le habló desta manera.
    (Fray Luis de León, "Profecía del Tajo")

2. El verso *octosílabo*. Éste es el verso más común de la poesía española. Aparece en el siglo XI, y es utilizado frecuentemente en los romances, la poesía popular, y otras muchas composiciones poéticas. Veamos un ejemplo de este tipo de verso en el romance de "Abenámar y el rey don Juan":

> ¡Abenámar, Abenámar,
> moro de la morería
> el día que tú naciste
> grandes señales había!

II. Versos de *arte mayor*. En este grupo se incluyen el *eneasílabo*, un verso de nueve sílabas; el *decasílabo*, de diez sílabas; y el *endecasílabo*, de once sílabas. El *endecasílabo*, el más popular de estos versos, apareció en la literatura española en la Edad Media, y es comúnmente usado en *sonetos*, *silvas* y en la estrofa conocida como la *lira*. Veamos un ejemplo de versos endecasílabos en la siguiente estrofa de un soneto:

> Retirado en la paz de estos desiertos,
> con pocos, pero doctos libros juntos,
> vivo en conversación con los difuntos
> y escucho con mis ojós a los muertos.
> (Francisco de Quevedo, "Desde la torre")

Los versos que hemos visto hasta ahora se consideran versos *simples*, pero a partir de doce sílabas los versos se consideran *compuestos*; es decir, formados por dos versos simples separados por una *cesura* (/) —Discutiremos la cesura más adelante—. El más popular de los versos compuestos es el verso *alejandrino*, de catorce sílabas:

> Los Estados Unidos / son potentes y grandes.
> cuando ellos se estremecen / hay un hondo temblor
> que pasa por las vértebras / enormes de los Andes.
> (Rubén Darío, "A Roosevelt")

El Ritmo

El ritmo depende de la posición en la que se encuentran colocados los acentos del verso, y éstos se clasifican en *acento estrófico*, *acento rítmico* y *acento extrarrítmico*.

1. *Acento rítmico*. Es el acento más importante, y se refiere al acento de la última palabra del verso, que en español siempre cae en la penúltima sílaba métrica. Aunque esta afirmación parezca un tanto paradójica, lo cierto es que si el verso es agudo, al contar

una sílaba más, el acento se encontrará en la penúltima sílaba métrica, y si es esdrújulo, al contar una sílaba menos, el acento se encontrará también en la penúltima sílaba métrica. Veamos:

    Todo pasa y todo **que**da
     1 2 3 4 5 6 7 8   = 8
    pero lo nuestro es pa**sar**.
     1 2 3   4   5   6 7+1   = 8
    (Antonio Machado, "Proverbios y cantares, XLIV")

En el primer verso, al tener una palabra, y un verso, llanos, el acento cae en la penúltima sílaba fonológica y métrica. En el segundo verso, sin embargo, aunque el acento cae en la última sílaba fonológica de la palabra "pasar", al contar una sílaba más porque es una palabra, y un verso, agudos, el acento no cae en la última sílaba métrica, la octava, sino en la penúltima, que sería la séptima. Lo mismo ocurre si la palabra y el verso son esdrújulos:

    La princesa está triste; la princesa está **pá**lida.
     1   2   3 4   5 6 7   8 9   10 11 12 13 14 15 (15–1) = 14
    (Rubén Darío, "Sonatina")

En este verso, el acento recae en la antepenúltima sílaba fonológica, en la número trece, pero al ser una palabra, y un verso, esdrújulos, y al tener que restar una sílaba en su cómputo, entonces tenemos catorce sílabas métricas, por lo tanto la sílaba número trece corresponde a la penúltima.

2. *Acentos rítmicos* y *extrarrítmicos*. Los acentos rítmicos son los acentos internos del verso que coinciden con el acento estrófico. Por lo tanto, si el acento estrófico cae en una sílaba par, los acentos rítmicos son los que, igualmente, caen en sílabas pares; y si el acento estrófico cae en una sílaba impar, los acentos rítmicos son los que recaen en sílabas impares. Por el contrario, los acentos extrarrítmicos son los acentos internos del verso cuya colocación, en sílaba par o impar, no coincide con la del acento estrófico:

    Nunca me**rez**can mis au**sen**tes **o**jos
     1   2   3 4   5   6   7 8 9 10 11   = 11
    ver tu **mu**ro, tus **to**rres y tu **rí**o
     1   2   3 4   5   6 7 8 9 10 11   = 11
    (Luis De Góngora, "A Córdoba")

El acento estrófico de estos dos versos cae en la sílaba décima, que es una sílaba par. Los acentos rítmicos, como sabemos, son los que coinciden con el acento estrófico; por lo tanto, en el primer verso los acentos rítmicos son los que caen en las sílabas cuarta y octava; y en el segundo verso es el que cae en la sílaba sexta, todas ellas pares. Por el contrario, los acentos extrarrítmicos son los que caen en la primera sílaba del primer verso, y en la primera y tercera sílabas del segundo verso, todas ellas impares.

La Pausa y el Encabalgamiento

A. La *pausa* se define como el descanso requerido al final de la emisión de un enunciado fónico. La pausa está motivada bien por razones sintácticas, como es el fin de una oración, o bien por la necesidad de respirar. Los tres tipos de pausa más destacados son:

—La *pausa versal*, la que ocurre al final de un verso.

—La *pausa estrófica*, la que ocurre al final de una estrofa.

—La *cesura* (*caesura*), la que tiene lugar en el interior de un verso compuesto dividiéndolo en dos versos llamados *hemistiquios* (*hemistich*). Si estos dos versos, o hemistiquios, tienen el mismo número de sílabas se llaman *isostiquios*, y si no lo tienen se llaman *heterostiquios*. Las condiciones de la cesura son:

1. Debe darse en el interior del verso.
2. Impide la sinalefa.
3. Si el primer hemistiquio es agudo se computará una sílaba más, y si es esdrújulo se computará una sílaba menos:

Los aromas, las luces,/ los ecos, los ruidos,
  1 2 3 4   5 6 7   8 9 10 11 12 13 14   = 14
como en ondas atávicas/   me traen añoranzas (*yearnings*).
  1   2   3 4 5 6 7 8(–1)   8   9 10 11 12 13 14   = 14
(Rubén Darío "Epístola a la señora de Leopoldo Lugones")

Cada uno de estos dos versos alejandrinos, de catorce sílabas, tiene una pausa versal al final del verso; y la cesura divide cada uno de estos dos versos compuestos en dos hemistiquios de siete sílabas cada uno, o sea dos isostiquios. Debemos notar que el primer isostiquio del segundo verso es esdrújulo, por consiguiente computamos siete sílabas en lugar de ocho.

B. El *encabalgamiento* (*enjambment*) es el desequilibrio que ocurre entre la pausa versal y la sintaxis del verso. En estos casos, la oración del *verso encabalgante* continúa en el siguiente verso, al que llamamos *encabalgado*:

Una tarde parda y fría
1 2 3 4   5   6 7 8   = 8
de invierno. Los colegiales
  1   2 3   4   5 6 7 8   = 8
estudian. Monotonía (. . .)
1 2 3   4 5 6 7 8   = 8
(Antonio Machado, "Recuerdo infantil")

Práctica

Analice los siguientes versos o estrofas teniendo presente las siguientes preguntas y sugerencias:

1. Cómputo silábico de cada verso. Indique si son versos *agudos, llanos* o *esdrújulos*, y si existen dos vocales seguidas o algún otro fenómeno que afecte al *cómputo silábico* de los versos.
2. ¿Son los versos de arte *mayor* o *menor, simples* o *compuestos*? De acuerdo al número de sílabas, ¿cómo se clasifican estos versos?
3. ¿Cuál es el *ritmo* de estos versos? Seleccione algunos de ellos y marque los acentos *estróficos, rítmicos* y *extrarrítmicos*.
4. Apunte las distintas *pausas* que encuentra en estos versos y comente de qué tipo son. ¿Existe algún *encabalgamiento*? ¿Encuentra algún verso *compuesto*? ¿Dónde se encuentra la *cesura*? ¿Qué tipo de *hemistiquios* hay?

1. Yo quiero salir del mundo
   por la puerta natural:
   en un carro de hojas verdes
   a morir me han de llevar.
   (José Martí, *Versos sencillos*, "XXIII")

2. Cisnes, los abanicos de vuestras alas frescas
   den a las frentes pálidas sus caricias más puras.
   (Rubén Darío, "Los cisnes")

3. Y cuando llegue el día del último viaje
   y esté al partir la nave que nunca ha de tornar.
   (Antonio Machado, "Retrato")

4. En esto era gran práctico y teórico
   un gato, pedantísimo retórico,
   que hablaba en un estilo tan enfático
   como el más estirado (*stuck-up*) catedrático.
   (Tomás de Iriarte, "El gato, el lagarto y el grillo")

5. A niño tan dormido
   no me lo recordéis.
   Dormía así en mi entraña
   con mucha dejadez (*calmness*).
   (Gabriela Mistral "Sueño grande")

6. En mi jardín hay pájaros
   con cantos de cristal:
   no te los doy, que tienen
   alas para volar . . .
   (Dulce María Loynaz, "Eternidad")

7. La más bella niña
   de nuestro lugar,
   hoy viuda y sola,
   ayer por casar.
   (Luis de Góngora, "La más bella niña")

Unidad 2. La Estrofa y el Poema

La Rima

Antonio Quilis define la rima como "la total o parcial semejanza acústica, entre dos o más versos, de los fonemas situados a partir de la última vocal acentuada". La rima se indica con letras mayúsculas si los versos son de arte mayor, y minúsculas si son de arte menor. El signo Ø se usa para indicar que el verso es *blanco* o *suelto*, o sea que no rima con ningún otro verso. Este verso, debemos aclarar, no se debe confundir con el *verso libre*, el cual no sólo no rima con ningún otro verso sino que, además, no comparte la misma medida. Podemos dividir la rima en *rima consonante* y *rima asonante*.

A. *Rima consonante* o *total*. Esta rima ocurre cuando todos los fonemas, vocálicos y consonánticos, situados después de la última vocal acentuada muestran una identidad acústica total:

¡Ay, qué larga es esta v**ida**!
¡qué duros estos desti**erro**s (*exile*),
esta cárcel y estos hi**erros**
en que está el alma met**ida**!
(Santa Teresa de Jesús, "Vivo sin vivir en mí")

Todos estos versos riman en consonante. El primero y el cuarto en –ida y el segundo y el tercero en –erros.

B. *Rima asonante o parcial*. Esta rima tiene lugar cuando sólo los fonemas vocálicos situados después de la última vocal acentuada muestran una identidad acústica total:

> Verde que te quiero verde.
> Verde viento. Verdes r**a**m**a**s.
> El barco sobre la mar
> y el caballo en la mont**a**ñ**a**.
> (F. García Lorca, "Romance sonámbulo")

Lorca emplea la rima asonante en "a-a" en los versos pares, mientras que los impares quedan *sueltos*, son *versos blancos*.

Es importante notar que, en caso de que haya un diptongo en las vocales que forman la rima asonante, la vocal débil del mismo no se cuenta a efectos de la rima:

> La miro como la mir**a**b**a**;
> me da un extraño pensami**e**nt**o**
> y juego, lenta, con esa **a**gu**a**
> como con pez o con mist**e**ri**o**.
> (Gabriela Mistral, "Cosas")

Los versos impares de esta estrofa riman en "a-a", y los pares en "e-o".

Tipos de Rima

De acuerdo a la disposición que las rimas puedan adoptar en la estrofa, aquéllas se clasifican en *rima gemela, rima abrazada, rima encadenada* y *rima cruzada*.

1. *Rima gemela*. Esta rima se produce cuando hay dos rimas continuas —aa, bb, cc, o AA, BB, CC. etc.—, dando lugar a la estrofa de dos versos llamada *pareado*:

Cerca del agua te quiero llevar	A
porque tu arrullo (*cooing*) trascienda del mar.	A
Cerca del agua te quiero tener	B
porque te aliente (*encourages*) su vívido ser.	B
Cerca del agua te quiero sentir	C
porque la espuma te enseñe a reír.	C
(Miguel Hernández, *Cancionero y romancero de ausencias* "II")	

2. *Rima abrazada*. Este tipo de rima se da cuando dos versos con rima gemela están enmarcados por dos versos que riman entre sí —abba, o ABBA, bccb, etc.:

Ya llega la bailarina,	a
soberbia y pálida llega.	b
¿Cómo dicen que es gallega?	b
Pues dicen mal: es divina.	a

(José Martí, *Versos sencillos*, "X")

3. *Rima continua*. Esta rima ocurre cuando todos los versos de una estrofa comparten la misma rima, dando lugar a la estrofa *monorrima*:

Otro milagro más os querría contar	A
que aconteció a un monje de hábito reglar (*religious order*):	A
el demonio lo quiso duramente espantar,	A
mas la Madre gloriosa súposela vedar (*to prevent*).	A

(Gonzalo de Berceo, *Milagros de nuestra Señora*)

4. *Rima encadenada* o *cruzada*. Esta rima tiene lugar cuando dos pares de rimas riman alternativamente —abab, cdcd, o ABAB, CDCD, etc.:

Juan me llamo, Juan Todos, habitante	A
de la tierra, más bien su prisionero,	B
sombra vestida, polvo caminante,	A
el igual a los otros, Juan Cordero.	B
Sólo mi mano para cada cosa	C
—mover la rueda, hallar hondos metales—	D
mi servidora para asir la rosa	C
y hacer girar las llaves terrenales.	D

(Jorge Carrera Andrade, "Juan sin Cielo")

Éstos son los cuatro tipos de rima más comunes, pero algunos poetas han experimentado con otros muchos tipos de rima, como la *rima interna*, consistente en rimar la última palabra del verso con otra dentro del mismo verso En el ejemplo siguiente vemos cómo "nubes" y "lumbre" riman en asonante en "u-e".

Mujeres vi de virginal limpieza
entre albas **nube**s de celeste **lum**bre.
(José de Espronceda, "A Jarifa en una orgía")

Otro tipo de rima consiste en repetir la rima de un verso en la primera palabra del siguiente:

El soberano Gasp**ar**	a
par es de la bella Elv**ira**:	b
vira (*dart*) de amor más der**echa**,	c
h**echa** de sus armas mismas.	b
Su ensortijada (*curled*) mad**eja** (*hair*)	c
d**eja**, si el viento riza (*ruffles*) . . .	b

(Sor Juana Inés de la Cruz, "De pintura, no vulgar, en ecos . . .")

Tipos de Estrofa

La unión de dos o más versos forma una unidad estructural que llamamos estrofa, y de acuerdo al número de versos que la componen podemos distinguir los siguientes tipos:

Dos Versos:

Pareado. Con rima en AA, BB, CC, o aa, bb, cc, etc.:

Allí la Vida llora y la Muerte sonríe	A
y el Tedio, como un ácido, corazones deslíe (*melts*).	A

(Guillermo Valencia, "Leyendo a Silva")

Tres Versos:

Terceto. Los versos del terceto suelen asumir medidas y rimas muy variadas; las más comunes son: AØA, o, ABA:

Yo soy como el ciprés del canto mío,	A
que por lejana estrella suspirando,	Ø
se vuelve más delgado y más sombrío.	A

(Leopoldo Lugones, "La estrella y el ciprés")

Terceto encadenado. Consiste en una serie de tercetos endecasílabos con rima en ABA, BCB, CDC, DED, etc.:

Es como tu conciencia mi cabeza,	A
ancha, bien repartida, suficiente	B
para mostrar por señas mi agudeza (*wit*).	A

No es de tu avara condición mi frente;	B
que es larga y blanca, con algunas viejas	C
heridas, testimonio de valiente.	B

(Francisco de Quevedo, "Sátira a una dama")

Cuatro Versos:

Redondilla. Estrofa de arte menor con rima en abba:

Hombres necios que acusáis	a
a la mujer sin razón,	b
sin ver que sois la ocasión	b
de lo mismo que culpáis.	a

(Sor Juana Inés de la Cruz, "Arguye de inconsecuentes el gusto...")

Cuarteto. Estrofa de arte mayor y rima en ABBA:

Yo os quiero confesar, don Juan, primero:	A
que aquel blanco y color de doña Elvira	B
no tiene de ella más, si bien se mira,	B
que el haberle costado su dinero.	A

(Bartolomé L. de Argensola, "A una mujer que se afeitaba...")

Cuarteta. Estrofa de arte menor con rima en abab:

Yo me arrimé (*came closer*) a un pino verde	a
por ver si me consolaba;	b
y el pino, como era verde,	a
de verme llorar, lloraba	b

(Augusto Ferrán, *Cantares del pueblo*, "XXXII")

Serventesio. Estrofa de arte mayor con rima en ABAB:

Larga es la noche, Tachia. Oscura y larga	A
como mis brazos hacia el cielo. Lenta	B
como la luna desde el mar. Amarga	A
como el amor: yo llevo bien la cuenta.	B

(Blas de Otero, "paso a paso")

Entre las estrofas de cuatro versos también podemos incluir la *seguidilla simple*, la *seguidilla gitana*, la *estrofa sáfica* y el *tetrástrofo monorrimo* (Consúltese el diccionario de términos literarios para su explicación).

Cinco Versos:

Lira. Es la más conocida de las estrofas de cinco versos, y consta de dos versos endecasílabos —el segundo y el quinto—, y tres heptasílabos. La rima es en aBabB:

¡Oh bosques y espesuras,	a
plantadas por la mano del amado!	B
¡oh prado de verduras,	a
de flores esmaltado (cubierto)!	b
decid si por vosotros ha pasado.	B
(San Juan de la Cruz, *Cántico espiritual*)	

Otros dos tipos de estrofas de cinco versos son la *quintilla* y el *quinteto*. (Consúltese el diccionario de términos literarios para su explicación).

Seis Versos:

La más popular es la *sextilla*, una estrofa de arte menor que puede tener distintos tipos de rima. Otras estrofas de seis versos son la *sextina*, y el *sexteto-lira* (Consúltese el diccionario de términos literarios para su explicación).

Siete Versos:

Estas estrofas son poco comunes en nuestra literatura. Destacan la *séptima* y la *seguidilla compuesta* (Consúltese el diccionario de términos literarios para su explicación).

Ocho Versos:

La más popular de estas estrofas es la *octava real*, cuya rima sigue el siguiente esquema: ABABABCC:

Cerca del Tajo, en soledad amena (agradable),	A
de verdes sauces hay una espesura (bosque),	B
toda de hiedra (*ivy*) revestida y llena,	A
que por el tronco (*trunk*) va hasta la altura,	B
y así la teje (*weaves*) arriba y encadena,	A
que el sol no halla paso a la verdura;	B
el agua baña el prado con sonido,	C
alegrando la hierba y el oído.	C
(Garcilaso de la Vega, *Égloga III*)	

Otras estrofas de ocho versos que podemos destacar son la *copla de arte mayor*, la *octava italiana*, y la *octavilla* (Consúltese el diccionario de términos literarios).

Diez Versos:

La más conocida es la *décima*, una estrofa de 10 versos octosílabos cuya rima sigue el siguiente esquema: abbaaccddc. Otras estrofas de diez versos son la *copla real*, y el *ovillejo* (Consúltese el diccionario de términos literarios)

El Poema

El poema es la unidad poética superior, y puede estar formado por una o varias estrofas. Los poemas se dividen en *estróficos*, cuando están compuestos de estrofas; y *no estróficos*, cuando el poema carece de una división en estrofas.

I. Poemas estróficos

Soneto. Es el poema estrófico más popular, y consta de catorce versos estructurados en dos cuartetos y dos tercetos. La rima más comúnmente utilizada para el soneto es ABBA, ABBA, CDC, DCD; sin embargo, y a través de la historia literaria, los poetas han utilizado una gran variedad de tipos de rimas y metros:

Un soneto me manda hacer Violante,	A
que en mi vida me he visto en tanto aprieto (dificultad);	B
catorce versos dicen que es soneto;	B
burla burlando van los tres delante.	A
Yo pensé que no hallara consonante,	A
y estoy a la mitad de otro cuarteto;	B
mas si me veo en el primer terceto,	B
no hay cosa en los cuartetos que me espante.	A
Por el primer terceto voy entrando,	C
y parece que entré con pie derecho,	D
pues fin con este verso le voy dando.	C
Ya estoy en el segundo, y aun sospecho	D
que voy los trece versos acabando;	C
contad si son catorce, y está hecho.	D
(Lope de Vega, "Un soneto me manda hacer Violante")	

Letrilla. Este poema comienza con un *estribillo*, de dos o cuatro versos, y le sigue el *pie*, una estrofa de seis a diez versos de la que el último rima con el último verso del estribillo. El *estribillo* se repite a lo largo de la composición, pero el *pie* va cambiando:

Poderoso caballero	a
es don Dinero	a
Madre, yo al oro me humillo;	b
él es mi amante y mi amado,	c
pues de puro enamorado,	c
de continuo anda amarillo;	b
que pues, doblón o sencillo,	b
hace todo cuanto quiero,	a
poderoso caballero	a
es don Dinero.	a

(Francisco de Quevedo, "Poderoso caballero es don Dinero")

Otros ejemplos de poemas estróficos son el *zéjel*, y el *villancico* (Consúltese el diccionario de términos literarios).

II. Poemas no estróficos

Dentro de los poemas no estróficos merecen mención el *romance*, la *silva* y el poema de *versos libres*.

El *romance*. Éste es un poema que consta de un número ilimitado de versos octosílabos con rima asonante en los versos pares, y en el que quedan sueltos los impares:

Que por mayo era por mayo,	Ø
cuando hace el calor,	a
cuando los trigos encañan	Ø
y están los campos en flor,	a
cuando canta la calandria	Ø
y responde el ruiseñor (*nightingale*),	a
cuando los enamorados	Ø
van a servir al amor...	a

(Anónimo, "Romance del prisionero")

Hay, no obstante lo cual, muchas variantes del *romance*. Cuando los versos de éste constan de siete sílabas recibe el nombre de *endecha*, si tiene menos de siete se llama *romancillo*, y si tiene once *romance heroico*.

La *silva*. Es un poema formado por versos endecasílabos y heptasílabos, combinados de distinta manera, que riman en consonante:

¡Salve, fecunda zona,	a
que al sol enamorado circunscribes	b
en vago curso, y cuanto ser se anima	c
en cada diario clima,	c
acariciada de su luz, concibes!	b
Tú tejes en verano su guirnalda (*garland*)	d
de granadas (*seeded*) espigas; tú la uva	e
das a la hirviente cuba (*barrel*):	e
no de purpúrea fruta o roja o gualda (*amarilla*)	d
a tus florestas bellas	f
falta matiz alguno; y bebe en ellas	f
aromas mil el viento . . .	g

(Andres Bello, "La agricultura en la zona tórrida")

El poema de *versos libres*. Este poema rompe con la forma tradicional del poema al carecer de estrofas, rima y un patrón en la medida de sus versos:

Un hombre dijo:
—El momento más grave de mi vida estuvo en la batalla del Marne cuando fui herido en el pecho.
Otro hombre dijo:
—El momento más grave de mi vida, ocurrió en un maremoto de Yokohama, del cual salvé milagrosamente, refugiado bajo el alero (*eaves*) de una tienda de lacas (*lacquer*) . . .
(César Vallejo, "El momento más grave de la vida")

Práctica

Analice las siguientes estrofas o poemas teniendo presente las siguientes preguntas y sugerencias:
1. Indique el tipo de rima que tienen los siguientes versos o poemas. ¿Es rima *consonante* o *asonante*? ¿Cuál es la disposición de las rimas?
2. ¿Qué tipo de estrofas forman los versos que vemos a continuación? En el caso de los poemas, ¿son *estróficos* o *no estróficos*? De ser estrófico/s, indique las estrofas que conforman dicho/s poema/s

a. Tómame ahora que aún es temprano
   y que llevo dalias nuevas en la mano.
   (Juana de Ibarbourou, "La hora")

b. Quiero, a la sombra de un ala,
   contar este cuento en flor:
   la niña de Guatemala,
   la que se murió de amor.
   (José Martí, *Versos sencillos* "IX")

c. ¡Con qué ligeros pasos vas corriendo!
   ¡Oh, cómo te me ausentas, tiempo vano!
   ¡Ay, de mi bien y de mi ser tirano,
   cómo tu altivo (arrogante) brazo voy sintiendo!
   (Luis Carrillo y S., "A la ligereza y pérdida del tiempo")

d. No me mueve, mi Dios, para quererte
   el cielo que me tienes prometido;
   ni me mueve el infierno tan temido
   para dejar por eso de ofenderte.

   Tú me mueves, Señor; muéveme el verte
   clavado en una cruz y escarnecido;
   muéveme ver tu cuerpo tan herido;
   muévenme tus afrentas y tu muerte.

   Muéveme, en fin, tu amor, y en tal manera,
   que aunque no hubiera cielo, yo te amara,
   y aunque no hubiera infierno, te temiera.

   No tienes que me dar porque te quiera;
   pues aunque cuanto espero no esperara,
   lo mismo que te quiero te quisiera.
   (Anónimo, "A Cristo crucificado")

e. Yo quiero ser llorando el hortelano (*gardener*)
   de la tierra que ocupas y estercolas,
   compañero del alma, tan temprano.
   (Miguel Hernández, "Elegía")

f. ¡Qué descansada vida
   la del que huye del mundanal (*worldly*) ruido
   y sigue la escondida
   senda, por donde han ido
   los pocos sabios que en el mundo han sido.
   (Fray Luis de León, "Canción de la vida solitaria")

g. Unos con sed rabiosa de venganza
   por la afrenta (*affront*) y oprobio (*ignominy*) recibido,
   otros con la codicia (*greed*) y esperanza
   del oficio y bastón ya pretendido,
   antes que sosegase (*calmed*) la tardanza (*delay*)
   el ánimo del pueblo removido,
   daban calor y fuerzas a la guerra
   incitando a furor toda la tierra.
   (Alonso de Ercilla, *La Araucana*)

h. —Mal me quieren en Castilla
   los que me habían de aguardar (*to wait*);
   los hijos de doña Sancha
   mal amenazado me han,
   que me cortarían las faldas
   por vergonzoso (*shameful*) lugar,
   y cebarían (*would fatten*) sus halcones (*falcons*)
   dentro de mi palomar (*dovecote*),
   y me forzarían mis damas,
   casadas y por casar . . .
   (Anónimo, "Las quejas de doña Lambra")

Unidad 3. El Lenguaje Figurado

Con lenguaje figurado nos referimos al que hace uso de figuras estilísticas y tropos. Las preceptivas tradicionales establecen tres categorías en el lenguaje figurado: **figuras de dicción**, **figuras de pensamiento** y **tropos**.

I. Figuras de Dicción

Las figuras de dicción dependen de la colocación de las palabras en el verso, y si alteramos este orden específico la figura desaparece. Estas figuras se forman de varias maneras:

1. Añadiendo palabras:

Epíteto. Es el adjetivo que expresa una cualidad característica de una persona: Alfonso X "El Sabio", o Guillermo "El Conquistador". Otra de sus acepciones define el epíteto como el adjetivo que acompaña al sustantivo y expresa la misma cualidad que éste: "Se parece a la pura y blanca nieve" (Juan Arolas "Sé más feliz que yo"), o "la negra oscuridad que el mundo cubre" (Garcilaso de la Vega, *Égloga I*).

2. Omitiendo palabras:

Asíndeton. Consiste en la omisión de conjunciones para dar mayor velocidad y dinamismo al verso:

> Descaminado, enfermo, peregrino
> en tenebrosa noche, con pie incierto . . .
> (Luis de Góngora, Soneto "CIII")

Otros ejemplos de este tipo de figuras son la *elipsis* y el *zeugma* (Consúltese el diccionario de términos literarios).

3. Repitiendo palabras:

Anáfora. Consiste en la repetición de palabras al principio de frases similares o de cada verso:

> ¡Amado sea aquél que tiene chinches (*bedbugs*),
> el que lleva zapato roto bajo la lluvia,
> el que vela el cadáver de un pan con dos cerillas,
> el que se coge un dedo en una puerta,
> el que no tiene cumpleaños,
> el que perdió su sombra en un incendio.
> (César Vallejo, "Traspié entre dos estrellas")

Polisíndeton. Esta figura se basa en la repetición innecesaria de conjunciones para dar a la frase mayor lentitud y solemnidad:

> Y ángeles ve en las mujeres,
> y amor, y luz, y placeres,
> en la senda del vivir,
> y por su mágico prisma . . .
> (Enrique Gil y Carrasco, "Un recuerdo de los templarios")

Retruécano. Consiste en la repetición de una frase o palabras, pero invirtiendo el orden de las mismas:

> Teniendo por mejor en mis verdades,
> consumir vanidades de la vida
> que consumir la vida en vanidades.
> (Sor Juana Inés de la Cruz, Soneto "146")

Otra figura basada en la repetición de palabras es la *reduplicación*. (Consúltese el diccionario de términos literarios).

4. Combinando palabras:

Aliteración. Consiste en la repetición de sonidos similares en un verso, frase, o estrofa. La repetición puede ser de letras o palabras:

> ¿Mar de mi soledad, mar de mi vida,
> soy mar del mar y al mar sigo esperando?
> Mar de mi vida el mar sin mí me llama:
> nombres del mar mi voz tan sólo encuentra.
> (Emilio Prados, "Nombres del mar")

Onomatopeya. Consiste en la imitación de sonidos o movimientos reales a través del ritmo de las palabras o los sonidos:

> El cerdo en el fango (*mud*) gruñe: pru-pru-prú
> el sapo (*toad*) en la charca (*pond*) sueña: cro-cro-cró.
> (Luis Palés Matós, "Danza negra")

Hipérbaton. Consiste en invertir el orden sintáctico habitual de las palabras en la frase:

> Un torrente es su barba impetuoso.
> (Luis de Góngora, *Fábula de Polifemo y Galatea*)

Otra figura basada en la combinación de palabras es la *paronomasia*. (Consúltese el diccionario de términos literarios).

II. Figuras de Pensamiento

Las figuras de pensamiento tienen que ver con las ideas y, aunque los tratadistas tradicionales han identificado un gran número de estas figuras, aquí nos centraremos en una selección de las mismas. Las figuras de pensamiento se pueden agrupar en las siguientes categorías:

1. Figuras descriptivas. Su objeto es describir o pintar con plasticidad objetos, seres y paisajes. Aquí sólo comentaremos una:

Topografía. Consiste en describir lugares o paisajes:

Esta calleja curva y fresca,
estrecha y larga, contra sol.
(José Moreno Villa, "Hombrada")

Otras figuras descriptivas son la *etopeya*, el *retrato*, y la *enumeración* (Consúltese el diccionario de términos literarios).

2. **Figuras patéticas**. Este tipo de figuras se caracteriza por dar a la expresión de las ideas un tono emocional o sentimental. Las más destacadas son las siguientes:

Apóstrofe. Es una invocación o pregunta dirigida por el yo poético a un ser animado o inanimado, presente o ausente:

Tú, poesía,
sombra más misteriosa
que la raíz oscura de los añosos (*aged*) árboles.
(Miguel Otero Silva, "La poesía")

Hipérbole. Esta figura se basa en la exageración desmedida de las cosas o de las cualidades físicas y/o morales de las personas. La deformación de lo que se describe puede seguir el camino del engrandecimiento o empequeñecimiento:

Este vivir, ¿qué será?
Mil muertes se me hará.
(San Juan de la Cruz "Que muero porque no muero")

Prosopopeya, o *personificación*. Consiste en atribuir cualidades de seres animados a seres inanimados, o cualidades y acciones de personas a seres animados o inanimados:

La tierra canta con los astros hermanos.
(Vicente Huidobro, "La raíz de la voz")

3. **Figuras lógicas**. Estas figuras tratan de enfatizar la idea que se comunica, y destacan las siguientes:

Símil o *comparación*. Esta figura presenta una comparación o relación de similitud entre dos conceptos o entre un hecho real y otro imaginado:

Que el verso sea como una llave
que abra mil puertas.
(Vicente Huidobro, "Arte poética")

Oxímoron. Consiste en la unión de dos palabras que tienen un significado opuesto:

> Relámpago (*lightning*) congelado.
> (Luis Palés Matos, "El gallo")

Antítesis o *contraste.* Consiste en la oposición o contraposición de dos ideas o conceptos:

> Quiere, aborrece, trata bien, maltrata
> y es la mujer, al fin, como sangría,
> que a veces da salud y a veces mata.
> (Lope de Vega, *Rimas humanas*, "CXCI")

Paradoja. Esta figura, según Pelayo H. Fernández, es "una antítesis superada que hermana (*links*) ideas contrarias en un solo pensamiento". A diferencia de la antítesis, la paradoja trata de revelar a través de la contraposición de ideas una verdad profunda:

> ¿Qué muerte habrá que se iguale
> a mi vivir lastimero (*pitiful*),
> pues si más vivo, más muero?
> (San Juan de la Cruz, "Que muero porque no muero")

Gradación o *clímax.* Consiste en expresar palabras o ideas de forma ascendente o descendente:

> Y tú te quedas pálida y fundida,
> sale el oro hecho tú de tus dos ojos
> que son mi paz, mi fe, mi sol: ¡mi vida!
> (Juan Ramón Jiménez, "El color de tu alma")

Otra de las figuras lógicas es el *epifonema* (Consúltese el diccionario de términos literarios).

4. **Figuras oblicuas.** Estas figuras se caracterizan por expresar las ideas, o referirse a algo, de modo indirecto, y la más destacada es la *perífrasis*.

Perífrasis o *circunlocución.* Esta figura consiste en un rodeo de palabras para referirse a algo que podría decirse con una o pocas palabras. A veces se usa para evitar la repetición de un nombre o de una expresión vulgar. La perífrasis está estrechamente relacionada con el símil, la hipérbole, y la metáfora:

Era del año la estación florida   (la primavera)
en que el mentido robador de Europa,   (Júpiter disfrazado de toro)
media luna las armas de su frente.   (los cuernos)
(Luis de Góngora, *Soledades*)

III. Tropos

La palabra "tropo" es, etimológicamente hablando, de procedencia griega, y significa "vuelta", "giro", "cambio". Por tropo, entonces, entendemos todo cambio en el significado de una palabra o frase. Los tropos más importantes son los siguientes:

Sinécdoque. Esta figura consiste en designar el todo con el nombre de la parte, o viceversa; o nombrar lo abstracto por lo concreto, o viceversa; o sustituir el nombre del contenido por el del continente, o viceversa; y entre unos y otros existe algún tipo de relación de contigüidad o coexistencia:

Diez velas se hicieron a la mar.
("Diez velas" se refiere a diez barcos).

Los españoles ganaron el campeonato mundial de baloncesto en el año 2006.
("Los españoles" se refiere al equipo de baloncesto, no a todos los españoles).

El estadio vibró de emoción.
("El estadio" se refiere a las personas que estaban en este lugar).

Metonimia. Esta figura se basa en designar una cosa u objeto con el nombre de otra/o en virtud de una relación de causa u origen.

En cuyo ser unió naturaleza
la cuna alegre y triste sepultura.
(Sor Juana Inés de la Cruz, "En que da moral censura . . .")
("La cuna" se refiere al nacimiento, y "sepultura" a la muerte).

Lee a Cervantes.
("Cervantes" se refiere a la obra literaria escrita por Miguel de Cervantes)

Se tomó un Rioja.
("Rioja" se refiere al vino procedente de esta región española)

Metáfora. La metáfora es el tropo más común, y consiste en identificar un objeto con otro partiendo de una relación de semejanza o analogía que existe entre ellos:

> Y tú, corazón, uva
> roja, la más ebria (*drunk*), la que menos
> vendimiaron (*harvested*) los hombres...
> (Claudio Rodríguez, "Canto del caminar")

> La luna es araña de plata.
> (José Juan Tablada, "Li-po")

Sinestesia. Se llama sinestesia al intercambio que se produce en la descripción de experiencias sensoriales, o en la de experiencias sensoriales y sentimientos:

> Y olvidando los votos y plegarias
> que en las sordas tinieblas se perdían.
>   (oído) (vista)
> (El Duque de Rivas, "El faro de Malta")

> Se visten una blusa silenciosa y dorada
> de sudor silencioso.
>   (olfato) (oído)
> (Miguel Hernández, "El sudor")

Alegoría. La alegoría es una metáfora continuada; es decir, es una metáfora o imagen poética que prosigue o continúa a lo largo de una parte o de todo el poema. En el siguiente ejemplo vemos cómo el poeta describe la vejez:

> Hoja seca solitaria
> que te vi tan lozana ayer
> ¿Dónde de polvo cubierta
> vas a parar? —No lo sé;
> lejos del nativo ramo (*branch*)
> me arrastra (*drags*) el cierzo (viento) crüel,
> desde el valle a la colina,
> del arenal al vergel.
> (Juan Nicasio Gallego, "Sobre la vejez")

La alegoría también se encuentra en obras dramáticas o narrativas. Un ejemplo en teatro es *El gran teatro del mundo* (1655), de Calderón de la Barca, en la que los personajes de la obra: el autor, los actores, sus papeles, y los aplausos del público se corresponden, respectivamente, con Dios, los seres humanos, el comportamiento moral de éstos durante su vida, y la recompensa o premio final por sus obras.

Parábola. La parábola es una alegoría con fin didáctico y/o moral. Son conocidas las parábolas de la *Biblia*.

Símbolo. El símbolo se caracteriza por apuntar a una realidad abstracta, y entre el signo y este significado abstracto hay una cierta analogía. Por ejemplo, la cruz como símbolo del cristianismo. Veamos otro ejemplo:

> Rosa divina que en gentil cultura
> eres, con tu fragante sutileza,
> magisterio purpúreo de la belleza.
> (Sor Juana Inés de la Cruz, "A una rosa")
> (La rosa simboliza la belleza efímera).

Práctica

I. Identifique y comente las distintas figuras estilísticas y tropos que aparecen en los siguientes versos o estrofas. En algunos de los ejemplos hay más de una figura estilística o tropo.

1. Permitiendo que goce yo las flores
   como fiel mariposa.
   (Juan Pablo Forner, "A Lucinda en el fin del año")

2. (. . .) porque deseastes
   verme morir entre memorias tristes.
   (Garcilaso de la Vega, Soneto "X")

3. Para el kikirikí
   de los gallos del Sur
   las estrellas del alba son granos de maíz.
   (José Juan Tablada, "El alba en la gallera")

4. No tengo un centavo.

5. Hortelano era Belardo
   de las huertas de Valencia.
   (Lope de Vega, "Hortelano era Belardo")

6. Como en la oscura noche del Egeo
   busca el piloto el eminente faro (*lighthouse*).
   (Andrés Fernández de Andrada, "Epístola moral a Fabio")

7. Y el mar fue y le dio un nombre,
   y un apellido el viento
   y las nubes un cuerpo
   y un alma el fuego.
   (Rafael Alberti, "El ángel ángel")

8. Allá muevan feroz guerra
   ciegos reyes
   por un palmo (*span*) más de tierra.
   (José de Espronceda, "Canción del pirata")

9. La muerte me está mirando
   desde las torres de Córdoba.
   (Federico García Lorca, "Canción del jinete")

10. Era un hielo ardiente.

11. Y una tarde
    (¡olas inmensas del mar, olas que ruedan los vientos!)
    se te han de cerrar los ojos contra la rosa lejana.
    (Dámaso Alonso, "Vida del hombre")

12. Al dulce son (*sound*) del bandolín (*mandolin*) sonoro.
    (Julián del Casal, "Salomé")

13. En el hoy y mañana y ayer, junto
    pañales (*diapers*) y mortaja (*shroud*) . . .
    (Francisco de Quevedo, "Represéntase la brevedad de lo que se vive . . .")

14. En la rama el expuesto cadáver se pudría,
    como un horrible fruto colgante junto al tallo (*stem*).
    (Salvador Díaz Mirón, "Ejemplo")

15. Mostrando cuán cerca habitan
    el gozo (*enjoyment*) y el padecer (*suffering*),
    que no hay placer sin lágrimas, ni pena
    que no traspire en medio del placer.
    (José de Espronceda, "El mendigo")

16. Más que el jinete (*rider*)
    el caballo
    clópeti clópeti
    clop
    sobre el suelo de un camión.
    (Claribel Alegría, "Unicornio cimarrón")

17. ¡Luces tristes! ¡Tinieblas alumbradas!
    (Ramón de Campoamor, "El tren expreso")

18. Y abajo, en la yerba verde . . .
    (José Zorrilla, "Oriental")

19. El árbol soñoliento cabecea (*nods*).
    (Julián del Casal "Paisaje del trópico")

20. De tus ojos, a veces,
    salen tristes océanos que en cuerpo te caben,
    pero que en tí no caben.
    (Manuel del Cabral, "Negro sin nada en tu casa")

21. No hallar fuera del bien centro y reposo,
    mostrarse alegre, triste, humilde, altivo (arrogante),
    enojado, valiente, fugitivo,
    satisfecho, ofendido, receloso (*distrustful*).
    (Lope de Vega, *Rimas humanas*, "54")

22. El poeta es un pequeño Dios.
    Vicente Huidobro, "Arte poética")

23. La aurora ayer me dio cuna,
    la noche ataúd (*coffin*) me dio.
    (Luis de Góngora, "Alegoría de la brevedad de las cosas humanas")

24. Te abriste como una granada,
    como una ubre (*udder*) te henchiste (*swelled*),
    como una espiga te erguiste (*stood*),
    a toda raza congojada (*distressed*),
    a toda humanidad triste;
    a los errabundos (*wanderers*) y parias.
    (Rubén Darío, "Canto a la Argentina")

25. Hay una línea de Verlaine que no volveré a recordar,
    hay una calle próxima que está vedada (*prohibida*) a mis pasos,
    hay un espejo que me ha visto por última vez;
    hay una puerta que he cerrado hasta el fin del mundo.
    (Jorge Luis Borges, "Límites")

26. Hay que pensar antes de hablar, y no hablar antes de pensar.
    (Dicho popular)

27. ¡Perla del mar! ¡Estrella de Occidente!
    ¡Hermosa Cuba! tu brillante cielo
    la noche cubre con su opaco velo.
    (Gertrudis Gómez de Avellaneda, "Al partir")

28. -¡Tun-tun!
    -¿Quién es? Es el diablo
    -Una rosa y un clavel (*carnation*) . . .
    (Nicolás Guillén, "La muralla")

29. Pequeños arroyos (*streams*) y gruesos caudales (*flows*),
    y ríos de fama caminan al mar,
    y el hombre a la tumba que sorbe (*sucks up*) los males,
    y bienes y risas, y enojo y pesar.
    (Juan Arolas, "Sé más feliz que yo")

30. Navega; velero mío,
    sin temor,
    que ni enemigo navío,
    ni tormenta, ni bonanza
    tu rumbo a torcer (*change*) alcanza,
    ni a sujetar (*hold down*) tu valor.
    (José de Espronceda, "Canción del pirata")

31. Un caracol apenas soy junto al mar profundo; (. . .)
    Una ola al mar inmenso me llevará después.
    (Arturo Capdevila, "Playa")

Análisis Crítico de *El Cisne*, (Rubén Darío)

El Cisne

Fue en una hora divina para el género humano.
El cisne antes cantaba sólo para morir.
Cuando se oyó el acento del Cisne wagneriano
fue en medio de una aurora, fue para revivir.

5   Sobre las tempestades del humano océano
se oye el canto del Cisne; no se cesa de oír,
dominando el martillo del viejo Thor germano
o las trompas que cantan la espada de Argantir.

¡Oh Cisne! ¡Oh sacro pájaro! Si antes la blanca Helena
10   del huevo azul de Leda brotó de gracia llena,
siendo de la Hermosura la princesa inmortal,

bajo tus blancas alas la nueva Poesía
concibe en una gloria de luz y de armonía
la Helena eterna y pura que encarna el ideal.

Análisis Crítico de *El Cisne*

A continuación vamos a realizar una lectura crítica de "El Cisne", un poema del poeta nicaragüense Rubén Darío (1867–1916), incluido en su obra *Prosas profanas y otros poemas* (1896). Primero, vamos a leer el poema, incluido el título, varias veces para tener una idea general del tema y subtemas que se desarrollan en el mismo. Pero antes de estudiar el contenido, o mensaje, del poema vamos a proceder con la escansión de los versos del poema. De acuerdo con la posición del acento en la última palabra de los versos, vemos en los ocho primeros versos una alternancia de versos *llanos* —"hu**ma**no", "wagne**ria**no" . . .— y *agudos* —"mo**rir**", "revi**vir**" . . .—. En los últimos seis versos, en cambio, tenemos dos series de dos versos llanos —"He**le**na", "**lle**na"— seguidos de uno agudo —"inmor**tal**" . . .—. A continuación pasamos a realizar el *cómputo silábico* del poema y, como es de esperar, encontramos varias sinalefas y diptongos. Por ejemplo, en el tercer verso podemos ver dos sinalefas, indicadas con un subrayado, y dos diptongos, indicados en negrita (*bold*):

Cu**a**ndo s<u>e o</u>yó <u>e</u>l acento del Cisne wagner**ia**no.
1   2   3   4   5 6 7   8   9   10 11 12 13 14

Si tenemos en cuenta las sinalefas y diptongos, y el hecho que es un verso llano, el cómputo silábico de este verso nos da 14 sílabas. El verso anterior, el segundo, en el que hay una sinalefa —"cisne antes"— tiene 13 sílabas, pero al ser agudo añadimos una más y computamos 14 sílabas. Todos los versos del poema tienen 14 sílabas, es decir son versos alejandrinos. El verso alejandrino, al tener más de 11 sílabas, cae en la categoría de *verso compuesto*, y está formado por dos versos simples de 7 sílabas cada uno. Debemos notar que en cada uno de estos versos hay una *cesura* que divide el verso en dos *hemistiquios* iguales que llamamos *isostiquios*. Sin embargo, el primer isostiquio del verso noveno puede plantear (*raise*) una ligera dificultad:

¡Oh Cisne! ¡Oh sacro pájaro!/ Si antes la blanca Helena.
  1   2   3   4 5   6 7 8 (8–1 = 7)

El cómputo silábico del primer isostiquio nos da 8 sílabas, pero debemos recordar que las condiciones de la cesura son iguales a las de un verso simple; y en este caso, al ser un verso esdrújulo, restamos una sílaba y nos quedan 7. Además de las cesuras que hay en cada uno de los versos, encontramos varias *pausas versales* —vs. 1, 2, 4, 6, 8, 10, 11 y 14—, cuatro *pausas estróficas* —vs. 4, 8, 11 y 14—, y algunos ejemplos de *encabalgamiento* —vs. 3 y 4, 5 y 6, 7 y 8, 9 y 10, y del 12 al 14.

En cuanto a la posición de los acentos, podemos ver cómo el *acento estrófico* va colocado en todos los versos en la decimotercera sílaba, y todos los versos tienen *acentos rítmicos y extrarrítmicos*. Vamos a escoger el primer verso del poema e indicaremos en negrita la posición de los acentos:

Fue en **u**na **ho**ra divina/ **pa**ra el **gé**nero hu**ma**no.
 1   2   3   4   5 6 7   8 9   10 11 12 13 14

Como el acento estrófico cae en sílaba impar, los acentos rítmicos son los que caen en sílabas impares, y en este verso corresponderían a la primera y tercera sílabas. Los acentos extrarrítmicos, por el contrario, son los que caen en sílabas pares, y en este verso corresponderían a las sílabas 2, 6, 8 y 10.

Pasando al estudio de la *rima*, apreciamos cómo todos los versos tienen *rima consonante*, o *total*. En cuanto a su disposición, vemos cómo las primeras ocho rimas de los versos, al estar dispuestas alternativamente, caen dentro de la categoría de *rimas encadenadas*, o *cruzadas*. En cambio, los versos 9 y 10, por un lado, y 12 y 13, por otro, tienen *rima gemela*. El poema que analizamos está compuesto de cuatro estrofas, las dos primeras son dos *serventesios*, ya que riman en A, B, A, B y son versos de arte mayor; y las dos últimas son dos *tercetos encadenados* con rima en C, C, D — E, E, D. Nos encontramos, pues, ante un *poema estrófico* correspondiente a un *soneto*.

A continuación vamos a proceder con el estudio del *lenguaje figurado*; es decir, vamos a identificar las *figuras estilísticas* y los *tropos* que embellecen y contribuyen al significado del poema. Una de las figuras es la del *hipérbaton*, que aparece en los versos 5 y 6, y 10 y 11. Otra es la *metáfora*, en el uso de "acento" por "canto" (v. 3), de "tempestades" por "conflictos" (v. 4), y de "océano" por "mundo" (v. 4). Otra figura es la *hipérbole*, en "hora divina" (v. 1), "Sobre las tempestades ... del Cisne" (vs. 5, 6), "sacro pájaro" (v. 9), y "princesa inmortal" (v. 11). Hay dos *apóstrofes*, en "¡Oh Cisne! ¡Oh sacro pájaro!" (v. 9). Hay un *epíteto*, en "blancas alas" (v. 12). Encontramos varias *personificaciones*, en "las trompas que cantan" (v. 8), y en "la nueva Poesía/concibe" (vs. 12, 13). Hay una *aliteración* en "t" en "el martillo del viejo Thor germano/o las trompas que cantan la espada de Argantir" (vs. 7, 8). Hay una *metonimia*, en "Helena eterna y pura" (v. 14) para referirse a la "hermosura y belleza". Y encontramos dos símbolos, "Helena" como símbolo de la belleza femenina, y "el Cisne" como símbolo del Modernismo.

El siguiente paso nos debe llevar a un análisis del *contenido* del poema, y para ello es recomendable hacer una mínima investigación sobre el autor y la corriente literaria a la que pertenece. Esta información, que no incluiremos aquí, nos servirá de base para una mejor comprensión e interpretación del poema. En el análisis del contenido del poema podemos comenzar con la identificación del tema, que en nuestro caso sería el anuncio del nacimiento de una nueva poesía o, más bien, la metamorfosis de la vieja poesía en la poesía modernista. El Modernismo, por cierto, es un movimiento literario que triunfó principalmente en Latinoamérica a finales del siglo XIX y principios del siglo XX.

Comenzaremos el análisis del mensaje del poema con la primera estrofa, cuyo inicio nos recuerda a la rima I de Gustavo Adolfo Bécquer, un poeta postromántico español de finales del siglo XIX:

Yo sé un himno gigante y extraño
que anuncia en la noche del alma una aurora.

Tanto en Bécquer como en Rubén Darío, las primeras estrofas sirven como anuncio del advenimiento o llegada de una nueva expresión poética, y en el caso de Rubén Darío la nueva poesía es la modernista, de la que el cisne es símbolo. La estrofa comienza con el verbo "fue", repetido dos veces en el cuarto verso, para hacer hincapié (*to emphasize*) en un acontecimiento consumado, ya realizado. Podemos ver, asimismo, cómo el yo poético, un portavoz del Modernismo, y un alter ego de Rubén Darío, contrasta el canto tradicional del Cisne, "sólo para morir", y el del Cisne wagneriano, "para revivir". En este momento podemos preguntarnos ¿qué relación tiene el Cisne wagneriano con el tema de este poema?; y esto nos lleva a investigar el papel del cisne en Richard Wagner, un compositor alemán del siglo XIX conocido por sus óperas. En una de sus óperas románticas, *Lohengrin*, representada por primera vez en 1850, aparece un cisne tirando de una barca en la que viaja Lohengrin, un caballero del Santo Grial que trata de restituir (*restore*) el honor de Elsa, acusada falsamente de matar a su hermano por Telramund y su esposa, una hechicera (*witch*). Lohengrin se enfrenta y vence a Telramund y se casa con Elsa, pero, inmediatamente después de las ceremonias nupciales, Lohengrin se va porque Elsa rompió la promesa de preguntarle a aquél quién era y de dónde venía. En el momento de la despedida, aparece un cisne, Lohengrin reza para que Elsa recupere a su hermano, y a continuación el cisne se submerge en las aguas del río y emerge como Gottfried, el hermano de Elsa, quien había sido transformado en cisne por las artes mágicas de la hechicera. Al final, Lohengrin se va y Elsa se muere de pena. Esta referencia a la ópera de Wagner está cargada de significado metafórico porque, lo mismo que en el poema de Rubén Darío, encontramos en Gottfried, metamorfoseado en un cisne, la misma oposición binaria de muerte/renacimiento (vida) y metamorfosis que vemos en la primera estrofa del poeta nicaragüense; además de que el cisne, como ya señalamos anteriormente, es el símbolo de la poesía modernista.

Si esta primera estrofa, entonces, podemos leerla como el anuncio y celebración de la aparición de una nueva poesía, que nace de la muerte de una poesía precedente; en la segunda estrofa volvemos a encontrar la misma polarización de ideas en torno a los temas muerte/vida. Aquí, sin embargo, la oposición binaria muerte/vida se halla simbólicamente representada por el Cisne y dos fuerzas antagónicas: Thor y Argantir; y, lo mismo que en la ópera wagneriana, nos vemos obligados a identificar estas dos figuras y el papel que juegan en este soneto. Thor, como sabemos, es el dios del trueno, en la mitología nórdica y alemana, que hace uso de un martillo en la lucha contra sus enemigos. Argantir, por otro lado, es un legendario guerrero islandés famoso por su espada centelleante (*sparkling*) que heredó de sus padres. Ambas figuras, Thor y Argantir, unidas en el poema al martillo y las trompas —un instrumento musical de viento—, tienen connotaciones negativas, y nos dan una idea de algo viejo y ancestral, de un mundo bárbaro y cruel que se representa en el poema por medio de esas "tempestades del humano océano". Sin embargo, en contraposición al sonido amenazante y ensordecedor (*deafening*) de ese mundo se oye el delicado y triunfante "canto del Cisne". Si en estas dos primeras estrofas percibimos una estructura paralelística en la repetición de los temas muerte/vida, el mismo tipo de estructura paralelística es la que vemos en las siguientes estrofas, pero ahora el tema predominante es el de la concepción, y uno secundario sería el de la metamorfosis.

En el primer terceto aparecen dos figuras de la mitología griega: Leda y Helena. Leda, según la mitología, era la esposa de Tindáreo, pero Zeus, metamorfoseado en cisne, la violó. Esa misma noche Leda durmió con su esposo y, como resultado de ambas relaciones, Leda puso dos huevos de los que nacieron dos hijos inmortales de

Zeus: Helena y Polux, y dos mortales de Tindáreo: Clitemnestra y Cástor. Este primer terceto, entonces, celebra la concepción y nacimiento de Helena, símbolo de la belleza femenina. Debemos notar, sin embargo, que el sintagma —grupo de palabras que tienen una unidad sintáctica— "¡Oh sacro pájaro!" dota (*endows*) al cisne de cualidades divinas, una caracterización apropiada ya que Zeus era el padre de los dioses del Olimpo, y este carácter divino se hace extensivo a la poesía modernista, de la que el cisne es símbolo.

El último terceto, caracterizado por la aceleración del tiempo de dos versos *encabalgantes* y otros dos *encabalgados*, se centra en otra concepción, ahora de la nueva poesía, una poesía, lo mismo que Helena, caracterizada por su gran belleza.

Un concepto que nos puede ayudar a profundizar en el análisis de un poema, o de cualquier otro texto literario, es el de la *isotopía*, definido como una serie de categorías semánticas que se repiten en una obra literaria y que hacen posible una lectura uniforme del texto. Por ejemplo, en este poema existen varias isotopías fonéticas en las rimas, o sea en la repetición de fonemas: "humano/wagneriano", "morir/revivir", etc. Encontramos, asimismo, una isotopía rítmica en la repetición del acento estrófico en la penúltima sílaba de cada verso. Y encontramos dos isotopías semánticas, una la vemos en la muerte de la poesía precedente, y la otra en la metamorfosis o renacimiento de aquélla en una nueva poesía. En torno al primer eje semántico, al de la muerte, encontramos lexemas como "morir", "tempestades", "martillo", etc. Y en torno al segundo eje semántico, el de la metamorfosis de la vieja poesía en una nueva poesía, vemos lexemas como "revivir", "aurora", "brotó", "concibe", "Cisne", "Luz", "Helena", "armonía", etc.

Otro aspecto que merece especial consideración es el del estudio del lenguaje. O sea, ¿qué tipo de sustantivos o adjetivación utiliza el poeta? En este poema debemos destacar que Rubén Darío pone énfasis en el carácter musical, cromático y religioso de la lengua utilizada. La musicalidad del poema no sólo deriva de la rima, el ritmo, las pausas y los encabalgamientos, sino también de la contraposición, o antítesis, a nivel temático, de la música de Wagner, en la primera estrofa, con los sonidos que pueden emitir el trueno o las trompas, en la segunda estrofa. Por otro lado, el carácter cromático se ve en la contraposición de la oscuridad de "las tempestades" con la luz de la vida de la "aurora" o "gloria de luz". Es más, la "aurora" capta (*captures*) metafóricamente, al marcar el paso de la noche al día, la transformación de la vieja poesía en una nueva: la poesía modernista. Finalmente, el carácter religioso de algunos de los términos lingüísticos se percibe en "hora divina", "¡Oh sacro pájaro", "revivir", "gracia llena", o "gloria de luz", términos que apuntan al nacimiento de una nueva poesía como un acontecimiento milagroso, de naturaleza divina. Es más, los únicos nombres comunes que aparecen capitalizados en el poema —Cisne, Hermosura, Poesía— se refieren a la poesía modernista, y no debe parecernos casual, o accidental, después de haber visto el carácter religioso de muchos de los términos utilizados en el poema, que esta trilogía lingüística se esté haciendo eco de otra: la de la Santísima Trinidad. Si las religiones cristianas sostienen que las tres personas del Padre, Hijo y Espíritu Santo contienen la unidad divina de Dios, el yo poético parece sugerirnos que los tres términos capitalizados: Cisne, Hermosura, Poesía, contienen la unidad de la poesía modernista.

Podemos concluir señalando que hay en este poema un tono de euforia, alegría y exultación, y este tono se justifica si tenemos en cuenta que el poema es un canto y un manifiesto a favor del nacimiento de esta nueva poesía. Asimismo, y como es característico de la poesía modernista, en este poema vemos un rechazo de las anteriores formas poéticas, un deseo de experimentación con metros clásicos —como la resurrección del verso alejandrino de catorce sílabas, usado principalmente en la Edad Media—, el empleo de temas y motivos exóticos, mitológicos y legendarios, la armonía de sus partes constituyentes, un énfasis en la perfección formal, la musicalidad y el ritmo, y la búsqueda de la belleza y la hermosura por medio del uso de imágenes sensoriales y de la lengua. Es decir, a diferencia del sonido y simplicidad de las trompas que cantan a Argantir, y el martillo o trueno, con los que se asocia a Thor, y que representan a la vieja poesía, la nueva poesía modernista destaca por una suma de cualidades estéticas comparable a la ópera de Wagner, donde se mezclan música, trama argumental, escenografía, vestuario, luminotecnia, etc. para constituir una belleza armónica total.

Ésta es, obviamente, una lectura de "El Cisne", pero estamos seguros que otros lectores tendrán otras lecturas o interpretaciones del texto, y es por ello que las lecturas compartidas de los estudiantes de una clase servirán para enriquecerse (*to enrich*) mutuamente.

Anónimo: *Amor más poderoso que la muerte*

Los romances, crítica

Guía de lectura

Según Ramón Menéndez Pidal, un distinguido medievalista español del S. XX, los romances (*ballads*) son breves poemas épico-líricos que se cantaban con acompañamiento de un instrumento musical. Originalmente, su forma métrica era una tirada de versos de dieciséis sílabas con rima asonante monorrima. Los romances existían con anterioridad al siglo XV, y se transmitieron oralmente, pero a principios del siglo XVI empezaron a ser imprimidos en pliegos sueltos (*loose-leaf pamphlets*), y más tarde se recopilaron en colecciones de romances llamadas *romanceros*. Los romances creados hasta mediados del siglo XVI se conocen con el nombre de *romances viejos*, y se dividen en dos grupos: *romances tradicionales* y *romances juglarescos*.

A. Los *romances tradicionales* son los más antiguos que conocemos y consisten de fragmentos derivados de las canciones de gesta. La variedad que conservamos de cada uno de ellos se debe a los cambios que introducían los que los cantaban. Los protagonistas de estos romances son los mismos que los de los relatos épicos: el Cid, los infantes de Lara, Bernardo del Carpio, etc. y algunos de sus temas se centran en las hazañas de algún héroe, como el Cid o Bernardo del Carpio, o en la venganza por alguna ofensa recibida, como la del conde don Julián en "El rey don Rodrigo y la pérdida de España".

B. Los *romances juglarescos*, compuestos por los juglares, aparecen a mediados del siglo XV, y hay en ellos más elementos fantásticos y riqueza de imágenes que en los anteriores. De acuerdo al tema, estos romances se han dividido en a) *históricos*, basados en personajes de la historia española y grecolatina; b) *carolingios*, basados en las canciones de gesta francesas y leyendas bretonas c) *novelescos*, sobre asuntos legendarios o de la vida diaria; d) *líricos*, centrados en la expresión de algún sentimiento amoroso; e) *fronterizos*, centrados en las guerras entre moros y cristianos; y f) *moriscos*, en los que hay una idealización de la vida musulmana.

Después del siglo XVI los poetas cultos empiezan a componer lo que conocemos como *romances nuevos*. Estos romances, en los que predomina lo lírico sobre lo épico, tratan de temas mitológicos, religiosos, sentimentales, etc. y sus representantes más destacados son Góngora, Lope de Vega y Francisco de Quevedo. A fines del siglo XVIII se reanuda (*resumes*) el cultivo del romance, y en el siglo XX lo cultivaron poetas como Federico García Lorca y Rafael Alberti.

El romance que hemos seleccionado es uno de los más difundidos por la tradición oral, y se estima que existen unas setenta y cinco versiones del mismo. En algunas de estas versiones aparece bajo el título de "Romance del Conde niño", en otras como "Romance del conde Olinos", y Menéndez Pidal, teniendo en cuenta algunas versiones más modernas halladas en España, América, Marruecos y Oriente, elaboró otra con el título de "Amor más poderoso que la muerte".

Nos encontramos aquí con un romance de autor anónimo, dialogado, directo, típico en cuanto a su forma, y en el que destaca la economía de medios ornamentales. Este romance nos presenta el tópico del trágico destino de dos enamorados por las objeciones que presenta a su amor la madre de la novia. En la lectura de este romance el estudiante debe tener presente la fecha en la que ocurre parte de la acción: la fiesta de san Juan. Esta festividad, que casi coincide con el solsticio de verano, se celebra el veinticuatro de junio en honor de san Juan Bautista, y es una fecha cargada de connotaciones mágicas. Igualmente, es importante notar cómo la madre de Albaniña confunde el canto del Conde Niño con el de una sirena. Las sirenas son figuras mitológicas que a veces aparecen en literatura como manifestación de la perversidad femenina, otras veces aparecen dotadas de un sentido profético, y en otras vemos que sus cantos tienen connotaciones negativas, como ocurre en *La Odisea* de Homero. El análisis de este romance deber ir acompañado de un comentario sobre las sucesivas metamorfosis que experimentan los dos enamorados una vez muertos.

Amor más poderoso que la muerte

1   Conde Niño por amores
    es niño y pasó la mar;
    va a dar agua a su caballo
    la mañana de San Juan.
5   Mientras el caballo bebe,
    él canta dulce cantar;
    todas las aves del cielo
    se paraban a escuchar,
    caminante que camina
10 olvida su caminar,
    navegante que navega
    la nave vuelve hacia allá.
    La reina estaba labrando,[1]
    la hija durmiendo está:
15 —Levantaos, Albaniña,
    de vuestro dulce folgar,[2]
    sentiréis cantar hermoso
    la sirenita del mar.
    —No es la sirenita, madre,
20 la de tan bello cantar,
    sino es el conde Niño
    que por mí quiere finar.[3]
    ¡Quién le pudiese valer[4]
    en su tan triste penar![5]
25 —Si por tus amores pena,
    ¡oh, malhaya[6] su cantar!,
    y porque nunca los goce,
    yo le mandaré matar.
    —Si le manda matar, madre,
    juntos nos han de enterrar.   30
    Él murió a la medianoche,
    ella a los gallos cantar;[7]
    a ella como hija de reyes
    la entierran en el altar;
    a él como hijo de conde   35
    unos pasos más atrás.
    De ella nació un rosal blanco,
    dél nació un espino albar;[8]
    crece el uno, crece el otro,
    los dos se van a juntar;   40
    las ramitas que se alcanzan
    fuertes abrazos se dan,
    y las que no se alcanzaban
    no dejan de suspirar.[9]
    La reina llena de envidia   45
    ambos los dos mandó cortar;
    el galán[10] que los cortaba
    no cesaba[11] de llorar.
    De ella naciera una garza,[12]
    de él un fuerte gavilán,[13]   50
    juntos vuelan por el cielo,
    juntos vuelan par a par.[14]

[1]*embroidering* [2]dormir [3]morir [4]ayudar [5]sufrir [6]maldito [7]"a . . . cantar": al amanecer [8]arbusto rosáceo que da pequeñas flores blancas [9]*to sigh* [10]trabajador [11]dejaba de [12]*heron* [13]*sparrowhawk* [14]juntos

Análisis crítico

1. ¿Cuántas sílabas tiene cada uno de los versos de este poema? ¿Son versos *agudos*, *llanos* o *esdrújulos*? Mencione algún fenómeno que afecte al *cómputo silábico*.
2. ¿Los versos de este poema son de arte *mayor* o *menor, simples* o *compuestos*?
3. ¿Qué tipo de *ritmo* hay en estos versos? Escoja un par de versos del poema e indique los distintos acentos *estróficos, rítmicos* y *extrarrítmicos*.
4. Indique algunas de las *pausas* del poema y algún *encabalgamiento*, si los hay.
5. ¿Qué tipo de rima tienen los versos de este poema, *consonante* o *asonante*? ¿Cuál es la disposición de las rimas?
6. ¿Es un poema *estrófico* o *no estrófico*? De ser *estrófico*, ¿Qué estrofas conforman el poema?
7. Identifique y comente las figuras estilísticas y tropos del poema. ¿Qué figura estilística o tropo encuentra en "ella a los gallos cantar" (v. 32)? ¿Cree que el mar y el caballo tienen algún valor simbólico?
8. ¿Dentro de qué categoría de romances incluiría el que hemos estudiado?
9. ¿Nos da el autor del romance las razones por las que muere el Conde Niño?
10. Explique el significado de la confusión del canto del Conde Niño con el de una sirenita.
11. Explore los distintos paralelismos que hay en el poema.
12. ¿Cuándo tiene lugar la acción? ¿Es significativa esta fecha? ¿Hay elementos mágicos o maravillosos en este romance?

Mesa redonda

Comente con sus compañeros de grupo las distintas metamorfosis de los amantes. Piensen si hay una gradación en las mismas, y si las plantas o animales en los que se metamorfosean tienen algún valor simbólico.

Sea creativo

El tema de la metamorfosis es central en este poema y, de hecho, existen versiones de este romance en las que el juglar o poeta añade otras metamorfosis de los amantes. Ponga en práctica su imaginación poética y trate de crear, en verso o prosa, otra posible metamorfosis de los amantes.

Investigación

Hagan un estudio comparativo entre este romance y otras versiones del mismo prestando especial atención a las diferentes metamorfosis que experimentan los amantes en cada una de ellas. Para conocer otras versiones de este romance pueden visitar el siguiente sitio de la red: http://parnaseo.uv.es/Lemir/Revista/Revista6/OLINOS/estolinos.htm

    Otra opción es leer el romance de "El infante Arnaldos", que sigue a continuación, y hacer un estudio comparativo del mismo con el de "Amor más poderoso que la muerte". Preste especial atención a la forma, y al carácter mágico de la fecha en que ocurre la acción.

1   ¡Quién hubiera tal ventura[1]
    sobre las aguas del mar
    como hubo el infante Arnaldos
    la mañana de San Juan!
5   Andando a buscar la caza
    para su falcón[2] cebar,[3]
    vio venir una galera[4]
    que a tierra quiere llegar;
    las velas trae de sedas,
10   la ejarcia[5] de oro torzal,[6]
    áncoras[7] tiene de plata,
    tablas de fino coral.
    Marinero que la guía,
    diciendo viene un cantar,
que la mar ponía en calma,   15
los vientos hace amainar;[8]
los peces que andan al hondo,
arriba los hace andar;
las aves que van volando,
al mastil[9] vienen posar.[10]   20
Allí habló el infante Arnaldos,
bien oiréis lo que dirá
—Por tu vida, el marinero,
dígasme ora[11] ese cantar.
Respondióle el marinero,   25
tal respuesta le fue a dar:
—Yo no digo mi canción
sino a quien conmigo va.

Garcilaso de la Vega: *Soneto X*

Vida, obra, y crítica

Garcilaso de la Vega (1501–1536) nació en Toledo, España, en el seno de (*within*) una familia noble. Contrajo matrimonio con Elena de Zúñiga, pero su gran amor fue Isabel Freyre, una dama portuguesa. Participó activamente en las guerras de su tiempo al servicio del emperador Carlos I, y murió en el asalto a una fortaleza de Muy, Francia.

[1]suerte [2]halcón, ave de presa [3]alimentar [4]barco [5]*ropes* [6]hilo grueso [7]anclas [8]calmar [9]*mast* [10]*to perch* [11]ahora

Además de valiente soldado, Garcilaso fue un afamado poeta renacentista, cortés en el mundo de las relaciones sociales, conocedor de los clásicos, y amante apasionado; y por estas cualidades es reconocido como el prototipo del "cortesano" renacentista.

La obra poética de Garcilaso no es muy extensa y, prácticamente, se reduce a una epístola, cinco canciones, dos elegías, treinta y ocho sonetos y tres églogas. De sus canciones, la más conocida es la que dedica a una desdeñosa (*disdainful*) dama italiana, "A la flor de Gnido", con la que introduce en España la estrofa italiana de cinco versos conocida como "lira". De sus sonetos merecen destacarse los que comienzan con "A Dafne ya los brazos le crecían", "En tanto que de rosa y azucena", "Hermosas ninfas que en el río metidas", y el que hemos seleccionado. La culminación de su obra poética, sin embargo, se encuentra en las tres églogas, pertenecientes al género pastoril.

En algunos poemas de Garcilaso de la Vega encontramos un espíritu melancólico que, unido al análisis de los sentimientos afectivos, revelan la influencia de F. Petrarca, un poeta italiano del S. XIV. Además del amor, dos de los temas que dominan en su poesía, y en los que se percibe la influencia del poeta latino Horacio, son el del *carpe diem*, o disfrute del momento presente, y el del *beatus ille*, centrado en la alabanza de la vida del campo y en la descripción de una naturaleza bucólica. La poesía de Garcilaso de la Vega se caracteriza por su musicalidad, elegancia, sobriedad y naturalidad; y su influencia se dejó sentir en Bécquer y en muchos de los poetas del siglo XX español.

Guía de lectura

El poema de Garcilaso que hemos seleccionado, el Soneto X, fue escrito hacia 1534, poco después de la muerte de su amada Isabel Freyre, y es de suponer que el lamento del yo poético ante la pérdida de un ser querido vaya dirigido a ella. Debemos mencionar que el uso mayestático del "vos", o sea el uso de la forma plural de la segunda persona, en el verso sexto se ajusta a las normas establecidas por el código del amor cortés.

Garcilaso de la Vega utiliza en este soneto un lenguaje sencillo, sin cultismos o neologismos, en el que se nota la ausencia de adjetivos y en el que los sustantivos cobran un gran valor semántico. Dos de estos sustantivos son claves para la comprensión del poema, "prendas" (v. 1), que no significa necesaria o exclusivamente "ropa", y "bienes" (v. 13). Esas "prendas" que encuentra el yo poético le sirven para evocar y traer a la memoria el recuerdo de su amada, y es un tópico literario que se remonta (*dates back*) a Virgilio, quien en el libro IV de *La Eneida* (S. I a. C.) nos muestra a Dido contemplando antes de morir los regalos que le hizo Eneas en tiempos más felices.

Asimismo, el lector debe considerar el significado que tienen los varios adverbios presentes en el poema, y el uso de los contrastes.

Soneto X

1
¡Oh dulces prendas por mí mal halladas,
dulces y alegres cuando Dios quería!
Juntas estáis en la memoria mía,
y con ella en mi muerte conjuradas.[1]

5
¿Quién me dijera, cuando en las pasadas
horas en tanto bien por vos me vía,[2]
que me habíais de ser en algún día
con tan grave dolor representadas?

10
Pues en una hora junto me llevastes
todo el bien que por términos me distes,
llevadme junto el mal que me dejastes.

Si no, sospecharé que me pusistes
en tantos bienes, porque deseastes
verme morir entre memorias tristes.

Análisis crítico

1. Analice formalmente el poema.
2. Identifique y comente las figuras estilísticas y tropos del poema.
3. ¿Qué propósito tienen la exclamación y la interrogación que encontramos en la primera y segunda estrofas, respectivamente?
4. ¿A quién se dirige el yo poético en este soneto? ¿Se dirige siempre al mismo sujeto?
5. ¿Qué significado cree que tienen los sustantivos "prendas" y "bienes"? ¿A qué cree que se refieren?
6. Hay una abundancia de adverbios en este texto: mal, cuando, tanto, todo. ¿Qué significado aportan (*bring*) al poema?

[1]*conjured up* [2]veía

7. Comente las distintas estrofas por separado e identifique los temas dominantes en cada una de ellas.
8. ¿Cuál es el tono del poema?

Mesa redonda

Como indicamos en la guía de lectura, el poema presenta varios contrastes. Con sus compañeros de grupo, identifíquelos y explique el significado de los mismos.

Sea creativo

¿Qué tipo de sentimientos y emociones cree que experimenta el yo poético ante la muerte de su amada? Si usted fuera amigo/a o consejero/a de este yo poético, ¿qué tipo de consejos le daría para calmar su dolor? Escriba dos listas con sus respuestas, en una incluyendo los sentimientos del yo poético y en otra sus consejos.

Investigación

Garcilaso de la Vega es el poeta más importante del Renacimiento español, y en él, como en otros escritores renacentistas, se puede ver la influencia ejercida por el movimiento intelectual conocido como el Humanismo. Haga un estudio de las ideas principales de este movimiento intelectual.

San Juan de la Cruz: *Noche oscura*

Vida, obra y crítica

San Juan de la Cruz (1542–1591), aunque su verdadero nombre era Juan de Yepes, nació en Ávila, España. De familia humilde, trabajó como enfermero en el hospital de Medina y, posteriormente, ingresó en la Orden del Carmelo. Estudió en Salamanca, y fue encarcelado ocho meses en un convento de Toledo por colaborar con Santa Teresa de Jesús en la reforma de la Orden del Carmelo. Vivió la mayor parte de su vida en Andalucía, donde desempeñó (*held*) altos cargos en la Orden carmelitana.

Con San Juan de la Cruz, hombre de gran formación religiosa, la poesía lírica española alcanza una de las más altas cimas (*peaks*). Es autor, como poeta, de *Cántico espiritual* (1576) y de los poemas "Noche oscura", y "Llama de amor viva". *Cántico espiritual*, inspirada en el *Cantar de los cantares* de la *Biblia*, es el poema más extenso, y en él describe alegóricamente el proceso místico de purgación, iluminación y unión del alma con Dios a través de las figuras del amado y la amada. "Llama de amor viva", por otro lado, es un poema lleno de exclamaciones en el que se describe el alma quemada por la llama del amor de Dios. Escribió otros poemas de menor importancia, generalmente alegorías, en los que sigue tratando temas de poesía amorosa tradicional "a lo divino".

Escribió, asimismo, cuatro tratados en prosa de carácter crítico y didáctico en los que explica tres de los poemas anteriormente mencionados. En *La subida del Monte Carmelo* (1578–1583) y *Noche oscura del alma* explica el significado de la "noche" y el papel que juega Dios en el poema "Noche oscura". En *Cántico espiritual* (1584) interpreta el poema del mismo título, y en *Llama de amor viva* (1584) comenta el poema del mismo nombre. Sus influencias literarias proceden principalmente de la *Biblia*, Garcilaso de la Vega, la poesía culta del *Cancionero*, y la lírica tradicional popular.

Guía de lectura

En "Noche oscura", uno de los poemas más representativos de la literatura mística, San Juan de la Cruz nos describe el viaje que una noche realiza la amada en busca de su amado. Pero esta lectura literal, o erótica, debe ir acompañada de otra en la que es necesario interpretar el valor figurativo de los distintos símbolos que hay en el poema. Para esto, debemos entender que éste es un poema místico, y que en la mística los tratadistas identifican tres fases, o "vías", que conducen a la unión con Dios:

1. *Vía purgativa*, o etapa ascética, en la que el alma se purifica de sus vicios y pecados por medio de la oración y mortificación. Esta fase depende exclusivamente de la voluntad y raciocinio humanos.

2. *Vía iluminativa*, o fase perteneciente ya a la mística, en la que el alma, liberada de sus pecados y de sus vínculos terrenales, comienza a disfrutar de la presencia divina gracias a la acción sobrenatural de la gracia.

3. *Vía unitiva*, fase en la que el alma llega a la unión íntima con Dios, y que se encuentra simbolizada poéticamente en la consumación del matrimonio entre el esposo y la amada.

Así pues, en nuestra lectura del poema debemos tratar de ver cómo y dónde aparecen representadas estas tres fases o vías y, por consiguiente, es importante interpretar el significado de los distintos símbolos que hay en el poema. La "noche", uno de ellos, es frecuentemente utilizado en la poesía mística, y San Juan de la Cruz lo trata de manera bastante original. La crítica lo ha interpretado de distintas maneras: como la negación por parte del alma del mundo de los sentidos, como el vacío espiritual, o como las dificultades que el hombre debe vencer para alcanzar la purificación del alma. Sin embargo, la lectura del poema queda incompleta sin el análisis de otros símbolos, como el de la luz, el aire, o el de los mismos amantes, y de otras figuras estilísticas y tropos.

Noche oscura

1   En una noche oscura
con ansias[1] en amores inflamada,
¡oh dichosa ventura!
salí sin ser notada
5   estando ya mi casa sosegada.[2]
     A escuras,[3] y segura
por la secreta escala disfrazada,
¡oh dichosa ventura!
a escuras, y en celada,[4]
10   estando ya mi casa sosegada.
     En la noche dichosa,
en secreto, que nadie me veía,
ni yo miraba cosa,
sin otra luz y guía,
15   sino la que en el corazón ardía.
     Aquesta[5] me guiaba
más cierto que la luz del mediodía,
a donde me esperaba
quien yo bien me sabía,
20   en parte donde nadie parecía.

     ¡Oh noche, que guiaste,
oh noche amable más que el alborada;[6]
oh noche, que juntaste
Amado con amada,
amada en el Amado transformada!   25
     En mi pecho florido,
que entero para él solo se guardaba,
allí quedó dormido,
y yo le regalaba,[7]
y el ventalle[8] de cedros[9] aire daba.   30
     El aire de la almena,[10]
cuando yo sus cabellos esparcía,[11]
con su mano serena
en mi cuello hería,
y todos mis sentidos suspendía.[12]   35
     Quedéme, y olvidéme,
el rostro recliné sobre sobre el Amado,
cesó[13] todo, y dejéme,
dejando mi cuidado[14]
entre las azucenas[15] olvidado.   40

Análisis crítico

1. Analice formalmente el poema.
2. ¿Qué símbolos, además de "la noche", encuentra en este poema? Por ejemplo, ¿qué valor simbólico tienen "la casa", "la amada", "el amado", "la luz", "el aire" . . .?
3. ¿Qué otras figuras retóricas y tropos ve en el poema? ¿Qué figura describe la lectura de todo un poema como una especie de metáfora prolongada?

[1]deseos [2]calmada [3]a oscuras [4]a escondidas [5]ésta [6]amanecer [7]acariciaba [8]abanico [9]*cedars* [10]*turret*
[11]*parted* [12]detenía [13]paró [14]preocupación [15]*lilies*

4. ¿Por qué cree que este poema se categoriza como poesía erótica a lo divino?
5. ¿Quién es el yo poético?
6. ¿Qué espacios encontramos representados en este poema?
7. ¿Cuál es el tono del poema?

Mesa redonda

Discuta con sus compañeros de grupo las distintas fases, o vías, del proceso místico que San Juan de la Cruz representa en este poema. Una pista (*hint*) es que estas tres fases se materializan en los versos 1–10, 11–20, y 21–25, respectivamente. Comente también el significado complementario de los versos que siguen hasta el final del poema.

Sea creativo

Los poetas místicos utilizan distintos símbolos o imágenes para describir la unión del alma con dios. Si usted tuviera que describir esta unión en un poema, ¿qué imágenes o símbolos cree que podrían captar esta experiencia mística? O bien, ¿qué anécdota o historia podría representar a nivel literal este tipo de sublime comunión?

Investigación

El reinado de Felipe II, segunda mitad del siglo XVI, coincide con la época de mayor producción de literatura religiosa, con más de tres mil obras pertenecientes al ascetismo y el misticismo. Escoja un poema de un escritor de una de estas dos tendencias y comente algunas de sus características. Una opción puede ser el poema "Vivo sin vivir en mí", de Santa Teresa de Jesús (incluido en el apéndice de poesía).

Luis de Góngora y Argote: *Soneto CLXVI*

Vida, obra y crítica

Luis de Góngora y Argote (1561–1627) nació en Córdoba, España. Estudió en la universidad de Salamanca, se ordenó de sacerdote al final de su vida, y ejerció de capellán de honor del rey Felipe III en Madrid durantes varios años. Cansado de la vida en la corte regresó a Córdoba donde murió.

La producción poética de Góngora se divide en dos grupos. El primero duró hasta

1610, y en él se incluyen sus composiciones populares en metros cortos, sus letrillas, en las que trata una variedad de temas: sentimentales, satíricos . . ., y sus romances, centrados en temas amorosos, burlescos, moriscos, de cautivos, etc. Al Góngora de esta primera fase se le conoce como el "Príncipe de la Luz". Al segundo grupo, que comenzó en 1610, pertenece su poesía escrita en metros cultos. En este grupo se incluyen sus sonetos, en los que trata temas muy diversos, y sus dos obras maestras: la *Fábula de Polifemo y Galatea* (1612), centrada en los celos (*jealousy*) del cíclope Polifemo por los amores del pastor Acis y la ninfa Galatea; y las *Soledades*, en las que el poeta hace uso de una gran variedad de recursos poéticos para cantar a una naturaleza arcádica donde el hombre puede alcanzar la felicidad. Góngora comenzó la escritura de esta obra en 1613, y la concibió en cuatro partes, pero sólo escribió la primera y dejó inconclusa la segunda. El Góngora de esta segunda fase, debido a la dificultad de su poesía, es conocido como el "Príncipe de las Tinieblas". Escribió tres obras de teatro, pero no logró igualar con ellas el éxito de su obra poética.

Góngora es el exponente más representativo del *culteranismo*, una corriente estética barroca caracterizada por la abundancia de recursos retóricos y la complicación de la sintaxis de la frase. Fiel a esta tendencia, Góngora utilizó en su poesía un lenguaje culto, rico en figuras estilísticas y neologismos, con el que logra grandes efectos musicales y cromáticos. A pesar de las duras críticas que sufrió en vida por la oscuridad de su poesía, su influencia se ha dejado sentir, entre otros muchos, en los escritores de la Generación del 27. Hoy Góngora es considerado como uno de los grandes maestros de la lírica española del Siglo de Oro.

Guía de lectura

"Mientras por competir con tu cabello" fue escrito en 1582, y es uno de los sonetos de Góngora más analizado. Dos de los antecedentes inmediatos de este poema son el soneto de Garcilaso de la Vega, "En tanto que de rosa y azucena", y el de Bernardo Tasso, "Mentre che l'aureo crin v'ondeggia intorno"; pero existen otros antecedentes más remotos en la poesía grecolatina. En ésta, lo mismo que en la poesía renacentista y barroca de varios países occidentales, varios poetas expresaron en su poesía los tópicos del *tempus fugit* —la fugacidad de la vida—, y del *carpe diem* —disfrute de los placeres de la vida—. Sin embargo, y a diferencia de los poetas anteriores, Góngora introduce en este soneto un nuevo tópico característico del barroco: el de la llegada de la muerte. Este soneto, pues, nos presenta la noción del "desengaño" barroco en cuanto que, por un lado, invita a la mujer a disfrutar de la vida y, por otro, la alerta de la llegada de la muerte. Al plantearnos estos dos tópicos en el poema, Góngora nos está reflejando la noción barroca del claroscuro, es decir el contraste de dos mundos opuestos.

En la lectura de este poema, el lector debe tratar de identificar y explicar las figuras estilísticas que utiliza el poeta para expresar los tópicos anteriormente mencionados. Asimismo, debe comentar la estructura del poema y las partes del cuerpo de la mujer que son contrastadas o comparadas con distintos elementos naturales y artificiales.

Soneto CLXVI

Mientras por competir con tu cabello, 1
oro bruñido[1] al sol relumbra en vano;
mientras con menosprecio[2] en medio el llano
mira tu blanca frente el lilio[3] bello;

mientras a cada labio, por cogello,[4] 5
siguen más ojos que al clavel[5] temprano;
y mientras triunfa con desdén[6] lozano
del luciente cristal tu gentil cuello:

goza cuello, cabello, labio y frente,
antes que lo que fue en tu edad dorada 10
oro, lilio, clavel, cristal luciente,

no sólo en plata o vïola[7] troncada[8]
se vuelva, mas tú y ello juntamente
en tierra, en humo, en polvo, en sombra, en nada.

Análisis crítico

1. Analice formalmente el poema.
2. Identifique y comente las figuras estilísticas y tropos de este soneto.
3. ¿En qué partes podríamos dividir este poema desde el punto de vista temático?
4. ¿Dónde se representa el tema del *carpe diem*? ¿Qué noción del barroco expresan los dos últimos tercetos?

[1]*burnished* [2]*scorn* [3]*lily* [4]cogerlo, besarlo [5]*carnation* [6]*scorn* [7]instrumento musical de cuerda [8]rota

5. ¿Podría identificar alguna o algunas isotopías en este poema?
6. De las dos fases que caracterizan la obra de Góngora, ¿en cuál incluiría este soneto?
7. ¿Cómo es descrita la mujer en este poema? ¿Se refiere solamente a su físico? Piense cuidadosamente en el verso 13.

Mesa redonda

Las dos primeras estrofas presentan un contraste, típico del barroco, entre algunas partes del cuerpo de la mujer y algunos elementos naturales y artificiales. Explique esta comparación prestando atención, entre otros aspectos, al uso de los colores.

Sea creativo

Este soneto concluye con un terceto en el que el yo poético alerta, supuestamente, a una joven sobre la llegada de la muerte. Si usted tuviera que reescribir el último terceto, ¿qué advertencia haría a esta joven?

Investigación

Como indicamos en la guía de lectura, existen ciertas semejanzas entre este soneto de Góngora y el de Garcilaso de la Vega que comienza con "En tanto que de rosa y azucena" (Incluido en el apéndice de poesía). Estudie sus semejanzas y diferencias.

Félix Lope de Vega Carpio: *Rimas humanas, CXCI*

Vida, obra y crítica

Félix Lope de Vega Carpio (1562–1635) nació en Madrid, y se cree que asistió a la universidad de Alcalá, aunque no llegó a concluir sus estudios universitarios. Participó en una de las campañas navales de la Armada Invencible, y sirvió de secretario a varios nobles. Se casó dos veces, y tras la muerte de su segunda esposa se ordenó sacerdote a los cincuenta y dos años. Esta decisión, sin embargo, no le impidió que continuara su activa vida amorosa. Debido a su ingenio y poder creador, Cervantes lo llamó el "Monstruo de la naturaleza".

Lope de Vega escribió un tratado teórico sobre el teatro, *Arte nuevo de hacer comedias* (1609), cuyas innovadoras propuestas tuvieron una gran influencia en el teatro español y europeo de su tiempo. Se calcula que escribió unas mil quinientas obras de teatro, pero sólo conservamos unas quinientas. Merecen mención *Peribañez y el Comendador de Ocaña* (1605?), centrada en el intento de seducción de un Comendador a la esposa de un campesino (*farmer*); *Fuenteovejuna* (1612?), en la que Lope de Vega vuelve a dramatizar el mismo conflicto; y *El caballero de Olmedo* (1620?), en la que un hecho con base histórica le sirve para contrastar los placeres de la vida con la sombra de la muerte. Escribió varias comedias de capa y espada, como *La dama boba* (1613), y unos cuatrocientos autos religiosos. Los temas que trata en su obra dramática tienen que ver principalmente con el honor, algún episodio o personaje históricos, y la religión.

Como poeta es autor de romances, églogas, elegías, odas y de unos tres mil sonetos, algunos de los cuales cantan el amor humano y otros revelan una profunda devoción religiosa. Dos de los poemarios en los que se encuentran algunos de estos sonetos son *Rimas humanas* (1602), y *Rimas sacras* (1614). Escribió también largos poemas narrativos, como *La Dragontea* (1598), sobre el pirata Drake; y *La Gatomaquia* (1634), una parodia de la épica italiana. Como prosista merecen mención *La Dorotea* (1632), una novela dialogada; y *La Arcadia* (1598), una novela pastoril.

Guía de lectura

El poema de Lope de Vega que hemos seleccionado forma parte de su poemario *Rimas humanas*. El término "rimas" del título se refiere a la diversidad de metros y estilos que utiliza el poeta en esta colección, así como a la variedad de temas tratados: mitológicos, históricos, pastoriles, y sentimentales. En estos poemas, Lope de Vega proyecta una variedad de sentimientos a través de los que se transparenta su propia personalidad y espíritu humano.

En el presente poema, Lope de Vega nos presenta un retrato de la mujer bajo una doble perspectiva: positiva y negativa. Al leer este poema, el estudiante puede ver cómo esta visión de la mujer se manifiesta a través de una serie de figuras estilísticas que reflejan el sentir del yo poético sobre la mujer en general.

Rimas humanas, CXCI

1 Es la mujer del hombre lo más bueno,
   y locura decir que lo más malo,
   su vida suele ser y su regalo,
   su muerte suele ser y su veneno.

   Cielo a los ojos cándido y sereno,　　5
   que muchas veces al infierno igualo,
   por raro al mundo su valor señalo,
   por falso al hombre su rigor condeno.

      Ella nos da su sangre, ella nos cría,   Quiere, aborrece, trata bien, maltrata,
10 no ha hecho el cielo cosa más ingrata;   y es la mujer, al fin, como sangría,[2]
      es un ángel, y a veces una arpía.[1]   que a veces da salud y a veces mata.

Análisis crítico

1. Analice formalmente el poema.
2. Identifique y comente las figuras estilísticas y tropos que hay en el poema.
3. ¿Hay algún comentario sobre el hombre en este poema?
4. ¿Qué quiere decir el yo poético cuando afirma que la mujer es "como sangría" (v. 13)?
5. En este poema existen varias antítesis, ¿puede identificarlas y comentarlas?

Mesa redonda

Discuta con sus compañeros de grupo el tono y la actitud del yo poético hacia la mujer. ¿Manifiesta algún tipo de prejuicio hacia ésta? ¿Podríamos categorizar a este yo poético como representación de un sistema patriarcal?

Sea creativo

Si tuviera que escribir un poema sobre el hombre actual, de la misma manera que hizo Lope de Vega sobre la mujer, ¿qué cualidades y aspectos, positivos o negativos, le parece que podrían formar parte de su composición poética? Trate de escribir un terceto a modo de conclusión

Investigación

Escoja uno de los poemas que componen el poemario *Rimas humanas* y estudie algún aspecto de su personalidad que nos revela Lope de Vega. Complemente el estudio analizando las figuras estilísticas y los tropos que haya en el poema.

---

[1]monstruo fabuloso con cara de mujer y cuerpo de ave de rapiña   [2]*bloodletting*

Francisco de Quevedo: *Salmo XVII*

Vida, obra y crítica

Francisco de Quevedo (1580–1645) nació en Madrid en el seno de una familia que servía a miembros de la casa real. Recibió una excelente educación humanística, estudiando lenguas clásicas y modernas y teología. Protegido por el duque de Osuna, y por recomendación de éste, fue nombrado secretario de Hacienda. Fue encarcelado cuatro años por criticar al Conde Duque de Olivares, y murió poco después de salir de prisión.

Su obra poética, publicada después de su muerte con los títulos de *El parnaso español* (1648) y *Las tres últimas* (1670), se divide en dos partes:

1. Poesía seria y solemne de carácter doctrinal. Esta poesía trata asuntos ascéticos y políticos con un tono satírico, y algunos de sus temas tienen que ver con la vanidad, la fugacidad del tiempo, la caducidad de los bienes materiales, y la decadencia moral y económica de España.

2. Poesía de temas amorosos y burlescos, en la que alterna el tono serio con el cómico.

Su obra en prosa, por otro lado, revela la misma dualidad y variedad que la poética. En su obra satírica Quevedo critica con gran agudeza y crueldad ciertos vicios y defectos de la sociedad española, y lo mismo hace con algunos escritores destacados de su tiempo, como Góngora y Ruiz de Alarcón. Escribió, asimismo, obras festivas, como *Cartas del Caballero de la Tenaza* (1645), que destacan por su comicidad. Es, igualmente, autor de una de las mejores novelas picarescas, *El buscón* (1603), en la que Quevedo nos da una visión cómica y grotesca de la realidad española de su época. En 1627 publicó otra de sus obras más importantes, *Los sueños*, en la que realiza una sátira de tipos y costumbres de su tiempo. Dentro de sus obras ascéticas merece mención *La cuna y la sepultura* (1635), en la que funde la moral cristiana con el estoicismo de Séneca. Publicó también obras políticas, como *Política de Dios, gobierno de Cristo, tiranía de Satanás* (1626); y realizó algunas traducciones. Quevedo es uno de los representantes más destacados del *conceptismo*, una corriente estética del barroco español que enfatiza la concisión en la expresión y el uso de palabras con múltiples significados.

Guía de lectura

El "Salmo XVII", uno de los más difundidos e interpretados por la crítica, fue escrito por Quevedo en 1603, y publicado en 1613 en el *Heráclito cristiano*. Quevedo lo revisó varias veces a lo largo de su vida, y la versión que hemos seleccionado, la más conocida de las seis existentes, fue originalmente publicada por Joseph A. González Salas en 1648. La crítica observa que Quevedo fue influido o por la decimosegunda epístola de Séneca a Lucilo, en la que Séneca afirma: "dondequiera que miro, no veo sino evidencia de mi vejez", o por un verso de Ovidio procedente de su *Tristia* (libro I, poema XI, V. 23): "dondequiera que miré, nada vi que no fuera imagen de la muerte".

El poema desarrolla uno de los tópicos del barroco, el del *memento mori*, o "recuerda que vas a morir", y ha sido interpretado desde el punto de vista político, metafísico, existencial, moral, etc. Por ejemplo, el primer verso, ¿se está refiriendo el poeta al estado político, social, militar o económico de España? o, por el contrario, ¿se está refiriendo al estado físico o moral del yo poético?

Además de la existencia de varias figuras estilísticas y tropos, el lector encontrará varias imágenes relacionadas temáticamente que forman un campo semántico, es decir una isotopía. Asimismo, debemos notar los desplazamientos espaciales del yo poético. Así, el poema empieza con un yo poético mirando los muros de su patria, luego se desplaza al campo, después se va a la casa, y concluye centrándose en su propio cuerpo.

Salmo XVII

1   Miré los muros de la patria mía,
    si un tiempo fuertes, ya desmoronados,[1]
    de la carrera de la edad cansados,
    por quien caduca[2] ya su valentía.

5   Salíme al campo; vi que el sol bebía
    los arroyos[3] del yelo[4] desatados,[5]
    y del monte quejosos[6] los ganados,
    que con sombras hurtó su luz al día.

    Entré en mi casa; vi que, amancillada,[7]
    de anciana habitación era despojos;[8]   10
    mi báculo,[9] más corvo[10] y menos fuerte.

    Vencida de la edad sentí mi espada,
    y no hallé cosa en que poner los ojos
    que no fuese recuerdo de la muerte.

[1]caídos [2]termina [3]*brooks* [4]hielo [5]liberados [6]*grumbling* [7]manchada, deshonrada [8]*rubble* [9]bastón [10]*bent*

Análisis crítico

1. Analice formalmente el poema.
2. Identifique y comente las figuras estilísticas y tropos del poema. ¿Cómo interpreta los términos "muros" (v. 1), "ganados" (v. 7), "báculo" (v. 11), y "espada" (v. 12)? ¿Qué significado tiene la imagen que vemos en los versos 5 y 6, "vi . . . desatados"?
3. ¿Cuál es, en su opinión, el tema de este poema?
4. Comente las referencias temporales que hay en el poema. ¿Cómo se expresa la noción del paso del tiempo?
5. ¿A qué muerte se refiere el yo poético en el último verso?
6. ¿Existen algunos paralelismos sintácticos o semánticos en este poema?
7. Anteriormente mencionamos la existencia de una isotopía, ¿puede identificarla? ¿Qué unidades semánticas se agrupan en torno a ella?
8. ¿Cuál es el tono del poema?
9. De las varias lecturas que ha generado este poema —política, existencial . . .—, ¿con cuál estaría usted más de acuerdo? Justifique su elección.

Mesa redonda

En la guía de lectura mencionamos la representación de distintos espacios. Con sus compañeros de grupo discuta e interprete estos espacios que van, gradualmente, de lo general a lo más concreto e individual.

Sea creativo

Piense en un famoso muro, como el de Berlín, o la muralla china, o en una cerca (*fence*), como la que describe Robert Frost en su poema "Mending Wall", y escriba un cuarteto haciendo hincapié en los beneficios o perjuicios que este tipo de frontera puede tener para un país o para una persona. La pared no tiene que ser una pared física y real, sino que puede ser utilizada a nivel metafórico o simbólico para referirse a otro tipo de realidad.

Investigación

Haga un estudio sobre algunas de las diferencias entre el *conceptismo* y el *culteranismo*, dos corrientes estéticas dentro del Barroco español.

Sor Juana Inés de la Cruz: *A su retrato*

Vida, obra y crítica

Sor Juana Inés de la Cruz (1648–1695) nació cerca de la ciudad de México, y fue hija natural de un militar español y una criolla mexicana. A la edad de tres años ya sabía leer, y a la de ocho ya componía poemas. En 1665 la virreina de la Nueva España la invitó a la corte para que la sirviera de dama; pero, a pesar del éxito que disfrutó aquí, la joven Juana Inés decidió abandonar este mundo para hacerse monja y escritora.

Sor Juana, una de las primeras defensoras de los derechos de la mujer en la América latina, cultivó los tres géneros: poesía, teatro y prosa. En su poesía, escrita en romances, sonetos, liras y redondillas, Sor Juana trata, además de los tópicos del barroco como el desengaño, el *carpe diem*, o la vana ilusión de la esperanza, otros temas, como la marginación de la mujer y el Nuevo Mundo. En sus conocidas redondillas, "Hombres necios que acusáis", Sor Juana defiende a la mujer de las críticas injustas que le hace el hombre; y en *El sueño* (1685), su obra capital de 975 versos, poetiza la búsqueda infructuosa del alma por comprender el universo. Es autora, asimismo, de varios villancicos para algunas catedrales mexicanas, y en ellos defiende a las clases marginadas de su sociedad: el indio, el negro y la mujer.

De su obra dramática destacan algunas loas, en las que da muestras de (*shows*) sus conocimientos mitológicos; tres autos sacramentales: *El cetro de José* y *El mártir del Sacramento, San Hermenegildo*, ambos escritos hacia 1685; y el más importante de ellos, *El divino Narciso* (1689), en el que realiza una alegorización de la figura de Narciso convirtiéndolo en Cristo. Es, asimismo, autora de dos comedias de capa y espada: *Los empeños de una casa* (1683) y *Amor es más laberinto* (1689). De su obra en prosa destaca el ensayo *Respuesta a Sor Filotea de la Cruz*, en la que Sor Juana explica su vocación de escritora y su pertenencia a una tradición de mujeres intelectuales que la han precedido. Esta última obra constituye uno de los mejores ejemplos de escritura en prosa del Barroco.

Guía de lectura

Los retratos que escribió Sor Juana, en número de dieciséis, continúan una tradición fuertemente arraigada (*rooted*) entre los escritores españoles —Garcilaso de la Vega, Calderón de La Barca, Góngora, Quevedo, y otros muchos—. Sor Juana dedica generalmente sus retratos a mujeres, y en ellos toca a veces temas relacionados con el amor. En el presente poema, influido por Góngora, el yo poético nos revela sus sentimientos ante la contemplación de su propio retrato.

En la lectura de este poema debemos tener en cuenta que éste es un ejemplo de poema ekphrástico; es decir, la poeta presenta una relación entre la literatura y la pintura. No menos importante es el análisis de la actitud del yo poético ante el paso del tiempo y, por ello, el poema nos revela un contraste, aspecto típico del Barroco, entre el presente actual del yo poético, y el pasado irrecuperable del retrato.

A su retrato

(Procura desmentir los elogios que a un retrato de la poetisa inscribió la verdad, que llama pasión.)

1   Este, que ves, engaño[1] colorido,[2]
    que del arte ostentando[3] los primores,[4]
    con falsos silogismos[5] de colores
    es cauteloso[6] engaño del sentido;

5   éste, en quien la lisonja[7] ha pretendido
    excusar de los años los horrores,
    y venciendo del tiempo los rigores,
    triunfar de la vejez y del olvido:

    es un vano artificio del cuidado,[8]
    es una flor al viento delicada,
    es un resguardo[9] inútil para el hado,[10]

    es una necia[11] diligencia[12] errada,
    es un afán[13] caduco[14] y, bien mirado,
    es cadáver, es polvo, es sombra, es nada.

Análisis crítico

1. Analice formalmente el poema.
2. Identifique y comente las figuras estilísticas y tropos.
3. ¿Cuál es el objetivo propuesto por el retrato? ¿Lo consigue?
4. ¿Con qué compara el yo poético al retrato?
5. ¿Cómo expresa la poeta su desconfianza en el retrato?
6. ¿Cómo relacionaría el último verso con los precedentes del poema? ¿Puede explicar el sentido de cada uno de los términos de este último verso?

---

[1]mentira, ilusión [2]de colores [3]mostrando [4]delicadeza, cuidado [5]razonamiento [6]premeditado [7]*flattery*
[8]trabajo hecho con dedicación [9]*Sanctuary*, prueba [10]*fate* [11]tonta [12]trabajo [13]deseo [14]de corta duración

Mesa redonda

Con sus compañeros de grupo comente la actitud del yo poético al ver su propio retrato. ¿Qué nos revelan sus comentarios de su estado emocional actual? ¿Cuál es el tono del poema?

Sea creativo

Imagínese que en su vejez ve un retrato de cuando era joven, y decide escribir un poema sobre el mismo. Piense y escriba en una columna las cualidades físicas que ha perdido o que el tiempo ha marchitado, y en otra columna las cualidades intelectuales, u otras relacionadas con la sabiduría, que ha ganado con el paso del tiempo. Trate de escribir una estrofa revelando su actitud o reacción personal ante el paso del tiempo.

Investigación

Escoja uno de los retratos de Sor Juana Inés de la Cruz, o uno de los poemas del poemario *Apolo. Teatro pictórico*, de Manuel Machado, y escriba un ensayo sobre la relación existente entre el texto poético y la pintura.

Félix María Samaniego: *La cigarra y la hormiga*

Vida, obra y crítica

Félix María Samaniego (1745–1801) nació en Laguardia, España. De familia noble, estudió en un colegio de Francia y al regresar a España cursó la carrera de leyes (*law*) sin llegar a terminarla. Su admiración por los enciclopedistas franceses tal vez nació de su temprana educación en Francia, y la influencia de éstos se percibe claramente en sus fábulas. Debido al espíritu anticlerical de algunas de éstas, y al grado de erotismo y anticlericalismo que tenían algunos de sus poemas, fue perseguido por la Inquisición y recluido (*confined*) varios meses en un convento de la provincia de Álava.

Samaniego ha pasado a la literatura como uno de los fabulistas más populares de la literatura española. Es autor de *Fábulas en verso castellano para el uso del Real Seminario Bascongado* (1781), una colección de doscientas cincuenta y siete fábulas, repartidas en nueve libros, que originalmente fueron escritas para los estudiantes del Real Seminario Bascongado. La fábula, como es sabido, se relaciona con el apólogo medieval, cuyo propósito era el de dar una enseñanza moral a través de una anécdota simple.

Samaniego expresó en sus fábulas la preocupación didáctica que caracterizaba a su época, y en ellas se puede ver la influencia de Esopo, Fedro y La Fontaine, entre otros. Samaniego se sirve de la fábula para satirizar, a veces con ironía y a veces con humor, algunos de los pecados del hombre —orgullo, hipocresía, vanidad, etc.—, ciertas costumbres sociales, y el funcionamiento de algunas instituciones religiosas y políticas. Entre sus fábulas más populares merecen especial mención "La paloma", "Congreso de ratones", "La lechera", "Las ranas pidiendo rey", y "El cuervo y el zorro". Samaniego escribió también una colección de poesía altamente erótica, cómica y burlesca, *El jardín de Venus*, que se publicó póstumamente por primera vez en 1921.

Guía de lectura

La fábula tuvo gran éxito durante la Ilustración, o el Siglo de las Luces (S. XVIII), y durante este período literario se consideraba que uno de los fines de la poesía era el de educar. La fábula, además de cumplir un fin didáctico, entretenía y divertía al lector, con lo cual se hacía realidad el principio de Horacio conocido como *utile dulci*. Dos elementos claves de la fábula, su espíritu didáctico y satírico, se encuentran precisamente en la fábula que hemos seleccionado. Los orígenes inmediatos de "La cigarra y la hormiga" se encuentran en La Fontaine, pero, como es sabido, el fabulista francés se inspiró en Esopo. Sin embargo, las conclusiones que le dan La Fontaine y Samaniego a sus fábulas difieren de la que le da Esopo. A diferencia de las de aquéllos, en la fábula de Esopo se ve que la hormiga sí le regala unos granos de arroz a la cigarra.

Aunque la lectura de esta fábula no es difícil, debemos recordar que es un poema y, por lo tanto, es necesario analizarlo formalmente. Por otro lado, no podemos olvidar que esta fábula, perteneciente al período neoclásico, tiene un fin didáctico y una moraleja que fácilmente podremos deducir. Asimismo, no debemos pasar por alto (*to ignore*) la caracterización de las dos protagonistas, un aspecto que los predecesores de Samaniego parecen dejar en un segundo plano.

La cigarra y la hormiga

1   Cantando la cigarra
    pasó el verano entero,
    sin hacer provisiones
    allá para el invierno;
    los fríos la obligaron   5
    a guardar el silencio
    y a acogerse al abrigo[1]
    de su estrecho aposento.[2]

[1] "acogerse al abrigo": *to lodge* [2] *lodging*

　　　　　Vióse desproveída
10　　　del³ precioso sustento:⁴
　　　　　sin mosca, sin gusano,⁵
　　　　　sin trigo y sin centeno.⁶
　　　　　Habitaba la hormiga
　　　　　allí tabique⁷ en medio,
15　　　y con mil expresiones
　　　　　de atención y respeto
　　　　　la dijo: "Doña hormiga,
　　　　　pues que en vuestro granero⁸
　　　　　sobran las provisiones
20　　　para vuestro alimento,
　　　　　prestad alguna cosa
　　　　　con que viva este invierno
　　　　　esta triste cigarra,
　　　　　que, alegre en otro tiempo,
25　　　nunca conoció el daño,
　　　　　nunca supo temerlo.
　　　　　No dudéis en prestarme,
que fielmente prometo
pagaros con ganancias,
por el nombre que tengo".　　　30
La codiciosa⁹ hormiga
respondió con denuedo,¹⁰
ocultando a la espalda
las llaves del granero:
"¡Yo prestar lo que gano　　　35
con un trabajo inmenso!
Dime, pues, holgazana,
¿qué has hecho en el buen tiempo?".
"Yo", dijo la cigarra,
"a todo pasajero　　　40
cantaba alegremente,
sin cesar ni un momento".
"¡Hola! ¿conque¹¹ cantabas
cuando yo andaba al remo?"¹²
Pues ahora, que yo como,　　　45
*baila, pese a*¹³ *tu cuerpo".*

Análisis crítico

1. Analice formalmente el poema
2. Identifique y comente las figuras estilísticas y tropos.
3. ¿Cuál es el tema de esta fábula?
4. ¿Qué propósito puede tener el autor al escoger por protagonistas a animales en lugar de personas?
5. ¿Qué moraleja podemos extraer de esta fábula?
6. ¿Cómo aparecen caracterizadas la hormiga y la cigarra? ¿Se podría relacionar la actividad de la cigarra con la creación artística que realizan algunas personas en nuestra sociedad? En caso afirmativo, ¿qué piensa de la moraleja final?

---

³"desproveída del": sin el ⁴comida ⁵*worm* ⁶*rye* ⁷pared ⁸*barn* ⁹*greedy* ¹⁰*boldness* ¹¹*so* ¹²"andaba al remo": trabajaba ¹³a pesar de

Mesa redonda

Discuta con sus compañeros de grupo el posible mensaje político de esta fábula. Es decir, ¿creen ustedes que podemos interpretarla desde el punto de vista de la organización social de las hormigas frente a la forma de vida de las cigarras? ¿Podríamos aplicar esta lectura de la fábula al funcionamiento socio-económico de nuestra sociedad?

Sea creativo

Es obvio que en la escritura de esta fábula Samaniego toma partido con la hormiga. Sin embargo, ¿no cree que hay aspectos positivos en la actividad de la cigarra? Piense en algunas de las características positivas que podrían redimir a la cigarra en su oficio o tarea de pasarse el tiempo cantando. Escriba una breve composición defendiendo a la cigarra y trate de concluirla con una breve moraleja en pareado.

Investigación

El Neoclasicismo es un período literario caracterizado, entre otras cosas, por la imitación de los clásicos. Escriba un ensayo explicando algunas de las principales características de este período literario.

José María Heredia: *En una tempestad*

Vida, obra y crítica

José María Heredia (1803–1839) nació en Cuba, pero pasó parte de su adolescencia y juventud en Venezuela y México. Estudió en la Universidad de La Habana, donde obtuvo el título de Bachiller en Leyes. Al ser acusado de conspirar contra el régimen colonial español de la isla caribeña, se vio obligado a exilarse, tomando refugio primeramente en EE.UU. y, posteriormente, en México. Aquí, Heredia trabajó como juez y residió la mayor parte de su vida.

Heredia, conocido como el "poeta nacional" de Cuba, publicó un solo poemario en vida, *Poesías* (1825), y siete años después, durante su estancia en México, lo reeditó y amplió a dos volúmenes. Su poesía se clasifica en amorosa, revolucionaria, filosófica, histórica y descriptiva; y los distintos temas que trata reflejan un profundo conocimiento de la condición humana. La crítica distingue varias etapas en su obra poética: en una primera se percibe la influencia de los poetas latinos Horacio y Virgilio, en otra trata temas amorosos en los que se nota la influencia de algunos poetas españoles del Neoclasicismo, después se ve su transición al Romanticismo, más tarde vuelve a simpatizar con el Neoclasicismo, y finalmente escribe una poesía altamente intimista.

Aunque su fama se debe principalmente a su obra poética, Heredia escribió varias obras dramáticas, tradujo algunas obras literarias del inglés, francés e italiano al español; y escribió varios trabajos de crítica, didáctica y política. Colaboró, asimismo, como redactor en varios periódicos, y fundó las revistas *Biblioteca de damas* y *Miscelánea*. Esta última se publicó en México de 1829 a 1832, y en ella aparecieron publicados varios cuentos de carácter fantástico que la crítica no ha podido aclarar si fueron escritos por él o por otros escritores.

Guía de lectura

Heredia, como indicamos anteriormente, alternó sus simpatías por el Neoclasicismo y el Romanticismo, y con la publicación de sus poemas "En el Teocalli de Cholula" y "Niágara" introdujo el movimiento romántico en Hispanoamérica. Una diferencia importante entre el Neoclasicismo y el Romanticismo es que los escritores neoclásicos creían en un mundo ordenado y armónico que estaba sujeto a las leyes divinas, y sus obras trataban de reflejar temática y formalmente este orden. Los escritores románticos, por el contrario, representan mundos caóticos en los que parece estar ausente la figura de Dios.

En el poema que hemos seleccionado, "En una tempestad", fechado en (*dated*) 1822, el yo poético expresa con gran fuerza emotiva y dinamismo la inminente llegada de un huracán, las emociones que este fenómeno natural le despierta, los efectos que produce en la naturaleza, y la elevación de aquél ante la presencia del Señor. Podemos ver, asimismo, un cambio de perspectiva en la descripción de los hechos poetizados. Mientras que en la mayor parte del poema el yo poético se concentra en describir la fuerza devastadora del huracán, en la última estrofa la atención se centra en el yo poético mismo.

En este poema, de inspiración romántica, debemos prestar atención no sólo a la descripción de los efectos causados por esta fuerza natural, sino también a cómo se refleja este violento ataque en la presentación formal del poema. No menos importante para la comprensión del mismo es el estudio de la proyección de la conciencia del yo poético en la descripción de este fenómeno natural.

En una tempestad

1   Huracán, huracán, venir te siento,
    y en tu soplo¹ abrasado²
    respiro entusiasmado
    del señor de los aires el aliento.³

5   En las alas del viento suspendido
    vedle rodar por el espacio inmenso,
    silencioso, tremendo, irresistible
    en su curso veloz. La tierra en calma
    siniestra; misteriosa,
10 contempla con pavor⁴ su faz⁵ terrible.
    ¿Al toro no miráis? El suelo escarban,⁶
    de insoportable ardor sus pies heridos:
    la frente poderosa levantando,
    y en la hinchada⁷ nariz fuego aspirando,
15 llama la tempestad con sus bramidos.⁸

        ¡Qué nubes! ¡qué furor! El sol temblando
    vela en triste vapor su faz gloriosa,
    y su disco nublado sólo vierte⁹
    luz fúnebre y sombría,
20 que no es noche ni día . . .
    ¡Pavoroso calor, velo de muerte!
    Los pajarillos tiemblan y se esconden
    al acercarse el huracán bramando,
    y en los lejanos montes retumbando¹⁰
25 le oyen los bosques, y a su voz responden.

        Llega ya . . . ¿No le veis? ¡Cuál desenvuelve¹¹
    su manto aterrador y majestuoso . . . !
    ¡Gigante de los aires, te saludo . . . !
    En fiera confusión el viento agita
30 las orlas¹² de su parda¹³ vestidura . . .
    ¡ved . . . ! ¡En el horizonte
    los brazos rapidísimos enarca,¹⁴
    y con ellos abarca¹⁵
    cuanto alcanzó a mirar de monte a monte!

35 ¡Oscuridad universal! . . . ¡Su soplo
    levanta en torbellinos¹⁶
    el polvo de los campos agitados . . . !
    En las nubes retumba despeñado¹⁷
    el carro del Señor, y de sus ruedas
40 brota¹⁸ el rayo veloz, se precipita,
    hiere y aterra¹⁹ el suelo,
    y su lívida luz inunda el cielo.

        ¿Qué rumor? ¿Es la lluvia . . . ? Desatada
    cae a torrentes, oscurece el mundo,
45 y todo es confusión, horror profundo.
    Cielo, nubes, colinas, caro bosque,
    ¿dó²⁰ estáis . . . ? Os busco en vano:
    Desaparecisteis . . . La tormenta umbría
    en los aires revuelve un océano
50 que todo lo sepulta . . .²¹
    Al fin, mundo fatal, nos separamos:
    El huracán y yo solos estamos.

        ¡Sublime tempestad! ¡Cómo en tu seno,
    de tu solemne inspiración henchido,²²
55 al mundo vil y miserable olvido,
    y alzo la frente, de delicia lleno!
    ¿Dó está el alma cobarde
    que teme tu rugir . . . ?²³ Yo en ti me elevo
    al trono del Señor; oigo en las nubes
60 el eco de su voz; siento a la tierra
    escucharle y temblar. Ferviente lloro
    desciende por mis pálidas mejillas,
    y su alta majestad trémulo adoro.

¹blow ²muy caliente ³breath ⁴miedo ⁵cara ⁶dig ⁷swollen ⁸roars ⁹spills ¹⁰rumbling ¹¹unfolds ¹²borders
¹³brown ¹⁴opens up ¹⁵contiene ¹⁶whirlwinds ¹⁷thrown over a cliff ¹⁸springs up ¹⁹frightens ²⁰dónde ²¹buries
²²lleno ²³roar

Análisis crítico

1. Analice formalmente el poema. ¿Encuentra algunas irregularidades desde el punto de vista formal? ¿Qué piensa de los numerosos signos de puntuación?
2. Identifique y comente las figuras estilísticas y tropos.
3. ¿Qué imágenes utiliza Heredia para expresar la llegada del huracán?
4. ¿A quién se dirige el yo poético?
5. ¿Qué efectos produce el huracán en la naturaleza?
6. ¿Cómo expresa el poeta el sentido de inmediatez ante la llegada del huracán?
7. Heredia se refiere en este poema a los cuatro elementos naturales —tierra, agua, aire y fuego—, ¿cuál cree que es su propósito?
8. ¿Cómo interpreta la última estrofa del poema?
9. Teniendo en cuenta las distintas partes en las que se divide el poema, comente el tema o temas del mismo.

Mesa redonda

Una de las características del Romanticismo es, como mencionamos anteriormente, la proyección de la conciencia del yo poético en la descripción de la naturaleza. Con sus compañeros de grupo, discuta cómo se materializa este recurso o técnica empleada por el poeta.

Sea creativo

Heredia escogió un fenómeno natural, el huracán, para expresar a través de varias imágenes fuertemente emotivas sus efectos devastadores. Imagínese otro fenómeno natural de esta índole, como un tornado, o alguna belleza natural impresionante, como el cañón de Colorado, y trate de crear algunas imágenes poéticas que capten la impresión que le produce. Piense, para concluir, en algún tipo de experiencia espiritual que la contemplación y descripción de este fenómeno natural podrían despertar en usted.

Investigación

"Niágara" es uno de los poemas románticos más conocidos de Heredia. Analice el poema prestando atención a las figuras estilísticas y tropos que utiliza el poeta para describir esta belleza natural, y a cómo aparece reflejada la conciencia del yo poético en la descripción de este fenómeno natural.

Gertrudis Gómez de Avellaneda: *A él*

Vida, obra y crítica

Gertrudis Gómez de Avellaneda (1814–1873) nació en lo que hoy es Camagüey, Cuba, pero vivió un buena parte de su vida en España. En 1836, poco después de establecerse con su familia en España, la Avellaneda visitó Sevilla, y aquí mantuvo una corta pero apasionada relación amorosa con Ignacio de Cepeda, quien inspiraría muchos de sus escritos. En 1855 la Avellaneda se estableció en Cuba, pero después de la muerte de su esposo, en 1863, hizo varios viajes a EE.UU., y en 1865 regresó de nuevo a España en donde vivió hasta su muerte.

La Avellaneda, o "Tula", como también era llamada, gozó de una enorme popularidad en vida y, aunque su popularidad ha decrecido (*decreased*) con el paso del tiempo, hoy día es considerada como una de las precursoras del feminismo moderno. La Avellaneda destacó en el cultivo de la poesía, el teatro, la novela y la autobiografía, y en estos escritos expone el problema de la discriminación racial, de género y de clase social.

Como poeta debemos mencionar la publicación, en distintas ediciones, de sus *Poesías líricas* (1841–1914), que la crítica literaria recibió clamorosamente. La poesía de la Avellaneda sobresale (*stands out*) por su cualidad rítmica, el uso variado de rimas y metros, un nivel de lirismo comparable al de las *Rimas* de Bécquer, su actitud feminista ante el sistema patriarcal, su amor por Cuba, y la tristeza derivada de sus desilusiones y fracasos amorosos. Como dramaturga es autora de obras románticas con temas extraídos del pasado histórico o legendario de España y de la *Biblia*, como *Alfonso Nunio* (1844), centrada en la vida de Alfonso X; o *Saúl* (1849). Su mayor éxito, sin embargo, lo alcanzó con *Baltazar* (1858), un drama inspirado en *Sardanapalus* (1821) de Byron. Como novelista escribió once novelas, y sus temas preferidos fueron la pasión amorosa y el destino fatal. Su novela más conocida, *Sab* (1841), ha sido comparada a *Uncle Tom's Cabin* (1852), de Harriet Beecher Stowe, y se considera la primera novela antiesclavista romántica del continente americano. Escribió también una larga novela histórica e indianista, *Guatimozín, último emperador de Méjico* (1846), basada principalmente en una crónica de Bernal Díaz del Castillo.

Guía de lectura

Poco después de su primer viaje a España, la Avellaneda visitó Andalucía, de donde era originario su padre. Es aquí donde la Avellaneda se enamoró de Ignacio de Cepeda, un estudiante de derecho (*law*) de la universidad de Sevilla. Ignacio, sin embargo, no correspondió a la pasión sentimental que le tributaba la Avellaneda, al parecer porque ella no era ni suficientemente rica, ni muy femenina, y porque, además, era demasiado agresiva como mujer. A pesar del fracaso sentimental, ambos mantuvieron una relación epistolar que duró de 1839 a 1854, y en estas cartas se puede notar cómo va remitiendo (*decreasing*) la pasión sentimental de la poeta cubana por Ignacio.

El poema que hemos seleccionado fue escrito en 1840, y una primera versión del mismo, de las varias que escribió, apareció en sus *Poesías* (1841). El poema, de carácter autobiográfico, expresa el adiós de un yo poético, supuestamente la Avellaneda, a su amado, supuestamente Ignacio de Cepeda. El poema se centra en un yo poético que rememora el pasado amoroso con su amado, al tiempo que deja traslucir una variedad de emociones y sentimientos en el momento presente de la escritura. Al declarar el final de esta relación sentimental, podemos ver cómo al yo poético, o amada, le cuesta resignarse a esta pérdida. En la lectura del poema es importante prestar atención a la confusión emocional que expresa la voz poética de la mujer ante el dolor producido por la pérdida de un amor.

A él

1
No existe lazo[1] ya; todo está roto:
plúgole al Cielo[2] así; ¡bendito sea!
Amargo cáliz con placer agoto;[3]
mi alma reposa[4] al fin; nada desea.

5
Te amé, no te amo ya; piénsolo, al menos.
¡Nunca, si fuere error, la verdad mire!
Que tantos años de amarguras llenos
trague[5] el olvido; el corazón respire.

Lo has destrozado sin piedad; mi orgullo
10
una vez y otra vez pisaste[6] insano . . .
mas nunca el labio exhalará un murmullo
para acusar tu proceder[7] tirano.

---

[1]*bond* [2]*"plúgole al Cielo": el Cielo lo quiso* [3]*I empty* [4]*descansa* [5]*swallows* [6]*you treaded on* [7]*behavior*

De graves faltas vengador[8] terrible,
dócil[9] llenaste tu misión; ¿lo ignoras?
No era tuyo el poder que, irresistible,
postró[10] ante ti mis fuerzas vencedoras.

Quísolo Dios, y fue. ¡Gloria a su nombre!
Todo se terminó; recobro[11] aliento.[12]
¡Ángel de las venganzas!, ya eres hombre...
Ni amor ni miedo al contemplarte siento.

Cayó tu cetro,[13] se embotó[14] tu espada...
mas, ¡ay, cuán triste libertad respiro!
Hice un mundo de ti, que hoy se anonada,[15]
y en honda y vasta soledad me miro.

¡Vive dichoso tú! Si en algún día
ves este adiós que te dirijo eterno,
sabed que aún tienes en el alma mía
generoso perdón, cariño tierno.

Análisis crítico

1. Analice formalmente el poema.
2. Identifique y comente las figuras estilísticas y tropos.
3. ¿Cómo interpreta el verso tercero, "Amargo cáliz con placer agoto"?
4. ¿Cómo caracteriza el yo poético a su ex-amante? ¿Cómo la trató a ella mientras duró la relación?
5. ¿A quién asigna el yo poético el poder que él tuvo sobre ella?
6. ¿Cómo fue la relación amorosa de estos dos amantes?
7. ¿Qué imagen de la mujer nos da el poema?
8. ¿Cuál es el tono del poema?

Mesa redonda

Discuta con sus compañeros de grupo la mezcla de sentimientos pasados y presentes que evoca la voz poética en el poema. ¿Podríamos afirmar que hay una combinación contradictoria de emociones?

[8]*avenger* [9]*gentle* [10]*casted down* [11]*I recover* [12]*breath* [13]poder [14]*weakened* [15]ha quedado reducido a nada

Sea creativo

Escriba una carta explicando los motivos del final de una relación sentimental o de una amistad que haya tenido. Concluya dicha carta con una estrofa de cuatro versos en la que resume la determinación o decisión finales de no continuar esta relación.

Investigación

La correspondencia epistolar entre Gertrudis Gómez de Avellaneda e Ignacio de Cepeda duró unos quince años, de 1839 a 1854. Existen varias publicaciones que han recogido esta correspondencia, como Gertrudis G. de Avellaneda, *Autobiografía: Cartas a Ignacio Cepeda*; y Gertrudis G. de Avellaneda, *Diario íntimo*. En estas cartas, la autora cubana nos deja un retrato de su identidad femenina y de algunos de sus sentimientos amorosos hacia Ignacio de Cepeda. Escoja una de estas cartas y comente algunos de los aspectos emocionales o ideas que comparte la autora con su amado.

Gustavo Adolfo Bécquer: *Rima LIII*

Vida, obra y crítica

Gustavo Adolfo Bécquer (1836–1870) nació en Sevilla, España, y tras (*after*) quedarse huérfano a los once años se mudó con su madrina (*godmother*). Estudió pintura durante unos años, pero en 1854 dejó estos estudios y se fue a Madrid, donde vivió con muchas dificultades económicas realizando distintos trabajos. En 1861 se casó, y en 1868 se separó de su esposa y se fue con sus dos hijos a Toledo a vivir con su hermano. Murió a los treinta y cuatro años de la llamada "enfermedad romántica", la tuberculosis, sin haber conocido en vida el éxito.

Junto con Rosalía de Castro, Bécquer lideró el movimiento de renovación poética al fundir la poesía de inspiración popular con una corriente influida por la lírica germánica. Las *Rimas* de Bécquer, y el poemario *En las orillas del Sar* (1884), de Rosalía de Castro, renuevan la poesía lírica en la segunda mitad del siglo XIX. Para Bécquer, la poesía es sentimientos, sensaciones, música y emociones, y reconoce la dificultad de articular estas experiencias por medio de la lengua. Su obra maestra es las *Rimas* (1871), una colección de casi cien breves poemas en los que predomina la rima asonantada, y su influencia en la poesía moderna española fue decisiva. El poeta Gerardo Diego las clasifica de acuerdo a su tema en los siguientes grupos:

1. Rimas I-IX: centradas en la poesía y el poeta.
2. "   X-XXIX: su tema es el amor en sentido optimista y esperanzador.
3. "   XXX-LI: caracterizadas por su espíritu de tristeza y desolación.

4. "   LII al final: cargadas de un fuerte sentido de soledad y desesperación.

En prosa, Bécquer escribió una *Historia de los templos de España* (1857), centrada en un estudio del arte cristiano; nueve *Cartas desde mi celda* (1864), en las que destacan la belleza de las descripciones y su espíritu reflexivo; y una colección de *Leyendas* (1871), en las que predomina un espíritu misterioso y mágico. Los protagonistas de esta última obra son fantasmas o caballeros en busca de lo imposible que habitan ambientes medievales, monasterios o palacios. Algunas de las leyendas más conocidas son "Los ojos verdes", "El monte de las ánimas" y "Maese Pérez el organista".

Guía de lectura

La rima LIII de Bécquer, quizá la más antologada y popular de sus rimas, comparte con algunas otras el uso de la rima asonante, una estructura paralelística, y la expresión de unos sentimientos muy personales. El poema trata de un amante, el yo poético, que recuerda con profunda nostalgia el final de una historia de amor. Este yo poético hace uso de un mundo natural —las golondrinas y las madreselvas— para expresar, o más bien comparar, dos estados emocionales distintos. El poema toca tangencialmente el tópico del *ubi sunt*, o "¿dónde están?", tópico muy común en la época latina, en la Edad Media, el Renacimiento y el Barroco, y que se refiere a la fugacidad de la vida. Estamos ante un poema romántico en el que la naturaleza y la expresión de sentimientos y pasiones es muy importante. Sin embargo, y a diferencia de Heredia y otros poetas románticos, no hay paisajes o fenómenos naturales de grandeza épica, como el huracán o las cataratas del Niágara.

En el estudio de este poema debemos prestar atención a cómo expresa el yo poético sus sentimientos íntimos, a las numerosas figuras estilísticas y tropos, a su estructura paralelística, y a cómo se divide estructural y temáticamente cada una de las estrofas.

Rima LIII

1 Volverán las oscuras golondrinas[1]
   en tu balcón sus nidos a colgar,
   y otra vez con el ala a sus cristales
          jugando llamarán;

   pero aquéllas que el vuelo refrenaban[2]   5
   tu hermosura y mi dicha[3] a contemplar,
   aquéllas que aprendieron nuestros nombres,
          ésas . . . ¡no volverán!

[1]*swallows* [2]*restrained* [3]*felicidad*

Volverán las tupidas⁴ madreselvas⁵
de tu jardín las tapias⁶ a escalar,
y otra vez a la tarde, aun más hermosas,
    sus flores se abrirán;

    pero aquéllas, cuajadas⁷ de rocío,⁸
cuyas gotas mirábamos temblar
y caer, como lágrimas del día . . .
    ésas . . . ¡no volverán!

Volverán del amor en tus oídos
las palabras ardientes a sonar;
tu corazón, de su profundo sueño
    tal vez despertará;

    pero mudo y absorto⁹ y de rodillas,
como se adora a Dios ante su altar,
como yo te he querido . . ., desengáñate:¹⁰
    ¡así no te querrán!

Análisis crítico

1. Analice formalmente el poema.
2. Identifique y comente las figuras estilísticas y tropos.
3. La anadiplosis es una figura retórica que consiste en empezar un verso con la misma palabra que termina el anterior. ¿Encuentra algún ejemplo de este tipo de figura en el poema?
4. ¿Puede indicar dónde y cómo se manifiestan los distintos paralelismos que hay en este poema?
5. ¿Cómo podríamos dividir temática y estructuralmente cada una de las estrofas?
6. ¿Cómo se contrasta el uso del pasado y el futuro?

Mesa redonda

En esta rima se puede ver cómo el yo poético expresa sus más íntimos sentimientos ante la pérdida de su amor. Comente con sus compañeros de grupo la naturaleza de estos sentimientos, el tono, y el abundante uso de adjetivos.

Sea creativo

Las rimas de Bécquer se perdieron poco antes de ser publicadas, y el autor tuvo que recordar y recrear sus rimas una segunda vez. Si usted se hubiera encontrado las cuatro primeras estrofas y tuviera que concluir el poema con dos más; ¿cómo lo terminaría? No se olvide del uso del "Volverán" y, más tarde, del "pero".

⁴*espesas* ⁵*honeysuckles* ⁶*paredes* ⁷*laden*, llenas ⁸*dew* ⁹*entranced* ¹⁰*créeme*

Investigación

Anteriormente señalamos la importante influencia de Bécquer en la poesía española del siglo XX. Haga un estudio de los aspectos de su poesía que influyeron en algunos de los poetas españoles más destacados del siglo XX español.

Rosalía de Castro: *Las canciones que oyó la niña*

Vida, obra y crítica

Rosalía de Castro (1837–1885) nació en Santiago de Compostela, en la región española de Galicia, y es una de las figuras más destacadas del movimiento romántico gallego conocido como el "Rexurdimento", o Resurgimiento. Rosalía de Castro se opuso a todo abuso de autoridad, se hizo eco de la destrucción masiva que experimentaba la naturaleza de su tierra, y fue una gran defensora de los derechos de las mujeres. Su obra poética, que se haya impregnada (*permeated*) de un profundo lirismo, nos recuerda a la de Gustavo A. Bécquer. Lo mismo que en éste, la poesía de Rosalía de Castro trata de revelar un algo presentido por su espíritu que resulta indefinible e inefable.

De su obra poética merecen especial mención tres poemarios. El primero, *Cantares gallegos* (1863), fue escrito en gallego, y en él trata del paisaje de su tierra, de la vida rural —romerías, amores típicos de los pueblos . . .—, y de la emigración de sus paisanos a tierras de Castilla. En *Follas novas* (1880), escrito también en gallego, la realidad del mundo exterior funciona sólo como pretexto para expresar sus más íntimos sentimientos. Y *En las orillas del Sar* (1884), escrito en español, Rosalía de Castro acentúa las notas de pesimismo y muestra una predilección obsesionante por temas relacionados con la muerte y el paso inexorable del tiempo.

Es autora de varias novelas, pero la más elogiada por la crítica es *El caballero de las botas azules* (1867). En esta obra, Rosalía de Castro mezcla lo real con lo fantástico, y satiriza algunas costumbres o prácticas habituales de la época. Por ejemplo, se burla de las mujeres burguesas por su deseo de aparentar (*to show off*), censura la ociosidad en que viven las aristócratas, y critica la falta de talento de los críticos y escritores de su época.

Guía de lectura

"Las canciones que oyó la niña" es un poema que forma parte del poemario *En las orillas del Sar*. Lo mismo que en otros poemas de esta colección, existe en el poema seleccionado un sentido de ilusión frustrada, de desesperanza, y de deseos irrealizables. El poema consta de dos partes, o canciones, y en ambas, el yo poético, que no se corresponde con el yo femenino de la autora, expresa sus íntimos deseos amorosos hacia una joven de la que desconocemos su identidad y sus sentimientos. El lector puede admirar en este poema la musicalidad y la extraordinaria sensibilidad de unos versos que reflejan la intensidad emocional del yo poético. Además del análisis de estos sentimientos, el lector debe pensar en el aire de irrealidad que impregna el poema, y la perspectiva del yo poético ante la visión de la chica.

Las canciones que oyó la niña

UNA

1   Tras de los limpios cristales
    se agitaba la blanca cortina,
    y adiviné que tu aliento[1]
    perfumado la movía.

5   Sola estabas en tu alcoba,[2]
    y detrás de la tela blanquísima
    te ocultabas, ¡cruel! a mis ojos . . .
    mas mis ojos te veían.

    Con cerrojos[3] cerraste la puerta,
10 pero yo penetré en tu aposento[4]
    a través de las gruesas paredes,
    cual penetran los espectros;
    porque no hay para el alma cerrojos,
    ángel de mis pensamientos.

15 Codicioso[5] admiré tu hermosura,
    y al sorprender los misterios
    que a mis ojos velabas . . .[6] ¡perdóname!,
    te estreché contra mi seno.

    Mas . . . me ahogaba el aroma purísimo
20 que exhalabas de tu pecho,
    y hube de soltar mi presa[7]
    lleno de remordimiento.

    Te seguiré adonde vayas,
    aunque te vayas muy lejos,
    y en vano echarás cerrojos   25
    para guardar tus secretos;
    porque no impedirá que mi espíritu
    pueda llegar hasta ellos.

    Pero . . . ya no me temas, bien mío,
    que aunque sorprenda tu sueño,   30
    y aunque en tanto estés dormida
    a tu lado me tienda[8] en tu lecho,[9]
    contemplaré tu semblante,[10]
    mas no tocaré tu cuerpo,
    pues lo impide el aroma purísimo   35
    que se exhala de tu seno.
    Y como ahuyenta[11] la aurora
    los vapores soñolientos
    de la noche callada y sombría,
    así ahuyenta mis malos deseos.   40

[1]*breath*   [2]*dormitorio*   [3]*bolts*   [4]*dormitorio*   [5]*greedy*   [6]*ocultabas*   [7]*prey*   [8]*I lay*   [9]*cama*   [10]*cara*   [11]*scares away*

OTRA

1   Hoy uno y otro mañana,
rodando, rodando el mundo,
si cual te amé no amaste todavía,
al fin ha de llegar el amor tuyo.

¡Y yo no quiero que llegue . . .   5
ni que ames nunca, cual te amé, a ninguno;
antes que te abras de otro sol al rayo,
véate yo secar, fresco capullo![12]

Análisis crítico

1. Analice formalmente el poema.
2. Identifique y comente las figuras estilísticas y tropos.
3. Hay un sentido de virginal pureza en la descripción de la joven, o niña, del poema. ¿Cómo se expresa lingüísticamente esta cualidad? ¿Por qué la llama "niña"?
4. A juzgar por la expresión de las emociones del yo poético, ¿cómo aparece caracterizado éste? ¿Hay algún cambio de tono en sus sentimientos o emociones hacia la joven a lo largo de todo el poema?
5. ¿Qué visión o imagen de la chica nos da el yo poético?
6. ¿Cómo aparece representada en este poema la noción del paso del tiempo?
7. ¿Cómo interpreta los dos últimos versos del poema? ¿Qué tipo de figura estilística o tropo encontramos aquí?

Mesa redonda

Hay un cierto sentido de ambigüedad en este poema que le da un aire de irrealidad. Discuta con sus compañeros de grupo si el yo poético es un voyeurista que está viendo una realidad concreta o si, por el contrario, lo que parece ver pertenece a un mundo de la imaginación y la fantasía.

Sea creativo

En ambas canciones de este poema sólo vemos la expresión de los sentimientos y emociones del yo poético. Escriba uno o dos párrafos explicando las razones por las que la chica podría rechazar al yo poético.

[12]*flower bud*

Investigación

El *Rexurdimento* —Resurgimiento— y el *Renaixença* fueron dos importantes movimientos culturales que se desarrollaron paralela y respectivamente en las regiones españolas de Galicia y Cataluña. Escoja uno de estos movimientos y analice sus principales características y propuestas.

José Martí: *Dos patrias*

Vida, obra y crítica

José Martí (1853–1895), cubano, fue hijo de padres españoles, pero esto no le impidió que participara en la lucha por la independencia de su país. Por sus ideas independentistas, Martí fue condenado a trabajos forzados (*hard labor*), y más tarde desterrado a España, donde vivió de 1871 a 1874. De 1875 a 1879 residió en México, donde dirigió la *Revista Universal*, y Guatemala. A partir de 1880 vivió la mayor parte del tiempo en EE.UU., donde se dedicó al periodismo. En 1895 regresó a Cuba, y este mismo año murió en un enfrentamiento con los españoles.

A pesar de su corta vida, Martí fue un escritor muy prolífico. Su obra, compilada en veintisiete volúmenes, incluye poesía, prosa, y teatro. Como poeta es autor de *Ismaelillo* (1882), una obra que marca el inicio del Modernismo hispanoamericano. Los elementos modernistas de esta obra —el uso del color y la creación de imágenes exóticas— seguirán reapareciendo en otras de sus obras futuras, como *Versos libres*, escrita de 1878 a 1882, *Flores del destierro*, escrita de 1885 a 1895, y *Versos sencillos* (1891). En *Versos libres* introduce un tema nuevo: la soledad a la que se ve condenado el individuo por la sociedad capitalista, y en *Versos sencillos* trata uno de los temas predominantes del Modernismo: el cosmopolitismo.

Su obra en prosa refleja la influencia de algunos escritores españoles —Santa Teresa de Jesús— y franceses —Victor Hugo—, y se caracteriza por su sencillez y la abundancia de recursos poéticos. Sus trabajos en prosa incluyen una novela, *Amistad funesta* (1885); y varios cuentos, crónicas, ensayos, discursos, cartas, etc. En sus crónicas y ensayos canta a algunos de los héroes latinoamericanos que lucharon contra la opresión política y social; y sus discursos, entre los que destacan los dedicados a Simón Bolívar y al poeta Heredia, lo confirman como un gran orador. Como dramaturgo es autor, entre otras obras, del poema dramático romántico *Abdala* (1869), y del drama indio *Patria y libertad* (1877).

Guía de lectura

"Dos patrias" forma parte del poemario *Flores del destierro*, una colección de poemas en la que Martí se confirma como precursor del Modernismo. En este poema, precisamente, podemos ver algunas de las características de esta corriente estética: un sentido de angustia y soledad, espíritu patriótico, creación de imágenes plásticas relacionadas con el mundo de los sentidos, y uso del color. El poema tiene por contexto histórico la lucha revolucionaria e independentista de Cuba contra España, en la que participa el yo poético. Este yo poético nos confiesa que ha llegado el momento de luchar contra los españoles, y él mismo se presenta como una posible víctima en su búsqueda por la libertad de Cuba, la "viuda triste" del poema. En la lectura de este poema debemos tener presente el contexto histórico del poema, y el uso de algunos elementos característicos del Modernismo.

Dos patrias

1 Dos patrias tengo yo: Cuba y la noche.
¿O son una las dos? No bien retira
su majestad el sol, con largos velos
y un clavel[1] en la mano, silenciosa
5 Cuba cual viuda triste me aparece.
¡Yo sé cuál es ese clavel sangriento
que en la mano le tiembla! Está vacío
mi pecho, destrozado está y vacío
en donde estaba el corazón. Ya es hora
10 de empezar a morir. La noche es buena
para decir adiós. La luz estorba[2]
y la palabra humana. El universo
habla mejor que el hombre.
    Cual bandera
que invita a batallar, la llama roja   15
de la vela flamea.[3] Las ventanas
abro, ya estrecho en mí. Muda, rompiendo
las hojas del clavel, como una nube
que enturbia[4] el cielo, Cuba, viuda,
    pasa . . .

Análisis crítico

1. Analice formalmente el poema. ¿Cree que los encabalgamientos contribuyen de alguna manera a la expresión del mensaje del poema?
2. Identifique y comente algunas de las figuras estilísticas y tropos.
3. ¿Cómo interpreta los versos 12 y 13: "El universo/habla mejor que el hombre"?
4. ¿Cómo describiría el espíritu o las emociones del yo poético?

[1]*carnation* [2]*is a barrier* [3]*flutters* [4]esconde

5. ¿Cómo interpreta esos puntos suspensivos con los que concluye el poema?
6. ¿Cómo aparece representada Cuba?

Mesa redonda

El cromatismo, o uso del color, cobra gran importancia en este poema. ¿Qué colores predominan? Discuta con sus compañeros el valor simbólico de los colores y su relación con el contenido del poema.

Sea creativo

En este poema somos testigos de cómo el yo poético está dispuesto a sacrificar su vida por la independencia de Cuba. Piense en una causa actual que, en su opinión, podría ser motivo de un sacrificio similar. Trate de crear alguna imagen con elementos cromáticos que exprese este deseo.

Investigación

El Modernismo hispanoamericano trajo consigo una importantísima renovación estética que se manifiesta no sólo en el uso del lenguaje, sino también en la selección de los temas. Escriba un ensayo comentando algunas de las principales características del Modernismo.

José Rizal: *A las flores de Heidelberg*

Vida, obra y crítica

José Rizal (1861–1896), uno de los escritores más representativos de la literatura hispano-filipina, nació en la isla de Luzón, Filipinas. De familia acomodada (*well-to-do*), en 1882 viajó a Madrid, donde se licenció en medicina. Prosiguió sus estudios universitarios en las universidades de París y Heidelberg —Alemania—, y después de diez años de estancia en Europa regresó a las Filipinas, donde fue acusado de instigar la rebelión del pueblo filipino contra los españoles. Exilado en Dapitan, en la isla de Mindanao, Rizal se dedicó a la enseñanza y a algunos negocios. En 1896, poco después de empezar la Revolución Filipina, el gobierno español del archipiélago filipino lo arrestó, juzgó y ordenó su ejecución. Rizal es hoy día considerado como uno de los héroes y mártires nacionales de las Filipinas. Rizal fue un genio muy versátil, se dice que hablaba veinte lenguas, y además de políglota destacaba por sus conocimientos en múltiples campos: medicina, agricultura, economía, pintura, literatura, escultura, arquitectura, y artes marciales. Tanto su vida como sus dos novelas han sido llevadas al cine.

En el campo de la literatura, Rizal cultivó la poesía, la novela, el teatro, y el ensayo. En sus escritos, Rizal criticó la colonización española de las Filipinas, y pidió la libertad de expresión, la igualdad de derechos, y que su país fuera aceptado como una provincia más de España. Sus poemas, algunos de los cuales ganaron importantes premios literarios, fueron publicados en diarios y revistas, y entre ellos destacan "Mi último adiós", "A las flores de Heidelberg", "Me piden versos", y "A la juventud filipina". Sus mejores obras en prosa son las novelas *Noli me tangere* (1887), una sátira contra el despotismo del clero español en la isla y contra la colonización española; y *El filibusterismo* (1891), una secuela de la novela anterior, pero con espíritu más revolucionario. Como dramaturgo es autor de *El consejo de los dioses* (1880), centrada en un adolescente que se sirve de los valores culturales del mundo occidental para llegar al autoconocimiento; y en el campo de las artes plásticas destacó como escultor.

Guía de lectura

En 1886 Rizal dejó París y se fue a Heidelberg para estudiar oftalmología con el prestigioso doctor Otto Becker. Heildelberg, una ciudad universitaria, y su entorno geográfico constituyeron la fuente de inspiración para la creación de este poema. El yo poético, que podríamos identificar con el mismo Rizal, muestra en este poema la admiración que siente por la naturaleza que rodea a Heidelberg y, sirviéndose de ella, manda un mensaje de amor a su familia y país. Desde el punto de vista temático, el poema se podría dividir en tres partes, una primera referida a un yo poético que le pide a las flores que cuenten o digan las bellezas naturales de Heidelberg a los filipinos; una segunda en la que les pide que sean portadoras de sus buenas intenciones; y una tercera en la que hay un cierto reconocimiento de las limitaciones de sus deseos. En la lectura de este poema debemos prestar especial atención a las distintas manifestaciones del mundo de la naturaleza, a la identificación del yo poético con un peregrino, y al tono.

A las flores de Heidelberg

1 ¡Id a mi Patria, id extranjeras flores
sembradas[1] del viajero en el camino,
y bajo su azul cielo,
que guarda mis amores,
5 contad del peregrino
la fe que alienta[2] por su patrio suelo!

Id y decid: decid que cuando el alba
vuestro cáliz abrió por vez primera,
cabe el Neckar[3] helado,
10 le visteis silencioso a vuestro lado
pensando en su constante primavera.

Decid que cuando el alba,
que roba vuestro aroma,
cantos de amor jugando os susurraba,[4]
15 él también murmuraba
cantos de amor en su natal idioma...

Que cuando el sol la cumbre[5]
del Koënigsthul[6] en la mañana dora,
y con su tibia[7] lumbre[8]
20 anima el valle, el bosque y la espesura,
él saluda ese sol, aún en su aurora,
al que en su patria en el cenit fulgura.[9]

Y contad aquel día
cuando os cogía al borde[10] del sendero,[11]
entre las ruinas del feudal Castillo   25
orilla al Neckar o en la selva umbría.[12]
Contad lo que os decía,
cuando, con gran cuidado
entre las páginas de un libro usado
vuestras flexibles hojas oprimía.   30

Llevad, llevad, ¡oh flores!
amor a mis amores
paz a mi país y a su fecunda[13] tierra,
salud a dulces seres
fe a sus hombres; virtud a sus mujeres, 35
que el paternal, sagrado hogar encierra...

Cuando toquéis la playa,
el beso que os imprimo[14]
depositadlo en alas de la brisa,
porque con ella vaya,   40
y bese cuanto adoro, amo y estimo.

Mas, ¡ay! Llegaréis, flores,
conservaréis, quizás, vuestros colores;
pero lejos del patrio, heroico suelo,
a quien debéis la vida   45
perderéis los olores;
que aroma es alma, y no abandona el cielo
cuya luz viera en su nacer, ni olvida.

Análisis crítico

1. Analice formalmente el poema. ¿Hay regularidad estrófica en el poema?
2. Identifique y comente las figuras estilísticas y tropos.
3. ¿Qué le pide el yo poético a las flores que digan a su Patria?

[1]plantadas [2]siente [3]río que pasa por Heidelberg [4]*whispered* [5]*summit* [6]pequeña montaña cerca de Heidelberg [7]*lukewarm* [8]fuego [9]*shines* [10]a un lado [11]*path* [12]con sombra [13]fértil [14]doy

4. ¿Qué le pide el yo poético a las flores que lleven a su país?
5. Comente la dimensión universal del poema al identificarse el yo poético con un peregrino en el verso quinto.
6. Comente a qué elementos de la naturaleza —tierra, agua, aire, y fuego— hace referencia el yo poético en este poema.
7. ¿Cuál es el tono del poema?

Mesa redonda

Discuta con sus compañeros el significado de los olores, o aroma, de las flores y las limitaciones que encuentra el yo poético en sus deseos.

Sea creativo

En la estrofa sexta del poema, el poeta cambia del verbo "contad" al de "llevad". Imagine que usted se encuentra, como se encontraba Rizal en el momento de escribir este poema, en un país extranjero, ¿qué le pediría a las flores que llevaran a su madre patria? Trate de reescribir esta sexta estrofa expresando sus deseos.

Investigación

En uno de los poemas más populares de Rizal, "Último adiós" (incluido en el apéndice de poesía), el yo poético habla de las transformaciones que experimentará su cuerpo, una vez muerto, y su espíritu. Haga un estudio de estas metamorfosis prestando atención a algunas de las imágenes que utiliza el poeta.

Rubén Darío: *Canción de otoño en primavera*

Vida, obra y crítica

Rubén Darío (1867–1916), uno de los poetas más prestigiosos de la literatura latinoamericana, nació en Nicaragua. Fue criado por una tía, y una buena parte de su educación la recibió de los jesuitas. Rubén Darío fue un poeta precoz, y a los catorce años era conocido como el "poeta niño". En 1882 se fue a El Salvador, donde trabajó como profesor de gramática. En 1884 regresó a Nicaragua, y en 1886 se estableció en Chile, donde colaboró en varios periódicos y se familiarizó con la literatura francesa. De 1893 a 1899 residió en Argentina, y de esta fecha hasta su muerte en Nicaragua, residió en España y Francia.

Rubén Darío escribió su primera obra, *Poesías y artículos en prosa*, a los catorce años, y en 1887 *Abrojos y rimas*, un libro de carácter biográfico en el que ya se empiezan a ver algunas de las características del Modernismo. Un año más tarde publicó *Azul . . .*, una obra que marcó un paso decisivo en el desarrollo del movimiento modernista, y en la que combina poesía con prosa poética para tratar temas relacionados con el amor, la muerte, la mujer, y la realidad social. En 1896 publicó *Prosas profanas*, en la que se ve la influencia de los simbolistas y parnasianos franceses y en la que destaca el uso de un lenguaje refinado, con gran ritmo y musicalidad. Algunos de los escenarios que predominan aquí son jardines, palacios lujosos, fuentes, y animales, como cisnes (*swans*) y pavos reales (*peacoks*). En 1905 publicó *Cantos de vida y esperanza*, en la que recoge poemas escritos entre 1892 y 1905, y en la que introduce el concepto innovador del "mundonovismo", un concepto basado en la exaltación de valores típicamente hispanoamericanos.

Las obras que escribió Rubén Darío después de *Cantos de vida y esperanza* no alcanzaron el éxito artístico de las anteriores. En *El canto errante* (1897) trata temas autobiográficos y de carácter metafísico, y en *Poema de otoño y otros poemas* (1910) estudia temas como el amor, la muerte o el sentido de nuestra existencia. Además de poesía, Darío publicó una colección de ensayos, *Los raros* (1896), en los que hace un estudio de José Martí y de un grupo de poetas simbolistas y parnasianos franceses.

Guía de lectura

"Canción de otoño en primavera" forma parte del poemario *Cantos de vida y esperanza*, una obra en la que Rubén Darío, además de introducir el concepto del "mundonovismo", trató temas de tipo metafísico y experimentó con distintos metros y combinaciones estróficas. En el poema que hemos seleccionado, el yo poético recuerda sus amores pretéritos y el intento fracasado de encontrar a su "princesa". El poema nos presenta el choque entre dos dioses: Crono, dios del tiempo, y Eros, dios del amor; y aunque el lector puede intuir que hay una nota de nostalgia y pesimismo en estos recuerdos, el final del poema, sin embargo, parece introducir una nota optimista: la esperanza de encontrar un nuevo amor.

Al leer este poema debemos pensar que, al tratarse de un poema modernista, el autor ha puesto un énfasis especial en su construcción formal: el lenguaje, el ritmo, y un uso abundante de figuras estilísticas. Desde otro punto de vista, el de su contenido, Darío nos hace pensar en unas experiencias universales, las de nuestros amores pasados, que van entrelazadas (*intertwined*) con el inexorable paso del tiempo.

Canción de otoño en primavera

Juventud, divino tesoro,
¡ya te vas para no volver!
Cuando quiero llorar, no lloro...
y a veces lloro sin querer...

    Plural ha sido la celeste
historia de mi corazón.
Era una dulce niña, en este
mundo de duelo y de aflicción.

    Miraba como el alba pura;
sonreía como una flor.
Era su cabellera[1] oscura
hecha de noche y de dolor.

    Yo era tímido como un niño.
Ella, naturalmente, fue,
para mi amor hecho de armiño,[2]
Herodías[3] y Salomé...[4]

Juventud, divino tesoro,
¡ya te vas para no volver!
Cuando quiero llorar, no lloro...
y a veces lloro sin querer...

    La otra fue más sensitiva,
y más consoladora y más
halagadora[5] y expresiva,
cual no pensé encontrar jamás.

    Pues a su continua ternura
una pasión violenta unía.
En un peplo[6] de gasa[7] pura
una bacante[8] se envolvía...

    En sus brazos tomó mi ensueño[9]
y lo arrulló[10] como a un bebé...
Y lo mató, triste y pequeño,
falto de[11] luz, falto de fe...

Juventud, divino tesoro,
¡te fuiste para no volver!
Cuando quiero llorar, no lloro...
y a veces lloro sin querer...

    Otra juzgó que era mi boca
el estuche[12] de su pasión;
y que me roería,[13] loca,
con sus dientes el corazón.

    Poniendo en un amor de exceso
la mira[14] de su voluntad,
mientras eran abrazo y beso
síntesis de la eternidad;

y de nuestra carne ligera
imaginar siempre un Edén,
sin pensar que la Primavera
y la carne acaban también...

Juventud, divino tesoro,
¡ya te vas para no volver!
Cuando quiero llorar, no lloro...
y a veces lloro sin querer.

    ¡Y las demás! En tantos climas,
en tantas tierras siempre son,
si no pretextos de mis rimas,
fantasmas de mi corazón.

---

[1]pelo [2]*ermine* [3]segunda esposa de Herodes [4]hija de Herodías que pidió la cabeza de San Juan Bautista en pago a sus bailes [5]*flattering* [6]vestidura usada por mujeres en la antigua Grecia [7]tela suave y transparente [8]mujer que participaba en las fiestas de Baco, dios del vino (bacanales) [9]fantasías [10]*she lulled* [11]"falto de": sin [12]caja [13]*she would gnaw* [14]objetivo

En vano busqué a la princesa
que estaba triste de esperar.
La vida es dura. Amarga y pesa.
¡Ya no hay princesa que cantar!

Mas a pesar del tiempo terco,[15]
mi sed de amor no tiene fin;
con el cabello gris, me acerco
a los rosales del jardín . . .

Juventud, divino tesoro,
¡ya te vas para no volver!
Cuando quiero llorar, no lloro . . .
y a veces lloro sin querer . . .

¡Mas es mía el Alba de oro!

Análisis crítico

1. Analice formalmente el poema.
2. Identifique y comente las figuras estilísticas y tropos.
3. ¿Cómo aparecen caracterizados el yo poético y sus distintas amantes? ¿Cómo concluye cada una de estas historias? ¿Qué impacto tienen en el yo poético?
4. ¿Qué quiere decir el yo poético cuando se refiere a otras mujeres como "fantasmas de mi corazón" (v. 56)?
5. El yo poético usa el presente de indicativo en el estribillo para hablar de la juventud, "*¡ya te vas para no volver!*", pero en el tercer estribillo vemos cómo el presente es sustituido por el pretérito, "*¡te fuiste para no volver!*"; ¿Qué cree que nos está sugiriendo el autor con este cambio de tiempos verbales?
6. ¿Cómo interpreta la segunda parte del estribillo, "*cuando quiero llorar . . . sin querer*"?
7. ¿Cómo interpreta el título del poema?
8. El último verso, "*¡Mas es mía el Alba de oro!*", ha dado lugar a distintas interpretaciones entre los críticos. ¿Qué interpretación le da usted?

Mesa redonda

A lo largo de este poema hay varios antagonismos o mundos opuestos. En el título mismo del poema y en la persona del yo poético tenemos dos ejemplos, pero hay más. Con sus compañeros de grupo estudie la función y significado de estos antagonismos.

[15]*obstinate*

Sea creativo

El yo poético nos describe en este poema a algunas protagonistas de sus historias de amor, y al final del poema (estrofa 15) nos menciona a esa princesa "que estaba triste de esperar". Escriba una o dos estrofas describiendo cómo podría ser esa mujer para el yo poético. Puede empezar la estrofa con los siguientes versos:

   Por suerte encontré a la princesa
   que estaba triste de esperar . . . .

Investigación

I. El "mundonovismo", o nuevo mundo, se propone exaltar o reivindicar los valores, las raíces y la herencia cultural de los pueblos de Hispanoamérica. Numerosos escritores, como José Eustasio Rivera (1888–1928) o Rubén Darío, participaron de este movimiento tan relevante en las letras hispanas. Escriba un ensayo destacando los postulados e ideas más destacadas del "mundonovismo".

II. El poeta romántico inglés Samuel Taylor Coleridge (1772–1834) estudió en su poema "Youth and Age" (incluido en el apéndice de poesía) el tema de la juventud perdida o pasada. Compare este poema con el que hemos leído de Rubén Darío enfocando su estudio en el tópico del paso del tiempo, en los recuerdos que los yo poéticos tienen de ese pasado, y en la reacción personal ante esta realidad.

Delmira Agustini: *El cisne*

Vida, obra y crítica

Delmira Agustini (1886–1914), uruguaya, recibió de su familia el apoyo económico y el estímulo para que cultivara su vocación poética desde niña. Fue conocida como la "niña poeta" debido a su precocidad, y mantuvo una tormentosa y apasionada relación sentimental con Enrique Job Reyes, con quien se casó en 1913. Sin embargo, pocas semanas después de que Agustini pidiera el divorcio, fue asesinada por su marido.

Su primer poemario fue *El libro blanco* (1907), una obra repleta de poemas sensuales que la llevaron a la popularidad. Le sigue *Cantos de la mañana* (1910), en la que Agustini continúa escribiendo una poesía femenina y sensual haciendo uso de símbolos religiosos. Y en 1913 publica *Los cálices vacíos*, una obra que marca su entrada en el movimiento literario de "la vanguardia", y en la que se percibe la influencia de Baudelaire en la polarización de sentimientos que habitan en el espíritu del yo poético: vida/muerte, amor/dolor, bien/mal, etc. En 1924 se publicaron dos obras póstumas, *El rosario de Eros*, y *Los astros del abismo*, en las que se reunió toda su producción poética con algunos poemas inéditos; y en 1969 salió a la luz su correspondencia epistolar más íntima. Agustini ejerció una gran influencia en la obra de otras dos excelentes poetas latinoamericanas: Alfonsina Storni y Juana de Ibarbourou.

Agustini forma parte de la generación de 1900, una generación que incluye escritores como su compatriota Julio Herrera y Reissig, Leopoldo Lugones, y el máximo exponente del Modernismo, Rubén Darío, a quien consideraba su maestro. Darío la comparó a Santa Teresa de Jesús por ser, después de ésta, la primera poeta que se expresó como mujer. Agustini fue la primera poeta latinoamericana que dio expresión a temas de tipo erótico, y este aspecto, unido al carácter subjetivo e introspectivo de su obra, han dado lugar a que sea conocida como una poeta "místico-erótica".

Guía de lectura

"El cisne" es un poema que forma parte de la colección *Los cálices vacíos*, una obra dedicada a Eros, el dios del amor y del deseo. Esta obra trata, entre otros temas, de las dudas que siente la voz poética sobre su verdadera identidad, y de su rebelión contra el rol de género que el sistema patriarcal ha impuesto en la mujer.

En el poema que hemos seleccionado, como es habitual en otros de este poemario, Delmira Agustini defiende el derecho de la mujer a rechazar y subvertir las ideas y el discurso patriarcal que hay en la poesía de Rubén Darío y en la sociedad de su tiempo. Una forma de rebelión se manifiesta en cómo el yo poético expresa abiertamente su deseo sexual como un sujeto activo. En la lectura de este poema debemos reconocer y explicar las imágenes eróticas con las que el yo poético pone de manifiesto su sensualidad y sus deseos femeninos, cómo trasciende del mundo concreto erótico al mundo abstracto de la creación poética, la relación que se establece entre el yo poético y el cisne, y cómo este yo poético subvierte algunos de los principios del Modernismo.

El cisne

Pupila azul de mi parque
es el sensitivo espejo
de un lago claro, muy claro! . . .
Tan claro que a veces creo
que en su cristalina página
se imprime mi pensamiento.

Flor del aire, flor del agua,
alma del lago es un cisne
con dos pupilas humanas,
grave y gentil como un príncipe;
alas lirio, remos[1] rosa . . .
Pico[2] en fuego, cuello triste
y orgulloso, y la blancura
y la suavidad de un cisne . . .

El ave cándida y grave
tiene un maléfico[3] encanto;
clavel[4] vestido de lirio,[5]
trasciende a llama y milagro! . . .
Sus alas blancas me turban[6]
como dos cálidos brazos;

ningunos labios ardieron
como su pico en mis manos;
ninguna testa[7] ha caído
tan lánguida en mi regazo;[8]

ninguna carne tan viva
he padecido[9] o gozado:
viborean[10] en sus venas
filtros dos veces humanos!

Del rubí de la lujuria
su testa está coronada:
y va arrastrando[11] el deseo
en una cauda[12] rosada . . .

Agua le doy en mis manos
y él parece beber fuego,
y yo parezco ofrecerle
todo el vaso de mi cuerpo . . .

Y vive tanto en mis sueños,
y ahonda[13] tanto en mi carne,
que a veces pienso si el cisne
con sus dos alas fugaces,

sus raros ojos humanos
y el rojo pico quemante,
es sólo un cisne en mi lago
o es en mi vida un amante . . .

Al margen del lago claro
yo le interrogo en silencio . . .
y el silencio es una rosa
sobre su pico de fuego . . .
Pero en su carne me habla
y yo en mi carne le entiendo.

—A veces ¡toda! soy alma;
y a veces ¡toda! soy cuerpo—.
Hunde[14] el pico en mi regazo
y se queda como muerto . . .

Y en la cristalina página,
en el sensitivo espejo
del lago que algunas veces
refleja mi pensamiento,
¡el cisne asusta, de rojo,
y yo, de blanca, doy miedo!

[1]*sculls* [2]*beak* [3]*wicked* [4]*carnation* [5]*lily* [6]*they disturb* [7]*cabeza* [8]*lap* [9]*sufrido* [10]*they snake along* [11]*it is trailing* [12]*cola* [13]*penetra* [14]*mete*

Análisis crítico

1. Analice formalmente el poema.
2. Identifique y comente las figuras estilísticas y tropos. ¿Qué figura estilística o tropo constituye el lago del poema? ¿Cómo lo interpretaría?
3. ¿Cómo es descrito el cisne?
4. ¿Qué elementos eróticos encuentra en este poema?
5. ¿Podríamos considerar este poema como feminista? Justifique su respuesta.
6. Aquí encontramos algunas dualidades, ¿puede identificarlas y comentarlas? ¿Cómo interpreta los versos "es sólo un cisne en mi lago/o es en mi vida un amante . . ." (vs. 43 y 44)?
7. ¿Cuál es el tono de este poema?

Mesa redonda

Discuta con sus compañeros de grupo la relación que se establece entre el yo poético y el cisne, y cómo Delmira Agustini trata de trascender del mundo erótico al mundo abstracto de la creación e inspiración poéticas.

Sea creativo

Delmira Agustini utiliza el símbolo modernista del cisne para atacar y reaccionar contra los principios que este símbolo representa. Piense en algunos de los principios que caracterizan a esta corriente estética y en cómo haría usted una crítica de los mismos.

Investigación

El poema que acabamos de estudiar, de Delmira Agustini, y "Tuércele el cuello al cisne", de Enrique González Martínez (poema incluido en el apéndice de poesía), representan dos ataques contra la estética del Modernismo. Lea el poema "El Cisne" que aparece en la primera parte de esta sección, en "Análisis de 'El Cisne', (Rubén Darío)", y comente el valor simbólico del cisne y cómo Agustini y González Martínez atacan los principios modernistas representados por este símbolo.

Alfonsina Storni: *Peso ancestral*

Vida, obra y crítica

Alfonsina Storni (1892–1938) nació en Suiza, pero en 1896 emigró a Argentina con su familia. En 1907 se unió a una compañía de teatro con la que recorrió parte del país y, posteriormente, trabajó en una compañía importadora de petróleo y como maestra de un colegio. En 1938, tres años después de haber sido diagnosticada con un cáncer, se suicidó tirándose al agua en Mar del Plata. Storni fue la primera mujer que formó parte de un importante círculo literario, "Anaconda", del que también eran miembros los escritores Horacio Quiroga y Leopoldo Lugones.

Su producción poética, en la que más destacó, se divide en dos fases. A una primera fase pertenecen sus obras *La inquietud del rosal* (1916), *El dulce daño* (1918), *Irremediablemente* (1919) y *Languidez* (1920), con la que ganó el segundo Premio Nacional de Literatura. En esta etapa, Storni nos habla de sus experiencias amorosas desde un punto de vista testimonial y confesional. Y en la segunda etapa, que incluye obras como *Ocre* (1925), *Mundo de siete pozos* (1934) y *Mascarilla y trébol* (1938), se percibe una voz poética más objetiva que busca el papel que la mujer se ve obligada a cumplir en la sociedad del momento. Esta búsqueda la lleva a reflexionar sobre la represión ejercida por el sistema patriarcal contra la mujer en una sociedad en la que ésta no tiene los mismos derechos que el hombre. En otras obras, como *Mundo de siete pozos*, Storni trata el tema de la soledad y alienación del hombre en la sociedad capitalista de su tiempo. Desde el punto de vista formal, Storni hace uso en sus rimas de formas poéticas tradicionales, pero con el paso del tiempo muestra predilección por el verso libre.

Storni publicó varios artículos periodísticos, en los que defendió sus ideas feministas, y dos novelas breves en 1919.

Guía de lectura

"Peso ancestral" forma parte del poemario *Irremediablemente* y, como es habitual en algunos de los poemas de Storni, se caracteriza por su economía de medios expresivos. Es decir, es un poema impresionista en el que la autora ahorra explicaciones minuciosas o detalladas sobre el tema que trata y, por su brevedad y condensación, sugiere varias lecturas e interpretaciones. El poema se presenta como una reflexión y, al mismo tiempo, como un diálogo entre el yo poético y su madre centrado en dos mundos antagónicos: el del hombre y el de la mujer.

En la lectura del poema, y desde el punto de vista formal, debemos notar el uso de versos de pie quebrado —versos de cinco sílabas que alternan con otros más largos—, la escasez de figuras estilísticas, el uso predominante de verbos y sustantivos, y la escasez de adjetivos. A pesar de que es un poema de lectura relativamente fácil, debemos recordar que su contenido se abre a varias interpretaciones.

Peso ancestral

1 Tú me dijiste: no lloró mi padre;
tú me dijiste: no lloró mi abuelo;
no han llorado los hombres de mi raza,
eran de acero.[1]

5 Así diciendo te brotó una lágrima
y me cayó en la boca . . . más veneno
yo no he bebido nunca en otro vaso
así pequeño.

Débil mujer, pobre mujer que entiende,
dolor de siglos conocí al beberlo.
¡Oh, el alma mía soportar no puede
todo su peso!   10

Análisis crítico

1. Analice formalmente el poema.
2. Identifique y comente las figuras estilísticas y tropos.
3. ¿Quién es el yo poético? ¿A quién se dirige?
4. ¿Cómo interpreta el término "lágrima" de la segunda estrofa? ¿Cómo se relaciona este término con el mensaje de la última estrofa?
5. ¿A qué se refiere el yo poético cuando afirma en los versos 11 y 12 que "soportar no puede/todo su peso!"?
6. ¿Qué es lo que entiende la "Débil mujer, pobre mujer" del verso 9?
7. ¿Cómo interpreta el título del poema?

Mesa redonda

Storni, una de las voces feministas más conocidas de Hispanoamérica en la primera mitad del siglo XX, nos hace reflexionar sobre dos mundos opuestos: el del orden patriarcal y el de la mujer. Con sus compañeros de grupo discuta la imagen que nos da la poeta de estos dos mundos antagónicos en el poema.

[1]steel

Sea creativo

El poema que hemos leído comienza con una voz poética que repite lo que su madre le ha dicho sobre su padre y abuelo. Escriba unos versos comenzando con "Yo te digo...", y refleje sus propios sentimientos o impresiones sobre la opresión/discriminación ejercidas por el hombre en la mujer de la sociedad actual. Trate de crear alguna imagen, metáfora o símbolo, como hace Storni en la segunda estrofa de este poema, que refleje algún aspecto de esta relación entre el hombre y la mujer.

Investigación

En otros de sus poemas, como "Tú me quieres blanca" (Véase el apéndice de poesía), "Veinte siglos" o "Bien pudiera ser", del poemario *El dulce daño*, Storni vuelve a reflexionar sobre la represión ejercida por el sistema patriarcal en la mujer. Escoja uno de estos poemas y escriba un ensayo comentando este tema.

Antonio Machado: *Proverbios y cantares, XXIX*

Vida, obra y crítica

Antonio Machado (1875–1939) nació en Sevilla, pero pasó su juventud en Madrid y residió algunas temporadas en París. Trabajó como profesor de lengua francesa en un instituto de Soria, ciudad en la que permanecería cinco de sus años más importantes. Posteriormente vivió en Segovia y Madrid, y al final de la guerra civil española (1936–1939) se exilió en Francia, donde murió.

Su primera obra fue *Soledades* (1903), reeditada en 1907 con el título de *Soledades, galerías y otros poemas*, un poemario caracterizado por el uso de formas sencillas y una nota de desaliento (*discouragement*) y tristeza. En 1912 publica su obra maestra, *Campos de Castilla*, en la que Machado abandona la ornamentación formal que vemos en los poemas de *Soledades*, y en la que trata temas que tienen que ver con la muerte, el tiempo, el paisaje, o con reflexiones metafísicas sobre la vida. A veces, sin embargo, introduce poemas de contenido trágico, como el romance "La tierra de Alvargonzález", en el que relata cómo unos agricultores, movidos por el egoísmo, matan a su padre. Esta obra fue reeditada en 1917 y 1928 con nuevos temas bajo el título de *Poesías completas*. En su tercer libro, *Nuevas canciones* (1924), Machado usa metros cortos de la poesía popular para expresar sus reflexiones personales y filosóficas.

Machado, uno de los poetas más representativos de la generación del 98, creía que la auténtica poesía debía expresar la "palpitación del espíritu" y los sentimientos del hombre. Algunos de los temas que trata en su obra tienen que ver con su vida personal —recuerdos de su infancia y juventud, o el amor y muerte de su joven esposa—, la realidad histórica España, el paisaje castellano, y temas filosóficos relacionados con el tiempo, la vida y la muerte. Desde el punto de vista formal, Machado muestra preferencia por el cultivo de la rima asonante, el romance, el cantar, el soneto, y la silva.

Guía de lectura

El poema que hemos seleccionado forma parte de la sección "Proverbios y cantares", del poemario *Campos de Castilla*. Muchos de los poemas de esta sección son de carácter lírico, y contienen proverbios o breves reflexiones sobre la vida, la muerte, la religión, la literatura o la política. En este breve poema, Machado reflexiona de forma subjetiva e íntima sobre la experiencia única que todo hombre tiene de la vida y del paso del tiempo.

    Al leer este poema debemos notar la escasez de adjetivos y la abundancia de sustantivos y verbos pertenecientes al mismo campo semántico, es decir que están relacionados temáticamente. Asimismo, podemos ver cómo la brevedad del poema se ve compensada con la riqueza de significados encerrados en las distintas figuras estilísticas y tropos.

Proverbios y cantares, XXIX

1   Caminante, son tus huellas[1]
    el camino y nada más;
    caminante, no hay camino:
    se hace camino al andar.
5   Al andar se hace el camino,
    y al volver la vista atrás
    se ve la senda[2] que nunca
    se ha de volver a pisar.
    Caminante, no hay camino,
    sino estelas[3] en la mar.   10

Análisis crítico

1. Analice formalmente el poema.
2. Identifique y comente las figuras estilísticas y tropos.
3. ¿En qué partes podríamos dividir el poema?

[1]*footprints* [2]*path* [3]*wake*

4. Comente la existencia de una importante isotopía semántica existente en este poema. (Consulte el "Análisis de 'El Cisne', (Rubén Darío)", en la "Introducción a la poesía", para más detalles sobre este concepto).
5. ¿Expresa este poema alguna o algunas nociones del paso del tiempo?
6. ¿Cuál es el tono del poema?
7. ¿Conoce algún poeta hispano, o de otra lengua, que utilice el camino, o una variante del mismo —el río, la senda (*path*) . . .— para expresar una idea similar? Piense en Jorge Manrique o en el poeta norteamericano Robert Frost.

Mesa redonda

Los dos últimos versos del poema han sido interpretados de distinta manera por la crítica. Interprete con sus compañeros el significado de estos dos versos teniendo en cuenta la presencia del "mar" al final del poema.

Sea creativo

Antonio Machado utiliza "el camino", y otros términos relacionados con éste, para reflexionar, de forma simbólica, sobre la vida y el ser humano. ¿Qué símbolo, o símbolos, crearía usted para expresar una idea similar?

Investigación

El camino, o una variante del mismo, aparece frecuentemente en la poesía de Antonio Machado con valor simbólico. Analice el significado simbólico del camino en "Yo voy soñando caminos", o "He andado muchos caminos", ambos incluidos en *Soledades*, o en "Caminos", incluido en *Campos de Castilla*.

Juan Ramón Jiménez: *Vino, primero, pura*

Vida, obra y crítica

Juan Ramón Jiménez (1881–1958) nació en Moguer, España. En 1896 se fue a Sevilla a estudiar derecho (*law*), pero pronto abandonó sus estudios y regresó a su pueblo natal. Desde su adolescencia sufrió unas crisis nerviosas que le obligaron a permanecer en distintos sanatorios de España y Francia. Al comienzo de la guerra civil española (1936–1939) salió de España y residió en EE.UU., Cuba y Puerto Rico. De los numerosos premios literarios recibidos destaca la concesión del Premio Nobel de literatura en 1956.

Sus primeras obras, entre las que destacan *Arias tristes* (1903), *Jardines lejanos* (1904), y *Laberinto* (1913), se ven influidas por el Modernismo, y en ellas Juan Ramón Jiménez revela un interés por la música, el color y un sentimentalismo melancólico. El metro que más utiliza en esta primera etapa es el octosílabo, y su poema predilecto es el romance. Posteriormente, y todavía compartiendo algunos de los principios de la estética modernista, el poeta andaluz cultivó una poesía más apasionada, amplió la variedad de colores, e introdujo los versos alejandrinos y endecasílabos.

Con la publicación de *Diario de un poeta recién casado* (1916), Juan Ramón Jiménez inicia una nueva fase caracterizada por la falta de elementos decorativos, la concisión y la sobriedad; y de esta fase destacan sus obras *Eternidades* (1917) y *Belleza* (1923). Durante su estancia en América publicó dos de sus obras maestras, *La estación total* (1946) y *Animal de fondo* (1949), obras caracterizadas por la abstracción y un mayor grado de intelectualidad. En *Animal de fondo*, concretamente, el poeta expresa la unión del mundo exterior con el interior, y revela algunas de sus preocupaciones religiosas.

Escribió varias obras en prosa, entre las que sobresale *Platero y yo* (1914), centrada en la relación de un hombre con un burro, y en la que combina el mundo de la realidad con el de la fantasía.

Guía de lectura

"Vino, primero, pura" forma parte del poemario *Eternidades*, obra perteneciente a la etapa conocida como "poesía desnuda", aunque otros la llaman "época intelectual". En esta fase, la poesía de Juan Ramón Jiménez se vuelve más abstracta e intelectual, y hay en ella una tendencia a la condensación conceptual. En el poema que nos ocupa, breve como la mayor parte de los poemas de esta colección, vemos los distintos estados emocionales que experimenta el yo poético ante la contemplación de una mujer. En el análisis del poema, el lector debe tratar de entender lo que representa la mujer, así como su evolución y cambios. Asimismo, es importante comentar el tipo de figura estilística o tropo que ocupa todo el espacio del poema.

Vino, primero, pura

Vino, primero, pura,
vestida de inocencia;
y la amé como un niño.

Luego se fue vistiendo
de no sé qué ropajes;[1]
y la fui odiando, sin saberlo.

Llegó a ser una reina,
fastuosa[2] de tesoros . . .
¡Qué iracundia de yel[3] y sin sentido!

Mas se fue desnudando,
y yo le sonreía.

Se quedó con la túnica[4]
de su inocencia antigua.
Creí de nuevo en ella.

Y se quitó la túnica,
y apareció desnuda toda . . .
¡Oh pasión de mi vida, poesía
desnuda, mía para siempre!

Análisis crítico

1. Analice formalmente el poema. ¿Hay regularidad en la métrica?
2. Identifique y comente las figuras estilísticas y tropos. ¿Qué representa la mujer de la que habla el yo poético? ¿Qué figura estilística o tropo ocupa todo el espacio del poema?
3. ¿Quién es el yo poético? ¿Con quién lo identificaría?
4. ¿Qué cambios o evolución vemos en el poema?
5. ¿Cuál es el tono del poema?

Mesa redonda

Al final de este poema, Juan Ramón Jiménez nos habla de una "poesía desnuda" por la que se muestra apasionado. Discuta con sus compañeros de grupo lo que creen que quiere decir el poeta con esta afirmación, y cómo lleva a la práctica esta idea, o estética, en el poema que hemos leído.

Sea creativo

Juan Ramón Jiménez, lo mismo que otros muchos poetas, tiene sus propias ideas acerca de cómo se debe escribir poesía. Si usted fuera poeta, ¿qué principios estéticos seguiría, o crearía, para su obra poética? Escriba estos principios en una página y

---

[1]ropa [2]*pompous* [3]"iracundia de yel": *bitter ire* [4]vestido

piense en una figura estilística o tropo que capte algunos de los principios de su "estética".

Investigación

En el poema que acabamos de estudiar, Juan Ramón Jiménez reflexiona sobre el tipo de poesía que a él le gusta. Lea el poema "Inteligencia, dame", incluido en *Eternidades*, y comente el "arte poética" que propone el poeta en este poema.

Gabriela Mistral: *Todas íbamos a ser reinas*

Vida, obra y crítica

Gabriela Mistral (1889–1957), seudónimo de Lucilia Godoy, nació en Vicuña, Chile. En 1910 obtuvo el título de maestra, y en 1922 se mudó a México por invitación de José Vasconcelos para colaborar en la reforma educativa del país y en la organización de varias bibliotecas públicas. Mistral enseñó por un corto período de tiempo en varias universidades americanas, y desde 1932 ejerció de cónsul en varios países europeos y en EE.UU. En 1945 le concedieron el Premio Nobel de Literatura, y en 1951 el Premio Nacional de Literatura de Chile. Mistral pasó los últimos años de su vida en compañía de su amiga y traductora Doris Dana, quien, en 1971, publicaría una colección bilingüe de sus poemas titulada *Selected Poems of Gabriela Mistral*.

Sus inicios como poeta, el género en el que destacó, tuvieron lugar en 1914 al ganar un concurso de poesía con sus tres "Sonetos de la muerte", sonetos que luego pasarían a formar parte de su poemario *Desolación* (1922). A ésta le siguen otras obras, entre las que podemos destacar *Ternura* (1925), *Poemas de las Madres* (1950) *Tala* (1938), y *Lagar* (1954). Mistral comenzó su carrera poética dentro del Modernismo, pero pronto abandonó esta estética para escribir una poesía menos ornamental, más coloquial y simbólica, una poesía en la que busca la esencia de las cosas. En su obra predominan temas como el de la maternidad frustrada, la esterilidad, el amor a los pobres y los niños, el dolor, el recuerdo nostálgico de su difunta madre, costumbres y tradiciones de Latinoamérica y de la Europa mediterránea, y elementos religiosos católicos mezclados con algunas ideas tomadas de religiones orientales.

Mistral escribió numerosos ensayos y artículos para revistas y periódicos que fueron recogidos póstumamente en *Recados: contando a Chile* (1957). Es, asimismo, autora de *Lecturas para mujeres* (1923), un libro para escuelas secundarias femeninas con textos de varios escritores que ella complementó con comentarios y algunos escritos suyos.

Guía de lectura

"Todas íbamos a ser reinas" forma parte de la colección de poemas *Tala*, una obra dividida en ocho secciones y en la que Gabriela Mistral reflexiona, entre otros temas, sobre la destrucción de nuestro planeta, el significado de la pérdida de su madre, la soledad, y el miedo. El poema seleccionado se encuentra en la sección titulada "Saudade" y, como el mismo título indica, uno de los temas que predomina aquí es el de la soledad de una mujer sin hijos ni esposo.

"Todas íbamos a ser reinas" es una ronda infantil —canción infantil que va acompañada de ciertos movimientos o desplazamientos—, y en ella Gabriela Mistral nos cuenta los sueños que tienen cuatro niñas de convertirse algún día en reinas. Sin embargo, y como el mismo verbo del título nos sugiere, "íbamos", parece que el destino les ha reservado un futuro diferente al que soñaban. Podemos ver en el poema, asimismo, el viaje nostálgico del yo poético a la infancia, la descripción de una naturaleza y paisajes principalmente chilenos, como el valle de Elqui o las cien montañas —los Andes— que rodean al valle, algunas referencias religiosas, el uso simbólico de algunos términos, y un alto grado de musicalidad. Además de estos aspectos literarios, el lector debe prestar atención a la estructura del poema, y a un cuidadoso uso de la lengua. En este sentido, y sirva como ejemplo, el yo poético nos habla en los versos cinco y seis de un valle "ceñido/de cien montañas", y "ceñirse" es el verbo que comúnmente usamos cuando un rey se pone la corona (*crown*). Por tanto, es fácil deducir que este término lingüístico se conecta con el tema del poema: el deseo de unas niñas de casarse con reyes.

Todas íbamos a ser reinas

1 Todas íbamos a ser reinas,
    de cuatro reinos sobre el mar:
    Rosalía con Efigenia
    y Lucila con Soledad.

    En el valle de Elqui,[1] ceñido[2] 5
    de cien montañas o de más,
    que como ofrendas o tributos
    arden en rojo y azafrán.[3]

[1] valle situado en el centro norte de Chile [2] *encircled* [3] *saffrom*

    Lo decíamos embriagadas,[4]
10 y lo tuvimos por verdad,
    que seríamos todas reinas
    y llegaríamos al mar.

    Con las trenzas[5] de los siete años,
    y batas[6] claras de percal,[7]
15 persiguiendo tordos[8] huidos
    en la sombra del higueral.[9]

    De los cuatro reinos, decíamos,
    indudables como el Korán,
    que por grandes y por cabales[10]
20 alcanzarían hasta el mar.

    Cuatro esposos desposarían,[11]
    por el tiempo de desposar,
    y eran reyes y cantadores
    como David, rey de Judá.

25 Y de ser grandes nuestros reinos,
    ellos tendrían, sin faltar,
    mares verdes, mares de algas,
    y el ave loca del faisán.

    Y de tener todos los frutos,
30 árbol de leche, árbol del pan,
    el guayacán[12] no cortaríamos
    ni morderíamos metal.

    Todas íbamos a ser reinas,
    y de verídico reinar;
35 pero ninguna ha sido reina
    ni en Arauco[13] ni en Copán.[14]

    Rosalía besó marino
    ya desposado en el mar,
    y al besador, en las Guaitecas,[15]
40 se lo comió la tempestad.

    Soledad crió siete hermanos
    y su sangre dejó en su pan,
    y sus ojos quedaron negros
    de no haber visto nunca el mar.

45 En las viñas de Montegrande,[16]
    con su puro seno candeal,[17]
    mece[18] los hijos de otras reinas
    y los suyos no mecerá.

    Efigenia cruzó extranjero
50 en las rutas, y sin hablar,
    le siguió, sin saberle nombre,
    porque el hombre parece el mar.

    Y Lucila, que hablaba a río,
    a montaña y cañaveral,[19]
55 en las lunas de la locura
    recibió reino de verdad.

    En las nubes contó diez hijos
    y en los salares[20] su reinar,
    en los ríos ha visto esposos
60 y su manto[21] en la tempestad.

    Pero en el Valle de Elqui, donde
    son cien montañas o son más,
    cantan las otras que vinieron
    y las que vienen cantarán:

    —"En la tierra seremos reinas,
65 y de verídico reinar,
    y siendo grandes nuestros reinos,
    llegaremos todas al mar".

---

[4]*raptured*   [5]*braids*   [6]*aprons*   [7]*percale*   [8]*thrushes*   [9]*fig trees*   [10]auténticos   [11]*would wed*   [12]tipo de árbol   [13]ciudad en la provincia de Arauco, en el centro de Chile   [14]importante centro ceremonial de los mayas situado en Honduras   [15]archipiélago situado en el centro sur de Chile   [16]ciudad situada en el valle de Elqui donde vivió un tiempo G. Mistral   [17]tipo de trigo   [18]*rocks*   [19]*reedbed*   [20]*salt mine*   [21]*cloak*

Análisis crítico

1. Analice formalmente el poema.
2. Identifique y comente las figuras estilísticas y tropos que hay en este poema.
3. ¿En qué partes dividiría el poema desde el punto de vista temático? ¿Qué tipo de estructura nos introduce esa última estrofa del poema que parece hacerse eco de la primera? ¿Qué sugiere el uso de este tipo de estructura?
4. Podríamos justificar que en el poema hay una cierto juego simétrico basado en el número cuatro? Comente.
5. ¿A qué pueden aludir los colores rojo y azafrán de la segunda estrofa?
6. ¿Qué valor simbólico le encuentra a esos cuatro reinos sobre el mar que esperan conseguir estas niñas?
7. ¿Quién es la voz poética del poema?
8. ¿Qué referencias religiosas encuentra en el poema? Comente su relación con algún aspecto temático del mismo.
9. ¿Qué papel juega el paisaje en este poema?
10. ¿Cuál es el tono del poema?
11. Comente los aspectos musicales del poema.

Mesa redonda

Discutan en grupo el tipo de esposos y destinos que tienen Rosalía, Soledad y Efigenia. Igualmente, presten atención al hecho que la cuarta y última niña se llama Lucila, un nombre que nos recuerda al verdadero nombre de la autora, Lucilia. ¿Podríamos hacer una lectura autobiográfica de este dato y comparar el destino de Gabriela Mistral con el de Lucila?

Sea creativo

Escriba una canción infantil en prosa centrándola en un tema específico, como los sueños, ilusiones, temores, amores, deseos etc., que tenía en esta etapa de su vida. Una vez escrita la canción, trate de crear un estribillo (*refrain*) que resuma el tema principal de la canción.

Investigación

Gabriela Mistral escribió varios poemas para niños, como "Piececitos de niño", "El ángel guardián", "Corderito", "Me tuviste", etc. Escoja uno o varios de estos poemas para niños, fácilmente localizables en la red, y escriba un trabajo centrándolo en la crítica o denuncia social que hace la autora.

César A. Vallejo: *Masa*

Vida, obra y crítica

César A. Vallejo (1892–1938) nació en Santiago de Chuco, Perú, y fue el menor de once hermanos. Estudió filosofía y derecho, pero abandonó sus estudios para trabajar como maestro en Trujillo. Acusado falsamente de robo e incendio, fue encarcelado cuatro meses. En 1923 se estableció en Paris, donde pasó serios problemas económicos, pero logró sobrevivir ejerciendo de periodista y realizando algunas traducciones.

Aunque cultivó todos los géneros literarios, Vallejo destacó como poeta. Su producción poética se ha dividido en tres etapas: modernista, vanguardista y revolucionaria. En la primera etapa se percibe la influencia del Modernismo, y destaca su poemario *Los heraldos negros* (1918). En esta obra, centrada en algunos recuerdos de su infancia y los indios del Perú, Vallejo trata temas que tienen que ver con la vida diaria, la muerte, el destino y el sufrimiento del hombre. De su segunda fase, la vanguardista, destaca *Trilce* (1922), una obra en la que Vallejo nos deja constancia de (*describes*) las duras experiencias de su vida y del dolor del ser humano en la sociedad cruel, absurda y deshumanizada en que vive. Hay en esta obra, además, una revolución del lenguaje poético que podemos ver en la creación de neologismos, el empleo de distintos registros lingüísticos —arcaísmos, vulgarismos . . .—, la violación la sintaxis gramatical y la incorporación de numerosas figuras retóricas y tropos. En una tercera etapa, conocida como revolucionaria, se incluyen sus obras póstumas, *Poemas humanos* (1939), y *España, aparta de mí este cáliz*, escrita entre 1937 y 1938. En estas dos últimas obras Vallejo trata temas similares a las obras anteriores, pero con un tono más esperanzador y, quizá por su ideología marxista, abandona la experimentación formal para hacer una poesía más accesible al pueblo.

En prosa sobresale su novela *Tungsteno* (1931), en la que trata el problema de la explotación laboral en una mina de los Andes, y una colección de relatos y estampas, *Escalas melografiadas* (1931). Como dramaturgo destaca su obra *Colacho Hermanos o presidentes de América* (1934), en la que hace una crítica mordaz de los gobiernos latinoamericanos aliados con EE.UU. De su producción ensayística cabe mencionar *Contra el secreto profesional*, escrita de 1923 a 1929, y *El arte y la revolución*, escrita de 1929 a 1931.

Guía de lectura

"Masa", escrito en noviembre de 1937, forma parte del poemario *España, aparta de mí este cáliz*, una obra inspirada por la guerra civil española (1936–1939). En esta obra, Vallejo se sirve de los dos bandos contendientes como representación metafórica de las fuerzas del bien, los republicanos, y del mal, los nacionalistas. El poema seleccionado comienza con un final, el de una batalla, y finaliza con un comienzo, el de un soldado que empieza a andar. Entre estos dos puntos se desarrolla la acción dramática de un hombre que, a pesar de los ruegos (*pleas*) de mucha gente, se muere o sigue muerto, hasta que al final, por mediación de toda la humanidad congregada (*gathered*) en torno suyo, regresa a la vida. El lector puede ver cómo la acción del poema sigue una gradación ascendente que concluye con un clímax, y cómo el poema alude a dos guerras, la que acaba de librarse (*to take place*) entre dos ejércitos y la que libra (*wages*) el hombre moribundo (*dying*) entre la vida y la muerte.

En la lectura de este poema se hace obligatorio referirnos a las creencias religiosas de Vallejo. Vallejo fue educado en un medio católico tradicional; sin embargo, muchos opinan que, como militante marxista, Vallejo no era un católico ortodoxo. Al margen de esta controversia, lo que sí es cierto es que en muchos de sus poemas, como el que vamos a leer a continuación, podemos ver varias alusiones, imágenes, y símbolos tomados de la *Biblia*.

Masa

    Al fin de la batalla,   1
y muerto ya el combatiente,[1] vino hacia él un hombre
y le dijo: "¡No mueras, te amo tanto!"
Pero el cadáver ¡ay! siguió muriendo.

    Se le acercaron dos y repitiéronle: 5
"¡No nos dejes! ¡Valor! ¡Vuelve a la vida!"
Pero el cadáver ¡ay! siguió muriendo.

    Acudieron[2] a él veinte, cien, mil, quinientos mil,
clamando:[3] "¡Tanto amor y no poder nada contra la muerte!"
Pero el cadáver ¡ay! siguió muriendo.   10

---

[1]*combatant* [2]vinieron [3]*shouting*

> Le rodearon⁴ millones de individuos,
> con un ruego común: "¡Quédate, hermano!"
> Pero el cadáver ¡ay! siguió muriendo.
>
> 15 Entonces, todos los hombres de la tierra
> le rodearon; les vio el cadáver triste, emocionado;
> incorporóse⁵ lentamente,
> abrazó al primer hombre; echóse a andar...

Análisis crítico

1. Analice formalmente el poema.
2. Identifique y comente las figuras estilísticas y tropos del poema.
3. ¿Por qué cree que Vallejo no nos da el nombre o la identidad de los personajes que participan en el desarrollo de la acción del poema?
4. ¿Cómo explica la contradicción, o paradoja, del hombre que sigue muriendo?
5. Comente la gradación ascendente creada por los distintos acontecimientos del poema.
6. ¿Cómo interpreta el título del poema?
7. ¿Qué piensa del tipo de lengua que utiliza Vallejo en este poema? ¿Cree que en su elección hay un mensaje político?

Mesa redonda

Con sus compañeros de grupo explique el final del poema. ¿Hay una alusión en este final a algún acontecimiento bíblico? ¿Cree que Vallejo, siendo marxista, nos propone una lectura religiosa de este final?

Sea creativo

En la última estrofa vemos cómo el combatiente echa a andar. Sin embargo, en las cuatro primeras estrofas no hace nada, salvo morir. Añada un nuevo verso al final de cada una de estas estrofas que sirva para que el combatiente explique por qué sigue muriendo.

⁴surrounded ⁵rose up

Análisis crítico

Escoja un poema de cada uno de los poemarios representativos de sus distintas fases o etapas —modernista, vanguardista y revolucionaria— y comente los aspectos formales y temáticos que los vinculan (*link*) con cada una de las susodichas (*aforementioned*) fases. En el apéndice hemos incluido el poema "El poeta a su amada", de su primera fase, y que puede servir de referencia.

Juana de Ibarbourou: *La hora*

Vida, obra y crítica

Juana de Ibarbourou (1892–1979) nació en Melo, Uruguay. A la edad de veinte años se casó con el capitán Lucas Ibarbourou, y adoptó el apellido de su marido. Una vez casada vivió en varias partes de Uruguay, pero en 1918 se instaló definitivamente en Montevideo. En 1927, y en reconocimiento a su labor poética, Juana de Ibarbourou recibió el título de "Juana de América", y en 1959 se le concedió el Gran Premio Nacional de Literatura.

Juana de Ibarbourou comenzó a escribir poesía a los ocho años, y algunos de estos primeros poemas aparecieron publicados en periódicos locales, como *La razón*. Sus primeros poemarios incluyen *Las lenguas de diamante* (1919), *El cántaro fresco* (1920), y *Raíz salvaje* (1922), obras en las que se percibe la influencia del Modernismo. Con el paso del tiempo, Juana de Ibarbourou abandonó los elementos modernistas y cultivó una poesía de carácter vanguardista, y algunas de las obras más representativas de esta segunda etapa son los poemarios *La rosa de los vientos* (1930), *Perdida* (1950), y *Azor* (1953).

Juana de Ibarbourou es también autora de algunas obras en prosa con carácter místico, como *Estampas de la Biblia* (1934), y *Los loores de Nuestra Señora* (1934), y de obras dirigidas a un público infantil, como *Ejemplario* (1925), y *Chico Carlo* (1944).

La poesía de Juana de Ibarbourou se caracteriza por su sencillez, la expresión de sentimientos profundos, la presencia de una naturaleza que se convierte en cómplice de las relaciones entre dos amantes, y el uso recurrente de imágenes caracterizadas por su cromatismo. En su primera etapa, los temas predominantes son los del amor, generalmente visto desde una perspectiva erótica, la maternidad, la libertad, y el elogio de la belleza física. En una segunda etapa, sin embargo, su poesía se vuelve más melancólica y reflexiva, y algunos de los temas tratados se relacionan con el paso del tiempo, la muerte y el destino.

Guía de lectura

"La hora" es un poema perteneciente al poemario *Las lenguas de diamante*, una obra caracterizada por el uso de un lenguaje sencillo, la exaltación de la belleza, y la representación de una naturaleza marcada por sus connotaciones eróticas. En el poema seleccionado, que representa el tópico tradicional horaciano del *carpe diem*, la autora utiliza metáforas tomadas del mundo natural para expresar la urgencia e impaciencia de un yo poético femenino que insta (*urges*) a su amante a que se aproveche del momento presente, de la juventud, antes de que llegue la vejez. Lo que nos sorprende de este poema es que sea una voz femenina la que tome la iniciativa, y en este sentido podemos decir que Juana de Ibarbourou subvierte los patrones tradicionales asignados a la mujer.

El lector debe prestar atención al uso que hace la autora de las distintas formas gramaticales para comunicar el mensaje del poema. Por ejemplo, el uso recurrente del imperativo, de adverbios o frases adverbiales que apuntan a un tiempo específico, y de sustantivos y adjetivos que designan dos etapas diferentes de la vida. Asimismo, es de notar el uso continuo de metáforas y de distintas imágenes sensoriales —auditivas, olfativas, táctiles o visuales.

La hora

1   Tómame ahora que aún es temprano
y que llevo dalias nuevas en la mano.

Tómame ahora que aún es sombría
esta taciturna[1] cabellera[2] mía.

5   Ahora que tengo la carne olorosa
y los ojos limpios y la piel de rosa.

Ahora que calza[3] mi planta[4] ligera
la sandalia viva de la primavera.

Ahora que mis labios repica[5] la risa
10   como una campana sacudida[6] aprisa.

[1]*silent* [2]*head of hair* [3]*wears* [4]*pie* [5]*rings* [6]*shaken*

Después..., ¡ah, yo sé
que ya nada de eso más tarde tendré!

Que entonces inútil será tu deseo,
como ofrenda⁷ puesta sobre un mausoleo.

¡Tómame ahora que aún es temprano   15
y que tengo rica de nardos⁸ la mano!

Hoy, y no más tarde. Antes que anochezca
y se vuelva mustia⁹ la corola fresca.

Hoy, y no mañana. ¡Oh amante! ¿no ves
que la enredadera¹⁰ crecerá ciprés?   20

Análisis crítico

1. Analice formalmente el poema.
2. Identifique y comente las figuras estilísticas y tropos.
3. ¿En qué dos partes podría dividir este poema? ¿Qué criterio sigue para esta división?
4. Analice la función del imperativo y de los distintos adverbios y frases adverbiales que hay en el poema.
5. Comente el uso de sustantivos y adjetivos. ¿Podríamos dividirlos en dos o más categorías diferentes dependiendo de las fases de la vida a las que se refieren?
6. ¿Cómo interpretaría el cuarto dístico?
7. Los nardos son flores que se abren de noche y desprenden un fuerte olor. ¿Qué simbolizan estas flores en la relación de los amantes?
8. El ciprés es un árbol que en la antigua Grecia se usaba para honrar a los muertos, y hoy día se ve frecuentemente en los cementerios. ¿Qué significado tiene el ciprés en este poema?
9. ¿Qué sugieren los puntos suspensivos del decimoprimer verso?
10. En la "guía de lectura" mencionamos que el yo poético es una mujer. ¿Cómo podríamos justificar esta identidad femenina?

⁷*offering* ⁸*spikenards* ⁹*withered* ¹⁰*creeper*

Mesa redonda

En la "guía de lectura" mencionamos el uso de distintas imágenes sensoriales —táctiles, olfativas . . .— que juegan un papel importante en la comunicación del mensaje poético. Identifíquelas y comente con sus compañeros de grupo el significado de las mismas.

Sea creativo

La naturaleza juega un papel muy importante en las imágenes sensoriales del poema. Escoja un par de estas imágenes y trate de sustituirlas por otras del mundo natural que expresen una idea similar.

Investigación

A pesar de que algunos de los grandes escritores hispanos, como Juan Ramón Jiménez, Juana de Ibarbourou e Isabel Allende, han cultivado la literatura infantil, este género literario no ha recibido la atención crítica que se merece. Escoja una de las obras de Juana de Ibarbourou dirigidas a un público infantil y analice cómo la autora recrea algunas de sus experiencias de la infancia.

Vicente Huidobro: *Arte poética*

Vida, obra y crítica

Vicente Huidobro (1893–1948) nació en el seno de una familia chilena acomodada (*wealthy*). Después de estudiar en un colegio jesuita y asistir a la universidad, Huidobro viajó y pasó largas temporadas en Europa, donde se relacionó con algunos de los grandes intelectuales de la época —Pablo Picasso, Apollinaire, Tzara . . .—. En el campo de la política, Huidobro se afilió al partido comunista, pero pronto abandonó estas ideas izquierdistas. Participó, asimismo, en la guerra civil española del lado de los republicanos, y fue candidato a la presidencia de Chile en los comicios (*elections*) de 1925.

Además de la política, Huidobro se interesó por el cine, la pintura y la música, y en literatura cultivó todos los géneros. Como novelista podemos destacar sus dos novelas *Mio Cid Campeador* (1929) y *Sátiro* (1939), pero su fama ha quedado principalmente como poeta. Huidobro comenzó su carrera literaria dentro del Modernismo, y dentro de esta tendencia destaca su poemario *Ecos del alma* (1911), pero pronto dejó esta estética poética para fundar su propio movimiento poético conocido como el "Creacionismo". El principio fundamental del "Creacionismo" consiste en hacer del poeta una especie de semidiós capaz de crear una realidad poética independiente que no es una imitación del mundo exterior; es decir, una creación autónoma similar a la creación del mundo por Dios. Para lograr esto, Huidobro utiliza un lenguaje poético basado en la creación de imágenes originales, largas enumeraciones de frases y la yuxtaposición de oraciones y palabras. Dentro de esta tendencia, su obra en prosa más representativa es *Temblor de cielo* (1931), y en poesía sus poemarios *Pasando, pasando* (1914), *El espejo del agua* (1916), y su obra maestra, *Altazor* (1931).

De 1917 a 1925 publicó varias obras en francés con sus respectivas traducciones al español, y entre ellas merecen mención *Horizon Carré* (1917) y *Tour Eiffel* (1918). En los últimos años de su vida, Huidobro escribió una poesía sencilla y accesible a todo el público, y de esta nueva tendencia sobresalen su poemarios *Ver y palpar* (1941) y *El ciudadano del olvido* (1941).

Guía de lectura

"Arte poética", uno de los poemas más emblemáticos de Vicente Huidobro, fue publicado en *El espejo del agua*, una breve colección de nueve poemas. El poema seleccionado, y los que lo acompañan en este poemario, se propone como un manifiesto estético del "Creacionismo". Este movimiento estético es una amalgama (*blend*) de algunas tendencias artísticas del vanguardismo de principios del siglo XX, a las que se suman la influencia del Neo-platonismo del siglo XVI y la del escritor norteamericano Ralph Waldo Emerson. La idea del poeta como un dios o demiurgo, sin embargo, le vino, según el mismo Huidobro, de un poco conocido poeta sudamericano, quien afirmó en una ocasión: "el poeta es un dios; no cantes a la lluvia, poeta, haz llover". Reiterando lo dicho anteriormente, el "Creacionismo" defiende un arte puro en el que la lengua pierde su poder referencial; es decir, la lengua no tratará de recrear la realidad exterior y el mundo natural, sino que creará su propio mundo, un mundo autónomo, dentro del poema. "Arte poética" es un poema en el que el lector puede ver con claridad la estética poética que el yo poético rechaza y la que propone en su lugar.

Arte poética

1
Que el verso sea como una llave
que abra mil puertas.

Una hoja cae; algo pasa volando;
cuanto miren los ojos creado sea,
y el alma del oyente quede temblando.[1]

Inventa mundos nuevos y cuida tu palabra;
el adjetivo, cuando no da vida, mata.

Estamos en el ciclo de los nervios.
El músculo cuelga,
como recuerdo, en los museos;
mas no por eso tenemos menos fuerza:
el vigor verdadero
reside en la cabeza.

Por qué cantáis la rosa, ¡oh Poetas!
Hacedla florecer[2] en el poema;

Sólo para nosotros
viven todas las cosas bajo el Sol.

El Poeta es un pequeño Dios.

Análisis crítico

1. Analice formalmente el poema. ¿Qué irregularidades o particularidades destacaría en este poema desde el punto de vista de la métrica o estrófico?
2. Identifique y comente las figuras estilísticas y tropos.
3. ¿Cómo interpreta el verso siete?
4. ¿Qué valor simbólico tiene la rosa de los versos catorce y quince?
5. ¿Qué valor connotativo tienen los "nervios" y el "músculo"?
6. ¿A quién se dirige el yo poético?
7. ¿Cuál es el tono del poema?

Mesa redonda

En la biografía sobre Vicente Huidobro, y en la "guía de lectura", hemos mencionado algunas de las características del "Creacionismo". Con sus compañeros de grupo discuta cómo aparecen reflejadas dichas características en este poema.

[1]*trembling* [2]*to bloom*

Sea creativo

Si usted se propusiera crear una nueva tendencia poética, ¿cuáles serían algunos de los principios estéticos que propondría para su nuevo movimiento poético?

Investigación

Lea uno de los poemas de *El espejo del agua* y el ensayo "El Creacionismo", también de Huidobro, publicado en *Manifiestos* (1925). A continuación, escriba un trabajo sobre algunos de los principios estéticos formulados en este ensayo que reaparecen en el poema seleccionado.

Federico García Lorca: *Romance de la luna, luna*

Vida, obra y crítica

Federico García Lorca (1898–1936) nació en un pueblo de la provincia de Granada, España. Realizó sus estudios de bachillerato y universitarios, y de joven su interés se centró más en la música que en la literatura. En 1919 se fue a Madrid, y aquí se hospedó (*lodged*) en la famosa Residencia de Estudiantes, donde conocería a destacados intelectuales y artistas: Rafael Alberti, Vicente Aleixandre, Luis Buñuel, y Salvador Dalí. De 1929 a 1930 vivió en Nueva York, y en 1936, al comienzo de la guerra civil española (1936–1939), fue asesinado.

Lorca cultivó los tres géneros literarios, pero destacó como poeta y dramaturgo. Como poeta, su primera obra fue *Libro de poemas* (1921), en la que anticipa algunos de los temas que cultivará en el futuro, como el de la esterilidad de la mujer. En 1927 publicó *Canciones*, y en 1929 *Romancero gitano*, una colección de dieciocho romances, protagonizados por gitanos, en los que trata temas como la pasión sexual reprimida y otros tipos de represión que terminan por provocar la muerte. En 1930 saca a la luz *Poema del cante jondo*, y algunos de los temas que trata aquí tienen que ver con el amor, el destino y la muerte. Influido por su estancia en Nueva York, escribe en 1930 *Poeta en Nueva York*, una obra surrealista en la que trata temas como el de la alienación del ser humano en una sociedad capitalista. Su última obra poética fue *Llanto por la muerte de Ignacio Sánchez Mejías* (1935), una elegía sobre la muerte en el ruedo (*bullring*) de este torero.

Como dramaturgo, su primera obra importante fue *Mariana Pineda* (1925), en la que desarrolla el trágico amor de la protagonista. De 1926 a 1930 escribe *La zapatera prodigiosa*, que estudiaremos en la parte dedicada al teatro, y en 1930 publica *El pú-*

blico, obra simbólica centrada en el amor y el paso del tiempo. En años posteriores, Lorca escribe su conocida trilogía rural, integrada por *Bodas de sangre* (1931), cuyos temas predominantes son la pasión amorosa y el deseo de venganza; *Yerma* (1934), sobre la mujer estéril y frustrada que mata a su marido; y *La casa de Bernarda Alba* (1936), una tragedia sobre la mujer reprimida por el sistema patriarcal.

Guía de lectura

El "Romance de la luna, luna" forma parte del *Romancero gitano*, una colección de poemas en la que Lorca utiliza una forma tradicional de la lírica española: el romance. En una conferencia sobre el *Romancero gitano*, Lorca comentó que uno de sus objetivos fue el de fundir el romance narrativo con el lírico sin que perdieran calidad alguna. No obstante lo cual, en el romance que nos ocupa, a estos dos elementos debemos añadir el dramático. La anécdota de este romance se centra en la muerte de un niño gitano en una noche de luna llena. Alqunos críticos lo interpretan como una canción de cuna (*lullaby*) que invita al niño gitano a dormir, y otros como una representación del rito iniciático en el que un niño pasa de la inocencia a la adolescencia, pero hay más lecturas de este romance.

En la lectura de este romance necesitamos identificar y explicar el significado de las figuras estilísticas y tropos, las distintas partes en que se divide el poema, los elementos narrativos, líricos y dramáticos, y los cambios de tiempo y espacio.

Romance de la luna, luna

1 La luna vino a la fragua[1]
   con su polisón[2] de nardos.[3]
   El niño la mira mira.
   El niño la está mirando.
5 En el aire conmovido[4]
   mueve la luna sus brazos
   y enseña, lúbrica[5] y pura,
   sus senos de duro estaño.[6]
   —Huye luna, luna, luna.
10 Si vinieran los gitanos,
   harían con tu corazón
   collares y anillos blancos.

   —Niño, déjame que baile.
   Cuando vengan los gitanos,
   te encontrarán sobre el yunque[7]   15
   con los ojillos cerrados.
   —Huye luna, luna, luna,
   que ya siento sus caballos.
   —Niño, déjame, no pises
   mi blancor almidonado.[8]   20
   El jinete[9] se acercaba
   tocando el tambor[10] del llano.
   Dentro de la fragua el niño,
   tiene los ojos cerrados.

[1]forge [2]bustle [3]spikenards [4]feverish [5]lewd [6]tin [7]anvil [8]starched [9]rider [10]drum

Por el olivar[11] venían,
bronce y sueño, los gitanos.
Las cabezas levantadas
y los ojos entornados.[12]
¡Cómo canta la zumaya,[13]
ay cómo canta en el árbol!
Por el cielo va la luna
con un niño de la mano.
Dentro de la fragua lloran,
dando gritos, los gitanos.
El aire la vela,[14] vela.
El aire la está velando.

Análisis crítico

1. Analice formalmente el poema.
2. Identifique y comente las distintas figuras estilísticas y tropos que hay en este romance.
3. Desde el punto de vista temático, ¿en qué partes podría dividir este poema?
4. Localice dónde se encuentran las partes narrativa, lírica y dramática.
5. El yo poético utiliza el verbo "vino", en lugar de "fue", en el primer verso. ¿Nos sugiere esta selección del verbo algo con respecto al punto de vista del yo poético?
6. ¿Cómo aparece caracterizada y descrita la luna? ¿Qué simboliza?
7. ¿En qué lugares ocurre la acción? ¿Hay algún acontecimiento que esté ocurriendo simultáneamente a otro? ¿Le recuerda esto a alguna técnica narrativa o cinematográfica?
8. ¿Podríamos decir que el baile de la luna se relaciona con los tradicionales bailes o danzas de la muerte?
9. ¿Cómo interpreta la conclusión del poema?

Mesa redonda

A lo largo de este romance, Lorca hace uso de varias referencias sensoriales —la vista, el oído, el tacto y el olfato—. Comente con sus compañeros de grupo el significado de estas referencias.

Sea creativo

Con los mismos compañeros del grupo anterior, sustituya las partes dialogadas con sus propias palabras. A continuación, escojan dos estudiantes del grupo para que las escenifiquen (*act*). En el reparto (*cast*) de papeles, uno de los componentes del grupo se encargará de leer las partes narrativas.

---

[11]campo de olivos [12]semicerrados [13]*night owl* [14]*watches*

Investigación

Algunos de los símbolos recurrentes en la obra lorquiana —la luna, el caballo, y el aire— reaparecen en este romance. Investigue el significado de estos símbolos en otros poemas del *Romancero gitano*.

Luis Cernuda: *Despedida*

Vida, obra y crítica

Luis Cernuda (1902–1963) nació en Sevilla, y estudió derecho en la universidad de esta misma ciudad. De 1928 a 1929 trabajó como lector de español en la universidad francesa de Toulouse, y después de regresar a Madrid apoyó a los republicanos en su lucha contra la derecha nacionalista de Franco. De 1939 a 1947 trabajó como lector de español en varias universidades inglesas, y en 1947 se exilió en EE.UU. y se dedicó a la enseñanza de lengua y literatura españolas en Mount Holyoke College. En 1952 se instaló en la Ciudad de México y siguió ejerciendo la docencia en la U.N.A.M. y en varias universidades californianas.

    La obra poética de Cernuda se puede dividir en dos fases. En la primera, integrada por obras como *El perfil del aire* (1924–27), y *Égloga, elegía y oda* (1927–28), se percibe la influencia de Garcilaso de la Vega; y en *Un río, un amor* (1929) y *Los placeres prohibidos* (1931) encontramos abundantes elementos surrealistas. A partir de 1932, y dentro de esta primera fase, Cernuda mostró mayor interés por el cultivo de una poesía metafísica y el uso de un lenguaje coloquial. A este período pertenecen obras como *Donde habite el olvido* (1934), e *Invocaciones* (1935). En una segunda fase, en la que se incluyen obras como *Las nubes* (1937–40) y *Desolación de la quimera* (1956–62), Cernuda trata temas relacionados con la guerra civil española y el exilio. En prosa es autor de *Ocnos* (1942), en la que evoca su infancia; y de varios estudios de crítica literaria, como *Estudios sobre poesía española contemporánea*. Es, asimismo, autor de una obra de teatro escrita en la década de los treinta: *La familia interrumpida*.

    Uno de los temas centrales en la poesía de Cernuda es el del enfrentamiento del yo poético con un mundo, o realidad, que le impide realizar sus deseos. Junto a éste, y relacionados con él, Cernuda trata otros temas, como el amor insatisfecho o inalcanzable (*unreachable*), el paso del tiempo, y la soledad derivada de su condición de exilado y homosexual.

Guía de lectura

El poema que hemos seleccionado, "Despedida", pertenece al libro *Desolación de la quimera*, una obra que ha ejercido una gran influencia entre los poetas jóvenes actuales. A través de varios paralelismos y antítesis, Cernuda nos presenta en este poema dos mundos opuestos: el de la alegría y despreocupación de la juventud, y el de la desilusión y desengaño de la vejez. Asimismo, encontramos aquí algunos de los temas centrales que definen la obra poética del poeta sevillano, como el conflicto entre la realidad y el deseo, el amor, la muerte, el paso del tiempo y una reflexión metafísica sobre los mismos.

Debemos citar, además, dos ejemplos notables de intertextualidad. En el primero, vemos cómo el poema de Cernuda mantiene un diálogo intertextual con el popular tango de Carlos Gardel, "Adiós muchachos":

Adiós muchachos, compañeros de mi vida,
barra querida de aquellos tiempos. Me toca a mí hoy emprender la retirada...

Y en el segundo, se puede apreciar cómo el final del poema se relaciona con las palabras que Cervantes escribió en el "Prólogo" a *Los trabajos de Persiles y Segismunda* en 1616, cuatro días antes de su muerte:

Adiós gracias, adiós donaires (*witticism*); adiós regocijados (*rejoiced*) amigos; que yo me voy muriendo. Tiempo vendrá, quizá, donde, anudado (*tied*) el roto hilo (*thread*), diga lo que aquí me falta y lo que me convenía. Adiós, regocijados amigos; que yo me voy muriendo, y deseando veros presto contentos en otra vida.

Despedida

  Muchachos   1
que nunca fuisteis compañeros de mi vida,
adiós.
Muchachos
que no seréis nunca compañeros de mi vida,   5
adiós.

  El tiempo de una vida nos separa
infranqueable:[1]

---

[1] *impassable*

a un lado la juventud libre y risueña;²
a otro la vejez humillante e inhóspita.³

De joven no sabía
ver la hermosura, codiciarla,⁴ poseerla;
de viejo la he aprendido
y veo a la hermosura, mas la codicio inútilmente.

Mano de viejo mancha
el cuerpo juvenil si intenta acariciarlo.
Con solitaria dignidad el viejo debe
pasar de largo junto a la tentación tardía.

Frescos y codiciables son los labios besados,
labios nunca besados más codiciables y frescos aparecen.
¿Qué remedio, amigos? ¿Qué remedio?
bien lo sé: no lo hay.

Qué dulce hubiera sido
en vuestra compañía vivir un tiempo:
bañarse juntos en aguas de una playa caliente,
compartir bebida y alimento en una mesa.
Sonreír, conversar, pasearse
mirando cerca, en vuestros ojos, esa luz y esa música.

Seguid, seguid así, tan descuidadamente,
atrayendo al amor, atrayendo al deseo.
No cuidéis de la herida que la hermosura vuestra y vuestra gracia abren
en este transeúnte⁵ inmune en apariencia a ellas.

Adiós, adiós, manojos⁶ de gracia y donaires.
Que yo pronto he de irme, confiado,
adonde, anudado el roto hilo, diga y haga
lo que aquí falta, lo que a tiempo decir y hacer aquí no supe.

Adiós, adiós, compañeros imposibles.
Que ya tan sólo aprendo
a morir, deseando
veros de nuevo, hermosos igualmente
en alguna otra vida.

²alegre   ³*inhospitable*   ⁴*to covet*   ⁵*passer-by*   ⁶*handful*

Análisis crítico

1. Analice formalmente el poema.
2. Identifique y comente las figuras estilísticas y tropos que hay en el poema. Comente algunos ejemplos de repeticiones, paralelismos y antítesis.
3. ¿Cómo interpreta la frase del verso 35, "anudado el roto hilo"?
4. ¿Qué tiempo verbal predomina en el poema? ¿Qué puede sugerir esto?
5. ¿Cuál es el estado de ánimo del yo poético al reflexionar sobre los jóvenes que ve y sobre la juventud? ¿Hay comunicación entre ellos? ¿Vemos aquí un ejemplo de ese mencionado conflicto entre la realidad y el deseo?
6. ¿Qué tipo de lenguaje utiliza el poeta en este poema?

Mesa redonda

En la "Guía de lectura" mencionamos la relación intertextual que existe entre el texto de Cervantes y el de Cernuda. Discuta con sus compañeros de grupo si hay en el texto poético de Cernuda una imitación fiel del texto cervantino o si, por el contrario, el poeta sevillano transforma y se sirve del texto original con propósitos o fines diferentes a los de Cervantes.

Sea creativo

Si escribiera un poema desde el punto de vista de un hombre de edad avanzada, ¿qué aspecto o aspectos de la juventud representaría y echaría más de menos? ¿Qué imagen o símbolo cree que podría captar este aspecto o aspectos de la época juvenil que ha escogido para su poema?

Investigación

En el poema "Precio de un cuerpo", que forma parte de una serie de poemas titulada "Poemas para un cuerpo", y que aparece en *Con las horas contadas* (1950–56), Cernuda expresa el deseo del yo poético por el cuerpo hermoso de un hombre. Estudie este poema prestando especial atención al choque entre los deseos del yo poético y la realidad.

Nicolás Guillén: *No sé por qué piensas tú*

Vida, obra y crítica

Nicolás Guillén (1902–1989), cubano, se dedicó desde joven al periodismo y a la poesía. Por su oposición al régimen dictatorial de Batista tuvo que exilarse, y vivió cinco años en París (1953–1958). Tras su regreso a Cuba, fue miembro del partido comunista de Cuba, y en 1954 le concedieron el Premio Stalin de la Paz.

Guillén comenzó su carrera poética dentro del Modernismo, y publicó sus primeros poemas en una revista literaria fundada por él mismo en 1923. Su primer gran éxito como poeta le llegó con la publicación de *Motivos de son* (1930), una breve colección de poemas escritos en lenguaje popular en los que Guillén nos describe pintorescamente algunas de las costumbres del negro cubano. En 1931 publica *Sóngoro, cosongo*, una colección de poemas en la que Guillén muestra un gran interés por el tema del negrismo y las injusticias sociales. En las obras que siguen, la poesía del poeta cubano se muestra mucho más comprometida con la realidad socio-política de Cuba y de otros países del mundo. En 1934 saca a la luz *West Indies, Ltd*, obra de tonos políticos en la que se solidariza con el negro marginado, defiende sus propias ideas marxistas y nos revela sus sentimientos antinorteamericanos. En 1937 aparecen sus *Cantos para soldados y sones para turistas*, obra que trata temas similares a la anterior. En *España, poema en cuatro angustias y una esperanza* (1937), Guillén aborda (*deals with*) el tema de la guerra civil española; y en *Elegías* (1958) dedica una serie de poemas elegíacos a algunos escritores y líderes populares.

Guillén, que apoyó la revolución cubana de Fidel Castro contra Batista, publicó en 1964 *Tengo*, con la que celebra el triunfo de esta revolución y el mestizaje del pueblo cubano. En *El gran zoo* (1967) vuelve a criticar la sociedad capitalista, y en *La rueda dentada* (1972) hace una apología de algunos de los líderes marxistas más conocidos, como Fidel Castro y Ho Chi Minh, y vuelve a criticar el imperialismo norteamericano.

Guía de lectura

"No sé por qué piensas tú" forma parte de la colección de poemas *Cantos para soldados y sones para turistas*, una obra que, junto con *La paloma del vuelo popular* (1958), marca una evolución o cambio en la trayectoria poética de Nicolás Guillén para volverse más comprometida con la realidad socio-política de Cuba y del mundo. El poema que nos ocupa es un ejemplo de este compromiso, y en él, como en otros poemas de la misma colección, Guillén nos muestra cómo el enfrentamiento entre dos personas impide una convivencia e integración social armónicas.

En la lectura de este poema podemos ver la presentación de un "otro", aquí identificado con un soldado, que amenaza a un yo poético pacifista. Quizá podríamos preguntarnos si el contenido del poema puede alcanzar dimensiones universales, y si el enfrentamiento entre estas dos personas puede ocurrir entre los habitantes de un mismo país o entre países diferentes. Asimismo, debemos prestar atención a la forma, un tanto irregular, del poema.

No sé por qué piensas tú

1 No sé por qué piensas tú,
   soldado, que te odio yo,
   si somos la misma cosa
   yo,
5 tú.

   Tú eres pobre, lo soy yo;
   soy de abajo, lo eres tú;
   ¿de dónde has sacado tú,
   soldado, que te odio yo?
10 Me duele que a veces tú
   te olvides de quién soy yo;
   caramba,[1] si yo soy tú,
   lo mismo que tú eres yo.

   Pero no por eso yo
   he de malquererte,[2] tú;   15
   si somos la misma cosa,
   yo,
   tú,
   no sé por qué piensas tú,
   soldado, que te odio yo.   20

   Ya nos veremos yo y tú,
   juntos en la misma calle,
   hombro con hombro, tú y yo,
   sin odios ni yo ni tú,
   pero sabiendo tú y yo,   25
   a dónde vamos yo y tú . . .
   ¡no sé por qué piensas tú,
   soldado, que te odio yo!

Análisis crítico

1. Analice formalmente el poema.
2. Identifique las figuras estilísticas y tropos. En este poema, como puede ver, no hay muchas figuras estilísticas y tropos, y el lenguaje es bastante transparente. ¿Cuál cree que es la intención del poeta?
3. ¿Qué semejanzas y diferencias existen entre el yo poético y el "tú"?
4. ¿Quién cree que es el culpable en esta confrontación?
5. ¿De qué manera podríamos dar valor universal al mensaje de este poema?

[1]*good gracious* [2]*to dislike you*

Mesa redonda

La última estrofa del poema marca un cambio con respecto a las anteriores. Discuta con los miembros del grupo el tipo de cambio que tiene lugar, y el tono que adquiere el final del poema.

Sea creativo

La guerra, las disputas y enfrentamientos, forman parte no sólo de la vida política o militar, sino también de nuestra vida personal, familiar, profesional . . . Reescriba la primera y última estrofas del poema escogiendo un tipo de conflicto concreto.

Investigación

En otro de sus poemas populares, "Balada de los dos abuelos", incluida en *West Indies Ltd.*, Guillén aborda (*deals with*) el tema del origen e identidad birracial del yo poético. Escriba un trabajo comentando esta dualidad racial y el mensaje que se propone comunicar Guillén con este poema.

Pablo Neruda: *Oda a los calcetines*

Vida, obra y crítica

Pablo Neruda (1902–1973) nació en Parral, un pueblo situado en el centro de Chile. Comenzó a escribir versos en su adolescencia, y cambió su nombre de Neftalí Ricardo Reyes por el de Pablo Neruda. Combinó la vida literaria con la política, y en este campo desempeñó los cargos diplomáticos de cónsul de su país en México (1940–1943), y de embajador en Francia (1970–1972); además, fue elegido senador de la República por el partido comunista. Entre los numerosos premios recibidos destaca la concesión del Premio Nobel de literatura en 1971.

Neruda es una de las voces poéticas más universales de la literatura hispana, y su influencia se extiende a ambos lados del Atlántico. Es autor de más de veinte volúmenes de poesía, y en ellos alterna una gran variedad de temas y tendencias estéticas. La crítica suele estar de acuerdo en dividir su obra en cinco fases. En la primera, representada por obras como *Crepusculario* (1923) y *Veinte poemas de amor y una canción desesperada* (1924), su poesía se caracteriza por la presencia de elementos románticos y una influencia del Modernismo. A la segunda etapa pertenecen sus dos primeras *Re-*

sidencias en la tierra (1933, 1935), y con ellas Neruda pasa a la escritura de una poesía existencialista caracterizada por un tono de angustia. En la tercera fase, en la que sobresalen *España en el corazón* (1938), la *Tercera residencia* (1947) y *Canto general* (1950), su obra maestra, Neruda muestra un compromiso político con la realidad, pierde en lirismo y sus temas alcanzan una mayor dimensión universal. En su cuarta fase, en la que destaca *Odas elementales* (1954), Neruda se dirige al hombre común de la calle y poetiza lo cotidiano (*daily life*). En su última fase, de la que podemos destacar *Cien sonetos de amor* (1959), Neruda vuelve al cultivo de una poesía intimista amorosa.

Neruda escribió al final de su vida una obra de teatro, *Fulgor y muerte de Joaquín Murieta* (1967); y un libro de memorias, *Confieso que he vivido*, que fue publicado póstumamente.

Guía de lectura

El poema que hemos seleccionado, "Oda a los calcetines", es una oda, y ésta, junto con el himno, la elegía y la sátira, es uno de los subgéneros más importantes de la poesía lírica. En un principio, la oda era cantada con acompañamiento de un instrumento musical con el propósito de glorificar a algún dios o héroe, para celebrar alguna victoria, o para cantar la grandeza de algún país o monumento. La oda generalmente se dividía en estrofas de métrica variable, y el tono era elevado. Son célebres, en la antigüedad griega, las odas de Píndaro, del siglo V a. C., y las del poeta latino Horacio, del siglo I a. C.; y en Latinoamérica la "Silva a la agricultura de la zona tórrida", del venezolano Andrés Bello, del siglo XIX.

La oda que estudiamos aquí fue incluida en el segundo de cuatro volúmenes que Neruda dedicó a las odas, y que aparecieron publicadas bajo el título de *Nuevas odas elementales* (1956). Neruda compuso cerca de 250 odas, y en ellas canta a las cosas simples y a la vida cotidiana: la alcachofa, el tomate, el hígado (*liver*), el ojo, el vino, la pereza, la alegría, etc. Las odas marcan un cambio en la trayectoria poética de Neruda, que pasa de una poesía con elementos románticos, surrealistas o políticos, a otra escrita para que todo el mundo, especialmente el pueblo llano, pudiera entenderla. En la oda que sigue, el yo poético canta y celebra el regalo de un par de calcetines que Mara Mori le hace, y cómo ésta, resistiendo la tentación de guardarlos, decide ponérselos. Es un poema de fácil lectura, pero en él vemos una gran riqueza de imágenes relacionadas con el mundo de los sentidos, y una subversión de la oda tradicional.

Oda a los calcetines

1   Me trajo Mara Mori
    un par
    de calcetines
    que tejió[1] con sus manos
5   de pastora,
    dos calcetines suaves
    como liebres.[2]
    En ellos
    metí los pies
10   como en
    dos
    estuches[3]
    tejidos
    con hebras[4] del
15   crepúsculo[5]
    y pellejos[6] de ovejas.

    Violentos calcetines,
    mis pies fueron
    dos pescados
20   de lana,
    dos largos tiburones
    de azul ultramarino
    atravesados
    por una trenza[7] de oro,
25   dos gigantescos mirlos,[8]
    dos cañones:
    mis pies
    fueron honrados
    de este modo
30   por
    estos
    celestiales

    calcetines.
    Eran
    tan hermosos   35
    que por primera vez
    mis pies me parecieron
    inaceptables,
    como dos decrépitos
    bomberos, bomberos   40
    indignos
    de aquel fuego
    bordado,[9]
    de aquellos luminosos
    calcetines.   45

    Sin embargo,
    resistí
    la tentación aguda
    de guardarlos
    como los colegiales   50
    preservan
    las luciérnagas,[10]
    como los eruditos
    coleccionan
    documentos sagrados,   55
    resistí
    el impulso furioso
    de ponerlos
    en una jaula
    de oro   60
    y darles cada día
    alpiste[11]
    y pulpa de melón rosado.
    Como descubridores

---

[1]*wove*   [2]*hares*   [3]*cases*   [4]*threads*   [5]*dusk*   [6]*hides*   [7]*twist*   [8]*blackbirds*   [9]*embroidered*   [10]*fireflies*   [11]*birdseed*

65	que en la selva	y	
	entregan el rarísimo	luego los zapatos.	
	venado¹² verde	Y es ésta	
	al asador	la moral de mi oda:	80
	y se lo comen	dos veces es belleza	
70	con remordimiento,	la belleza,	
	estiré	y lo que es bueno es doblemente	
	los pies	bueno	
	y me enfundé¹³	cuando se trata de dos calcetines	85
	los	de lana	
75	bellos	en el invierno.	
	calcetines		

Análisis crítico

1. Analice formalmente el poema.
2. Identifique y comente las figuras estilísticas y tropos de esta oda.
3. ¿Con qué compara el yo poético a los calcetines? ¿Cómo ve sus pies?
4. ¿Qué sentimientos asocia el yo poético con los calcetines?
5. ¿Hay alguna moraleja en esta oda?
6. ¿De qué manera difiere esta oda de la oda tradicional? Piense en la forma y también en el contenido de la misma.

Mesa redonda

Identifique y comente con sus compañeros de grupo algunas de las referencias que hace Neruda al mundo de los sentidos en esta oda.

Sea creativo

Trate de recrear la pasada oda de Neruda sustituyendo los calcetines por otra prenda de vestir (*article of clothing*), como los guantes, la bufanda o los zapatos, y haga los cambios que estime pertinentes.

Investigación

Escoja dos poemas de Neruda pertenecientes a dos fases diferentes de su producción poética y analice sus diferencias formales y temáticas.

¹²*deer* ¹³*wore*

Nicanor Parra: *Ecopoema*

Vida, obra y crítica

Nicanor Parra (1914–) nació en San Fabián de Alico, Chile. Asistió al Instituto Pedagógico de la Universidad de Chile, donde se licenció en mecánica teórica y matemáticas. Una beca del Institute of International Education le permitió estudiar mecánica avanzada en Brown University, y tres años después, en 1948, fue nombrado director de la Escuela de Ingeniería de la Universidad de Chile. Nicanor Parra ha sido nombrado doctor Honoris Causa por varias universidades, y ha recibido numerosos premios literarios, como el Premio Nacional de Literatura en 1969, el Premio Internacional Juan Rulfo en 1991, y el Premio Cervantes en 2011.

En su primer poemario, *Cancionero sin nombre* (1937), se percibe una fuerte influencia de Federico García Lorca; pero a partir de su segunda obra, *Poemas y antipoemas* (1954), Nicanor Parra inicia el cultivo de un tipo de poesía diferente e iconoclasta que él califica de "antipoesía". Muestras representativas de esta nueva trayectoria las encontramos en *La cueca larga* (1958), *Versos de salón* (1962), *Deux poèmes* (1963), *Canciones rusas* (1967), *Ecopoemas* (1982), y *Chistes par(a) desorientar a la (policía) poesía* (1983), la cual consiste en una reelaboración de refranes, aforismos y slóganes.

La llamada "antipoesía" de Nicanor Parra se caracteriza por romper con los moldes y cánones preestablecidos por la poesía tradicional, solemne y seria. Desde el punto de vista formal, esta ruptura se manifiesta en el uso de un lenguaje coloquial y en la subversión de las convenciones que caracterizan la construcción del verso y la estrofa tradicionales. Desde el punto de vista temático, la "antipoesía" muestra de manera irónica, sarcástica o cínica, la explotación del hombre actual por el sistema capitalista, ataca los valores convencionales, los prejuicios, y la hipocresía, y descree (*does not believe*) de toda ideología política o religiosa.

Guía de lectura

El siguiente ecopoema, sin un título específico, forma parte de una plaquette, o breve colección, de poemas titulada *Ecopoemas*. En esta obra, Nicanor Parra reflexiona sobre los desastres ecológicos, causados, según él, por la codicia y el egoísmo de una sociedad capitalista de libre mercado. A esta preocupación de la poesía por la naturaleza es lo que en crítica literaria se conoce como visión ecopoética de la realidad; y aunque ya se insinúa en su segunda obra, *Poemas y antipoemas*, con el paso del tiempo cobrará mayor relevancia.

En el poema que sigue, Nicanor Parra funde (*blends*) el discurso ecológico con el político para hacer una crítica del consumismo y de los sistemas capitalista y socialista, culpables, por igual, de los desastres ecológicos. En su preocupación por los problemas del medio ambiente, Nicanor Parra se autodefine como "eco-antipoeta", y el poema que sigue sería un ejemplo de eco-antipoesía, ya que la exposición del problema ecológico se realiza a través de un medio que rompe con los cánones poéticos convencionales. En la lectura del poema es importante notar, a nivel formal, el espíritu iconoclasta del poema; y a nivel temático, la denuncia de los distintos sistemas políticos por su irresponsabilidad en la conservación de los ecosistemas de la tierra.

Ecopoema

```
 1   dice compañero léase ecompañero
      "   compromiso    "  ecompromiso
      "   constitución
     hay que luchar x¹ una econstitución

 5       Como su nombre lo indica
     el Capitalismo está condenado
     a la pena capital:
     crímenes ecológicos imperdonables
     y el socialismo burrocrático
10   no lo hace nada de peor tampoco

         poco serio Sr. Alcalde
     todavía quedan algunas palmeras en pie
     en la Av. La Paz
     y algo que no tiene color a nada:
15   veo pocas señoras prostitutas
     ojo Sr. Alkalde
     esto ya no parece Santiago de Chile

         Qué le dijo Milton Friedman²
     a los pobrecitos alacalufes?³
20   —A comprar a comprar
     quel mundo se vacabar!
```

Análisis crítico

1. Analice formalmente el poema. ¿Qué tipo de subversiones a nivel de léxico, sintaxis, verso o estrofa encuentra en el poema?
2. Identifique y comente las figuras estilísticas y tropos.
3. ¿Qué quiere decir el yo poético con "ecompañero", "ecompromiso" y "econstitución"?
4. Comente los versos 6 y 7, "el Capitalismo está condenado/a la pena capital" ¿Cómo califica el yo poético al socialismo?
5. ¿Qué visión nos da el autor del capitalismo?

[1] léase "por" [2] M. Friedman (1912–2006) fue un economista americano que defendía un sistema económico de libre mercado sin que estuviera regulado por el gobierno [3] tribu indígena, casi extinguida, que habita cerca del estrecho de Magallanes, al sur de Chile

6. ¿Cree que este tipo de poesía ayuda a la gente a tomar conciencia sobre los problemas ecológicos y políticos?
7. ¿Cuál es el tono del poema?

Mesa redonda

Comente con sus compañeros de grupo la propuesta ecológica que hace Nicanor Parra en este poema. Amplíe la discusión al impacto que tienen las políticas económicas de muchos países en la destrucción del medio ambiente.

Sea creativo

Si tuviera que escribir un eco-antipoema, ¿qué problema ecológico específico escogería? ¿Qué tipo de violaciones o subversiones realizaría a nivel formal? Trate de escribir una estrofa y refleje en ella una parte de su estética eco-antipoética.

Investigación

Haga un estudio de la definición, irónica por cierto, que da Nicanor Parra del antipoeta y de la antipoesía en su poema "Test", incluido en *Obra gruesa*. O bien, analice la diferencia existente entre un poema convencional y un antipoema analizando "Retrato", de Antonio Machado, incluido en *Campos de Castilla* (1912), y "Autorretrato", de Nicanor Parra, incluido en *Poemas y antipoemas*.

Joan Brossa: *Faula. Poema objeto*

Vida, obra y crítica

Joan Brossa (1919–1998), natural de Barcelona, España, quedó huérfano a temprana edad, y fue criado (*raised*) por su familia materna, de tendencia conservadora. Participó en la guerra civil española del lado republicano, y al término de ésta se dedicó a vender libros prohibidos por el franquismo. Creó con otros artistas, como el pintor Antoni Tàpies, la revista "Dau al Set", cuyo objetivo era el de promocionar la vida cultural catalana.

Su creación artística se extiende de la poesía a la pintura, el teatro, la música, la ópera y el cine. Con la publicación de *Poesía rara* (1970), Brossa pasó a ser reconocido por el público, y a partir de ahora continuará escribiendo y publicando obras inéditas que había escrito durante el franquismo. Como dramaturgo escribió unas 380 piezas, y casi todas ellas pertenecen al teatro del absurdo. Destaca, entre otras, *Or i sal*, estrenada en la década de 1960. Escribió, asimismo, varios guiones cinematográficos, libretos de ópera, libros de arte, obras en prosa, como *Vivàrium* (1973); y unos cien libros de poesía visual, entre los que podemos mencionar *Sonets de Carnixa* (1949), *Poemes visuals* (1975) y *Mirall* (1991).

Su reconocimiento universal se debe principalmente a su poesía visual. En ella, Brossa reflejó constantemente su compromiso social, y el rechazo de toda política autoritaria. Sus lecturas sobre el zen, por otro lado, lo llevaron a buscar la sencillez y el equilibrio. Cultivó la poesía visual en casi todas sus manifestaciones o modalidades: caligramas, ideogramas, etc. Además de su compromiso socio-político, su poesía se caracteriza por la reflexión sobre las palabras y las letras, y por proyectar una visión irónica o sarcástica de la realidad. La primera exposición antológica de su obra tuvo lugar en la Fundación Miró en 1986, y desde entonces recibió numerosos premios y distinciones, como el Lletra d'Or en 1981, y la Medalla Picasso de la Unesco en 1986.

Guía de lectura

Los dos poemas seleccionados forman parte de una pequeña colección titulada *Joan Brossa. Poesía visual. Poemes objecte. Cartells* (1983). La economía de medios visuales y verbales se unen en estos dos poemas para provocar una respuesta inmediata en el lector. Aparte del impacto visual producido por la unión de la imagen y la palabra, los dos poemas revelan varias posibles lecturas interpretativas. En el primer poema, "Faula" en catalán, "Fábula" en castellano, las señales de tránsito parecen tratar de alertarnos acerca de los posibles peligros que puede tener el viajero en el curso de su viaje por el camino de la vida, pero la última señal de tráfico, en la que aparece la palabra "foc" en catalán, "fuego" en español, parece introducir una extraña novedad. En el segundo poema, "Poema objeto", se puede ver la descontextualización o extrañamiento (*strangement*) de un objeto, reducido, aparentemente, al absurdo. La palabra "poema", superpuesta a la lámpara, genera otra u otras lecturas de este poema.

Faula. Poema objeto

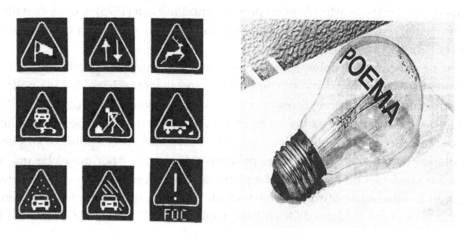

"Faula" "Poema objeto"

Mesa redonda

Con sus compañeros de grupo comente el efecto visual producido por la combinación de imágenes y palabras, así como las posibles lecturas que provoca cada poema. Preste especial atención, en el primer poema, a la última imagen y, en el segundo poema, a la yuxtaposición de la palabra "poema" a una lámpara.

Sea creativo

Trate de crear un poema visual. Puede pensar, por ejemplo, en un animal, después lo dibuja, y a continuación escriba un texto dentro del dibujo con el que guarde algún tipo de relación. Otra opción es utilizar la foto de un objeto colocándolo cerca de otro, o superponiéndolo, y escribir una palabra o frase que haga pensar en una posible relación entre ambos.

Investigación

Escoja uno o varios poemas de las siguientes colecciones: *Horizon Carré*, o *Canciones en la noche*, de Vicente Huidobro; *Vuelta*, de Octavio Paz; *Poesía visual*, de Joan Brossa; o *Mitogramas*, de Fernando Millán, y escriba un informe prestando atención al mensaje del poema y al efecto artístico producido por la fusión de la palabra y la imagen.

José Hierro: *Réquiem*

Vida, obra y crítica

José Hierro (1922–2002) nació en Madrid, pero a los dos años su familia se mudó a Santander, ciudad en la que vivió gran parte de su vida. El estallido (*outbreak*) de la guerra civil le hizo abandonar sus estudios de electromecánica; y al término de la misma, y por su ayuda a los presos políticos, entre los que se encontraba su padre, fue encarcelado cuatro años. En 1999 fue elegido miembro de la Real Academia Española, y este reconocimiento ha ido acompañado de la concesión de numerosos premios literarios, entre los que cabe mencionar el Premio Adonais en 1947, el Premio de la Crítica en 1964, y el Premio Cervantes en 1998.

Hierro perteneció a la "Generación de medio siglo", y como poeta es autor de *Tierra sin nosotros* (1947), un poemario con elementos autobiográficos un tanto pesimistas; *Con las piedras, con el viento* (1950), en la que reflexiona sobre un fracaso amoroso; *Quinta del 42* (1953), en la que analiza su vida interior; *Libro de las alucinaciones* (1964), en la que se aleja de una fiel representación de la realidad; y *Cuaderno de Nueva York* (1998), su obra maestra, en la que se sirve de la ciudad de Nueva York para reflexionar, compasiva y solidariamente, sobre gente marginada, como el hispano, el huérfano o el inmigrante judío que se salvó de los campos de concentración. Hierro fue uno de los fundadores de la revista de poesía *Proel*, y colaboró en varias revistas de poesía, como *Corcel* y *Espadaña*. Es asimismo autor de un texto filosófico, *Problemas del análisis del lenguaje moral* (1970).

Aunque Hierro comienza escribiendo una poesía testimonial, pronto adopta un tono más existencial al tratar temas como el paso del tiempo y el recuerdo de un pasado feliz. En el prólogo a su antología de poemas, *Cuanto sé de mí* (1974), Hierro distingue dos tipos de poesía en su creación poética: las "crónicas", un tipo de poesía testimonial en la que la materia poética es tratada de manera directa y coloquial; y las "alucinaciones", una poesía más intimista en la que a veces se encuentran elementos surrealistas.

Guía de lectura

El poema "Réquiem" forma parte del poemario *Cuanto sé de mí*. La primera estrofa del poema reproduce, con ligeras modificaciones, una esquela (*death notice*) aparecida en un periódico neoyorquino escrito en español. Este poema, por tanto, pertenece a un tipo de poesía conocida como "poesía encontrada", o "hallada", consistente en que palabras, frases o fragmentos de un texto del autor, o de otra persona, pasan a formar parte del poema. El título del poema viene de la palabra latina "requiem", que significa "descanso", y dentro de algunos ritos cristianos la "misa de réquiem" es el nombre dado a la misa celebrada en honor de los difuntos.

El poema que hemos seleccionado es una elegía, y esta forma poética no sólo se ha utilizado para expresar temas relacionados con la muerte, sino que, ocasionalmente, ha servido para expresar temas de carácter político, moral, militar, etc. En este caso nos encontramos frente a una elegía funeral, y este tipo de elegías se componen con motivo de la muerte de un ser querido. En español son celebradas la de Jorge Manrique, "Coplas a la muerte de su padre", de finales del siglo XV, y la de Federico García Lorca, *Llanto por la muerte de Ignacio Sánchez Megías* (1935). La elegía tradicional consta de cuatro partes: 1. presentación de un acontecimiento; 2. lamentación; 3. panegírico, o elogio; y 4. consolación. Sin embargo, no podemos olvidar que éste es un poema moderno, y no debe sorprendernos que Hierro rompa con la tradición elegíaca.

El poema se centra en la muerte de un español en Nueva York, y el poeta contrasta el destino de este español con el de otros que, siglos anteriores, arribaron a tierras de América. El presente poema es un ejemplo de poesía testimonial, y el mismo Hierro, en una entrevista, lo catalogó como "casi, casi un reportaje periodístico". Como es habitual en Hierro, encontramos un lenguaje directo y sin grandes complicaciones formales, como suele ser el caso del lenguaje empleado en los obituarios. Debemos observar que, a pesar de ser un poema testimonial, hay un elemento metapoético en la última estrofa del poema.

Réquiem

1   Manuel del Río, natural
de España, ha fallecido[1] el sábado
11 de mayo, a consecuencia
de un accidente. Su cadáver
5   está tendido[2] en D'Agostino
Funeral Home. Haskell. New Jersey.
Se dirá una misa cantada
a las 9.30 en St. Francis.

   Es una historia que comienza
10 con sol y piedra, y que termina
sobre una mesa, en D'Agostino,
con flores y cirios[3] eléctricos.
Es una historia que comienza
en una orilla del Atlántico.
Continúa en un camarote[4]   15
de tercera, sobre las olas
—sobre las nubes— de las tierras
sumergidas ante Platón.
Halla en América su término
con una grúa[5] y una clínica,   20
con una esquela y una misa
cantada, en la iglesia St. Francis.

[1]*muerto* [2]*lies* [3]*candles* [4]*cabin* [5]*crane*

Al fin y al cabo, cualquier sitio
da lo mismo para morir:
25 el que se aroma⁶ de romero,
el tallado en piedra o en nieve,
el empapado⁷ de petróleo.
Da lo mismo que un cuerpo se haga
piedra, petróleo, nieve, aroma.
30 Lo doloroso no es morir
acá o allá . . .

Requiem aeternam,⁸
Manuel del Río. Sobre el mármol
en D'Agostino, pastan⁹ toros
35 de España, Manuel, y las flores
(funeral de segunda,
caja que huele a abetos¹⁰ del invierno),
cuarenta dólares. Y han puesto
unas flores artificiales
40 entre las otras que arrancaron¹¹
al jardín . . . *Libera me Domine
de morte aeterna* . . .¹² Cuando mueran
James o Jacob verán las flores
que pagaron Giulio o Manuel . . .

45 Ahora descienden a tus cumbres¹³
garras¹⁴ de águila. *Dies irae*.¹⁵
Lo doloroso no es morir
*Dies illa*¹⁶ acá o allá,
sino sin gloria . . .
50 Tus abuelos
fecundaron la tierra toda,
la empapaban de la aventura.
Cuando caía un español
se mutilaba el universo.
55 Los velaban no en D'Agostino

Funeral Home, sino entre hogueras,¹⁷
entre caballos y armas. Héroes
para siempre. Estatuas de rostro¹⁸
borrado. Vestidos aún
sus colores de papagayo,¹⁹   60
de poder y de fantasía.

Él no ha caído así. No ha muerto
por ninguna locura hermosa.
(Hace mucho que el español
muere de anónimo y cordura,²⁰   65
o en locuras desgarradoras²¹
entre hermanos: cuando acuchilla²²
pellejos de vino²³ derrama²⁴
sangre fraterna). Vino un día
porque su tierra es pobre. El mundo   70
Libera me Domine es patria.
Y ha muerto. No fundó ciudades.
No dio su nombre a un mar. No hizo
más que morir por diecisiete
dólares (él los pensaría   75
en pesetas) *Requiem aeternam*.
Y en D'Agostino lo visitan
los polacos, los irlandeses,
los españoles, los que mueren
en el week-end.   80

Requiem aeternam.
Definitivamente todo
ha terminado. Su cadáver
está tendido en D'Agostino
Funeral Home. Haskell. New Jersey.   85
Se dirá una misa cantada
por su alma.

⁶*scents* ⁷*soaked* ⁸descanso eterno ⁹*comen* ¹⁰*spruces* ¹¹sacaron ¹²"*Libera . . . aeterna*": líbrame Señor de la muerte eterna ¹³*summits* ¹⁴*claws* ¹⁵himno latino del siglo XIII, centrado en el Juicio Final, que formaba parte antiguamente de la misa de réquiem ¹⁶"aquel día". Junto con "Dies irae" forman el primer verso de este himno latino. ¹⁷fuegos ¹⁸cara ¹⁹*parrot* ²⁰*good sense* ²¹*heartbreaking* ²²*slashes* ²³*wineskins*. Alusión al acuchillamiento de los pellejos de vino por don Quijote. ²⁴*spills*

Me he limitado
a reflejar aquí una esquela
de un periódico de New York.
Objetivamente. Sin vuelo²⁵
en el verso. Objetivamente.
Un español como millones
de españoles. No he dicho a nadie
que estuve a punto de llorar.

Análisis crítico

1. Analice formalmente el poema. ¿Puede mencionar algún ejemplo de rima interna? ¿Qué tipo de estrofa es la primera? ¿Puede explicar por qué hay tantos encabalgamientos?
2. Identifique y comente las figuras estilísticas y tropos del poema.
3. En el primer lexema (término) del poema, "Manuel", hay una aféresis (supresión de una o más letras al principio de la palabra) de "Emanuel", nombre bíblico dado a Jesucristo y que significa "Dios con nosotros". ¿Cómo interpreta el nombre de Manuel en el poema de Hierro? ¿Qué connotaciones tiene el apellido "del Río" que acompaña al nombre de "Manuel"?
4. ¿Cómo es descrito Manuel? ¿Qué diferencias establece el yo poético entre Manuel del Río y otros españoles que, como él, dejaron su país de origen?
5. ¿Cómo se refleja en este poema la noción de alejamiento o desplazamiento de Manuel? ¿Qué contexto social nos representa Hierro en este poema?
6. ¿Puede mencionar alguna isotopía semántica en torno a la cual se reúnen ideas similares? Piense en el tema del poema.
7. ¿Cómo interpreta el texto entre paréntesis de la estrofa sexta, "(Hace mucho que... sangre fraterna)"?
8. Comente los aspectos metapoéticos del poema que aparecen en la última estrofa.
9. ¿Cómo es el tono del poema?

Mesa redonda

La elegía funeral se compone, generalmente, para elogiar a un individuo notable, distinguido o querido para el yo poético; y consta, como hemos mencionado anteriormente, de cuatro partes. Discuta con sus compañeros de grupo si esta elegía se estructura de manera similar a una elegía tradicional, si ha sido compuesta para elogiar un ser querido, y si Hierro subvierte algunas de las convenciones que caracterizan a la elegía tradicional.

---

²⁵sin mucha ornamentación

Sea creativo

Como ya explicamos anteriormente, la "poesía encontrada" es un tipo de poesía en la que el poeta se sirve para su composición de palabras, frases o fragmentos de otros textos. Tome unas palabras, frases o un fragmento de un texto y escriba una o dos estrofas realizando los cambios que estime convenientes.

Investigación

En *Cuaderno de Nueva York*, su obra maestra, Hierro escoge distintos personajes advenedizos (*foreign*) de la sociedad neoyorquina para reflejar, con gran espíritu compasivo, el dolor y sufrimiento de aquéllos que tratan de encontrar en esta ciudad la esperanza de una nueva vida. Escoja y analice uno de los poemas de esta colección pensando en cómo Hierro da dimensión universal a una experiencia individual.

Meira Delmar: *Nueva presencia*

Vida, obra y crítica

Meira Delmar (1922–2009) nació en Barranquilla, Colombia, de padres oriundos (*native*) del Líbano. Su nombre de pila era Olga Isabel Chams Eljach, y de niña estudió bachillerato en el Colegio Barranquilla para Señoritas. Posteriormente estudio música en la Universidad del Atlántico de Barranquilla, e historia del arte y literatura en el Centro Dante Alighieri de Roma. De 1958 a 1994 fue directora de la Biblioteca Pública Departamental del Atlántico, y en 1989 fue elegida miembro de la Academia Colombiana de la Lengua. Meira Delmar ha recibido numerosos premios y reconocimientos, como la Medalla Simón Bolívar del Ministerio de Educación y el Premio Nacional de Poesía por Reconocimiento de la Universidad de Antioquía.

Meira Delmar comenzó a escribir poesía a los once años, y aunque cultivó la prosa, fue en el género de la poesía en el que sobresalió. Entre sus poemarios podemos mencionar *Alba de olvido* (1942), *Sitio del amor* (1944), *Verdad del sueño* (1946), *Secreta isla* (1951), *Laúd memorioso* (1995), y *Viaje al ayer* (2003).

En sus primeras obras, Meira Delmar usó formas tradicionales, como el soneto, el romance y la copla, pero con el paso del tiempo mostró predilección por el verso libre. Su obra poética se caracteriza por un gran lirismo, sensualidad y musicalidad, y algunos de los temas que trata tienen que ver con el amor, la muerte, la soledad, el paso del tiempo, la memoria, y el olvido. Estos temas los expresa en tono nostálgico y con el uso recurrente de imágenes tomadas del mundo natural, como el mar, el sol, la rosa, la lluvia, la primavera, etc. La crítica percibe una influencia de la filosofía sufí en su representación de la belleza, del amor y de una naturaleza armónica.

Guía de lectura

"Nueva presencia" forma parte del cuarto poemario de Meira Delmar, *Secreta isla*, una colección de poemas en los que abundan historias de amores no consumados, irrealizables, o distantes, y en los que domina un tono nostálgico y melancólico. En una entrevista, Meira Delmar confesó que si tuviera que escoger dos poemas de toda su producción poética para una antología, su elección recaería (*would fall*) en "Raíz antigua" y "Nueva presencia".

    El poema que vamos a estudiar trata de un reencuentro entre dos amantes que han estado separados durante un tiempo. Es un poema lleno de lirismo en el que la extraña realidad representada parece dominada por un sentido de lo etéreo y lo irreal. El primer verso del poema nos anuncia la llegada del amante de un lugar lejano, y el resto del poema explica la reacción emocional del yo poético a través de una serie de imágenes tomadas del mundo natural. Además del estudio de estas imágenes, es importante que el lector preste atención al empleo innovador de una forma estrófica tradicional, y al significado del uso alternativo de los tiempos pretérito e imperfecto.

Nueva presencia

1   Venías de tan lejos como de algún recuerdo.

        Nada dijiste. Nada. Me miraste los ojos.
        Y algo en mí, sin olvido, te fue reconociendo.

        Desde una azul distancia me caminó las venas
5   una antigua memoria de palabras y besos,

        y del fondo de un vago país entre la niebla
        retornaron[1] canciones oídas en el sueño.

        Mi corazón, temblando, te llamó por tu nombre.
        Tú dijiste mi nombre . . . Y se detuvo el tiempo.

[1]regresaron

La tarde reclinaba² su frente pensativa
en las trémulas manos de los lirios³ abiertos,

y a través de las nubes los pájaros errantes
abrían sobre el campo la página del vuelo.

Con los hombros cargados de frutas y palomas
interminablemente pasaba el mismo viento,

y en el instante claro de los bronces mi alma,
llena de ángeles, era como un sitio en el cielo.

Una vez, antes, antes, yo te había perdido.
En la noche de estrellas, o en el alba de un verso.

Una vez. No sé dónde... Y el amor fue, tan sólo,
encontrarte de nuevo.

Análisis crítico

1. Analice formalmente el poema. ¿Subvierte la estrofa que escoge Meira Delmar para este poema su forma tradicional? ¿Piensa que este tipo de estrofa puede tener relación con el tema del poema?
2. Identifique y comente las figuras estilísticas y los tropos del poema.
3. ¿Por qué cree que el primer verso está solo?
4. ¿Cree que en el uso del pretérito y del imperfecto la poeta nos está tratando de comunicar o diferenciar dos realidades diferentes?
5. ¿Qué referencias temporales encuentra?
6. En los versos 10–15 podemos ver varias imágenes significativas, ¿cómo interpreta estas imágenes? ¿Qué otras imágenes o elementos del mundo natural encuentra?
7. ¿Cree que hay en el poema una gradación que lleva a un punto de ascensión o elevación?
8. ¿Cómo definiría el tema del poema?
9. ¿Cuál es el tono del poema?

Mesa redonda

Hay en este poema un sentido de lo etéreo, de lo irreal, como si los eventos descritos formaran parte de otro mundo ajeno al de nuestra realidad diaria. Comente con sus compañeros de grupo este aspecto del poema mencionando ejemplos concretos.

²apoyaba ³*lilies*

Sea creativo

En los versos 10–15 la poeta utiliza varias imágenes tomadas del mundo natural. Si usted tuviera que reescribir estos versos, ¿qué imágenes utilizaría en sustitución de las empleadas por la poeta?

Investigación

Meira Delmar escribió una continuación a este poema, "Otra presencia", contenido en *Laúd memorioso*. Analice este poema prestando atención a las imágenes que utiliza la poeta y al carácter irreal y misterioso con el que se representa el encuentro de los dos amantes.

Alejandra Pizarnik: *El despertar*

Vida, obra y crítica

Alejandra Pizarnik (1936–1972), hija de emigrantes judíos oriundos de (*native of*) Rusia, nació en Buenos Aires, Argentina. Realizó sus primeros estudios en una escuela hebrea, y posteriormente estudió en la facultad de filosofía y letras de Buenos Aires. De 1960 a 1965 vivió en París, ciudad en la que estudió literatura francesa, trabajó para la revista *Les lettres nouvelles*, y realizó algunas traducciones. Las serias dificultades económicas que experimentó en París se vieron compensadas, sin embargo, con la creación de algunas de sus mejores obras y el conocimiento de algunos de los grandes intelectuales del momento, como el dramaturgo y director de teatro Antonin Artaud, Julio Cortázar y Octavio Paz. En 1968 regresó a Argentina, donde obtuvo dos becas, una Guggenheim y una Fullbright, para estudiar en el extranjero. De 1970 a 1972 vivió con serios problemas de depresión, y en 1972, después de varios intentos, se suicidó.

Pizarnik escribió un trabajo en prosa, *La condesa sangrienta* (1965), pero el resto de su producción literaria es principalmente en el campo de la poesía. Como poeta, es autora de *La tierra más ajena* (1955), *La última inocencia* (1956), *Las aventuras perdidas* (1958), *Extracción de la piedra de locura* (1968), *El infierno musical* (1971), y *Los trabajos y las noches*, elegido en 1965 como el mejor poemario por el Fondo Nacional de las Artes de Argentina.

En la obra de Pizarnik, influida por el surrealismo, encontramos varios temas que se repiten: el recuerdo de una triste infancia, su existencia en un mundo del que no se siente parte, el exilio, la alienación, la locura y la incomunicación con el mundo exterior. Preocupada por el poder comunicativo de la palabra, reconoce que ésta no puede captar la esencia de las cosas; y es habitual encontrar en su poesía una subversión o rebelión contra los metros y rimas tradicionales y un frecuente uso del oxímoron y de la paradoja.

Guía de lectura

"El despertar", uno de los poemas más celebrados de Pizarnik, se encuentra incluido en su tercer poemario, *Las aventuras perdidas*, y está dedicado a León Ostrov, su analista. El poema trata de una joven de veinte años que se dirige a un "señor" para expresarle su estado anímico, sus delirios, el miedo, la soledad y la desesperación de vivir. Es la angustia de una joven que no puede encontrar refugio en el paraíso, o jardín, de una infancia feliz, y contempla la idea del suicidio.

En la lectura de este poema, donde se repiten algunos de los temas —la soledad, la alienación y la incomunicación—, y símbolos —la noche o el mar— que vemos en otros de sus poemas, el lector debe tratar de examinar y entender este estado emocional en el que se encuentra el yo poético. Igualmente, es importante notar la subversión o rebelión a nivel formal, la fuerza conmovedora (*moving*) de algunas imágenes y figuras estilísticas, y la importancia de ese "señor" al que se dirige el yo poético.

El despertar

Señor   1
La jaula¹ se ha vuelto pájaro
y se ha volado
y mi corazón está loco
porque aúlla² a la muerte   5
y sonríe detrás del viento
a mis delirios

Qué haré con el miedo
Qué haré con el miedo

Ya no baila la luz en mi sonrisa   10
ni las estaciones queman palomas en mis ideas

¹*cage* ²*howls*

Mis manos se han desnudado
y se han ido donde la muerte
enseña a vivir a los muertos

Señor
El aire me castiga el ser
Detrás del aire hay monstruos
que beben de mi sangre

Es el desastre
Es la hora del vacío no vacío
Es el instante de poner cerrojo³ a los labios
oír a los condenados gritar
contemplar a cada uno de mis nombres
ahorcados en la nada.

Señor
Tengo veinte años
También mis ojos tienen veinte años
y sin embargo no dicen nada

Señor
He consumado mi vida en un instante
La última inocencia estalló⁴
Ahora es nunca o jamás
o simplemente fue

¿Cómo no me suicido frente a un espejo
y desaparezco para reaparecer en el mar
donde un gran barco me esperaría
con las luces encendidas?

¿Cómo no me extraigo las venas
y hago con ellas una escala⁵
para huir al otro lado de la noche?

El principio ha dado a luz el final
Todo continuará igual
Las sonrisas gastadas
El interés interesado

---

³"poner cerrojo": cerrar   ⁴*exploded*   ⁵escalera

      Las preguntas de piedra en piedra 45
    Las gesticulaciones que remedan⁶ amor
           Todo continuará igual

Pero mis brazos insisten en abrazar al mundo
       porque aún no les enseñaron
       que ya es demasiado tarde 50

              Señor
    Arroja⁷ los féretros⁸ de mi sangre

          Recuerdo mi niñez
       cuando yo era una anciana
    Las flores morían en mis manos 55
porque la danza salvaje de la alegría
       les destruía el corazón

Recuerdo las negras mañanas de sol
          cuando era niña
          es decir ayer 60
      es decir hace siglos

              Señor
     La jaula se ha vuelto pájaro
   y ha devorado mis esperanzas

              Señor 65
     La jaula se ha vuelto pájaro
      Qué haré con el miedo.

Análisis crítico

1. Analice formalmente el poema.
2. Identifique y comente las figuras estilísticas y los tropos del poema.
3. ¿Qué puede significar la falta de puntuación en el poema?
4. ¿Qué valor simbólico podemos darle a la "jaula"? ¿Qué come o devora la "jaula"?
5. ¿Qué significado tienen el mar y el barco?
6. ¿Por qué se preocupa el yo poético del "miedo"?

⁶*imitate* ⁷tira ⁸*coffins*

7. ¿Hay alguna parte del cuerpo del yo poético que guarda la esperanza de seguir viviendo?
8. ¿Qué recuerdos tiene el yo poético de su niñez?
9. ¿Qué elementos de la naturaleza —tierra, aire, fuego, agua— utiliza la poeta? ¿Qué significado pueden añadir al poema?
10. ¿Qué concepto o idea tiene el yo poético del mundo exterior?

Mesa redonda

Discuta con sus compañeros el estado emocional del yo poético —sus miedos, delirios, temores—. ¿Cree que el yo poético busca la muerte, o trata de evitarla? Comenten también la función que cumple ese "señor" al que se dirige el yo poético.

Sea creativo

En el poema que acabamos de leer vemos el espíritu angustiado y desesperado de una joven que se siente tentada por la idea del suicidio. Escriba un par de párrafos desde el punto de vista de un amigo/a, o "señor", tratando de ayudar y extender una mano al yo poético de este poema. Trate de crear una estrofa en verso libre utilizando, si es posible, algún tipo de imagen o símbolo que capte algunas de las ideas expresadas en la respuesta.

Investigación

La tentación de la muerte, o el deseo de evitarla, reaparece en varios poemas de Pizarnik. Dos de estos poemas son "La última inocencia" y "La de los ojos abiertos", ambos incluidos en el poemario *La última inocencia*. Tomando estos dos poemas como punto de referencia, estudie la relación que establece el yo poético con la muerte y con la vida.

Tino Villanueva: *Que hay otra voz*

Vida, obra y crítica

Tino Villanueva (1941–), hijo de obreros inmigrantes, nació en San Marcos, Texas. Fue reclutado (*drafted*) por el ejército americano en 1963, y sirvió en el Canal de Panamá por dos años. Obtuvo su B.A de la Texas State University-San Marcos, el máster de SUNY Buffalo, y el doctorado de Boston University. Ha enseñado en Wellesley College y en la actualidad trabaja como Senior lecturer en Boston University. Además de su trabajo en la docencia, Tino Villanueva es un renombrado poeta, crítico, editor, traductor y pintor. En 1995 su carrera artística fue reconocida con el Distinguished Alumnus Award por la Texas State University-San Marcos.

De su obra poética podemos destacar los poemarios bilingües *Hay otra voz. Poems* (1972), y *Shaking off the Dark* (1984), y los poemarios monolingües *Crónica de mis años peores* (1987), en español, y *Scenes from the movie GIANT* (1993), en inglés, con la que ganó el American Book Award. Ha editado una antología, *Chicanos: Antología histórica y literaria* (1980), y es el editor de *Imagine: International Chicano Poetry Journal*. Ha traducido *La llaman América*, de Luis J. Rodríguez; y como pintor ha expuesto su obra en distintas ciudades de EE.UU. y Europa.

Tino Villanueva comienza su carrera poética formando parte de The Chicano Literary Renaissance, un movimiento literario a través del cual los chicanos trataban de afirmar su identidad étnica. En su obra poética, influida por Dylan Thomas y César Vallejo, se ve la vida de un hombre, y un pueblo, viviendo entre dos culturas. Su compromiso con la realidad socio-política le ha llevado a escribir sobre temas como la pobreza rural, el trabajo de los inmigrantes, la lucha por la igualdad de derechos, y la discriminación étnica, de género y de identidad. No obstante lo cual, junto a estos temas encontramos otros relacionados con el amor, la creatividad, o la lucha de un joven que trata de superarse y alcanzar el éxito.

Guía de lectura

El poema seleccionado forma parte del poemario *Hay otra voz. Poems*, una colección en la que Tino Villanueva cubre una variedad de temas que van del amor a la opresión e injusticias que sufren los obreros inmigrantes por parte de sus patrones. Este poema nos ofrece una estampa bastante fiel, y con detalles expresivos, de la realidad socio-económica que viven muchos obreros inmigrantes. Concretamente, el poema nos presenta un cuadro de la rutina diaria que vive un trabajador, el ciclo en el que se ve envuelta su vida, los desplazamientos de un lugar a otro en busca de trabajo, y el trato que recibe de su patrón.

Además de prestar atención a cómo se desarrolla el trabajo diario y estacional (*seasonal*) de un inmigrante, el lector debe considerar la forma o formas lingüísticas que dan expresión al poema, es decir la combinación del inglés con el español. Los lingüistas definirían este fenómeno como una alternancia de códigos, pero Tino Villanueva habla de una "bisensibilidad", o la posibilidad de experimentar algo desde un contexto chicano o desde uno anglosajón. Otros críticos (Bruce-Novoa), por el contrario, afirman que estos dos códigos lingüísticos constituyen la síntesis de dos lenguas en una tercera. El lector podrá sacar sus propias conclusiones al respecto.

Que hay otra voz

God prepares those who have to
suffer and take punishment.
Otherwise, how could we exist?
    César Chávez
    TIME, July 4, 1969

. . . que hay otra voz que quiere hablar;
que hay un perfil[1] de tez[2] bronceada
    que de rodillas
arrastrándose[3] camina por los
Cotton-fields de El Campo y Lubbock, Texas.
—¿A dónde voy?—, pregunta.
¿A los cucumber patches de Joliet,
a las vineyards de San Fernando Valley,
a los beet fields de Colorado?
Hay ciertas incertidumbres[4] ciertas:
    lo amargo[5] de piscar[6] naranjas
    lo lloroso[7] de cortar cebollas.

    . . .

    Horarios inalterables:
la madrugada mecánicamente despierta el
reloj de timbre[8] (¿de qué tamaño es el tiempo?)
Viene el desayuno: huevos rancheros,
    tortillas de harina,[9]
    un cafecito.

    ¡Y éntrale[10] otra vez con la frescura!
Éntrale a los surcos[11] agridulces[12] más largos
que la vida misma:
    plums   *beans*
    grapes   *cotton*
    betabel[13]   *pepinos*
    pruning   *leafing*

[1]*profile* [2]*piel* [3]*dragging himself* [4]*uncertainties* [5]*bitterness* [6]*recoger* [7]*de llorar* [8]*alarm clock* [9]*flour* [10]empieza a trabajar [11]*furrows* [12]*bittersweet* [13]*sugar beet*

potatoes   apricots
chopping   plucking
soybeans   cebollas

no importa,
hay que comer, hacer pagos, sacar la ropa
del *Lay-Away*; '55 *Chevy engine tune-up*;
los niños en *seventh-grade* piden lápices
con futuro. Hay otra voz que quiere hablar.

. . .

Tú,
    cómotellamas, mexicano, latino, *Meskin,*
    skin, Mex-guy, Mex-Am, Latin-American,
    Mexican-American, Chicano,

tú,
    de los ojos tibios[14] como el color de la tierra,

tú,
    de las sudadas coyunturas[15] hechas sal por
    el solazo[16] desgraciado,

tú,
    de las manos diestras,[17] y la espalda
    empapada[18] desde que cruzó tu abuelo el Río,

tú,
    de la tostada rabadilla[19] por donde
    resbala[20] el sol con tu epidérmico sudor,[21]

tú,
    con ubérrimos terrones[22] en los puños,[23]
    en los calcetines y zapatos,

tú,
    de los *blue-jeans* nuevos
    pareces
    retoñar[24] cada año como fuerza elemental,
    temporal —arraigado[25] entre el ser y el estar

---

[14]*lukewarm* [15]*sweaty joints* [16]*sol muy intenso* [17]*skilful* [18]*mojada* [19]*coccyx* [20]*slides* [21]*sweat* [22]*"ubérrimos terrones": exceptionally fertile lumps of dirt* [23]*cuffs of a shirt* [24]*to sprout* [25]*rooted*

de un itinerario. Eres ganapán,[26]
   estás aquí de paso.[27]

El aplastante[28] verano se ha quedado en
los ayeres: el perenne azadón[29] se recuesta,[30]
sediento,[31] en la topografía de tu memoria;
las ampollas[32] hoy son callos.[33]
Es el golpe helado del *Panhandle* que
penetra ahora
   tu chaqueta desteñida[34]
   tu injuriada[35] sangre
   tus rodilleras desgastadas.[36]
Las mañanas llegan a tiempo aquí también,
cubiertas de escalofrío[37] y escarcha.[38]
En tus sienes[39] te pesa haber nacido; pesas
tu saco de algodón —cien libras
que en los sábados se convierten en pesos
miserables.

Pero en los sábados de noche
te endomingas[40] con corbata, y con la
luna en la frente cadenciosamente[41] zapateas[42]
polkas del *Top-Ten*:
   —¡Aviéntate[43] otra Isidro López!
   ¡Que toquen *rock n' roll* Alfonso Ramos!
porque mañana es otro día y no lo es.

. . .

En la ida y vuelta de tus pensamientos
anticipas
Central Texas.
Enraizado[44] estás en ver de nuevo al
tax-collector
(a la parentela[45] y camaradas hasta el día
siguiente).
Los escolares regresan a las estereotipadas

---

[26]*casual labourer* [27]*por poco tiempo* [28]*crushing* [29]*hoe* [30]*descansa* [31]*thirsty* [32]*blisters* [33]*calluses* [34]*que ha perdido el color* [35]*reviled* [36]*"rodilleras desgastadas": worn-out knee pads* [37]*chill* [38]*frost* [39]*temples* [40]*te vistes elegantemente* [41]*rhytmically* [42]*you tap with your feet* [43]*baila* [44]*firme, seguro* [45]*parientes*

aulas; desde atrás contestan que no saben la
respuesta. Maestros que ni ven, ni oyen,
que hay otra voz que quiere hablar. 95

. . .

   Las estaciones siguen en su madura marcha
de generación en generación, de mapa en mapa,
de patrón en patrón, de surco en surco.
   Surcos, viñas,
de donde ha brotado[46] el grito audaz: 100
las huelgas siembran[47] un día nuevo.
El *boycott* es religión,
y la múltiple existencia se confirma en celdas.[48]

Análisis crítico

1. Analice formalmente el poema.
2. Identifique las figuras estilísticas y los tropos del poema.
3. ¿Qué indican los puntos suspensivos con los que empieza la primera estrofa?
4. ¿Cómo es descrito el yo poético? ¿Qué trabajo hace?
5. ¿A quién se refiere el "tú" de la tercera estrofa? ¿Cómo es descrito?
6. Comente cómo aparece reflejado el mundo sensorial en el poema.
7. ¿Qué comentarios nos da el yo poético sobre la rutina diaria y estacional de los trabajadores inmigrantes?
8. ¿Qué interpretación le da al verso ochenta y cuatro, "porque mañana es otro día y no lo es"?
9. ¿Cómo aparecen representados los niños de los inmigrantes?
10. Identifique y comente algunos de los registros lingüísticos del poema. ¿Está usted de acuerdo con la noción de "bisensibilidad" del autor?
11. ¿Cómo interpreta la última estrofa del poema?

Mesa redonda

Discuta con sus compañeros de grupo cómo refleja Tino Villanueva en este poema la situación laboral de los obreros inmigrantes y la relación que mantienen con sus patrones. Comente la última estrofa del poema, relacionada con el tema anterior.

[46]*sprung up*   [47]*sow*   [48]*prison cells*

Sea creativo

Tino Villanueva nos presenta aquí la situación laboral de los obreros inmigrantes. Escriba una estrofa, usando similares registros lingüísticos, que sustituya la última estrofa del poema. En esta actividad, puede expresar una visión optimista y esperanzadora de los obreros inmigrantes.

Investigación

En la biografía sobre el autor mencionamos cómo Tino Villanueva empezó su carrera literaria formando parte del movimiento conocido como The Chicano Literary Renaissance. Escriba un ensayo sobre las ideas y escritores más importantes de este grupo. Otra sugerencia es la de estudiar la figura del dirigente sindicalista César Chávez (1927–1993), fundador del "United Farm Workers", quien luchó incansablemente (*tiredlessly*) para mejorar las condiciones laborales de los trabajadores inmigrantes.

Nancy Morejón: *Amo a mi amo*

Vida, obra y crítica

Nancy Morejón (1944–), la poeta de mayor reconocimiento internacional en la Cuba post-revolucionaria, nació en La Habana, Cuba. Tiene ascendencia negra, china y europea, y esta identidad multirracial se transparenta en su poesía. Se licenció en lengua y literatura francesas por la Universidad de La Habana en 1966, y además de enseñar francés en una prestigiosa academia cubana ha desempeñado destacados puestos en el Ministerio del Interior de Cuba. Entre los numerosos premios y distinciones que ha recibido destacan el Yari-Yari Prize de la Universidad de Nueva York en 1994, el Premio nacional de Literatura de Cuba en 2001, y el Premio Rafael Alberti en 2007.

Nancy Morejón ha compaginado (*reconciled*) el trabajo creador con el de traductora, ensayista, editora y dramaturga. Es considerada la sucesora del poeta afrocubano Nicolás Guillén y, por consiguiente, es una clara exponente de la poesía afrocubana actual. Es autora de varios poemarios: *Richard trajo su flauta y otros argumentos* (1967), *Parajes de una época* (1979), *Piedra pulida* (1986), con el que ganó el Premio de la Crítica en Cuba en 1986, *Elogio y paisaje* (1996); *La quinta de los molinos* (2000), y *Campos silvestres* (2006). En el campo de la crítica literaria es autora de un estudio sobre Nicolás Guillén, *Nación y mestizaje en Nicolás Guillén* (1982); y ha sido una asidua (*regular*) contribuidora en muchas revistas nacionales de literatura.

Nancy Morejón aborda en su poesía temas relacionados con la mitología de Cuba, historia, política, la mujer en búsqueda de su identidad, la esclavitud en el Caribe, costumbres de la gente común, y la fusión de elementos culturales españoles y africanos en la identidad del pueblo cubano. En sus temas de carácter político, Nancy Morejón explora a veces la problemática relación entre EE.UU. y su país y, a pesar del espíritu revolucionario y subversivo de su escritura, cuida de no apartarse de los principios de la Revolución Cubana.

Guía de lectura

Existe en la actualidad un buen número de escritoras afrohispanas que buscan reafirmar su doble identidad de género, es decir como mujeres, y étnica. Fiel a esta tendencia, Nancy Morejón nos presenta en este poema, publicado en *Octubre imprescindible* (1982), una faceta desgarradora (*heartbreaking*) de una esclava afrocubana que experimenta el abuso y la opresión de su amo. El poema, además, parece tener ecos de esa dialéctica del esclavo y del señor con la que Hegel describe metafóricamente el enfrentamiento de la conciencia servil y la conciencia señorial. Sin embargo, si en Hegel hay un compromiso entre ambas partes, necesario para la mutua supervivencia, en el poema no parece haber un final cerrado, una resolución clara y definitiva. El poema de Nancy Morejón, pues, nos presenta con detalles concretos un ejemplo de opresión en el marco doméstico colonial, y la reacción, o resistencia, de esta esclava negra. En la lectura del poema debemos notar las dos partes en que se puede dividir el poema, y el cambio de actitud del yo poético hacia su amo.

Amo a mi amo

    Amo a mi amo.
Recojo la leña[1] para encender su fuego cotidiano.
Amo sus ojos claros.
Mansa[2] cual cordero
esparzo[3] gotas de miel por sus orejas.
Amo sus manos
que me depositaron sobre un lecho[4] de hierbas:
Mi amo muerde y subyuga.
Me cuenta historias sigilosas[5] mientras

---

[1]madera [2]*meek* [3]*I spread* [4]cama [5]*secret*

abanico⁶ su cuerpo cundido de⁷ llagas⁸ y balazos,
de días de sol y guerra de rapiña.⁹
Amo sus pies que piratearon¹⁰ y rodaron
por tierras ajenas.
Los froto¹¹ con los polvos más finos
que encontré, una mañana,
saliendo de la vega.¹²
Tañó¹³ la vihuela¹⁴ y de su garganta salían
coplas sonoras, como nacidas de la garganta de Manrique.
Yo quería haber oído una marímbula¹⁵ sonar.
Amo su boca roja, fina,
desde donde van saliendo palabras
que no alcanzo a descifrar
todavía. Mi lengua para él ya no es la suya.

Y la seda¹⁶ del tiempo hecha trizas.¹⁷

Oyendo hablar a los viejos guardieros,¹⁸ supe
que mi amor
da latigazos¹⁹ en las calderas²⁰ del ingenio,²¹
como si fueran un infierno, el de aquel Señor Dios
de quien me hablaba sin cesar.

¿Qué me dirá?
¿Por qué vivo en la morada²² ideal para un murciélago?
¿Por qué le sirvo?
¿Adónde va en su espléndido coche
tirado por caballos más felices que yo?
Mi amor es como la maleza²³ que cubre la dotación,²⁴
única posesión inexpugnable²⁵ mía.

Maldigo

esta bata²⁶ de muselina²⁷ que me ha impuesto;
estos encajes²⁸ vanos que despiadado²⁹ me endilgó;³⁰
estos quehaceres para mí en el atardecer sin girasoles;

---

⁶*I fan* ⁷*lleno de* ⁸*heridas* ⁹*robbery* ¹⁰*robaron* ¹¹*I rub* ¹²*plantación de tabaco* ¹³*tocó* ¹⁴*instrumento musical parecido a la guitarra* ¹⁵*instrumento musical del Caribe de origen africano* ¹⁶*silk* ¹⁷*"hecha trizas": rota* ¹⁸*watchmen* ¹⁹*lashings* ²⁰*cauldrons* ²¹*sugar mil* ²²*casa* ²³*brushwood* ²⁴*sugar plantation* ²⁵*impregnable* ²⁶*dressing gown* ²⁷*tejido fino y suave* ²⁸*laces* ²⁹*cruel* ³⁰*obligó a llevar*

esta lengua abigarradamente[31] hostil que no mastico;
estos senos de piedra que no pueden siquiera amamantarlo;[32]
este vientre rajado[33] por su látigo[34] inmemorial;
este maldito corazón.

    Amo a mi amo pero todas las noches,
cuando atravieso la vereda[35] florida hacia el cañaveral[36]
donde a hurtadillas[37] hemos hecho el amor,
me veo cuchillo en mano, desollándole[38] como a una res[39]
sin culpa.

    Ensordecedores[40] toques de tambor ya no me dejan
oír sus quebrantos,[41] ni sus quejas.
Las campanas me llaman . . .

Análisis crítico

1. Analice formalmente el poema. ¿Hay regularidad métrica? ¿Es un poema en verso libre?
2. Identifique y comente las figuras estilísticas y los tropos del poema.
3. ¿Cómo aparece descrito el amo?
4. ¿Cómo define el yo poético su amor por el amo?
5. ¿Dónde podríamos marcar, desde el punto de vista temático, el ecuador, o línea divisoria, del poema? ¿En qué se diferencian ambas partes?
6. ¿Cómo interpreta el último verso del poema?
7. Asumimos que el yo poético es una mujer; ahora bien, ¿se está refiriendo la autora del poema a una mujer concreta o a un sujeto colectivo?
8. ¿Cómo interpreta el último verso del poema?
9. ¿Cuál es el tono del poema?

Mesa redonda

Comente con sus compañeros de grupo el tipo, o tipos, de abuso y explotación a los que se ve sometido el yo poético. Discuta, asimismo, si el yo poético se rebela contra el amo y si tiene éxito en la ejecución o materialización de su plan.

---

[31]*disjointed* [32]*to feed him* [33]*cortado* [34]*whip* [35]*camino* [36]*sugar-cane plantation* [37]*stealthily* [38]*skinning him* [39]vaca [40]*deafening* [41]*affliction*

Sea creativo

La explotación o violación de los derechos de una persona no son parte del pasado, y hoy día seguimos siendo testigos y víctimas de situaciones similares a la que nos describe Nancy Morejón en este poema. Tome como punto de referencia un ejemplo de injusticia social, piense en el tipo de rebelión o resistencia que presentaría, y trate de escribir en verso libre una estrofa que refleje su reacción ante la situación escogida.

Investigación

Investigue el tema de la negritud en uno de los poemas más antologados de Nancy Morejón, "Mujer negra", incluido en *Parajes de una época*; o en alguno de los poemas de *Persona*, donde también explora el mismo tema.

Ana Rosetti: *Chico Wrangler*

Vida, obra y crítica

Ana Rosetti (1950–), aunque su verdadero nombre es Ana Bueno de la Peña, nació en San Fernando, España. Se mudó a Madrid en 1969, y aquí participó con otros intelectuales en la lucha política contra la dictadura de Franco. Rosetti es una de las voces poéticas más destacadas de la España postfranquista, y por los temas que trata en su poesía, y por su estilo de vida personal, ha sido bautizada por algunos críticos como la "Madonna de las letras españolas".

Como poeta es autora, entre otras obras, de *Los devaneos de Erato* (1980), Premio Gules; *Dióscuros* (1982), *Devocionario* (1982), Premio Rey Juan Carlos; *Punto umbrío* (1996), y *Mapa de la espera* (2010). En prosa ha escrito *Plumas de España* (1988), una novela que capta la vibrante vida cultural de Madrid conocida como "la movida"; *Prendas íntimas* (1989), una colección de relatos eróticos; *Alevosías* (1991), ganadora del Premio La Sonrisa Vertical de Novela erótica; y la novela policíaca *El botón de oro* (2003). Es, asimismo, autora de varias obras de literatura infantil y juvenil, como *Un baúl lleno de memorias* (1997), y un libreto para ópera sobre Oscar Wilde con música de Manuel Balboa titulado "El secreto enamorado". Ha escrito también guiones para televisión y canciones de rock.

Rosetti se caracteriza por escribir una poesía altamente erótica en la que la palabra apunta a la carne, al mundo de los sentidos. La mística e iconografía católicas, la moda, e iconos de la cultura popular son algunos de los referentes, o discursos, que utiliza la poeta para subvertir y desmitificar la poesía erótica tradicional y el discurso de la tradición patriarcal —las convenciones sociales, políticas, religiosas o de género tradicionalmente aceptadas como norma—. El espíritu subversivo de Rosetti se manifiesta en la representación del cuerpo desde el punto de vista de la mujer, y en esta representación el cuerpo aparece como instrumento de satisfacción sexual y de placer. Ella misma se ha considerado heredera de San Juan de la Cruz, el poeta místico español del siglo XVI que destacó por su poesía "erótica a lo divino". Pero si San Juan utiliza lo erótico como medio de expresión de lo divino, Rosetti, en cambio, erotiza el discurso divino para expresar lo físico, lo sexual; es decir, una realidad terrenal.

Guía de lectura

"Chico Wrangler" forma parte de la colección de poemas *Indicios vehementes* (1985), una compilación de poemas sacada de *Los devaneos de Erato* y *Dióscuros*. En esta colección, Rosetti experimenta abiertamente con el tema de la sexualidad y con la forma, invierte los papeles que juegan en nuestra cultura el hombre y la mujer, y explora el tema de las relaciones homoeróticas. Además, y como es el caso en "Calvin Klein underdrawers [sic]" y "Chico Wrangler", Rosetti hace uso de la técnica ekfrástica para, así, establecer una relación entre texto e imagen.

El poema seleccionado capta uno de los temas cardinales en la poesía de Rosetti: el de la representación de lo erótico a través de la mirada femenina de un objeto que, en este caso, resulta ser un hombre. Tradicionalmente, como es sabido, es la mirada del hombre la que se apropia del cuerpo de la mujer; pero, en este poema, Rosetti subvierte y desafía los papeles convencionales de género. El poema nos muestra el paseo de un yo poético por la calle y su reacción ante el anuncio publicitario de un joven luciendo (*wearing*) un par de pantalones vaqueros (*blue jeans*). En la lectura del poema, pues, debemos pensar en el uso de la técnica ekphrástica y en cómo se materializa la subversión de los papeles de género.

Chico Wrangler

Dulce corazón mío de súbito[1] asaltado. 1
Todo por adorar más de lo permisible.
Todo porque un cigarro se asienta[2] en una boca
y en sus jugosas sedas se humedece.

---

[1] *suddently* [2] se encuentra

       Porque una camiseta incitante³ señala,
       de su pecho, el escudo⁴ durísimo,
       y un vigoroso brazo de la mínima manga⁵ sobresale.
       Todo porque unas piernas, unas perfectas piernas,
       dentro del más ceñido⁶ pantalón, frente a mí se separan.
       Se separan.

Análisis crítico

1. ¿De qué manera desafía este poema las convencionales formales de un poema tradicional?
2. ¿Qué figuras estilísticas y tropos encuentra en el poema?
3. ¿Cree que hay un elemento voyeurístico en este poema?
4. Este poema es un ejemplo de la aplicación de la técnica ekfrástica. ¿De qué manera se relacionan la imagen representada en el anuncio publicitario y el texto poético? ¿Es posible que la mirada del yo poético omita o enfatice algo en su poema?
5. Rosetti parece utilizar en los dos primeros versos del poema un discurso diferente al que sigue en el resto del poema. ¿Puede comentar sobre ésta u otras posibles diferencias a nivel discursivo?

Mesa redonda

El hombre, y no la mujer, es el objeto de la mirada femenina del yo poético. Discuta con sus compañeros la representación que hace el yo poético del hombre. ¿Qué aspectos o detalles del mismo nos representa? ¿Cómo podemos justificar que la voz poética nos esté dando una visión erótica de esta imagen?

Sea creativo

Escoja un poema, o unas estrofas, de un autor místico, como San Juan de la Cruz o Santa Teresa de Jesús, y resalte (*foreground*) sólo el componente erótico, el mundo de los sentidos, privándolo (*depriving*) de su dimensión divina.

³*provoking* ⁴*shield* ⁵*sleeve* ⁶*tight*

Investigación

En *Indicios vehementes*, Eros y el erotismo juegan un papel muy importante. Escoja uno de los poemas de esta colección y analícelo prestando especial atención al tema del erotismo y al valor simbólico de algunos de sus elementos. Pueden servir de ejemplo "Cibeles ante la ofrenda anual de tulipanes", donde Rosetti poetiza el acto sexual; o el poema "Cierta secta feminista se da consejos prematrimoniales", donde se presenta el tema de la relación homoerótica entre mujeres. Ambos poemas se pueden encontrar en la red.

El Teatro

Introducción al Teatro
Guía para el Análisis de Obras Dramáticas
Análisis Crítico de *El retablo de las maravillas*,
    (Miguel de Cervantes)

Unidad 1. El Texto Dramático
Unidad 2. El Espectáculo Teatral
Piezas Dramáticas

Introducción al Teatro

El teatro es un género literario que puede aparecer escrito en prosa o en verso, y se basa principalmente en el diálogo. A diferencia de los otros géneros literarios, el teatro es concebido con el propósito fundamental de ser representado en un escenario (*stage*) por actores, y se caracteriza por contar una historia en la que hay un conflicto provocado por el enfrentamiento entre dos ideologías opuestas.

El teatro clásico nació en Grecia en los siglos V y VI a. C., y su origen se encuentra en los ritos celebrados en honor de Dionisio, dios del vino y de la vegetación. Vemos, por lo tanto, en su nacimiento, un carácter religioso que es similar al de otras culturas. Los griegos, además, introdujeron en el teatro la coreografía, la música y algunas máquinas para crear efectos especiales. En Roma, por otro lado, sus inicios (*beginnings*) se sitúan en el siglo III a. C., y muchas de sus obras eran adaptaciones de comedias griegas.

Si hacemos historia, podemos observar que a partir del (*starting in*) siglo II. d. C. el teatro entra en decadencia, y no resurge (*reappears*) hasta la Edad Media. En este período, el teatro de España, como el del resto de Europa, era de carácter religioso, y se representaba dentro de la iglesia. Con el paso de los años, se empezaron a añadir a estas obras elementos cómicos y profanos, y por este motivo las representaciones comenzaron a realizarse fuera de la iglesia, en la plaza. Durante el Siglo de Oro tuvo lugar un acontecimiento muy importante en el mundo del teatro español: la construcción de corrales de comedias, salas de teatro que tuvieron un gran impacto en la creación de obras dramáticas, en la asistencia del público al teatro, y en el desarrollo de la escenografía. Más tarde, durante el período neoclásico, un cambio notable fue la gran importancia que los dramaturgos (*playwrights*) concedieron (*gave*) a la escenografía y, de modo especial, a la figura del actor; tanto es así (*so much so*) que muchas obras eran escritas o adaptadas con objeto de satisfacer el estilo y el gusto de los actores. En el siglo XIX, durante el Romanticismo, los actores continuaron ejerciendo una gran influencia en el desarrollo del espectáculo escénico, y una de las innovaciones más notables fue la creación de nuevas técnicas de interpretación. Más importante fue, ya en la segunda parte de este siglo, la aparición de la figura del director de teatro, una figura que ya existía antes, pero sin las responsabilidades que va a tener ahora. A partir de este momento, el director de teatro se encargará (*will take care*) de la interpretación del texto dramático, de todos los aspectos de la producción dramática, y de la actuación de los actores. La importancia adquirida por la figura del director de teatro continúa en los siglos XX y XXI, y es en estos siglos cuando aparecen algunas de la teorías más influyentes relacionadas con la dirección de obras de teatro y con técnicas de actuación, como veremos más adelante. El espíritu experimental de estos siglos se manifiesta también en la creación de obras y diseños de escenarios innovadores. Una manifestación de este espíritu experimental lo encontramos en el nacimiento de numerosos grupos de teatro en Europa y España. En la segunda parte del siglo XX debemos mencionar, entre otros grupos españoles, a Els Joglars, quienes, influidos por las teorías sobre el drama de otros países, entienden el teatro como un espectáculo, dejando el texto de lado, e incluyendo en sus montajes formas de expresión nuevas, como la fotografía, la pintura, la arquitectura y los vídeos.

Dentro del contexto de las culturas prehispánicas de Latinoamérica, debemos observar que el teatro fue cultivado por los mayas, aztecas e incas. Dentro de la cultura maya, concretamente, destaca (*stands out*) el drama quiché *Rabinal Achí*, descubierto en 1850, en el que se cuenta la lucha a muerte entre dos guerreros (*warriors*). Los dramas mayas trataban temas de carácter histórico o guerrero, y algunos se relacionaban con los ciclos agrícolas. Los de los aztecas e incas, en cambio, eran de carácter religioso y guerrero. El teatro latinoamericano, hasta principios del siglo XIX, recibió una fuerte influencia del teatro español. Pero después del siglo XIX, hasta el XXI, ha tratado de recrear la realidad socio-política de sus respectivos países, ha incorporado teorías dramáticas de otros lugares, y ha desarrollado algunas formas y técnicas propias de expresión. Uno de los teóricos que mayor impacto ha tenido, no sólo en España sino también en Latinoamérica, es Bertolt Brecht, y esto, en gran parte, se debe a que sus teorías servían muy bien a los dramaturgos para concienciar al público sobre los problemas socio-políticos de sus países. Aparte de los numerosos dramaturgos que han destacado en el campo de la creación, existen otros muchos directores y grupos de teatro latinoamericanos que han contribuido de forma notable en el campo de la experimentación técnica, como el colombiano Enrique Buenaventura, con la creación del Teatro Experimental de Cali (TEC); el grupo uruguayo El Galpón, preocupado por la dirección y preparación de los actores; o el Grupo Escaramay de Cuba y el Teatro del Pueblo de Argentina, que buscan la experimentación con nuevas técnicas escénicas.

Al analizar una obra de teatro debemos recordar que algunos conceptos que hemos visto para el análisis de una obra en prosa, poesía o cine, nos pueden servir para el análisis de una obra dramática. Por ejemplo, las nociones teóricas que hemos estudiado en prosa con respecto a la **caracterización** y a las distintas *modalidades narrativas* —lo fantástico, la metaficción, narrativa mítica, etc.— se pueden aplicar al estudio de una obra de teatro, y lo mismo podemos decir de conceptos como el tiempo y el espacio, los cuales pueden servirnos de ayuda a la hora de estudiar la regla de "**las tres unidades**": *unidad de acción, de lugar,* y *de tiempo*. En una obra que sigue esta regla encontramos, primero, un solo argumento (*plot*), que correspondería a la unidad de acción. Segundo, una acción dramática que se desarrolla en el mismo espacio, o unidad de lugar. Y, finalmente, unos acontecimientos dramáticos que no deben durar más de un día, o unidad de tiempo. Igualmente, las observaciones que hicimos sobre *"la puesta en escena"* en el cine nos pueden ser útiles para analizar la *escenografía* de una obra dramática.

A estas sugerencias debemos añadir que es recomendable leer la obra dramática más de una vez, y **contextualizar** al **autor** y la **obra** dentro de un período histórico y literario específicos. Conocer las características generales del Romanticismo, del Realismo o del teatro del absurdo, por poner algunos ejemplos, nos puede servir como introducción, o primer paso, para un análisis crítico de la obra dramática. La mayor parte de las obras dramáticas escenifican un conflicto dramático; por ello, es de gran importancia estudiar las distintas **partes en que se estructura** y representa este conflicto dramático. Éste es el momento cuando también podemos analizar y comentar el **tema** o **temas** presentados en la obra, el **tono** con que son tratados, y el tipo de **respuesta, emocional o intelectual**, que trata de provocar o despertar el dramaturgo en la audiencia. Asimismo, podemos discutir algunas de las convenciones de la **forma dramática** —tragedia, comedia, farsa ...— que sigue, o subvierte (*subverts*), dicha obra dramática. Otro aspecto que debemos considerar es el propósito de los **apartes** (*asides*), si los hay. Los **apartes** son comentarios, o reflexiones secretas, que comparte un personaje con el público y que, supuestamente, no oyen los demás personajes dramáticos.

Como la obra dramática es concebida para ser representada, el análisis de la misma debe incluir todos los elementos que forman parte de este espectáculo. En este sentido, es importante estudiar la **escenografía**, entendiendo por ésta el arte de configurar el espacio escénico con elementos como decorados, accesorios (*props*), vestuario, maquillaje, iluminación, etc. Al estudiar éstos, no debemos olvidar que todos ellos sirven como soporte o apoyo del tema y conflicto desarrollados en la obra dramática. El análisis de la obra dramática se podría concluir con una crítica de la **actuación de los actores**, si es que asistimos a una representación de la obra.

Guía para el Análisis de Obras Dramáticas

Esta guía, como hemos indicado con respecto a otros géneros literarios, no es exhaustiva y, por lo tanto, el lector debe entender que algunas de las sugerencias que hacemos no son aplicables a todas las obras dramáticas. Veamos, pues, algunos conceptos básicos que el lector debe considerar cuando analiza una obra de teatro.

- **Contextualice** al **autor** y la **obra** dramática dentro del período literario e histórico a los que pertenecen.

- Identifique las diferentes partes en las que se estructura la obra dramática —**Exposición**, **complicación**, **clímax**, **resolución** y **conclusión**—. Podemos preguntarnos, ¿cuáles son las fuerzas antagónicas que participan en el conflicto dramático? ¿Qué clase de conflicto —político, sicológico, económico . . .— se dramatiza en la obra? ¿Cuándo y por qué llegan estas fuerzas antagónicas a este momento de mayor tensión en la obra? ¿Se termina el conflicto al final de ésta? ¿Sugiere este final de la obra la posibilidad de una repetición del mismo conflicto?
- Identifique el **tema principal** de la obra dramática ¿Presenta el dramaturgo algún o algunos temas secundarios?
- Algunas obras dramáticas siguen la regla de **"las tres unidades"**, y podemos preguntarnos si la obra que estudiamos sigue esta regla. Algunas de las preguntas al respecto serían, ¿dónde se desarrolla la acción dramática? ¿Es un lugar real o imaginario? ¿Cambia en cada acto? ¿Tiene este espacio un valor simbólico? ¿Cuánto tiempo dura el desarrollo de la acción dramática? ¿Siguen los acontecimientos dramáticos un orden cronológico?
- Identifique la **forma dramática** a la que pertenece la obra. ¿Es una tragedia, comedia, tragicomedia, farsa . . .? ¿Qué convenciones de esta forma dramática sigue?
- Haga un estudio de la **caracterización** de los distintos personajes. ¿Representan a un determinado grupo social? ¿Quiénes son los protagonistas? ¿Quiénes son los antagonistas? ¿Qué personajes caen en la categoría de tipos o estereotipos?
- Comente si el dramaturgo trata de provocar una **respuesta emocional** en el espectador o si, por el contrario, busca un distanciamiento y un análisis **intelectual** del problema presentado.
- Si hay **apartes** en la obra, trate de ver qué propósito tienen.
- Analice el **tono** de la obra —cómico, trágico, irónico, humorístico . . .
- Analice los elementos **metatreales**, **fantásticos**, **míticos** o **arquetípicos** que pueda haber en la obra dramática.
- Comente cómo la **escenografía** contribuye a recrear el tiempo, el espacio y el ambiente de la obra dramática. ¿Qué tipo de **accesorios** y **actantes** utiliza el dramaturgo? ¿Qué papel juegan en la obra? ¿Existe algún tipo especial de decorado? ¿Cómo contribuye el vestuario y el maquillaje a la caracterización de los personajes? ¿Juega un papel importante la iluminación? ¿Sirve la música, o algún otro tipo de sonido, para crear un cierto ambiente, dar información sobre un período histórico específico, o representar algún estado emocional o sicológico de los personajes?
- Comente, si ve la obra representada en un escenario, la **actuación de los actores**.

Análisis Crítico de *El Retablo*[1] *de las Maravillas* (Miguel de Cervantes)

El Retablo de las Maravillas (adaptación)

Personajes

CHANFALLA	JUAN
CHIRINOS	CASTRADA
RABELÍN	TERESA
GOBERNADOR	REPOLLA
CAPACHO	SOBRINO
BENITO	FURRIER

(*Salen* CHANFALLA *y la* CHIRINOS.)

CHANFALLA: No te olvides, Chirinos, de mis advertencias, principalmente las que te he dado para este nuevo engaño, que ha de ser tan conocido como el pasado del llovista.[2]

CHIRINOS: Chanfalla ilustre, no lo olvidaré, que tanta memoria[3] tengo como entendimiento, y a éstos se une mi voluntad de satisfacerte siempre, la cual excede a las demás potencias; pero dime: ¿de qué te sirve este Rabelín[4] que hemos tomado? Nosotros dos solos, ¿no podríamos realizar este engaño?

CHANFALLA: Lo necesitamos como el pan de la boca, para tocar en los espacios que tardan en salir las figuras del Retablo de las Maravillas.

CHIRINOS: Maravilla será si no nos apedrean[5] por sólo el Rabelín; porque, tan desventurada criaturilla,[6] no la he visto en todos los días de mi vida.

(*Entra el* RABELÍN.)

RABELÍN: ¿Se va a hacer algo en este pueblo, señor Autor?[7] Que ya me muero porque vuestra merced[8] vea qué útil puedo serlo.

---

[1] en un principio se llamó así a una tabla que representaba una historia sagrada (Miguel Herrero); y después a una caja que contenía figuras de madera movidas por cuerdas y que representaban una historia (Eugenio Asensio). [2] otro engaño. Consiste en que un estudiante pícaro hace creer a unos campesinos que tiene poderes para provocar la lluvia. [3] las tres potencias del alma eran "memoria", "entendimiento" y "voluntad" (Asensio) [4] persona que toca el instrumento musical llamado rabel [5] tiran piedras [6] se refiere al Rabelín [7] el empresario u hombre de negocios. A lo que hoy llamamos "autor", en tiempos de Cervantes lo llamaban "poeta" [8] "vuestra merced": usted

CHIRINOS: Cuatro cuerpos de los vuestros no harán un tercio,⁹ cuanto más una carga; si no sois más gran músico que grande, mal estamos.
RABELÍN: La verdad es que me han escrito para entrar en una compañía de partes,¹⁰ por chico¹¹ que soy.
CHANFALLA: Si os van a dar la parte a medida del cuerpo, casi será invisible. Chirinos, poco a poco estamos ya en el pueblo, y éstos que aquí vienen deben de ser, como lo son sin duda, el Gobernador y los Alcaldes.¹² Salgámosles al encuentro, y trata de adularlos,¹³ pero sin exagerar. (*Salen el* GOBERNADOR, BENITO REPOLLO, ALCALDE, JUAN CASTRADO, REGIDOR, *y* PEDRO CAPACHO, ESCRIBANO.) Beso a vuestras mercedes las manos: ¿quién de vuestras mercedes es el Gobernador de este pueblo?
GOBERNADOR: Yo soy el Gobernador; ¿qué es lo que queréis, buen hombre?
CHANFALLA: Si tuviera yo dos onzas¹⁴ de entendimiento, habría visto que esa peripatética y anchurosa¹⁵ presencia no podía ser de otro que del dignísimo Gobernador de este honrado pueblo; pero que con mucho gusto habría aceptado el puesto de gobernador de las Algarrobillas.¹⁶
CHIRINOS: En vida de la señora y de los señoritos, si es que el señor Gobernador los tiene.
CAPACHO: El señor Gobernador no está casado.
CHIRINOS: Para cuando lo esté: que no se perderá nada.
GOBERNADOR: Y bien, ¿qué es lo que queréis, hombre honrado?
CHIRINOS: Honrados días viva vuestra merced, que así nos honra; en fin, la encina¹⁷ da bellotas;¹⁸ el pero,¹⁹ peras; la parra, uvas, y el honrado, honra, sin poder hacer otra cosa.
BENITO: Sentencia ciceronianca,²⁰ sin lugar a dudas perfecta.
CAPACHO: *Ciceroniana* quiso decir el señor alcalde Benito Repollo.
BENITO: Siempre quiero decir lo que es mejor, pero la mayor parte de las veces me equivoco; en fin, buen hombre, ¿qué queréis?
CHANFALLA: Yo, señores míos, soy Montiel, el que trae el Retablo de las Maravillas: me han enviado a llamar de la corte los señores cofrades²¹ de los hospitales, porque no hay autor de comedias en ella, y con mi ida se remediará todo.

---

⁹medida que "vale la mitad de una carga que se lleva al lomo" (Covarrubias) ¹⁰en estas compañías los actores se repartían las ganancias de acuerdo a la categoría del papel que representaban, a partes iguales o de acuerdo a lo arreglado entre ellos (Asensio) ¹¹pequeño ¹²*mayors* ¹³*to flatter them* ¹⁴*ounces* ¹⁵gorda ¹⁶Algarrobillas es un pueblo de la provincia de Cáceres, famoso en ese tiempo por sus jamones ¹⁷*holm oak* ¹⁸*acorns* ¹⁹se refiere al peral (*pear tree*) ²⁰se refiere a Cicerón, orador, político y escritor latino del siglo I a. C. ²¹los hospitales dependían de ciertas cofradías. Estas cofradías, dueñas de los corrales, destinaban una parte de las ganancias que sacaban con la representación de obras de teatro al mantenimiento de los hospitales (María del Pilar Palomo)

GOBERNADOR: y ¿qué quiere decir *Retablo de las Maravillas*?

CHANFALLA: Por las maravillosas cosas que en él se enseñan y muestran, es llamado Retablo de las Maravillas; el cual fabricó y compuso el sabio Tontuelo debajo de tales paralelos, astros y estrellas, con tales puntos, caracteres y observaciones, que ninguno puede ver las cosas que en él se muestran, que tenga alguna raza de confeso,[22] o no haya sido procreado por padres de legítimo matrimonio; y el que se haya contagiado de estas dos enfermedades, no podrá ver las cosas, jamás vistas ni oídas, de mi Retablo.

BENITO: Ahora puedo ver cómo cada día se ven en el mundo cosas nuevas. Y ¡qué! ¿Se llamaba Tontonelo el sabio que el Retablo compuso?

CHIRINOS: Tontonelo se llamaba, nacido en la ciudad de Tontonela: hombre de quien hay fama que le llegaba la barba a la cintura.

BENITO: Por la mayor parte, los hombres de grandes barbas son sabihondos.[23]

GOBERNADOR: Señor regidor Juan Castrado, yo determino, con su permiso, que esta noche se despose[24] la señora Teresa Castrada, su hija, de quien yo soy padrino, y, para alegría de la fiesta, quiero que el señor Montiel muestre en vuestra casa su Retablo.

JUAN: Eso tengo yo por servir al señor Gobernador, con cuya opinión estoy totalmente de acuerdo, aunque haya otra cosa en contrario.

CHIRINOS: La cosa que hay en contrario es que, si no se nos paga primero nuestro trabajo, no verán el Retablo. ¿Y vuestras mercedes, señores Justicias, tienen conciencia y alma en esos cuerpos? ¡Bueno sería que entrase esta noche todo el pueblo en casa del señor Juan Castrado, y viese lo contenido en el tal Retablo, y mañana, cuando quisiésemos mostrarlo al pueblo, no hubiese nadie que lo quisiese ver! No, señores, no, señores; *ante omnia*[25] nos han de pagar lo que es justo.

BENITO: Señora Autora, aquí no os va a pagar ninguna Antona, ni ningún Antoño; el señor regidor Juan Castrado os pagará más que honradamente, y si no, el Concejo. ¡Bien conocéis el lugar, por cierto! Aquí, hermana, no esperamos a que ninguna Antona pague por nosotros.

CAPACHO: ¡Pecador de mí, señor Benito Repollo, qué poco entiende de lo que dice Chirinos! No dice la señora Autora que pague ninguna Antona, sino que le paguen por adelantado y ante todas las cosas, que eso quiere decir *ante omnia*.

BENITO: Mirad, escribano Pedro Capacho, haced vos que me hablen claro, que yo entenderé bien; vos, que sois leído y escribido, podéis entender esas palabras incomprensibles, pero yo no.

JUAN: Ahora bien; ¿se contentará el señor Autor si yo le doy adelantados media docena

---

[22] de ascendencia mora o judía [23] *wise* [24] case [25] *"ante omnia"*: (latín) antes de nada

de ducados? Y más, que cuidaremos de que no entre gente del pueblo esta noche en mi casa.

CHANFALLA: Soy contento; porque yo me fío de la diligencia de vuestra merced y de su buen término.

JUAN: Pues véngase conmigo, recibirá el dinero, y verá mi casa, y la comodidad que hay en ella para mostrar ese Retablo.

CHANFALLA: Vamos, y no se olviden de las cualidades que han de tener los que se atrevan a mirar el maravilloso Retablo.

BENITO: Yo asumo esa responsabilidad, y debo decirle que, por mi parte, puedo ir seguro a juicio, pues tengo padres de legítimo matrimonio, y soy cristiano viejo por los cuatro costados de mi linaje: ¡miren si veré el tal Retablo!

CAPACHO: Todos lo pensamos ver, señor Benito Repollo.

JUAN: No somos gente pobre, señor Pedro Capacho.

GOBERNADOR: Todo será menester, según voy viendo, señores Alcalde, Regidor y Escribano.

JUAN: Vamos, Autor, y manos a la obra;[26] que Juan Castrado me llamo, hijo de Antón Castrado y de Juana Macha; y no digo más, que con toda seguridad y tranquilidad podré ponerme cara a cara delante del referido retablo.

CHIRINOS: ¡Dios lo haga!

(*Éntranse* JUAN CASTRADO *y* CHANFALLA.)

GOBERNADOR: señora autora, ¿qué poetas[27] de fama se usan ahora en la corte, especialmente de los llamados cómicos? Porque yo soy un conocido poeta y me gusta el mundo del teatro. Veinte y dos comedias tengo, todas nuevas, escritas una después de la otra, y estoy esperando la oportunidad de ir a la corte y enriquecer con ellas a media docena de autores.

CHIRINOS: A lo que vuestra merced, señor Gobernador, me pregunta de los poetas, no le sabré responder; porque hay tantos que quitan el sol, y todos piensan que son famosos. Los poetas cómicos son los ordinarios y que siempre se usan, y así no hay para qué nombrarlos. Pero dígame vuestra merced, por su vida: ¿cómo es su buena gracia? ¿Cómo se llama?

GOBERNADOR: A mí, señora Autora, me llaman el Licenciado Gomecillos.

CHIRINOS: ¡Válgame Dios! ¿Y qué, vuesa merced es el señor Licenciado Gomecillos, el que compuso aquellas coplas[28] tan famosas de *Lucifer estaba malo* y *Tómale mal de fuera*?

---

[26]"manos ... obra": vamos a empezar [27]dramaturgos [28]composiciones poéticas breves

GOBERNADOR: Malas lenguas hubo que me quisieron atribuir esas coplas. Las que yo compuse, y no lo quiero negar, fueron aquéllas que trataron del diluvio de Sevilla; que, puesto que los poetas son ladrones unos de otros, nunca me gustó robar nada a nadie: con mis versos me ayude Dios, y robe el que quiera.

(*Vuelve* CHANFALLA.)

CHANFALLA: Señores, vuestras mercedes vengan, que todo está a punto,[29] y no falta más que comenzar.

CHIRINOS: ¿Está ya el dinero *in corbona*?[30]

CHANFALLA: Y entre las telas del corazón.

CHIRINOS: Pues te aviso, Chanfalla, que el Gobernador es poeta.

CHANFALLA: ¿Poeta? ¡Cuerpo del mundo![31] Pues considéralo engañado, porque toda esta gente es descuidada, crédula y no nada maliciosa.

BENITO: Vamos, Autor; que me saltan los pies por ver esas maravillas.

(*Éntranse todos. Salen* JUANA CASTRADA *y* TERESA REPOLLA, *labradoras: la una como desposada,*[32] *que es la* CASTRADA.)

CASTRADA: Aquí te puedes sentar, Teresa Repolla amiga, que tendremos el Retablo enfrente; y pues sabes las condiciones que han de tener los espectadores del Retablo, no te descuides, que sería una gran desgracia.

TERESA: Ya sabes, Juana Castrada, que soy tu prima, y no digo más. ¡Tan cierto tuviera yo el cielo como tengo cierto ver todo aquello que el Retablo muestre! ¡Por el siglo de mi madre, que me sacase los mismos ojos de mi cara, si alguna desgracia me aconteciese![33] ¡Bonita soy yo para eso!

CASTRADA: Sosiégate,[34] prima; que toda la gente viene.

(*Entran el* GOBERNADOR, BENITO REPOLLO, JUAN CASTRADO, PEDRO CAPACHO, *el* AUTOR *y la* AUTORA, *y el* MÚSICO, *y otra gente del pueblo, y un* SOBRINO DE BENITO, *que ha de ser aquel gentil hombre que baila.*)

CHANFALLA: Siéntense todos; el Retablo ha de estar detrás de este repostero,[35] y la Autora también, y aquí el músico.

BENITO: ¿Músico es éste? Métanle también detrás del repostero, que no quiero verlo ni oírlo.

CHANFALLA: No tiene vuestra merced razón, señor alcalde Repollo, de molestarse con el músico, que en verdad que es muy buen cristiano, e hidalgo de solar[36] conocido.

---

[29]está listo [30]"*in corbona*": en la bolsa [31]"¡Cuerpo del mundo!": ¡Dios mío! [32]en traje de novia, ya que se celebra su boda [33]sucediese [34]tranquilízate [35]tapiz (*tapestry*), pero aquí se refiere, burlescamente, a la manta de Chanfalla [36]ascendencia

GOBERNADOR: ¡Cualidades son bien necesarias para ser buen músico!
BENITO: De solar, bien podrá ser; mas de sonar,[37] *abrenuncio*.[38]
RABELÍN: ¡Eso se merece el tonto que se viene a sonar delante de . . .!
BENITO: ¡Pues por Dios, que hemos visto aquí sonar a otros músicos t . . .!
GOBERNADOR: Quédese esta razón en el *de* del señor Rabel y en el *tan* del Alcalde, que será proceder en infinito; y el señor Montiel comience su obra.
BENITO: Pocos accesorios trae este autor para tan gran Retablo.
JUAN: Todo debe de ser de maravillas.
CHANFALLA: Atención, señores, que comienzo. ¡Oh tú, quien quiera que fuiste, que fabricaste este Retablo con tan maravilloso artificio,[39] que alcanzó renombre *de las maravillas*: por la virtud que en él se encierra, te conjuro, apremio[40] y mando que luego *incontinenti*[41] muestres a estos señores algunas de las tus maravillosas maravillas, para que se regocijen y tomen placer, sin escándalo alguno! Ea, que ya veo que has otorgado[42] mi petición, pues por aquella parte aparece la figura del valentísimo Sansón, abrazado a las columnas del templo, para tirarlo por el suelo y tomar venganza de sus enemigos. ¡Alto, valeroso caballero, alto, por la gracia de Dios Padre; no hagas tal destrucción, o matarás a toda la noble gente que aquí se ha juntado!
BENITO: ¡Alto, señor! ¡Bueno sería que, en lugar de disfrutar, terminemos muertos! ¡Alto, señor Sanson, a pesar de mis males, que se lo ruegan buenos!
CAPACHO: ¿Lo veis vos, Castrado?
JUAN: Pues ¿no lo había de ver? ¿Tengo yo los ojos en el colodrillo?[43]
CAPACHO: Milagroso caso es éste: así veo yo a Sansón ahora, como el Gran Turco.[44] Pues en verdad que me tengo por legítimo y cristiano viejo.
CHIRINOS: ¡Cuidado, hombre, que sale el mismo toro que mató al joven de Salamanca! ¡Échate,[45] hombre; échate, hombre; Dios te libre, Dios te libre!
CHANFALLA: ¡Échense todos, échense todos! Hucho ho!, ¡hucho ho!, ¡hucho![46]

(*Échanse todos y alborótanse.*)[47]

BENITO: El diablo lleva en el cuerpo el torillo; sus partes tiene de hosco y de bragado;[48] si no me tiendo,[49] me pilla.
JUAN: Señor Autor, haga, si puede, que no salgan figuras que nos alboroten; y no lo digo por mí, sino por estas muchachas, que no les ha quedado gota de sangre en el cuerpo, de la ferocidad del toro.

[37]tocar música [38]no lo creo [39]habilidad [40]ruego [41]enseguida [42]concedido [43]cogote, parte trasera de la cabeza [44]"Gran Turco": sultán de Constantinopla [45]*lie down* [46]voz interjecional que servía para provocar al toro [47]*they get all excited* [48]"hosco y de bragado": malvado y falso [49]*lie down*

CASTRADA: ¡Y cómo, padre! No pienso recobrar el conocimiento en tres días; ya me vi en sus cuernos, que los tiene agudos como una lesna.[50]

JUAN: No fueras tú mi hija, y no lo vieras.

GOBERNADOR: Basta, que todos ven lo que yo no veo; pero al fin habré de decir que lo veo, por la negra honrilla.[51]

CHIRINOS: Esa manada[52] de ratones que allá va, desciende por línea recta de aquellos que se criaron en el arca de Noé; algunos son blancos, otros albarazados,[53] otros jaspeados[54] y otros azules; y, finalmente, todos son ratones.

CASTRADA: ¡Jesús! ¡Ay de mí! ¡Ténganme, que me arrojaré por aquella ventana! ¿Ratones? ¡Desdichada! Amiga, apriétate[55] las faldas, y mira no te muerdan; y ¡monta que son pocos! ¡Por el siglo de mi abuela, que pasan de mil!

REPOLLA: Yo sí soy la desdichada, porque se me entran sin reparo ninguno; un ratón morenico[56] me tiene asida de una rodilla: ¡socorro venga del cielo, pues en la tierra me falta!

BENITO: Aun bien que tengo gregüescos:[57] que no hay ratón que se me entre, por pequeño que sea.

CHANFALLA: Esta agua, que con tanta prisa cae de las nubes, es de la fuente que da origen y principio al río Jordán.[58] Toda mujer a quien toca en el rostro se le volverá como de plata bruñida,[59] y a los hombres se les volverán las barbas como de oro.

CASTRADA: ¿Oyes, amiga? Descubre el rostro,[60] pues ves lo que te importa. ¡Oh, qué licor tan sabroso! Cúbrase, padre, no se moje.

JUAN: Todos nos cubrimos, hija.

BENITO: Por las espaldas me ha llegado el agua hasta el trasero.

CAPACHO: Yo estoy más seco que un esparto.

GOBERNADOR: ¿Qué diablos puede ser esto, que aun no me ha tocado una gota, donde todos se ahogan? Mas ¿si viniera yo a ser bastardo entre tantos legítimos?

BENITO: Quítenme de allí aquel músico; si no, voto a Dios que me vaya sin ver más figura. ¡Válgate el diablo por músico aduendado,[61] y cómo es posible que cante sin instrumento musical ni música!

RABELÍN: Señor alcalde, no se enfade conmigo; que yo toco como Dios ha sido servido de enseñarme.

BENITO: ¿Dios te había de enseñar, maldito? ¡Métete tras la manta; si no, por Dios que te arroje[62] este banco!

RABELÍN: El diablo creo que me ha traído a este pueblo.

---

[50]*awl* [51]honra [52]una gran cantidad [53]mezcla de negro y rojo [54]blanco y grisáceo [55]ajústate [56]*brown* [57]calzones o pantalones cortos [58]se decía que las aguas del río Jordán tenían el poder de rejuvenecer a todos los que se bañaban en ellas [59]*polished* [60]cara [61]maravilloso [62]tire

CAPACHO: Fresca es el agua del santo río Jordán; y, aunque me cubrí lo que pude, todavía me alcanzó un poco en los bigotes, y apostaré que los tengo rubios como un oro.
BENITO: Y aun peor cincuenta veces.
CHIRINOS: Allá van hasta dos docenas de leones y de osos; todo ser viviente se cuide; que, aunque fantásticos, no dejarán de causar daño.
JUAN: Ea, señor Autor, ¡cuerpo de Dios! ¿Y ahora nos quiere llenar la casa de osos y de leones?
BENITO: ¡Mirad qué ruiseñores[63] y calandrias[64] nos envía Tontonelo, sino leones y dragones! Señor Autor, o salgan figuras más apacibles,[65] o aquí nos contentamos con las vistas, y Dios le guíe, y no pare más en el pueblo un momento.
CASTRADA: Señor Benito Repollo, deje salir ese oso y leones, al menos por nosotras, y recibiremos mucho contento.
JUAN: Pues, hija, ¿antes te espantabas de los ratones, y ahora pides osos y leones?
CASTRADA: Todo lo nuevo gusta, señor padre.
CHIRINOS: Esta doncella, que ahora se muestra tan galana y tan compuesta,[66] es la llamada Herodías, cuyo baile alcanzó en premio la cabeza del Precursor de la vida.[67] Si hay quien la ayude a bailar, verán maravillas.
BENITO: ¡Ésta sí, cuerpo del mundo!, que es figura hermosa, apacible y reluciente. ¡Hideputa, y cómo que se vuelve la muchacha! Sobrino Repollo, tú que sabes de bailes, ayúdala, y tendremos una gran fiesta.
SOBRINO: Con mucho gusto, tío Benito Repollo.

(*Tocan la zarabanda.*)[68]

CAPACHO: ¡Toma mi abuelo, si es antiguo el baile de la zarabanda y de la chacona![69]
BENITO: Ea, sobrino, baila, baila con esa tonta judía, ¿cómo ve estas maravillas?
CHANFALLA: Todas las reglas tienen excepción, señor Alcalde.

(*Suena una trompeta o corneta*[70] *dentro del teatro, y entra un* FURRIER[71] *de compañías.*)

FURRIER: ¿Quién es aquí el señor Gobernador?
GOBERNADOR: Yo soy. ¿Qué manda vuestra merced?
FURRIER: Que ahora mismo permita alojarse[72] a treinta hombres de armas que llegarán aquí dentro de media hora, y aun antes, que ya suena la trompeta; y adiós.

[63]*nightingales* [64]*calandra larks* [65]*tranquilas* [66]*tan elegante* [67]*alude a San Juan Bautista. Vida se refiere a Jesucristo. Chirinos confunde a Salomé, la bailarina, con su madre Herodías. Aquélla fue la que pidió la cabeza de San Juan Bautista* [68]*tipo de baile* [69]*"zarabanda . . . chacona.": bailes populares y un tanto lascivos* [70]*bugle* [71]*quatermaster* [72]*to lodge*

(*Vase.*)

245 BENITO: Yo apostaré que los envía el sabio Tontonelo.

CHANFALLA: No hay tal; que ésta es una compañía de caballos, que estaba alojada dos leguas[73] de aquí.

BENITO: Ahora yo conozco bien a Tontonelo, y sé que vos, aquél, y el músico sois unos grandísimos tontos; y mirad que os ordeno que pidáis a Tontonelo que no envíe 250 estos hombres de armas, que le haré dar doscientos azotes[74] en las espaldas.

CHANFALLA: ¡Digo, señor alcalde, que no los envía Tontonelo.

BENITO: Digo que los envía Tontonelo, como ha enviado las otras criaturas que yo he visto.

CAPACHO: Todos las hemos visto, señor Benito Repollo.

255 BENITO: No digo yo que no, señor Pedro Capacho. No toques más, músico de entre sueños,[75] que te romperé la cabeza.

(*Vuelve el* FURRIER.)

FURRIER: Ea, ¿Está ya hecho el alojamiento? Que ya están los caballos en el pueblo.

BENITO: ¿Qué, todavía ha salido con la suya Tontonelo? ¡Pues yo os voto a tal, Autor de 260 maravillas, que me lo habéis de pagar!

CHANFALLA: Séanme testigos que me amenaza el Alcalde.

CHIRINOS: Séanme testigos que dice el Alcalde que lo que dice S. M. lo manda el sabio Tontonelo.

BENITO: Atontoneleada te vean mis ojos, ruega a Dios Todopoderoso.

265 GOBERNADOR: Yo para mí tengo que verdaderamente estos hombres de armas no deben de ser de burlas.[76]

FURRIER: ¿De burlas habían de ser, señor Gobernador? ¿Está en su seso?[77]

JUAN: Bien pudieran ser atontoneleados; como esas cosas que hemos visto aquí. Por vida del Autor, que haga salir otra vez a la doncella Herodías, porque vea este 270 señor lo que nunca ha visto; quizá con esto lo obligaremos a que se vaya inmediatamente de este lugar.

CHANFALLA: Eso en buena hora, y aquí vuelve ella, y hace señas a su bailador para que de nuevo la ayude.

SOBRINO: Por mí no hay problema, por cierto.

275 BENITO: Eso sí, sobrino, cánsala, cánsala; vueltas y más vueltas; ¡vive Dios, no se cansa la muchacha! ¡Vamos, vamos!

[73]medida de distancia. Dos leguas equivalen a unos once kilómetros, o siete millas [74]lashes [75]referencia al pequeño tamaño del músico [76]de mentira, irreales [77]"¿Está en su seso?": ¿está cuerdo?

FURRIER: ¿Está loca esta gente? ¿Qué diablos de doncella es ésta, y qué baile, y qué Tontonelo?
CAPACHO: Luego, ¿no ve a la doncella Herodías el señor Furrier?
FURRIER: ¿Qué diablos de doncella voy a ver?
CAPACHO: Basta: de *ex illis* es.[78]
GOBERNADOR: De *ex ilis* es, de *ex illis* es.
JUAN: De ellos es, de ellos el señor Furrier, de ellos es.
FURRIER: ¡Soy de la mala puta que os parió;[79] y, por Dios vivo, que, si echo mano a la espada, que os haga salir por las ventanas, que no por la puerta!
CAPACHO: Basta: de *ex illis* es.
BENITO: Basta: de ellos es, pues no ve nada.
FURRIER: Malditos: si otra vez me dicen que soy de ellos, no les dejaré hueso sano.
BENITO: Nunca los confesos[80] ni bastardos fueron valientes; y por eso no podemos dejar de decir: de ellos es, de ellos es.
FURRIER: ¡Cuerpo de Dios con los villanos! ¡Esperad!

(*Mete mano a la espada, y acuchíllase*[81] *con todos; y el* ALCALDE *aporrea*[82] *al* RABELLEJO; *y la* CHIRINOS *descuelga*[83] *la manta y dice*):

CHIRINOS: El diablo ha sido la trompeta y la llegada de los hombres de armas; parece que los llamaron con campanilla.
CHANFALLA: El suceso ha sido extraordinario; la virtud del Retablo ha sido demostrada, y mañana lo podemos mostrar al pueblo; y nosotros mismos podemos cantar el triunfo de esta batalla, diciendo: ¡Vivan Chirinos y Chanfalla!

Análisis Crítico de *El Retablo de las Maravillas*

Después de haber leído la obra varias veces, y de haber hecho alguna investigación, podemos decir que éste es uno de los ocho entremeses publicados por Cervantes poco antes de su muerte en 1616. Uno de los antecedentes de esta obra se encuentra en un cuento oriental anónimo adaptado por don Juan Manuel en el *Conde Lucanor* (1335) bajo el título "De lo que contesció a un rey con los burladores que ficieron el paño". El cuento volvería a ser adaptado, siglos después, por Hans Christian Andersen en "El traje del emperador" (1837). Estos cuentos nos relatan la historia de cómo unos pícaros (*rogues*) engañan al rey haciéndole creer que le han hecho un traje, y cómo los habitan-

[78]"ex . . . es": de ellos es. Perífrasis para decir que es converso, de sangre judía o mora [79]forma vulgar por "engendró" [80]judíos que se convirtieron al cristianismo [81]lucha con la espada [82]golpea [83]quita

tes de su reino se ven obligados a fingir que lo ven vestido cuando el rey se pasea desnudo por la ciudad. Al final, sin embargo, alguien se atreve (*dares*) a decir la verdad, el resto de la gente deja de fingir (*to pretend*) ver lo que no ven, y el rey reconoce el engaño.

La trama (*plot*) de *El retablo de las maravillas* (1615) se centra en unos pícaros —Chanfalla, una mujer de nombre Chirinos, y un músico de nombre Rabelín— que visitan un pueblo con el propósito de engañar a sus habitantes. La obra comienza refiriendo que éste es un nuevo engaño, distinto a otro que acaban de hacer en otro pueblo; es decir, que son profesionales en el arte de ganarse la vida engañando a la gente. En esta ocasión, el plan de Chanfalla consiste en traer un retablo que ha sido fabricado y compuesto por un sabio llamado Tontuelo. Un retablo, por cierto, es un pequeño teatro en el que los actores son marionetas (*puppets*), y el que trae Chanfalla recibe el nombre de "El retablo de las maravillas" por las cosas maravillosas que se ven en él, según explica Chanfalla a las autoridades del pueblo. Éstas, compuestas por un gobernador, un alcalde (*mayor*), y otras autoridades, constituirán, en compañía de algunos de sus familiares, el público o audiencia de la obra que van a representar Chanfalla y sus amigos y, al mismo tiempo, serán las víctimas del engaño de los tres pícaros. Lo primero que hacen los pícaros es asegurarse (*to make sure*) de cobrar el dinero que les corresponde por la representación; y segundo, muy importante, advierten (*warn*) a las autoridades locales que "ninguno puede ver las cosas que en él se muestran, que tenga alguna raza de confeso (*converted Jew or Moor*), o no haya sido procreado por padres de legítimo matrimonio". Es decir, los hechos maravillosos que van a ver escenificados en el retablo —Sansón derrumbando (*pulling down*) las columnas de un templo, toros bravos, ratones descendientes de los que salvó Noé en su arca, Herodías bailando (aunque en realidad la están confundiendo con Salomé), etc.— sólo podrán ser vistos por espectadores que sean cristianos viejos e hijos legítimos; o sea, que no sean bastardos. En realidad, como hemos podido ver en la lectura de la obra, en el retablo no pasa nada de nada, pero la audiencia se ve obligada a aceptar que sí ven estos hechos maravillosos por temor a ser acusados de tener sangre mora o judía, o ser hijos bastardos. Al final, un furrier (*quatermaster*) niega ver todos estos hechos maravillosos y es acusado de ser "*ex illis*", es decir "de ellos", de los conversos, y de no tener sangre pura; y la obra termina en una pelea (*fighting*) entre varios personajes de la obra.

Si pasamos a analizar la estructura de esta obra, podemos ver cómo, en general, Cervantes sigue la estructura tradicional de una obra dramática. La obra comienza con la *exposición*, es decir con la presentación de los distintos personajes —los pícaros y las autoridades locales— que participan en el desarrollo de la acción dramática. Después sigue la presentación del espectáculo de Chanfalla, el retablo de las maravillas, y en esta parte ya se empiezan a ver indicios (*hints*) del conflicto que va a tener lugar —*complicación*—. Sin embargo, aunque todos los espectadores se engañan al decir que ven lo que no ven, el gobernador Benito, en un aparte (*aside*), reconoce que todo es una mentira: "Basta, que todos ven lo que yo no veo, pero al fin habré de decir que lo veo". Es decir, ya se nos anticipa que quizá alguien, más pronto o más tarde, rechace (*refutes*) este fingimiento (*feigning*) de ver lo que no existe. El *conflicto*, una de las partes más importantes de toda obra dramática, tiene lugar cuando llega el furrier y termina peleándose (*fighting*) con las autoridades locales, o espectadores, que lo acusan de no ser cristiano viejo. La *resolución* y *conclusión* finales se dan brevemente cuando Chanfalla y la Chirinos celebran el éxito del engaño y planean hacer una nueva representación para el pueblo llano. La obra, además, sigue la regla de "*las tres unidades*", con un pueblo como espacio único donde se desarrolla la acción, con una duración inferior a un día, y con una sola acción centrada siempre en el mismo tema.

En cuanto a la forma dramática, podemos decir que *El retablo de las maravillas* es un entremés de un solo acto. Los entremeses se caracterizan por ser piezas breves que se representaban en el descanso (*break*) de una obra de tres actos. El antecedente inmediato de los entremeses lo encontramos en el siglo XVI, en "los pasos" de Lope de Rueda, piezas breves, cómicas, de carácter popular, lenguaje coloquial y personajes que se corresponderían con lo que hoy conocemos como tipos. El cultivo de este subgénero dramático decayó después del Siglo de Oro español, pero resurgió (*reappeared*) en los siglos XIX y XX. Si a las características de "los pasos" que acabamos de mencionar, añadimos el hecho que el entremés de Cervantes toca unos temas que eran tabú para la época, podemos categorizar esta obra como una farsa.

Uno de los temas más importantes que presenta Cervantes en este entremés es el de la limpieza de sangre; aunque si pensamos en la audiencia de la obra —autoridades civiles del pueblo— podríamos apuntar que el tema es una sátira contra la institucionalización de la creencia en la limpieza de sangre, una creencia que refleja una realidad histórica. Esta creencia, o prejuicio, duró, aproximadamente, desde algo antes del final de la Reconquista (1492) hasta el siglo XIX, y se basaba en la sospecha (*suspicion*) que los judíos o moros convertidos al cristianismo seguían practicando su antigua religión a escondidas (*secretly*), y no se podía confiar en ellos a la hora de ocupar cargos (*jobs*) oficiales.

Unido al tema de la limpieza de sangre va el de la traición (*betrayal*), un tema que aparece explícita e implícitamente presentado. Este tema, unido al de la sátira, ha sido estudiado por Bruce W. Wardropper, y se manifiesta en algunas de las anécdotas o historias "narradas" por Chanfalla y la Chirinos. La primera de éstas es la de Sansón y Dalila, una historia tomada del Antiguo Testamento en la que se nos narra cómo Dalila traiciona a Sansón en favor de los filisteos por unas monedas de plata. Otra de las historias, también con origen bíblico, es la del baile de Herodías con Repollo; aunque, como indica la *Biblia*, la mujer que baila para Herodes es Salomé, la hija de Herodías. La bíblica Salomé ejecutó su baile tan bien que Herodes, en un momento de emoción incontrolada, le prometió que le daría lo que pidiera, a lo que ella respondió que quería la cabeza de San Juan Bautista. Herodes tenía encarcelado a San Juan Bautista, y no quería ni le interesaba matarlo, pero traicionó sus deseos por una promesa a Salomé. Asimismo, todos los espectadores de *El retablo de las maravillas* traicionan sus verdaderas creencias, pues están afirmando ver algo que saben que no está ocurriendo en el escenario. Y el engaño de Chanfalla y la Chirinos a los espectadores de su retablo, a cambio de dinero, es, en cierto modo, una traición. Igualmente, podemos deducir que Cervantes trata de comunicar al público de su tiempo que los cristianos viejos de España, con sus prejuicios raciales y religiosos institucionalizados, han traicionado su verdadera fe y a Dios. Resulta obvio que los espectadores de la época de Cervantes, al ver esta obra, no podían dejar de reaccionar negativamente ante estas prejuiciosas creencias.

Un aspecto de gran relevancia en esta obra dramática tiene que ver con sus elementos metatreales. Cervantes hace uso de estos elementos en varias de sus obras dramáticas, como *La Numancia* (1585?) y *El viejo celoso* (1615). En *El retablo de las maravillas*, una de las manifestaciones metateatrales es la de la obra de teatro dentro de otra, pero Cervantes juega con esta idea y rompe con los límites que separan un nivel (*level*) de realidad del otro o, más bien, un nivel de ficción del otro. En un primer nivel de ficción tenemos a las autoridades locales como espectadores del drama representado en el retablo, pero muy pronto vemos cómo la línea que separa un nivel de otro se rompe y los personajes y acontecimientos de ambos niveles aparecen mezclados. Por ejemplo, al salir los ratones del retablo de Chanfalla, Repolla afirma que "un ratón morenico me tiene asida (*seized*) de una rodilla"; igualmente, algunos de los espectadores se sienten mojados por las aguas del río Jordán; y el sobrino del gobernador baila con Herodías. ¿Qué efectos o propósito persigue el dramaturgo con este tipo de recurso (*device*) dramático? Posiblemente, Cervantes trata de decirnos que no hay diferencia entre realidad y ficción, que nuestra realidad es otra ficción creada por un autor llamado Dios, una ficción en la que nosotros somos los personajes de una obra dramática que es nuestra vida. Este tema se relaciona con el tópico del *theatrum mundi*, o el mundo es un teatro, un tópico ya existente entre los clásicos grecolatinos y que fue popularizado, principalmente, por dramaturgos como Shakespeare en Inglaterra y Calderón de la Barca en España. Otro ejemplo metateatral lo encontramos cuando el gobernador le pregunta a la Chirinos por los autores que triunfan (*succeed*) en la corte, a lo que la Chirinos responde que "hay tantos que quitan el sol, y todos piensan que son famosos. Los poetas cómicos son los ordinarios y que siempre se usan, y así no hay para que nombrarlos". Éste es un comentario de tipo metatreatral, y es posible que con él Cervantes esté haciendo una crítica de los dramaturgos cómicos de la corte y de los espectadores que veían este tipo de obras.

Otro aspecto que merece atención crítica en esta obra es el del humor. En la pieza de Cervantes encontramos algunos personajes que, por su apariencia física, provocan la risa, como Rabelín, a quien la Chirinos describe cuando dice que "cuatro cuerpos de los vuestros no harán un tercio". Otros mueven a la risa por su falta de educación, como el alcalde, que considera un comentario de la Chirinos como una "sentencia ciceronianca", en lugar de "ciceroniana". En otras ocasiones, el humor se desprende de (*transpires from*) las referencias onomásticas. Por ejemplo, el nombre de la persona que compuso el retablo es "Tontuelo", relacionado con "tonto"; y el regidor se llama Juan Castrado, una antinomia (*antinomy*) porque con Juan asociamos la figura del mítico don Juan, el famoso libertino (*libertine*), y Castrado (*castrated*) se opone a las funciones derivadas de tal nombre. Cómica es también la participación de las autoridades en el desarrollo de los acontecimientos dramáticos del retablo de las maravillas, como la del baile del sobrino del alcalde con Herodías. El humor, la creación de malentendidos (*misunderstandings*), y los errores de identidad son, como sabemos, típicos de la farsa.

En el estudio de cualquier obra de teatro también debemos analizar la caracterización y comportamiento de los personajes. ¿Qué ideas defienden estos personajes?, ¿cómo interaccionan con el resto de los personajes?, ¿representan algún grupo social?, ¿qué problemas sicológicos, emocionales o sociales los empujan a entrar en conflicto con otros personajes? Las respuestas a éstas, y otras posibles preguntas, nos ayudarán a entender la obra y el propósito que tuvo el dramaturgo en escribirla. En *El retablo de las maravillas*, al tratarse de una farsa, nos encontramos con varios tipos, es decir personajes unidimensionales que no tienen mucha complejidad sicológica, y cuyo comportamiento no cambia a lo largo de la obra. Así, Chanfalla y la Chirinos son los típicos pícaros que han vivido, y seguirán viviendo, de los engaños que realizan a otras gentes. En el lado opuesto, las autoridades civiles, nos encontramos con un grupo de personas incultas e ignorantes que son doblemente víctimas, por un lado de Chanfalla y la Chirinos y, por otro, de sus propios prejuicios.

Además del estudio de los personajes, o *dramatis personae*, el lector debe tener en cuenta los *actantes*. Algunos críticos consideran que, además de los personajes secundarios y accesorios, tanto el escenario como la escenografía, ésta última sugerida por el dramaturgo a través de las acotaciones o direcciones escénicas, son actantes porque contribuyen a comunicarnos el mensaje de la obra. En la obra de Cervantes, y aparte de los personajes anteriores, uno de los actantes más importantes es el retablo, el lugar donde se van a desarrollar los hechos maravillosos. En el estudio de la *escenografía* también debemos pensar en la contribución que tienen la música o los sonidos al significado de la obra, y en esta obra debemos señalar el toque o sonido de la trompeta (*trumpet*) del furrier, que sirve para poner fin a la representación dramática de *El retablo de las maravillas* y al fingimiento de los espectadores.

Unidad 1. El Texto Dramático

I. El Dramaturgo y la Obra Dramática

Al hablar de teatro debemos distinguir entre el texto dramático y el espectáculo teatral. El texto dramático consiste de un *guión* que contiene los *diálogos* de los personajes, y las *acotaciones*, o direcciones escénicas que nos da el dramaturgo para la representación de la obra. Desde el punto de vista estructural, la obra dramática no ha experimentado cambios substanciales a lo largo de la historia. En su *Poética* (335 a. C.), Aristóteles definió el teatro como "la imitación de una acción", y aclaró que ésta debía tener un principio, una parte intermedia y un final. Por lo tanto, al hablar de "acción", Aristóteles se está refiriendo a una serie de acontecimientos relacionados que llevan a una conclusión final. Si analizamos la naturaleza de estos acontecimientos, podemos ver que muchos de ellos se ajustan a (*follow*) unos patrones que suelen repetirse en la historia del teatro, incluso en la prosa y el cine. Algunos de estos patrones son el de la lucha del bien contra el mal, el de la conquista y pérdida del poder, y el de la transformación. Este último patrón, concretamente, lo vemos con frecuencia en la iniciación del adolescente en el mundo de la sociedad como adulto. El desarrollo de estos patrones va generalmente acompañado de crisis, tensiones y conflictos, y algunos de estos conflictos básicos se centran en el enfrentamiento del hombre contra el hombre, en el del hombre consigo mismo, y en el del hombre contra unas fuerzas externas —la sociedad, la naturaleza, Dios, el destino, etc.— que son más fuertes que él. Si pensamos en cómo aparecen representados estos patrones y conflictos en la obra dramática, podemos hacer una división de la misma en cinco partes:

1. *Exposición*. Esta parte nos da la información necesaria para entender los acontecimientos que se van a desarrollar en el curso de la obra. La exposición se puede hacer por medio de un prólogo, el monólogo de un personaje y, más comúnmente, a través del diálogo de dos o más personajes. La exposición debe ser clara y breve, y no debe retardar (*to delay*) el desarrollo de la acción dramática.

2. *Complicación*. Esta segunda parte se da cuando en un determinado momento de la exposición ocurre un acontecimiento que provoca una serie de complicaciones. Estas complicaciones son acontecimientos que llevarán a un enfrentamiento entre las dos fuerzas en conflicto, crecen en intensidad, crean suspense y aumentan el interés del público.

3. *Clímax*. El clímax, o momento culminante, conlleva (*implies*) una confrontación entre las distintas fuerzas antagónicas, o sea en conflicto. Esta confrontación marca el final de las tensiones dramáticas y cambia el curso de la obra.

4. y 5. *Resolución* y *Conclusión*. Durante la resolución se resuelven las complicaciones precedentes, y de aquí deriva la conclusión con la que se pone punto final al conflicto de la obra para marcar un nuevo comienzo. Generalmente, estas dos últimas partes suelen tener una duración mucho más breve que las partes anteriores.

En una obra dividida en tres actos, estas cinco partes suelen distribuirse de la siguiente manera. La exposición y la complicación inicial se presentan en el primer acto. Las subsiguientes (*following*) complicaciones en el segundo acto; y el clímax, la resolución y la conclusión en el tercer acto. Este tipo de estructura es útil para analizar muchas obras, pero no todas se ajustan a este esquema. Hay obras con una estructura circular en la que los escasos cambios forman parte de un ininterrumpido ciclo recurrente; hay otras, como la clásica *Esperando a Godot* (1952), de Samuel Beckett, en las que hay una negación absoluta de cambio; y hay otras, como *Madre Coraje y sus niños* (1941), de Bertolt Brecht, en la que los distintos episodios de la obra son independientes y sólo les une un tema común. No hay, por consiguiente, una estructura común y universal aplicable a todas las obras, y muchos dramaturgos de la postmodernidad experimentan con nuevas estructuras para reflejar una visión personal de la realidad.

Si hasta ahora hemos visto la división interna de una obra dramática, desde el punto de vista externo las obras se dividen en *actos*. Horacio recomendaba en su *Ars Poetica* (18 a. C.) que la obra se dividiera en cinco actos, y ésta fue la norma para la mayor parte de los dramaturgos durante muchos siglos. Sin embargo, a partir de Lope de Vega, en el siglo XVII, esta división se redujo a tres actos, aunque ésta no es una medida standard seguida por todos los dramaturgos. Los actos, a su vez, se suelen dividir en *escenas*, y siempre que entra o sale un personaje en el escenario tenemos un cambio de escena.

Otro aspecto que debemos tener en cuenta al estudiar las obras dramáticas es el de la regla de "las tres unidades". Estas reglas, sin embargo, no fueron seguidas estrictamente por todos los dramaturgos de los distintos periodos literarios, y a partir del Romanticismo cayó en desuso (*became obsolete*).

II. Formas Dramáticas

Desde los tiempos de Platón y Aristóteles, y en base al argumento, carácter, tono y efecto, las obras dramáticas se han clasificado de diferente manera. Aquí nos vamos centrar en cinco: tragedia, comedia, tragicomedia, farsa y melodrama; pero debemos recordar que, a lo largo de la historia, estas cinco formas dramáticas han experimentado múltiples variaciones y combinaciones híbridas. Veamos a continuación algunas de las características principales de estas formas dramáticas.

La Tragedia

Se cree que la tragedia tiene su origen en los ritos que celebraban la muerte y resurrección de un dios que controlaba el cambio de las estaciones del año, y en Grecia se asociaba con Dionisio, dios del vino y de la vegetación. Otros investigadores, en cambio, creen que nació, simplemente, como forma de contar una historia en la que el protagonista termina fracasando. Lo que sí sabemos con certeza es que en el año 534 a. C. la tragedia formaba parte de un festival celebrado en Atenas, y que dos siglos más tarde Aristóteles definió esta forma dramática e identificó sus principales características partiendo de (*starting from*) un estudio de las obras de Eurípides, Sófocles y Esquilo. En su *Poética*, Aristóteles prescribe las siguientes características para la tragedia:

- El protagonista es un hombre honrado y de alto nivel social que tiene una *falla trágica* (*tragic flaw*) —Hamartia—. Esta falla no significa que el protagonista es malo, sino que comete un error de juicio, o tiene alguna debilidad, y en su confrontación con fuerzas sobrenaturales, los dioses o un destino adverso, sale derrotado.
- La acción dramática tiene incidentes que despiertan *compasión* y *temor* en un espectador que se identifica con el protagonista, y estas dos emociones o sentimientos producirán en el lector un sentido de *catarsis*, o purificación.

• Los temas de la tragedia son serios y universales.

• La tragedia sigue la regla de "las tres unidades", y la duración debe ser apropiada para que pueda ser asimilada por el público.

Aunque el estudio que hace Aristóteles de la tragedia nos sirve para una discusión de esta forma dramática, muchas de las tragedias escritas después del Renacimiento abandonan algunas de las premisas formuladas por aquél, y no es fácil establecer una serie de características comunes a todas ellas. En algunas tragedias vemos cómo el protagonista no es un héroe, sino un antihéroe; a veces no es de clase social alta; y a veces no es el individuo, sino toda la sociedad la que fracasa. Por ejemplo, los protagonistas de las tragedias de Federico García Lorca suelen ser gente común y normal, y las fuerzas contra las que luchan no son sobrenaturales. Así, Adela, en *La casa de Bernarda Alba* (1936), representa una heroína de la clase media que lucha contra un mundo de represión, autoritarismo, y prejuicios sociales representado por su madre, Bernarda Alba. Otras diferencias de la tragedia moderna con respecto a la tragedia clásica las vemos en el llamado "teatro del absurdo", representado por obras de Samuel Beckett, Osvaldo Dragún o Griselda Gambaro. En estas obras, la lucha del héroe con un orden sobrenatural da paso (*gives way*) a una visión de la condición humana como absurda.

La Comedia

La comedia, nos dice Aristóteles, nació de las llamadas canciones Fálicas de la Grecia clásica, las cuales formaban parte de unos ritos anuales de la fertilidad en los que se pedía una buena cosecha (*harvest*). A diferencia de la tragedia, la comedia es una forma dramática caracterizada por:

• Protagonistas que podemos calificar de antihéroes y que encarnan (*embody*) algún vicio, pecado o falta moral, como el de la mentira, la avaricia (*greed*), la infidelidad, etc.

• Presentar problemas o situaciones comunes de la sociedad.

• Dramatizar un conflicto en el que vemos enfrentado al antihéroe con una sociedad tradicional o conservadora.

• Tener un carácter cómico y, a veces, moralizante.

• Denunciar la corrupción social y exponer la pérdida de valores tradicionales.

• Concluir con un final feliz en el que se defiende el mantenimiento de los valores sociales preexistentes.

Existen numerosos tipos de comedias, y por ello difieren las características de unas a otras. Por ejemplo, la *comedia de costumbres*, centrada en la descripción, generalmente con carácter crítico, de algún aspecto de la sociedad; la *comedia de carácter*, centrada en el desarrollo de algún aspecto sicológico o moral del protagonista; la *comedia burguesa*, la *comedia de capa y espada* (*cloak-and-dagger*), la *comedia de enredos* (*comedy of intrigue*), etc.

La Tragicomedia

El nombre de tragicomedia se lo debemos al dramaturgo romano Plauto, del siglo III a. C. En su prólogo a *Anfitrión* (220 a. C.), el personaje Mercurio, dios mensajero y del comercio, consideraba dicha obra como una "tragicomedia" porque en ella se mezclaban reyes y dioses con un sirviente. La tragicomedia se caracteriza por:
• Ser una forma híbrida y popular que combina personajes nobles de la tragedia con personajes de clases más bajas, como los que vemos en la comedia.
• Mezclar los argumentos de la tragedia y la comedia.
• Mostrar un héroe que está a punto de fracasar o al borde de (*on the verge of*) un desastre, pero al final hay un cambio de circunstancias y un final feliz. Los ejemplos de tragicomedia del Renacimiento se inclinan del lado de la tragedia y muestran predilección por protagonistas nobles que viven en mundos cómicos protegidos. Los protagonistas de la tragicomedia moderna, en cambio, se encuentran en un mundo trágico y sin sentido, y actúan de manera bastante ridícula y absurda.

La Farsa

La farsa es una forma de comedia caracterizada por:
• La exageración y malentendidos (*misunderstandings*).
• Personajes unidimensionales y grotescos de las clases bajas.
• Dramatizar situaciones improbables y temas considerados tabú.
• Provocar la risa.
• Funcionar, frecuentemente, como componente de una pieza cómica más grande.
Muchos de las grandes cómicos, como Charlie Chaplin, Buster Keaton, W. C. Fields, y Woody Allen han llevado la farsa al cine, y algunas de las situaciones que vemos en el llamado teatro del absurdo caen en la categoría de farsas.

Melodrama

El término melodrama viene de la palabra griega "melos", que significa "canción", y "drama", que significa "acción", y como forma dramática aparece completamente desarrollada en el siglo XVIII. En los siglos XVIII y XIX se aplicaba a obras con acompañamiento musical, y su popularidad fue inmensa. El melodrama se caracteriza por:

- No seguir un desarrollo basado en los principios de causa y efecto.
- Estar protagonizado por personajes planos y estereotipados.
- Presentar situaciones fuera de lo normal que provocan fuertes emociones en el público debido a sus elementos sentimentales y lacrimógenos (*tear-producing*).
- Ofrecer soluciones claras y simples a los problemas de la humanidad.
- Presentar una visión optimista de la condición humana.
- Mostrar al público un héroe que triunfa al final y defiende los valores convencionales de la sociedad —familia, nación, y honor.

Los hermanos Quintero: *Mañana de sol*

Vida, obra y crítica

Serafín Álvarez Quintero (1871–1938) y **Joaquín Álvarez Quintero** (1873–1944), más conocidos como "los hermanos Quintero", nacieron en un pueblo de la provincia de Sevilla, España. En 1889 se mudaron a Sevilla, y aquí se ganaron la vida trabajando para el Ministerio de Hacienda (*IRS*) y colaborando en algunas publicaciones, como *El diablo cojuelo*. Pocos años después se desplazaron (*moved*) a Madrid, donde se dedicaron exclusivamente a la literatura. En 1907 recibieron la Cruz de Alfonso XII y en 1920 y 1925, respectivamente, Serafín y su hermano fueron elegidos miembros de la Real Academia Española de la Lengua.

Los hermanos Quintero debutaron (*made their début*) en el teatro en 1888, con la obra *Esgrima y amor*, representada en el Teatro Cervantes de Sevilla. El éxito de esta obra los llevó a Madrid, donde llegaron a componer unas doscientos obras dramáticas. Aunque escribieron dramas, su mayor éxito lo obtuvieron con la representación de sus comedias, sainetes, libretos de zarzuela y piezas cómicas. Además de la obra anterior, merecen mención las siguientes obras dramáticas: *El ojito derecho* (1897), *Las flores* (1901), *Mañana de sol* (1905), *Puebla de las mujeres* (1912), y *Mariquilla Terremoto* (1930); y entre sus libretos de zarzuela destacan *Diana cazadora* (1915) y *La reina mora* (1903).

Los hermanos Quintero, junto con Carlos Arniches, son los representantes más notables del teatro costumbrista español del siglo XX. Este tipo de teatro se caracteriza por su brevedad, y por tener como objetivo principal entretener al público representando costumbres y tradiciones del pueblo español sin abordar (*dealing*) los verdaderos problemas sociales del país. En el teatro de los hermanos Quintero abundan elementos cómicos, diálogos que fluyen con naturalidad, y personajes graciosos que, en muchos casos, caen en la categoría de tipos. Estas cualidades les sirvieron para que, en los años treinta, el cine les pidiera que escribieran algunos guiones cinematográficos.

A pesar de su talento, se les ha criticado por dar una visión "rosa" de la condición humana y por su excesivo sentimentalismo.

Guía de lectura

Mañana de sol es uno de los sainetes más populares de los hermanos Quintero. Los sainetes solían representarse en el intermedio de una obra de tres actos o al final de ésta, y se caracterizan por su brevedad, su carácter cómico, y por dramatizar las costumbres o tradiciones de las clases bajas. Los precedentes del sainete los encontramos en los "pasos" de Lope Rueda, del siglo XVI, los "entremeses" de Miguel de Cervantes en el siglo XVII, los sainetes de Ramón de la Cruz en el siglo XVIII, y los sainetes de Ricardo de la Vega en el siglo XIX.

En el sainete que hemos seleccionado, los hermanos Quintero dramatizan la conversación de dos ancianos mientras comparten el banco de un parque. El diálogo se inicia con una disputa sobre quién tiene derecho a sentarse en dicho banco, y continúa hasta llegar al descubrimiento de una experiencia que ambos compartieron en su adolescencia. En este sainete, con algunas dosis de humor y unos diálogos que fluyen con naturalidad, vemos dos personajes que terminan despertándonos una profunda simpatía por los sentimientos que comparten y que, simultáneamente, se ocultan. Son personajes realistas y creíbles que recrean, con toques de fantasía, el futuro que cada uno de ellos tuvo después de esa experiencia compartida en su adolescencia. La obra, que ha sido traducida a varios idiomas, expande el tema de una de las "doloras" de Ramón de Campoamor, poeta español del siglo XIX. Las "doloras" y las "humoradas" son breves poemas en los que encontramos, respectivamente, elementos irónicos y cómicos. La "dolora" que inspira a los hermanos Quintero es la dolora XLIII, citada textualmente dentro del sainete.

Mañana de sol

Personajes

DOÑA LAURA   DON GONZALO
PETRA   JUANITO

Lugar apartado[1] de un paseo público, en Madrid. Un banco[2] a la izquierda del actor. Es una mañana de otoño templada[3] y alegre.

---

[1]*remote* [2]*bench* [3]*fair*

(DOÑA LAURA y PETRA *salen por la derecha.* DOÑA LAURA *es una viejecita setentona,*[4] *muy pulcra,*[5] *de cabellos*[6] *muy blancos y manos muy finas y bien cuidadas. Aunque está en la edad de chochear,*[7] *no chochea. Se apoya*[8] *de una mano en una sombrilla,*[9] *y de la otra en el brazo de* PETRA, *su criada.*)

DOÑA LAURA: Ya llegamos . . . Gracias a Dios. Temí que me hubieran quitado el sitio. Hace una mañanita tan templada . . .

PETRA: Pica el sol.[10]

DOÑA LAURA: A ti, que tienes veinte años. (*Siéntase en el banco.*) ¡Ay! . . . Hoy me he cansado más que otros días. (*Pausa. Observando a* PETRA, *que parece impaciente.*) Vete, si quieres, a charlar con tu guarda.

PETRA: Señora, el guarda no es mío; es del jardín.

DOÑA LAURA: Es más tuyo que del jardín. Anda en su busca, pero no te alejes.[11]

PETRA: Está allí esperándome.

DOÑA LAURA: Diez minutos de conversación, y aquí en seguida.

PETRA: Bueno, señora.

DOÑA LAURA: (*Deteniéndola.*) Pero escucha.

PETRA: ¿Qué quiere usted?

DOÑA LAURA: ¡Que te llevas las miguitas[12] de pan!

PETRA: Es verdad; ni sé dónde tengo la cabeza.

DOÑA LAURA: En la escarapela[13] del guarda.

PETRA: Tome usted. (*Le da un cartucho*[14] *de papel pequeñito y se va por la izquierda.*)

DOÑA LAURA: Anda con Dios. (*Mirando hacia los árboles de la derecha.*) Ya están llegando los tunantes.[15] ¡Cómo me han cogido la hora![16] (*Se levanta, va hacia la derecha y arroja adentro, en tres puñaditos,*[17] *las migas de pan.*) Éstas, para los más atrevidos . . .[18] Éstas, para los más glotones . . . Y éstas, para los más granujas,[19] que son los más chicos . . .[20] Je . . . (*Vuelve a su banco y desde él observa complacida el festín de los pájaros.*) Pero, hombre, que siempre has de bajar tú el primero. Porque eres el mismo: te conozco. Cabeza gorda, boqueras[21] grandes . . . Igual a mi administrador. Ya baja otro. Y otro. Ahora dos juntos. Ahora tres. Ese chico va a llegar hasta aquí. Bien; muy bien; aquél coge su miga y se va a una rama a comérsela. Es un filósofo. Pero, ¡qué nube! ¿De dónde salen tantos? Se conoce que ha corrido la voz . . .[22] Je, je . . . Gorrión[23] habrá que venga desde la Guindalera.[24] Je, je. Vaya, no pelearse[25] que hay para todos. Mañana traigo más.

---

[4]en sus setenta años [5]neat [6]pelo [7]to be senile [8]she leans [9]umbrella [10]it's hot [11]no vayas muy lejos [12]crumbs [13]cockade [14]roll [15]rascals [16]"¡Cómo . . . la hora!": ya saben a qué hora llego [17]little handfuls [18]daring [19]roguish [20]pequeños [21]esquinas de la boca [22]"ha . . . voz": *the word has gotten out* [23]*sparrow* [24]barrio de Madrid [25]*don't fight*

(*Salen* DON GONZALO y JUANITO *por la izquierda del foro.*[26] DON GONZALO *es un viejo contemporáneo de doña* LAURA, *un poco cascarrabias.*[27] *Al andar arrastra*[28] *los pies. Viene de mal temple*[29] *del brazo de* JUANITO, *su criado.*)

DON GONZALO: Vagos,[30] más que vagos . . . Más valía que estuvieran diciendo misa . . .
JUANITO: Aquí se puede usted sentar: no hay más que una señora.

(DOÑA LAURA *vuelve la cabeza y escucha el diálogo.*)

DON GONZALO: No me da la gana, Juanito. Yo quiero un banco solo.
JUANITO: ¡Si no lo hay!
DON GONZALO: ¡Es que aquél es mío!
JUANITO: Pero si se han sentado tres curas . . .
DON GONZALO: ¡Pues que se levanten! . . . ¿Se levantan, Juanito?
JUANITO: ¡Qué se han de levantar! Allí están de charla.
DON GONZALO: Como si los hubieran pegado[31] al banco . . . No; si cuando los curas cogen un sitio . . . ¡cualquiera los echa![32] Ven por aquí, Juanito, ven por aquí.

(*Se encamina hacia la derecha resueltamente.*[33] JUANITO *lo sigue.*)

DOÑA LAURA: (*Indignada.*) ¡Hombre de Dios!
DON GONZALO: (*Volviéndose.*)[34] ¿Es a mí?
DOÑA LAURA: Sí, señor, a usted.
DON GONZALO: ¿Qué pasa?
DOÑA LAURA: ¡Que me ha espantado[35] usted los gorriones, que estaban comiendo miguitas de pan!
DON GONZALO: ¿Y yo qué tengo que ver con los gorriones?[36]
DOÑA LAURA: ¡Tengo yo!
DON GONZALO: ¡El paseo es público!
DOÑA LAURA: Entonces no se queje usted de que le quiten el asiento los curas.
DON GONZALO: Señora, no estamos presentados.[37] No sé por qué se toma usted la libertad de dirigirme la palabra. Sígueme, Juanito.

(*Se van los dos por la derecha.*)

DOÑA LAURA: ¡El demonio del viejo! No hay como[38] llegar a cierta edad para ponerse impertinente. (*Pausa.*) Me alegro; le han quitado aquel banco también. ¡Anda! para que me espante los pajaritos. Está furioso . . . Sí, sí; busca, busca. Como[39] no te sien-

---

[26]parte trasera del escenario [27]*grumpy* [28]*he drags* [29]*humor* [30]*lazy bums* [31]*they had glued* [32]"¡cualquiera . . . echa!": nadie los puede echar [33]con determinación [34]*turning around* [35]*frightened* [36]"¿Y . . . gorriones?": *and what do I have to do with the sparrows?* [37]*introduced* [38]"No hay como": no hay nada como [39]*unless*

65   tes en el sombrero . . . ¡Pobrecillo! Se limpia el sudor . . . Ya viene, ya viene . . . Con los pies levanta más polvo[40] que un coche.

DON GONZALO: (*Saliendo por donde se fue y encaminándose*[41] *a la izquierda.*) ¿Se habrán ido los curas, Juanito?

JUANITO: No sueñe usted con eso, señor. Allí siguen.

70   DON GONZALO: ¡Por vida . . .! (*Mirando a todas partes perplejo.*) Este Ayuntamiento[42] que no pone más bancos para estas mañanas de sol . . . Nada, que me tengo que conformar con el de la vieja (*Refunfuñando,*[43] *se sienta al otro extremo que* DOÑA LAURA, *y la mira con indignación.*) Buenos días.

DOÑA LAURA: ¡Hola! ¿Usted por aquí?

75   DON GONZALO: Insisto en que no estamos presentados.

DOÑA LAURA: Como me saluda usted, le contesto.

DON GONZALO: A los buenos días se contesta con los buenos días, que es lo que ha debido usted hacer.

DOÑA LAURA: También usted ha debido pedirme permiso para sentarse en este banco
80   que es mío.

DON GONZALO: Aquí no hay bancos de nadie.

DOÑA LAURA: Pues usted decía que el de los curas era suyo.

DON GONZALO: Bueno, bueno, bueno . . . se concluyó. (*Entre dientes.*)[44] Vieja chocha . . .[45] Podía estar haciendo calceta.[46]

85   DOÑA LAURA: No gruña[47] usted porque no me voy.

DON GONZALO: (*Sacudiéndose*[48] *las botas con el pañuelo.*) Si regaran[49] un poco más, tampoco perderíamos nada.

DOÑA LAURA: Ocurrencia[50] es: limpiarse las botas con el pañuelo de la nariz.

DON GONZALO: ¿Eh?

90   DOÑA LAURA: ¿Se sonará usted con un cepillo?[51]

DON GONZALO: ¿Eh? Pero, señora, ¿con qué derecho . . . ?

DOÑA LAURA: Con el de vecindad.[52]

DON GONZALO: (*Cortando por lo sano.*)[53] Mira, Juanito, dame el libro; que no tengo ganas de oír más tonterías.

95   DOÑA LAURA: Es usted muy amable.

DON GONZALO: Si no fuera usted tan entrometida . . .[54]

DOÑA LAURA: Tengo el defecto de decir todo lo que pienso.

DON GONZALO: Y el de hablar más de lo que conviene.[55] Dame el libro, Juanito.

---

[40]*dust*   [41]*yendo*   [42]*city government*   [43]*grumbling*   [44]*muttering*   [45]*senile*   [46]"haciendo calceta": *knitting*   [47]*don't growl*   [48]*limpiándose*   [49]"Si regaran": *if they watered*   [50]¡Qué idea!   [51]"¿Se . . . cepillo?": *do you blow your nose with a shoebrush?*   [52]*neighborhood*   [53]"Cortando . . . sano": terminando la discusión   [54]*nosy*   [55]es necesario

JUANITO: Vaya, señor. (*Saca del bolsillo un libro y se lo entrega.*)

(*Paseando luego por el foro, se aleja hacia la derecha y desaparece.* DON GONZALO, *mirando a* DOÑA LAURA *siempre con rabia, se pone unas gafas prehistóricas, saca una gran lente,[56] y con el auxilo de toda esa cristalería[57] se dispone a leer.*)

DOÑA LAURA: Creí que iba usted a sacar ahora un telescopio.
DON GONZALO: ¡Oiga usted!
DOÑA LAURA: Debe usted de tener muy buena vista.
DON GONZALO: Como cuatro veces mejor que usted.
DOÑA LAURA: Ya, ya se conoce.
DON GONZALO: Algunas liebres[58] y algunas perdices[59] lo pudieran atestiguar.[60]
DOÑA LAURA: ¿Es usted cazador?[61]
DON GONZALO: Lo he sido . . . Y aún . . . aún . . .
DOÑA LAURA: ¿Ah, sí?
DON GONZALO: Sí, señora. Todos los domingos, ¿sabe usted? cojo mi escopeta[62] y mi perro, ¿sabe usted? y me voy a una finca[63] de mi propiedad, cerca de Aravaca . . .[64] A matar el tiempo, ¿sabe usted?
DOÑA LAURA: Sí, como no mate usted el tiempo . . . ¡lo que es otra cosa!
DON GONZALO: ¿Conque no? Ya le enseñaría yo a usted una cabeza de jabalí[65] que tengo en mi despacho.[66]
DOÑA LAURA: ¡Toma![67] Y yo a usted una piel de tigre que tengo en mi sala. ¡Vaya un argumento![68]
DON GONZALO: Bien está, señora. Déjeme usted leer. No estoy por darle a usted más palique.[69]
DOÑA LAURA: Pues con callar, hace usted su gusto.
DON GONZALO: Antes voy a tomar un polvito. (*Saca una caja de rapé.*)[70] De esto sí le doy. ¿Quiere usted?
DOÑA LAURA: Según.[71] ¿Es fino?
DON GONZALO: No lo hay mejor. Le agradará.
DOÑA LAURA: A mí me descarga mucho la cabeza.[72]
DON GONZALO: Y a mí.
DOÑA LAURA: ¿Usted estornuda?[73]
DON GONZALO: Sí, señora: tres veces.
DOÑA LAURA: Hombre, y yo otras tres: ¡qué casualidad!

[56]*magnifying glass* [57]*glassware* [58]*hares* [59]*partridges* [60]*testify to it* [61]*hunter* [62]*shotgun* [63]*ranch* [64]*localidad cercana a Madrid* [65]*wild boar* [66]*oficina* [67]*come on!* [68]"¡Vaya . . . argumento!": ¡qué justificación tan estúpida! [69]"No . . . palique": no quiero continuar conversando con usted [70]*snuff* [71]*it depends* [72]"A . . . cabeza": *it clears my head* [73]*do you sneeze?*

(*Después de tomar cada uno su polvito, aguardan*[74] *los estornudos haciendo visajes,*[75] *y estornudan alternativamente.*)

DOÑA LAURA: ¡Ah... chis!
135 DON GONZALO: ¡Ah... chis!
DOÑA LAURA: ¡Ah... chis!
DON GONZALO: ¡Ah... chis!
DOÑA LAURA: ¡Ah... chis!
DON GONZALO: ¡Ah... chis!
140 DOÑA LAURA: ¡Jesús!
DON GONZALO: Gracias. Buen provechito.[76]
DOÑA LAURA: Igualmente. (Nos ha reconciliado el rapé.)
DON GONZALO: Ahora me va usted a dispensar[77] que lea en voz alta.
DOÑA LAURA: Lea usted como guste; no me incomoda.
145 DON GONZALO: (*Leyendo.*)
    Todo en amor es triste;
      mas, triste y todo, es lo mejor que existe.
De Campoamor, es de Campoamor.
DOÑA LAURA: ¡Ah!
150 DON GONZALO: (*Leyendo.*)
    Las niñas de las madres que amé tanto,
    me besan ya como se besa a un santo.
Éstas son humoradas.
DOÑA LAURA: Humoradas, sí.
155 DON GONZALO: Prefiero las doloras.
DOÑA LAURA: Y yo.
DON GONZALO: También hay algunas en este tomo. (*Busca las doloras y lee.*) Escuche usted ésta:
    Pasan veinte años; vuelve él...
160 DOÑA LAURA: No sé qué me da[78] verlo a usted leer con tantos cristales.
DON GONZALO: ¿Pero es que usted, por ventura,[79] lee sin gafas?
DOÑA LAURA: ¡Claro!
DON GONZALO: ¿A su edad?... Me permito dudarlo.
DOÑA LAURA: Déme usted el libro. (*Lo toma de mano de* DON GONZALO *y lee:*)
165   Pasan veinte años; vuelve él,
      y, al verse, exclaman él y ella:

[74]esperan [75]faces [76]"Buen provechito": *enjoy* [77]excusar [78]"No... da": no sé lo que siento de [79]*by any chance*

—(¡Santo Dios! ¿Y éste es aquél? . . .)
—(¡Dios mío! ¿Y ésta es aquélla? . . .)

(*Le devuelve el libro.*)

DON GONZALO: En efecto: tiene usted una vista envidiable.
DOÑA LAURA: (¡Como que me sé los versos de memoria!)
DON GONZALO: Yo soy muy aficionado a los buenos versos . . . Mucho. Y hasta los compuse en mi mocedad.[80]
DOÑA LAURA: ¿Buenos?
DON GONZALO: De todo había.[81] Fui amigo de Espronceda, de Zorrilla, de Bécquer . . .[82] A Zorrilla lo conocí en América.
DOÑA LAURA: ¿Ha estado usted en América?
DON GONZALO: Varias veces. La primera vez fui de seis años.
DOÑA LAURA: ¿Lo llevaría a usted Colón en una carabela?[83]
DON GONZALO: (*Riéndose.*) No tanto, no tanto . . . viejo soy, pero no conocí a los Reyes Católicos.
DOÑA LAURA: Je, je . . .
DON GONZALO: También fui gran amigo de éste: de Campoamor. En Valencia nos conocimos . . . Yo soy valenciano.
DOÑA LAURA: ¿Sí?
DON GONZALO: Allí me crié;[84] allí pasé mi primera juventud . . . ¿Conoce usted aquello?[85]
DOÑA LAURA: Sí, señor. Cercana a Valencia, a dos o tres leguas[86] de camino, había una finca que si aún existe se acordará de mí. Pasé en ella algunas temporadas.[87] De esto hace muchos años; muchos. Estaba próxima al mar, oculta entre naranjos y y limoneros . . . Le decían . . .[88] ¿cómo le decían? . . . *Maricela*.
DON GONZALO: ¿*Maricela*?
DOÑA LAURA: *Maricela*. ¿Le suena a usted el nombre?
DON GONZALO: ¡Ya lo creo![89] Como que si yo no estoy trascordado[90] —con los años se va la cabeza— allí vivió la mujer más preciosa que nunca he visto. ¡Y ya he visto algunas en mi vida! . . . Deje[91] usted, deje usted. Su nombre era Laura . . . El apellido no lo recuerdo . . . (*Haciendo memoria.*)[92] Laura . . . Laura . . . ¡Laura Llorente!
DOÑA LAURA: Laura Llorente . . .
DON GONZALO: ¿Qué?

[80]*youth* [81]"De . . . había": *there were all kinds* [82]poetas románticos españoles del siglo XIX [83]tipo de barco [84]*I grew up* [85]esa región [86]una legua es, aproximadamente, cinco kilómetros [87]períodos de tiempo [88]llamaban [89]"¡Ya . . . creo!": por supuesto [90]equivocado [91]espere [92]"Haciendo memoria": tratando de recordar

200 (*Se miran con atracción misteriosa.*)

DOÑA LAURA: Nada . . . Me está usted recordando a mi mejor amiga.

DON GONZALO: ¡Es casualidad!

DOÑA LAURA: Sí que es peregrina[93] casualidad. La *Niña de Plata*.

DON GONZALO: La *Niña de Plata* . . . Así le decían los huertanos[94] y los pescadores. ¿Querrá usted creer que la veo ahora mismo, como si la tuviera presente, en aquella ventana de las campanillas[95] azules? . . . ¿Se acuerda usted de aquella ventana?

DOÑA LAURA: Me acuerdo. Era la de su cuarto. Me acuerdo.

DON GONZALO: En ella se pasaba horas enteras. En mis tiempos, digo.

DOÑA LAURA: (*Suspirando.*)[96] Y en los míos también.

DON GONZALO: Era ideal, ideal . . . Blanca como la nieve . . . Los cabellos muy negros . . . Los ojos muy negros y muy dulces . . . De su frente parecía que brotaba[97] luz . . . Su cuerpo era fino, esbelto,[98] de curvas muy suaves . . .

¡Qué formas de belleza soberana[99]
modela Dios en la escultura humana!

Era un sueño, era un sueño . . .

DOÑA LAURA: (¡Si supieras que la tienes al lado, ya verías lo que los sueños valen!) Yo la quise de veras,[100] muy de veras. Fue muy desgraciada.[101] Tuvo unos amores muy tristes.

DON GONZALO: Muy tristes.

220 (*Se miran de nuevo.*)

DOÑA LAURA: ¿Usted lo sabe?

DON GONZALO: Sí.

DOÑA LAURA: (¡Qué cosas hace Dios! Este hombre es aquél.)

DON GONZALO: Precisamente el enamorado galán,[102] si es que nos referimos los dos al mismo caso . . .

DOÑA LAURA: ¿Al del duelo?[103]

DON GONZALO: Justo: al del duelo. El enamorado galán era . . . era un pariente mío, un muchacho de toda mi predilección.

DOÑA LAURA: Ya, vamos, ya. Un pariente . . . A mí me contó ella en una de sus últimas cartas, la historia de aquellos amores, verdaderamente románticos.

DON GONZALO: Platónicos. No se hablaron nunca.

DOÑA LAURA: Él, su pariente de usted, pasaba todas las mañanas a caballo por la veredilla[104] de los rosales[105] y arrojaba[106] a la ventana un ramo[107] de flores, que ella cogía.

---

[93]extraña [94]farmers [95]flores [96]sighing [97]gushed forth [98]slender [99]suprema [100]mucho [101]infeliz [102]hombre [103]"¿Al . . . duelo?": *to the one in the duel?* [104]path [105]rose bushes [106]tiraba [107]bouquet

DON GONZALO: Y luego, a la tarde, volvía a pasar el gallardo jinete,[108] y recogía un ramo de flores que ella le echaba. ¿No es esto?

DOÑA LAURA: Eso es. A ella querían casarla con un comerciante, un cualquiera,[109] sin más títulos que el de enamorado.

DON GONZALO: Y una noche que mi pariente rondaba[110] la finca para oírla cantar, se presentó de improviso[111] aquel hombre.

DOÑA LAURA: Y le provocó.

DON GONZALO: Y se enzarzaron.[112]

DOÑA LAURA: Y hubo desafío.[113]

DON GONZALO: Al amanecer[114] en la playa. Y allí se quedó malamente herido el provocador. Mi pariente tuvo que esconderse primero, y luego que huir.

DOÑA LAURA: Conoce usted al dedillo[115] la historia.

DON GONZALO: Y usted también.

DOÑA LAURA: Ya le he dicho a usted que ella me la contó.

DON GONZALO: Y mi pariente a mí... (Esta mujer es Laura... ¡Qué cosas hace Dios!)

DOÑA LAURA: (No sospecha quién soy: ¿para qué decírselo? Que conserve aquella ilusión...)

DON GONZALO: (No presume que habla con el galán... ¿Qué ha de presumirlo?... Callaré.)

(*Pausa.*)

DOÑA LAURA: ¿Y fue usted, acaso, quien le aconsejó a su pariente que no volviera a pensar en Laura? (¡Anda con ésa!)[116]

DON GONZALO: ¿Yo? ¡Pero si mi pariente no la olvidó un segundo!

DOÑA LAURA: Pues ¿cómo se explica su conducta?

DON GONZALO: ¿Usted sabe?... Mire usted, señora: el muchacho se refugió primero en mi casa —temeroso[117] de las consecuencias del duelo con aquel hombre, muy querido allá— luego se trasladó[118] a Sevilla; después vino a Madrid. Le escribió a Laura ¡qué sé yo el número de cartas! —algunas en verso, me consta—.[119] Pero sin duda las debieron de interceptar los padres de ella, porque Laura no contestó. Gonzalo, entonces, desesperado, desengañado,[120] se incorporó al ejército de África, y allí, en una trinchera[121] encontró la muerte, abrazado a la bandera[122] española y repitiendo el nombre de su amor: Laura... Laura... Laura...

DOÑA LAURA: (¡Qué embustero!)[123]

DON GONZALO: (No me he podido matar de un modo más gallardo.)[124]

[108]"gallardo jinete": *handsome horseman* [109]*nobody* [110]*was making the rounds of* [111]"de improviso": *inesperadamente* [112]*they quarreled* [113]*challenge* [114]*at dawn* [115]*muy bien los detalles* [116]"¡Anda... ésa!": *take that!* [117]*fearful* [118]*he moved* [119]*estoy seguro* [120]*dissillusioned* [121]*trench* [122]*flag* [123]*mentiroso* [124]*elegante*

DOÑA LAURA: ¿Sentiría usted a par del alma[125] esa desgracia?

DON GONZALO: Igual que si se tratase de mi persona. En cambio, la ingrata, quién sabe si estaría a los dos meses cazando mariposas en su jardín, indiferente a todo...

DOÑA LAURA: Ah, no señor; no señor...

DON GONZALO: Pues es condición de mujeres.

DOÑA LAURA: Pues aunque sea condición de mujeres, la *Niña de Plata* no era así. Mi amiga esperó noticias un día, y otro, y otro... y un mes, y un año... y la carta no llegaba nunca. Una tarde, a la puesta del sol,[126] con el primer lucero[127] de la noche, se la vio salir resuelta[128] camino de la playa... de aquella playa donde el predilecto[129] de su corazón se jugó[130] la vida. Escribió su nombre en la arena —el nombre de él— y se sentó luego en una roca, fija la mirada en el horizonte. Las olas murmuraban su monólogo eterno... e iban poco a poco cubriendo la roca en que estaba la niña... ¿Quiere usted saber más? Acabó de subir la marea...[131] y la arrastró[132] consigo...

DON GONZALO: ¡Jesús!

DOÑA LAURA: Cuentan los pescadores de la playa que en mucho tiempo no pudieron borrar[133] las olas aquel nombre escrito en la arena. (¡A mí no me ganas[134] tú a finales poéticos!)

DON GONZALO: (¡Miente más que yo!)

(*Pausa.*)

DOÑA LAURA: ¡Pobre Laura!

DON GONZALO: ¡Pobre Gonzalo!

DOÑA LAURA: (¡Yo no le digo que a los dos años me casé con un fabricante de cervezas!)

DON GONZALO: (¡Yo no le digo que a los tres meses me largué[135] a París con una bailarina!)

DOÑA LAURA: Pero, ¿ha visto usted cómo nos ha unido la casualidad, y cómo una aventura añeja[136] ha hecho que hablemos lo mismo que si fuéramos amigos antiguos?

DON GONZALO: Y eso que empezamos riñendo.[137]

DOÑA LAURA: Porque usted me espantó los gorriones.

DON GONZALO: Venía muy mal templado.

DOÑA LAURA: Ya, ya lo vi. ¿Va usted a volver mañana?

DON GONZALO: Si hace sol, desde luego. Y no sólo no espantaré los gorriones, sino que también les traeré miguitas...

[125]"a...alma": profundamente [126]"puesta...sol": *sunset* [127]estrella [128]*resolutely* [129]favorito [130]*gambled* [131]*tide* [132]*it dragged away* [133]*to erase* [134]*beat* [135]fui [136]vieja [137]"Y...riñendo": *in spite the fact we started arguing*

DOÑA LAURA: Muchas gracias, señor. Son buena gente; se lo merecen todo. Por cierto que no sé dónde anda mi chica . . . (*Se levanta*.) ¿Qué hora será ya?

DON GONZALO: (*Levantándose*.) Cerca de las doce. También ese bribón[138] de Juanito. (*Va hacia la derecha*.)

DOÑA LAURA: (*Desde la izquierda del foro, mirando hacia dentro*.) Allí la diviso con su guarda . . . (*Hace señas con la mano para que se acerque*.)[139]

DON GONZALO: (*Contemplando, mientras, a la señora*.) (No . . . no me descubro . . . Estoy hecho un mamarracho tan grande . . .[140] Que recuerde siempre al mozo que pasaba al galope y le echaba las flores a la ventana de las campanillas azules.

DOÑA LAURA: ¡Qué trabajo le ha costado despedirse! Ya viene.

DON GONZALO: Juanito, en cambio . . . ¿Dónde estará Juanito? Se habrá engolfado[141] con alguna niñera.[142] (*Mirando hacia la derecha primero, y haciendo señas como doña Laura después*.) Diablo de muchacho . . .

DOÑA LAURA: (*Contemplando al viejo*.) (No . . . no me descubro . . . Estoy hecha una estantigua . . .[143] Vale más que recuerde siempre a la niña de los ojos negros, que le arrojaba las flores cuando él pasaba por la veredilla de los rosales . . .)

(JUANITO *sale por la derecha y* PETRA *por la izquierda*. PETRA *trae un manojo*[144] *de violetas*.)

DOÑA LAURA: Vamos, mujer; creí que no llegabas nunca.

DON GONZALO: Pero, Juanito, ¡por Dios! que son las tantas . . .[145]

PETRA: Estas violetas me ha dado mi novio para usted.

DOÑA LAURA: Mira qué fino . . . Las agradezco mucho . . . (*Al cogerlas se le caen dos o tres al suelo*.) Son muy hermosas . . .

DON GONZALO: (*Despidiéndose*.) Pues, señora mía, yo he tenido un honor muy grande . . . un placer inmenso . . .

DOÑA LAURA: (*Lo mismo*.) Y yo una verdadera satisfacción . . .

DON GONZALO: ¿Hasta mañana?

DOÑA LAURA: Hasta mañana.

DON GONZALO: Si hace sol . . .

DOÑA LAURA: Si hace sol . . . ¿Irá usted a su banco?

DON GONZALO: No, señora; que vendré a éste.

DOÑA LAURA: Este banco es muy de usted.

(*Se ríen*.)

---

[138]*rascal* [139]*to approach* [140]"*Estoy . . . grande*": *I have become such an scarecrow* [141]*he will have got involved* [142]*babysitter* [143]*hag* [144]*bunch* [145]"*son . . . tantas*": *es muy tarde*

DON GONZALO: Y repito que traeré miga para los gorriones...

(*Vuelven a reírse.*)

345 DOÑA LAURA: Hasta mañana.
DON GONZALO: Hasta mañana.

(DOÑA LAURA *se encamina con* PETRA *hacia la derecha.* DON GONZALO, *antes de irse con* JUANITO *hacia la izquierda, tembloroso y con gran esfuerzo se agacha*[146] *a coger las violetas caídas.* DOÑA LAURA *vuelve naturalmente el rostro y lo ve.*)

350 JUANITO: ¿Qué hace usted, señor?
DON GONZALO: Espera, hombre, espera...
DOÑA LAURA: (No me cabe[147] duda; es él...)
DON GONZALO: (Estoy en lo firme;[148] es ella...)

(*Después de hacerse un nuevo saludo de despedida.*)

355 DOÑA LAURA: (¡Santo Dios! ¿y éste es aquél?...)
DON GONZALO: (¡Dios mío! ¿y ésta es aquélla?...)

(*Se van, apoyado cada uno en el brazo de su servidor y volviendo las caras sonrientes, como si él pasara por la veredilla de los rosales y ella estuviera en la ventana de las campanillas azules.*)

Telón

Preguntas de comprensión

1. ¿Cómo es descrita doña Laura?
2. ¿Adónde va Petra cuando se separa de doña Laura?
3. ¿Por qué no se puede sentar don Gonzalo en el banco que considera suyo?
4. ¿Por qué se enfada doña Laura con don Gonzalo al principio de su encuentro?
5. ¿Tiene problemas con la vista don Gonzalo? ¿Cómo lo sabemos?
6. ¿Qué hobby tiene don Gonzalo los domingos?
7. ¿Por qué no se materializó el matrimonio de los dos jóvenes enamorados?
8. Según los protagonistas del sainete, ¿cómo murieron el pariente de don Gonzalo y Laura Llorente?
9. ¿Qué le promete al final del sainete don Gonzalo a Laura?

---

[146]*he bends over*   [147]tengo   [148]"en lo firme": seguro

Análisis crítico

1. Comente la división de la obra en sus distintas partes —explicación, complicación, climax...—. ¿Sigue esta obra la regla de "las tres unidades"?
2. ¿Dentro de qué forma dramática podríamos incluir esta obra? ¿Qué convenciones de esta forma dramática sigue?
3. ¿Cuál es el tema de la obra? Relacione los fragmentos poéticos de Ramón Campoamor con el tema de la obra.
4. ¿Qué elementos irónicos y cómicos encuentra en este sainete?
5. ¿Cómo se describe la relación amorosa de Laura Llorente y el pariente de don Gonzalo?
6. Al final del sainete vemos cómo se le caen a doña Laura dos o tres violetas que le dio a Petra su novio. ¿Cómo relacionaría este hecho anecdótico con el tema principal de la obra?
7. ¿Qué explicación podría dar a las partes o textos entre paréntesis?
8. ¿Por qué no se revelan los protagonistas su verdadera identidad?
9. ¿Qué actantes hay en la obra?
10. Comente el tipo de escenario y escenografía que podría utilizar un director de teatro en la representación de esta obra.

Mesa redonda

Hay un elemento metateatral, de una obra dramática dentro de otra (*play within a play*), en este sainete. Con sus compañeros de grupo discuta el significado de la representación dramática que llevan a cabo los protagonistas dentro de este sainete.

Sea creativo

La obra concluye con una despedida de los dos protagonistas del sainete y una cita para el día siguiente. Escriba un diálogo, de una o dos páginas, sobre la posible conversación que tendrán doña Laura y don Gonzalo en su siguiente reencuentro.

Investigación

Escoja uno de los sainetes de los hermanos Quintero, o de uno de los autores mencionados en la guía de lectura, o del uruguayo Florencio Sánchez, y comente los elementos o aspectos dramáticos que lo caracterizan como sainete.

Unidad 2. El Espectáculo Teatral

I. Arquitectura del Teatro

En la historia del teatro, el espacio escénico ha sido interpretado de distintas maneras. En sus comienzos, el espacio y la forma del teatro griego fueron concebidos a imitación de un lugar sagrado dedicado al dios Dionisio, y su elemento arquitectónico más importante era un altar dedicado a este dios. Desde los clásicos griegos hasta hoy día las formas arquitectónicas del teatro han experimentado notables cambios, y estos cambios han tenido una considerable influencia en la creación y representación de las obras dramáticas, y en la manera cómo el espectador las ve.

El teatro griego, el primero del que tenemos noticia en el mundo occidental, se encontraba al aire libre (*outdoors*), como el romano, y se hallaba dividido en cuatro partes: 1. Un *semicírculo*, *graderío* o *auditorio*, destinado para el público, cuyas gradas (*tiers*) se disponían sobre la vertiente (*slope*) de una colina (*hill*). 2. Un *círculo*, u *orchestra*, donde los coros cantaban y bailaban acompañando el desarrollo de la acción dramática, y en cuyo centro estaba el altar dedicado a Dionisio. 3. Una *plataforma*, o *proscenio*, donde se representaba el drama y a la que se accedía o llegaba desde la orchestra a través de unas escaleras. Y 4. Una parte posterior, el *escenario*, o *skené*, donde los actores se cambiaban de ropa y de máscara.

Es importante mencionar que los griegos inventaron varios artefactos mecánicos (*mechanical devices*) que contribuyeron a la creación de ciertos efectos especiales. Los más conocidos eran el *deus ex machina*, que era una especie de grúa (*crane*) que servía para subir y bajar a un personaje en funciones de Dios; y una plataforma movible con ruedas —*ecciclema*— que se desplazaba (*moved*) del escenario o skené hacia la orchestra, y servía para revelar al público hechos acontecidos en el interior de este escenario, como el cuerpo sin vida de alguien asesinado en una conjura (*conspiracy*).

A diferencia del teatro griego, el romano no se construyó sobre una colina, sino sobre una superficie plana. Además, el escenario era más grande y muy decorado; la orchestra era más pequeña y de forma semicircular; y el auditorio, que consistía de un semicírculo exacto, era algo menor que el griego.

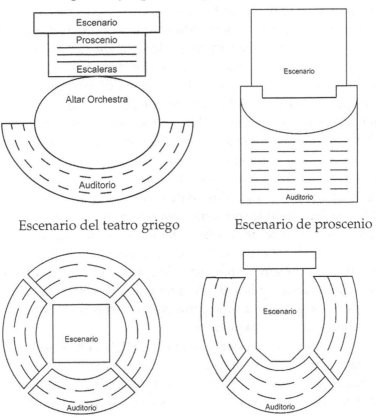

Algunos Ejemplos de Espacios Escénicos

Escenario del teatro griego   Escenario de proscenio

Escenario arena   Escenario de corbata

Después de varios siglos de escasa actividad dramática, el teatro resurgió en la Edad Media con dramas litúrgicos de tema religioso que se representaban fuera de la iglesia, y en este período se usaron varios tipos de escenarios. Uno de ellos fue el escenario consistente en una plataforma con una cortina (*curtain*) en la parte trasera (*in the back*); y otro tipo consistía de dos o tres escenarios que se utilizaban simultáneamente durante la representación de obras religiosas. En el siglo XVI aparece un tipo de teatro muy importante: el *corral de comedias*. El *corral de comedias* era una casa, o edificio grande, que constaba de una serie de galerías, para uso del público –*auditorio*–, que rodeaban (*surrounded*) la planta baja (*ground floor*) del corral donde se encontraba el *escenario*, el cual consistía de una plataforma saliente (*protuberant*). Además de este escenario había otro en la parte trasera que estaba cubierto con una cortina, y las representaciones dramáticas tenían lugar al aire libre.

En el siglo XVII, en el año 1618 exactamente, se acabó de construir el teatro Farnese de Parma –Italia–, y con él nace el primer *escenario de proscenio* moderno. El diseño de este escenario, que se generalizó en toda la Europa occidental, consistía de una pequeña plataforma saliente rectangular, el *arco del proscenio*, y un *escenario* detrás y unido a esta plataforma. El escenario estaba situado a un nivel superior al de la primera fila de asientos, y tenía una cortina que lo separaba del *auditorio*. La abertura en la pared, a través de la cual se ve la representación dramática, enmarca (*frames*) la representación dramática y crea una especie de "ventana" para que la audiencia vea la acción dramática. A esta parte del escenario que da a la audiencia se le llama *cuarta pared*, y cuando el actor se dirige al público directamente en una representación dramática decimos que "está rompiendo la cuarta pared". Claramente, el escenario proscenio sitúa a los actores y al público en dos dominios diferentes, los primeros actúan, y los segundos ven una obra y necesitan ser convencidos de que lo que ven a través de una "pared transparente" es la ilusión de una realidad creada por los actores dentro de una habitación. Todo lo que vemos en este tipo de escenario tiene una doble dimensión, y por ello el diseñador debe tratar de crear profundidad y resaltar la presencia tridimensional de los actores. Algunas de las objeciones que se han hecho a este tipo de espacio escénico son la dificultad de realizar el cambio de escenografía en obras con muchas escenas, y la falta de interacción directa entre actores y público. Estas objeciones dieron lugar a la experimentación con nuevos tipos de escenario, como el *escenario arena* y el *escenario de corbata*.

Hacia 1940 se experimentó extensamente en EE.UU. con el *escenario arena*, o circular, caracterizado por tener un *auditorio* que rodea el *escenario*, y por crear mayor intimidad o acercamiento entre el público y los actores. A diferencia del *escenario de proscenio*, donde los espectadores ven a los actores casi sólo frontalmente, con el *escenario arena* se crea la novedad de la multiplicidad de perspectivas, ya que el público ve a los actores en tres dimensiones. Como inconvenientes de este *escenario* se pueden citar la casi imposibilidad de colocar decorados, el que los espectadores ven a veces de espalda a los actores, y la dificultad de jugar con la luz.

En la segunda mitad del siglo XX se generalizó el *escenario de corbata*, bastante similar al *corral de comedias* en su disposición. Este tipo de escenario consiste de una plataforma que sale como una prolongación del *escenario de proscenio*. El escenario de corbata se encuentra rodeado por el público en unas tres cuartas partes, y tiene como ventajas el hecho de que todos los espectadores pueden ver y oír bien, es fácil pasar de una escena a otra sin necesidad de cambiar de decorado, y se crea entre actores y espectadores un sentido de inmediatez similar al creado por el *escenario arena*. Como inconvenientes de este tipo de *escenario* se han señalado la necesidad de colocar los accesorios (*props*) de tal modo que todos los espectadores, de uno y otro lado, puedan verlos; y la difícil movilidad de los actores en el escenario.

Otros experimentos modernos con el espacio escénico incluyen el *teatro ambiental*, que se representa en un garaje y trata de crear una experiencia comunal al involucrar al público en la acción dramática; el *teatro en la calle*, que consiste en llevar el teatro a las calles o parques y hacer de éstos su escenario; y el conocido como *"espacio encontrado"*, consistente en la utilización o aprovechamiento de un espacio preexistente —unas escaleras, un autobús, una plaza . . .— como escenario de la obra dramática. El objetivo de estos experimentos es el de llevar el teatro al público, en lugar de que éste vaya al teatro.

II. Escenografía

Por *escenografía* entendemos el arte de configurar el espacio escénico, e incluye todos los elementos que lo conforman —decorados, accesorios, vestuario, maquillaje (*make up*), iluminación, etc.—. Debemos aclarar (*clarify*) que el teatro incorpora dos escenarios: el *físico*, que trata de representar el mundo de la obra dramática, y el *ficticio*, que es creado por los actores. Por lo tanto, al estudiar una obra de teatro necesitamos tener en cuenta ambos escenarios.

I. El *escenario físico*. Aunque ya existían elementos ornamentales en el escenario griego, el origen de la escenografía moderna se encuentra en las representaciones teatrales celebradas en las cortes principescas (*princely*) de la Italia renacentista. Es aquí donde, por primera vez, los escenarios del teatro eran pintados con decorados que reflejaban la situación socio-política y religiosa desarrollada en la acción dramática. En el siglo

XIX, la influencia italiana en el mundo de la escenografía dio paso a (*gave way to*) diseños realistas, y las superficies pintadas fueron reemplazadas por accesorios reales y estructuras tridimensionales.

Pero la verdadera revolución en el arte escénico vino de la mano del inglés Gordon Craig (1872–1966) y del suizo Adolph Appia (1862–1928), quienes sentaron (*established*) las bases de una nueva teoría que ponía el decorado al servicio del actor y que privilegiaba el valor plástico de las formas y la iluminación. Craig pensaba que el diseño del escenario debía consistir de un reducido, pero simbólico, número de accesorios; es decir, un diseño simple en el que hubiera una clara relación entre acción y decorado. Además, estaba a favor de los juegos de luz y sombra, y del uso de los colores con valor connotativo. Appia, que también concedía una gran importancia a la luz, propuso diseños que privilegiaran al actor y mantuvieran la atención del público centrada en éste. Poco después, en la década de 1920, el llamado *teatro* épico de Erwin Piscator (1894–1966) y Bertolt Brecht (1898–1956) introdujo algunas novedades en el diseño, como diapositivas (*slides*), posters, mapas, y gráficas para dramatizar las distintas fuerzas sociales representadas por los personajes. Otra contribución destacada a la escenografía fue la del checo Josef Svoboda (1920–2002), quien llegó a proyectar en una pantalla diapositivas y películas durante la representación de una obra de teatro. Más recientemente, los diseñadores han experimentado con la eliminación total del decorado, con excepción de la luz, para impedir distracciones y concentrar la atención del espectador en la obra.

Pasemos ahora a estudiar los elementos que componen el espacio escénico. El diseñador del escenario, con la ayuda de muchos expertos, debe pensar en el *vestuario*, el *maquillaje*, la disposición de los distintos *accesorios* que aparecen en el escenario, y los efectos creados con la *luz* y el *sonido*. Todos estos elementos se unen al texto de la obra para contribuir a una experiencia dramática total. Veamos cada uno de ellos:

El vestuario. La contribución más notable al desarrollo del vestuario moderno viene del duque de Saxemeiningen —Alemania—, considerado el primer director de teatro moderno. Este duque alemán propuso que el vestuario debía ser apropiado a la época histórica, el lugar geográfico, y la clase social de los personajes. La ropa, lo mismo que el resto de la escenografía, sirve para documentar un tiempo y un lugar específicos, contribuye a definir la identidad de los personajes y el significado de sus acciones, ayuda al actor a sentirse más cerca del personaje que representa, y añade color al espectáculo de la representación dramática. Con el paso de los años, los directores de teatro y los diseñadores del vestuario han experimentado de muchas maneras con el vestuario.

El *maquillaje*. El maquillaje sirve para resaltar algunos de los rasgos faciales de los personajes, ayuda al actor a que se parezca al personaje de la obra que representa, y revela algunas de las cualidades sicológicas de los personajes.

Los *accesorios*. Hay accesorios que forman parte de la escena, como mesas, sillas, cortinas y cuadros, y accesorios que llevan los personajes, como dinero o armas. Los accesorios, obviamente, dan información sobre una determinada época o lugar y sobre la gente que los posee. Igualmente, sirven para que el mundo de la obra dramática parezca más real o fantástico, pueden tener un valor simbólico, y contribuyen a expresar el espíritu y significado de la obra dramática.

Iluminación. Hasta el Renacimiento, las obras dramáticas se representaban al aire libre, pero a partir de este período comenzaron a ser representadas en locales cerrados que requerían el uso de velas (*candles*) para iluminar el escenario. Sin embargo, con la invención de la luz eléctrica en 1879, ésta se comenzó a aplicar al teatro con múltiples propósitos. Fue por estas fechas cuando el diseñador Appia creó las bases para la iluminación en el teatro y, basándose en él, los diseñadores han identificado las siguientes funciones de la luz: iluminar el escenario, recrear un tiempo y un lugar específicos, crear con el uso de las sombras la ilusión de múltiples espacios, unificar y reconciliar todos los elementos que hay en el escenario, crear un cierto ambiente, comunicar ideas y sentimientos al público, modelar los actores y el decorado en tres dimensiones, y dirigir la atención del público a un lugar específico.

Sonido/música. La música juega un papel clave en los melodramas, óperas, zarzuelas (*typical Spanish musical comedies*) y comedias musicales. En el caso del teatro convencional, el uso de la música se remonta (*dates back*) al teatro griego clásico, y en el siglo XX fue utilizado, entre otros muchos, por dramaturgos como B. Brecht y Federico García Lorca. La música y las canciones ofrecen un comentario al desarrollo de la acción dramática, revelan algunos de los significados o temas de la obra dramática, crean un ambiente apropiado al tema de la obra, y sirven para recrear todo tipo de sonidos, como truenos, cantos de animales, etc.

II. El *escenario ficticio*. El segundo escenario de una obra dramática viene creado por los actores. El actor cumple tres papeles fundamentales en una obra: representar a un personaje ficticio, interaccionar con otros personajes de la obra, y funcionar como un sustituto y un modelo para el público. El actor, asimismo, al representar el papel de personajes que admiramos, amamos, con los que nos identificamos, o que odiamos, lo que hace es actualizar en el escenario los sueños, temores (*fears*), y sentimientos de la audiencia. En una representación dramática, el público es un observador que no forma parte del diálogo; sin embargo, hay obras con *apartes* en las que sí hay una comunicación directa del actor con el público. Los personajes de una obra de teatro se pueden dividir en *actores*, los transmisores de las ideas fundamentales de la obra dramática; y *actantes*, los personajes, animales u objetos que no tienen un papel protagónico pero que contribuyen al desarrollo de la acción dramática.

A lo largo de la historia del teatro, los estilos y convenciones relativas a la preparación del actor han variado. Si los actores tradicionales se caracterizaban por su exhibicionismo y manifestación emocional en el escenario, a partir del siglo XIX encontramos un estilo más relajado y simple que trata de reflejar los estados sicológicos de los personajes. La representación de una obra de teatro depende del director de la misma, y éste, lo mismo que el lector de cualquier texto literario, la interpretará y representará de una manera particular. El director de la obra busca establecer una conexión, o *empatía*, entre el público y la obra, y esta preocupación ha sido subrayada (*underscored*) por un método de actuación realista desarrollado por el director de teatro ruso Konstantin Stanislasky, el innovador más destacado en métodos de actuación en el siglo XX.

Stanislavsky creó una técnica que ayudaba al actor a controlar su cuerpo, física y sicológicamente, para que pudiera interpretar más eficientemente al personaje de la obra. Para llegar al control de uno mismo, Stanislavsky llevaba a cabo un programa de adiestramiento (*training*) que incluía baile, esgrima (*fencing*), creación por parte de los actores de situaciones similares a las de la obra, análisis de ésta y de los personajes, ejercicios con la voz, y prácticas de concentración, improvisación y relajación. Stanislavsky creía que el actor, a través de sus propias experiencias, podía descubrir los sentimientos y esencia del personaje que representaba, y de este modo llegar a una total identificación con éste a lo largo de los ensayos (*rehearsals*) y de la representación dramática. Las ideas de Stanislavsky funcionaban bien en obras realistas, pero no resultaban muy prácticas en obras como farsas, comedias, o el teatro contemporáneo, donde se enfatiza la teatralidad de la obra. A pesar de esto, Stanislavsky ejerció una enorme influencia en varias generaciones de directores dedicadas a la preparación de los actores, como el ruso Vsevolod Meyerhold, el alemán Bertolt Brecht, el polaco Jerzy Grotowsky, el francés Antonin Artaud y el americano Lee Strasberg, directores de teatro que, eventualmente, seguirían caminos diferentes.

Meyerhold se opuso a los métodos de Stanislavsky y buscó, a diferencia de éste, llegar a la esencia del personaje desde fuera, desde el exterior. El sistema o programa de Meyerhold, conocido como "bio-mecánica", se basaba en un control por parte del actor de sus cualidades físicas y verbales, y en una serie de juegos acrobáticos. Bertolt Brecht, por su lado, trabajó para crear en el público un sentido de distanciamiento emocional y de acercamiento intelectual a la obra dramática. En sus programas de adiestramiento, Brecht hacía hincapié en (*emphasized*) el desarrollo intelectual del actor y en que éste tomara conciencia de los problemas sociales representados en la obra. Grotowsky, por otro lado, requería que los actores realizaran una gran cantidad de ejercicio físico para llegar a un total control de su cuerpo durante las representaciones dramáticas; y pensaba que era muy importante cultivar una relación muy cercana entre el actor y la audiencia. Más recientemente, dramaturgos como Antonin Artaud han experimentado con la relación actor-público, animando a éste a participar activamente en la acción del escenario o mezclando los actores con el público. En EE.UU., quizá el discípulo más destacado de Stanislavsky haya sido Lee Strasberg, quien creía en someter a sus actores a la realización de ejercicios de improvisación y de tipo emocional para que proyectaran en sus actuaciones un sentido de "verdadera emoción".

Federico García Lorca: *La zapatera*[1] *prodigiosa*

Vida, obra y crítica

Federico García Lorca (Consúltese la sección de poesía para una introducción a la vida y obras del autor).

Guía de lectura

La zapatera prodigiosa, escrita entre 1926 y 1930, y representada por primera vez en 1930, trata de la difícil relación matrimonial entre un zapatero de avanzada edad y su joven esposa. El zapatero, cansado de la coquetería (*flirtatiousness*) de su esposa y de los rumores que circulan por el pueblo, decide dejar a su esposa y desaparecer del pueblo. Al perder su fuente de ingresos (*income*), la zapatera se gana la vida trabajando en una taberna (*tavern*), al tiempo que resiste el acoso (*pursuit*) de varios pretendientes (*suitors*). Un día, sin embargo, aparece en la taberna un titiritero (*puppeteer*) para contar una reveladora historia que cambiará el curso de los acontecimientos dramáticos.

El tema del matrimonio entre un hombre de edad avanzada y una mujer joven tiene una larga tradición en la literatura española, y lo vemos, por mencionar dos ejemplos dentro del género dramático, en *El celoso extremeño* (1613) de Miguel de Cervantes, y en *El sí de las niñas* (1801) de Leandro Fernández de Moratín. El ambiente (*atmosphere*) de la obra, con todos los elementos escenográficos que lo acompañan —

---

[1] *shoemaker's wife*

vestuario, música y canciones— es puramente andaluz (*Andalusian*), pero el tratamiento de sus temas, los cambios emocionales que experimentan los protagonistas, el retrato (*picture*) de los prejuicios y pasiones vividas por algunos de los habitantes de este pueblo, el conflicto entre realidad y fantasía o imaginación, y el valor simbólico de algunos elementos dramáticos, alcanzan una dimensión universal. Además de estos aspectos, el lector debe pensar en el carácter metateatral de la obra, presente en el prólogo inicial, donde el autor nos habla de la importancia de la "poesía" en el teatro, y en la historia que cuenta el titiritero.

La zapatera prodigiosa

Farsa violenta en dos actos

Personajes

ZAPATERA	EL AUTOR
VECINA ROJA	ZAPATERO
VECINA MORADA	EL NIÑO
VECINA NEGRA	ALCALDE[1]
VECINA VERDE	DON MIRLO[2]
VECINA AMARILLA	MOZO DE LA FAJA[3]
BEATA PRIMERA	MOZO DEL SOMBRERO
BEATA SEGUNDA	HIJAS DE LA VECINA ROJA
SACRISTANA	VECINAS, BEATAS, CURAS Y PUEBLO

Prólogo

(*Cortina gris.*)
(*Aparece el* AUTOR. *Sale rápidamente. Lleva una carta en la mano.*)
EL AUTOR: Respetable público . . . (*Pausa.*) No, respetable público no, público solamente, y no es que el autor no considere al público respetable, todo lo contrario, sino que detrás de esta palabra hay como un delicado temblor de miedo y una especie de súplica[4] para que el auditorio sea generoso con la mímica de los actores y el artificio del ingenio. El poeta no pide benevolencia, sino atención, una vez que ha saltado hace mucho tiempo la barra espinosa[5] de miedo que los autores tienen a la sala. Por este miedo absurdo y por ser el teatro en muchas ocasiones una finanza, la poesía se retira de la escena en busca de otros ambientes donde la gente no se

---

[1]*mayor* [2]"*mirlo*" *es también el nombre de un pájaro de plumaje negro* [3]*girdle* [4]*plea* [5]*thorny*

asuste⁶ de que un árbol, por ejemplo, se convierta en una bola de humo o de que tres peces, por amor de una mano y una palabra, se conviertan en tres millones de peces para calmar el hambre de una multitud. El autor ha preferido poner el ejemplo dramático en el vivo ritmo de una zapatería popular. En todos los sitios late⁷ y anima la criatura poética que el autor ha vestido de zapatera con aire de refrán⁸ o simple romancillo⁹ y no se extrañe¹⁰ el público si aparece violenta o toma actitudes agrias¹¹ porque ella lucha siempre, lucha con la realidad que la cerca¹² y lucha con la fantasía cuando ésta se hace realidad visible. (*Se oyen voces de la* ZAPATERA: *"¡Quiero salir".*) ¡Ya voy! No tengas tanta impaciencia en salir; no es un traje de larga cola¹³ y plumas inverosímiles el que sacas, sino un traje roto, ¿lo oyes?, un traje de Zapatera. (*Voz de la* ZAPATERA *dentro: "¡Quiero salir!"*.) ¡Silencio! (*Se descorre¹⁴ la cortina y aparece el decorado con tenue luz.*) También amanece así todos los días sobre las ciudades, y el público olvida su medio mundo de sueño para entrar en los mercados como tú en tu casa, en la escena, zapaterilla prodigiosa. (*Va creciendo la luz.*)¹⁵ A empezar, tú llegas de la calle. (*Se oyen las voces que pelean.*¹⁶ *Al público.*) Buenas noches. (*Se quita el sombrero de copa*¹⁷ *y éste se ilumina por dentro con una luz verde, el* AUTOR *lo inclina y sale de él un chorro*¹⁸ *de agua. El* AUTOR *mira un poco cohibido*¹⁹ *al público y se retira de espaldas lleno de ironía.*) Ustedes perdonen. (*Sale.*)

Acto Primero

(*Casa del* ZAPATERO. *Banquillo²⁰ y herramientas.²¹ Habitación completamente blanca. Gran ventana y puerta. El foro es una calle también blanca con algunas puertecitas y ventanas en gris. A derecha e izquierda, puertas. Toda la escena tendrá un aire de optimismo y alegría exaltada en los más pequeños detalles. Una suave luz naranja de media tarde invade la escena.*

Al levantarse el telón, la ZAPATERA *viene de la calle toda furiosa y se detiene²² en la puerta. Viste un traje verde rabioso²³ y lleva el pelo tirante,²⁴ adornado con dos grandes rosas. Tiene un aire agreste²⁵ y dulce al mismo tiempo.*)

Escena I

LA Zapatera y luego un Niño.

ZAPATERA: Cállate, larga de lengua,²⁶ penacho de catalineta,²⁷ que si yo lo he hecho... si yo lo he hecho, ha sido por mi propio gusto... Si no te metes dentro de tu casa lo hubiera arrastrado,²⁸ viborilla empolvada;²⁹ y esto lo digo para que me oigan

---

⁶*don't get scared* ⁷*beats* ⁸*saying* ⁹*composición poética* ¹⁰*sorprenda* ¹¹*sour* (duras) ¹²*surrounds* ¹³*train* ¹⁴*is drawn back* ¹⁵*Va... luz*: *the light gets brighter* ¹⁶*fight* ¹⁷*"sombrero de copa": top hat* ¹⁸*squirt* ¹⁹*tímido* ²⁰*bench* ²¹*tools* ²²*se para* ²³*intenso* ²⁴*tight back* ²⁵*salvaje* ²⁶*"larga... lengua": bigmouth* ²⁷*"penacho de catalineta": vanidosa (conceited)* ²⁸*I would have dragged* ²⁹*"viborilla empolvada": hipócrita*

todas las que están detrás de las ventanas. Que más vale estar casada con un viejo, que con un tuerto,[30] como tú estás. Y no quiero más conversación, ni contigo ni con nadie, ni con nadie, ni con nadie. (*Entra dando un fuerte portazo.*) Ya sabía yo que con esta clase de gente no se podía hablar ni un segundo... pero la culpa la tengo yo, yo y yo... que debí estarme en mi casa con... casi no quiero creerlo, con mi marido. Quién me hubiera dicho a mí, rubia con los ojos negros, que hay que ver el mérito que esto tiene, con este talle[31] y estos colores tan hermosísimos, que me iba a ver casada con... me tiraría del pelo.[32] (*Llora. Llaman a la puerta.*) ¿Quién es? (*No responden y llaman otra vez.*) ¿Quién es? (*Enfurecida.*)

Escena II

La Zapatera y el Niño.

NIÑO: (*Temerosamente.*)[33] Gente de paz.
ZAPATERA: (*Abriendo.*) ¿Eres tú? (*Melosa[34] y conmovida.*)[35]
NIÑO: Sí, señora Zapaterita. ¿Estaba usted llorando?
ZAPATERA: No, es que un mosco[36] de esos que hacen piiiiii, me ha picado[37] en este ojo.
NIÑO: ¿Quiere usted que le sople?[38]
ZAPATERA: No, hijo mío, ya se me ha pasado... (*Le acaricia.*) ¿Y qué es lo que quieres?
NIÑO: Vengo con estos zapatos de charol,[39] costaron cinco duros,[40] para que los arregle[41] su marido. Son de mi hermana la grande, la que tiene el cutis[42] fino y se pone dos lazos,[43] que tiene dos, un día uno y otro día otro, en la cintura.
ZAPATERA: Déjalos ahí, ya los arreglarán.
NIÑO: Dice mi madre que tenga cuidado de no darles muchos martillazos,[44] que el charol es muy delicado, para que no se estropee[45] el charol.
ZAPATERA: Dile a tu madre que ya sabe mi marido lo que tiene que hacer, y que así supiera ella aliñar[46] con laurel y pimienta un buen guiso[47] como mi marido componer[48] zapatos.
NIÑO: (*Haciendo pucheros.*) No se disguste usted conmigo, que yo no tengo la culpa y todos los días estudio muy bien la gramática.
ZAPATERA: (*Dulce.*) ¡Hijo mío! ¡Prenda mía![49] ¡Si contigo no es nada![50] (*Lo besa.*) Toma este muñequito,[51] ¿te gusta? Pues llévatelo.
NIÑO: Me lo llevaré, porque como yo sé que usted no tendrá nunca niños...
ZAPATERA: ¿Quién te dijo eso?

---

[30]one-eyed man [31]figura [32]"me...pelo": *I would pull my hair out* [33]con miedo [34]cariñosa [35]*moved* [36]mosca [37]*has biten* [38]*to blow* [39]*patent leather* [40]quince céntimos [41]*to fix* [42]piel [43]*bows* [44]golpes con el martillo [45]dañe [46]*to season* [47]comida [48]arreglar [49]¡Prenda mía!: cariño [50]"Si...nada!": *it has nothing to do with you!* [51]*little doll*

NIÑO: Mi madre lo hablaba el otro día, diciendo: la zapatera no tendrá hijos, y se reían mis hermanas y la comadre[52] Rafaela.

ZAPATERA: (*Nerviosísima.*) ¿Hijos? Puede que los tenga más hermosos que todas ellas y con más arranque[53] y más honra, porque tu madre . . . es menester[54] que sepas . . .

NIÑO. Tome usted el muñequito, ¡no lo quiero!

ZAPATERA: (*Reaccionando.*) No, no, guárdalo, hijo mío . . . ¡Si contigo no es nada!

Escena III

(*Aparece por la izquierda el* ZAPATERO. *Viste traje de terciopelo*[55] *con botones de plata, pantalón corto y corbata roja. Se dirige al banquillo.*)

ZAPATERA: ¡Válgate Dios![56]

NIÑO: (*Asustado.*) ¡Ustedes se conserven bien![57] ¡Hasta la vista! ¡Que sea enhorabuena! ¡Deo gratias! (*Sale corriendo por la calle.*)

ZAPATERA: Adiós, hijito. Si hubiera reventado[58] antes de nacer, no estaría pasando estos trabajos y estas tribulaciones. ¡Ay dinero, dinero!, sin manos y sin ojos debería haberse quedado el que te inventó.

ZAPATERO: (*En el banquillo.*) Mujer, ¿qué estás diciendo . . . ?

ZAPATERA: ¡Lo que a ti no te importa![59]

ZAPATERO: A mí no me importa nada de nada. Ya sé que tengo que aguantarme.[60]

ZAPATERA: También me aguanto yo . . . piensa que tengo dieciocho años.

ZAPATERO: Y yo . . . cincuenta y tres. Por eso me callo y no me disgusto contigo . . . ¡demasiado sé yo! . . . Trabajo para ti . . . y sea lo que Dios quiera . . .

ZAPATERA: (*Está de espaldas a su marido y se vuelve y avanza tierna y conmovida.*) Eso no, hijo mío . . . ¡no digas . . . !

ZAPATERO: Pero, ¡ay, si tuviera cuarenta años o cuarenta y cinco, siquiera . . . !⁶¹ (*Golpea furiosamente un zapato con el martillo.*)[62]

ZAPATERA: (*Enardecida.*)[63] Entonces yo sería tu criada, ¿no es esto? Si una no puede ser buena . . . ¿Y yo?, ¿es que no valgo nada?[64]

ZAPATERO: Mujer . . . repórtate.[65]

ZAPATERA: ¿Es que mi frescura y mi cara no valen todos los dineros de este mundo?

ZAPATERO: Mujer . . . ¡que te van a oír los vecinos!

ZAPATERA: Maldita[66] hora, maldita hora, en que le hice caso a mi compadre[67] Manuel.

ZAPATERO: ¿Quieres que te eche un refresquito de limón?

---

[52]parienta [53]iniciativa [54]necesario [55]*velvet* [56]¡Válgate Dios!: ¡Dios mío! [57]adiós (and also the following expressions) [58]muerto [59]¡Lo . . . importa!: *it's none of your business* [60]¡Ya . . . aguantarme!: sé que debo tener paciencia [61]al menos [62]*hammer* [63]*inflamed* [64]¿es . . . nada?: *aren't I worth anything?* [65]compórtate [66]*damned* [67]pariente

ZAPATERA: ¡Ay, tonta, tonta, tonta! (*Se golpea la frente.*) Con tan buenos pretendientes[68] como yo he tenido.

ZAPATERO: (*Queriendo suavizar.*)[69] Eso dice la gente.

ZAPATERA: ¿La gente? Por todas partes se sabe. Lo mejor de estas vegas.[70] Pero el que más me gustaba a mí de todos era Emiliano . . . tú lo conociste . . . Emiliano, que venía montado en una jaca[71] negra, llena de borlas[72] y espejitos, con una varilla de mimbre[73] en su mano y las espuelas[74] de cobre[75] reluciente. ¡Y qué capa traía por el invierno! ¡Qué vueltas[76] de pana[77] azul y qué agremanes[78] de seda![79]

ZAPATERO: Así tuve yo una también . . . son unas capas preciosísimas.

ZAPATERA: ¿Tú? ¡Tú qué ibas a tener! . . .[80] Pero, ¿por qué te haces ilusiones? Un zapatero no se ha puesto en su vida una prenda[81] de esa clase . . .

ZAPATERO: Pero, mujer, ¿no estás viendo? . . .

ZAPATERA: (*Interrumpiéndole.*) También tuve otro pretendiente . . . (*El* ZAPATERO *golpea fuertemente el zapato.*) Aquél era medio señorito . . . tendría dieciocho años, ¡se dice muy pronto![82] ¡Dieciocho años! (*El* ZAPATERO *se revuelve inquieto.*)[83]

ZAPATERO: También los tuve yo.

ZAPATERA: Tú no has tenido en tu vida dieciocho años . . . Aquél sí que los tenía y me decía unas cosas . . . Verás . . .

ZAPATERO: (*Golpeando furioso.*) ¿Te quieres callar? Eres mi mujer, quieras o no quieras,[84] y yo soy tu esposo. Estabas pereciendo,[85] sin camisa, ni hogar. ¿Por qué me has querido? ¡Fantasiosa, fantasiosa, fantasiosa!

ZAPATERA: (*Levantándose.*) ¡Cállate! No me hagas hablar más de lo prudente y ponte a tu obligación. ¡Parece mentira![86] (*Dos* VECINAS *con mantilla cruzan la ventana sonriendo.*) ¿Quién me lo iba a decir, viejo pellejo,[87] que me ibas a dar tal pago?[88] ¡Pégame, si te parece, anda, tírame el martillo!

ZAPATERO: Ay, mujer . . . no me des escándalos, ¡mira que viene la gente! ¡Ay, Dios mío! (*Las dos* VECINAS *vuelven a cruzar.*)

ZAPATERA: Yo me he rebajado.[89] ¡Tonta, tonta, tonta! Maldito sea mi compadre Manuel, malditos sean los vecinos, tonta, tonta, tonta. (*Sale golpeándose la cabeza.*)

Escena IV

Zapatero, Vecina Roja y Niño.

---

[68]suitors [69]to soften [70]tierras [71]caballo pequeño [72]pompoms [73]"varilla de mimbre": wicker stick [74]spurs [75]copper [76]cuffs [77]corduroy [78]adornos [79]silk [80]"¡Tú . . . tener!: how could you have! [81]article of clothing [82]"se . . . pronto": it is easy to say [83]"se . . . inquieto": se pone impaciente [84]"quieras . . . quieras": whether you like it or not [85]muriendo [86]"¡Parece mentira!": I can't believe it [87]"viejo pellejo": maldito viejo [88]"¿que . . . pago?": ¿que me ibas a tratar así? [89]I have lowered myself

ZAPATERO: (*Mirándose en un espejo y contándose las arrugas.*)[90] Una, dos, tres, cuatro . . . y mil. (*Guarda el espejo.*) Pero me está muy bien empleado,[91] sí señor. Porque vamos a ver: ¿por qué me habré casado? Yo debí haber comprendido, después de leer tantas novelas, que las mujeres les gustan a todos los hombres, pero todos los hombres no les gustan a todas las mujeres. ¡Con lo bien que yo estaba![92] Mi hermana, mi hermana tiene la culpa, mi hermana que se empeñó:[93] ¡"que si te vas a quedar solo", que si qué sé yo![94] Y esto es mi ruina. ¡Mal rayo parta a mi hermana, que en paz descanse![95] (*Fuera se oyen voces.*) ¿Qué será?

VECINA ROJA: (*En la ventana y con gran brío.*[96] *La acompañan sus hijas vestidas del mismo color.*) Buenas tardes.

ZAPATERO: (*Rascándose*[97] *la cabeza.*) Buenas tardes.

VECINA: Dile a tu mujer que salga. Niñas, ¿queréis no llorar más? ¡Qué salga, a ver si por delante de mí casca[98] tanto como por detrás!

ZAPATERO: ¡Ay, vecina de mi alma, no me dé usted escándalos, por los clavitos[99] de Nuestro Señor! ¿Qué quiere usted que yo le haga? Pero comprenda mi situación: toda la vida temiendo casarme . . . porque casarse es una cosa muy seria, y, a última hora, ya lo está usted viendo.

VECINA: ¡Qué lástima de hombre! ¡Cuánto mejor le hubiera ido a usted casado con gente de su clase! . . . estas niñas, pongo por caso,[100] a otras del pueblo . . .

ZAPATERO: Y mi casa no es casa. ¡Es un guirigay![101]

VECINA: ¡Se arranca el alma![102] Tan buenísima sombra como ha tenido usted toda su vida.

ZAPATERO: (*Mira por*[103] *si viene su mujer.*) Anteayer . . . despedazó[104] el jamón que teníamos guardado para estas Pascuas y nos lo comimos entero. Ayer estuvimos todo el día con unas sopas de huevo y perejil:[105] bueno, pues porque protesté de esto, me hizo beber tres vasos seguidos de leche sin hervir.

VECINA: ¡Qué fiera!

ZAPATERO: Así es, vecinita de mi corazón, que le agradecería en el alma que se retirase.[106]

VECINA: ¡Ay, si viviera su hermana! Aquélla sí que era . . .

ZAPATERO: Ya ves . . . y de camino llévate tus zapatos que están arreglados. (*Por la puerta de la izquierda asoma*[107] *la* ZAPATERA, *que detrás de la cortina espía*[108] *la escena sin ser vista.*)

---

[90]*wrinkles* [91]"Pero . . . empleado": *me lo merezco* [92]¡Con . . . estaba!": *when you consider how well off I was!* [93]insistió [94]"que . . . yo!": *that I don't know!* [95]¡Mal . . . descanse!": *God's curse on her, may her soul rest in peace!* [96]*vigor* [97]*scratching* [98]*habla* [99]*nails* [100]"pongo . . . caso": *pongo como ejemplo* [101]*caos* [102]"¡Se . . . alma!": *se está matando* [103]"Mira por": *mira para ver* [104]*cortó* [105]*parsley* [106]"que . . . retirase": *me alegraría que se fuera* [107]*peeks* [108]*spies*

170 VECINA: (*Mimosa.*)[109] ¿Cuánto me vas a llevar[110] por ellos? . . . Los tiempos van cada vez peor.

ZAPATERO: Lo que tú quieras . . . Ni que tire por allí ni que tire por aquí . . .[111]

VECINA: (*Dando en el codo a sus hijas.*) ¿Están bien en dos pesetas?

ZAPATERO: ¡Tú dirás!

175 VECINA: Vaya . . . te daré una . . .

ZAPATERA: (*Saliendo furiosa.*) ¡Ladrona! (*Las mujeres chillan*[112] *y se asustan.*) ¿Tienes valor de robar a este hombre de esa manera? (*A su marido.*) Y tú, ¿dejarte robar? Vengan los zapatos. Mientras no des por ellos diez pesetas, aquí se quedan.

VECINA: ¡Lagarta, lagarta![113]

180 ZAPATERA: ¡Mucho cuidado con lo que estás diciendo!

NIÑAS: ¡Ay, vámonos, vámonos, por Dios!

VECINA: Bien despachado vas de mujer,[114] ¡que te aproveche![115] (*Se van rápidamente. El* ZAPATERO *cierra la ventana y la puerta.*)

Escena V

185 Zapatero y Zapatera.

ZAPATERO: Escúchame un momento . . .

ZAPATERA: (*Recordando.*) Lagarta . . . lagarta . . . qué, qué, qué . . . ¿qué me vas a decir?

ZAPATERO: Mira, hija mía. Toda mi vida ha sido en mí una verdadera preocupación evitar el escándalo. (*El* ZAPATERO *traga*[116] *constantemente saliva.*)

190 ZAPATERA: ¿Pero tienes el valor de llamarme escandalosa, cuando he salido a defender tu dinero?

ZAPATERO: Yo no te digo más, que he huido de los escándalos, como las salamanquesas[117] del agua fría.

ZAPATERA: (*Rápida.*) ¡Salamanquesas! ¡Huy, qué asco!

195 ZAPATERO: (*Armado de paciencia.*) Me han provocado, me han, a veces, hasta insultado, y no teniendo ni tanto así de cobarde he quedado con mi alma en mi almario,[118] por el miedo de verme rodeado de gentes y llevado y traído por comadres y desocupados. De modo que ya lo sabes. ¿He hablado bien? Ésta es mi última palabra.

ZAPATERA: Pero vamos a ver: ¿a mí qué me importa todo eso? Me casé contigo, ¿no
200 tienes la casa limpia? ¿No comes? ¿No te pones cuellos[119] y puños[120] que en tu vida te los habías puesto? ¿No llevas tu reloj, tan hermoso, con cadena de plata y ventu-

---

[109]*affectionate* [110]*cobrar* [111]"Ni . . . aquí": el precio no va a cambiar mi vida [112]*gritan* [113]*ladrona* [114]"Bien . . . mujer": *what a great wife you have!* (irónicamente) [115]"¡que . . . aproveche!": *may you enjoy her* [116]*swallows* [117]*salamanders* [118]*armario* [119]*collars* [120]*puffs*

rinas,[121] al que doy cuerda[122] todas las noches? ¿Qué más quieres? Porque, yo, todo; menos esclava. Quiero hacer siempre mi santa voluntad.

ZAPATERO: No me digas ... tres meses llevamos casados, yo, queriéndote ... y tú, poniéndome verde.[123] ¿No ves que ya no estoy para bromas?[124]

ZAPATERA: (*Seria y como soñando.*) Queriéndome, queriéndome ... Pero (*Brusca.*) ¿qué es eso de queriéndome? ¿Qué es queriéndome?

ZAPATERO: Tú te creerás que yo no tengo vista y tengo. Sé lo que haces y lo que no haces, y ya estoy colmado,[125] ¡hasta aquí!

ZAPATERA: (*Fiera.*) Pues lo mismo se me da a mí que estés colmado como que no estés, porque tú me importas tres pitos,[126] ¡ya lo sabes! (*Llora.*)

ZAPATERO: ¿No puedes hablarme un poquito más bajo?

ZAPATERA: Merecías, por tonto, que colmara[127] la calle a gritos.

ZAPATERO: Afortunadamente creo que esto se acabará pronto; porque yo no sé cómo tengo paciencia.

ZAPATERA: Hoy no comemos ... de manera que ya te puedes buscar la comida por otro sitio. (*La* ZAPATERA *sale rápidamente hecha una furia.*)

ZAPATERO: Mañana (*Sonriendo.*) quizá la tengas que buscar tú también. (*Se va al banquillo.*)

Escena VI

(*Por la puerta central aparece el* ALCALDE. *Viste de azul oscuro, gran capa y larga vara de mando*[128] *rematada con cabos*[129] *de plata. Habla despacio y con gran sorna.*)[130]

ALCALDE: ¿En el trabajo?

ZAPATERO: En el trabajo, señor Alcalde.

ALCALDE: ¿Mucho dinero?

ZAPATERO: El suficiente. (*El* ZAPATERO *sigue trabajando. El* ALCALDE *mira curiosamente a todos lados.*)

ALCALDE: Tú no estás bueno.

ZAPATERO: (*Sin levantar la vista.*) No.

ALCALDE: ¿La mujer?

ZAPATERO: (*Asintiendo.*) ¡La mujer!

ALCALDE: (*Sentándose.*) Eso tiene[131] casarse a tu edad ... A tu edad se debe ya estar viudo ... de una, como mínimo ... Yo estoy[132] de cuatro: Rosa, Manuela, Visita-

---

[121]*gold-stones* [122]*I wind up* [123]"poniéndome verde": insultándome [124]"¿No ... bromas?: *don't you see that I am no longer in the mood for jokes?* [125]harto [126]"tú ... pitos": *I don't care about you* [127]llenara [128]*command* [129]"rematada con cabos": terminada al final [130]*pretence* [131]ocurre [132]estoy viudo

235 …ción y Enriqueta Gómez, que ha sido la última: buenas mozas[133] todas, aficionadas al baile y al agua limpia. Todas, sin excepción, han probado esta vara[134] repetidas veces. En mi casa . . . en mi casa, coser y cantar.[135]

ZAPATERO: Pues ya está usted viendo qué vida la mía. Mi mujer . . . no me quiere. Habla por la ventana con todos. Hasta con don Mirlo, y a mí se me está encendiendo la sangre.

240 ALCALDE: (*Riendo.*) Es que ella es una chiquilla alegre, eso es natural.

ZAPATERO: ¡Ca![136] Estoy convencido . . . yo creo que esto lo hace por atormentarme; porque, estoy seguro . . ., ella me odia. Al principio creí que la dominaría con mi carácter dulzón[137] y mis regalillos: collares de coral, cintillos,[138] peinetas de concha . . .[139] ¡hasta unas ligas![140] Pero ella . . . ¡es siempre ella!

245 ALCALDE: Y tú, siempre tú; ¡qué demonio! Vamos, lo estoy viendo y me parece mentira cómo un hombre, lo que se dice un hombre, no puede meter en cintura,[141] no una, sino ochenta hembras. Si tu mujer habla por la ventana con todos, si tu mujer se pone agria contigo, es porque tú quieres, porque tú no tienes arranque. A las mujeres, buenos apretones[142] en la cintura, pisadas fuertes y la voz siempre en alto,
250 y si con esto se atreven a hacer quiquiriquí,[143] la vara, no hay otro remedio. Rosa, Manuela, Visitación y Enriqueta Gómez, que ha sido la última, te lo pueden decir desde la otra vida, si es que por casualidad están allí.

ZAPATERO: Pero si el caso es que no me atrevo a decirle una cosa. (*Mira con recelo.*)

ALCALDE: (*Autoritario.*) Dímela.

255 ZAPATERO: Comprendo que es una barbaridad . . . . pero yo no estoy enamorado de mi mujer.

ALCALDE: ¡Demonio!

ZAPATERO: Sí, señor, ¡demonio!

ALCALDE: Entonces, grandísimo tunante,[144] ¿por qué te has casado?

260 ZAPATERO: Ahí lo tiene usted. Yo no me lo explico tampoco. Mi hermana, mi hermana tiene la culpa. Que si te vas a quedar solo, que si qué sé yo, que si qué sé yo cuánto . . . Yo tenía dinerillos,[145] salud, y dije: ¡allá voy! Pero, benditísima[146] soledad antigua. ¡Mal rayo parta a mi hermana, que en paz descanse!

ALCALDE: ¡Pues te has lucido![147]

265 ZAPATERO: Sí, señor, me he lucido . . . Ahora, que yo no aguanto más. Yo no sabía lo que era una mujer. Digo, ¡usted, cuatro! Yo no tengo edad para resistir este jaleo.[148]

ZAPATERA: (*Cantando dentro, fuerte.*)

---

[133]*mujeres* [134]*stick* [135]*"coser . . . cantar": yo soy el jefe* [136]*no lo creo* [137]*dulce* [138]*belts* [139]*ornamental shell-combs* [140]*garters* [141]*"meter en cintura": controlar* [142]*squeezes* [143]*"hacer quiquiriquí": rebelarse* [144]*rascal* [145]*dinero* [146]*very blessed (superlativo)* [147]*"¡Pues . . . lucido!": you've certainly done well for yourself!* [148]*quarrelling*

>   ¡Ay, jaleo, jaleo,
>   ya se acabó el alboroto[149]
>   y vamos al tiroteo![150]

ZAPATERO: Ya lo está usted oyendo.
ALCALDE: ¿Y qué piensas hacer?
ZAPATERO: Cuca silvana.[151] (*Hace el ademán.*)[152]
ALCALDE: ¿Se te ha vuelto el juicio?[153]
ZAPATERO: (*Excitado.*) El zapatero a tus zapatos se acabó para mí. Yo soy un hombre pacífico. Yo no estoy acostumbrado a estos vocerios[154] y a estar en lenguas de todos.
ALCALDE: (*Riéndose.*) Recapacita lo que has dicho que vas a hacer; que tú eres capaz de hacerlo, y no seas tonto. Es una lástima que un hombre como tú no tenga el carácter que debías tener.

(*Por la puerta de la izquierda aparece la* ZAPATERA *echándose polvos con una polvera*[155] *rosa y limpiándose las cejas.*)

Escena VII

Dichos y Zapatera.

ZAPATERA: Buenas tardes.
ALCALDE: Muy buenas. (*Al* ZAPATERO.) ¡Como guapa, es guapísima!
ZAPATERO: ¿Usted cree?
ALCALDE: ¡Qué rosas tan bien puestas lleva usted en el pelo y qué bien huelen!
ZAPATERA: Muchas que tiene usted en los balcones de su casa.
ALCALDE: Efectivamente. ¿Le gustan a usted las flores?
ZAPATERA: ¿A mí . . .? ¡Ay, me encantan! Hasta en el tejado tendría yo macetas,[156] en la puerta, por las paredes. Pero a éste . . . a ése . . . no le gustan. Claro, toda la vida haciendo botas, ¡qué quiere usted! (*Se sienta en la ventana.*) Y buenas tardes. (*Mira a la calle y coquetea.*)
ZAPATERO: ¿Lo ve usted?
ALCALDE: Un poco brusca . . . pero es una mujer guapísima. ¡Qué cintura tan ideal!
ZAPATERO: No la conoce usted.
ALCALDE: ¡Psch! (*Saliendo majestuosamente.*) ¡Hasta mañana! Y a ver si se despeja[157] esa cabeza. ¡A descansar, niña! ¡Qué lástima de talle! (*Vase mirando a la* ZAPATERA.) ¡Porque, vamos! ¡Y hay que ver qué ondas[158] en el pelo! (*Sale.*)

---

[149]*disturbance* [150]*shooting* [151]"Cuca silvana": *clear out* [152]*gesture* [153]"¿Se . . . juicio?": ¿has perdido la razón?
[154]*gritos* [155]*powder-puff* [156]*flower-pots* [157]"si se despeja": *if you clear* [158]*waves*

Escena VIII

Zapatero y Zapatera.

ZAPATERA: (*Cantando.*)
    Si tu madre tiene un rey,
    la baraja[159] tiene cuatro:
    rey de oros, rey de copas,
    rey de espadas, rey de bastos.[160]

(*La* ZAPATERA *coge una silla y sentada en la ventana empieza a darle vueltas.*)

ZAPATERO: (*Cogiendo otra silla y dándole vueltas en sentido contrario.*) Si sabes que tengo esa superstición, y para mí esto es como si me dieras un tiro, ¿por qué lo haces?

ZAPATERA: (*Soltando la silla.*) ¿Qué he hecho yo? ¿No te digo que no me dejas ni moverme?

ZAPATERO: Ya estoy harto de explicarte... pero es inútil. (*Va a hacer mutis,*[161] *pero la* ZAPATERA *empieza otra vez y el* ZAPATERO *viene corriendo desde la puerta y da vueltas a su silla.*) ¿Por qué no me dejas marchar, mujer?

ZAPATERA: ¡Jesús!, pero si lo que yo estoy deseando es que te vayas.

ZAPATERO: ¡Pues déjame!

ZAPATERA: (*Enfurecida.*) ¡Pues vete! (*Fuera se oye una flauta acompañada de guitarra que toca una polquita*[162] *antigua con el ritmo cómicamente acusado. La* ZAPATERA *empieza a llevar el compás*[163] *con la cabeza y el* ZAPATERO *huye por la izquierda.*)

Escena IX

Zapatera.

ZAPATERA: (*Cantando.*) Larán... larán... A mí, es que la flauta me ha gustado siempre mucho... Yo siempre he tenido delirio por ella... Casi se me saltan las lágrimas...[164] ¡Qué primor![165] Larán, larán... Oye... Me gustaría que él la oyera... (*Se levanta y se pone a bailar como si lo hiciera con novios imaginarios.*) ¡Ay, Emiliano! Qué cintillos tan preciosos llevas... No, no... me da vergüencilla...[166] Pero, José María, ¿no ves que nos están viendo? Coge un pañuelo, que no quiero que me manches el vestido. A ti te quiero, a ti... ¡Ah, sí!... mañana que traigas la jaca blanca, la que a mí me gusta. (*Ríe. Cesa la música.*) ¡Qué mala sombra![167] Esto es dejar a una con la miel en los labios...[168] Qué...

---

[159]deck of cards   [160]clubs   [161]"hacer mutis": salir   [162]polca   [163]ritmo   [164]"casi... lágrimas": casi lloro   [165]"¡Qué primor!": ¡qué hermoso!   [166]vergüenza   [167]"¡qué... sombra!": ¡qué pena!   [168]"con... labios": con las ganas

Escena X

(*Aparece en la ventana don* MIRLO. *Viste de negro, frac y pantalón corto. Le tiembla la voz y mueve la cabeza como un muñeco de alambre.*)[169]

MIRLO: ¡Chisssssss![170]
ZAPATERA: (*Sin mirar y vuelta de espalda a la ventana.*) Pin, pin, pío, pío, pío.[171] 335
MIRLO: (*Acercándose más.*) ¡Chissss! Zapaterita blanca, como el corazón de las almendras,[172] pero amargosilla[173] también. Zapaterita . . . junco[174] de oro encendido . . . Zapaterita, bella Otero[175] de mi corazón.
ZAPATERA: Cuánta cosa, don Mirlo; a mí me parecía imposible que los pajarracos[176] hablaran. Pero si anda por ahí revoloteando[177] un mirlo negro, negro y viejo . . . sepa 340
que yo no puedo oírle cantar hasta más tarde . . . pin, pío, pío, pío.
MIRLO: Cuando las sombras crepusculares[178] invadan con sus tenues velos[179] el mundo y la vía[180] pública se halle libre de transeúntes, volveré. (*Toma rapé*[181] *y estornuda*[182] *sobre el cuello de la* ZAPATERA.)
ZAPATERA: (*Volviéndose airada*[183] *y pegando a don* MIRLO, *que tiembla.*) ¡Aaaa! (*Con cara de* 345
asco.) ¡Y aunque no vuelvas, indecente! Mirlo de alambre, garabato de candil . . .[184] Corre, corre . . . ¿Se habrá visto? ¡Mira que estornudar! ¡Vaya mucho con Dios! ¡Qué asco!

Escena XI

(*En la ventana se para el* MOZO DE LA FAJA. *Tiene el sombrero plano echado a la cara y da* 350
pruebas de gran pesadumbre.)[185]

MOZO: ¿Se toma el fresco,[186] zapaterita?
ZAPATERA: Exactamente igual que usted.
MOZO: Y siempre sola . . . ¡Qué lástima!
ZAPATERA: (*Agria.*) ¿Y por qué, lástima? 355
MOZO: Una mujer como usted, con ese pelo y esa pechera[187] tan hermosísima . . .
ZAPATERA: (*Más agria.*) Pero, ¿por qué lástima?
MOZO: Porque usted es digna de estar pintada en las tarjetas postales y no aquí . . . este portalillo.
ZAPATERA: ¿Sí? . . . A mí las tarjetas postales me gustan mucho, sobre todo las de novios 360
que se van de viaje . . .

---

[169]*wire* [170]silencio [171]sonido que hacen los pájaros [172]*almonds* [173]amarga (*bitter*) [174]*rush* [175]famosa bailarina y cantante española [176]pájaros grandes y feos [177]*fluttering about* [178]*twilight* [179]*veils* [180]calle [181]*snuff* [182]*he sneezes* [183]furiosa [184]"garabato de candil": *oil-lamp hook* (lo está insultando) [185]*grief* [186]"se . . . fresco?": *are you taking some fresh air?* [187]*bosom*

MOZO: ¡Ay, zapaterita, qué calentura[188] tengo! (*Siguen hablando.*)
ZAPATERO: (*Entrando y retrocediendo.*)[189] ¡Con todo el mundo y a estas horas! ¡Qué dirán los que vengan al rosario de la iglesia! ¡Qué dirán en el casino! ¡Me estarán poniendo!... En cada casa, un traje con ropa interior y todo.[190] (*La* ZAPATERA *ríe.*) ¡Ay, Dios mío! ¡Tengo razón para marcharme! Quisiera oír a la mujer del sacristán;[191] pues ¿y los curas? ¿Qué dirán los curas? Eso será lo que habrá que oír. (*Entra desesperado.*)
MOZO: ¿Cómo quiere que se lo exprese...? Yo la quiero, te quiero como...
ZAPATERA: Verdaderamente eso de "la quiero", "te quiero", suena de un modo que parece que me están haciendo cosquillas[192] con una pluma detrás de las orejas. Te quiero, la quiero...
MOZO: ¿Cuántas semillas tiene el girasol?[193]
ZAPATERA: ¡Yo qué sé!
MOZO: Tantos suspiros[194] doy cada minuto por usted; por ti... (*Muy cerca.*)
ZAPATERA: (*Brusca.*) Estáte quieto. Yo puedo oírte hablar porque me gusta y es bonito, pero nada más, ¿lo oyes? ¡Estaría bueno!
MOZO: Pero eso no puede ser. ¿Es que tienes otro compromiso?
ZAPATERA: Mira, vete.
MOZO: No me muevo de este sitio sin el sí. ¡Ay, mi zapaterita, dame tu palabra! (*Va a abrazarla.*)
ZAPATERA: (*Cerrando violentamente la ventana.*) ¡Pero qué impertinente, qué loco!... ¡Si te he hecho daño te aguantas!... Como si yo no estuviera aquí más que paraaa, paraaaa... ¿Es que en este pueblo no puede una hablar con nadie? Por lo que veo, en este pueblo no hay más que dos extremos: o monja[195] o trapo de fregar...[196] ¡Era lo que me quedaba que ver! (*Haciendo como que huele y echando a correr.*) ¡Ay, mi comida que está en la lumbre![197] ¡Mujer ruin!

Escena XII

(*La luz se va marchando. El* ZAPATERO *sale con una gran capa y un bulto*[198] *de ropa en la mano.*)

ZAPATERO: ¡O soy otro hombre o no me conozco! ¡Ay, casita mía! ¡Ay, banquillo mío! Cerote,[199] clavos, pieles de becerro...[200] Bueno. (*Se dirige hacia la puerta y retrocede, pues se topa con*[201] *dos* BEATAS *en el mismo quicio.*)
BEATA 1ª: Descansando, ¿verdad?
BEATA 2ª: ¡Hace usted bien en descansar!

---

[188]heat [189]going back [190]"¡Me...todo": todo el mundo debe estar hablando de mí [191]sexton [192]tickling [193]sunflower [194]sighs [195]nun [196]dish-rag (aquí "prostituta") [197]fuego [198]bundle [199]shoemaker's wax [200]calf [201]he runs into

ZAPATERO: (*Con mal humor.*) ¡Buenas noches!
BEATA 1ª: A descansar, maestro.
BEATA 2ª: ¡A descansar, a descansar! (*Se van.*)
ZAPATERO: Sí, descansando... ¡Pues no estaban mirando por el ojo de la llave! ¡Brujas, sayonas![202] ¡Cuidado con el retintín[203] con que me lo han dicho! Claro... si en todo el pueblo no se hablará de otra cosa: que si yo, que si ella, que si los mozos! ¡Ay! ¡Mal rayo parta a mi hermana que en paz descanse! ¡Pero primero solo que señalado por el dedo de los demás! (*Sale rápidamente y deja la puerta abierta. Por la izquierda aparece la ZAPATERA.*)

Escena XIII

Zapatera.

ZAPATERA: Ya está la comida... ¿me estás oyendo? (*Avanza hacia la puerta de la derecha.*) ¿Me estás oyendo? Pero, ¿habrá tenido el valor de marcharse al cafetín,[204] dejando la puerta abierta... y sin haber terminado los borceguíes?[205] Pues cuando vuelva, ¡me oirá! ¡Me tiene que oír! ¡Qué hombres son los hombres, qué abusivos y qué... qué... vaya!... (*En un repeluzno.*)[206] ¡Ay, qué fresquito hace! (*Se pone a encender el candil[207] y de la calle llega el ruido de las esquilas[208] de los rebaños[209] que vuelven al pueblo. La ZAPATERA se asoma a[210] la ventana.*) ¡Qué primor[211] de rebaños! Lo que es a mí, me chalan[212] las ovejitas. Mira, mira... aquella blanca tan chiquita que casi no puede andar. ¡Ay!... Pero aquella grandota y antipática se empeña[213] en pisarla y nada... (*A voces.*) Pastor, ¡asombrado! ¿No estás viendo que te pisotean[214] la oveja recién nacida? (*Pausa.*) Pues claro que me importa... ¿No ha de importarme? ¡Brutísimo!... Y mucho... (*Se quita de la ventana.*) Pero, Señor, ¿adónde habrá ido este hombre desnortado?[215] Pues si tarda siquiera dos minutos más, como yo sola, que me basto y me sobro...[216] ¡Con la comida tan buena que he preparado...! Mi cocido,[217] con sus patatas de la sierra, dos pimientos verdes, pan blanco, un poquito magro de tocino,[218] y arrope con calabaza[219] y cáscara[220] de limón para encima,[221] ¡porque lo que es cuidarlo, lo que es cuidarlo, te estoy cuidando a mano!

(*Durante todo este monólogo da muestras de gran actividad, moviéndose de un lado para otro, arreglando las sillas, despabilando[222] el velón[223] y quitándose motas[224] del vestido.*)

---

[202]brujas [203]tono [204]café [205]zapatos [206]*shiver* [207]*oil-lamp* [208]*cattle-bells* [209]*sheep herds* [210]*peeks* [211]hermosos [212]gustan mucho [213]insiste [214]*they step on* [215]perdido [216]"me... sobro": *I am self-sufficient* [217]plato de comida española [218]"magro de tocino": *lean slice of pork* [219]"arrope con calabaza": *syrup with squash* [220]*peel* [221]*on top* [222]*trimming* [223]*brass lamp* [224]*specks*

Escena XIV

Niño, Zapatera, Alcalde, Sacristana, Vecinos y Vecinas.

NIÑO: (*En la puerta.*) ¿Estás disgustada, todavía?
ZAPATERA: Primorcito de su vecina,[225] ¿dónde vas?
NIÑO: (*En la puerta.*) Tú no me regañarás,[226] ¿verdad?, porque a mi madre que algunas veces me pega, la quiero veinte arrobas,[227] pero a ti te quiero treinta y dos y media...
ZAPATERA: ¿Por qué eres tan precioso? (*Sienta al NIÑO en sus rodillas.*)
NIÑO: Yo venía a decirte una cosa que nadie quiere decirte. Ve tú, ve tú, ve tú, y nadie quería y entonces, "que vaya el niño", dijeron... porque era un noticón que nadie quiere dar.
ZAPATERA: Pero dímelo pronto, ¿qué ha pasado?
NIÑO: No te asustes, que de muertos no es.
ZAPATERA: ¡Anda!
NIÑO: Mira, zapaterita... (*Por la ventana entra una mariposa y el NIÑO bajándose de las rodillas de la ZAPATERA echa a correr.*) Una mariposa, una mariposa... ¿no tienes un sombrero...? Es amarilla, con pintas[228] azules y rojas... y, ¡qué sé yo...!
ZAPATERA: Pero, hijo mío... ¿quieres?...
NIÑO: (*Enérgico.*) Cállate y habla en voz baja, ¿no ves que se espanta[229] si no? ¡Ay! ¡Dame tu pañuelo!
ZAPATERA: (*Intrigada ya en la caza.*) Tómalo.
NIÑO: ¡Chis...! No pises[230] fuerte.
ZAPATERA: Lograrás que se escape.[231]
NIÑO: (*En voz baja y como encantando a la mariposa, canta.*)
    Mariposa del aire,
qué hermosa eres,
mariposa del aire
dorada y verde.
Luz de candil,
mariposa del aire,
¡quédate ahí, ahí, ahí!
No te quieres parar,
pararte no quieres.
Mariposa del aire

---

[225] "Primorcito... vecina": querido mío [226] "Tú... regañarás": *you will not scold me* [227] medida de peso, una arroba son unas 25 libras, aquí significa "mucho" [228] manchas [229] *it gets frightened* [230] *don't step* [231] "Lograrás... escape": *you will make it fly away*

dorada y verde.
Luz de candil,
mariposa del aire,
¡quédate ahí, ahí, ahí!
¡Quédate ahí!
Mariposa, ¿estás ahí?

ZAPATERA: (*En broma.*) Síííí.
NIÑO: No, eso no vale.[232] (*La mariposa vuela.*)
ZAPATERA: ¡Ahora! ¡Ahora!
NIÑO: (*Corriendo alegremente con el pañuelo.*) ¿No te quieres parar? ¿No quieres dejar de volar?
ZAPATERA: (*Corriendo también por otro lado.*) ¡Que se escapa, que se escapa! (*El* NIÑO *sale corriendo por la puerta persiguiendo a la mariposa.*)
ZAPATERA: (*Enérgica.*) ¿Dónde vas?
NIÑO: (*Suspenso.*)[233] ¡Es verdad! (*Rápido.*) ¡Pero yo no tengo la culpa!
ZAPATERA: ¡Vamos! ¿Quieres decirme lo que pasa? ¡Pronto!
NIÑO: ¡Ay! Pues, mira . . . tu marido, el zapatero, se ha ido para no volver más.
ZAPATERA: (*Aterrada.*)[234] ¿Cómo?
NIÑO: Sí, sí, eso ha dicho en casa antes de montarse en la diligencia,[235] que lo he visto yo . . . y nos encargó que te lo dijéramos y ya lo sabe todo el pueblo . . .
ZAPATERA: (*Sentándose desplomada.*)[236] ¡No es posible, esto no es posible! ¡Yo no lo creo!
NIÑO: ¡Sí que es verdad, no me regañes!
ZAPATERA: (*Levantándose hecha una furia y dando fuertes pisotadas[237] en el suelo.*) ¿Y me da este pago? ¿Y me da este pago? (*El* NIÑO *se refugia detrás de la mesa.*)
NIÑO: ¡Que se caen las horquillas![238]
ZAPATERA: ¿Qué va a ser de mí sola en esta vida? ¡Ay, ay, ay! (*El* NIÑO *sale corriendo. La ventana y las puertas están llenas de vecinos.*) Sí, sí, venid a verme, cascantes,[239] comadricas,[240] por vuestra culpa ha sido . . .
ALCALDE: Mira, ya te estás callando.[241] Si tu marido te ha dejado ha sido porque no lo querías, porque no podía ser.
ZAPATERA: ¿Pero lo van a saber ustedes mejor que yo? Sí, lo quería, vaya si lo quería, que pretendientes buenos y muy riquísimos he tenido y no les he dado el sí jamás. ¡Ay, pobrecito mío, qué cosas te habrán contado!
SACRISTANA: (*Entrando.*) Mujer, repórtate.[242]
ZAPATERA: No me resigno. No me resigno. ¡Ay, ay!

---

[232]"eso no vale": *that doesn't count* [233]*sorprendido* [234]*terrified* [235]*stage-coach* [236]*overcome* [237]"dando . . . pisotadas": *stamping* [238]*hairpins* [239]*tattlers* [240]*gossips* [241]"ya . . . callando": *you'd better keep quiet* [242]*contrólate*

(*Por la puerta empiezan a entrar* VECINAS *vestidas con colores violentos y que llevan grandes vasos de refrescos. Giran,*[243] *corren, entran y salen alrededor de la* ZAPATERA *que está sentada gritando, con la prontitud y ritmo de baile. Las grandes faldas se abren a las vueltas que dan. Todos adoptan una actitud cómica de pena.*)

VECINA AMARILLA: Un refresco.

VECINA ROJA: Un refresquito.

VECINA VERDE: Para la sangre.

VECINA NEGRA: De limón.

VECINA MORADA: De zarzaparrilla.[244]

VECINA ROJA: La menta es mejor.

VECINA MORADA: Vecina.

VECINA VERDE: Vecinita.

VECINA NEGRA: Zapatera.

VECINA ROJA: Zapaterita.

(*Las* VECINAS *arman gran algazara.*[245] *La* ZAPATERA *llora a gritos.*)

Telón

Acto Segundo

(*La misma decoración. A la izquierda, el banquillo arrumbado.*[246] *A la derecha, un mostrador*[247] *con botellas y un lebrillo*[248] *con agua donde la* ZAPATERA *friega*[249] *las copas. La* ZAPATERA *está detrás del mostrador. Viste un traje rojo encendido, con amplias faldas y los brazos al aire. En la escena, dos mesas. En una de ellas está sentado don* MIRLO, *que toma un refresco y en la otra el* MOZO DEL SOMBRERO *en la cara.*)

Escena Primera

(*La* ZAPATERA *friega con gran ardor vasos y copas que va colocando en el mostrador. Aparece en la puerta el* MOZO DE LA FAJA *y el sombrero plano del primer acto. Está triste. Lleva los brazos caídos y mira de manera tierna a la* ZAPATERA. *Al actor que exagere lo más mínimo en este tipo, debe el Director de escena darle un bastonazo*[250] *en la cabeza. Nadie debe exagerar. La farsa exige siempre naturalidad. El* AUTOR *ya se ha encargado de dibujar el tipo y el sastre*[251] *de vestirlo. Sencillez.*[252] *El* MOZO *se detiene en la puerta. Don* MIRLO *y el otro* MOZO *vuelven la cabeza y lo miran. Ésta es casi una escena de cine. Las miradas y expresión del conjunto dan su expresión. La* ZAPATERA *deja de fregar y mira al* MOZO *fijamente.*[253] *Silencio.*)

[243]se dan la vuelta [244]sarsaparilla [245]"arman . . . algazara": they raise hubbut [246]situado a un lado [247]counter [248]glazed earthenware tub [249]lava [250]blow with a cane [251]taylor [252]simplicity [253]"mira . . . fijamente": stares at the Mozo

ZAPATERA: Pase usted.

MOZO DE LA FAJA: Si usted lo quiere...

ZAPATERA: (*Asombrada.*) ¿Yo? Me trae absolutamente sin cuidado,[254] pero como te veo en la puerta...

MOZO DE LA FAJA: Lo que usted quiera. (*Se apoya*[255] *en el mostrador.*) (*Entre dientes.*)[256] Éste es otro al que voy a tener que...

ZAPATERA: ¿Qué va a tomar?

MOZO DE LA FAJA: Seguiré sus indicaciones.

ZAPATERA: Pues la puerta.

MOZO DE LA FAJA: ¡Ay, Dios mío, cómo cambian los tiempos!

ZAPATERA: No crea que me voy a echar a llorar. Vamos. Va usted a tomar copa, café, refresco, ¿diga?

MOZO DE LA FAJA: Refresco.

ZAPATERA: No me mire tanto que se me va a derramar el jarabe.[257]

MOZO DE LA FAJA: Es que yo me estoy muriendo. ¡Ay!

(*Por la ventana pasan dos* MAJAS *con inmensos abanicos.*[258] *Miran, se santiguan*[259] *escandalizadas, se tapan*[260] *los ojos con los pericones*[261] *y a pasos menuditos*[262] *cruzan.*)

ZAPATERA: El refresco.

MOZO DE LA FAJA: (*Mirándola.*) ¡Ay!

MOZO DEL SOMBRERO: (*Mirando al suelo.*) ¡Ay!

MIRLO: (*Mirando al techo.*) ¡Ay! (*La* ZAPATERA *dirige la cabeza hacia los tres ayes.*)

ZAPATERA: ¡Requeteay![263] Pero esto ¿es una taberna o un hospital? ¡Abusivos! Si no fuera porque tengo que ganarme la vida con estos vinillos y este trapicheo,[264] porque estoy sola desde que se fue por culpa de todos vosotros mi pobrecito marido de mi alma, ¿cómo es posible que yo aguantara esto? ¿Qué me dicen ustedes? Los voy a tener que plantar[265] en lo ancho de la calle.

MIRLO: Muy bien, muy bien dicho.

MOZO DEL SOMBRERO: Has puesto taberna y podemos estar aquí dentro todo el tiempo que queramos.

ZAPATERA: (*Fiera.*) ¿Cómo? ¿Cómo? (*El* MOZO DE LA FAJA *inicia el mutis y don* MIRLO *se levanta sonriente y haciendo como que está en el secreto y que volverá.*)

MOZO DEL SOMBRERO: Lo que he dicho.

ZAPATERA: Pues si dices tú, más digo yo y puedes enterarte,[266] y todos los del pueblo, que hace cuatro meses que se fue mi marido y no cederé[267] a nadie jamás, porque

[254]"Me...cuidado": no me importa [255]he leans [256]"Entre dientes": muttering [257]"derramar el jarabe": to spill the syrup [258]fans [259]they cross themselves [260]se cubren [261]abanicos muy grandes [262]pequeños [263]tantos ayes, tantos lamentos [264]pequeño negocio [265]poner [266]saberlo bien [267]I will not give in

una mujer casada debe estarse en su sitio como Dios manda. Y que no me asusto de nadie, ¿lo oyes?, que yo tengo la sangre de mi abuelo, que esté en gloria, que fue desbravador[268] de caballos y lo que se dice un hombre. Decente fui y decente lo seré. Me comprometí con mi marido. Pues hasta la muerte. (*Don* MIRLO *sale por la puerta rápidamente y haciendo señas que indican una relación entre él y la* ZAPATERA.)

MOZO DEL SOMBRERO. (*Levantándose.*) Tengo tanto coraje que agarraría[269] un toro de los cuernos, le haría hincar[270] la cerviz[271] en las arenas y después me comería sus sesos[272] crudos con estos dientes míos, en la seguridad de no hartarme[273] de morder.[274]

(*Sale rápidamente y don* MIRLO *huye hacia la izquierda.*)

ZAPATERA: (*Con las manos en la cabeza.*) Jesús, Jesús, Jesús y Jesús. (*Se sienta.*)

Escena II

Zapatera y Niño.

(*Por la puerta entra el* NIÑO, *se dirige a la* ZAPATERA *y le tapa los ojos.*)

NIÑO: ¿Quién soy yo?
ZAPATERA: Mi niño, pastorcillo de Belén.
NIÑO: Ya estoy aquí. (*Se besan.*)
ZAPATERA: ¿Vienes por la meriendita?[275]
NIÑO: Si tú me la quieres dar . . .
ZAPATERA: Hoy tengo una onza de chocolate.
NIÑO: ¿Sí? A mí me gusta mucho estar en tu casa.
ZAPATERA: (*Dándole la onza.*) Porque eres interesadillo . . .[276]
NIÑO: ¿Interesadillo? ¿Ves este cardenal[277] que tengo en la rodilla?
ZAPATERA: ¿A ver? (*Se sienta en una silla baja y toma al* NIÑO *en brazos.*)
NIÑO: Pues me lo ha hecho el Lunillo porque estaba cantando . . . las coplas que te han sacado[278] y yo le pegué en la cara, y entonces él me tiró una piedra que, ¡plaff!, mira.
ZAPATERA: ¿Te duele mucho?
NIÑO: Ahora no, pero he llorado.
ZAPATERA: No hagas caso ninguno[279] de lo que dicen.
NIÑO: Es que eran cosas muy indecentes. Cosas indecentes que yo sé decir, ¿sabes? pero que no quiero decir.
ZAPATERA: (*Riéndose.*) Porque si las dices cojo un pimiento picante[280] y te pongo la lengua como un ascua.[281] (*Ríen.*)

[268]horse-breaker [269]I would grab [270]thrust in [271]nape of the neck [272]brains [273]not to get tired [274]to bite [275]snack [276]un poco egoísta [277]bruise [278]"las . . . sacado": las canciones que te han inventado [279]"No . . . caso": *don't pay any attention* [280]hot [281]hot coal

NIÑO: Pero, ¿por qué te echarán a ti la culpa de que tu marido se haya marchado?
ZAPATERA: Ellos, ellos son los que la tienen y los que me hacen desgraciada.
NIÑO: (*Triste.*) No digas, Zapaterita.
ZAPATERA: Yo me miraba en sus ojos. Cuando le veía venir montado en su jaca blanca ... 595
NIÑO: (*Interrumpiéndole.*) ¡Ja, ja, ja! Me estás engañando. El señor Zapatero no tenía jaca.
ZAPATERA: Niño, sé más respetuoso. Tenía jaca, claro que la tuvo, pero es ... es que tú no habías nacido.
NIÑO: (*Pasándole la mano por la cara.*) ¡Ah! ¡Eso sería! 600
ZAPATERA: Ya ves tú ... cuando lo conocí estaba yo lavando en el arroyo[282] del pueblo. Medio metro de agua y las chinas del fondo se veían reír, reír con el temblorcillo.[283] Él venía con un traje, negro entallado,[284] corbata roja de seda buenísima y cuatro anillos de oro que relumbraban[285] como cuatro soles.
NIÑO. ¡Qué bonito! 605
ZAPATERA: Me miró y lo miré. Yo me recosté[286] en la hierba. Todavía me parece sentir en la cara aquel aire tan fresquito que venía por los árboles. Él paró su caballo y la cola del caballo era blanca y tan larga que llegaba al agua del arroyo. (*La* ZAPATERA *está casi llorando. Empieza a oírse un canto lejano.*) Me puse tan azarada[287] que se me fueron dos pañuelos preciosos, así de pequeñitos,[288] en la corriente. 610
NIÑO: ¡Qué risa!
ZAPATERA: Él, entonces, me dijo ... (*El canto se oye más cerca. Pausa.*) ¡Chisss ...!
NIÑO: (*Se levanta.*) ¡Las coplas!
ZAPATERA: ¡Las coplas! (*Pausa. Los dos escuchan.*) ¿Tú sabes lo que dicen?
NIÑO: (*Con la mano.*) Medio, medio.[289] 615
ZAPATERA: Pues cántalas, que quiero enterarme.
NIÑO: ¿Para qué?
ZAPATERA: Para que yo sepa de una vez lo que dicen.
NIÑO: (*Cantando y siguiendo el compás.*) Verás:
    La señora Zapatera, 620
  al marcharse su marido,
  ha montado una taberna
  donde acude[290] el señorío.
ZAPATERA: ¡Me la pagarán!

---

[282]*stream* [283]"las ... temblorcillo": *you could see the pebbles laughing with the ripple of the water* [284]*fitted* [285]brillaban [286]*I lied down* [287]confundida [288]"se ... pequeñitos": *two beautiful handkerchiefts, so tiny, slipped out of my hands* [289]más o menos [290]va

625　NIÑO: (*El* NIÑO *lleva el compás con la mano en la mesa.*)
　　　　Quién lo compra, Zapatera,
　　　　el paño de tus vestidos
　　　　y esas chambras de batista[291]
　　　　con encajes de bolillos.[292]
630　　Ya la corteja[293] el Alcalde,
　　　　ya la corteja don Mirlo.
　　　　¡Zapatera, Zapatera,
　　　　Zapatera, te has lucido!

(*Las voces se van distinguiendo cerca y claras con su acompañamiento de panderos.*[294] *La* ZA-
635　PATERA *coge un mantoncillo de Manila*[295] *y se lo echa sobre los hombros.*)

　　NIÑO: ¿Dónde vas? (*Asustado.*)
　　ZAPATERA: ¡Van a dar lugar a que compre un revólver! (*El canto se aleja. La* ZAPATERA *corre a la puerta. Pero tropieza con*[296] *el* ALCALDE *que viene majestuoso, dando golpes con la vara en el suelo.*)
640　ALCALDE: ¿Quién despacha?[297]
　　ZAPATERA: ¡El demonio!
　　ALCALDE: Pero, ¿qué ocurre?
　　ZAPATERA: Lo que usted debía saber hace muchos días, lo que usted como alcalde no debía permitir. La gente me canta coplas, los vecinos se ríen en sus puertas y como
645　　no tengo marido que vele[298] por mí, salgo yo a defenderme, ya que en este pueblo las autoridades son calabacines, ceros a la izquierda, estafermos.[299]
　　NIÑO: Muy bien dicho.
　　ALCALDE: (*Enérgico.*) Niño, niño, basta[300] de voces . . . ¿Sabes tú lo que he hecho ahora? Pues meter en la cárcel a dos o tres de los que venían cantando.
650　ZAPATERA: ¡Quisiera yo ver eso!
　　VOZ: (*Fuera.*) ¡Niñoooo!
　　NIÑO: ¡Mi madre me llama! (*Corre a la ventana.*) ¡Quéee! Adiós. Si quieres te puedo traer el espadón[301] grande de mi abuelo, el que se fue a la guerra. Yo no puedo con él, ¿sabes?, pero tú, sí.
655　ZAPATERA: (*Sonriendo.*) ¡Lo que quieras!
　　VOZ: (*Fuera.*) ¡Niñoooo!
　　NIÑO: (*Ya en la calle.*) ¿Quéeee?

[291]"chambras de batista": *batiste blouses* [292]"encajes de bolillos": *bone-laces* [293]*courts* [294]*tambourines* [295]*embroidered shawl* [296]*runs into* [297]*sirve* [298]*looks out for* [299]"calabacines . . . estafermos": estúpidos [300]*enough* [301]espada grande

Escena III

Zapatera y Alcalde

ALCALDE: Por lo que veo, este niño sabio[302] y retorcido[303] es la única persona a quien tratas bien en el pueblo.

ZAPATERA: No pueden ustedes hablar una sola palabra sin ofender . . . ¿De qué se ríe su ilustrísima?[304]

ALCALDE: ¡De verte tan hermosa y desperdiciada![305]

ZAPATERA: ¡Antes un perro![306] (*Le sirve un vaso de vino.*)

ALCALDE: ¡Qué desengaño de mundo![307] Muchas mujeres he conocido como amapolas,[308] como rosas de olor . . . mujeres morenas con los ojos como tinta de fuego,[309] mujeres que les huele el pelo a nardos[310] y siempre tienen las manos con calentura, mujeres cuyo talle se puede abarcar[311] con estos dos dedos, pero como tú, como tú no hay nadie. Anteayer estuve enfermo toda la mañana porque vi tendidas[312] en el prado[313] dos camisas tuyas con lazos celestes,[314] que era como verte a ti, zapatera de mi alma.

ZAPATERA: (*Estallando[315] furiosa.*) Calle usted, viejísimo, calle usted; con hijas mozuelas[316] y lleno de familia no se debe cortejar de esta manera tan indecente y tan descarada.[317]

ALCALDE: Soy viudo.

ZAPATERA: Y yo casada.

ALCALDE: Pero tu marido te ha dejado y no volverá, estoy seguro.

ZAPATERA: Yo viviré como si lo tuviera.

ALCALDE: Pues a mí me consta,[318] porque me lo dijo, que no te quería ni tanto así.

ZAPATERA: Pues a mí me consta que sus cuatro señoras, mal rayo las parta, le aborrecían a muerte.

ALCALDE: (*Dando en el suelo con la vara.*) ¡Ya estamos!

ZAPATERA: (*Tirando un vaso.*) ¡Ya estamos! (*Pausa.*)

ALCALDE: (*Entre dientes.*) Si yo te cogiera por mi cuenta, ¡vaya si te domaba![319]

ZAPATERA: (*Guasona.*)[320] ¿Qué está usted diciendo?

ALCALDE: Nada, pensaba . . . que si tú fueras como debías ser, te hubiera enterado[321] que tengo voluntad y valentía para hacer escritura, delante del notario, de una casa muy hermosa.

---

[302]*wise* [303]*perverso* [304]*your honor* [305]*wasted* [306]"¡Antes un perro!": *prefiero un perro a ti* [307]"¡Qué . . . mundo!": *what a disillusioning world this is!* [308]*poppies* [309]"tinta de fuego": *fiery black* [310]*spikenards* [311]*to contain* [312]*stretched out* [313]*hierba* [314]*azules* [315]*exploding* [316]*jóvenes* [317]*shameless* [318]"a . . . consta": *it is clear to me* [319]"Si yo . . . domaba": *if you lived with me, I would tame you* [320]*playful* [321]*informado*

690 ZAPATERA: ¿Y qué?

ALCALDE: Con un estrado[322] que costó cinco mil reales,[323] con centros de mesa,[324] con cortinas de brocatel,[325] con espejos de cuerpo entero . . .

ZAPATERA: ¿Y qué más?

ALCALDE: (*Tenoriesco.*)[326] Que la casa tiene una cama con coronación de pájaros y azuce-
695 nas[327] de cobre, un jardín con seis palmeras y una fuente saltadora,[328] pero aguarda,[329] para estar alegre, que una persona que sé yo se quiera aposentar[330] en sus salas donde estaría . . . (*Dirigiéndose a la* ZAPATERA.) Mira, ¡estarías como una reina!

ZAPATERA: (*Guasona.*) Yo no estoy acostumbrada a esos lujos. Siéntese usted en el estrado, métase usted en la cama, mírese usted en los espejos y póngase con la boca
700 abierta debajo de las palmeras esperando que le caigan los dátiles, que yo de zapatera no me muevo.[331]

ALCALDE: Ni yo de alcalde. Pero que te vayas enterando que no por mucho despreciar amanece más temprano.[332] (*Con retintín.*)[333]

ZAPATERA: Y que no me gusta usted ni me gusta nadie del pueblo. ¡Que está usted muy
705 viejo!

ALCALDE: (*Indignado.*) Acabaré metiéndote en la cárcel.

ZAPATERA: ¡Atrévase usted! (*Fuera se oye un toque de trompeta floreado[334] y comiquísimo.*)

ALCALDE: ¿Qué será eso?

ZAPATERA: (*Alegre y ojiabierta.*)[335] ¡Títeres![336] (*Se golpea las rodillas. Por la ventana cruzan*
710 *dos* MUJERES.)

VECINA ROJA: ¡Títeres!

VECINA MORADA: ¡Títeres!

NIÑO. (*En la ventana.*) ¿Traerán monos? ¡Vamos!

ZAPATERA: (*Al* ALCALDE.) ¡Yo voy a cerrar la puerta!
715 NIÑO. ¡Vienen a tu casa!

ZAPATERA: ¿Sí? (*Se acerca a la puerta.*)

NIÑO. ¡Míralos!

Escena IV

(*Por la puerta aparece el* ZAPATERO *disfrazado.*[337] *Trae una trompeta y un cartelón*[338] *enrolla-*
720 *do*[339] *a la espalda, lo rodea*[340] *la gente. La* ZAPATERA *queda en actitud expectante y el* NIÑO *salta por la ventana y se coge a sus faldones.*)[341]

---

[322]*a piece of furniture* [323]"cinco mil reales": unos ochenta dólares [324]*centerpieces* [325]tipo de tela [326]con aire de don Juan [327]*lilies* [328]*running* [329]espera [330]establecer [331]"de . . . muevo": yo no dejo de ser zapatera [332]"no por . . . temprano": *dawn doesn't break sooner just because you look down on people* [333]sarcasmo [334]*with flourishes* [335]con los ojos bien abiertos [336]*puppet show* [337]*disguised* [338]*show bill* [339]*rolled up* [340]*they surround* [341]vestido

ZAPATERO: Buenas tardes.
ZAPATERA: Buenas tardes tenga usted, señor titiritero.[342]
ZAPATERO: ¿Aquí se puede descansar?
ZAPATERA: Y beber, si usted gusta.
ALCALDE: Pase usted, buen hombre y tome lo que quiera, que yo pago. (*A los* VECINOS.) Y vosotros, ¿qué hacéis ahí?
VECINA ROJA. Como estamos en lo ancho de la calle no creo que le estorbemos.[343] (*El* ZAPATERO *mirándolo todo con disimulo deja el rollo*[344] *sobre la mesa.*)
ZAPATERO: Déjelos, señor Alcalde . . . supongo que es usted, que con ellos me gano la vida.
NIÑO. ¿Dónde he oído yo hablar a este hombre? (*En toda la escena el* NIÑO *mirará con gran extrañeza al* ZAPATERO.) ¡Haz ya los títeres! (*Los* VECINOS *ríen.*)
ZAPATERO: En cuanto tome un vaso de vino.
ZAPATERA: (*Alegre.*) ¿Pero los va usted a hacer en mi casa?
ZAPATERO: Si tú me lo permites.
VECINA ROJA. Entonces, ¿podemos pasar?
ZAPATERA: (*Seria.*) Podéis pasar. (*Da un vaso al* ZAPATERO.)
VECINA ROJA. (*Sentándose.*) Disfrutaremos un poquito. (*El* ALCALDE *se sienta.*)
ALCALDE: ¿Viene usted de muy lejos?
ZAPATERO: De muy lejísimo.[345]
ALCALDE: ¿De Sevilla?
ZAPATERO: Échele usted leguas.[346]
ALCALDE: ¿De Francia?
ZAPATERO: Échele usted leguas.
ALCALDE: ¿De Inglaterra?
ZAPATERO: De las Islas Filipinas. (*Las* VECINAS *hacen rumores de admiración. La* ZAPATERA *está extasiada.*)
ALCALDE: ¿Habrá usted visto a los insurrectos?
ZAPATERO: Lo mismo que les estoy viendo a ustedes ahora.
NIÑO. ¿Y cómo son?
ZAPATERO: Intratables. Figúrense ustedes que casi todos ellos son zapateros. (*Los* VECINOS *miran a la* ZAPATERA.)
ZAPATERA: (*Quemada.*) ¿Y no los hay de otros oficios?
ZAPATERO: Absolutamente. En las Islas Filipinas, zapateros.
ZAPATERA: Pues puede que en las Filipinas esos zapateros sean tontos, que aquí en estas tierras los hay listos y muy listos.

---

[342]*puppeteer* [343]*we are not in your way* [344]*roll* [345]*muy lejos* [346]*"Échele . . . leguas": más lejos*

VECINA ROJA. (*Adulona*.)³⁴⁷ Muy bien hablado.

ZAPATERA: (*Brusca*.) Nadie le ha preguntado su parecer.³⁴⁸

760 VECINA ROJA. ¡Hija mía!

ZAPATERO: (*Enérgico, interrumpiendo*.) ¡Qué rico vino! (*Más fuerte*.) ¿Qué requeterrico³⁴⁹ vino! (*Silencio*.) Vino de uvas negras como el alma de algunas mujeres que yo conozco.

ZAPATERA: ¡De las que la tengan!

765 ALCALDE: ¡Chis! ¿Y en qué consiste el trabajo de usted?

ZAPATERO: (*Apura*³⁵⁰ *el vaso, chasca*³⁵¹ *la lengua y mira a la* ZAPATERA.) ¡Ah! Es un trabajo de poca apariencia y de mucha ciencia. Enseño la vida por dentro. Aleluyas³⁵² son los hechos del zapatero mansurrón³⁵³ y la Fierabrás³⁵⁴ de Alejandría, vida de don Diego Corrientes,³⁵⁵ aventuras del guapo Francisco Esteban³⁵⁶ y, sobre todo, arte de
770 colocar el bocado³⁵⁷ a las mujeres parlanchinas³⁵⁸ y respondonas.³⁵⁹

ZAPATERA: ¡Todas esas cosas las sabía mi pobrecito esposo!

ZAPATERO: ¡Dios lo haya perdonado!

ZAPATERA: Oiga usted . . . (*Las* VECINAS *se ríen*.)

NIÑO: ¡Cállate!

775 ALCALDE: (*Autoritario*.) ¡A callar! Enseñanzas son esas que convienen a todas las criaturas. Cuando usted guste.

(*El* ZAPATERO *desenrolla*³⁶⁰ *el cartelón en el que hay pintada una historia de ciego*,³⁶¹ *dividida en pequeños cuadros, pintados con almazarrón*³⁶² *y colores violentos. Los* VECINOS *inician un movimiento de aproximación y la* ZAPATERA *se sienta al* NIÑO *sobre sus rodillas*.)

780 ZAPATERO: Atención.

NIÑO: ¡Ay, qué precioso! (*Abraza a la* ZAPATERA, *murmullos*.)

ZAPATERA: Que te fijes³⁶³ bien por si acaso no me entero del todo.

NIÑO: Más difícil que la historia sagrada no será.

ZAPATERO: Respetable público: Oigan ustedes el romance verdadero y sustancioso de
785 la mujer rubicunda³⁶⁴ y el hombrecito de la paciencia, para que sirva de escarmiento³⁶⁵ y ejemplaridad a todas las gentes de este mundo. (*En tono lúgubre*.) Aguzad³⁶⁶ vuestros oídos y entendimiento. (*Los* VECINOS *alargan*³⁶⁷ *la cabeza y algunas* MUJERES *se agarran de las manos*.)

---

³⁴⁷*flattering* ³⁴⁸*opinión* ³⁴⁹*tan delicioso* ³⁵⁰*he drains* ³⁵¹*he clicks* ³⁵²"Aleluyas" *are small religious pictures* ³⁵³"Aleluyas . . . mansurrón": *the pictures tell the story of the good-hearted shoemaker* ³⁵⁴*estos aleluyas también cuentan la vida de este gigante* ³⁵⁵*famoso bandido* ³⁵⁶*un criminal* ³⁵⁷"colocar el bocado": *ofender* ³⁵⁸*chattering* ³⁵⁹*saucy* ³⁶⁰*unrolls* ³⁶¹*las historias de ciego, generalmente en verso, estaban escritas en hojas sueltas* (*loose sheets*) *y eran vendidas o contadas en la calle por ciegos* ³⁶²*rojo* ³⁶³*presta atención* ³⁶⁴*rubia* ³⁶⁵*warning* ³⁶⁶*sharpen* ³⁶⁷*stretch out*

NIÑO: ¿No te parece el titiritero, hablando, a tu marido?
ZAPATERA: Él tenía la voz más dulce.
ZAPATERO: ¿Estamos?
ZAPATERA: Me sube así un repeluzno.³⁶⁸
NIÑO: ¡Y a mí también!
ZAPATERO: (*Señalando con la varilla.*)
　　En un cortijo³⁶⁹ de Córdoba,
　　entre jarales³⁷⁰ y adelfas,³⁷¹
　　vivía un talabartero³⁷²
　　con una talabartera. (*Expectación.*)
　　Ella era mujer arisca,³⁷³
　　él hombre de gran paciencia,
　　ella giraba³⁷⁴ en los veinte
　　y él pasaba de cincuenta.
　　¡Santo Dios, cómo reñían!³⁷⁵
　　Miren ustedes la fiera,
　　burlando al débil marido
　　con los ojos y la lengua.

(*Está pintada en el cartel una mujer que mira de manera infantil y cómica.*)

ZAPATERA: ¡Qué mala mujer! (*Murmullos.*)
ZAPATERO:
　　Cabellos de emperadora
　　tiene la talabartera,
　　y una carne como el agua
　　cristalina de Lucena.
　　Cuando movía las faldas
　　en tiempos de primavera
　　olía toda su ropa
　　a limón y a yerbabuena.³⁷⁶
　　¡Ay, qué limón, limón
　　de la limonera!
　　¡Qué apetitosa
　　talabartera! (*Los* VECINOS *ríen.*)
　　Ved cómo la cortejaban

---

³⁶⁸*chill*　³⁶⁹*farm-house*　³⁷⁰*rockrose shrubs*　³⁷¹*oleanders*　³⁷²*saddler*　³⁷³de mal carácter　³⁷⁴tenía más o menos
³⁷⁵*quarreled*　³⁷⁶*mint*

mocitos de gran presencia[377]
en caballos relucientes
825 llenos de borlas de seda.
Gente cabal[378] y garbosa[379]
que pasaba por la puerta
haciendo brillar adrede[380]
las onzas de sus cadenas.
830 La conversación a todos
daba la talabartera,
y ellos caracoleaban[381]
sus jacas sobre las piedras.
Miradla hablando con uno
835 bien peinada y bien compuesta,[382]
mientras el pobre marido
clava[383] en el cuero[384] la lezna.[385]

(*Muy dramático y cruzando las manos.*)

Esposo viejo y decente
840 casado con joven tierna,
qué tunante caballista[386]
roba tu amor en la puerta.

(*La* ZAPATERA, *que ha estado dando suspiros, rompe a llorar.*)

ZAPATERO: (*Volviéndose.*) ¿Qué os pasa?
845 ALCALDE: ¡Pero, niña! (*Da con la vara.*)
VECINA ROJA: ¡Siempre llora quien tiene por qué callar!
VECINA MORADA: ¡Siga usted! (*Los* VECINOS *murmuran y sisean.*)[387]
ZAPATERA: Es que me da mucha lástima y no puedo contenerme, ¿lo ve usted?, no puedo contenerme. (*Llora queriéndose contener, hipando[388] de manera comiquísima.*)[389]
850 ALCALDE: ¡Chitón![390]
NIÑO: ¿Lo ves?
ZAPATERO: ¡Hagan el favor de no interrumpirme! ¡Cómo se conoce que no tienen que decirlo de memoria!
NIÑO: (*Suspirando.*) ¡Es verdad!
855 ZAPATERO: (*Malhumorado.*)

[377]*atractivos* [378]*accomplished* [379]*graceful* [380]*on purpose* [381]*they pranced about* [382]*maquillada (made-up)* [383]*nails* [384]*leather* [385]*awl* [386]*horseman* [387]*they hiss* [388]*hiccoughing* [389]*muy cómica* [390]*silencio*

Un lunes por la mañana
a eso de las once y media,
cuando el sol deja sin sombra
los juncos y madreselvas,[391]
cuando alegremente bailan
brisa y tomillo[392] en la sierra
y van cayendo las verdes
hojas de las madroñeras,[393]
regaba sus alhelíes[394]
la arisca talabartera.
Llegó su amigo trotando
una jaca cordobesa
y le dijo entre suspiros:
Niña, si tú lo quisieras,
cenaríamos mañana
los dos solos, en tu mesa.
¿Y qué harás de mi marido?
Tu marido no se entera.[395]
¿Qué piensas hacer? Matarlo.
Es ágil. Quizá no puedas.
¿Tienes revólver? ¡Mejor!,
¡tengo navaja barbera![396]
¿Corta mucho? Más que el frío.

(*La* ZAPATERA *se tapa los ojos y aprieta al* NIÑO. *Todos los* VECINOS *tienen una expectación máxima que se notará en sus expresiones.*)

Y no tiene ni una mella.[397]
¿No has mentido? Le daré
diez puñaladas[398] certeras[399]
en esta disposición,
que me parece estupenda:[400]
cuatro en la región lumbar,
una en la tetilla[401] izquierda,
otra en semejante sitio
y dos en cada cadera.

---

[391]*honeysuckles* [392]*thyme* [393]*strawberry trees* [394]*gilliflowers* [395]"no se entera": no sabe nada [396]"navaja barbera": *barber's knife* [397]*nick* [398]*stabs with a dagger* [399]*well-placed* [400]maravillosa [401]pecho

890   ¿Lo matarás en seguida?
      Esta noche cuando vuelva
      con el cuero y con las crines[402]
      por la curva de la acequia.[403]

(*En este último verso y con toda rapidez se oye fuera del escenario un grito angustiado y fortísimo; los* VECINOS *se levantan. Otro grito más cerca. Al* ZAPATERO *se le cae de las manos el cartelón y la varilla. Tiemblan todos cómicamente.*)

VECINA NEGRA: (*En la ventana.*) ¡Ya han sacado las navajas!
ZAPATERA: ¡Ay, Dios mío!
VECINA ROJA: ¡Virgen Santísima!
ZAPATERO: ¡Qué escándalo!
VECINA NEGRA: ¡Se están matando! ¡Se están cosiendo a puñaladas por culpa de esa mujer! (*Señala a la* ZAPATERA.)
ALCALDE: (*Nervioso.*) ¡Vamos a ver!
NIÑO: ¡Que me da mucho miedo!
VECINA VERDE. ¡Acudir, acudir! (*Van saliendo.*)
VOZ: (*Fuera.*) ¡Por esa mala mujer!
ZAPATERO: Yo no puedo tolerar esto; ¡no lo puedo tolerar!

(*Con las manos en la cabeza corre la escena. Van saliendo rapidísimamente todos entre ayes y miradas de odio a la* ZAPATERA. *Ésta cierra rápidamente la ventana y la puerta.*)

Escena V

Zapatera y Zapatero.

ZAPATERA: ¿Ha visto usted qué infamia?[404] Yo le juro por la preciosísima sangre de nuestro padre Jesús, que soy inocente. ¡Ay! ¿Qué habrá pasado? ... Mire, mire usted como tiemblo. (*Le enseña las manos.*) Parece que las manos se me quieren escapar ellas solas.
ZAPATERO: Calma, muchacha. ¿Es que su marido está en la calle?
ZAPATERA: (*Rompiendo a llorar.*) ¿Mi marido? ¡Ay, señor mío!
ZAPATERO: ¿Qué le pasa?
ZAPATERA: Mi marido me dejó por culpa de las gentes y ahora me encuentro sola sin calor de nadie.
ZAPATERO: ¡Pobrecilla!
ZAPATERA: ¡Con lo que yo lo quería! ¡Lo adoraba!

[402]*mane* [403]*canal* [404]*desgracia*

ZAPATERO: (*En un arranque.*)[405] ¡Eso no es verdad!

ZAPATERA: (*Dejando rápidamente de llorar.*) ¿Qué está usted diciendo?

ZAPATERO: Digo que es una cosa tan... incomprensible que... parece que no es verdad. (*Turbado.*)[406]

ZAPATERA: Tiene usted mucha razón, pero yo desde entonces no como, ni duermo, ni vivo; porque él era mi alegría, mi defensa.

ZAPATERO: Y queriéndolo tanto como lo quería, ¿la abandonó? Por lo que veo su marido de usted era un hombre de pocas luces.[407]

ZAPATERA: Haga el favor de guardarse la lengua en el bolsillo. Nadie le ha dado permiso para que dé su opinión.

ZAPATERO: Usted perdone, no he querido...

ZAPATERA: Digo... ¡cuando era más listo!

ZAPATERO: (*Con guasa.*) ¿Siiii?

ZAPATERA: (*Enérgica.*) Sí. ¿Ve usted todos esos romances y chupaletrinas[408] que canta y cuenta por los pueblos? Pues todo eso es un ochavo[409] comparado con lo que él sabía... él sabía... ¡el triple!

ZAPATERO: (*Serio.*) No puede ser.

ZAPATERA: (*Enérgica.*) Y el cuádruple... Me los decía todos a mí cuando nos acostábamos. Historietas antiguas que usted no habrá oído mentar[410] siquiera... (*Gachona.*)[411] y a mí me daba un susto...[412] pero él me decía: "¡Preciosa de mi alma, si esto ocurre de mentirijillas!".[413]

ZAPATERO: (*Indignado.*) ¡Mentira!

ZAPATERA: (*Extrañadísima.*) ¿Eh? ¿Se le ha vuelto el juicio?

ZAPATERO: ¡Mentira!

ZAPATERA: (*Indignada.*) Pero ¿qué es lo que está usted diciendo, titiritero del demonio?

ZAPATERO: (*Fuerte y de pie.*) Que tenía mucha razón su marido de usted. Esas historietas son pura mentira, fantasía nada más. (*Agrio.*)

ZAPATERA: (*Agria.*) Naturalmente, señor mío. Parece que me toma por tonta de capirote...[414] pero no me negará usted que dichas historietas impresionan.

ZAPATERO: ¡Ah, eso ya es harina de otro costal![415] Impresionan a las almas impresionables.

ZAPATERA: Todo el mundo tiene sentimientos.

ZAPATERO: Según se mire. He conocido mucha gente sin sentimiento. Y en mi pueblo vivía una mujer... en cierta época, que tenía el suficiente mal corazón para hablar

---

[405]outburst [406]disturbed [407]"de pocas luces": no muy inteligente [408]historias estúpidas [409]"es un ochavo": no es nada [410]mencionar [411]cariñosa [412]a... susto": me asustaba [413]¡esto... mentirijillas!": esto es una ficción [414]"tonta de capirote": *blockhead* [415]"eso... costal": esa es otra historia

con sus amigos por la ventana mientras el marido hacía botas y zapatos de la mañana a la noche.

ZAPATERA: (*Levantándose y cogiendo una silla.*) ¿Eso lo dice por mí?

960 ZAPATERO: ¿Cómo?

ZAPATERA: ¡Que si va con segunda,[416] dígalo! ¡Sea valiente!

ZAPATERO: (*Humilde.*) Señorita, ¿qué está usted diciendo? ¿Qué sé yo quién es usted? Yo no la he ofendido en nada; ¿por qué me falta[417] de esa manera? ¡Pero es mi sino![418] (*Casi lloroso.*)

965 ZAPATERA: (*Enérgica, pero conmovida.*) Mire usted, buen hombre. Yo he hablado así porque estoy sobre ascuas;[419] todo el mundo me asedia,[420] todo el mundo me critica; ¿cómo quiere que no esté acechando[421] la ocasión más pequeña para defenderme? Si estoy sola, si soy joven y vivo ya sólo de mis recuerdos. (*Llora.*)

ZAPATERO: (*Lloroso.*) Ya comprendo, preciosa joven. Lo comprendo mucho más de lo
970 que pueda imaginarse, porque . . . ha de saber usted con toda clase de reservas que su situación es . . . sí, no cabe duda, idéntica a la mía.

ZAPATERA: (*Intrigada.*) ¿Es posible?

ZAPATERO: (*Se deja caer sobre la mesa.*) A mí . . . ¡me abandonó mi esposa!

ZAPATERA: ¡No pagaba con la muerte![422]

975 ZAPATERO: Ella soñaba con un mundo que no era el mío, era fantasiosa y dominanta, gustaba demasiado de la conversación y las golosinas[423] que yo no podía costearle, y un día tormentoso de viento huracanado me abandonó para siempre.

ZAPATERA: ¿Y qué hace usted ahora, corriendo mundo?

ZAPATERO: Voy en su busca para perdonarla y vivir con ella lo poco que me queda de
980 vida. A mi edad ya se está malamente por esas posadas[424] de Dios.

ZAPATERA: (*Rápida.*) Tome un poquito de café caliente que después de toda esta tracamandana[425] le servirá de salud. (*Va al mostrador a echar el café y vuelve la espalda al* ZAPATERO.)

ZAPATERO: (*Persignándose*[426] *exageradamente y abriendo los ojos.*) Dios te lo premie,[427] cla-
985 vellinita[428] encarnada.[429]

ZAPATERA: (*Le ofrece la taza. Se queda con el plato en las manos y él bebe a sorbos.*)[430] ¿Está bueno?

ZAPATERO: (*Meloso.*) ¡Como hecho por sus manos!

ZAPATERA: (*Sonriente.*) ¡Muchas gracias!

990 ZAPATERO: (*En el último trago.*)[431] ¡Ay, qué envidia me da su marido!

---

[416]"si . . . segunda": *if you intend a double meaning* [417]"¿por . . . falta?": *why do you treat me without respect?* [418]destino [419]"estoy sobre ascuas": tengo problemas [420]besieges [421]esperando [422]"¡No . . . muerte!": *death would be too good for her* [423]trifles [424]inns [425]hubbut [426]crossing himself [427]"Dios . . . premie": *may God reward you* [428]little carnation [429]red [430]sips [431]sip

ZAPATERA: ¿Por qué?
ZAPATERO: (*Galante.*) ¡Porque se pudo casar con la mujer más preciosa de la tierra!
ZAPATERA: (*Derretida.*)⁴³² ¡Qué cosas tiene!⁴³³
ZAPATERO: Y ahora casi me alegro de tenerme que marchar, porque usted sola, yo solo, usted tan guapa y yo con mi lengua en su sitio, me parece que se me escaparía cierta insinuación . . .
ZAPATERA: (*Reaccionando.*) Por Dios, ¡quite de ahí!⁴³⁴ ¿Qué se figura? ¡Yo guardo mi corazón entero para el que está por esos mundos, para quien debo, para mi marido!
ZAPATERO: (*Contentísimo y tirando el sombrero al suelo.*) ¡Eso está pero que muy bien! Así son las mujeres verdaderas, ¡así!
ZAPATERA: (*Un poco guasona y sorprendida.*) Me parece a mí que usted está un poco . . . (*Se lleva el dedo a la sien.*)⁴³⁵
ZAPATERO: Lo que usted quiera. ¡Pero sepa y entienda que yo no estoy enamorado de nadie más que de mi mujer, mi esposa de legítimo matrimonio!
ZAPATERA: Y yo de mi marido y de nadie más que de mi marido. Cuántas veces lo he dicho para que lo oyeran hasta los sordos.⁴³⁶ (*Con las manos cruzadas.*) ¡Ay, qué zapaterillo de mi alma!
ZAPATERO: (*Aparte.*) ¡Ay, qué zapaterilla de mi corazón! (*Golpes en la puerta.*)

Escena VI

Zapatera, Zapatero y Niño.

ZAPATERA: ¡Jesús! Está una en un continuo sobresalto.⁴³⁷ ¿Quién es?
NIÑO: ¡Abre!
ZAPATERA: ¿Pero es posible? ¿Cómo has venido?
NIÑO: ¡Ay, vengo corriendo para decírtelo!
ZAPATERA: ¿Qué ha pasado?
NIÑO: Se han hecho heridas con las navajas dos o tres mozos y te echan a ti la culpa. Heridas que echan mucha sangre. Todas las mujeres han ido a ver al juez⁴³⁸ para que te vayas del pueblo, ¡ay! Y los hombres querían que el sacristán tocara las campanas para cantar tus coplas . . . (*El* NIÑO *está jadeante*⁴³⁹ *y sudoroso.*)
ZAPATERA: (*Al* ZAPATERO.) ¿Lo está usted viendo?
NIÑO: Toda la plaza está llena de corrillos . . .⁴⁴⁰ parece la feria . . . ¡y todos contra ti!
ZAPATERO: ¡Canallas!⁴⁴¹ Intenciones me dan de salir a defenderla.
ZAPATERA: ¿Para qué? Lo meterían en la cárcel. Yo soy la que va a tener que hacer algo gordo.⁴⁴²

⁴³²tierna ⁴³³"¡Qué cosas tiene!": *what funny ideas you have!* ⁴³⁴"¡quite de ahí!": olvídelo ⁴³⁵*temple* ⁴³⁶*deaf people* ⁴³⁷*shock* ⁴³⁸*judge* ⁴³⁹*panting* ⁴⁴⁰*group of gossipers* ⁴⁴¹*scoundrels* ⁴⁴²grande

1025 NIÑO: Desde la ventana de tu cuarto puedes ver el jaleo[443] de la plaza.

ZAPATERA: (*Rápida.*) Vamos, quiero cerciorarme[444] de la maldad de las gentes. (*Mutis rápido.*)

Escena VII

Zapatero.

1030 ZAPATERO: Sí, sí, canallas . . . pero pronto ajustaré cuentas[445] con todos y me las pagarán . . . ¡Ay, casilla mía, qué calor más agradable sale por tus puertas y ventanas!; ¡ay, qué terribles paradores,[446] qué malas comidas, qué sábanas de lienzo[447] moreno por esos caminos del mundo! ¡Y qué disparate[448] no sospechar que mi mujer era de oro puro, del mejor oro de la tierra! ¡Casi me dan ganas de llorar!

1035 ### Escena VIII

Zapatero y Vecinas.

VECINA ROJA: (*Entrando rápida.*) Buen hombre.

VECINA AMARILLA: (*Rápida.*) Buen hombre.

VECINA ROJA: Salga en seguida de esta casa. Usted es persona decente y no debe estar
1040 aquí.

VECINA AMARILLA: Ésta es la casa de una leona, de una hiena.

VECINA ROJA: De una mal nacida,[449] desengaño de los hombres.

VECINA AMARILLA: Pero o se va del pueblo o la echamos. Nos trae locas.

VECINA ROJA: Muerta la quisiera ver.

1045 VECINA AMARILLA: Amortajada,[450] con su ramo en el pecho.

ZAPATERO: (*Angustiado.*) ¡Basta!

VECINA ROJA: Ha corrido la sangre.

VECINA AMARILLA: No quedan pañuelos blancos.

VECINA ROJA: Dos hombres como dos soles.

1050 VECINA AMARILLA: Con las navajas clavadas.[451]

ZAPATERO: (*Fuerte.*) ¡Basta ya!

VECINA ROJA: Por culpa de ella.

VECINA AMARILLA: Ella, ella y ella.

VECINA ROJA: Miramos por usted.

1055 VECINA AMARILLA: ¡Le avisamos[452] con tiempo!

ZAPATERO: Grandísimas embusteras,[453] mentirosas, mal nacidas. Os voy a arrastrar[454] del pelo.

---

[443]quarreling [444]asegurarme [445]"ajustaré cuentas": *I will settle* [446]inns [447]linen cloth [448]locura [449]"mal nacida": *scum* [450]shrouded [451]stuck inside [452]*we warn you* [453]mentirosas [454]*to drag*

VECINA ROJA: (*A la otra.*) ¡También lo ha conquistado!
VECINA AMARILLA: ¡A fuerza de[455] besos habrá sido!
ZAPATERO: ¡Así os lleve el demonio! ¡Basiliscos,[456] perjuras![457]
VECINA NEGRA: (*En la ventana.*) ¡Comadre, corra usted! (*Sale corriendo. Las dos* VECINAS *hacen lo mismo.*)
VECINA ROJA: Otro en el garlito.[458]
VECINA AMARILLA: ¡Otro!
ZAPATERO: ¡Sayonas,[459] judías![460] ¡Os pondré navajillas barberas en los zapatos! Me vais a soñar.

Escena IX

Zapatero, Zapatera y Niño.

NIÑO: (*Entra rápido.*) Ahora entraba un grupo de hombres en casa del Alcalde. Voy a ver lo que dicen. (*Sale corriendo.*)
ZAPATERA: (*Valiente.*) Pues aquí estoy, si se atreven a venir. Y con serenidad de familia de caballistas, que he cruzado muchas veces la sierra, sin hamugas,[461] a pelo sobre los caballos.
ZAPATERO: ¿Y no flaqueará[462] algún día su fortaleza?
ZAPATERA: Nunca se rinde[463] la que, como yo, está sostenida por el amor y la honradez. Soy capaz de seguir así hasta que se me vuelva cana[464] toda mi mata de pelo.[465]
ZAPATERO: (*Conmovido y avanzando hacia ella.*) Ay . . .
ZAPATERA: ¿Qué le pasa?
ZAPATERO: Me emociono.
ZAPATERA: Mire usted, tengo a todo el pueblo encima, quieren venir a matarme, y sin embargo no tengo ningún miedo. La navaja se contesta con la navaja y el palo con el palo, pero cuando de noche cierro esa puerta y me voy sola a mi cama . . . me da una pena . . . ¡qué pena! ¡Y paso unas sofocaciones! . . . Que cruje[466] la cómoda:[467] ¡un susto! Que suenan con el aguacero[468] los cristales del ventanillo, ¡otro susto! Que yo sola meneo[469] sin querer las perinolas[470] de la cama, ¡susto doble! Y todo esto no es más que el miedo a la soledad donde están los fantasmas, que yo no he visto porque no los he querido ver, pero que vieron mi madre y mi abuela y todas las mujeres de mi familia que han tenido ojos en la cara.
ZAPATERO: ¿Y por qué no cambia de vida?
ZAPATERA: ¿Pero usted está en su juicio? ¿Qué voy a hacer? ¿Dónde voy así? Aquí estoy y Dios dirá. (*Fuera y muy lejanos se oyen murmullos y aplausos.*)

---

[455]"a fuerza de": by means of [456]serpientes [457]perjurers [458]trap [459]brujas [460]scums [461]saddles [462]will weaken [463]surrenders [464]grey hair [465]"mata de pelo": todo mi pelo [466]creaks [467]chest of drawers [468]heavy shower [469]muevo [470]pear-shaped adornments

ZAPATERO: Yo lo siento mucho, pero tengo que emprender[471] mi camino antes que la noche se me eche encima.[472] ¿Cuánto debo? (*Coge el cartelón.*)

ZAPATERA: Nada.

ZAPATERO: No transijo.[473]

ZAPATERA: Lo comido por lo servido.[474]

ZAPATERO: Muchas gracias. (*Triste se carga*[475] *el cartelón.*) Entonces, adiós... para toda la vida, porque a mi edad... (*Está conmovido.*)

ZAPATERA: (*Reaccionando.*) Yo no quisiera despedirme[476] así. Yo soy mucho más alegre. (*En voz clara.*) Buen hombre, Dios quiera que encuentre usted a su mujer, para que vuelva a vivir con el cuidado y la decencia a que estaba acostumbrado. (*Está conmovida.*)

ZAPATERO: Igualmente le digo de su esposo. Pero usted ya sabe que el mundo es reducido, ¿qué quiere que le diga si por casualidad me lo encuentro en mis caminatas?[477]

ZAPATERA: Dígale usted que lo adoro.

ZAPATERO: (*Acercándose.*) ¿Y qué más?

ZAPATERA: Que a pesar de sus cincuenta y tantos años, benditísimos cincuenta años, me resulta más juncal[478] y torerillo[479] que todos los hombres del mundo.

ZAPATERO: ¡Niña, qué primor! ¡Le quiere usted tanto como yo a mi mujer!

ZAPATERA: ¡Muchísimo más!

ZAPATERO: No es posible. Yo soy como un perrillo y mi mujer manda en el castillo, ¡pero que mande! Tiene más sentimiento que yo. (*Está cerca de ella y como adorándola.*)

ZAPATERA: Y no se le olvide decirle que lo espero, que el invierno tiene las noches largas.

ZAPATERO: Entonces, ¿lo recibiría usted bien?

ZAPATERA: Como si fuera el rey y la reina juntos.

ZAPATERO: (*Temblando.*) ¿Y si por casualidad llegara ahora mismo?

ZAPATERA: ¡Me volvería loca de alegría!

ZAPATERO: ¿Le perdonaría su locura?

ZAPATERA: ¡Cuánto tiempo hace que se la perdoné!

ZAPATERO: ¿Quiere usted que llegue ahora mismo?

ZAPATERA: ¡Ay, si viniera!

ZAPATERO: (*Gritando.*) ¡Pues aquí está!

ZAPATERA: ¿Qué está usted diciendo?

---

[471]comenzar [472]"antes...encima": *before it gets dark* [473]no lo acepto [474]"Lo...servido": una cosa por otra [475]*he picks up* [476]decir adiós [477]viajes [478]*graceful* [479]*bravo*

ZAPATERO: (*Quitándose las gafas y el disfraz.*) ¡Que ya no puedo más! ¡Zapatera de mi corazón!

(*La* ZAPATERA *está como loca, con los brazos separados del cuerpo. El* ZAPATERO *abraza a la* ZAPATERA *y ésta lo mira fijamente en medio de su crisis. Fuera se oye claramente un run-run de coplas.*)

VOZ. (*Dentro.*)
    La señora zapatera
al marcharse su marido
ha montado una taberna
donde acude el señorío.

ZAPATERA: (*Reaccionando.*) Pillo, granuja, tunante, canalla![480] ¿Lo oyes? ¡Por tu culpa!

(*Tira las sillas.*)

ZAPATERO: (*Emocionado dirigiéndose al banquillo.*) ¡Mujer de mi corazón!

ZAPATERA: ¡Corremundos![481] ¡Ay, cómo me alegro de que hayas venido! ¡Qué vida te voy a dar! ¡Ni la Inquisición! ¡Ni los templarios de Roma!

ZAPATERO: (*En el banquillo.*) ¡Casa de mi felicidad! (*Las coplas se oyen cerquísima, los* VECINOS *aparecen en la ventana.*)

VOCES. (*Dentro.*)
    Quién te compra zapatera
el paño de tus vestidos
y esas chambras de batista
con encajes de bolillos.
Ya la corteja el alcalde,
ya la corteja don Mirlo.
Zapatera, zapatera,
¡zapatera te has lucido!

ZAPATERA: ¡Qué desgraciada soy! ¡Con este hombre que Dios me ha dado! (*Yendo a la puerta.*) ¡Callarse largos de lengua, judíos colorados! Y venid, venid ahora, si queréis. Ya somos dos a defender mi casa, ¡dos! ¡dos! yo y mi marido. (*Dirigiéndose al marido.*) ¡Con este pillo, con este granuja! (*El ruido de las coplas llena la escena. Una campana rompe a tocar lejana y furiosamente.*)

Telón

---

[480] Todas estos términos significan *"scoundrel"*   [481] *globe-trotter*

Preguntas de comprensión

1. ¿Qué diferencia de edad existe entre la zapatera y el zapatero?
2. ¿Qué pretendientes tiene la zapatera?
3. ¿A quiénes culpan la zapatera y el zapatero de su matrimonio? ¿Por qué motivos se casan la zapatera y el zapatero?
4. ¿Por qué se enfada la zapatera con la vecina al principio del acto primero?
5. ¿Qué tipo de trabajo hace el zapatero cuando se va de la casa?
6. ¿Qué detalles nos da el titiritero acerca de la personalidad de la talabartera y el talabartero?
7. ¿Qué trabajos realizan los filipinos, según el titiritero?
8. ¿Qué incidente ocurre en el pueblo cuando el zapatero está contando la historia de ciego?
9. ¿Qué le piden las vecinas al zapatero al final de la obra?
10. ¿Qué historias cuentan las coplas que han inventado a la zapatera?

Análisis crítico

1. Comente la división de la obra en sus distintas partes. ¿Dónde se encuentra, específicamente, el conflicto de la obra? ¿Sigue el autor la regla de "las tres unidades"?
2. Sabemos que esta obra es una farsa; ahora bien, ¿qué convenciones de esta forma dramática encuentra en ella?
3. Comente la importancia de "el qué dirán", o sentido de la honra, en esta obra.
4. ¿Cómo entiende el Alcalde la relación del hombre con la mujer?
5. ¿Qué valor simbólico tienen las ovejas y la mariposa al final del acto primero? ¿Qué función cumple el niño en esta obra?
6. Ninguno de los personajes de la obra tiene nombre propio, ¿con qué propósito hace esto el autor?
7. ¿En qué personaje, y de qué manera, se presenta el conflicto entre realidad y fantasía, o imaginación?
8. Al final de la obra, el zapatero y la zapatera se abrazan y se confiesan mutuo amor. En su opinión, ¿qué sugieren las últimas palabras de la zapatera?
9. Mencione y comente la importancia de los actantes que hay en la obra.
10. ¿Qué tipo de escenario y escenografía usaría usted en la representación de esta obra?

Mesa redonda

En la guía de lectura mencionamos dos instancias metatreatales en esta obra. La primera tiene lugar cuando el autor habla en el prólogo de la obra sobre la "poesía" en el teatro, y la segunda ocurre en la historia de ciego que nos cuenta el titiritero en el acto segundo. Discuta con sus compañeros de grupo el propósito y contenido de estos dos aspectos metatreales.

Sea creativo

La obra termina, como hemos visto, con la reconciliación de los dos zapateros. Escriba en unas dos páginas una posible conversación entre los zapateros que sirva de continuación a las últimas palabras pronunciadas por la zapatera.

Investigación

Además de farsas, Lorca escribió algunas de las tragedias más conocidas en la literatura española, como las que se recogen en su conocida "trilogía rural": *Bodas de sangre* (1932), *Yerma* (1934), y *La casa de Bernarda Alba* (1936). Escoja una de estas tragedias y estudie uno de los temas predominantes en la obra lorquiana: la opresión de la mujer por el sistema patriarcal.

Fernando Arrabal: *Pic-Nic*

Vida, obra y crítica

Fernando Arrabal (1932–) nació en Melilla, España, donde residió hasta 1939. Después se mudó a las provincias de Salamanca y Madrid, donde realizó, respectivamente, sus estudios de bachillerato y abogacía. En 1955 dejó España para instalarse definitivamente en París, Francia; y aquí, junto con el chileno Alejandro Jodorowsky y el francés Roland Topor, fundó el movimiento "pánico". Arrabal ha recibido numerosos premios y distinciones por su labor literaria, como la Medalla de Oro de Bellas Artes en 1986, el Premio Nacional de Literatura Dramática en 2003, y la medalla de la Legión de Honor Francesa en 2006.

    Arrabal, un escritor sumamente (*very*) prolífico, ha cultivado todos los géneros literarios, pero el campo en el que más ha destacado es en el del teatro. Como dramaturgo es autor de *Pic-nic* (1952), *Los dos verdugos* (1956), *El cementerio de automóviles* (1957), *El arquitecto y el emperador de Asiria* (1966), y *La carga de los centauros* (1990).

Como novelista podemos mencionar *La torre herida por el rayo*, ganadora del prestigioso Premio Planeta en 1983; y *Ceremonia por un teniente abandonado* (1998). Como poeta es autor del poemario *Arrabalesques* (1994), y como ensayista publicó *La dudosa luz del día* (1994), ganadora del Premio Espasa de Ensayo. Arrabal ha dirigido, asimismo, varias películas, entre las que podemos señalar *Iré como un caballo loco* (1973), y *La odisea del Pacífico* (1980).

El teatro de Arrabal, el que nos interesa en este capítulo, se caracteriza por escenificar temas relacionados con la religión, la política, el amor y la sexualidad, todos ellos tratados con grandes dosis de humor e ironía. En su teatro "pánico" se ven influencias del teatro de la crueldad de A. Artaud, del dadaísmo de Tristan Tzara, de los *happenings* de Julian Beck, y del surrealismo de André Breton. "Pánico", por cierto, se relaciona con el dios griego Pan, dios de la naturaleza y de la crítica teatral, cuyos gritos inspiraban pánico. En su teatro "pánico", muy próximo al teatro del absurdo, Arrabal combina crueldad y violencia con ironía.

Guía de lectura

Pic-nic es una de las obras más populares de Arrabal, y fue representada por primera vez en Francia en 1959. Arrabal escribió varias versiones de esta obra, y la primera de ellas, de 1952, se titulaba *Los soldados*. Esta primera versión contenía sólo cuatro personajes: los señores Tepán y los dos soldados, pero la que incluimos aquí, de 1961, es la última, y en ella Arrabal introduce los personajes de los dos camilleros (*stretcher bearers*). La obra se centra en la visita que el matrimonio Tepán hace a su hijo, el soldado Zapo, mientras éste se encontraba solo en un frente de guerra. Durante la visita, Zapo hace prisionero a un soldado enemigo, Zepo, un joven cuya vida se asemeja en muchos sentidos a la de Zapo. La obra concluye con los cuatro personajes bailando hasta que la realidad de la guerra hace acto de presencia.

La obra es una denuncia de lo absurdo de la guerra y, junto con *El triciclo* (1961) y *El laberinto* (1961), es una manifestación del primer teatro de Arrabal. En *Pic-nic*, el dramaturgo nos presenta una serie de situaciones y diálogos con escasas referencias a la realidad exterior, lo cual refleja su distanciamiento del teatro realista. En la lectura de esta obra el lector debe analizar el tema de la incomunicación en un mundo sin sentido donde el ser humano no tiene control sobre su destino, y cómo este tema, unido al de un lenguaje proveniente del mundo de los niños, vinculan (*link*) la pieza de Arrabal con el teatro del absurdo.

Pic-Nic

Personajes

ZAPO
SEÑOR TEPÁN
SEÑORA TEPÁN

ZEPO
PRIMER CAMILLERO
CAMILLERO SEGUNDO

Decorado: Campo de batalla. Cruza el escenario, de derecha a izquierda, una alambrada.[1] Junto a esta alambrada hay unos sacos de tierra.

(*La batalla hace furor. Se oyen tiros,[2] bombazos, ráfagas de ametralladora.[3]* ZAPO, *solo en escena, está acurrucado[4] entre los sacos. Tiene mucho miedo. Cesa[5] el combate. Silencio.* ZAPO *saca de una cesta de tela[6] una madeja[7] de lana y unas agujas.[8] Se pone a hacer un jersey[9] que ya tiene bastante avanzado. Suena el timbre del teléfono de campaña que* ZAPO *tiene a su lado.*)

ZAPO: Diga . . . Diga . . . A sus órdenes mi capitán . . . En efecto, soy el centinela de la cota[10] 47 . . . Sin novedad, mi capitán . . . Perdone, mi capitán, ¿cuándo comienza otra vez la batalla? . . . Y las bombas, ¿cuándo las tiro? . . . ¿Pero, por fin, hacia dónde las tiro, hacia atrás o hacia adelante? . . . No se ponga usted así conmigo.[11] No lo digo para molestarle . . . Capitán, me encuentro muy solo. ¿No podría enviarme un compañero? . . . Aunque sea la cabra . . . (*El capitán le riñe.*)[12] A sus órdenes . . . A sus órdenes, mi capitán. (ZAPO *cuelga el teléfono. Refunfuña.*)[13]

(*Silencio. Entra en escena el matrimonio* TEPÁN *con cestas, como si vinieran a pasar un día en el campo. Se dirigen a su hijo,* ZAPO, *que, de espaldas y escondido entre los sacos, no ve lo que pasa.*)

SR. TEPÁN: (*Ceremoniosamente.*) Hijo, levántate y besa en la frente a tu madre. (ZAPO, *aliviado[14] y sorprendido, se levanta y besa en la frente a su madre con mucho respeto. Quiere hablar. Su padre le interrumpe.*) Y ahora, bésame a mí. (*Lo besa en la frente.*)

ZAPO: Pero papaítos,[15] ¿cómo os habéis atrevido a venir aquí con lo peligroso que es? Iros inmediatamente.

SR. TEPÁN: ¿Acaso quieres dar a tu padre una lección de guerra y peligros? Esto para mí es un pasatiempo. Cuántas veces, sin ir más lejos,[16] he bajado del metro en marcha.[17]

---

[1] *barbed-wire fence* [2] *shots* [3] "ráfagas de ametralladora": *bursts of machine-gun fire* [4] *curled up* [5] *se para* [6] *cloth* [7] *skein* [8] *knitting needles* [9] *sweater* [10] *hill* [11] "No . . . conmigo": *do not quarrel with me* [12] *he scolds* [13] *he grumbles* [14] *relieved* [15] *queridos padres* [16] "sin . . . lejos": *por dar un ejemplo* [17] "en marcha": *moving*

SRA. TEPÁN: Hemos pensado que te aburrirías, por eso te hemos venido a ver. Tanta guerra te tiene que aburrir.

ZAPO: Eso depende.

SR. TEPÁN: Muy bien sé yo lo que pasa. Al principio la cosa de la novedad gusta. Eso de matar y de tirar bombas y de llevar casco,[18] que hace tan elegante, resulta agradable, pero terminará por fastidiarte.[19] En mi tiempo hubiera pasado otra cosa. Las guerras eran mucho más variadas, tenían color. Y, sobre todo, había caballos, muchos caballos. Daba gusto: que el capitán decía: "al ataque", ya estábamos allí todos con el caballo y el traje de color rojo. Eso era bonito. Y luego, unas galopadas con la espada en la mano y ya estábamos frente al enemigo, que también estaba a la altura[20] de las circunstancias, con sus caballos —los caballos nunca faltaban, muchos caballos y muy gorditos— y sus botas de charol[21] y sus trajes verdes.

SRA. TEPÁN: No, no eran verdes los trajes del enemigo, eran azules. Lo recuerdo muy bien, eran azules.

SR. TEPÁN: Te digo que eran verdes.

SRA. TEPÁN: No, te repito que eran azules. Cuántas veces, de niñas, nos asomábamos[22] al balcón para ver batallas y yo le decía al vecinito:[23] "Te apuesto[24] una chocolatina a que ganan los azules". Y los azules eran nuestros enemigos.

SR. TEPÁN: Bueno, para ti la perra gorda.[25]

SRA. TEPÁN: Yo siempre he sido muy aficionada a las batallas. Cuando niña, siempre decía que sería, de mayor, coronel de caballería. Mi mamá se opuso, ya conoces sus ideas anticuadas.[26]

SR. TEPÁN: Tu madre siempre tan burra.[27]

ZAPO: Perdonadme. Os tenéis que marchar. Está prohibido venir a la guerra si no se es soldado.

SR. TEPÁN: A mí me importa un pito.[28] Nosotros no venimos al frente para hacer la guerra. Sólo queremos pasar un día de campo contigo, aprovechando[29] que es domingo.

SRA. TEPÁN: Precisamente he preparado una comida muy buena. He hecho una tortilla de patatas que tanto te gusta, unos bocadillos de jamón, vino tinto,[30] ensalada y pasteles.

ZAPO: Bueno, lo que queráis, pero si viene el capitán, yo diré que no sabía nada. Menudo se va a poner.[31] Con lo que le molesta a él eso de que haya visitas en la guerra. Él nos repite siempre: "en la guerra, disciplina y bombas, pero nada de visitas".

---

[18]*helmet* [19]*molestarte* [20]*"estaba a la altura": rose* [21]*patent leather* [22]*we peeked* [23]vecino (diminutivo) [24]*I bet you* [25]*"para... gorda": tú ganas* [26]*old-fashioned* [27]*dumb* [28]*A... pito: no me importa nada* [29]*taking advantage* [30]*red* [31]*"Menudo... poner": se va a enfadar*

SR. TEPÁN: No te preocupes, ya le diré yo un par de cosas a ese capitán.

ZAPO: ¿Y si comienza otra vez la batalla?

SR. TEPÁN: ¿Te piensas que me voy a asustar? En peores[32] me he visto. Y si aún fuera como antes, cuando había batallas con caballos gordos. Los tiempos han cambiado, ¿comprendes? (*Pausa.*) Hemos venido en motocicleta. Nadie nos ha dicho nada.

ZAPO: Supondrían que erais los árbitros.[33]

SR. TEPÁN: Lo malo fue que, como había tantos tanques y jeeps, resultaba muy difícil avanzar.

SRA. TEPÁN: Y luego, al final, acuérdate aquel cañón que hizo un embotellaje.[34]

SR. TEPÁN: De las guerras, es bien sabido, se puede esperar todo.

SRA. TEPÁN: Bueno, vamos a comer.

SR. TEPÁN: Sí, vamos, que tengo un apetito enorme. A mí, este tufillo de pólvora,[35] me abre el apetito.

SRA. TEPÁN: Comeremos aquí mismo, sentados sobre la manta.

ZAPO: ¿Como con el fusil?

SRA. TEPÁN: Nada de fusiles. Es de mala educación[36] sentarse a la mesa con fusil. (*Pausa.*) Pero qué sucio estás, hijo mío . . . ¿Cómo te has puesto así? Enséñame las manos.

ZAPO: (*Avergonzado, se las muestra.*) Me he tenido que arrastrar por el suelo con eso de las maniobras.[37]

SRA. TEPÁN: Y las orejas, ¿qué?

ZAPO: Me las he lavado esta mañana.

SRA. TEPÁN: Bueno, pueden pasar. ¿Y los dientes? (*Enseña los dientes.*) Muy bien. ¿Quién le va a dar a su niñito un besito por haberse lavado los dientes? (*A su marido.*) Dale un beso a tu hijo que se ha lavado bien los dientes. (*El* SR. TEPÁN *besa a su hijo.*) Porque lo que no se te puede consentir es que con el cuento[38] de la guerra te dejes de lavar.

ZAPO: Sí, mamá. (*Se ponen a comer.*).

SR. TEPÁN: Qué, hijo mío, ¿has matado mucho?

ZAPO: ¿Cuándo?

SR. TEPÁN: Pues estos días.

ZAPO: ¿Dónde?

SR. TEPÁN: Pues en esto de la guerra.

ZAPO: No mucho. He matado poco. Casi nada.

[32]peores situaciones [33]*referees* [34]*traffic jam* [35]"tufillo de pólvora": *bad smell of gunpowder* [36]*manners* [37]*maneuvers* [38]"con el cuento": con la excusa

SR. TEPÁN: ¿Qué es lo que has matado más, caballos enemigos o soldados?

ZAPO: No, caballos no. No hay caballos.

SR. TEPÁN: ¿Y soldados?

ZAPO: A lo mejor.[39]

SR. TEPÁN: ¿A lo mejor? ¿Es que no estás seguro?

ZAPO: Sí, es que disparo[40] sin mirar. (*Pausa.*) De todas formas, disparo muy poco. Y cada vez que disparo, rezo un *Padrenuestro*[41] por el tío[42] que he matado.

SR. TEPÁN: Tienes que tener más valor. Como tu padre.

SRA. TEPÁN: Voy a poner un disco en el gramófono.

(*Pone un disco. Los tres, sentados en el suelo, escuchan.*)

SR. TEPÁN: Esto es música, sí señor.

(*Continúa la música. Entra un soldado enemigo: ZEPO. Viste como ZAPO. Sólo cambia el color del traje. ZEPO va de verde y ZAPO de gris. ZEPO, extasiado, oye la música a espaldas de la familia TEPÁN. Termina el disco. Al ponerse de pie, ZAPO descubre a ZEPO. Ambos se ponen manos arriba llenos de terror. Los esposos TEPÁN los contemplan extrañados.*)[43]

SR. TEPÁN: ¿Qué pasa?

(*ZAPO reacciona. Duda. Por fin, muy decidido, apunta con el fusil a ZEPO.*)

ZAPO: ¡Manos arriba!

(*ZEPO levanta aún más las manos, todavía más amedrentado.*[44] *ZAPO no sabe qué hacer. De pronto, va hacia ZEPO y le golpea suavemente en el hombro mientras le dice*):

ZAPO: ¡Pan y tomate para que no te escapes![45]

SR. TEPÁN: Bueno, ¿Y ahora, qué?

ZAPO: Pues ya ves, a lo mejor, en premio, me hacen cabo.[46]

SR. TEPÁN: Átale, no sea que se escape.

ZAPO: ¿Por qué atarle?

SR. TEPÁN: Pero, ¿es que aún no sabes que a los prisioneros hay que atarles inmediatamente?

ZAPO: ¿Cómo le ato?

SR. TEPÁN: Átale las manos.

SRA. TEPÁN: Sí. Eso sobre todo. Hay que atarle las manos. Siempre he visto que se hace así.

ZAPO: Bueno. (*Al prisionero.*) Haga el favor de poner las manos juntas, que le voy a atar.

---

[39]"A lo mejor": quizás [40]*I shoot* [41]*Our Father* [42]soldado [43]sorprendidos [44]con más miedo [45]"¡Pan . . . escapes!": frase de un juego de niños que significa "¡no te muevas!" [46]*corporal*

ZEPO: No me haga mucho daño.
ZAPO: No.
ZEPO: Ay, qué daño me hace . . .
SR. TEPÁN: Hijo, no seas burro.⁴⁷ No maltrates al prisionero.
SRA. TEPÁN: ¿Eso es lo que yo te he enseñado? ¿Cuántas veces te he repetido que hay que ser bueno con todo el mundo?
ZAPO: Lo había hecho sin mala intención. (*A* ZEPO.) ¿Y así le hace daño?
ZEPO: No, así no.
SR. TEPÁN: Diga usted la verdad. Con toda confianza. No se avergüence porque estemos delante. Si le molestan, díganoslo y se las ponemos más suavemente.
ZEPO: Así está bien.
SR. TEPÁN: Hijo, átale también los pies para que no se escape.
ZAPO: ¿También los pies? Qué de cosas . . .⁴⁸
SR. TEPÁN: Pero ¿es que no te han enseñado las ordenanzas?⁴⁹
ZAPO: Sí.
SR. TEPÁN: Bueno, pues todo eso se dice en las ordenanzas.
ZAPO: (*Con muy buenas maneras.*) Por favor tenga la bondad de sentarse en el suelo que le voy a atar los pies.
ZEPO: Pero no me haga daño como la primera vez.
SR. TEPÁN: Ahora te vas a ganar que te tome tirria.⁵⁰
ZAPO: No me tomará tirria. ¿Le hago daño?
ZEPO: No. Ahora está perfecto.
ZAPO: (*Iluminado por una idea.*) Papá, hazme una foto con el prisionero en el suelo y yo con un pie sobre su tripa.⁵¹ ¿Te parece?
SR. TEPÁN: ¡Ah, sí! ¡Qué bien va a quedar!
ZEPO: No. Eso no.
SRA. TEPÁN: Pero total, una foto de nada no tiene importancia para usted y nosotros podríamos colocarla en el comedor junto al diploma de salvador de náufragos⁵² que ganó mi marido hace trece años . . .
ZEPO: No crean que me van a convencer.
ZAPO: Pero, ¿por qué no quiere?
ZEPO: Es que tengo una novia, y si luego ella ve la foto va a pensar que no sé hacer la guerra.
ZAPO: No. Dice usted que no es usted; que lo que hay debajo es una pantera.
SRA. TEPÁN: Ande,⁵³ diga que sí.

⁴⁷cruel ⁴⁸"Qué de cosas . . .": ¡cuántas cosas tengo que saber! ⁴⁹libro de reglas ⁵⁰"que . . . tirria": *that I dislike you* ⁵¹*belly* ⁵²*castaways* ⁵³vamos

160 ZEPO: Bueno. Pero sólo por hacerles un favor.
ZAPO: Póngase completamente tumbado.[54]

(ZEPO *se tiende*[55] *sobre el suelo.* ZAPO *coloca un pie sobre su tripa y, con aire muy fiero, agarra*[56] *el fusil.*)

SRA. TEPÁN: Saca[57] más el pecho.
165 ZAPO: ¿Así?
SRA. TEPÁN: Sí. Eso. Así. Sin respirar.
SR. TEPÁN: Pon más cara de héroe.
ZAPO: ¿Cómo es la cara de héroe?
SR. TEPÁN: Es bien sencillo:[58] pon la misma cara que ponía el carnicero[59] cuando conta-
170   ba sus conquistas amorosas.
ZAPO: ¿Así?
SR. TEPÁN: Sí, así.
SRA. TEPÁN: Sobre todo, hincha[60] bien el pecho y no respires.
ZEPO: Pero, ¿van a terminar de una vez?
175 SR. TEPÁN: Tenga un poco de paciencia. A la una, a las dos y . . . a las tres.
ZAPO: Tengo que haber salido muy bien.
SRA. TEPÁN: Sí, tenías el aire muy marcial.
SR. TEPÁN: Sí, has quedado muy bien.
SRA. TEPÁN: A mí también me han entrado ganas de hacerme una contigo.
180 SR. TEPÁN: Sí, una nuestra quedará también muy bien.
ZAPO: Bueno, si queréis yo os la hago.
SRA. TEPÁN: ¿Me dejarás el casco para hacer[61] más militar?
ZEPO: No quiero más fotos. Con una ya hay de sobra.[62]
ZAPO: No se ponga usted así.[63] ¿A usted que más le da?[64]
185 ZEPO: Nada, no consiento que me hagan más fotos. Es mi última palabra.
SRA. TEPÁN: (*A su mujer.*) No insistáis más. Los prisioneros suelen ser muy susceptibles.
       Si continuamos así, se disgustará y nos ahogará la fiesta.[65]
ZAPO: Bueno, ¿y qué hacemos ahora con el prisionero?
SRA. TEPÁN: Lo podemos invitar a comer. ¿Te parece?
190 SR. TEPÁN: Por mí no hay inconveniente.
ZAPO: (*A* ZEPO.) ¿Qué? ¿Quiere comer con nosotros?
ZEPO: Pues . . .
SR. TEPÁN: Hemos traído un buen tintorro.[66]
ZEPO: Si es así, bueno.

[54]*lying down* [55]*lies down* [56]*toma* [57]*stick out* [58]*fácil* [59]*butcher* [60]*swell* [61]*parecer* [62]"de sobra": *suficiente* [63]"No . . . así": *no se enfade* [64]"¿A . . . da?": *you should not care about it* [65]"nos . . . fiesta": *he will ruin our party* [66]*vino tinto* (*red*)

SR. TEPÁN: Usted haga como si estuviera en su casa. Pídanos lo que quiera.
ZEPO: Bueno.
SR. TEPÁN: ¿Qué?, ¿y usted, ha matado mucho?
ZEPO: ¿Cuándo?
SR. TEPÁN: Pues estos días.
ZEPO: ¿Dónde?
SR. TEPÁN: Pues en esto de la guerra.
ZEPO: No mucho. He matado poco. Casi nada.
SR. TEPÁN: ¿Qué es lo que ha matado más, caballos enemigos o soldados?
ZEPO: No, caballos no. No hay caballos.
SR. TEPÁN: ¿Y soldados?
ZEPO: A lo mejor.
SR. TEPÁN: ¿A lo mejor? ¿Es que no está seguro?
ZEPO: Sí, es que disparo sin mirar. (*Pausa.*) De todas formas, disparo muy poco. Y cada vez que disparo, rezo un *Avemaría*[67] por el tío[68] que he matado.
SR. TEPÁN: ¿Un *Avemaría*? Yo creí que rezaría un *Padrenuestro*.
ZEPO: No. Siempre un *Avemaría*. (*Pausa.*) Es más corto.
SR. TEPÁN: Ánimo, hombre. Hay que tener más valor.
SRA. TEPÁN: (*A* ZEPO.) Si quiere usted, le soltamos las ligaduras.[69]
ZEPO: No, déjelo, no tiene importancia.
SR. TEPÁN: No vaya usted ahora a andar con vergüenzas con nosotros. Si quiere que le soltemos las ligaduras, díganoslo.
SRA. TEPÁN: Usted póngase lo más cómodo que pueda.
ZEPO: Bueno, si se ponen así, suéltenme las ligaduras. Pero sólo se lo digo por darles gusto.
SR. TEPÁN: Hijo, quítaselas. (ZAPO *le quita las ligaduras de los pies.*)
SRA. TEPÁN: ¿Qué, se encuentra usted mejor?
ZEPO: Sí, sin duda. A lo mejor les estoy molestando mucho.
SR. TEPÁN: Nada de molestarnos. Usted, considérese como en su casa. Y si quiere que le soltemos las manos, no tiene nada más que pedírnoslo.
ZEPO: No. Las manos, no. Es pedir demasiado.
SR. TEPÁN: Que no, hombre que no. Ya le digo que no nos molesta en absoluto.
ZEPO: Bueno . . . entonces, desátenme[70] las manos. Pero sólo para comer, ¿eh?, que no quiero yo que me digan luego que me ofrecen el dedo y me tomo la mano entera.
SR. TEPÁN: Niño, quítale las ligaduras de las manos.
SRA. TEPÁN: Qué bien, con lo simpático que es el señor prisionero, vamos a pasar un buen día de campo.

---

[67]*Hail Mary* [68]soldado [69]"le . . . ligaduras": *we remove your bonds* [70]*untie*

ZEPO: No tiene usted que decirme "señor prisionero", diga "prisionero" a secas.[71]

SRA. TEPÁN: ¿No le va a molestar?

ZEPO: No, en absoluto.

SR. TEPÁN: Desde luego[72] hay que reconocer que es usted modesto

(*Ruido de aviones.*)

ZAPO: Aviones. Seguramente van a bombardearnos.

(ZAPO *y* ZEPO *se esconden, a toda prisa, entre los sacos terreros.*)[73]

ZAPO: (*A sus padres.*) Poneos al abrigo.[74] Os van a caer las bombas encima.

(*Se impone poco a poco el ruido de los aviones. Inmediatamente empiezan a caer bombas. Explotan cerca, pero ninguna cae en el escenario. Gran estruendo.*[75] ZAPO *y* ZEPO *están acurrucados entre los sacos. El* SR. TEPÁN *habla tranquilamente con su esposa. Ella le responde también en un tono muy tranquilo. No se oye su diálogo a causa del bombardeo. La* SRA. TEPÁN *se dirige a una de las cestas y saca un paraguas. Lo abre. Los* TEPÁN *se cubren con el paraguas como si estuviera lloviendo. Están de pie. Parecen mecerse*[76] *con una cadencia tranquila apoyándose alternativamente en uno y otro pie mientras hablan de sus cosas. Continúa el bombardeo. Los aviones se van alejando. Silencio. El* SR. TEPÁN *extiende un brazo y lo saca del paraguas para asegurarse de que ya no cae nada del cielo.*)

SR. TEPÁN: (*A su mujer.*) Puedes cerrar ya el paraguas.

(*La* SRA. TEPÁN *lo hace. Ambos se acercan a su hijo y le dan unos golpecitos en el culo*[77] *con el paraguas.*)

SR. TEPÁN: Ya podéis salir. El bombardeo ha terminado.

(ZAPO *y* ZEPO *salen de su escondite.*)[78]

ZAPO: ¿No os ha pasado nada?

SR. TEPÁN: ¿Qué querías que le pasara a tu padre? (*Con orgullo.*) Bombitas a mí . . .

(*Entra, por la izquierda, una pareja de soldados de la Cruz Roja. Llevan una camilla.*)[79]

PRIMER CAMILLERO: ¿Hay muertos?

ZAPO: No, aquí no.

PRIMER CAMILLERO: ¿Está seguro de haber mirado bien?

ZAPO: Seguro.

PRIMER CAMILLERO: ¿Y no hay ni un solo muerto?

---

[71]"a secas": *only* [72]"desde luego": *of course* [73]*sandbags* [74]"Poneos al abrigo": *take shelter* [75]*ruido* [76]*to sway* [77]*rump* [78]*hiding place* [79]*stretcher*

ZAPO: Yo le digo que no.

PRIMER CAMILLERO: ¿Ni siquiera un herido?

ZAPO: No.

CAMILLERO SEGUNDO: ¡Pues estamos apañados!⁸⁰ (*A* ZEPO, *con un tono persuasivo.*) Mire bien por todas partes a ver si encuentra un fiambre.⁸¹

PRIMER CAMILLERO: No insistas. Ya te han dicho que no hay.

CAMILLERO SEGUNDO: ¡Vaya jugada!⁸²

ZAPO: Lo siento muchísimo. Les aseguro que no lo he hecho a posta.⁸³

CAMILLERO SEGUNDO: Eso dicen todos. Que no hay muertos y que no lo han hecho a posta.

PRIMER CAMILLERO: Venga, hombre, no molestes al caballero.

SR. TEPÁN: (*Servicial.*) Si podemos ayudarle lo haremos con gusto. Estamos a sus órdenes.

CAMILLERO SEGUNDO: Bueno, pues si seguimos así ya verás lo que nos va a decir el capitán.

SR. TEPÁN: ¿Pero qué pasa?

PRIMER CAMILLERO: Sencillamente, que los demás tienen ya las muñecas⁸⁴ rotas a fuerza de transportar cadáveres y heridos y nosotros todavía sin encontrar nada. Y no será porque no hemos buscado . . .

SR. TEPÁN: Desde luego que es un problema. (*A* ZAPO.) ¿Estás seguro de que no hay ningún muerto?

ZAPO: Pues claro que estoy seguro, papá.

SR. TEPÁN: ¿Has mirado bien debajo de los sacos?

ZAPO: Sí, papá.

SR. TEPÁN: (*Muy disgustado.*) Lo que te pasa a ti es que no quieres ayudar a estos señores. Con lo agradables que son. ¿No te da vergüenza?

PRIMER CAMILLERO: No se ponga usted así, hombre. Déjelo tranquilo. Esperemos tener más suerte y que en otra trinchera⁸⁵ hayan muerto todos.

SR. TEPÁN: No sabe cómo me gustaría.

SRA. TEPÁN: A mí también me encantaría. No puede imaginar cómo aprecio a la gente que ama su trabajo.

SR. TEPÁN: (*Indignado, a todos.*) Entonces, ¿qué? ¿Hacemos algo o no por estos señores?

ZAPO: Si de mí dependiera, ya estaría hecho.

ZEPO: Lo mismo digo.

SR. TEPÁN: Primero, vamos a ver, ¿ninguno de los dos está ni siquiera herido?

ZAPO: (*Avergonzado.*) No, yo no.

---

⁸⁰"estamos apañados": *tough luck!* ⁸¹*cold meat* ⁸²¡Vaya jugada!": *that's not right!* ⁸³"a posta": a intención ⁸⁴*wrists* ⁸⁵*trench*

SR. TEPÁN: (*A* ZEPO.) ¿Y usted?

ZAPO: (*Avergonzado.*) Yo tampoco. Nunca he tenido suerte.

SRA. TEPÁN: (*Contenta.*) ¡Ahora que me acuerdo! Esta mañana al pelar las cebollas me di un corte en el dedo. ¿Qué les parece?

SR. TEPÁN: ¡Perfecto! (*Entusiasmado.*) En seguida te llevan.

PRIMER CAMILLERO: No. Las señoras no cuentan.

SR. TEPÁN: Pues estamos en lo mismo.[86]

PRIMER CAMILLERO: No importa.

CAMILLERO SEGUNDO: A ver si nos desquitamos[87] en las otras trincheras.

(*Empieza a salir.*)

SR. TEPÁN: No se preocupen ustedes, si encontramos un muerto, se lo guardamos. Estén ustedes tranquilos que no se lo daremos a otros.

CAMILLERO SEGUNDO: Muchas gracias, caballero.

SR. TEPÁN: De nada, amigo. Pues no faltaba más . . .[88]

(*Los* CAMILLEROS *les dicen adiós al despedirse y los cuatro responden. Salen los* CAMILLEROS.)

SRA. TEPÁN: Esto es lo agradable de salir los domingos al campo. Siempre se encuentra gente simpática. (*Pausa.*) Y usted, ¿por qué es enemigo?

ZAPO: No sé de estas cosas. Yo tengo muy poca cultura.

SRA. TEPÁN: ¿Eso es de nacimiento, o se hizo usted enemigo más tarde?

ZEPO: No sé. Ya le digo que no sé.

SR. TEPÁN: Entonces, ¿cómo ha venido a la guerra?

ZEPO: Yo estaba un día en mi casa arreglando una plancha[89] eléctrica de mi madre cuando vino un señor y me dijo: "¿Es usted Zepo? —Sí. Pues que me han dicho que tienes que ir a la guerra". Y yo entonces le pregunté: "Pero, ¿a qué guerra?" Y él me dijo: "Qué bruto eres, ¿es que no lees los periódicos?" Yo le dije que sí, pero no lo de las guerras . . .

ZAPO: Igualito, igualito me pasó a mí.

SR. TEPÁN: Sí, igualmente te vinieron a ti a buscar.

SRA. TEPÁN: No, no era igual, aquel día tú no estabas arreglando una plancha eléctrica, sino una avería[90] del coche.

SR. TEPÁN: Digo en lo otro.[91] (*A* ZEPO.) Continúe. ¿Y qué pasó luego?

ZEPO: Le dije que además tenía novia y que si no iba conmigo al cine los domingos lo iba a pasar muy aburrido. Me respondió que eso de la novia no tenía importancia.

ZAPO: Igualito, igualito que a mí.

---

[86]"estamos . . . mismo": *back to the beginning*   [87]*we make up*   [88]"Pues . . . más": *that's the very end*   [89]*iron*   [90]*breakdown*   [91]*I mean Zapo did not know about the war*

ZEPO: Luego bajó mi padre y dijo que yo no podía ir a la guerra porque no tenía caballo.
ZAPO: Igualito dijo mi padre.
ZEPO: Pero el señor dijo que no hacía falta caballo y yo le pregunté si podía llevar a mi novia, y me dijo que no. Entonces le pregunté si podía llevar a mi tía para que me hiciera natillas[92] los jueves, que me gustan mucho.
SRA. TEPÁN: (*Dándose cuenta de que ha olvidado algo.*) ¡Ay, las natillas!
ZEPO: Y me volvió a decir que no.
ZAPO: Igualito me pasó a mí.
ZEPO: Y, desde entonces, casi siempre solo en esta trinchera.
SRA. TEPÁN: Yo creo que ya que el señor prisionero y tú os encontráis tan cerca y tan aburridos, podríais reuniros todas las tardes para jugar juntos.
ZAPO: Ay, no mamá. Es un enemigo.
SR. TEPÁN: Nada, hombre, no tengas miedo.
ZAPO: Es que si supieras lo que el general nos ha contado de los enemigos.
SRA. TEPÁN: ¿Qué ha dicho el general?
ZAPO: Pues nos ha dicho que los enemigos son muy malos, muy malos muy malos. Dice que cuando cogen prisioneros les ponen chinitas[93] en los zapatos para que cuando anden se hagan daño.
SRA. TEPÁN: ¡Qué barbaridad! ¡Qué malísimos son!
SR. TEPÁN: (*A* ZEPO, *indignado.*) ¿Y no le da a usted vergüenza pertenecer a ese ejército de criminales?
ZEPO: Yo no he hecho nada. Yo no me meto con nadie.[94]
SRA. TEPÁN: Con esa carita de buena persona, quería engañarnos . . .
SR. TEPÁN: Hemos hecho mal en desatarlo, a lo mejor, si nos descuidamos, nos mete unas chinitas en los zapatos.
ZEPO: No se pongan conmigo así.
SR. TEPÁN: ¿Y cómo quiere que nos pongamos? Esto me indigna. Ya sé lo que voy a hacer: voy a ir al capitán y le voy a pedir que me deje entrar en la guerra.
ZAPO: No te van a dejar. Eres demasiado viejo.
SR. TEPÁN: Pues entonces me compraré un caballo y una espada[95] y vendré a hacer la guerra por mi cuenta.[96]
SRA. TEPÁN: Muy bien. De ser hombre, yo haría lo mismo.
ZEPO: Señora, no se ponga así conmigo.[97] Además le diré que a nosotros nuestro general nos ha dicho lo mismo de ustedes.
SRA. TEPÁN: ¿Cómo se ha atrevido a mentir de esa forma?

---

[92]*custard* [93]*pequeñas piedras* [94]"Yo . . . nadie": *I don't bother anybody* [95]*sword* [96]"por mi cuenta": *on my own account* [97]"no . . . conmigo": *don't get angry with me*

ZAPO: Pero, ¿todo igual?

ZEPO: Exactamente igual.

SR. TEPÁN: ¿No sería el mismo el que os habló a los dos?

SRA. TEPÁN: Pero si es el mismo, por lo menos podría cambiar de discurso. También tiene poca gracia[98] eso de que a todo el mundo le diga las mismas cosas.

SR. TEPÁN: (A ZEPO, *cambiando de tono.*) ¿Quiere otro vasito?

SRA. TEPÁN: Espero que nuestro almuerzo le haya gustado . . .

SR. TEPÁN: Por lo menos ha estado mejor que el del domingo pasado.

ZEPO: ¿Qué les pasó?

SR. TEPÁN: Pues que salimos al campo, colocamos la comida encima de la manta y en cuanto nos dimos la vuelta,[99] llegó una vaca y se comió toda la merienda. Hasta las servilletas.

ZEPO: ¡Vaya una vaca sinvergüenza!

SR. TEPÁN: Sí, pero luego, para desquitarnos, nos comimos la vaca. (*Ríen.*)

ZAPO: (*A* ZEPO.) Pues, desde luego se quitarían el hambre . . .

SR. TEPÁN: ¡Salud! (*Beben.*)

SRA. TEPÁN: (*A* ZEPO.) Y en la trinchera, ¿qué hace usted para distraerse?

ZEPO: Yo, para distraerme, lo que hago es pasarme el tiempo haciendo flores de trapo.[100] Me aburro mucho.

SRA. TEPÁN: ¿Y qué hace usted con las flores?

ZEPO: Antes se las enviaba a mi novia. Pero un día me dijo que ya había llenado el invernadero[101] y la bodega[102] de flores de trapo y que si no me molestaba que le enviara otra cosa, que ya no sabía qué hacer con tanta flor.

SRA. TEPÁN: ¿Y qué hizo usted?

ZEPO: Intenté aprender a hacer otra cosa, pero no pude. Así que seguí haciendo flores de trapo para pasar el tiempo.

SRA. TEPÁN: ¿Y las tira?

ZEPO: No. Ahora les he encontrado una buena utilidad: doy una flor para cada compañero que muere. Así ya sé que por muchas que haga, nunca daré abasto.[103]

SR. TEPÁN: Pues ha encontrado una buena solución.

ZEPO: (*Tímido.*) Sí.

ZAPO: Pues yo me distraigo haciendo jerseys.

SRA. TEPÁN: Pero, oiga, ¿es que todos los soldados se aburren tanto como usted?

ZEPO: Eso depende de lo que hagan para divertirse.

ZAPO: En mi lado ocurre lo mismo.

---

[98]"tiene . . . gracia": *it is not funny*   [99]"cuanto . . . vuelta": *when we turned around*   [100]*cloth*   [101]*greenhouse*   [102]*storeroom*   [103]"daré abasto": serán suficientes

SR. TEPÁN: Pues entonces podemos hacer una cosa: parar la guerra.
ZEPO: ¿Cómo?
SR. TEPÁN: Pues muy sencillo.[104] Tú les dices a todos los soldados de nuestro ejército que los soldados enemigos no quieren hacer la guerra, y usted les dice lo mismo a sus amigos. Y cada uno se vuelve a su casa.
ZAPO: ¡Formidable!
SRA. TEPÁN: Y así podrá usted terminar de arreglar la plancha eléctrica.
ZAPO: ¿Cómo no se nos habrá ocurrido antes una idea tan buena para terminar con este lío[105] de la guerra?
ZAPO: ¡Formidable!
SRA. TEPÁN: Estas ideas sólo las puede tener tu padre. No olvides que es universitario y filatélico.[106]
ZEPO: Oiga, pero si paramos así la guerra, ¿qué va a pasar con los generales y los cabos?
SRA. TEPÁN: Les daremos unas panoplias[107] para que se queden tranquilos.
ZEPO: Muy buena idea.
SR. TEPÁN: ¿Veis qué fácil? Ya está todo arreglado.
ZEPO: Tendremos un éxito formidable.
ZAPO: ¡Qué contentos se van a poner mis amigos!
SRA. TEPÁN: ¿Qué os parece si para celebrarlo bailamos el pasodoble[108] de antes?
ZEPO: Muy bien.
ZAPO: Sí, pon el disco, mamá.

(*La* SRA. TEPÁN *pone un disco. Expectación. No se oye nada.*)

SR. TEPÁN: No se oye nada.
SRA. TEPÁN: (*Va al gramófono.*) ¡Ah!, es que me había confundido. En vez de poner un disco, había puesto una boina.[109]

(*Pone el disco. Suena un pasodoble. Bailan, llenos de alegría,* ZAPO *con* ZEPO *y la* SRA. TEPÁN *con su marido. Suena el teléfono de campaña. Ninguno de los cuatro lo oye. Siguen, muy animados, bailando. El teléfono suena otra vez. Continúa el baile. Comienza de nuevo la batalla con gran ruido de bombazos, tiros y ametralladoras. Ellos no se dan cuenta de nada y continúan bailando alegremente. Una ráfaga de ametralladora los siega*[110] *a los cuatro. Caen al suelo, muertos. Sin duda, una bala ha rozado*[111] *el gramófono: el disco repite y repite, sin salir del mismo surco. Se oye durante un rato el disco rayado,*[112] *que continuará hasta el final de la obra. Entran, por la izquierda, los dos* CAMILLEROS. *Llevan la camilla vacía. Inmediatamente, cae el*

Telón

[104]fácil [105]problema [106]stamp collector [107]panoplies [108]típico baile español [109]beret [110]it kills [111]tocado
[112]scratched

Preguntas de comprensión

1. ¿Qué destino militar tiene Zapo en el frente de guerra?
2. ¿Cómo se siente Zapo en este puesto? ¿Tiene alguna compañía?
3. ¿Quiénes, y con qué propósito, visitan a Zapo?
4. ¿Qué opinión tiene el padre de Zapo de la guerra?
5. ¿Qué trato recibe Zepo como prisionero?
6. ¿Son atacados en algún momento Zapo, Zepo y el matrimonio Tepán?
7. ¿Qué estaban haciendo Zapo y Zepo cuando les obligaron a ir a la guerra?
8. ¿Qué regalo le hace Zepo a su novia mientras se encuentra en el frente de guerra?
9. ¿Cómo concluye la obra?

Análisis crítico

1. Identifique las distintas partes en que se divide la obra. ¿Sigue la regla de "las tres unidades"?
2. ¿Dentro de qué forma dramática incluiría esta obra? ¿Qué convenciones de esta forma dramática sigue?
3. ¿Quién es el protagonista de esta pieza dramática?
4. La crítica, y el mismo autor, observan la relación de los nombres Zapo y Zepo con "cepo" (*trap*) y "cero". ¿Qué significado le da usted a estos nombres en el contexto de la obra?
5. ¿Qué semejanzas y diferencias existen entre Zapo y Zepo?
6. ¿Cómo aparece caracterizada la madre de Zapo? ¿Cuál es su actitud hacia el enemigo?
7. ¿Qué visión nos da Arrabal de la guerra? ¿Son los soldados dueños de sus destinos?
8. Al final de la obra, ¿quién llama por teléfono a Zapo? ¿Cómo interpreta el baile al final de la obra?
9. ¿Podría mencionar algunos de los actantes importantes?
10. ¿Qué tipo de escenario y escenografía utilizaría en la representación de esta obra si fuera el director de la misma?

Mesa redonda

Comente algunos de los elementos inverosímiles o absurdos que hay en esta obra y discuta el propósito que persigue el autor. Piense en cómo estos hechos rompen con la representación fiel de la realidad, y de qué manera estos hechos absurdos nos pueden servir para tomar conciencia sobre el problema de la guerra.

Sea creativo

Los diálogos que vemos en esta obra tienen lugar, principalmente, entre Zapo, Zepo, y los padres de aquél. Escriba en una o dos páginas una posible conversación entre Zapo o Zepo con alguno de sus superiores militares, como, por ejemplo, sus sargentos, capitanes, comandantes . . .

Investigación

Escoja una de las dos obras mencionadas en la "guía de lectura", *El triciclo* o *El laberinto*, y analice los aspectos inverosímiles o absurdos que encuentra en ella.

Osvaldo Dragún: *Historia del hombre que se convirtió en perro*

Osvaldo Dragún (1929–1999) nació en una colonia agrícola judía en la provincia de Entre Ríos, Argentina. En 1953 dejó sus estudios universitarios para dedicarse al teatro, y en 1956 se unió al Teatro Independiente Fray Mocho, con el que viajó por toda Argentina y con el que estrenó varias de sus obras. En 1961 salió de Argentina para trabajar en varios países de Latinoamérica y EE.UU. Dragún fue uno de los más importantes representantes del Teatro Abierto, un movimiento intelectual que luchó contra la dictadura política de Argentina en la década de 1980. En 1996 se mudó de México a Argentina para dirigir el Teatro Nacional Cervantes, y fue galardonado con dos premios Casa de las Américas.

Las primeras piezas dramáticas de Dragún tratan temas históricos o políticos, tal es el caso de *Tupac Amarú* (1957), centrada en una revuelta indígena contra los españoles en el siglo XVIII; y *La peste viene de Melos* (1956), sobre la intervención militar de EE. UU. en Guatemala contra el gobierno de Jacobo Arbenz. En obras posteriores, como *Jardín del infierno* (1961) o *Y nos dijeron que éramos inmortales* (1963), Dragún muestra su interés por temas sociales: los barrios marginales, el inmigrante pobre, etc. En otras obras, como *Historias para ser contadas* (1957), *Historia de mi esquina* (1959), *Los de la mesa diez* (1962), e *Historia del mono que se convirtió en hombre* (1979), Dragún abandona el camino realista tradicional y escribe un teatro más experimental e innovador.

El teatro de Dragún está influido por tendencias como la *Commedia dell'Arte*, el teatro de Bertolt Brecht, y el teatro experimental. Su teatro muestra el compromiso con una realidad política y social en la que el individuo vive alienado, oprimido e incomunicado. En sus obras más experimentales y metateatrales, Dragún trata de mostrar a la audiencia que lo que ve es teatro, una técnica de distanciamiento que también sirve para involucrar (*to involve*) al espectador en los problemas de la sociedad.

Guía de lectura

"Historia del hombre que se convirtió en perro" forma parte, junto con otras dos obras cortas y un prólogo, de *Historias para ser contadas*. En estas breves piezas dramáticas podemos notar varias influencias. Una primera influencia, procedente de la *Commedia dell'Arte* italiana, se puede ver en la representación que hacen los actores de tipos de la sociedad, y en la improvisación de sus actuaciones. Una segunda influencia viene del teatro barroco calderoniano y de Shakespeare, y se ve en cómo Dragún pone énfasis en los aspectos metateatrales de sus obras dramáticas. Una tercera influencia viene del teatro del absurdo, y se manifiesta en el uso del humor y de un lenguaje que no sirve para la comunicación. Y una cuarta procede de la técnica brechtiana del distanciamiento, la cual busca una reacción intelectual, en lugar de emocional, ante los problemas presentados en la obra.

"Historia del hombre que se convirtió en perro" trata de un hombre común, casado y de clase baja, que tras (*after*) fracasar en la búsqueda (*search*) de trabajo no le queda más remedio que trabajar como perro guardián de una fábrica. En la lectura de esta pieza, el lector debe prestar atención al uso de la ironía y el humor con los que trata Dragún el tema de la deshumanización e incomunicación humanas. Asimismo, debe considerar los elementos metatreales de la obra, los efectos que persigue el dramaturgo con la técnica del distanciamiento, y cómo se percibe la influencia de la *Commedia dell'Arte* italiana.

Historia del hombre que se convirtió en perro

Personajes

ACTRIZ	ACTOR 2.º
ACTOR 1.º	ACTOR 3.º

ACTOR 2.º: Amigos, la tercera historia vamos a contarla así...
ACTOR 3.º: Así como nos la contaron esta tarde a nosotros.

ACTRIZ: Es la "Historia del hombre que se convirtió en perro".
ACTOR 3.°: Empezó hace dos años, en el banco[1] de una plaza. Allí, señor..., donde usted trataba hoy de adivinar[2] el secreto de una hoja.
ACTRIZ: Allí, donde extendiendo los brazos apretamos[3] al mundo por la cabeza y los pies y le decimos: "¡suena, acordeón,[4] suena!"
ACTOR 2.°: Allí le conocimos. (*Entra el* ACTOR 1.°) Era... (*Lo señala.*) así como lo ven, nada más. Y estaba muy triste.
ACTRIZ: Fue nuestro amigo. Él buscaba trabajo, y nosotros éramos actores.
ACTOR 3.°: Él debía mantener a su mujer, y nosotros éramos actores.
ACTOR 2.°: Él soñaba con la vida, y despertaba gritando por la noche. Y nosotros éramos actores.
ACTRIZ: Fue nuestro gran amigo, claro. Así como lo ven... (*Lo señala.*) Nada más.
TODOS: ¡Y estaba muy triste!
ACTOR 3.°: Pasó el tiempo. El otoño...
ACTOR 2.°: El verano...
ACTRIZ: El invierno...
ACTOR 3.°: La primavera...
ACTOR 1.°: ¡Mentira! Nunca tuve primavera.
ACTOR 2.°: El otoño...
ACTRIZ: El invierno...
ACTOR 3.°: El verano. Y volvimos. Y fuimos a visitarlo, porque era nuestro amigo.
ACTOR 2.°: Y preguntamos: "¿Está bien?" Y su mujer nos dijo...
ACTRIZ: No sé.
ACTOR 3.°: ¿Está mal?
ACTRIZ: No sé.
ACTORES 2.° y 3.°: ¿Dónde está?
ACTRIZ: En la perrera.[5] (ACTOR 1.° *en cuatro patas.*)
ACTORES 2.° y 3.°: ¡Uhhh!
ACTOR 3.°: (*Observándolo.*)
    Soy el director de la perrera,
    y esto me parece fenomenal.
    Llegó ladrando[6] como un perro
    (requisito principal);
    y si bien[7] conserva el traje,
    es un perro, a no dudar.

[1]*bench* [2]*to guess* [3]*we tighten* [4]*accordion* [5]casa para el perro [6]*barking* [7]"si bien": aunque

ACTOR 2.°: (*Tartamudeando*.)[8]
S-s-soy el v-veter-r-inario.
Y esto–to-to es c-claro p-para mí.
Aun-que p-parezca un ho-hombre,
es un p-pe-perro el q-que está aquí.
ACTOR 1.°: (*Al público*.) Y yo, ¿qué les puedo decir? No sé si soy hombre o perro. Y creo que ni siquiera ustedes podrán decírmelo al final. Porque todo empezó de la manera más corriente. Fui a una fábrica a buscar trabajo. Hacía tres meses que no conseguía nada, y fui a buscar trabajo.
ACTOR 3.°: ¿No leyó el letrero? "NO HAY VACANTES".
ACTOR 1.°: Sí, lo leí. ¿No tiene nada para mí?
ACTOR 3.°: Si dice "No hay vacantes", no hay.
ACTOR 1.°: Claro. ¿No tiene nada para mí?
ACTOR 3.°: ¡Ni para usted, ni para el ministro!
ACTOR 1.°: ¡Ahá! ¿No tiene nada para mí?
ACTOR 3.°: ¡NO!
ACTOR 1.°: Tornero . . .[9]
ACTOR 3.°: ¡NO!
ACTOR 1.°: Mecánico . . .
ACTOR 3.°: ¡No!
ACTOR 1.°: S . . .[10]
ACTOR 3.°: N . . .[11]
ACTOR 1.°: R . . .
ACTOR 3.°: N . . .
ACTOR 1.°: F . . .
ACTOR 3.°: N . . .
ACTOR 1.°: ¡Sereno![12] ¡Sereno! ¡Aunque sea de sereno!
ACTRIZ: (*como si tocara un clarín*.)[13] ¡Tutú, tu-tu-tú! ¡El patrón![14]

(LOS ACTORES 2.° y 3.° *hablan por señas*.)

ACTOR 3.°: (*Al público*.) El perro del sereno, señores, había muerto la noche anterior, luego de[15] veinticinco años de lealtad.
ACTOR 2.°: Era un perro muy viejo.
ACTRIZ: Amén.
ACTOR 2.°: (*Al* ACTOR 1.°) ¿Sabe ladrar?

---

[8]*stuttering* [9]*lathe operator* [10]las iniciales S, R y F se refieren a trabajos no mencionados. [11]*no* [12]*night watchman* [13]*bugle* [14]*jefe* [15]"luego de": después de

ACTOR 1.º: Tornero.
ACTOR 2.º: ¿Sabe ladrar?
ACTOR 1.º: Mecánico . . .
ACTOR 2.º: ¿Sabe ladrar?
ACTOR 1.º: Albañil . . .[16]
ACTORES 2.º y 3.º: ¡NO HAY VACANTES!
ACTOR 1.º: (*Pausa.*) ¡Guau . . .,[17] guau! . . .
ACTOR 2.º: Muy bien, lo felicito . . .
ACTOR 3.º: Le asignamos diez pesos diarios de sueldo, la casilla y la comida.
ACTOR 2.º: Como ven, ganaba diez pesos más que el perro verdadero.
ACTRIZ: Cuando volvió a casa me contó del empleo conseguido. Estaba borracho.
ACTOR 1.º: (*A su mujer.*) Pero me prometieron que apenas un obrero se jubilara,[18] muriera o fuera despedido[19] me darían su puesto. ¡Divertite,[20] María, divertite! ¡Guau . . ., guau! . . . ¡Divertite, María, divertite!
ACTORES 2.º y 3.º: ¡Guau . . ., guau! . . . ¡Divertite, María, divertite!
ACTRIZ: Estaba borracho, pobre . . .
ACTOR 1.º: Y a la otra noche empecé a trabajar . . . (*Se agacha[21] en cuatro patas.*)
ACTOR 2.º: ¿Tan chica le queda la casilla?
ACTOR 1.º: No puedo agacharme tanto.
ACTOR 3.º: ¿Le aprieta[22] aquí?
ACTOR 1.º: Sí.
ACTOR 3.º: Bueno, pero vea, no me diga "sí". Tiene que empezar a acostumbrarse. Dígame: "¡Guau . . ., guau!"
ACTOR 2.º: ¿Le aprieta aquí? (*El* ACTOR 1.º *no responde.*) ¿Le aprieta aquí?
ACTOR 1.º: ¡Guau . . ., guau! . . .
ACTOR 2.º: Y bueno . . . (*Sale.*)
ACTOR 1.º: Pero esa noche llovió, y tuve que meterme en la casilla.
ACTOR 2.º: (*Al Actor 3.º*) Ya no le aprieta . . .
ACTOR 3.º: Y está en la casilla.
ACTOR 2.º: (*Al* ACTOR 1.º) ¿Vio cómo uno se acostumbra a todo?
ACTRIZ: Uno se acostumbra a todo . . .
ACTORES 2.º y 3.º: Amén . . .
ACTRIZ: Y él empezó a acostumbrarse.
ACTOR 3.º: Entonces, cuando vea que alguien entra, me grita: "¡Guau . . ., guau!" A ver . . .

[16]bricklayer [17]bow-wow [18]retirara [19]laid off [20]diviértete (uso lingüístico, típico de Argentina y América central, conocido como "voseo", que consiste en usar "vos" en lugar de "tú") [21]he squats [22]siente presión

ACTOR 1.°: (*El* ACTOR 2.° *pasa corriendo.*) ¡Guau..., guau!... (*El* ACTOR 2.° *pasa sigilosamente.*)[23] ¡Guau..., guau!... (*El* ACTOR 2.° *pasa agachado.*) ¡Guau..., guau..., guau!... (*Sale.*)

ACTOR 3.°: (*Al* ACTOR 2.°) Son diez pesos por día extras en nuestro presupuesto...[24]

ACTOR 2.°: ¡Mmm!

ACTOR 3.°: ...Pero la aplicación que pone el pobre, los merece...

ACTOR 2.°: ¡Mmm!

ACTOR 3.°: Además, no come más que el muerto...[25]

ACTOR 2.°: ¡Mmm!

ACTOR 3.°: ¡Debemos ayudar a su familia!

ACTOR 2.°: ¡Mmm! ¡Mmm! ¡Mmm! (*Salen.*)

ACTRIZ: Sin embargo, yo lo veía muy triste, y trataba de consolarlo cuando él volvía a casa. (*Entra* ACTOR 1.°) ¡Hoy vinieron visitas!...

ACTRIZ: Y de los bailes en el club, ¿te acordás?[26]

ACTOR 1.°: Sí.

ACTRIZ: ¿Cuál era nuestro tango?

ACTOR 1.°: No sé.

ACTRIZ: ¡Cómo que no! "Percanta[27] que me amuraste..."[28] (*El* ACTOR 1.° *está en cuatro patas.*) Y un día me trajiste un clavel... (*Lo mira, y queda horrorizada.*) ¿Qué estás haciendo?

ACTOR 1.°: ¿Qué?

ACTRIZ: Estás en cuatro patas... (*Sale.*)

ACTOR 1.°: ¡Esto no lo aguanto[29] más! ¡Voy a hablar con el patrón!

(*Entran los* ACTORES 2.° *y* 3.°)

ACTOR 3.°: Es que no hay otra cosa...

ACTOR 1.°: Me dijeron que un viejo se murió.

ACTOR 3.°: Sí, pero estamos de economía.[30] Espere un tiempo más, ¿eh?

ACTRIZ: Y esperó. Volvió a los tres meses.

ACTOR 1.°: (*Al* ACTOR 2.°) Me dijeron que uno se jubiló...

ACTOR 2.°: Sí, pero pensamos cerrar esa sección. Espere un tiempito más, ¿eh?

ACTRIZ: Y esperó. Volvió a los dos meses.

ACTOR 1.°: (*Al* ACTOR 3.°) Déme el empleo de uno de los que echaron[31] por la huelga...[32]

ACTOR 3.°: Imposible. Sus puestos quedarán vacantes...

ACTORES 2.° *y* 3.°: ¡Como castigo! (*Salen.*)

[23]en silencio [24]budget [25]se refiere a otro perro que se había muerto [26]¿te acuerdas? (voseo) [27]mujer [28]dejaste [29]tolero [30]"estamos de economía": tenemos que ahorrar [31]they fired [32]strike.

ACTOR 1.°: Entonces no pude aguantar más . . . ¡Y planté!³³
ACTRIZ: ¡Fue nuestra noche más feliz en mucho tiempo! (*Lo toma del brazo.*) ¿Cómo se llama esta flor?
ACTOR 1.°: Flor . . .
ACTRIZ: ¿Y cómo se llama esa estrella?
ACTOR 1.°: María.
ACTRIZ: (*Ríe.*) ¡María me llamo yo!
ACTOR 1.°: ¡Ella también . . ., ella también! (*Le toma una mano y la besa.*)
ACTRIZ: (*Retira la mano.*) ¡No me muerdas!
ACTOR 1.°: No te iba a morder . . . Te iba a besar, María . . .
ACTRIZ: ¡Ah!, yo creía que me ibas a morder . . . (*Entran los* ACTORES 2.° *y* 3.°)
ACTOR 2.°: Por supuesto . . .
ACTOR 3.°: . . . A la mañana siguiente . . .
ACTORES 2.° y 3.°: Debió volver a buscar trabajo.
ACTOR 1.°: Recorrí varias partes, hasta que en una . . .
ACTOR 3.°: Vea, éste . . . No tenemos nada. Salvo que . . .³⁴
ACTOR 1.°: ¿Qué?
ACTOR 3.°: Anoche murió el perro del sereno.
ACTOR 2.°: Tenía treinta y cinco años, el pobre . . .
ACTORES 2.° y 3.°: ¡El pobre! . . .
ACTOR 1.°: Y tuve que volver a aceptar.
ACTOR 2.°: Eso sí, le pagamos quince pesos por día. (*Los* ACTORES 2.° *y* 3.° *dan vueltas.*) ¡Hmmm! . . . ¡Hmmm! . . . ¡Hmmm! . . .
ACTORES 2.° y 3.°: ¡Aceptado! ¡Que sean quince! (*Salen.*)
ACTRIZ: (*Entra.*) Claro que 450 pesos no nos alcanza³⁵ para pagar el alquiler . . .
ACTOR 1.°: Mirá,³⁶ como yo tengo la casilla, mudáte³⁷ vos a una pieza³⁸ con cuatro o cinco muchachas más, ¿eh?
ACTRIZ: No hay otra solución. Y como no nos alcanza tampoco para comer . . .
ACTOR 1.°: Mirá, como yo me acostumbré al hueso, te voy a traer la carne a vos,³⁹ ¿eh?
ACTORES 2.° y 3.°: (*Entrando.*) ¡El directorio accedió!
ACTOR 1.° y ACTRIZ: El directorio accedió . . . ¡Loado⁴⁰ sea!

(*Salen los* ACTORES 2.° *y* 3.°)

ACTOR 1.°: Yo ya me había acostumbrado. La casilla me parecía más grande. Andar en cuatro patas no era muy diferente de andar en dos. Con María nos veíamos en la

---

³³dejé el trabajo ³⁴"salvo que": excepto que ³⁵"no . . . alcanza": no es suficiente ³⁶mira (voseo) ³⁷múdate (voseo) ³⁸habitación ³⁹ti (voseo) ⁴⁰*blessed*

plaza . . . (*Va hacia ella.*) Porque vos no podéis entrar en mi casilla; y como yo no puedo entrar en tu pieza . . . Hasta que una noche . . .

ACTRIZ: Paseábamos. Y de repente me sentí mal . . .

ACTOR 1.°: ¿Qué te pasa?

180 ACTRIZ: Tengo mareos.

ACTOR 1.°: ¿Por qué?

ACTRIZ: (*Llorando.*) Me parece . . . que voy a tener, un hijo . . .

ACTOR 1.°: ¿Y por eso llorás?[41]

ACTRIZ: ¡Tengo miedo . . ., tengo miedo!

185 ACTOR 1.°: Pero ¿Por qué?

ACTRIZ: ¡Tengo miedo . . ., tengo miedo! ¡No quiero tener un hijo!

ACTOR 1.°: ¿Por qué, María? ¿Por qué?

ACTRIZ: Tengo miedo . . . que sea . . . (*Musita*[42] *"perro". El* ACTOR 1.° *la mira aterrado,*[43] *y sale corriendo y ladrando. Cae al suelo. Ella se pone de pie.*) ¡Se fue . . ., se fue corriendo!
190 A veces se paraba,[44] y a veces corría en cuatro patas . . .

ACTOR 1.°: ¡No es cierto, no me paraba! ¡No podía pararme! ¡Me dolía la cintura si me paraba! ¡Guau! . . . Los coches se me venían encima . . .[45] La gente me miraba . . . (*Entran los* ACTORES 2.° *y* 3.°) ¡Váyanse! ¿Nunca vieron un perro?

ACTOR 2.°: ¡Está loco! ¡Llamen a un médico! (*Sale.*)

195 ACTOR 3.°: ¡Está borracho! ¡Llamen a un policía! (*Sale.*)

ACTRIZ: Después me dijeron que un hombre se apiadó[46] de él, y se le acercó cariñosamente.

ACTOR 2.°: (*Entra.*) ¿Se siente mal, amigo? No puede quedarse en cuatro patas. ¿Sabe cuántas cosas hermosas hay para ver, de pie, con los ojos hacia arriba? A ver, párese . . . Yo lo ayudo . . . Vamos, párese . . .
200

ACTOR 1.°: (*Comienza a pararse, y de repente:*) ¡Guau . . ., guau! . . . (*Lo muerde.*) ¡Guau . . ., guau! . . . (*Sale.*)

ACTOR 3.° (*Entra.*) En fin, que cuando, después de dos años sin verlo, le preguntamos a su mujer: "¿Cómo está?", nos contestó . . .

205 ACTRIZ: No sé.

ACTOR 2.°: ¿Está bien?

ACTRIZ: No sé.

ACTOR 3.°: ¿Está mal?

ACTRIZ: No sé.

210 ACTORES 2.° y 3.°: ¿Dónde está?

---

[41]lloras (voseo) [42]she mutters [43]con miedo [44]se ponía de pie [45]"Los . . . encima": *the cars almost ran over me* [46]tuvo compasión

ACTRIZ: Está en la perrera.
ACTOR 3.°: Y cuando veníamos para acá, pasó al lado nuestro un boxeador . . .
ACTOR 2.°: Y nos dijeron que no sabía leer, pero que eso no importaba porque era boxeador.
ACTOR 3.°: Y pasó un conscripto . . .[47]
ACTRIZ: Y pasó un policía . . .
ACTOR 2.°: Y pasaron . . . y pasaron . . . y pasaron ustedes. Y pensamos que tal vez podría importarles la historia de nuestro amigo . . .
ACTRIZ: Porque tal vez entre ustedes haya ahora una mujer que piense: "¿No tendré . . . no tendré . . . ?" (*Musita: "perro".*)
ACTOR 3.°: O alguien a quien le hayan ofrecido el empleo del perro del sereno . . .
ACTRIZ: Si no es así, nos alegramos.
ACTOR 2.°: Pero si es así, si entre ustedes hay alguno a quien quieran convertir en perro, como a nuestro amigo, entonces . . . Pero, bueno, entonces esa . . . , ¡esa es otra historia!

Telón

Comprensión del texto

1. ¿Quiénes van a representar la obra de teatro?
2. ¿Por qué no consigue trabajo el protagonista? ¿Qué tipo de trabajo consigue al final?
3. ¿A qué tiene que acostumbrarse el protagonista?
4. ¿Tiene deseos de tener un hijo la esposa del protagonista?
5. ¿Qué arreglos debe hacer María para sobrevivir?
6. ¿Qué papeles hacen los actores 2.° y 3.°?

Análisis crítico

1. Comente las partes en que se podría dividir esta obra —Exposición, complicación . . .—. ¿Sigue esta obra la regla de "las tres unidades"?
2. ¿Cree que el protagonista no tiene dignidad al aceptar este tipo de trabajo? ¿Qué cree que está tratando de decirnos el dramaturgo al presentar una situación tan poca realista?
3. ¿Quiénes son los personajes de esta obra? ¿Hay actantes? ¿Por qué no tienen nombres propios, a excepción de María, los personajes?
4. ¿Cómo se expresa el paso del tiempo?
5. Comente el tipo de acotaciones que hay en esta breve pieza dramática.

[47]soldado

6. ¿De qué manera funciona en esta obra la técnica del distanciamiento de Brecht?
7. Discuta algunos de los elementos metatreales de la obra. ¿Existe algún o algunos personajes que realicen la función de narrador?
8. ¿Qué piensa de la capacidad que tiene la lengua para servir de medio de comunicación entre los personajes?
9. ¿Hay algún aspecto de la *Commedia dell'Arte* que ve representado en esta obra?

Mesa redonda

Con sus compañeros de grupo discuta a qué tipo de forma dramática correspondería la presente obra. ¿Qué convenciones de esta forma dramática sigue? Piense en la lengua, el tipo de humor y los elementos irónicos que hay en la obra. Piense, asimismo, en los papeles representados por los personajes.

Sea creativo

Ahora que ya conoce el tema y acontecimientos de la obra, con los compañeros de grupo de la mesa redonda represente la última escena de la obra de la misma manera que los actores de la *Commedia dell'Arte* harían; es decir, improvisando los diálogos. Antes de la improvisada representación, indique al resto de la clase algunos de los elementos de la escenografía que cree que serían apropiados para la representación de esta obra.

Investigación

Escoja otra de las obras de *Historias para ser contadas*, de Osvaldo Dragún, y comente los elementos metatreales que encuentra en la misma. Para ello, recomendamos la lectura e inclusión del "Prólogo" en su análisis.

Dolores Prida: *Casa propia*

Vida, obra y crítica

Dolores Prida (1943–2013) nació en Caibarién, Cuba. En 1961, tras la Revolución Cubana que llevó a Fidel Castro al poder, Dolores Prida y su familia salieron de Cuba y se establecieron en Nueva York. Aquí, Dolores Prida trabajó en una panadería (*bakery*), y por las noches tomaba clases de literatura latinoamericana en Hunter College. Aunque no sacó ningún título universitario, Dolores Prida ha desempeñado importantes trabajos como periodista y editora. En 1969 trabajó un año como corresponsal extranjera para la casa editorial Collier-Macmillan International y, posteriormente, en las décadas de 1970 y 1980, Dolores Prida realizó, entre otros, los trabajos de directora de los servicios de información para la National Puerto Rican Forum, de editora para el diario neoyorquino *El tiempo*, de corresponsal en Londres y Nueva York para la revista *Vision*, y de editora de la revista *Nuestro*. Ha recibido varios premios y reconocimientos literarios, como el Excelence in Arts Award en 1987, y el Doctor of Humane Letters, concedido por el Mount Holyoke College.

Aunque ha escrito algunos cuentos y poemas, Dolores Prida ha destacado en el género del teatro. En 1976 comenzó a trabajar para el Teatro Popular, y después lo hizo para el Duo Multicultural Arts Center, el INTAR Theater y el Puerto Rican Traveling Theater. Su debut como autora tuvo lugar con *Beautiful Señoritas* (1977), una obra que fue aclamada por la crítica y representada en todo EE.UU. A ésta le siguen otras obras, entre las que podemos destacar *Coser y cantar* (1981), *Hola Ola* (1986), *Pantallas* (1986), *Botánica* (1991), y *Casa Propia* (1999). Es asimismo autora de la comedia musical *Beggar's Soap Opera* (1979) y de la revista musical *Four Guys Named José . . . and Una Mujer Named María* (2000).

El teatro de Dolores Prida se caracteriza por su bilingualismo, biculturalismo, y el humor con el que trata estos temas. Sus obras, pues, tienen que ver con la representación de personajes que sobreviven y se debaten entre dos lenguas y dos culturas. Muchos de sus protagonistas son mujeres, y a través de ellas trata de explorar, además de los temas anteriores, su condición e identidad de mujer. Otro de sus temas dominantes se centra en el prejuicio y discriminación que sufren muchos inmigrantes en este país.

Guía de lectura

En 1999, la Federal National Mortgage Agency, mejor conocida como Fannie Mae, y el Repertorio Español, una compañía de teatro hispano, anunciaron un concurso de teatro llamado "The American Dream". El propósito de este concurso era promocionar la compra de casas dentro de la comunidad hispana de EE.UU., y la obra ganadora fue *Casa propia*, de Dolores Prida. En una entrevista, la dramaturga cubanoamericana afirmó que su obra trata de la realización de un "Sueño Americano", el sueño de ser propietario de una casa. Comentó Dolores Prida que la obra es, además, una especie de *A Room of One's Own* con algunos elementos de Lisístrata.

El argumento de la obra se centra en la difícil relación matrimonial de Olga con su esposo, Manolo, y en los deseos de aquélla de comprar una casa en un barrio de Nueva York. Manolo, sin embargo, es un mujeriego (*womanizer*) que no comparte los sueños de su esposa y se niega a vivir atado a un lugar. Con la excepción de Fanny, un personaje de ascendencia italiana, el resto de los personajes de esta obra son inmigrantes hispanos a los que vemos sobrevivir en la frontera de dos culturas y dos lenguas. El lector puede ver cómo las mujeres, además, deben enfrentarse a un problema adicional: el de una cultura machista dentro de la comunidad hispana.

En el análisis de esta obra, por tanto, debemos prestar especial consideración a este aspecto cultural y lingüístico. Asimismo, debemos pensar en la representación que hace Dolores Prida de los personajes femeninos y masculinos de la obra, y en otro tema que no es tan común en su obra dramática: la violencia doméstica.

Casa propia

(Ópera sin música en dos actos)

A veces hay que abandonar un sueño para alcanzar otro.

Personajes

LA MUJER. Olga, cubana, cuarenta años
EL MARIDO. Manolo, cubano, cuarenta y cinco años
LA SUEGRA. Fefa, cubana, sesenta y cinco años
LA HIJA. Marilis, cubana, veinte años
EL NOVIO. Mario, puertorriqueño, veinte años

LA VECINA SEXY. Yarisa, dominicana, treinta años, divorciada
LA HANDYWOMAN. Junior, nuyorican, veintiocho años, viuda
LA OTRA VECINA. Fanny, italiana, ochenta años, viuda
TRANSEÚNTES Y PEATONES. Pasarán de cuando en cuando, echando basura por las aceras

Espacio

La acción ocurre en dos espacios:

El primero, la acera frente a tres edificios contiguos en un barrio latino de Nueva York. Se ven la puerta y las ventanas de dos de los edificios. Al principio habrá graffitti en las paredes. El izquierdo es la casa de Fanny. El del centro es la casa de Olga y Manolo. El tercero, foro derecho, es una bodega.[1] En la vitrina[2] hay pegados varios anuncios de Beba Cerveza, Tome Café, Play Lotto. Encima, y a todo lo largo de la puerta y la vitrina, hay un letrero grande en el que se lee: Bodega La Borinqueña (este nombre tachado), y debajo, El Cibaeño.

El segundo, el patio de la casa de Olga y Manolo.

---

[1]bar [2]shop window

Tiempo
Primer acto: Presente. Verano.
Segundo acto: un año más tarde. Otoño.

Primer Acto

Escena 1

(*En la oscuridad se escucha la canción "Sidewalks of New York". Las luces suben lentamente y vemos a* FANNY, *en bata de casa,*[3] *medias deportivas, blancas con rayas azules, y chancletas de peluche*[4] *en forma de conejo, barriendo la acera justo frente a su edificio. Mira subrepticiamente a un lado y a otro y empuja la basura hacia la acera del edificio de al lado. Hace lo mismo al otro lado.*

La música cambia a un merengue justo cuando JUNIOR *sale de la bodega. En una mano trae su caja de herramientas.*[5] *En la otra, una cerveza dentro de una bolsa de papel. Se para y bebe un trago.*[6] *Mira a* FANNY. *Sonríe.*)

FANNY: (*Mascullando*[7] *mientras barre.*) Garbash garbash garbash pigs pigs pigs cuchinos, va fangula . . .[8] porca miseria.[9]

JUNIOR: ¡Buon giorno Doña Fanny! (*Levanta la cerveza como saludo. Vuelve a beber.*)

FANNY: ¡Buon giorno . . . questa porquería sempre sempre! (*Amenaza a* JUNIOR *con la escoba.*)

JUNIOR: When are you going to sell me the house?

FANNY : Show me the money! Show me the money! (JUNIOR *se ríe.*) . . . What day is today?

JUNIOR: (*Para sí.*) Esta doña siempre pregunta lo mismo . . . (*A* FANNY.) Monday Monday Monday.

FANNY (*Barriendo.*) Monday Monday Monday . . . garbash day (*Se detiene, se apoya en la escoba y mira hacia el frente.*) This was such a beautiful neighborhood . . . una bellissima strada . . .[10] (*Mira a* JUNIOR. *Luego apunta al frente con la mano.*) Lá,[11] the cafe with big shiny espresso machine . . . Qui[12] (*Apunta a la bodega con la escoba.*)

JUNIOR: . . . il ristorante d'Alfredo . . .

FANNY: (*Suspira. Da dos escobazos.*[13] *Rememora.*) Every July, la virgine di Monte Carmelo en una bella prochesione.

JUNIOR: With the fireworks and the parish band.

FANNY & JUNIOR: Untataum tantaum tantaum.

---

[3]*house coat* [4]"*chancletas . . . peluche*": *felt slippers* [5]*tools* [6]*sip* [7]*mumbling* [8]"va fangula" (jerga vulgar): *go to hell!* Fanny habla un italiano incorrecto [9]"porca miseria" (italiano): *damn!* [10]calle [11]allá [12]aquí [13]golpes con la escoba

FANNY: . . . Il padre Benedetto al frenti de la procesione. A la porta dil convento, lá, il bazar, the games, food, food everywhere e tutti gli paesani[14] di Catania . . . la famiglia. (*Suspira. Vuelve a barrer.*)
JUNIOR: Sí, sí, Fanny, ya lo sé. Este barrio era muy lindo. Ya lo sé. Ya lo sé. Pero eso era antes . . . ahora es otra cosa, viejita. Olvídese d'eso. Las cosas cambian . . .

(JUNIOR *sale.* FANNY *la ignora. Sigue barriendo y mascullando. Aumenta el volumen de la música.* YARISA *sale de la bodega escoba en mano. Mira a* FANNY *de reojo*[15] *con disgusto. Barre* —*con un meneíto*[16] *de merengue*— *la basura de frente a la bodega y la empuja hacia el edificio del medio. De afuera se oyen voces.*)

MANOLO: (*Off.*) ¡Ave María, vieja, pero dónde tú me has metido! ¡Esto es un basurero, chica!

(FANNY *entra apresuradamente a su casa.* YARISA *da el último escobazo y entra a la bodega. Entran* OLGA *y* MANOLO.)

OLGA: Pero deja que veas la casa . . .
MANOLO: A ver, ¿cuál es?
OLGA: (*Apunta hacia el edificio del medio.*) Ésta.
MANOLO: (*Parado entre la basura acumulada frente al edificio, las manos en la cintura. Con irritación contenida.*) ¿Esto?

(FANNY *se asoma*[17] *por la ventana.* YARISA *mira desde adentro de la bodega, echándole el ojo*[18] *a* MANOLO.)

OLGA: Pero deja que la veas por dentro . . . y el patio . . .
MANOLO: ¡Esto es una pocilga,[19] chica! Tú estás loca. Yo no vivo aquí ni aunque me la regalen . . .
OLGA: Ay, Manolo, por favor . . . dame un chance, Ok?
MANOLO: Esto es meternos en camisa de once varas.[20] Una casa es una esclavitud. Aquí hay que ser barrendero[21] del prójimo. Mira, esto . . . (*Señala la basura en el piso.*) Y en el invierno a palear[22] nieve y porquería. Tú sabes que yo no puedo hacer fuerza . . .
OLGA: Lo sé. Pues, nada . . . barro yo. Total, ya estoy acostumbrada a que no dispares una[23] en la casa.
MANOLO: Olga, no empieces . . .

[14]"gli paesani" (italiano): los habitantes   [15]"Mira . . . reojo": *she looks at Fanny out of the corner of her eye*   [16]pequeño movimiento   [17]*peeks*   [18]"echándole el ojo": observando   [19]*pigsty*   [20]"meternos . . . varas": meternos en una situación difícil   [21]*sweeper*   [22]*to shovel*   [23]"a . . . una": a que no hagas nada

OLGA: Manolo, no podemos seguir en ese apartamentico miniatura, pagando esa barbaridad de renta. Y ahora con tu mamá ahí to'[24] el día en su batilongo[25] y con el sofá cama abierto . . .

MANOLO: Ya sé que es una inconveniencia, pero no la podía dejar sola allá en Miami . . .

OLGA: Lo sé, mi amor. A mí no me importa que ella viva con nosotros, pero estamos muy incómodos . . .

(MANOLO *se para frente a la bodega, se sacude los bajos del pantalón.*[26] *Ve a* YARISA. *Ella le sonríe. Él mira primero hacia* OLGA, *quien contempla la casa, y le devuelve la sonrisa.*)

MANOLO: (*A* OLGA.) Está bien, vamos a verla por dentro.

OLGA: Tenemos que esperar a Marilis. Ella tiene la llave.

MANOLO: ¿Y mamá con quién se quedó?

OLGA: Viene con la niña.

MANOLO: Bueno . . . mira, voy a comprar una cerveza. ¿Quieres algo?

OLGA: No, te espero aquí.

(MANOLO *entra en la bodega. Lo vemos flirtear con* YARISA *mientras se toma una cerveza.* OLGA *examina la casa, le pasa la mano a la puerta. Empuja una basura con el pie. Chequea la ventana. Se recuesta*[27] *a la pared.*)

OLGA: Siempre he querido tener una casa propia de verdad . . . un lugar fijo donde vivir . . . Cuando era chiquita nos mudábamos tanto . . . de casa en casa, de pueblo en pueblo . . . Papá llegaba de uno de sus viajes con la noticia: "Cuca, nos mudamos mañana, empieza a empaquetar . . ." Él vendía lámparas a plazos . . . feísimas y carísimas. Mami decía que papi tenía tal labia[28] que una vez hasta les vendió dos lámparas a unos guajiros[29] que no tenían luz eléctrica. Él tenía que viajar por toda la isla y usaba eso como excusa para las tantas mudadas.[30] Luego me enteré de que en realidad era porque se le "olvidaba" pagar la renta . . . La única casa de la que tengo recuerdos era la de juguete, la que me trajeron los Reyes Magos. Era de cartón pintado, pero las cortinitas en las ventanas eran de tela de verdad . . . Lo mejor que tenía era que se podía armar y desarmar muy facilito, muy conveniente para las mudadas . . . Esa casa viajó conmigo a todas las otras casas . . . Y casi llega a Miami, pero a última hora, en el mismo aeropuerto, se la regalé a mi prima Noemi porque lloró tanto ese día que nos fuimos . . .

MARILIS: (*De afuera.*) ¡Mamá!

(MARILIS *y* FEFA *entran.*)

---

[24]todo [25]bata de casa [26]"bajos . . . pantalón": *pants cuffs* [27]*she lies back* [28]"tenía . . . labia": *he had the gift of the gab* [29]campesinos cubanos [30]desplazamientos de lugar en lugar

OLGA: Al fin llegaron . . . hace rato que estamos esperando.
FEFA: Ay, no puedo con los juanetes . . .[31] qué caminata[32] hemos dado . . .
MARILIS: El dueño no estaba y allí nadie sabía nada de la llave.
110 OLGA: Pero, ¿la tienes?
MARILIS: Sí, aquí está. (*Busca en la cartera.*)
FEFA: ¿Y Manolo?
OLGA: Ahí en la bodega.

(OLGA *va hacia la bodega.* MARILIS *no encuentra la llave.* FEFA *mira a su alrededor.*)

115 FEFA: Pero qué cantidad de basura . . .

(FEFA *empuja algunas cosas con el pie hacia el lado de* FANNY. OLGA *le hace señas a* MANOLO *que salga de la bodega.* MARILIS *sigue hurgando*[33] *en la cartera. No encuentra la llave. Va sacando cosas de la cartera y se las pasa a* FEFA *(Kleenex, un casette player, una revista, un zapato tenis.)* MANOLO *sale de la bodega.*)

120 MANOLO: (*A* MARILIS.) Ya era hora . . . (*Le da un beso a* FEFA.) Qué pasa vieja . . .
FEFA: Aquí, mijito . . .[34] oye, pero esto es un basurero.
MANOLO: (*Bajito.*) Olvídate de eso, mamá. Lo de la compra no va. Vamos a ver la casa para que Olga no joda[35] más y salimos de eso . . .
OLGA: (*A* MARILIS *que sigue buscando la llave.*) ¿Qué pasa, mija?
125 MARILIS: Dónde la habré metido . . . Lo único que falta es que la haya perdido, después de todo lo que tuve que esperar . . . (*Mete todo lo que había sacado en la cartera de nuevo.*)
MANOLO: ¿Ves? No aparece la llave. Eso es una señal. Esta casa no está pa' nosotros.
FEFA: Marilis, ¿buscaste en los bolsillos?
130 MARILIS: No, deja ver. (*Busca en los bolsillos. Saca más Kleenexs estrujados.*)[36] ¡Ay, sí, aquí está!
OLGA: Qué bueno. Dejan que vea los pisos de madera que tiene la casa . . . claro, hay que pulirlos.
FEFA: Abre, niña. Estoy loca por sentarme un rato.

135 (MARILIS *mete la llave en la cerradura, pero no abre. Vuelve a tratar.*)

OLGA: ¿Y ahora qué pasa?
MARILIS: No abre.
MANOLO: Dale un empujón.[37]

(MARILIS *empuja pero la puerta no cede.* MANOLO *empuja. Todos hablan a la vez.*)

[31]*bunions*   [32]*largo paseo*   [33]*buscando*   [34]*hijo mío*   [35]*moleste*   [36]*arrugados*   [37]*push*

OLGA: A ver, chica, déjame tratar a mí . . .
FEFA: Niña, dale la vuelta a la izquierda.
MANOLO: Quítate, vieja.
OLGA: Dale para la derecha . . .
MARILIS: ¡No lo puedo creer! ¡Me dieron la llave que no es!

(YARISA *sale de la bodega.*)

YARISA: ¿Qué pasa? ¿No pueden entrar?
MANOLO: Parece que nos dieron la llave que no era.
FEFA: Pues, vámonos. Ya yo no aguanto más.[38]
YARISA: No se vayan. Junior les puede abrir. (*Mira hacia el foro derecho y grita.*) ¡Tito, Tiitoo! . . . Oye, ¿Junior está ahí? Dile que venga.
MARILIS: ¿Alguien tiene las llaves? ¿Entonces para qué me hicieron ir hasta Forest Hills . . . ?
YARISA: Junior estuvo haciendo unos arreglos de plomería . . .[39] por eso tiene la llave.
MANOLO: ¡Qué muchacha tan servicial! . . .[40] Gracias. Mire, Yarisa, ésta es mi familia, mi mamá, mi hija, mi mujer . . .
YARISA: Mucho gusto . . . ¿Así que van a comprar la casa?
OLGA: Bueno . . .
MANOLO: Lo estamos pensando . . . (*Le sonríe a* YARISA.)
YARISA: Qué bueno que vamos a tener vecinos de nuevo. Esta casa lleva casi un año vacía . . .
OLGA: ¿Dónde está ese plomero?

(*Llega* JUNIOR *con su caja de herramientas.*)

JUNIOR: ¿Qué pasa, Yari?
YARISA: Ay, Junior, mira . . .
MANOLO: ¿Junior? ¿Usted es el plomero?
JUNIOR: No. Soy la plomera, carpintera y electricista. Tapo goteras,[41] destrabo ventanas,[42] cambio llavines[43] y destapo inodoros . . .[44] Any problem with that?
MANOLO: No . . . ninguno. (*Para sí.*) Marvila, la Mujer Maravilla . . .
YARISA: Mira Junior, esta gente viene a ver la casa de don Riquelme, pero le dieron la llave equivocada. Ábrele, mamita.[45]
JUNIOR: Sure. A ver . . . (*Se descuelga el enorme llavero que lleva colgado de la cintura. Escoge una llave y abre la puerta.*) Las puertas de adentro están abiertas. Pasen, pasen . . .

[38]"Ya . . . más": *I can't take this anymore* [39]*plumbing* [40]*atenta* [41]"Tapo goteras": *I fix leaks* [42]"destrabo ventanas": *I unlock windows* [43]*cerraduras* [44]"destapo inodoros": *I unclog toilets* [45]palabra cariñosa con significado de "mi niña"

(OLGA, FEFA y MARILIS *entran*.)

MANOLO: (*Flirteando*.) Muchas gracias, Yarisa. La verdad es que usted es tremenda vecina.

(MANOLO *entra a la casa*.)

YARISA: (*A* JUNIOR.) ¡Ay, qué hombre tan simpático! Me hace sentir como en mis buenos tiempos, porque la verdad, tigrita,[46] es que aquí nadie te mira. Ojalá que compren la casa . . .

JUNIOR: No sé por qué sigues tan pendiente de los hombres, con lo mal que te han tratado . . .

YARISA: Ya lo sé. Los hombres debían traer una etiqueta como los cigarrillos: "Advertencia: los hombres son perjudiciales a la salud". Te engañan, te pegan, te abandonan, te traspasan enfermedades mortales . . . pero, mija, es difícil dejar el hábito.

JUNIOR: No es tan difícil. Si quieres te lo explico . . .

YARISA: Azarosa,[47] déjate de eso . . . que ahí sí que no voy yo.

JUNIOR: Never say never.

YARISA: (*Entrando a la bodega*.) Gracias, mami.

JUNIOR: No hay de qué.

(YARISA *entra en la bodega*. FANNY, *sale de su casa escoba en mano*.)

FANNY: ¡Junior, Junior!

JUNIOR: What's up, Fanny?

FANNY: What day is today?

JUNIOR: (*Saliendo*.) Monday Monday Monday.

FANNY: (*Para sí*.) Monday . . . garbash day.

(*Barre la basura que* FEFA *había echado anteriormente en su acera y la devuelve a la acera de* OLGA. *Luces bajan en la acera. Suben en el patio. El patio está lleno de bolsas de basura y de reciclaje. Una silla vieja, un BBQ herrumbroso*[48] *boca abajo, varios cajones plásticos.* OLGA *entra y mueve algunas cosas. Se sienta en uno de los cajones*.)

MARILIS: (*De afuera*.) Mami, ¿dónde estás?

OLGA: ¡Aquí, en el jardín! Ven a ver.

(MARILIS *entra y observa el basurero*.)

MARILIS: ¿Jardín? Mami esto . . .

OLGA: Ya sé. Ahora es un basurero. Eres como tu padre, ves las cosas nada más como

[46]*little tiger* [47]*atrevida* [48]*rusty*

son y no como pueden ser... Tienes que imaginártelo... mira, aquí, begonias, mírame-lindas,[49] un rosal... allí, perejil, orégano, cilantro, yerba buena...[50]

MARILIS: El coreano de la esquina tiene todo eso, fresco y barato...

OLGA: ¿Tú sabes lo que es tener tu propio jardincito, tu huertica?[51]

MARILIS: (*Algo sarcástica.*) ¿Cómo si estuvieras en Cuba...?

OLGA: No, mija. Allá en Cienfuegos un patiecito con una huerta no es nada del otro mundo. Pero, aquí en Nueva York es... un lujo. No, es más que un lujo. Cuando vives en una tierra que no es la tuya, ser dueña de un pedacito de esa tierra es una necesidad. Te ayuda a sentir que perteneces... que de algún modo eres parte de aquí. Oye, y además es la mejor venganza.

MARILIS: ¿Venganza de qué?

OLGA: Sí, chica, tú sabes... porque hay muchos que piensan que no debemos estar aquí. Pero cuando eres dueña de un cachito de Manhattan, que se jodan...[52] nos tienen que chupar.[53]

MARILIS: Ay, mami... yo sé lo ilusionada que tú estás con esta casa, pero esto es algo que hay que pensarlo bien. No tenemos tanto dinero para el down payment... y con el sueldo tuyo y de papá...

OLGA: ¿Y el tuyo?

MARILIS: Mami... (*Se sienta en otro cajón al lado de* OLGA.) Tú sabes que Mario y yo estamos pensando en casarnos en cuanto él termine sus estudios...

OLGA: Eso será para el Cuarto Milenio...

MARILIS: Los estudios son muy importantes. De eso depende el futuro.

OLGA: ¿Sí? ¿Y entonces por qué tú te saliste de la universidad sin terminar? Mira ahora lo estancada[54] que estás ahí en ese trabajito de secretaria. Yo no entiendo. Si yo hubiera tenido las oportunidades que tú tienes...

MARILIS: No empieces con la misma cantaleta[55] otra vez. Ya sé que tengo muchas opciones, y una de ellas es no escoger ninguna.

OLGA: De tanto escoger te vas a quedar para vestir santos.[56] Ya yo he perdido la cuenta de todos los novios que has tenido. Y otra cosita: Mario todavía no te ha propuesto matrimonio. Ése es un detalle importante, que pidan tu mano. Con Manolo eso fue... difícil... me hizo sudar la gota gorda.[57]

MARILIS: Eso de pedir la mano ya no se usa, es una antigüedad.

OLGA: Ay, pero es tan bonito... un gesto muy respetuoso.

MARILIS: A veces me parece que el matrimonio es una antigüedad también. Una atadura...[58]

---

[49]flores de color morado [50]mint [51]little garden [52]screw them! [53]they have to put up with us [54]stuck [55]historia [56]"para...santos": soltera [57]"me...gorda": me lo puso muy difícil [58]restricción

240 OLGA: Ay, Marilis, no hables así...

MARILIS: Anyway, yo voy a tomar un curso de producción de documentales. Mario dice que en su college hay un buen programa de comunicaciones...

OLGA: Entonces, ¿vas a volver a la escuela o te vas a casar?

MARILIS: Con un trabajo así puedo viajar... ver mundo. No quiero pasarme la vida en
245 trabajitos de porquería, como...

OLGA: ¿... nosotros?

MARILIS: Sí. Estoy cansada de la semipobreza, de la rutina. De levantarme todos los días a la misma hora. De montarme en ese subway apestoso a la misma hora por la mañana, a la misma hora por la tarde, como una sardina en lata.[59] Esperar un año
250 entero para dos semanas de vacaciones que no puedo pasar en ninguna parte...

OLGA: Yo siempre he sido semipobre, así que estoy acostumbrada. Y ahora me puedo dar con una piedra en el pecho. Ahora por lo menos gano mi propio dinero y he podido ahorrar un poco y quiero comprar esta casa.

MARILIS: Pero, mami, eso es mucho trabajo, endeudarse[60] de por vida... estar ama-
255 rrada[61] al mismo sitio por treinta años...

OLGA: Quiero morirme en mi propia casa. Eso lo tengo claro. Tú sabes que yo siempre he querido tener casa propia. Y no quiero terminar como Fefa. Los hijos se la pasan los unos a los otros como un mueble viejo que no pega con el resto de la decoración.

260 MARILIS: Yo no soy así. Cuando te retires te vas a vivir conmigo...

OLGA: ¿Cuando yo me retire? ¿Y Manolo...?

MANOLO: (*De afuera.*) ¿Dónde están?

OLGA: ¡Aquí, viejo, en el jardín!

MANOLO: (*Entra.*) Chica, pero aquí parece que vivían unos marranos,[62] por tu madre.
265 (*Se sacude los bajos del pantalón. Mira a su alrededor.*) Parece que nunca sacaban la basura.

OLGA: Eso no es nada, se limpia en un par de horas...

MANOLO: Bueno, olvídate, chica. Vámonos, tengo cosas que hacer.

MARILIS: Todavía no. Tengo que esperar a Mario. Quedé de encontrarme con él aquí.
270 Se debe haber perdido en el camino. Ese hombre es un genio en matemáticas, pero para otras cosas es un despistado[63] de la vida. Se pierde dentro de su mismo apartamento.

MANOLO: Es que él está en lo suyo, mija. Cada uno siempre está en lo suyo... Toma ... (*Le entrega bolsa de papel.*) en la bodega tenían esos merenguitos[64] que tanto te
275 gustan.

[59]*can* [60]*to get into debt* [61]atada [62]cerdos [63]*absent-minded* [64]tipo de dulce

MARILIS: ¿De los duritos? Ay, qué rico . . . (*Abre la bolsa y mira dentro.*) Pero ya yo no los como. Estoy a dieta. (*Devuelve la bolsa a* MANOLO.)
OLGA: Manolo, yo quiero que compremos esta casa.
MANOLO: Olvida el tango, que el horno no está pa' rosquitas.[65] (*Se come un merengue.*)
MARILIS: What?
MANOLO: (*A* MARILIS.) Muchacha, ¿a ti se te está olvidando el español o qué?

(FANNY *asoma la cabeza por la cerca.*)[66]

FANNY: Debe parlare inglese —spika da inglish— qui sono[67] in America! Capito?[68] (*Desaparece mascullando en italiano.*) Mira, mira, questi[69] Porto Ricani parla molto veloce[70] parla parla Spanish Spanish . . .
MANOLO: Mire, vieja de mierda, ¡que no somos puertorriqueños!
MARILIS: ¡Papi . . . !
OLGA: Manolo, no insultes así a esa señora, va a ser vuestra vecina.
MANOLO: ¡Qué vecina ni ocho cuartos![71] Olga. ¿Tú crees que yo voy a vivir en un barrio como éste?
OLGA: Ay, sí, como ahora vivimos en Park Avenue . . .
MANOLO: Olga, no vamos a pelear por esto. No hay que hablar más del asunto. Se acabó. Punto. Finito.
FANNY: (*Asomando la cabeza por la cerca.*) ¿Finito?
MANOLO: ¡Pero que vieja entrometida[72] ésta! ¡Váyase a cocinar sus . . . sus pepperonis! (*Hace un gesto amenazante a* FANNY, *quien desaparece detrás de la cerca.*)
MARILIS: Esa vieja es una metiche.[73] ¿Se imaginan tenerla de vecina? Le hará la vida imposible a todo el mundo.
MANOLO: A mí no. Vámonos, vieja. Ya te complací. Vine a ver la casa. La vi. Me fui.
OLGA: Manolo, yo quiero esta casa. Y a ustedes se les olvida un detalle. La que ahorró el dinero fui yo. Bastante overtime que trabajé haciendo yoyos y hula hoops en esa factoría, oliendo esa peste a plástico derretido . . .
MANOLO: Pero, vieja, piénsalo bien. Es mejor aguantar ese dinero y comprar una casa allá en Cuba.
OLGA: ¿Cuándo?
MANOLO: (*Aparte.*) yo sé lo que ella quiere: amarrarme. Siempre ha querido amarrarme. La conocí con el lazo en la mano, con la red al hombro, con las esposas[74] en el bolsillo. ¿Por qué es que las mujeres son así? Primero me tentó con lo bien que movía las caderas,[75] después con las comidas tan ricas que me preparaba, luego

[65]"horno . . . rosquitas": no es el momento adecuado [66]*fence* [67](soy) pero aquí "estamos" (italiano) [68]¿entiende? (italiano) [69]estos (italiano) [70]rápido (italiano) [71]"ni . . . cuartos": *my foot!* [72]*meddlesome* [73]*nosy* [74]*handcuffs* [75]*hips*

310   con lo bien que planchaba las camisas, después... después con la niña que nació antes de tiempo... ahora con la casa. ¿Por qué es que las mujeres son así? Ella sabe que soy un águila, un cazador con alas inquietas...[76] que no me poso[77] en una rama por mucho rato. Ella sabe que me aburro de las cosas después de un tiempo. Sí, es verdad. No lo niego. Me aburre la monotonía, la rutina. Nunca he tenido un
315   trabajo por más de dos años. Ya para el día setecientos treinta y uno se me empieza a morir el espíritu y tengo que arrancar... a volar, a la caza, a algo que me alborote[78] la adrenalina... algo... yo no sé exactamente lo que quiero. Pero no importa, a veces es mejor no saber. Saber es aburrido. Buscar es una aventura. Pero ella... ella sabe lo que quiere: ella quiere cortinas en las ventanas, sus ventanas... ¿Por
320   qué es que las mujeres son así?

OLGA: ¿En el Quinto Milenio?

MANOLO: ¡Qué va![79] Mira, en Miami se dice que Fidel no pasa de este año.

OLGA: Llevan cuarenta años diciendo lo mismo.

MANOLO: No, tú, ahora sí que se cae. Se lo está comiendo el cáncer. Dicen que también
325   tiene Parkinson, y sida.

OLGA: Enfermedades al Rescate, lo que no han logrado los Hermanos con todas las invasiones y conspiraciones desde Hialeah.[80]

MANOLO: Muchacha, a ése ya no lo salva ni su amiguito el Papa.

MARILIS: Con Fidel o sin Fidel, yo no me voy. No tengo nada que ir a buscar allí. Yo soy
330   de aquí. I don't even know anybody there...

OLGA: Mi prima Noemí está allá todavía.

MANOLO: (A MARILIS.) Está bien, mijita. Usted ya es grande, y cuando se case, usted tiene que vivir donde su marido diga. Pero éste que está aquí, se va para Cienfuegos... (Canta a lo Benny Moré.):[81]
335   Cuando a Cienfuegos llegué
       esa ciudad quise verla
       ya que la llaman la perla...

MARILIS: "A Hundred Fires", qué nombre para un pueblo.

MANOLO: Pueblo no, ciudad. (Canta.) Cienfuego e la ciudá, que má me gusta a mí...

340   (FANNY asoma la cabeza por la cerca. MANOLO se le acerca cantando. FANNY le saca la lengua y desaparece.)

MARILIS: (Riendo.) Papi, I think she likes you!

OLGA: ¡Lo único que faltaba![82]

---

[76]restless [77]I don't perch [78]stirs up [79]come off it! [80]ciudad de Florida [81]famoso cantante cubano [82]"¡Lo... faltaba!": that's all we needed!

MARILIS: (*Mira el reloj de pulsera.*) ¿Dónde estará Mario? Voy a asomarme a ver si lo veo venir . . .

OLGA: Mari, cuando llegue Mario, enséñale la casa . . .

MARILIS: Mami, tenemos prisa . . .

OLGA: . . . A ver qué le parece. Sobre todo el tercer piso. Ése es el de ustedes.

MARILIS: (*Aparte.*) El de nosotros . . . A él lo que más le interesan son los números. Él dice que las matemáticas son más importantes que las palabras. Que todo está basado en las matemáticas. Sé lo que va a decir: que sin los números no existiría esta casa, ni esa cerca, ni aquella ventana. Que en resumidas cuentas . . . en total . . . sí, todo es sumar y restar, multiplicar y dividir. Uno, dos, tres . . . El tercer piso es . . . cero.

(MARILIS *entra a la casa*.)

OLGA: Manolo, siéntate un momento . . . quiero enseñarte algo.

MANOLO: Chica, no me voy a sentar ahí, eso está sucio.

OLGA: Manolo, yo llevo meses tratando de tener una conversación seria contigo sobre la casa. Aquí tengo todos los papeles y toda la información sobre el préstamo . . . anda, chico, siéntate un momento. Ven.

MANOLO: Olga, ya tú sabes lo que pienso sobre el asunto de la casa. Yo no sirvo para eso, vieja . . . tú lo sabes . . . hay que pintar, arreglar, coger goteras . . . y este patio . . . (*Respira con dificultad.*) Mira p'allá, creo que ya me está dando asma . . . esas yerbas . . .

(*Entra* FEFA.)

FEFA: Oye, subí hasta el último piso . . . tengo los pies echando chispas . . .[83] (*Se sienta. Ve a* MANOLO *agitado.*) ¿Qué te pasa, mijo?

MANOLO: Nada, vieja, parece que este polvero[84] me está dando asma.

FEFA: ¿Y eso? Que yo recuerde, a ti no te ha dado asma desde que tenías quince años . . .

OLGA: ¡Qué va! Usted no estaba aquí cuando eso, Fefa, pero el día de la boda le dio un ataque tan fuerte que se le puso la cara morada.[85] Y el día que le di la noticia que estaba en estado[86] de Marilis hubo que llevarlo al hospital a que le dieran oxígeno . . .

MANOLO: Tengo la garganta seca. A lo mejor si me tomo algo fresco . . . Voy ahí a la bodega. ¿Quieren algo?

FEFA: Ay, sí, mijo. Tráeme un cafecito, pero café cubano. No me traigas esa agua de chiringa[87] que toman los americanos.

[83]ardiendo [84]lugar sucio [85]"se . . . morada": *his face turned purple* [86]"en estado": embarazada [87]posiblemente se refiera a "jeringa" y de aquí deducimos "agua sucia"

MANOLO: Mamá, no estamos en Miami. Aquí no hay café cubano. Si acaso dominicano . . . el Bustelo ese.

FEFA: Sí, cualquiera de ésos. Pero que esté acabado de hacer. El café recalentado me da gases.

OLGA: Tráeme uno a mí también.

(MANOLO *sale*. FEFA *lo sigue con la mirada*.)

FEFA: Olga, no quería decirte nada delante de Manolo, pero la verdad es que la casa está buenísima . . . Y ese cuarto de ahí del primer piso, estaría perfecto para mí. Yo sí que no puedo con el sube y baja de las escaleras . . .

OLGA: ¡Ay, Fefa, no me diga! ¡Qué alegría me da! Al fin alguien me apoya.

FEFA: Bueno, de apoyar, apoyar . . . no sé de qué valga mi apoyo. Pero me gusta . . . claro, que hay que hacer arreglos y pulir esos pisos . . .

OLGA: No importa, no importa todo el trabajo que haya que hacer. Será nuestra casa. Tenemos toda la vida para arreglarla . . . y pagarla. ¡Ay, Fefa, ayúdeme a convencer a Manolo!

FEFA: Eso sí que está difícil, mija. Yo nunca he logrado convencer a Manolo de nada, ni a ninguno de mis otros hijos . . . el señorito abogado de Coral Gables . . . ni al comandante en jefe que se quedó allá en Cienfuegos. Ni al otro . . . a . . . Ni a mi marido, que en paz descanse. Mis opiniones nunca contaban para nada . . .

OLGA: Ay, Fefa, no diga eso . . .

FEFA: Pero si es la verdad, Olga.

OLGA: Yo sé que Manolo tiene jiribilla . . .[88] a él no le gusta sentirse atado a nada, ni a nadie . . . pero mi esperanza es que con la compra de la casa siente cabeza . . .[89] tome responsabilidad. Desde lo de su hermano . . .

FEFA: (*Aparte*.) Yo sabía que él quería irse. No aguantaba aquello. Él quería otra cosa . . . tenía sus debilidades. Era . . . diferente. Ya había tenido muchos problemas, lo habían arrestado, y su hermano no podía protegerlo más. Peleaban constantemente. Yo sabía que él quería irse . . . Y se fue, en una balsa[90] de tablas viejas y cuatro gomas de carro . . .[91] y yo no pude hacer nada para detenerlo. Nunca llegó a Cayo Hueso. Ni a ninguna parte . . . El otro hijo, el de Miami, me mandó a buscar . . . total para qué. Él ahora es de la "jai".[92] Su mujer no me quería en la casa. Lo convenció de conseguirme un cuarto en otro lugar. Viví sola por varios meses. Yo nunca he vivido sola. No sé cómo . . . Me pasaba el día sentada en el banquito de la parada de guagua[93] que estaba en la esquina, mirando siempre a la izquierda. Tapándome del sol con una sombrilla.[94] No iba allí a esperar la guagua. Me habían

---

[88]"Manolo . . . jiribilla": *Manolo has his awkward points* [89]"siente cabeza": *he will settle down* [90]*raft* [91]"gomas . . . carro": *tires* [92]*high class* [93]*autobús* [94]*umbrella*

dicho que hacia allá quedaba Cuba . . . y para allá miraba yo. Esperando qué sé yo . . . que el mar me devolviera a mi hijo.
OLGA: . . . Fefa, usted cree que . . .
FEFA: ¿Por qué me tratas de "usted"?
OLGA: No sé . . . la costumbre.
FEFA: Pues, ya. Me haces sentir más vieja de lo que soy.
OLGA: Está bien . . . como ust . . . tú digas.
FEFA: (*Se sienta al lado de* OLGA.) ¿Tú crees que el banco te dé la hipoteca?
OLGA: No sé. Pero, de todas maneras hay otras opciones además de los bancos . . . yo he estado haciendo muchas averiguaciones . . . Creo que tengo muy buen chance con Fanniemae . . . mira. (*Saca folletos y papeles de la cartera.*)
FEFA: ¿Fanny May? ¿Quién es esa?

(MARILIS *entra.*)

MARILIS: Mamá, me voy.
OLGA: Bueno, que disfruten . . . ¿Dónde te va a llevar a comer?
MARILIS: Por el momento, a ninguna parte. Mario no aparece.
FEFA: ¿Le habrás dado bien la dirección?
MARILIS: Se la anoté en un papel.
OLGA: Ay, chica, yo que quería que me diera su opinión sobre la casa y, ya que él sabe tanto de eso, que nos ayudara a darle cabeza a los números.
MARILIS: Mamá, en estos momentos . . .
OLGA: Bueno, cuando pueda. Tendremos que venir de nuevo. ¿Ustedes bajaron al sótano?[95]
MARILIS: No, estaba muy oscuro.
FEFA: No encontramos el switch de la luz . . .
OLGA: Vengan, yo tengo una linterna. Quiero ver qué piensan sobre la boila.[96]
FEFA: Olga, yo no sé nada de esos aparatos. Y esas escaleras no me gustan nada . . . Yo las espero aquí.
MARILIS: Mami, me tengo que ir . . .
OLGA: Mija, calma. Es sólo un momentico. Ven . . .

(OLGA *sale, seguida por* MARILIS. FEFA *mira por las rendijas*[97] *de la cerca hacia el patio de* FANNY. FANNY *hace lo mismo por el otro lado. Las dos asoman las cabezas por encima de la cerca al mismo tiempo.* FANNY *saca la lengua. Ambas bajan las cabezas detrás de la cerca. Repiten la operación. Las dos sacan la lengua al mismo tiempo. Bajan las luces sobre el patio y suben en la bodega.*)

[95]*basement* [96]*boiler* [97]*cracks*

YARISA: . . . Pues sí, Manolín, he tenido muy mala suerte con los hombres.

MANOLO: Chica, cómo va a ser. Una mujer tan hermosa y tan simpática como tú. Es para que tuvieras cien pretendientes[98] haciendo cola ahí afuera.

YARISA: (*Se ríe.*) Ay, mira que tú tiene cosa . . . Lo que pasa es que los hombres siempre la quieren dominar a una, tú sabe. Son muy mandones.[99]

MANOLO: Oye, yo no. Como a mí no me gusta que me amarren, yo no amarro a nadie.

YARISA: ¿Y tu mujer? ¿Te tiene amarrao?

MANOLO: Niña, ¡esa mujer es un pulpo![100] Me tiene los ocho tentáculos enredaos[101] al cuello . . .

YARISA: Entonce, tú ere un aventurero . . .

MANOLO: Sí . . . tengo algo de eso. Yo cada rato levanto el vuelo y me escapo.

YARISA: Pero siempre regresas . . .

MANOLO: Más o menos . . . en cuanto se me acaban los calzoncillos[102] limpios. Pero un día de éstos me quedo por ahí y no vuelvo más.

YARISA: ¡Oiga, pero usté es malo! Mire que decir esa cosa . . .

MANOLO: Es una broma, niña.

YARISA: Pero yo se la creo. Al meno usté aprecia que le laven los calzoncillos. Yo hasta se los planchaba a mi marido . . . y de ná[103] me sirvió . . .

MANOLO: Ay, chica, ese tipo es un mal agradecido.

YARISA: Eso es verdá.

MANOLO: Y ven acá, ¿él es el dueño de la bodega?

YARISA: No, el dueño es mi hermano Radamés. Él y su esposa viven arriba, en el segundo piso. Junior vive en el tercero. Ahora están de viaje por la República.[104] Yo me estoy quedando con ellos desde que me separé de Fulano.[105]

MANOLO: Chica, ¿qué es eso de Fulano?

YARISA: Es una promesa que hice . . . de no pronunciar su nombre.

MANOLO: Uuy, eso es cosa seria. Ese hombre está borrado del mapa.

YARISA: Por el momento, sí, a ver si me cambia la suerte.

MANOLO: Hablando de suerte, chica. Véndeme un ticket de la lotto. Cash.

(*Pasa un* TRANSEÚNTE *comiendo y echa las envolturas[106] frente a la puerta de* FANNY. FANNY *sale como una fiera, escoba en mano.*)

FANNY: ¡Cuchino! ¡Porco! ¡Pig!

TRANSEÚNTE: Ay, mamita, no te pongas así . . . si todo el mundo lo hace.

FANNY: (*Mascullando mientras barre.*) Porca miseria . . .

---

[98]*suitors* [99]*bossy* [100]*octopus* [101]*wrapped around* [102]*underpants* [103]*nada* [104]*República Dominicana* [105]*so-and-so* [106]*wrappings*

(*Barre la basura hacia la puerta de* OLGA. JUNIOR *entra y ve desde afuera de la bodega el flirteo de* MANOLO *y* YARISA. *Mueve la cabeza. Observa a* FANNY *barrer.* FEFA *sale y ve la basura en la puerta. La empuja con el pie hacia el lado de* FANNY. *Está a punto de decirle algo cuando* JUNIOR *la interrumpe.*)

JUNIOR: Fanny, may I help you? (*Trata de quitarle la escoba.* FANNY *la esconde detrás de sí.*)
FEFA: (*Mira a* FANNY, *luego a* JUNIOR. *Para sí.*) Fanny May?
FANNY: (*A* JUNIOR.) Show me the Money!
FEFA: (*Para sí.*) Money? Dinero . . . (*Piensa. Se le enciende el bombillo.*)[107] ¡Ésta es la mujer de la hipoteca! (*Le sonríe a* FANNY.)
JUNIOR: (*A* FANNY.) I just want to borrow the broom for a moment . . . let me help you. (*Trata de tomar la escoba de las manos de* FANNY, *pero ésta la esconde. Trata de nuevo hasta que la agarra. Quita la basura de los pies de* FEFA. *Sigue barriendo.*) Fanny, what you need to do is sell me the house. No more sweeping, no more shoveling . . . Then, you can retire to the isle of Capri . . .
FANNY: No . . . not Capri. I go to the island of Long Island. My son is there, e la mia figlia anche[108] [anke]. And my grandchildren too. They don't visit me never . . . questa casa il mio padre . . . he built this house, one hundred years, mille ottocento noventa e otto.
JUNIOR: It's a very old house, Fanny, but it's a good house . . .

(*Le devuelve la escoba a* FANNY. *Pone la basura en una bolsa y sale.* OLGA *sale de la casa y va hacia la bodega.* FEFA *la sigue.* OLGA *ve a* MANOLO *con* YARISA. *Se molesta visiblemente.*)

OLGA: Fefa, tráete los cafés . . .

(FEFA *entra a la bodega.* OLGA *se queda afuera.*)

FEFA: Manolo, ¿qué pasó con el café?
MANOLO: Ay, vieja, perdona . . . es que . . . lo están colando.[109] ¿Verdad, Yarisa?
YARISA: Sí, sí, ya está, acabadito de colar . . . (*Comienza a servir el café en vasos de cartón.*) ¿Cuántos son?
MANOLO: Dos
FEFA: (*Mirando a* YARISA *de reojo.*) Déme otro más, por favor.

(YARISA *le da tres vasos de café.* FEFA *sale y le entrega uno a* OLGA, *y el otro a* FANNY *con una sonrisa hipócrita. Entra a la casa.* FANNY *mira el café, mira a* FEFA. *Vuelve a mirar el café. Mira al público, encoge los hombros, se bebe un trago de café y entra a su casa.* MANOLO *sale de la bodega.*)

[107]"Se . . . bombillo": se da cuenta de algo [108]"e . . . anche" (italiano): y mi hija también [109]*filtering*

MANOLO: Y qué... ¿ya nos vamos?
515 OLGA: ¿A dónde, Manolo? ¿A dónde vamos?
MANOLO: Yo no sé a dónde tú irás. Yo, me voy a casa...
OLGA: ¿Y dónde es eso, Manolo? (MANOLO *camina hacia la izquierda, después a la derecha, como un animal atrapado que no sabe cómo escaparse.*) ¿Dónde? (OLGA *lo sigue. Él se escurre[110] y desaparece.* OLGA *se queda sola en escena.*) ¿Dónde?
520   **Apagón**

                            Segundo Acto

(*Un año más tarde. Otoño. Al subir las luces vemos la acera cubierta, además de la basura regular —periódicos, bolsas plásticas, latas de cerveza, etc.— de hojas secas.* FANNY *barre la basura hacia la casa de* OLGA, *que ahora tiene el frente recién pintado.* FANNY *mira a un lado*
525 *y a otro y saca una tiza[111] del bolsillo. Se agacha trabajosamente[112] y dibuja una raya[113] en la acera, entre su casa y la de* OLGA. *Contempla su obra. Se echa la escoba al hombro como un rifle y comienza a "patrullar" su acera dando pasos militares.* JUNIOR *sale de la bodega con su caja de herramientas.*)

JUNIOR: (*Para sí.*) Anda pa'l sirete![114] the garbage patrol is on duty today. Fanny, when
530   are you going to sell me that house?
FANNY: Show me the money! I'll sell it to you when you show me the money!
JUNIOR: You watch too many movies, Fanny! (*Le muestra dos billetes de a dólar.*) Here's the money!
FANNY: No good, no good. You need more... (*Barre más basura hacia la casa de* OLGA.)
535 JUNIOR: Fanny, que no te vea Doña Fefa...
FANNY: Go away... ciao, ciao bambina...
JUNIOR: Ciao, ciao bambina... By the way, it's Wednesday.
FANNY: I know.

(JUNIOR *toca a la puerta de* OLGA. FEFA *le abre.*)

540 JUNIOR: Doña Fefa, Olga quiere que le eche un ojo[115] a la boila.
FEFA: Sí, mija, entra. No tenemos agua caliente desde anoche.

(JUNIOR *entra y* FEFA *sale escoba en mano. Ve la basura y le echa puñalitos[116] con los ojos a* FANNY, *pero no dice nada. Le sonríe hipócritamente.*

Barre la basura hacia la bodega. Se pone la escoba al hombro, y al igual que FANNY, *patrulla*
545 *su sector de la acera. Dan las vueltas al estilo militar. A veces casi chocan.* YARISA *sale de la*

---

[110]*se va* [111]*chalk* [112]*haciendo un esfuerzo* [113]*línea* [114]"*Anda... sirete*" (Puerto Rican slang): *oh crap!* [115]"*eche... ojo*": *to check* [116]*maldiciones*

bodega escoba en mano. Observa a las dos mujeres y menea la cabeza. En un momento en que FEFA *está de espalda, devuelve la basura hacia el lado de* FEFA. *Durante la escena que sigue, las tres barrerán la basura de un lado a otro.*)

YARISA: Las epifanías de la escoba . . .
FEFA: Nuestra basura es amarga, pero es nuestra basura . . .
FANNY: La garbash will always be with us . . .
YARISA: La basura es el pan nuestro de cada día . . .
FEFA: Fidel tiene la culpa de la basura . . .
FANNY: Garbash is forever —eternamente nostra . . .
YARISA: Todos tenemos la culpa de la basura . . .
FEFA: Bienaventuradas las barrenderas del prójimo, porque ellas se salvarán de las multas . . .
FANNY: Certo certissimo vero verissimo.
YARISA: De la basura venimos y a la basura vamos . . .
FEFA: La basura siempre estará con nosotros . . .
FANNY: Sono io[117] my brother's sweeper?
YARISA: En cuanto al destino de la basura . . .

(*Viene una ráfaga[118] de viento y riega[119] toda la basura.*)

FEFA: ¡El viento tiene la última palabra!
TODAS: Viento, viento, vento.
FANNY: (*Impreca al viento bíblicamente.*) ¡Maldizione!

(*Apagón. En la oscuridad se escucha a* OLGA *cantar.*)

OLGA: Yo tengo ya la casita
   que tanto te prometí . . .
   cubierta de margaritas
   para ti, para ti . . .

(*Luces suben en el patio.* OLGA *canta mientras trastea[120] con las plantas de hierbas aromáticas. El patio está limpio y recogido,[121] lleno de flores y macetas.[122] Hay una mesita con una sombrilla y un barbeque nuevo.* FANNY *asoma la cabeza por la cerca.*)

FANNY: Canta, canta . . .
OLGA: Hello, Fanny.

(FANNY *esconde la cabeza.* OLGA *arranca hojas de yerba buena.*)

---

[117]"Sono io . . .?" (italiano): soy yo . . . ? [118]*gust* [119]*scatters* [120]*mueve* [121]*tidy* [122]*flowerpots*

OLGA: Con esta yerba buena le voy a hacer su trago favorito, su mojito[123] con ron, azúcar y limón. El secreto está en el orden de los ingredientes. Primero, la yerba buena en el fondo del vaso, después, una cucharada de azúcar. Se maceran ligeramente para que las hojas suelten el zumo. Le sigue el jugo de limón —mucho jugo de limón—. A él le gusta que le apriete la boca.[124] Después se revuelve. Entonces va el hielo, el ron y el agua gaseosa. Se revuelve otra vez.

(JUNIOR *entra*.)

JUNIOR: Olga . . .
OLGA: ¿Qué tal, Junior? ¿Te has fijado como duran las mírame-lindas?
JUNIOR: Sí, ésas sobreviven hasta fines de noviembre . . .
OLGA: Las hierbas aromáticas sí que las voy a meter pronto. No quiero que se me mueran.
JUNIOR: Olga, la boila . . .
OLGA: Oye, Mario y Marilis van a hacer un barbeque hoy —puedes venir a comer con nosotros . . .
JUNIOR: Ok, gracias. Olga, la boila tiene problemas.
OLGA: Sí, ya sé. Casi no hay agua caliente —y ya horita[125] entra el frío. ¿La puedes arreglar?
JUNIOR: El problema es grande. Creo que la van a tener que cambiar.
OLGA: ¡Ay, no me digas eso, por tu madre!
JUNIOR: Te lo digo.
OLGA: ¿Y cuánto va costar eso?
JUNIOR: Unos cuantos miles.
OLGA: ¡Virgen del Cobre, ampárame![126]
JUNIOR: No te preocupes, yo te voy a recomendar una compañía que da muchas facilidades de pago.
OLGA: Cuando Manolo se entere . . . Le voy a tener que hacer diez mojitos para que se le calme el asma que le va a dar . . . Ay, Junior, cuando no es una cosa es la otra.
JUNIOR: Bueno, Olga, eso se sabía. Estas casas viejas hay que darles buen mantenimiento —y vale la pena—. Las casas de hoy en día son de cartón . . . no duran nada. Esta casa, cuidándola bien, dura cien años más.
OLGA: Cien años . . . (*Pensativamente, arranca las hojitas secas a una planta.*)
JUNIOR: (*Aparte.*) Estas casas son como abrigos. Despiden el calor de su historia. Tienen personalidad. Conocen otras vidas. Conocen mi vida. Yo nací en una de estas casas. No en esta calle. Antes, cincuenta años atrás, los puertorriqueños no podían

---

[123]bebida tropical   [124]"le . . . boca": le gusta sentir el sabor fuerte de los ingredientes   [125]ahora   [126]ayúdame

pasar de la Segunda Avenida hacia acá. Este era el lado italiano. Ya quedan muy pocos de ellos. Fanny es una de las últimas. Los hijos se casan, se van. No quieren vivir en el barrio que les recuerda sus raíces de inmigrantes, de extranjeros. Los viejos se van muriendo. Muchos puertorriqueños que nacieron aquí hacen lo mismo. Sólo vienen al Barrio cuando hay algún festival, cuando les ataca la nostalgia de comer cuchifritos[127] a las dos de la mañana, o a visitar a la tía que se quedó rezagada . . .[128] Yo no. Yo me quedo aquí. Estas casas saben mi historia, y con martillo y pata de cabra,[129] con serrucho[130] y taladro,[131] con brocha[132] y rodillo las mantengo en pie. No, yo no me voy. No way. Yo me quedo aquí, Are you kidding? Después del tiempo que tomó cruzar a este lado de la Avenida . . . forget about it. Yo no me voy.

(FANNY *se asoma por la cerca.*)

FANNY: Show me the Money!

(JUNIOR *y* FANNY *se ríen.* MANOLO *entra.* JUNIOR *sale.*)

MANOLO: ¿Y qué hacía el carpintero aquí? Ésa lo que necesita es un buen macho que la jamaquee . . .[133] para que se "enderece".[134]

(FANNY *le saca la lengua a* MANOLO *y desaparece detrás de la cerca.*)

OLGA: (*Saliendo de su ensimismamiento.*)[135] ¿Qué?
MANOLO: Que qué se rompió ahora . . . la semana pasada fue el techo, la otra, la tubería . . . mejor será que Junior se mude para acá de una vez. Yo te lo advertí . . .
OLGA: Bueno, no es nada . . . casi nada . . . es . . . la boila.
MANOLO: ¿Qué le pasa?
OLGA: Tiene un . . . problemita . . .
MANOLO: ¿Qué clase de problemita?
OLGA: Una . . . cosita . . .
MANOLO: ¿Qué "cosita"?
OLGA: (*De un tirón.*) Hay que comprar una nueva. Pero Junior dice que me va a conseguir a alguien que las vende muy baratas y da facilidades de pago sin intereses y que si nosotros mismos desmontamos[136] la vieja nos podemos ahorrar como trescientos dólares y eso es una ayuda y tú verás cómo todo se resuelve y no es tanto después de todo, una boila nueva aumenta el valor de la casa y . . .
MANOLO: (*Contenido y en crescendo.*) Mira, Olga . . . Yo . . . vendo corbatas . . . de seda. Mis manos no pueden tener callos, ni rasguños,[137] ni espuelas de gallo[138] que se

---

[127]plato puertorriqueño hecho con distintos tipos de carne de cerdo [128]"quedó rezagada": *was left behind* [129]*crowbar/prybar* [130]*saw* [131]*drill* [132]*brush* [133]que la mueva de un lado a otro (jerga de Puerto Rico) [134]*to straighten her up* [135]*absorption* [136]*we dismantle* [137]*scratches* [138]"espuelas . . . gallo": *rooster spurs*

645   enganchen¹³⁹ en esa tela tan fina. Yo vendo corbatas el día entero. En una tiendeci-
ta en Times Square —debajo de Times Square— en el subway. Yo no veo el sol en
todo el día. Nunca sé si hay sol. Si está lloviendo. Si está nevando. Yo llevo casi dos
años ahí, encerrado. Y no voy a llegar a casa a meterme en un sótano hediondo,¹⁴⁰ a
desgarrarme¹⁴¹ las manos desmantelando una caldera del año de Maricastaña . . .¹⁴²
650   (Respira con dificultad.)
OLGA: Manolo, no te preocupes, lo hacemos nosotras con Junior. Tú no tienes que hacer nada . . . no te preocupes viejo.
MANOLO: (Se palpa¹⁴³ los bolsillos.) Necesito un cigarrillo . . . (MANOLO sale.)
OLGA: ¡Ay no! (Se cubre el rostro con las manos.)

655   (Las luces bajan lentamente, al mismo tiempo que suben en la acera, frente a la casa de OLGA. MARILIS está frente a la puerta buscando la llave en sus bolsillos. JUNIOR sale de la bodega.)

JUNIOR: Hey, Marilis, how ya'doing?
MARILIS: Ok.
JUNIOR: Olga me invitó al barbeque que Mario y tú van a hacer . . . I'm licking my
660   chops already.
MARILIS: (Ausente.) ¿Barbeque? Ah . . . sí . . . No.
JUNIOR: ¿Sí hay barbeque pero no estoy invitada? ¿O no hay barbeque?
MARILIS: No hay barbeque. Mario está . . . ocupado.
JUNIOR: Hitting the books, ah?
665   MARILIS: Sí . . . No . . .
JUNIOR: What's this yes-no stuff, girl?
MARILIS: Sí, él está estudiando, pero no, ésa no es la razón por la cual está ocupado.
JUNIOR: Ya . . . está clarísimo.
MARILIS: Es que recibió noticias de Michigan.
670   JUNIOR: Cool! ¿Le dieron la beca?
MARILIS: Sí, lo aceptaron como estudiante graduado. Además enseñará un curso de matemáticas.
JUNIOR: Ésa es una universidad muy buena. He's lucky. You too.
MARILIS: No . . . Yes.
675   JUNIOR: Lo único malo es que en Michigan hace mucho frío . . .
MARILIS: (Aparte.) Hace mucho frío . . . Es un frío mortal. Es un frío tan frío que te serrucha¹⁴⁴ los huesos, te los mastica¹⁴⁵ y te los escupe por la planta de los pies. Es un frío que te clava alfileres¹⁴⁶ en la cara, que te traspasa la lengua con estalactitas,

---

¹³⁹hook ¹⁴⁰de mal olor ¹⁴¹destruirme ¹⁴²"del . . . Maricastaña": muy vieja ¹⁴³toca ¹⁴⁴saws ¹⁴⁵chews ¹⁴⁶pins

que te saca los ojos con carámbanos[147] de hielo. Es un frío que no se puede contar con palabras. Sólo se puede medir con números, con sus números. Es un frío que derrite cada uno de los recuerdos de las playas de tu niñez, de las playas por venir . . . Ay, yo quería regresar a una isla en la que no nací para nacer de nuevo . . . para tener mis propios recuerdos isleños y dejar de manosear[148] los recuerdos de segunda mano que me enseñan mis padres, como fotos sepias[149] de bordecitos adentellados . . .[150] Ese frío no es para mí.

(MARILIS *entra a la casa.*)

JUNIOR: I'll bring the costillitas —o quizás no . . .

(MANOLO *sale de la bodega sonriente.* YARISA *sale también. Se abrazan en la puerta.* MANOLO *sale de escena.* YARISA *le sonríe y le dice adiós con la mano.* JUNIOR *observa la escena. Bajan las luces sobre la calle y suben en el patio de* OLGA. OLGA *llora calladamente.* FEFA *entra.*)

FEFA: Olga, ¿qué te pasa, mija?
OLGA: (*Se abraza a* FEFA.) ¡Ay, Fefa! ¡Manolo salió a buscar cigarrillos!
FEFA: ¿Y por eso lloras?
OLGA: ¡Pero, Fefa, si él no fuma! Es una vieja historia. Cada vez que dice que necesita cigarrillos se desaparece.
FEFA: No te preocupes, en cuanto se le ensucie[151] el último calzoncillo regresa.
OLGA: No sé . . . no sé. Creo que cometí un error. Yo pensé que con la casa se iba a asentar, a tranquilizar. Ha sido todo lo contrario. ¡Yo creo que se fue con Yarisa! Él le venía echando el ojo[152] hacía rato. Yo me hacía la de la vista gorda . . .[153] pero yo lo conozco, lo conozco . . . (*Llora.*)
FEFA: ¿Tú crees? Fíjate, yo he visto al marido de Yarisa rondando[154] por aquí varias veces. Pensé que se estaban reconciliando. Pero, bueno, todo es posible . . . las nalgas[155] son como imanes para Manolo . . . Ay, Olga, ¿qué vamos a hacer?
OLGA: No sé Fefa, no sé . . .
FEFA: Me imagino que tendrás que vender la casa. Tú sola no vas a poder con la hipoteca . . . la boila . . . la basura. Yo me tendré que ir a Miami, a casa de mi hijo —el comemierda—[156] a que me metan en un cuarto sola otra vez . . . Chica, yo me debía haber quedado en Cienfuegos . . .
OLGA: No digas eso, Fefa. Tú te puedes quedar aquí. Yo no pienso vender esta casa.
FEFA: Oye, ¿a nombre de quién está la casa?

---

[147]icicles [148]tocar [149]gris oscuro [150]"bordes [a]dentellados": *serrated edges* [151]"en . . . ensucie": *as soon as he dirties* [152]"echando . . . ojo": *laying his eyes* [153]"yo . . . gorda": *I looked the other way* [154]roaming [155]buttocks [156]*the idiot*

OLGA: A mi nombre, y el de Marilis. Esa fue la única manera de conseguir que Manolo accediera a la compra —que él no tuviera que firmar nada.

FEFA: Pero, ¿cómo vas a poder cubrir todos los gastos?

OLGA: No sé, pero lo haré, aunque tenga que tener dos trabajos . . .

FEFA: A no ser que Fanny te rebaje la mensualidad . . .

OLGA: ¿Fanny?

FEFA: Sí, ¿no fue la vecina quien te prestó el dinero para la casa?

OLGA: (*se ríe.*) Ay, Fefa, no. FannieMae es una agencia federal. Ellos fueron los que me ayudaron.

FEFA: ¿Tú me quieres decir que esa Fanny (*apunta para la cerca.*) no tuvo nada que ver con la hipoteca?

OLGA: No.

FEFA: ¡Pero qué bruta soy! Y yo que llevo un año enseñándole los dientes a esa vieja chocha,[157] comprándole cafecitos porque pensaba que te había ayudado. Ay, tú vas a ver . . . tú vas a ver . . .

(*Bajan las luces en el patio. Suben en la calle.*
Varios días más tarde. Es Halloween.
JUNIOR *coloca una calabaza*[158] *de cartón y otros adornos de Halloween en la puerta de la bodega. Entra. Sale* FEFA *con una máscara de diablo. Barre toda la basura y la amontona*[159] *en la puerta de* FANNY. FANNY *sale, vestida de bruja. Barre la basura hacia los pies de* FEFA. *Ésta la confronta con las manos en la cintura.* FANNY *levanta la escoba.* FEFA *hace lo mismo. Tienen un duelo de espadachines*[160] *con las escobas.* JUNIOR *sale de la bodega y las separa. Cada una entra a su casa. Llega* OLGA *del trabajo, con varios hula hoops colgados del hombro y un shopping bag con otros juguetes.*)

OLGA: Junior, ¿qué tal?

JUNIOR: ¿Y eso, Olga? ¿Estás de vendedora ambulante?[161]

OLGA: No, mija, los iban a botar[162] allá en la factoría. Son de segunda. Los traje para dárselos a los muchachos cuando toquen en la puerta con el trik or tri . . . es mejor que caramelos . . .[163] Oye, ¿qué sabes de Yarisa?

JUNIOR: Ahí está. Llegó horita[164] —menos mal, porque el trabajito de bodeguera no me gustó nada.

OLGA: . . . ¿Y Manolo . . . ?

JUNIOR: (*Evasiva.*) Yo no sé nada de eso . . .

OLGA: Yo la voy a confrontar . . . Tengo que dejarme de pendejadas . . .[165]

JUNIOR: Olga . . . mejor que no . . .

---

[157]*senile* [158]*pumpkin* [159]*she piles it up* [160]*swordsmen* [161]*traveling* [162]*tirar* [163]*candies* [164]*ahora mismo* [165]*tonterías*

OLGA: No, no me aguantes... Quiero saber la verdad de una vez y por todas. (*Pone bolsa y hula hoops en el piso. Se arremanga*[166] *la chaqueta. Se para frente a la bodega.*) ¡Yarisa! ¡Sal de ahí! ¡No te escondas detrás de los aguacates, que te estoy viendo! ¡Quiero saber dónde está mi marido!

(YARISA *sale. Lleva una máscara de Mónica Lewinsky.*)

YARISA: Yo no sé nada de su marido.
OLGA: ¿Y no es raro que tú te desapareciste el mismo día que él levantó el vuelo?[167]
YARISA: Casualidad.
OLGA: ¿Qué?
YARISA: Casualidad.
OLGA: Quítate esa máscara que no te oigo. (*Le arranca*[168] *la máscara.*)
YARISA: No. (*Se tapa la cara con una mano y se vira de espalda.*)[169]
JUNIOR: Olga... please... no quiere que la vean así...
OLGA: ¿Cómo que así?
YARISA: Olga, yo no sé dónde está Manolo. Sólo sé que se pegó[170] en la Lotto con cuatro números y se fue ese mismo día.
OLGA: ¿La Lotto? ¿Con cuánto?
YARISA: Como diez mil dólares.
OLGA: ¡Diez mil dólares! ¡Diez mil!... ¡Qué bueno que se sacó diez mil dólares! ¡Qué bueno que tiene suficiente dinero para comprarse muuuchos calzoncillos nuevos! ¡Porque si se aparece por aquí... lo mato! ¡Lomatolomatolomato!
YARISA: No vale la pena... Olga.

(YARISA *se vuelve y le da la cara a* OLGA. *Tiene un ojo amoratado*[171] *y el labio roto.*)

OLGA: ¿Y quién te hizo eso?
YARISA: (*Mira a* JUNIOR.) Nada... nadie... me caí bajando al sótano en la oscuridad... Estuve unos días en el hospital...

(OLGA *y* JUNIOR *se miran.*)

OLGA: (*Calmándose.*) Lo siento mucho. ¿Necesitas algo?
YARISA: Necesito... necesito... entender... por qué le sigo creyendo a ese Fulano... por qué sigo teniendo la necesidad de tener a mi lado a un hombre que me miente, que me engaña, que va y viene, que usa sus manos como mandarrias[172] contra la cantera[173] de mi cara... necesito saber cómo dejar de querer a un hombre que

---

[166]"se arremanga": *she rolls up the sleeves* [167]"levantó... vuelo": se fue [168]quita [169]"se... espalda": le da la espalda [170]ganó [171]"ojo amoratado": *black eye* [172]*type of hammer* [173]*quarry*

dice quererme con su alma, pero me tritura[174] la mía . . . necesito saber cómo me deshago de tanto bolero,[175] de tanto merengue, de tanta poesía barata que tengo metida en la cabeza que me venden el romance, el amor, las serenatas. ¿Por qué no hay canciones y novelitas de revistas que me vendan otras historias? Historias de amor hacia mí misma. Historias de mujeres que saben ser libres y felices. Historias de mujeres que saben decir "basta".

(*Luces bajan en la calle. Suben en el patio de* OLGA. FEFA, FANNY *y* MARILIS *toman café en silencio.*)

MARILIS: Abuela, vamos a entrar. Hace frío.
FEFA: Qué va, mi niña. La temperatura está buenísima. Y hay que aprovechar el patio lo más posible antes de que llegue el invierno.
MARILIS: Para mí esto es invierno ya.
FANNY: This neighborhood used to be so nice . . . Before, we didn't have winter . . .
FEFA: (*A* MARILIS.) ¿Qué dice?
MARILIS: Dice que antes este barrio era tan bueno que ni siquiera tenían invierno.
FEFA: (*Se ríe.*) Ay, Fanny, vieja, tu chochera[176] va de mal en peor . . .

(*Entra* YARISA. *Lleva gafas de sol.*)

YARISA: Tricotí.[177]
FEFA: ¡Yarisa! Mija ¿cómo estás?
MARILIS: Estábamos preocupadas por ti . . . Junior nos dijo que te caíste por la escalera.
YARISA: Sí, pero ya me siento mejor . . . un poco dolorida . . . eso es todo.
FEFA: Desde que me enteré de tu caída no he bajado al sótano. Siempre lo dije —esas escaleras son un peligro . . .
MARILIS: A ver . . . (*Le quita las gafas. Las tres ven el ojo amoratado y se dan cuenta.*)
FANNY: Sit down . . . (*Le da su asiento.*)
MARILIS: Sí siéntate.
JUNIOR: (*De afuera.*) ¡Olga! (JUNIOR *entra con su caja de herramientas.*) ¿Olga no está aquí?
YARISA: Entró conmigo, pero siguió por las escaleras p'arriba . . .
JUNIOR: Bueno, déjame coger un break en lo que ella baja . . . quiere que le haga un trabajito . . . (*Se sienta.*) Yari, ¿Cómo te sientes, tigrita?
YARISA: Bien . . .
FEFA: Yarisa, a mí no me gusta meterme en vida ajena,[178] pero, chica, tú sabes . . . hay límites.
MARILIS: Abuela . . .

[174]destruye [175]tipo de música y de baile [176]senility [177]trick or treat [178]"meterme . . . ajena": *to interfere with the affairs of others*

YARISA: (*Bajando la cabeza.*) Déjala, Marilis. Ella tiene razón. Mo me caí por la escalera.
FANNY: It was il Fulano, vero? Il porco marrano! . . . Fangula!
MARILIS: ¿Pero, tú no habías dejado a ese hombre?
YARISA: Sí, pero me vino a pedir perdón . . . y de estúpida le di otro chance. No me 815
acostumbro a vivir sola . . .
FEFA: La verdad es que nada, ni nadie nos enseña a vivir solas . . .
JUNIOR: Es como aprender a nadar; primero tienes que estar a punto de ahogarte. Entonces se aprende rápido . . . Mira, yo vivo por mi cuenta desde que tenía quince
años. Mi padrastro trató de abusar de mí. Mi madre no me creyó. Y me fui. She's 820
still with him. Sigue con él por no estar sola.
YARISA: Estar sola . . . eso es lo difícil. Yo . . . yo necesito saber cómo dejar de querer
a un hombre que dice quererme con su alma, pero me tritura la mía . . . que cada
vez que se violenta, me rompe la cara. Y nunca se lo había dicho a nadie, era mi
vergüenza. Pensaba que eso sólo me sucedía a mí, que era mi culpa, que me lo 825
merecía.
FEFA: Vivir con culpa no es vivir. Yo sabía que mi hijo Carlitos quería irse. Y se fue, solo,
en una balsa de tablas viejas y cuatro gomas de carro . . . Yo lo sabía, y no hice nada
para detenerlo. Más nunca lo volví a ver.

(*Se oye el timbre de la puerta de la calle.*) 830

VOCES AFUERA: Trick or treat! Trick or treat!
JUNIOR: Yo voy —tengo que arreglar la puerta anyway. (JUNIOR *toma su caja de herramientas y sale.*)
MARILIS: Yarisa, si Fulano viene a molestarte otra vez, avísanos. Hay cosas que se pueden hacer . . . y lugares donde te puedes quedar. 835
YARISA: No te preocupes. No creo que venga por un buen tiempo. Está preso[179] por
manejar sin licencia y con un carro sin seguro.

(*Se oye el timbre de la puerta de la calle.*)

VOCES AFUERA: Trick or treat! Trick or treat!
FEFA: ¡Otra vez! 840

(*Cae un hula hoop del techo. Todas reaccionan.*)

MARILIS: ¿Y eso qué es?
FANNY: (*Recoge el hula hoop.*) ¿They still make the ula up? It's a very old toy . . . molto
vekio . . . Mi bambini played with these . . .

---

[179] en la cárcel

845 (*Cae otro hula hoop. Todas miran hacia arriba.*)

MARILIS: ¡Mamá!
YARISA: ¡Olga, no!
FANNY: ¡No salte, signora, no!
MARILIS: ¡Junior, corre, ven!
850 FEFA: Olga, ¿Qué tú haces ahí en el techo?
OLGA: (*De arriba.*) ¡Aprendiendo a volar —como mi marido!
YARISA: ¡Virgen de Altagracia!

(*Entra* JUNIOR.)

JUNIOR: ¿Qué pasa?
855 FANNY: (*Apunta hacia arriba.*) ¡Lá!
FEFA: No quiero ni mirar. Está parada muy al borde.
MARILIS: Junior. Do something!
JUNIOR: ¡Olga!
OLGA: (*De arriba.*) ¿Qué?
860 JUNIOR: ¡No te pares muy a la orilla[180] que puedes romper la canal![181] ¡Te va a costar un fracatán![182]
OLGA: (*De arriba.*) ¿Cuánto?
JUNIOR: ¡Ochocientos dólares!
OLGA: (*De arriba.*) ¡bajo enseguida!

865 (*Todas dan un suspiro de alivio. Se oye el timbre de la puerta de la calle.*)

VOCES AFUERA: Trick or treat! Trick or treat!
JUNIOR: ¡Me caso[183] en el trick or tri!

(JUNIOR *sale a contestar la puerta.*)

FEFA: Qué susto he pasado . . .
870 MARILIS: No puedo creer que mamá haya intentado . . .
YARISA: Yo no lo creo . . . Olga es muy fuerte.

(*Entra* OLGA *con los hula hoops.*)

MARILIS: Mami, ¿Qué tú hacías allá arriba?
OLGA: Quitando las hojas del desagüe. Mañana va a llover. (*Tira los hula hoops al piso.*)
875 MARILIS: ¿Y eso? (*Refiriéndose a los hula hoops.*)

---

[180]*edge* [181]*gutter* [182](jerga de la República Dominicana) un montón, mucho [183]"¡Me caso!": estoy harta

OLGA: Trik or tri. (*Mirando a* FEFA.) Qué sinvergüenza le salió ese hijo suyo, Fefa. Ya me enteré que se sacó la Lotto.
FEFA: Ay, me está tratando de "usted" otra vez . . . esto pinta mal.[184]
OLGA: Fefa, ¿usted lo sabía?
FEFA: (*Agarra un hula hoop.*) Yo fui campeona de jula ju en Cienfuegos.
OLGA: (*Amenazante.*) Fefa . . . Marilis, ¿tú sabías eso?
MARILIS: Sí . . . me dejó un sobre con dinero y un pasaje para Michigan, para que me pudiera ir con Mario. Pero lo rompí. No tengo nada que ir a buscar a ese frío . . .
OLGA: ¿Y por qué no me dijiste nada?
MARILIS: ¿Para qué te lo iba a decir?
OLGA: ¿Cómo que para qué me lo ibas a decir?
MARILIS: Sí, para qué. Ya regresará. Y tú lo recibirás con los brazos abiertos —igual que siempre.
OLGA: ¿Y qué querías? ¿Que lo dejara en la puerta llorando como un perrito sin amo? Lo hice por ti, mija. Para que no te criaras[185] sin un padre . . .
MARILIS: No, mami. No lo hiciste por mí . . .
OLGA: ¿Y por quién lo hice entonces?
MARILIS: Tú lo sabes.
OLGA: ¿Quién?
MARILIS: (*Aparte.*) Ella llora, a escondidas, para que yo no la vea. Cada vez que él se desaparece, a ella se le endurece más la espina dorsal. Camina como si tuviera el espinazo de hierro. Se encierra en sí misma. Se aleja de mí. Y trato de entender por qué no puedo tenerle lástima, sentir su dolor . . . darle mi apoyo de hija. Yo no entiendo por qué cada vez que mi padre alza el vuelo yo no me siento abandonada. Lo que siento es envidia de su libertad, y lo que quiero es volar con él . . .
OLGA: (*A* AMARILIS.) ¿Por quién?

(JUNIOR *entra.*)

JUNIOR: Olga, ya . . . (*Levanta un dedo de donde cuelga un anillo con varias llaves.*)
FANNY: (*Bailando hula hoop.*) Look, Junior . . . I remember!
JUNIOR: Fanny, be careful with your back!
YARISA: Tú sabes que yo nunca he probado uno de estos . . . (*Coge un hula hoop y lo baila.*)
JUNIOR: (*Sin pensarlo y entusiasmada por los hula hoops, se guarda las llaves en el bolsillo.*) Ni yo tampoco. Estos son juguetes antiguos . . . (*Coge un hula hoop y lo baila.*)
FEFA: (*Bailando hula hoop.*) ¡Mira, Marilis, qué buen ejercicio para la cintura!

[184]"esto . . . mal": *this does not look good*   [185]*you were not raised*

OLGA: ¡No lo puedo creer! ¡Yo acabo de descubrir que mi marido se fue con el dinero de la boila y las ventanas, que mi suegra y mi hija me lo ocultaron! ¡Yo acabo de descubrir que mi hija me echa en cara que creció con un padre al lado! ¡Y ustedes . . . ustedes . . . bailando!
MARILIS: ¡Mamá, ya!
OLGA: (*Agarra otro hula hoop y lo baila.*) ¡Basta de calma!
MARILIS: Mami, ¿Qué haces?
OLGA: ¡Baila, hija, baila!

(*Todas bailan frenéticamente, como si se desahogaran.*[186] *Poco a poco bajan la velocidad y lo hacen por placer. Terminan riendo como niñas. Al cabo de un rato todas, menos Fanny, se sientan, exhaustas.*)

JUNIOR: Fanny, you better sit down . . . you gonna have a heart attack.
FANNY: Il mio cuore sono forti . . . (*Respira con dificultad.*) . . . fortissimo . . . (*Se sienta.*)

(*Todas se sientan en silencio por un rato, recobrando el aliento.*)[187]

YARISA: Prima, ahora sí que esto está bonito . . .

(MARILIS *se echa a reír.*)

JUNIOR: What's so funny?
MARILIS: (*Se ríe.*) I don't know . . .
FEFA: Yo sé. Piensas que somos una telenovela cualquiera . . .
MARILIS: No . . . una canción de vellonera . . .[188]
YARISA: . . . un bolero cortavena . . .[189]
FANNY: . . . un'aria[190] molto triste . . .

(*Breve pausa silenciosa.*)

JUNIOR: Yo lo que tengo es un hambre asesina . . .
YARISA: Yo también. Vamos a un restaurante. Llevo tres días de comida de hospital . . .
FANNY: Andiamo a mangiare . . .[191] veni, veni . . .
FEFA: Vamos todas. Lo peor que hay es comer sola en un restaurante.
YARISA: Yo nunca lo he hecho.
FEFA: Es horrible. Todo el mundo te mira . . . Cuando vivía en Miami . . . cuando mi hijo —el comemierda— me dejó tirada allá en aquel cuarto . . . Un día me atreví y fui a comer sola. Era un restaurante de mantel y servilleta, de ésos que tienen a alguien

---

[186]relieved [187]respiración [188]"canción de vellonera": *jukebox song* [189]"bolero cortavena": tipo de música muy dramática [190]melodía [191](italiano) comer

en la puerta que te dice dónde te tienes que sentar. Bueno, ese hombre lo primero que me dice, delante de todo el mundo, es: "¿La señora va a comer sola?" Me dio una vergüenza . . . que me fui corriendo . . .

JUNIOR: A mí me pasó algo parecido . . . excepto que yo no me fui. El maitre me llevó hasta la mesa —la última mesa, al lado de la cocina, donde siempre sientan a la gente que comen solas— todo el largo camino haciendo preguntas "Un sábado en la noche, ¿y va a comer sola? ¿Cómo es eso? Where's your boyfriend? etc. etc." Hasta que ya no pude más y le dije —bien alto para que todo el mundo me oyera—: "I'am eating alone because my boyfriend is dead!" Todo el mundo dejó de comer y le echó miradas de puñalitos al maitre. Después, bien bajito y mirándole directamente a los ojos le dije: "¿Y sabe por qué está muerto? ¿No? ¡Porque yo lo maté! I killed him because he never let me do anything by myself!"

(*Todas se ríen.*)

MARILIS: Crazy girl! Me imagino que más nunca volviste a ese restaurante.

JUNIOR: Claro que volví. Ahora me tratan como a una reina . . .

(*Se ríen. Pausa silenciosa.*)

OLGA: Saben . . . Cuando era chiquita nos mudábamos tanto, que la única casa de la que tengo recuerdos era la de juguete, la que me trajeron los Reyes Magos. Era de cartón pintado, pero las cortinitas en las ventanas eran de tela de verdad . . . Lo mejor que tenía era que se podía armar y desarmar muy facilito —muy conveniente para las tantas mudadas . . .

JUNIOR: Pero, Olga, you're lucky. No tienes que mudarte más. Tienes tu casa . . . y tu jardín . . .

OLGA: Sí . . . (*Canta pensativamente.*) "Yo tengo la casita, que tanto me prometí . . ." pero . . . sola.

MARILIS: ¿Y yo no cuento?

FEFA: ¿yo estoy pintá en la pared?

OLGA: Claro que cuentan . . . Pero es que es otra clase de soledad . . . Manolo y yo . . . (*A Marilis.*) Tienes razón, Marilis. No lo hacía por ti. Ni por él. Yo lo hacía por mí. Cada vez que tu padre volvía de una de sus escapadas, yo lo recibía, sí. No con los brazos abiertos —pero con las piernas abiertas—. Lo hacía por temor a la soledad, porque según pasaban los años más remota se me hacía la idea de encontrar a otro hombre que llenara ese espacio . . . y todos los demás espacios que una misma no sabe llenar . . .

(*Pausa silenciosa.*)

MARILIS: Cada vez que mi padre alzaba el vuelo yo quería volar con él. Sentía envidia de su libertad. Pero ahora me doy cuenta de que lo único que no le perdono es que siempre regresa . . .
JUNIOR: Pero tienen su casa. Estas casas son como abrigos . . . Y tienen su jardín . . . Alguien me dijo esto una vez . . . deja ver si me acuerdo cómo es . . . El sexo te da placer por . . .
YARISA: Unos quince minutos . . .

(*Se ríen.*)

JUNIOR: . . . más o menos . . . la bebida te alegra por un par de horas . . . los viajes, por un par de semanas . . . pero si plantas tu jardín, te hará feliz año tras año . . .
OLGA: Año tras año . . .
FEFA: (*Pensando.*) Jmmm.
MARILIS: (*Pensando.*) Jmmm.
YARISA: (*Pensando.*) Jmmm.
FANNY: (*Pensando.*) Jmmm.

(*Se quedan pensando. Miran a su alrededor. Miran al frente. Las luces comienzan a bajar lentamente.*)

JUNIOR: Fanny . . .
FANNY: What?
JUNIOR: . . . Sell me your house . . .
FANNY: Show me los chavos.[192]

(*Las luces están a punto del apagón cuando suena el timbre. Luego se oyen golpes en la puerta. Las luces suben rápidamente al mismo tiempo que* MANOLO *habla.*)

MANOLO: (*Off.*) ¡Olga! ¡Olga!

(*Las mujeres reaccionan. Se miran las unas a las otras.*)

MARILIS: Papá . . .
FEFA: Manolo . . .

(*Más golpes en la puerta.*)

FANNY: Fangula . . .
YARISA: Al Mengano[193] se le acabaron los calzoncillos limpios . . .
MANOLO: ¡Olga, soy yo vieja, ábreme la puerta!

[192]dinero [193]so-and-so

FEFA: Pero él tiene llave . . .

JUNIOR: Not anymore. (*Se mete la mano en el bolsillo. Saca las llaves.*) Olga me pidió que cambiara el llavín[194] esta tarde. Es de los que hay que abrir con llave por dentro y por fuera. Aquí están las llaves nuevas. (*Menea[195] las llaves como una campana. Se las entrega a* OLGA.)

MANOLO: (*Off.*) ¡Marilis! ¿Estás ahí, mija?

(MARILIS *se pone de pie. Mira a* OLGA. *Mira la puerta.* OLGA *que no se ha inmutado desde que* MANOLO *tocó a la puerta, levanta las llaves a la altura de su cara.* MARILIS *hace un gesto indeciso hacia las llaves, pero se detiene.*)

MANOLO: (*Off.*) ¡Mamá! . . . Mami . . .

(FEFA *se debate por un instante sobre coger las llaves. Se sienta.*)

MANOLO: Doña Fanny, ¡yohoo! ¡Yarisa! Junior . . . ¡Juniorcitaaa!

(*Nadie se mueve. Todas le clavan la vista a* OLGA. *Ceremoniosamente, y siempre mirando al frente,* OLGA *alza más la mano que sostiene las llaves. Con la otra se hala[196] el cuello de la blusa y deja caer el manojito[197] de llaves en su seno, y con determinación cruza los brazos sobre el pecho. Las demás miran al frente y al unísono también cruzan los brazos sobre el pecho.*)

MANOLO: (*De afuera.*) Trik or tri? . . .

OLGA: ¡Se acabaron los caramelos!

Apagón

Comprensión del texto

1. ¿Por qué no quiere comprar la casa Manolo?
2. ¿Por qué se mudó Olga tantas veces de casa cuando era niña?
3. ¿Qué trabajo realiza Junior?
4. ¿Por qué es importante para Olga ser dueña de una casa?
5. ¿Quiénes son los hijos de Fefa? ¿Qué recuerdos tiene de ellos?
6. ¿De qué procedencia u origen son los habitantes de este Barrio de Nueva York?
7. ¿Qué cambios ha experimentado este Barrio, según Fanny?
8. ¿Qué impresiones tiene Marilis de Michigan?
9. ¿Qué experiencias tienen Fefa y Junior cuando van a comer solas a un restaurante?
10. ¿De qué fiesta importante se hace eco el segundo acto de la obra?

---

[194]cerradura   [195]mueve   [196]*she pulls*   [197]*bundle*

Análisis crítico

1. Comente las distintas partes en que se podría dividir esta obra —Exposición, complicación...—. ¿Sigue esta obra la regla de "las tres unidades"?
2. Comente algunas de las anécdotas que le parezcan cómicas o humorísticas.
3. ¿Cuál es la orientación sexual de Junior? ¿Qué quiere decir Manolo cuando afirma que lo que Junior necesita es "un buen macho que la jamaquee... para que se 'enderece'"?
4. En la obra hay continuas referencias a la basura, ¿tiene ésta algún valor simbólico?
5. ¿A qué tipo de forma dramática correspondería esta obra? ¿Qué convenciones de esta forma dramática sigue?
6. ¿Cómo se materializa el conflicto dramático? ¿qué personajes representan las fuerzas antagónicas en este conflicto? ¿Cómo interpreta el desenlace de la obra? ¿Es ésta una de esas historias en las que, recordando a Yarisa, la mujer dice "basta"?
7. Al final de la obra vemos varios personajes bailando los hula hoops. ¿Ejerce alguna influencia o repercusión este baile en la vida de estos personajes?
8. Dolores Prida nos muestra en esta obra el habla coloquial de varios países latinos. ¿Qué trata de revelarnos la dramaturga con esta diversidad de lenguas y jergas?
9. Existen en esta obra algunos actantes muy importantes. Identifíquelos y comente su significado.
10. ¿Qué tipo de escenario y escenografía cree que utilizaría un director de teatro para la representación de esta obra?

Mesa redonda

Dolores Prida representa en esta obra a varias generaciones de mujeres latinas y sus relaciones sentimentales con el género opuesto. Con sus compañeros de grupo, discuta los tipos de relación que tiene cada una de ellas con los hombres y cómo refleja esta obra la distinta forma de pensar de las mujeres.

Sea creativo

Escriba un bosquejo de una obra dramática comentando algunos de los posibles problemas que podrían llevar a un conflicto entre personas involucradas en una relación matrimonial o sentimental. Puede escoger la relación entre personas de un mismo grupo étnico o de grupos étnicos diferentes.

Investigación

En la Guía de Lectura indicamos que, según Dolores Prida, "Casa propia" tenía elementos de *A Room of One's Own* (1929), de Virginia Woolf, y de Lisístrata. Escriba un trabajo de investigación discutiendo las influencias del ensayo de Virginia Woolf y del personaje de Lisístrata, de la comedia homónima (411 a. C.) de Aristófanes, en la obra de Dolores Prida.

Apéndice 1: Cuento

Los tres hermanos (Raquel Ilonbé)

En una época ya muy lejana, existió un jefe de tribu que tenía tres hijos. Una mañana, cuando el hijo mayor se disponía[1] a salir a su trabajo y recorrer el camino que le conducía desde la choza[2] paterna al bosque, el padre le dijo:

—Hijo mío, desearía y vería con gusto que salieras de nuestro poblado y buscaras trabajo en otras tierras. Sé que existen hombres con más experiencia y saber[3] que tienen interés en aprender. Es necesario que nuestro pueblo prospere.

El hijo aceptó de buen grado[4] la recomendación del padre y despidiéndose de él y de sus hermanos emprendió su camino.[5]

Durante algún tiempo el muchacho fue recorriendo senderos[6] y caminos, deteniéndose en alguno de los poblados para reponer fuerzas y descansar de su largo viaje.

Una tarde, cuando los rayos del sol se estaban ocultando, el muchacho vio a lo lejos una cinta[7] plateada que se juntaba con el cielo. Fue corriendo para ver de cerca aquella maravilla que sus ojos contemplaban.

—¡Si es agua! —dijo entre emocionado y confundido.

El muchacho se encontró ante el mar que él nunca había visto. Las olas acariciaron sus pies desnudos y la incipiente luna iluminó la cara del muchacho proporcionándole un sueño profundo y tranquilo.

Cuando los rayos del sol comenzaron a despuntar,[8] las olas despertaron al muchacho haciéndole cosquillas en los pies. Frotó[9] sus ojos con sus manos para ver con cla-

[1]*se preparaba* [2]*shack* [3]*sabiduría* [4]*"de . . . grado": de buena manera* [5]*"emprendió . . . camino": began his journey* [6]*paths* [7]*ribbon* [8]*salir* [9]*he rubbed*

ridad la arena negra que envolvía sus pies y la inmensa cantidad de agua que sus ojos no podían abarcar.

A unos veinte metros de la playa, después de atravesar unas grandes hileras[10] de palmeras, se encontraba un gran poblado. Las gentes iban y venían cargadas con cestos llenos de papayas, yuca, ñame y calabazas llenas de topé.[11] Acercándose a ellos les preguntó si sabían de algún hombre que necesitase de sus servicios. Él quería trabajar y tenía grandes deseos de aprender.

Un anciano acercándose a él y descansando su mano en el hombro del muchacho le dijo:

—Yo soy el hombre que buscas. Ven a mi choza. Desde hoy aprenderás a trabajar.

Desde aquel momento, el muchacho, tal como había prometido a su padre, comenzó a trabajar sin descanso.

Pasó el tiempo y el muchacho continuaba al lado del anciano. Una noche antes de acostarse, el anciano con ternura le dijo:

—Mira hijo, creo que es necesario que regreses a tu poblado y te reúnas con tu padre y tus hermanos. Demostrarás a tu pueblo lo que yo te he enseñado. En premio a tu comportamiento acepta este regalo. Como ves, es una mesa, puedes pedirle lo que quieras, ya que está dotada[12] de poderes mágicos.

A la mañana siguiente, el muchacho se despidió del anciano. Sentía gran pena por separarse de él, ya que durante el tiempo que permaneció a su lado le había enseñado el arte de ser feliz. También le ilusionaba poder llegar al lado de su padre y de sus hermanos y contarles sus experiencias vividas.

Por última vez volvió a la playa, las olas besaron sus pies y él comenzó su camino contento por haber conocido aquellas aguas que sus ojos no podían abarcar la otra orilla.

Al día siguiente de su viaje se encontró a un anciano flaco[13] y desarropado.[14]

—Muchacho, estás cansado. Yo te ofrezco mi choza para que pases la noche. Podrás comer yuca y beber topé.

—No —respondió el muchacho—. No debo perder tiempo, pues ardo en deseos[15] de llegar a mi poblado.

El viejo insistió tanto que el muchacho accedió a pasar la noche con él. Lo que el muchacho no esperaba es que el viejo ladino[16] era un brujo maligno que iba a cambiarle la mesa mágica por otra que no tenía tales cualidades y de esta forma fracasara ante su pueblo.

A la mañana siguiente el muchacho cogió la mesa y emprendió nuevamente su camino.

[10]*rows* [11]tipo de bebida [12]*endowed* [13]delgado [14]*undressed* [15]"ardo...deseos": tengo muchas ganas [16]malvado

Al cabo de varias jornadas, por fin pudo ver las primeras chozas de su poblado y después abrazar a su padre y a sus hermanos. Pasaron casi toda la noche en vela[17] contando todas las cosas que le habían sucedido. Les mostró la mesa que le había regalado el anciano.

—Padre, esta mesa es mágica. Nuestro pueblo ya no pasará hambre, pues le pediré que se llene de comida y así podremos repartirla.[18]

El padre y jefe de la tribu reunió a todo el poblado para mostrarles cómo su hijo venía preparado para enseñarles a trabajar mejor las tierras. Su hijo sacó la mesa y a todos los que allí estaban reunidos les dijo:

—Ya no pasaréis más hambre. Esta mesa que aquí veis es mágica y puedo pedirla cuanto quiera.

Dio tres golpes en la mesa y le dijo:

—Quiero que te llenes de comida y bebida para todos.

Con asombro[19] vio que la mesa continuaba vacía. Volvió repetidas veces a golpear la mesa pero ésta seguía igual. El pueblo empezó a gritar considerándose engañado y retirándose a sus chozas con gran disgusto.

Consternado[20] el jefe de la tribu por el fracaso, se retiró con sus hijos, encerrándose en la choza lleno de tristeza y desilusión.

Al cabo de[21] unos días, el segundo hijo viendo a su padre tan triste le pidió que le dejara salir del poblado para aprender como lo hizo su hermano y poder traerle la alegría. El padre accedió a su petición aunque le entristecía tener que prescindir de[22] otro hijo nuevamente durante tanto tiempo.

Después de cruzar bosques y montañas, se instaló en un poblado con un venerable anciano que lo mismo que a su hermano le enseñó a trabajar.

Terminados sus años de aprendizaje, el anciano antes de que el muchacho partiera para encontrarse con su padre y hermanos le regaló un caballo.

—Te has portado bien, le dijo. Quiero premiarte con este caballo. Podrás pedirle el "chibo" o "locó" (dinero) que desees. El caballo lo expulsará por la boca y así tu pueblo no tendrá necesidades.

Se despidió del anciano, dándole las gracias por todo lo que le había enseñado y por el regalo que le había hecho.

Era la época de lluvias cuando el muchacho emprendió el camino de regreso a su poblado. Tuvo que tardar más tiempo por tenerse que guarecer[23] de la lluvia torrencial que le acompañó durante casi todo el viaje.

En el camino se encontró con un viejo que lo mismo que a su hermano le invitó a pasar la noche en su choza. El cansancio del muchacho era tan grande que no vaciló

[17]despiertos [18]*to share it* [19]sorpresa [20]preocupado [21]"al cabo de": después de [22]"prescindir de": pasar sin [23]proteger

ante aquella invitación. El ladino brujo, mientras el muchacho dormía, cambió el caballo mágico por otro sin tales poderes. Cuando el muchacho se despertó, quiso despedirse del anciano para darle las gracias por su hospitalidad pero el anciano no apareció por ningún lado. Recogió su caballo y se puso en camino. Tardó varias semanas en llegar a su poblado, la copiosa lluvia le hizo detenerse para guarecerse de ella en alguna cabaña[24] que encontraba a su paso.

Al fin pudo abrazar a su padre y hermanos y enseñarles el regalo que le había hecho el maestro, explicándoles las cualidades mágicas que tenía el caballo.

Volvió el padre a reunir a los habitantes del poblado presentando a su segundo hijo, contando a todos ellos lo que había aprendido. Luego, mostrándoles el caballo, les dijo:

—Este caballo le ha sido regalado a mi hijo por su buen comportamiento durante sus años de trabajo. Sus poderes mágicos harán que remedie los males que tiene el pueblo y tendréis el suficiente "locó" para comprar el sustento en otros poblados.

El hijo acarició al caballo, diciéndole a grandes voces:

—Expulsa "locó" por la boca y remedia[25] a nuestro pueblo.

El caballo no hizo ni un movimiento a pesar de la insistencia del muchacho.

El pueblo indignado empezó a gritar:

—Eres un mal jefe, otra vez nos has engañado, nunca volveremos a creerte.

El rey y los hijos consternados se retiraron a su choza sin comprender el porqué de aquellos fracasos.

Pasó la época de lluvias, la sequía[26] entró con fuerza, el calor era intenso, empezó la escasez de agua, y en el poblado la situación cada vez era más desastrosa.

Cuando casi no habían despuntado los rayos del sol, una mañana el hijo menor del jefe de la tribu habló a su padre:

—Padre, sé que soy aún muy joven y os va a entristecer lo que os voy a decir. Quiero partir como lo hicieron mis hermanos, estoy seguro de que yo traeré la felicidad a ti y a tu pueblo.

El padre se quedó muy triste al oír las palabras de su hijo pero dándole un beso en la frente le dijo:

—Me entristece que te marches, pero no te reprocho que quieras hacerlo, regresa pronto y trae la felicidad a este pueblo.

Pasaron varios años sin tener noticias del hijo menor, éste se había instalado en un poblado muy lejos del suyo donde trabajaba con un anciano de gran experiencia. El muchacho tenía en gran estima al anciano y le apenaba que en algún momento tuviera que separarse de él.

Una noche cuando el muchacho y el anciano descansaban a la puerta de la cabaña

[24]*hut* [25]*salva* [26]*drought*

contemplando el maravilloso cielo estrellado y la brillante luna llena, habló el anciano con ternura al muchacho:

—¿Estás contento, verdad muchacho? Yo también lo estoy contigo. La noche es clara y tranquila, buen día para despedirnos y que tú regreses a tu casa.

El muchacho le miró un poco sorprendido al ver la rapidez de la decisión del anciano.

—Mira —dijo el anciano mostrándole un palo— esto que voy a regalarte a simple vista no parece importante, pero te diré que este insignificante palo tiene grandes poderes mágicos, podrás castigar con él a aquel que tú creas que no es justo. Espero que sepas hacer buen uso de él.

El muchacho recogió el regalo que el anciano le había hecho y contento y feliz inició el viaje de regreso al hogar de su padre.

Cuando el muchacho llevaba largo tiempo recorrido por el bosque, se encontró a un hombre cuyos ojos brillaban como los de una pantera.

—No te asustes muchacho, sólo quiero ofrecerte mi choza para que descanses esta noche; puedo ofrecerte comida y algo de beber.

El muchacho se sentía tan cansado que aceptó de buen grado la invitación de aquel hombre. Charlaron y bebieron juntos hasta altas horas de la noche.

—Estoy cansado —dijo el muchacho—, creo que es hora de ir a descansar.

—Bueno, mañana te veré antes de que te marches, hasta mañana.

El muchacho no llegaba a comprender la amabilidad de aquel hombre. De repente se acordó que sus hermanos le habían hablado de un hombre que igual que a él les había invitado a pasar la noche en su choza. Cuando el hombre creyó que el muchacho estaba dormido, se acercó a él con mucho sigilo[27] pretendiendo[28] cambiar el palo mágico del muchacho por otro. El muchacho que se había hecho el dormido, en el momento que iba hacer el cambio el hombre, se abalanzó[29] sobre él ordenando al palo y dando grandes gritos:

—Pega, pega y castiga al ladrón.

El palo obedeció al muchacho dándole una gran paliza[30] al hombre, que salió de la choza dando tales alaridos[31] que hasta los pájaros y los monos del bosque se asustaron. El muchacho comprendió que aquel hombre fue el que había robado la mesa y el caballo a sus hermanos cambiándoselos por otros. El muchacho oyó el relincho[32] del caballo y fue a su encuentro.[33] Cerca, y a pocos metros donde se encontraba el caballo, vio la mesa escondida bajo unas hojas de palmera. Loco de alegría recogió el caballo y la mesa para mostrárselos a su padre y a sus hermanos. Tanto el padre como los hermanos recibieron con gran felicidad al muchacho.

---

[27]sin hacer ruido [28]con el propósito de [29]se tiró [30]"dándole ... paliza": pegándole muy fuerte [31]gritos [32]*neigh* [33]"a su encuentro": a donde estaba el caballo

—Hermanos aquí tenéis la mesa y el caballo que os habían cambiado. Aquel hombre que os ofreció su casa para dormir, es un brujo perverso que disfruta haciendo el mal a los demás.

Durante toda la noche, padre e hijos escucharon las andanzas[34] del muchacho, decidiendo entre todos reunir de nuevo a los habitantes del poblado.

Al día siguiente, el jefe de la tribu con sus hijos quisieron reunir al pueblo para explicarles todo lo sucedido, pero los habitantes del poblado, con grandes gritos les decían:

—Nos engañasteis dos veces, no oiremos tus palabras.

El hijo pequeño, irritado por el comportamiento de las gentes del poblado, dijo al palo:

—Recorre todas las chozas del poblado dándole a cada uno su merecido.[35]

El palo comenzó a dar vueltas y más vueltas dirigiéndose a las chozas de cada uno de los habitantes, propinándoles unas palizas por no hacer caso a su padre. Las gentes gritaban y lloraban pidiendo perdón.

—No nos castiguéis, perdónanos por nuestra falta de fe.

Por fin pudo el jefe del poblado reunir a su pueblo y mostrándole la mesa, el caballo y el palo, les explicó el porqué de los fracasos anteriores. El hijo mayor ordenó a la mesa:

—Quiero que nos colmes[36] de los mejores manjares.[37]

Al decir esto, la mesa se llenó de comida y bebida. El pueblo empezó a gritar de alegría.

—Todo esto se repartirá entre vosotros. Quiero que el pueblo disfrute de lo que yo y mis hijos tengamos.

Después les mostró el caballo, ordenándole el segundo hijo:

—Quiero que expulses por la boca todo el "locó" que creas necesario para atender a todos los del poblado.

Inmediatamente el caballo empezó a echar por la boca todo el "locó" que él creía necesario. Por último, les enseñó el jefe el palo, diciéndoles:

—Se os ha dado comida y "locó", pero para que un pueblo sea próspero hay que trabajar. Por desgracia todos habéis comprobado el poder de este palo mágico, no hagáis que se utilice nuevamente.

El poblado entero gritaba, dándole las gracias al jefe del poblado y a sus hijos prometiendo trabajar por su pueblo y por su jefe. Las fiestas duraron días y noches. Desde aquel momento el poblado fue uno de los más ricos, alegres y felices.

---

[34]aventuras [35]el castigo que se merecen [36]llenes [37]*delicacies*

Apéndice 2: Poesía

Doña Alda (Romance anónimo)

En París está doña Alda,
la esposa de don Roldán,
trescientas damas con ella
para la acompañar;
todas visten un vestido,[1]
todas calzan un calzar,
todas comen a una mesa,
todas comían de un pan,
sino era doña Alda,
que era la mayoral.[2]
Las ciento hilaban[3] oro,
las ciento tejen[4] cendal,[5]
las ciento instrumentos tañen[6]
para doña Alda holgar.[7]
Al son de los instrumentos
doña Alda dormido se ha;
ensoñando había un sueño,
un sueño de gran pesar.
Recordó[8] despavorida
y con un pavor muy grande;
los gritos daba tan grandes
que se oían en la ciudad.
Allí hablaron sus doncellas,
bien oiréis lo que dirán:
—¿Qué es aquesto,[9] mi señora?
¿Quién es el que os hizo mal?
—Un sueño soñé, doncellas,
que me ha dado gran pesar:
que me veía en un monte
en un desierto lugar:
de so[10] los montes muy altos,
un azor[11] vide[12] volar,
tras d'él[13] viene un aguililla
que lo ahínca[14] muy mal;
el azor con grande cuita,[15]
metióse so mi brial:[16]
el águililla con grande ira,
de allí lo iba a sacar.
Con las uñas lo despluma,
con el pico lo deshace—.
Allí habló su camarera,
bien oiréis lo que dirá:

[1]"visten un vestido": llevan un vestido similar [2]la más importante [3]*spun* [4]*weave* [5]*fine silk stuff* [6]tocan [7]disfrutar [8]despertó [9]esto [10]bajo [11]*hawk* [12]vi [13]de él [14]persigue [15]preocupación [16]vestido

—Aquese sueño, señora,
bien os lo entiendo soltar:[17]
45 el azor es vuestro esposo,
que viene de allén[18] la mar;
el águila sedes[19] vos,
con la cual ha de casar,
y aquel monte es la iglesia
50 donde os han de velar.[20]

—Si así es, mi camarera,
bien te lo entiendo pagar—.
Otro día de mañana
cartas de fuera le traen;
tintas venían de dentro, 55
de fuera escritas con sangre:
que su Roldán era muerto
en caza de Roncesvalles.[21]

Soneto "XXIII" (Garcilaso de la Vega)

En tanto que[1] de rosa y azucena[2]
se muestra la color en vuestro gesto,[3]
y que vuestro mirar ardiente, honesto,
enciende al corazón y lo refrena;

5 y en tanto que el cabello, que en la vena
del oro se escogió, con vuelo presto,[4]
por el hermoso cuello blanco, enhiesto,[5]
el viento mueve, esparce[6] y desordena:

coged de vuestra alegre primavera
el dulce fruto, antes que el tiempo airado[7] 10
cubra de nieve la hermosa cumbre;[8]

marchitará[9] la rosa el viento helado.
Todo lo mudará[10] la edad ligera[11]
por no hacer mudanza[12] en su costumbre.

---

[17]interpretar [18]más allá de [19]sois [20]casar [21]paso de los Pirineos, entre Francia y España, donde Roldán fue vencido

[1]mientras [2]*lily* [3]cara [4]rápido [5]*upright* [6]*scatters* [7]enfadado [8]*peak* [9]secará [10]cambiará [11]"la edad ligera": el tiempo fugaz [12]"hacer mudanza": cambiar

Vivo sin vivir en mí (Santa Teresa de Jesús)

Vivo sin vivir en mí,
y de tal manera espero,
que muero porque no muero.

Vivo ya fuera de mí
después que muero de amor;
porque vivo en el Señor,
que me quiso para sí;
cuando el corazón le di
puse en él este letrero:[1]
que muero porque no muero.

Esta divina prisión
del amor con que yo vivo
ha hecho a Dios mi cautivo,
y libre mi corazón;
y causa en mí tal pasión
ver a Dios mi prisionero,
que muero porque no muero.

¡Ay, qué larga es esta vida!
¡Qué duros estos destierros,
esta cárcel, estos hierros[2]
en que el alma está metida!
Sólo esperar la salida
me causa dolor tan fiero,[3]
que muero porque no muero.

¡Ay, qué vida tan amarga
do[4] no se goza el Señor!
Porque si es dulce el amor,
no lo es la esperanza larga.
Quíteme Dios esta carga,[5]
más pesada que el acero,[6]
que muero porque no muero.

Sólo con la confianza
vivo de que he de morir,
porque muriendo, el vivir
me asegura mi esperanza.
Muerte do el vivir se alcanza,
no te tardes, que te espero,
que muero porque no muero.

Mira que el amor es fuerte,
vida, no me seas molesta;
mira que sólo te resta,[7]
para ganarte, perderte.
Venga ya la dulce muerte,
el morir venga ligero,
que muero porque no muero.

Aquella vida de arriba
es la vida verdadera;
hasta que esta vida muera,
no se goza estando viva.
Muerte, no me seas esquiva;[8]
viva muriendo primero,
que muero porque no muero.

Vida, ¿qué puedo yo darle
a mi Dios, que vive en mí,
si no es el perderte a ti
para mejor a Él gozarle?
Quiero muriendo alcanzarle,
pues tanto a mi Amado quiero,
que muero porque no muero.

[1]señal [2]*bars* [3]profundo [4]donde [5]*burden* [6]*steel* [7]queda [8]*disdainful*

A una rosa (En que da moral censura a una rosa, y en ella a sus semejantes) (Sor Juana Inés de la Cruz)

Rosa divina que en gentil cultura
eres, con tu fragante sutileza,
magisterio purpúreo en la belleza,
enseñanza nevada a la hermosura;

5 amago[1] de la humana arquitectura,
ejemplo de la vana gentileza,
en cuyo ser unió naturaleza
la cuna alegre y triste sepultura:

¡cuán altiva[2] en tu pompa, presumida,
soberbia, el riesgo de morir desdeñas, 10
y luego desmayada y encogida[3]

de tu caduco ser das mustias[4] señas,
con que con docta[5] muerte y necia vida,
viviendo engañas y muriendo enseñas.

Canción del pirata (José de Espronceda)

Con diez cañones por banda,[1]
viento en popa a toda vela,[2]
no corta el mar, sino vuela,
un velero[3] bergantín;
5 bajel[4] pirata que llaman
por su bravura el *Temido*
en todo el mar conocido
del uno al otro confín.[5]

La luna en el mar riela,[6]
10 en la lona[7] gime[8] el viento
y alza en blando movimiento
olas de plata y azul;
y ve el capitán pirata,
cantando alegre en la popa,
15 Asia a un lado, al otro Europa,
y allá a su frente Estambul:

"Navega, velero mío,

sin temor
que ni enemigo navío,[9]
ni tormenta, ni bonanza 20
tu rumbo a torcer[10] alcanza,
ni a sujetar tu valor".

Veinte presas[11]
hemos hecho
a despecho 20
del inglés
y han rendido
sus pendones[12]
cien naciones
a mis pies. 30

Que es mi barco mi tesoro,
que es mi Dios la libertad;
mi ley, la fuerza y el viento;
mi única patria, la mar.

[1]copia [2]orgullosa [3]shrunk [4]withered [5]wise

[1]en cada lado [2]a gran velocidad [3]barco [4]barco [5]"del . . . confín": de un extremo al otro [6]brilla [7]velas [8]se oye [9]barco [10]cambiar [11]barcos prisioneros [12]banderas

Allá muevan feroz guerra
ciegos reyes
por un palmo[13] más de tierra,
que yo tengo aquí por mío
cuanto abarca el mar bravío
a quien nadie impuso leyes.

Y no hay playa
sea cualquiera,
ni bandera
de esplendor,[14]
que no sienta
mi derecho
y dé pecho[15]
a mi valor.

Que es mi barco mi tesoro,
que es mi Dios la libertad;
mi ley, la fuerza y el viento;
mi única patria, la mar.

A la voz de ¡barco viene!,
es de ver
cómo vira[16] y se previene
a todo trapo[17] a escapar:
que yo soy el rey del mar
y mi furia es de temer.

En las presas
yo divido
lo cogido
por igual:
sólo quiero
por riqueza
la belleza
sin rival.

Que es mi barco mi tesoro,
que es mi Dios la libertad;
mi ley, la fuerza y el viento;
mi única patria, la mar.

¡Sentenciado estoy a muerte!
Yo me río:
no me abandone la suerte,
y al mismo que me condena
colgaré de alguna antena[18]
quizá en su propio navío.

Y si caigo,
¿qué es la vida?
Por perdida
ya la di
cuando el yugo[19]
del esclavo
como un bravo sacudí.[20]

Que es mi barco mi tesoro,
que es mi Dios la libertad;
mi ley, la fuerza y el viento;
mi única patria, la mar.

Son mi música mejor
aquilones,[21]
el estrépito[22] y temblor
de los cables sacudidos
del negro mar los bramidos[23]
y el rugir[24] de mis cañones.

Y del trueno
al son violento,
y del viento,
al rebramar,[25]

---

[13]*piece* [14]*importante* [15]*"dé pecho": me pague dinero* [16]*cambia de dirección* [17]*velocidad* [18]*palo del barco*
[19]*yoke* [20]*removed* [21]*vientos* [22]*ruido* [23]*ruidos* [24]*sonido* [25]*sonar violentamente*

yo me duermo
sosegado,²⁶
arrullado²⁷
por el mar.

Que es mi barco mi tesoro,
que es mi Dios la libertad;
mi ley, la fuerza y el viento;
mi única patria, la mar.

Al partir (Gertrudis Gómez de Avellaneda)

¡Perla del mar! ¡Estrella de occidente!
¡Hermosa Cuba! Tu brillante cielo
la noche cubre con su opaco velo,
como cubre el dolor mi triste frente.

¡Voy a partir! . . . La chusma[1] diligente,
para arrancarme[2] del nativo suelo
las velas iza,[3] y pronta a su desvelo[4]
la brisa acude de tu zona ardiente.

¡Adiós, patria feliz, edén querido!
¡Doquier[5] que el hado[6] en su furor me impela,[7]
tu dulce nombre halagará[8] mi oído!

¡Adiós! . . . Ya cruje[9] la turgente vela . . .
el ancla se alza . . .[10] el buque, estremecido,
las olas corta y silencioso vuela.

Verso V. Si ves un monte de espumas . . . (José Martí)

Si ves un monte de espumas,[1]
es mi verso lo que ves:
mi verso es un monte, y es
un abanico[2] de plumas.

Mi verso es como un puñal[3]
que por el puño[4] echa flor:
mi verso es un surtidor[5]
que da un agua de coral.

²⁶*tranquilo* ²⁷*rocked*

[1]*crew* [2]*llevarme* [3]*levanta* [4]*acción de abrir las velas* [5]*dondequiera* [6]*destino* [7]*lleve* [8]*alegrará* [9]*suena* [10]*se levanta*

[1]*foam* [2]*fan* [3]*cuchillo* [4]*handle* [5]*fuente*

Mi verso es de un verde claro
y de un carmín[6] encendido:
mi verso es un ciervo herido
que busca en el monte amparo.[7]

Mi verso al valiente agrada:
mi verso, breve y sincero,
es del vigor del acero[8]
con que se funde[9] la espada.

Mi último adiós (José Rizal)

Adiós, Patria adorada, región del sol querida,
perla del mar de oriente, ¡nuestro perdido Edén!
a darte voy alegre la triste mustia[1] vida,
y fuera más brillante, más fresca, más florida,
también por ti la diera, la diera por tu bien.

En campos de batalla, luchando con delirio
otros te dan sus vidas sin dudas, sin pesar;
el sitio nada importa, ciprés, laurel o lirio,
cadalso[2] o campo abierto, combate o cruel martirio,
lo mismo es si lo piden la Patria y el hogar.

Yo muero cuando veo que el cielo se colora
y al fin anuncia el día, tras lóbrego[3] capuz;[4]
si grana[5] necesitas para teñir[6] tu aurora,
vierte[7] la sangre mía, derrámala[8] en buen hora
y dórela un reflejo de su naciente luz.

Mis sueños cuando apenas muchacho adolescente,
mis sueños cuando joven ya lleno de vigor,
fueron el verte un día, joya del mar de oriente,
secos los negros ojos, alta la tersa frente,
sin ceño,[9] sin arrugas, sin manchas de rubor.

Ensueño de mi vida, mi ardiente vivo anhelo,
¡salud te grita el alma que pronto va a partir!
¡salud! ah, que es hermoso caer por darte vuelo,
morir por darte vida, morir bajo tu cielo,
y en tu encantada tierra la Eternidad dormir.

---

[6]*crimson* [7]*protección* [8]*steel* [9]*is forged*

[1]*withered* [2]*scaffold* [3]*oscuro* [4]*tipo de vestido* [5]*sustancia que da el color rojo* [6]*to dye* [7]*spill* [8]*tírala* [9]*enfado*

Si sobre mi sepulcro vieres brotar[10] un día
entre la espesa yerba sencilla, humilde flor,
acércala a tus labios y besa al alma mía,
y sienta yo en mi frente, bajo la tumba fría,
de tu ternura el soplo,[11] de tu hálito[12] el calor.

Deja a la luna verme con luz tranquila y suave,
deja que el alba envíe su resplandor fugaz,
deja gemir[13] al viento con su murmullo grave,
y si desciende y posa[14] sobre mi cruz un ave,
deja que el ave entone[15] su cántico de paz.

Deja que el sol, ardiendo, las lluvias evapore
y al cielo tornen[16] puras, con mi clamor en pos;[17]
deja que un ser amigo mi fin temprano llore
y en las serenas tardes, cuando por mí alguien ore[18]
ora también, ¡oh Patria!, por mi descanso a Dios.

Ora por todos cuantos murieron sin ventura,
por cuantos padecieron tormentos sin igual,
por nuestras pobres madres, que gimen su amargura;
por huérfanos y viudas, por presos en tortura
y ora por ti que veas tu redención final.

Y cuando, en noche oscura, se envuelva el cementerio
y solos sólo muertos queden velando allí,
no turbes[19] su reposo, no turbes el misterio,
tal vez acordes[20] oigas de cítara o salterio,[21]
soy yo, querida Patria, yo que te canto a ti.

Y cuando ya mi tumba de todos olvidada
no tenga cruz ni piedra que marquen su lugar,
deja que la are[22] el hombre, la esparza[23] con la azada,[24]
y mis cenizas, antes que vuelvan a la nada,
el polvo de tu alfombra que vayan a formar.

Entonces nada importa me pongas en olvido.
Tu atmósfera, tu espacio, tus valles cruzaré.

[10]*salir* [11]*blow* [12]*breath* [13]*to moan* [14]*perches* [15]*cante* [16]*vuelvan* [17]*"en pos": detrás* [18]*prays* [19]*do not disturb* [20]*notas musicales* [21]*"cítara o salterio": instrumentos musicales* [22]*to plough* [23]*to scatter* [24]*hoe*

Vibrante y limpia nota seré para tu oído,
aroma, luz, colores, rumor, canto, gemido
constante repitiendo la esencia de mi fe. 60

Mi Patria idolatrada, dolor de mis dolores,
querida Filipinas, oye el postrer[25] adiós.
Ahí te dejo todo, mis padres, mis amores.
Voy donde no hay esclavos, verdugos[26] ni opresores;
donde la fe no mata, donde el que reina es Dios. 65

Adiós, padres y hermanos, trozos del alma mía,
amigos de la infancia, en el perdido hogar;
dad gracias que descanso del fatigoso[27] día;
adiós, dulce extranjera, mi amiga, mi alegría,
adiós, queridos seres, morir es descansar. 70

Tuércele el cuello al cisne (Enrique González Martínez)

Tuércele el cuello al cisne de engañoso plumaje
que da su nota blanca al azul de la fuente;
él pasea su gracia no más, pero no siente
el alma de las cosas ni la voz del paisaje.

Huye de toda forma y de todo lenguaje 5
que no vayan acordes[1] con el ritmo latente
de la vida profunda . . . y adora intensamente
la vida, y que la vida comprenda tu homenaje.

Mira al sapiente búho[2] cómo tiende las alas
desde el Olimpo, deja el regazo[3] de Palas 10
y posa[4] en aquel árbol el vuelo taciturno . . .

Él no tiene la gracia del cisne, mas su inquieta[5]
pupila, que se clava[6] en la sombra, interpreta
el misterioso libro del silencio nocturno.

[25]último [26]*executioners* [27]cansado

[1]de acuerdo con [2]*owl* [3]*lap* [4]*perches* [5]*restless* [6]*sticks in*

Youth and Age (Samuel Taylor Coleridge)

    VERSE, a breeze 'mid blossoms straying,
where Hope clung feeding, like a bee—
both were mine! Life went a-maying
with Nature, Hope, and Poesy,
when I was young!

    When I was young?—Ah, woful When!
Ah! for the change 'twixt Now and Then!
This breathing house not built with hands,
this body that does me grievous wrong,
o'er aery cliffs and glittering sands,
how lightly then it flash'd along—
like those trim skiffs, unknown of yore,
on winding lakes and rivers wide,
that ask no aid of sail or oar,
that fear no spite of wind or tide!
naught cared this body for wind or weather
when Youth and I lived in 't together.

    Flowers are lovely! Love is flower-like;
friendship is a sheltering tree;
o the joys, that came down shower-like,
of Friendship, Love, and Liberty,
ere I was old!
ere I was old? Ah, woful Ere,
which tells me, Youth 's no longer here!
o Youth! for years so many and sweet,
'tis known that thou and I were one;
I'll think it but a fond conceit—
it cannot be that thou art gone!

    Thy vesper-bell hath not yet toll'd—
and thou wert aye a masker bold!
what strange disguise hast now put on,
to make believe that thou art gone?
I see these locks in silvery slips,

35 this drooping gait, this alter'd size:
but springtide blossoms on thy lips,
and tears take sunshine from thine eyes!
life is but thought: so think I will
that Youth and I are housemates still.

　　Dewdrops are the gems of morning,
40 but the tears of mournful eve!
where no hope is, life's a warning
that only serves to make us grieve,
when we are old!
that only serves to make us grieve
45 with oft and tedious taking-leave,
like some poor nigh-related guest
that may not rudely be dismist.
Yet hath outstay'd his welcome while,
and tells the jest without the smile.

Yo voy soñando caminos (Antonio Machado)

　　Yo voy soñando caminos
de la tarde. ¡Las colinas
doradas, los verdes pinos,
las polvorientas[1] encinas! . . .[2]

5 　　¿Adónde el camino irá?
Yo voy cantando, viajero
a lo largo del sendero . . .[3]
—la tarde cayendo está—.

　　"En el corazón tenía
10 la espina[4] de una pasión;
logré arrancármela[5] un día:
ya no siento el corazón".

　　Y todo el campo un momento
se queda, mudo y sombrío,
meditando. Suena el viento   15
en los álamos[6] del río.

　　La tarde más se oscurece;
y el camino que serpea[7]
y débilmente blanquea
se enturbia[8] y desaparece.   20

　　Mi cantar vuelve a plañir:[9]
"Aguda espina dorada,
quién te pudiera sentir
en el corazón clavada."[10]

[1]dusty [2]holm oaks [3]path [4]thorn [5]sacármela [6]poplars [7]hace curvas [8]no se hace visible [9]sonar [10]metida

El viaje definitivo (Juan R. Jiménez)

...Y yo me iré. Y se quedarán los pájaros
cantando; y se quedará mi huerto,[1] con su verde árbol,
y con su pozo[2] blanco.
Todas las tardes, el cielo será azul y plácido;
y tocarán, como esta tarde están tocando,
las campanas del campanario.
Se morirán aquellos que se amaron;
y el pueblo se hará nuevo cada año;
y en el rincón aquel de mi huerto florido y encalado,[3]
mi espíritu errará[4] nostáljico...
Y yo me iré; y estaré solo, sin hogar, sin árbol
verde, sin pozo blanco,
sin cielo azul y plácido...
Y se quedarán los pájaros cantando.

El poeta a su amada (César Vallejo)

Amada, en esta noche tú te has crucificado
sobre los dos maderos[1] curvados de mi beso;
y tu pena me ha dicho que Jesús ha llorado,
y que hay un viernes santo más dulce que ese beso.

En esta noche clara que tanto me has mirado,
la Muerte ha estado alegre y ha cantado en su hueso.
En esta noche de setiembre se ha oficiado[2]
mi segunda caída y el más humano beso.

Amada, moriremos los dos juntos, muy juntos;
se irá secando a pausas nuestra excelsa amargura;
y habrán tocado a sombra nuestros labios difuntos.

Y ya no habrá reproches en tus ojos benditos;
ni volveré a ofenderte. Y en una sepultura
los dos nos dormiremos, como dos hermanitos.

[1]orchard [2]well [3]whitewashed [4]will wander

[1]pieces of timber [2]celebrado

Tú me quieres blanca (Alfonsina Storni)

Tú me quieres alba,
me quieres de espumas,[1]
me quieres de nácar.
Que sea azucena[2]
sobre todas, casta.
De perfume tenue.
corola cerrada

ni un rayo de luna
filtrado me haya.
Ni una margarita[3]
se diga mi hermana.
Tú me quieres nívea,[4]
tú me quieres blanca,
tú me quieres alba.

Tú que hubiste todas
las copas a mano,
de frutos y mieles
los labios morados.
tú que en el banquete
cubierto de pámpanos[5]
dejaste las carnes
festejando a Baco.
tú que en los jardines
negros del Engaño
vestido de rojo
corriste al Estrago.

Tú que el esqueleto
conservas intacto
no sé todavía
por cuáles milagros,
me pretendes blanca
(Dios te lo perdone),
me pretendes casta
(Dios te lo perdone),
¡me pretendes alba!

Huye hacia los bosques,
vete a la montaña;
límpiate la boca;
vive en las cabañas;
toca con las manos
la tierra mojada;
alimenta el cuerpo
con raíz amarga;
bebe de las rocas;
duerme sobre escarcha;[6]
renueva tejidos
con salitre[7] y agua;
habla con los pájaros
y lévate[8] al alba.
Y cuando las carnes
te sean tornadas,
y cuando hayas puesto
en ellas el alma
que por las alcobas[9]
se quedó enredada,[10]
entonces, buen hombre,
preténdeme blanca,
preténdeme nívea,
preténdeme casta.

---

[1] *foam* [2] *lily* [3] *daisy* [4] *blanca* [5] *vine shoots* [6] *frost* [7] *saltpetre* [8] *vete* [9] *habitaciones* [10] *entangled*

La aurora[1] de Nueva York (Federico García Lorca)

La aurora de Nueva York tiene
cuatro columnas de cieno[2]
y un huracán de negras palomas
que chapotean[3] las aguas podridas.

La aurora de Nueva York gime[4]
por las inmensas escaleras
buscando entre las aristas[5]
nardos[6] de angustia dibujada.

La aurora llega y nadie la recibe en su boca
porque allí no hay mañana ni esperanza posible:
a veces las monedas en enjambres[7] furiosos
taladran[8] y devoran abandonados niños.

Los primeros que salen comprenden con sus huesos
que no habrá paraísos ni amores deshojados;
saben que van al cieno de números y leyes,
a los juegos sin arte, a sudores sin fruto.

La luz es sepultada[9] por cadenas y ruidos
en impúdico reto[10] de ciencia sin raíces.
Por los barrios hay gentes que vacilan insomnes
como recién salidas de un naufragio[11] de sangre.

[1]*dawn* [2]*mud* [3]*splash* [4]*moans* [5]*edges* [6]*spikenards* [7]*swarms* [8]*drill* [9]*buried* [10]*challenge* [11]*shipwreck*

Apéndice 3: Diccionario de Términos Literarios

Acróstico: Consiste en la combinación vertical de las letras iniciales de los versos de un poema para formar palabras con las que se da el nombre de una persona o un mensaje.

Actante: Hay distintas definiciones de este término. Para algunos críticos los actantes incluyen a todos los personajes y elementos que participan en la comunicación de un mensaje en una obra literaria. Para otros, como A. J. Greimas, si el actor se identifica con el personaje, el *actante* sería una fuerza no antropomórfica, es decir un objeto (una pistola, una carta . . .), que cumple una determinada función en el desarrollo de la trama.

Anacoluto: Es la alteración del orden sintáctico y de la coherencia de la frase debido a la omisión de nexos relacionantes o de elementos constitutivos de la misma.

Anadiplosis: Figura que consiste en la repetición de la última palabra o palabras de una frase o verso al comienzo de la frase o versos siguientes:

> Oye, no temas, y a mi ninfa dile,
> dile que muero.
> (E. M. de Villegas)

Anagnórisis: Con esta palabra griega se designa el hecho del reconocimiento de un personaje por otro, circunstancia que provoca el desenlace del conflicto. En el caso de la comedia este desenlace es feliz, y en el caso de la tragedia es desgraciado o desafortunado. Ejemplos literarios de *anagnórisis* los tenemos en Edipo cuando descubre la identidad de su madre después de haber cometido la *hamartía*, o error trágico; y en Ulises, tras su larga ausencia en la guerra de Troya, cuando es reconocido por su hijo Telémaco y su esposa Penélope.

Animación cel: Es un tipo de animación que se sirve de una serie de dibujos en piezas de celuloide, y de ahí la forma abreviada de "cel". Consiste en introducir ligeros cambios en los dibujos para crear la ilusión de movimiento.

Antihéroe: Es el *antagonista*, el personaje que se enfrenta al *protagonista* de una obra literaria. Asimismo, tiene la acepción de *protagonista* que no tiene las cualidades —valor, belleza, honestidad— del héroe de la tragedia clásica o de otros relatos en prosa.

Aparte: Es un recurso teatral por el que un personaje, hablando consigo mismo y aceptando que los demás personajes no le oyen, comunica al público algunas de sus opiniones sobre la intriga de la obra o sobre otros personajes.

Auto: Es una breve pieza dramática, de las épocas medieval y renacentista, de tema sacro y profano.

Beatus ille: Parte del verso inicial de un poema de Horacio en el que éste ensalza la vida retirada en el campo porque aquí es donde uno puede encontrar la paz espiritual.

Bildungsroman: Con este término, de origen alemán, se designa un tipo de novela en la que a lo largo del relato se desarrolla la vida y personalidad del protagonista desde la adolescencia y juventud hasta la madurez. A través de sus experiencias en la vida vemos cómo este protagonista modela su carácter y su concepción del mundo. Uno de los motivos característicos de este tipo de novela es el de "búsqueda", y ésta suele ir acompañada de viajes, aventuras, riesgos etc. Todas estas experiencias le sirven al protagonista como iniciación a la vida, ruptura con su etapa anterior de adolescente o joven, y desarrollo de sus propios proyectos en la vida. Un ejemplo de este tipo de novela es *Camino de perfección* (1902), de Pío Baroja.

Calambur: Esta figura consiste en un juego de palabras que se produce al combinar los vocablos, o ciertas sílabas que forman estos vocablos, o las letras de un enunciado, de tal forma que, aunque suenan lo mismo, significan algo diferente:

> Oro parece, plata no es   (plátano)
> (Acertijo popular)

Carpe diem: La frase, procedente de las *Odas* de Horacio, alude al paso del tiempo y la fugacidad de la vida. A lo largo de la literatura los escritores han hecho uso de este tópico de forma distinta. En la Edad Media, por ejemplo, se alude a la brevedad de la vida y a la conveniencia de prepararse para una buena muerte. En el Renacimiento, en cambio, se ve desde una perspectiva epicúrea, como invitación a disfrutar de la juventud.

Catarsis: Según Aristóteles, en la representación de la tragedia se produce en el espectador una agitación del espíritu y una descarga afectiva al identificarse aquél con el héroe. La contemplación de la situación desgraciada del héroe produce en el espectador un sentimiento de conmiseración y piedad, y al experimentar estos sentimientos, el espectador quedará purificado de sus pasiones. Un ejemplo clásico lo vemos en la tragedia de *Edipo Rey* (430 a. C.), de Sófocles.

Collage: El término *collage*, proveniente del francés, significa "encolado" (*glued*), y fue inicialmente utilizado en las artes plásticas para referirse a una composición en la que se combinan distintos materiales —hojas de periódico, trozos de metal o madera, cajas, etc— y se pegan, o encolan, a la superficie del cuadro. El término *collage* fue adoptado por los escritores futuristas y dadaístas para referirse a aquellos textos experimentales que combinan su escritura con elementos o fragmentos de otros textos. Tal incorporación se hace con fines desmitificadores, paródicos o con el de reivindicar una obra o autor ignorados por el público lector.

Commedia dell'Arte: Es un tipo de comedia inventado por actores profesionales de Italia a mediados del siglo XVI. Los actores realizaban papeles de repertorio, e improvisaban sus diálogos partiendo de un breve guión.

Componentes kinésicos: Por componentes kinésicos entendemos los movimientos, gestos, expresiones de la cara, o posturas realizados por los personajes, y constituyen una de las partes más dinámicas del discurso dramático. En la creación de su teatro épico, Bertolt Brecht concedió una importancia capital al gesto, y algunos teóricos del teatro occidental han admirado la riqueza semántica de los cientos de gestos que se encuentran en algunas tradiciones del teatro oriental. El gesto va unido a la lengua en la producción del discurso dramático, y una de sus funciones es la de dar más énfasis, o un tono determinado, a un enunciado. En las representaciones dramáticas tradicionales, los gestos son interpretados por el espectador como un índice que apunta a algún aspecto sicológico, fisiológico, o social del personaje dramático.

Connotación: Con este término se designa la capacidad que tienen los signos del lenguaje de adquirir nuevos significados, y éstos se suman al significado o acepción que dichos signos o palabras tienen originalmente. La *connotación*, típica en el lenguaje poético, se caracteriza por la polisemia o múltiples significados. Por ejemplo, cuando un escritor habla del "mar", dos de sus connotaciones relacionan a este término con la muerte, o con algo muy grande.

Copla de arte mayor: Estrofa de ocho versos formada, generalmente, por versos dodecasílabos y rima en ABBAACCA.

Copla real: Estrofa de diez versos de arte menor y rima en abaabcdccd.

Coro: Grupo de danzantes que en las fiestas de Dionisio cantaban el *ditirambo*, y en éste, según algunos críticos, se encuentra el origen de la tragedia griega. Con Sófocles (496 a. C.-406 a. C.), el *coro* adquiere sus funciones definitivas: ritual —oraciones—, demarcadora del principio y fin de cada episodio, mediadora entre la acción que se desarrolla en la escena y el público, y narradora.

Cuarta pared: Expresión usada en el lenguaje teatral para designar un tipo de representación realista en la que se pide a los actores que actúen con tal naturalidad como si no existiera el público que los está observando. Es decir, se les pide que actúen como si existiera una *cuarta pared* que los separa del público y los aísla, como si estuvieran solos en una habitación de la casa.

Denotación: Se refiere al primer sistema de significación, y consiste en la relación que se establece entre un signo lingüístico —la palabra— y su referente u objeto externo. Por ejemplo, la palabra "mar" significa "masa inmensa de agua salada", pero a este primer sentido se le pueden sumar otros, como hemos visto al hablar de la *connotación*.

Derivación: Figura que consiste en usar, en la misma frase, palabras procedentes del mismo lexema o raíz:

> Dios deseado y deseante. (Juan Ramón Jiménez)

Deus ex machina: Expresión latina que se refiere a un instrumento utilizado en la tragedia clásica para hacer posible la entrada de un dios en el escenario y con su intervención dar una solución a un conflicto irresoluble. Hoy día se usa en novela y teatro cuando un autor se sirve de una coincidencia forzada para resolver una situación conflictiva.

Diatriba: Con este término se designaban inicialmente las lecciones de tema moral que impartían en Grecia ciertos filósofos estoicos y cínicos; pero en el siglo IV un filósofo cínico griego introduce en la *diatriba* la acepción de escrito agresivo y, a veces, injurioso que mantendrá en adelante. El verdadero iniciador de la *diatriba* moderna es el escritor francés Voltaire.

Diégesis: O *telling*, consiste en la narración de los acontecimientos narrativos por un narrador. Dicho narrador nos resume dichos acontecimientos, o las conversaciones de los personajes, pero no los representa en forma de diálogos, como vemos en el teatro. Por *diégesis* también se designa la sucesión cronológica de los acontecimientos que constituyen la historia narrada o, en el caso del teatro, representada.

Dramatis personae: Expresión latina que significa "personajes del drama", y se refiere a la lista de personajes que intervienen en la representación de la obra. Esta lista aparece antes del texto dramático.

Elipsis: Esta figura se basa en la omisión de palabras sin que ello perjudique la claridad del sentido de la frase:

> Por una mirada, un mundo.   (Se omite el verbo "daría")
> (Gustavo A. Bécquer)

Emblema: Es el resultado de la conjunción de dos lenguajes estéticos. El autor de *emblemas* integra un refrán, párrafos bíblicos o sentencias de escritores con un dibujo inspirado en la tradición. El *emblema* consta de tres partes: una imagen o figura, un título en forma de breve sentencia, y una explicación del contenido implícito en la imagen y en el título. La naturaleza críptica, simbólica y enigmática del *emblema* requiere una interpretación.

Endecasílabo sáfico: Verso de once sílabas con acentos en la cuarta y en la sexta u octava sílabas.

Entremés: Breve pieza teatral protagonizada por personajes populares, de tono humorístico, y que aparece al principio o en el medio de una obra seria, pero sin guardar conexión temática con la misma.

Enumeración: Figura que consiste en la presentación sucesiva de realidades vinculadas entre sí como elementos integrantes de un conjunto (*whole*):

> Destas el Padre Eterno
> fortificó su nave:
> timón (*helm*), entena (*mast*), mástil, popa (*stern*) y frente...
> (Lupernio L. de Argensola)

Epifonema: Esta figura consiste en una reflexión que resume categóricamente todo lo que se ha venido diciendo:

> Cae al último abismo de silencio
> como el barco que se hunde apagando su luces.
> Todo se acabó.
> (Vicente Huidobro)

Epigrama: Originalmente tenía una función funeraria, siendo usado como inscripción verbal en una escultura o lápida mortuoria. En su nacimiento, los temas tratados eran de carácter épico y elegíaco, pero posteriormente, de la literatura latina a nuestros días, van de lo erótico, a lo moral y lo político.

Epitafio: Es un poema elegíaco o fúnebre, escrito con ocasión de la muerte de una persona. Ocasionalmente se grababa en la lápida sepulcral (*gravestone*).

Epitalamio: En la literatura grecolatina era el nombre designado a un tipo de canción que solía ser cantada por jóvenes y muchachas en la noche de bodas a la puerta o cerca del dormitorio de los recién casados.

Esperpento: Término asociado con Valle-Inclán, y que designa una estética renovadora del teatro. El *esperpento* se relaciona con las corrientes vanguardistas de principios del siglo XX, y se caracteriza por la representación de la existencia humana y de la historia desde un punto de vista u óptica deformados.

Estereotipo: Con este término se hace referencia a las expresiones verbales convertidas en clichés, a personajes cuyo comportamiento y lenguaje se repiten mecánicamente, y a temas y situaciones predecibles.

Estrofa sáfica: Estrofa de cuatro versos de rima variable que consta de tres endecasílabos y un pentasílabo.

Estribillo: Verso o conjunto de versos que aparecen al comienzo de ciertos poemas y que se repiten total o parcialmente, y de forma regular, después de cada estrofa.

Etopeya: Figura que consiste en describir costumbres y cualidades morales o éticas de una persona:

> Era un santo varón piadoso y de no común saber, de intachables costumbres clericales, algo más de sexagenario...
> (Benito Pérez Galdós)

Fluir de la conciencia: Es un tipo de narración en primera persona que reproduce, como el *monólogo interior*, el mundo interior de un personaje. Sin embargo, en el fluir de conciencia la representación de la realidad se hace de manera incoherente, sin seguir un orden lógico, y a veces hay una violación de la sintaxis gramatical. Ejemplos del fluir de la conciencia se encuentran en *Ulysses* (1922), de James Joyce.

Germanía: Es el lenguaje de ciertos grupos marginales de la sociedad del Siglo de Oro. Estos grupos estaban constituidos por delincuentes, pícaros, prostitutas... Es sinónimo de *jerigonza*.

Happening: Este término, de origen inglés, se empezó utilizando primero en pintura, después para ciertas composiciones poéticas y musicales, y de forma particular para un tipo de espectáculo teatral que rompía con las representaciones dramáticas convencionales. En este último caso, el *happening* es un tipo de teatro representado en salas más bien reducidas, o en cafés, y con un público al que se le invita a participar directamente con los actores en la representación dramática. Por lo general, se trata de representar acontecimientos vividos o improvisados sin la existencia de un texto previo. Como antecedentes de este tipo de escenificación los encontramos en la *Commedia dell'Arte* italiana, y en las innovaciones en el campo del teatro aportadas por A. Artaud (1896–1948) y por algunos movimientos vanguardistas como el Dadaísmo y el Surrealismo.

Iconotexto: Consiste en el uso de una imagen en un texto o viceversa. Es decir, designa una obra de arte en la que los signos visuales y verbales forman una unión indisoluble, y su interpretación depende de la interacción de unos y otros signos.

In medias res: Es una técnica narrativa que consiste en empezar el relato en la mitad de la historia, o en un punto de la misma que no se corresponde con el principio de la misma. Por ejemplo, en muchas novelas policiacas se comienza el relato con el crimen y luego se remonta (*goes back*) a las causas del mismo.

Interlocutor: Es el receptor de un mensaje. En una obra de teatro los interlocutores son todas las personas que participan en un diálogo.

Isotopía: Se define como un conjunto repetitivo de categorías semánticas que hace posible una lectura uniforme de una historia. Por ejemplo, en el poema "Al partir", de Gertrudis Gómez de Avellaneda, hay una isotopía o campo semántico centrado en Cuba, y en torno a esta isotopía aparecen los términos de "¡Perla del mar!", ¡Estrella de Occidente!", "¡Patria feliz!" etc.

Jitanjáfora: Tipo de composición poética constituida por palabras o expresiones generalmente inventadas, carentes de significado, y cuyo valor poético reside en sus cualidades fónicas.

Justicia poética: Estos dos términos se refieren al hecho de que así como en la vida real el bueno no siempre es premiado y el malo castigado, en una obra literaria su autor puede hacer que esto ocurra.

Leitmotivo: El término procede de la música, y con él nos referimos a la recurrencia de un tema melódico a lo largo de una pieza musical. En literatura, el *leitmotivo* se refiere a una determinada palabra, expresión, *motivo*, verso o figura literaria que recurre frecuentemente en una obra. Por ejemplo, en la primera parte de *Llanto por la muerte de Ignacio Sánchez Mejías*, "La cogida y la muerte", un *letimotivo* es la repetición del verso "a las cinco de la tarde".

Locus amoenus: El "lugar ameno", es un tópico clásico que se cultivó de manera especial en la Edad Media y el Siglo de Oro. Se trata de un lugar bello y umbrío, con un prado, varios árboles, un arroyo (*brook*) o una fuente, acompañados a veces por unas aves, la brisa del verano y el perfume de algunas flores.

Manifiesto: Es la publicación de un texto breve —en un periódico, revista, etc.— por parte de un grupo o movimiento político, artístico, filosófico, religioso o literario, en el que se exponen unas doctrinas o programas de acción revolucionarios o innovadores.

Mascarada: Es una fiesta-espectáculo en la que los personajes llevan máscaras. Inicialmente, consistía de una representación teatral de un texto interpretado por actores enmascarados en un contexto de música y danza.

Metateatro: Término similar al de *metaficción* en prosa. En teatro se usa para designar obras en las que el tema central es la noción del mundo como un escenario donde se desarrolla el drama de la vida humana, u obras en las que hay dentro de ellas otra obra de teatro, o en las que los personajes reconocen su identidad ficticia, o en las que se incluye al dramaturgo o al director de la obra, o en las que se pone énfasis en la teatralidad de la obra dramática.

Mímesis: O *showing*, consiste en la representación dramática de la realidad, tal y como la vemos en teatro. En prosa se ve en los diálogos, o sea en la representación de las conversaciones que aparecen en la obra sin que medie la figura del narrador.

Motivo: Se define como la unidad mínima en que pueden descomponerse los elementos constituyentes del tema de una obra literaria. Es decir, el motivo es la fracción temática mínima. En teoría dramática, sin embargo, la noción de *motivo* va unida a la de tema. Por ejemplo, el enfrentamiento entre las fuerzas del bien y del mal, la lucha contra un destino trágico, o progreso versus fuerzas tradicionales.

Narratario: Es el personaje al que el narrador de un cuento o novela dirige su historia. El narratario se encuentra dentro del mundo de la ficción, y al mismo nivel narrativo que el narrador. Un ejemplo es el "vuestra merced", a quien Lazarillo, el protagonista narrador de *Lazarillo de Tormes* (1554?), dirige su obra.

Octava italiana: Estrofa de ocho versos cuya rima es ABBCDEEC, y en la que el cuarto y el octavo versos son agudos.

Octavilla: Estrofa formada por ocho versos de arte menor con una variedad de rimas. Una de las rimas más comunes es la combinación abbecdde.

Opereta: Pieza teatral en la que alternan el diálogo hablado y el canto, y cuyo tono es paródico o satírico.

Ovillejo: Estrofa de diez versos, generalmente de arte menor, cuya rima sigue el esquema aabbcccddc.

Palíndromo: Es una figura retórica que se produce cuando una palabra, oración o verso presenta la misma sucesión de formas tanto si se lee de izquierda a derecha o a la inversa:

"Oso", o "dábale arroz a la zorra el abad".

Panegírico: También llamado *encomio*, es una composición en la que se ponderan o alaban las cualidades, virtudes y hechos meritorios de una persona a la que se considera digna de elogio.

Panfleto: Es un escrito breve, en prosa o verso, de carácter satírico y agresivo, que se utiliza como forma de lucha en disputas ideológicas o literarias. A veces se usa como instrumento de difamación personal o de un grupo, en cuyo caso se denomina *Libelo* infamatorio.

Pantomima: Este término designa una representación teatral constituida exclusivamente por los gestos de los actores, los cuales representan una historia sin palabras. Esto es lo que diferencia a la *pantomima* del *mimo*, el cual no trata de dramatizar una historia concreta, sino que se centra en una expresión corporal autónoma y el público tiene la libertad de interpretar el espectáculo. Una modalidad peculiar de la *pantomima* es la que han realizado en sus películas Charles Chaplin y Buster Keaton.

Pasquín: Es un escrito anónimo, en prosa o verso, que se coloca en un lugar público y en el que se critica o difama a personas o instituciones.

Pastiche: Término usado originalmente en pintura para designar las imitaciones de cuadros. En literatura suele tener un sentido peyorativo, y se refiere a la imitación afectada de un escritor.

Pathos: Término griego que significa "sufrimiento", y con el que se alude a los sentimientos de emoción provocados por el desarrollo de una determinada acción dramática en los espectadores.

Planto: Poema elegíaco en el que se lamenta la muerte de una persona o la desgracia sufrida por una comunidad.

Quinteto: Esta estrofa mantiene los mismos tipos de rima que la *quintilla*, pero es de arte mayor.

Quintilla: Estrofa de cinco versos octosílabos con rima variable. Las condiciones son que no haya tres versos seguidos con el mismo tipo de rima, y que los dos últimos no se constituyan en pareado.

Retrato: Esta figura es una combinación de la *prosopografía* y de la *etopeya*:

> Tenía Jacintillo semblante agraciado y carillero, con mejillas de rosa,
> como una muchacha, y era rechoncho de cuerpo, de estatura pequeña...
> una moral severa le mantenía constantemente derecho...
> (Benito Pérez Galdós)

Sarcasmo: Es una burla irónica y cruel que tiene el propósito de ofender a alguien.

Sátira: Es una composición en verso o prosa en la que se hace una crítica de las costumbres y vicios de personas o grupos sociales con fines moralizadores, lúdicos o burlescos. Aunque sus orígenes se encuentran en Grecia, es en Roma donde la *sátira* se configura como verdadero subgénero literario.

Seguidilla compuesta: Estrofa de cuatro versos de arte menor formada por versos heptasílabos, los impares, y pentasílabos, los pares.

Seguidilla gitana: Estrofa de cuatro versos de rima variable. Los dos primeros versos son hexasílabos, el tercero es endecasílabo o dodecasílabo y el cuarto es hexasílabo.

Seguidilla simple: Estrofa de cuatro versos de rima variable. Los versos primero y tercero son heptasílabos y el segundo y cuarto son pentasílabos.

Séptima: Estrofa de siete versos de arte menor con una variedad de rimas.

Sexteto-lira: Estrofa formada por seis endecasílabos y rima en ABABCC.

Sextina: Estrofa formada por seis endecasílabos.
Soliloquio: Es un tipo de presentación del habla de un personaje sin la intervención de la voz narrativa. Se ve en novela y teatro, y en éste es célebre el soliloquio de Segismundo en *La vida es sueño* (1635), de Calderón de la Barca.
Subtexto: Se refiere a lo que no se expresa abierta sino implícitamente. Un subtexto es consciente o inconscientemente creado por el autor, y puede ser descubierto, pero no creado, por el lector. Un término teórico relacionado es el de "sugerencia", que significa que el escritor intencionadamente le da ciertas pistas al lector para que realice nuevas lecturas del texto.
Superposición del diálogo: En lenguaje cinematográfico, se refiere al montaje de una escena de tal modo que el diálogo con el que se termina la toma A se oiga un poco al comenzar la toma B.
Tetrástrofo monorrimo alejandrino: También llamado *Cuaderna vía*, es una estrofa de cuatro versos de catorce sílabas con rima en AAAA, BBBB, CCCC...
Tipo: Personaje que reúne una serie de rasgos físicos y psicológicos que el lector o público reconoce como característicos de un rol ya conformado por la tradición, como el avaro, el fanfarrón, el seductor, etc.
Tramoya: Es el conjunto de máquinas con los que se efectúan, durante la representación teatral, los cambios de decorado y los efectos especiales.
Ubi sunt?: Expresión latina que significa "¿dónde están?" y con la que se designa un tópico consistente en la enunciación de interrogaciones retóricas relativas al destino final —la muerte— de personajes célebres de la historia.
Villancico: Poema estrófico escrito en octosílabos o hexasílabos. Se divide en dos partes: el estribillo, de dos o cuatro versos, y el pie, estrofa de seis o siete versos de los que los últimos deben rimar con todo el estribillo o con su parte final. El estribillo se repite y el pie va cambiando.
Zéjel: Poema que consta de un estribillo de uno o dos versos, una estrofa llamada "mudanza" de versos monorrimos, y de un verso de vuelta que recoge la rima del estribillo.
Zeugma: Muy similar a la *elipsis*, esta figura se basa en el hecho que un término, que relaciona dos o más enunciados en una frase, sólo se expresa en uno de ellos y se sobreentiende en los demás:

> Porque verá la *falta* el que en *tanta* me hace vivir. (Se sobreentiende en "tanta falta")
> (*Lazarillo de Tormes*)

Bibliografía

Alonso, Amado. *Materia y forma en poesía*. Madrid: ed. Gredos, 1955.
Allen, Robert C. y Douglas Gomery. *Film History: Theory and Practice*. New York: Random House, 1985.
Anderson Imbert, Enrique. *El realismo mágico y otros ensayos*. Caracas: Monte Ávila, 1976.
Appia, Adolphe. *The Work of Living Art*. Trad. H. D. Albright. Coral Gables: U. Of Miami P., 1961.
Aycock, Wendell y Michael Schoenecke, eds. *Film and Literature. A Comparative Approach to Adaptation*. Lubbock, TX.: Texas Tech. UP., 1988.
Bachelard, Gaston. *The Poetics of Space*. New York: The Orion Press, 1964.
Baehr, Rudolf. *Manual de versificación española*. Trad. y adaptación de K. Wagner y F. López Estrada. Madrid: ed. Gredos, 1970.
Bal, Mieke. *Narratology. Introduction to the Theory of Narrative*. Toronto: U. of Toronto P., 1985.
Balbín, Rafael de. *Sistema de rítmica castellana*. Madrid: ed. Gredos, 1968.
Bay, Howard. *Stage Design*. New York: Drama Book Specialists, 1974.
Beckerman, Bernard. *Dynamics of Drama: Theory and Method of Analysis*. New York: Alfred A. Knopf, Inc., 1970.
Bedoya, Ricardo e Isaac León Frías. *Ojos bien abiertos. El lenguaje de las imágenes en movimiento*. Lima: Fondo de desarrollo editorial, 2003.
Benedetti, Robert L. *The Actor at Work*. Englewood Cliffs, N. J.: Prentice-Hall, Inc., 1981.
Bentley, Eric. *The Life of Drama*. New York: Atheneum Pub., 1967.
Bergmann, Emilie L. *Art Inscribed: Essays on Ekphrasis in Spanish Golden Age Poetry*.
Bessie, Alvan C. *The Symbol*. New Cork: Ramdon House, 1967.
Boleslavsky, Richard. *Acting: The First Six Lessons*. New York: Theatre Arts Books, 1933.
Burch, Noel. *Theory of Film Practice*. Princeton: Princeton UP., 1981.
Chase, Richard. *Quest for Myth*. Baton Rouge: Louisiana State UP., 1949.

Chatman, Seymour. *Story and Discourse. Narrative Structure in Fiction and Film*. Ithaca: Cornell UP., 1978.
Christensen, Inger. *The Meaning of Metafiction*. Bergen: Universitetsforlaget, 1981.
Clurman, Harold. *On Directing*. New York: Macmillan Pub. Co., Inc., 1972.
Cohen, Keith. *Film and Fiction/The Dynamics of Exchange*. New Haven, Conn.: Yale UP., 1979.
Cohen, Robert y John Harrop. *Creative Play Direction*. Englewood Cliffs, N. J.: Prentice-Hall, Inc., 1974.
Corrigan, Robert W. *The World of the Theatre*. Glenview, Ill.: Scott, Foresman and Co., 1979.
Cózar, Rafael de. *Poesía e imagen*. Sevilla: El Carro de Nieve, 1991.
Craig, Edward Gordon. *Theater Advancing*. New York: Little, Brown & Co., 1963.
Currie, Mark. *About Time. Narrative, Fiction and the Philosophy of Time*. Edinburgh: Edinburgh UP. Ltd., 2007.
Díez Borque, José María, editor. *Vers° e imagen*. Madrid: Consejería de Educación y Cultura de la Comunidad de Madrid, 1993.
Doty, William G. *Myth. A Handbook*. Westport, Connecticut: Greenwood Press, 2004.
Elam, Keir. *The Semiotics of Theatre and Drama*. New York: Methuen, 1980.
Estébanez Calderón, Demetrio. *Diccionario de términos literarios*. Madrid: Alianza ed., 1999. Algunas de las definiciones de la sección "Diccionario de términos literarios" han sido tomadas de este diccionario.
Fernández, Pelayo H. *Estilística*. Madrid: ed. José Porrúa Turanzas, 1974.
García Lorca, Federico. *La zapatera prodigiosa*. New York: W. W. Norton & Co.,1952. Me he servido de esta edición de Edith F. Helman para algunas de las notas y glosas sobre esta obra.
Genette, Gerard. *Narrative Discourse*. Ithaca, NY.: Cornell UP., 1980.
Genette, Gerard. *Narrative Discourse Revisited*. Trad. Jane E. Lewin. Ithaca, New York: Cornell UP., 1988.
Glenn, Stanley. *The Complete Actor*. Boston: Allyn & Bacon, Incl, 1977.
Gobat, Laurent. "Juego dialéctico entre realidad y ficción: *El retablo de las maravillas* de Cervantes". *El teatro dentro del teatro: Cervantes, Lope, Tirso y Calderón*. Irene Andrés-Suárez, et al. Madrid: Ed. Verbum, 1997: 73–99.
Gómez-Martínez, José Luis. *Teoría del ensayo*. 2a. ed. México: UNAM, 1992.
Good, Graham. *The Observing Self: Rediscovering the Essay*. London: Routledge, 1988.
Guiraud, Pierre. *La estilística*. Buenos Aires: ed. Nova, 1956.
Hamon, Philippe. *Introduction à l'analyse du descriptiv*. Paris: Hachette, 1981.
Harrington, John, ed. *Film and/as Literature*. Englewood Cliffs, NJ.: Prentice Hall, 1977.
Hatlen, Theodore W. *Orientation to the Theatre*. Englewood Cliffs, N. J.: 1981.

Hawthorn, Jeremy. *A Concise Glossary of Contemporary Literary Theory*. New York: Arnold P., 1998.

Herman, Luc y Bart Vervaeck. *Handbook of Narrative Analysis*. Lincoln, Nebraska: U. of Nebraska P., 2005.

Holtan, Orley I. *Introduction to Theatre. A Mirror to Nature*. Englewood Cliffs, N. J.: Prentice-Hall, Inc., 1976.

Hornby, Richard. *Drama, Metadrama and Perception*. Mississauga: Associated UP., 1986.

Horton, Andrew and Joan Magretta, eds. *Modern European Filmmakers and the Art of Adaptation*. New York: Frederick Ungar Pub. Co., 1981.

Hubner, Laura. " 'Pan's Labyrinth', Fear and the Fairy Tale". WWW.inter-isciplinary.net/ati/fht 1/hubner%20 paper.pdf

Hutcheon, Linda. *Narcissistic Narrative. The Metafictional Paradox*. Waterloo, Ontario: Wilfrid Laurier UP., 1978.

Irigaray, Luce. "Sexual Difference". *The Irigaray Reader*. Margaret Whitford, ed. Oxford: Basil Blackwell, Inc., 1991.

Irwin, William R. *The Game of the Impossible: A Rhetoric of Fantasy*. Illinois: U. of Illinois P., 1976.

Jackson, Rosemary. *Fantasy: The Literature of Subversion*. London: Methuen, 1981.

Kerr, Walter. *Tragedy and Comedy*. New York: Simon & Schuster, 1967.

Kinder, Marsha. *Blood Cinema. The Reconstruction of National Identity in Spain*. Los Ángeles: The U. of California P., 1993.

Krieger, Murray. *Ekphrasis. The Illusion of the Natural Sign*. Baltimore: The Johns Hopkins U. P., 1992.

Kristeva, Julia. *Revolution in Poetic Language*. New York: Columbia UP., 1975.

Lauter, Paul. *Theories of Comedy*. New York: Doubleday & Co., Inc., 1964.

Lemaire, Anika. *Jacques Lacan*. David Lacey, trad. London: Routledge & Kegan Paul, 1977.

López Estrada, Francisco. *Métrica española del siglo XX*. Madrid: ed. Gredos, 1972.

Luhr, William, ed. *World Cinema since 1945*. New York: Ungar, 1987.

Lutwack, Leonard. *The Role of Place in Literature*. Syracuse: Syracuse UP., 1984.

Mejía, Emilio. "Film Analysis: 'Pan's Labyrinth'". *Ourp Open Mic. Com.* Feb. 24, 2010.

Meletinsky, Eleazar M. *The Poetics of Myth*. New York: Garland Pub., Inc., 1998.

Mendilow, A. A. *Time and the Novel*. London: Peter Nevill, 1952.

Meyerhoff, Hans. *Time in Literature*. Berkeley: U. of California P., 1955.

Millán Domínguez, Blanca. *Poesía visual en España*. Colmenar Viejo: Información y Producciones, 1999.

Mitry, Jean. *Histoire du cinema*. Vols. 1–3. Paris: Éditions Universitaires, 1967, 1969, 1973. Vols. 4–5, Paris: Jean-Pierre Delarge, 1980.

Morrison, Hugh. *Directing in the Theater*. New York: Theatre Arts Books, 1973.
Mullin, Donald C. *The Development of the Playhouse*. Berkeley: University of California Press, 1970.
Muriel Durán, Felipe. *La poesía visual en España*. Salamanca: ED. ALMAR, 2000.
Navarro Tomás, Tomás. *Métrica española. Reseña histórica y descriptiva*. Barcelona: ed. Labor, 1983.
———. *Repertorio de estrofas españolas*. New York: Las Americas Publishing Company, 1968.
Nicoll, Allardyce. *The Development of the Theater*. New York: Harcourt Brace Jovanovich, Inc., 1966.
Orr, Mary. *Intertextuality. Debates and Contexts*. Malden, MA.: Blackwell P., 2003.
Parker, Oren W. *Scene Design and Stage Lighting*. New York: Holt, Rinehart and Winston, 1979.
Patrides, C. A. *Aspects of Time*. Manchester: Manchester UP., 1976.
Peirce, Charles S. Peirce *On Signs: Writings on Semiotic*. Chapel Hill: U. of North Carolina P., 1991.
Persin, Margaret H. *Getting the Picture. The Ekphrastic Principle in Twentieth-Century Spanish Poetry*. Lewisburg: Bucknell UP., 1997.
Plett, Heinrich F. (editor). *Intertextuality*. New York: Water de Gruyter, 1991.
Pratt, Annis. *Archetypal Patterns in Women's Fiction*. Bloomington: Indiana UP., 1981.
Prince, Gerald. *Narratology. The Form and Functioning of Narrative*. New York: Mouton P., 1982.
———. "Introduction to the Study of the Narratee." *Essentials of the Theory of Fiction*. Michael J. Hoffman y Patrick D. Murphy. Durham: Duke UP., 1996: 213–233.
Quilis, Antonio. *Métrica española*. Barcelona: ed. Ariel, 1989.
Rabkin, Eric S. *The Fantastic in Literature*. Princeton: Princeton UP., 1976.
Rahill, Frank. *The World of Melodrama*. University Park: The Pennsylvania State UP., 1967.
Relph, Edward. *Place and Placelessness*. London: Pion, 1976.
Resina, Joan Ramon, editor. *Mythopoesis: Literatura, totalidad, ideología*. Barcelona: ed. Anthropos, 1992.
Richardson, Robert. *Literature and Film*. Bloomington, Indiana: Indiana UP., 1969.
Ricoeur, Paul. *Time and Narrative*. 3 Vols. Chicago: The U. of Chicago P., 1984, 1985, 1988.
Robillard, Valerie y Els Jongeneel. *Pictures into Words. Theoretical and Descriptive Approaches to Ekphrasis*. Amsterdam: VU UP., 1998.
Salt, Barry. *Film Style and Technology: History and Analysis*. 2d. ed., London: Starword, 1992.
Scholes, Robert. *Elements of the Essay*. New York: Oxford UP., 1969.

Seger, Linda. *El arte de la adaptación. Cómo convertir hechos y ficciones en películas*. Trad. M. Chacón y A. Méndiz. Madrid: Ed. Rialp, S. A., 1993.
Selden, Raman. *A Reader's Guide to Contemporary Literary Theory*. Lexington: The U. Press of Kentucky, 1989.
Stanislavski, Constantin. *An Actor Prepares*. New York: Theatre Arts Books, 1963.
Suvin, Darko. *Metamorphosis of Science Fiction. On the Poetics and History of a Literary Genre*. New Haven: Yale UP., 1979.
Thompson, Kristin y David Bordwell. *Film Art. An Introduction*. New York: The Mc-Graw Hill Companies, Inc., 1997.
Tindall, William Y. *The Literary Symbol*. New York: Columbia UP., 1955.
Todorov, Tzevetan. *L'Introduction à la littérature fantastique*. Paris: ed. du Seuil, 1970.
Tuan, Yi-Fu. *Space and Place: The Perspective of Experience*. Minneapolis: U. of Minnesota P., 1977.
VC. "The Exoteric Interpretation of 'Pan's Labyrinth'". *The Vigilant Citizen*. Sept. 23rd. 2010.
Vickery, John B. *Myth and Literature. Contemporary Theory and Practice*. Lincoln: U. of Nebraska P., 1966.
Wardropper, Bruce W. "The Butt of the Satire in *El retablo de las maravillas*." *Cervantes: Bulletin of the Cervantes Society of America*. 4.1 (1984): 25–33.
Waugh, Patricia. *Metafiction. The Theory and Practice of Self-Conscious Fiction*. London: Methuen, 1984.
Weales, Gerald. *The Play and Its Parts*. New York: Basic Books, Inc., 1964.
Whiting, Frank M. *An Introduction to the Theatre*. New York: Harper & Row, Pub., 1978.
Wilson, Edwin. *The Theater Experience*. New York: McGraw-Hill, 1988.
http://www.dartmouth.edu/~writing/materials/student/humanities/film.shtml
www.wikipedia.org

Literary credits

Isaac Aisemberg, "Jaque mate en dos jugadas". En *Jaque mate en dos jugadas y otros cuentos*. Buenos Aires, Corregidor, 1994, pp. 11–20. Reprinted by permission.
Fernando Arrabal, "Pic-nic". Reprinted by permission of Claudine (colaboradora de Fernando Arrabal).
Miguel Ángel Asturias, "Regresión". *Paris-1924–1933: periodismo y creación literaria* © Herederos de Miguel Ángel Asturias, 2012.
Félix de Azúa. "El escenario de la violencia: ciudades y espectáculos". © Félix de Azúa, 1987.
Joan Brossa, "Faula". Reprinted by permission of Fundació Joan Brossa.

Joan Brossa, "Poema objeto". Reprinted by permission of Fundació Joan Brossa.

Rosario Castellanos, "Otra vez Sor Juana". *Obras I y II* D. R. © (1998) FONDO DE CULTURA ECONÓMICA. Carretera Picacho-Ajusco 227, C. P. 14738, México, D. F. Esta edición consta de 1.000 ejemplares.

Luis Cernuda, "Despedida". Reprinted by permission of Ángel María Yanguas Cernuda.

Amparo Dávila, "Detrás de la reja". *Música concreta*. © (1964) FONDO DE CULTURA ECONÓMICA. Carretera Picacho-Ajusco 227, C. P. 14738, México, D. F. Esta edición consta de 1.000 ejemplares.

Julio Llinás "De eso no se habla". Reprinted by permission of the author.

Nancy Morejón. "Amo a mi amo". © Nancy Morejón

Nicolás Guillén, "No sé por qué piensas tú". Reprinted by permission of Herederos de Nicolás Guillén.

Juana de Ibarbourou, "La hora". Reprinted by permission of Ediciones de la Torre.

Rima de Vallbona, "La tejedora de palabras". Reprinted by permission of Rima de Vallbona.

Meira Delmar, "Nueva presencia". Reprinted by permission of Fundación de Escritores "Meira Delmar". "Meira Delmar, ícono de la poesía colombiana, en cuyo nombre la Fundación de Escritores Meira Delmar de Barranquilla le rinde homenaje perpetuo a través de sus escritores".

Osvaldo Dragún, "Historia del hombre que se convirtió en perro", en *Historias para ser contadas*, Buenos Aires, Corregidor, 2008, pp. 54–62. Reprinted by permission.

Gabriel García Márquez, "La soledad de América Latina". © The Nobel Foundation 1971.

José Hierro, "Réquiem". Reprinted by permission of Joaquín Hierro.

Vicente Huidobro, "Arte poética". Reprinted by permission of Fundación Vicente Huidobro.

Raquel Ilonbé, "Los tres hermanos". Reprinted by permission of Beatriz Royo.

Juan Ramón Jiménez, "El viaje definitivo". Reprinted by permission of Herederos de Juan Ramón Jiménez.

Juan Ramón Jiménez, "Vino, primero, pura". Reprinted by permission of Herederos de Juan Ramón Jiménez.

Gabriela Mistral, "Todas íbamos a ser reinas". La Orden Franciscana de Chile autoriza el uso de la obra de Gabriela Mistral. Lo equivalente a los derechos de autoría son entregados a la Orden Franciscana de Chile, para los niños de Montegrande y de Chile, de conformidad a la voluntad de Gabriela Mistral.

Augusto Monterroso, "El eclipse". Reprinted by permission of Bárbara Jacobs c/o International Editors' CO. S.L.

Augusto Monterroso, "Míster Taylor". Reprinted by permission of Bárbara Jacobs c/o International Editors' CO. S.L.

Carmen Naranjo, "Simbiosis de un encuentro". Reprinted by permission of Fundación Carmen Naranjo.

Pablo Neruda "Oda a los calcetines" *Nuevas odas elementales.* ©Fundación Pablo Neruda, 2012.

Nicanor Parra, "Ecopoema". *Poesía política* © Nicanor Parra, 1983.

Alejandra Pizarnik: "El despertar". Reprinted by permission.

Dolores Prida, *Casa propia.* Reprinted by permission.

Manuel Rojas, *El hombre de la rosa y otros cuentos.* Reprinted by permission of ed. Zig-Zag, 29a. ed., 2011.

Ana Rosetti, "Chico Wrangler". © Ana Rosetti.

Arturo Uslar Pietri, "El progreso suicida". Reprinted by permission of Fundación Casa Arturo Uslar Pietri.

Luisa Valenzuela, "El zurcidor invisible". Reprinted by permission of Luisa Valenzuela.

Tino Villanueva, "Que hay otra voz" en *Hay Otra Voz Poems* por Tino Villanueva. © 1972 Tino Villanueva. Reimpreso por concesión del autor.

Alicia Yánez Cossío "La IWM mil". Reprinted by permission of the author.